한글문화사

김동언(金東彦)

강원도 주천에서 출생하여 영월, 원주, 대전, 서울 등지에서 수학하였다. 1978년 숭전대학교(대전) 국어국문학과를 수료하였다. 1980년 동대학원에서 문학석사 학위를, 1990년 고려대학교 대학원에서 문학 박사 학위를 받았다. 홍익대, 고려대, 배재대, 경기대 등에서 강의를 하였으며, 1985년 국어연구소 연구원, 1990년 강남대학교 전임강사로 임용되었다. 강남대학교에서 교수협의회장, 교무처장, 한국어교육원장을 역임하였으며 2021년 2월 정년퇴직하였다. 그동안 캐나다 UBC와 호주 UNSW에서 방문교수를 지냈으며, 한국어학회 이사와 국어학회 이사를 역임하였다. 학문적으로 국어의 음운을 역사적으로 조망하는 일과 국어사전에 관심을 가졌다. 논저로 〈17세기 국어의 형태음운 연구〉, 〈훈민정음 국역본의 번역시기 문제〉, 《텬로력뎡과 개화기 국어》, 《국어 표현론》, 《국어 비속어 사전》 등이 있다.

한글문화사

초판 인쇄 2021년 3월 10일
초판 발행 2021년 3월 15일

지 은 이 김동언
펴 낸 이 박찬익

펴 낸 곳 ㈜ **박이정**
주   소 경기도 하남시 조정대로45 미사센텀비즈 7층 F749호
전   화 02-922-1192~3 / 031-792-1193, 1195
팩   스 02-928-4683
홈페이지 www.pjbook.com
이 메 일 pijbook@naver.com

등   록 2014년 8월 22일 제2020-000029호

ISBN 979-11-5848-606-8 93710

* 책값은 뒤표지에 있습니다.

한글문화사

김동언 지음

(주)박이정

머리말

　2016년, 봉직하고 있던 국어국문학과가 폐과되었다. 인문학의 퇴조와 맞물려 기초 학문의 설 자리가 없어지는 현실의 산물이었다. 영어영문학과와 통폐합되어 한영문화콘텐츠학과로 출발하면서 모든 교과목은 문화콘텐츠로 모아졌다. 전통적인 국어학 교과목을 폐지하면서 〈세종과한글문화〉를 새로 개설하였다. 한글과 관련된 이야기는 여전히 중요한 문화콘텐츠라고 생각하였다. 누구나 알고 있고, 누구나 자부심을 가지고 있는 한글을 문화적 입장에서 자세히 그리고 구체적으로 가르치고 싶었던 것이었다. 교수요목은 훈민정음의 내용, 그것이 이루어진 토대, 그리고 이 이후의 변화를 담았다.

　이 책은 이 강의에서 다루었던 내용들을 담고 있다. 3장은 한글 창제를 둘러싼 내용을 설명하고 있다. 현전하는 원 자료를 가능한 소개하고자 하였고, 이본의 종류와 모습, 한글의 창제 원리와 운용 원리를 다루었다. 제2장은 한글 창제의 토대가 되었던 이론적 참고적 내용을 살폈다. 한자를 빌려 쓴 향문의 원리와 종류, 당시 음운 분석 이론이었던 성운학의 체계와 그에 기반한 조선 한자음의 이해, 동아시아에서 쓰인 표음 문자의 특성 등이 대상이었다. 제4장은 문자로서 한글의 변화, 한글 사용의 양상과 문체 형성, 한글로 된 대표적 문헌의 이해 등 한글 성장기의 모습을 담았다. 제5장은 국문에 대한 각성과 문체 형성, 한글과 국어 교육에 대한 이해, 어문 정리와 국어사전 편찬 작업 등을 담았다. 제6장은 해방 이후의 한글 사용에서 어문 규범의 문제만을 다루었다. 해방 이후의 한글에 대한 기본적인 사항은 제1장의 서술로 대신하였다.

이 책은 한글문화의 역사적 흐름을 하나의 틀로 체계화하려고 노력하였다. 서술 방향은 기초적인 내용을 먼저 서술하고, 구체적인 사실을 자세히 보이려고 하였다. 전반적인 흐름을 파악할 수 있도록 유의하였으며, 가능한 기초 사료의 원문과 사진을 보여주려고 하였다. 자료의 수집과 확인은 주로 국사편찬위원회, 국립중앙도서관, 서울대 규장각한국학연구원, 한국학중앙연구원, 문화재청 누리집의 원문 서비스를 이용하였다. 이에 특별히 감사함을 여기 밝혀 둔다. 많은 역사적인 내용을 다루다 보니 기초적인 개념들에 대하여 일일이 출처를 밝히지 못하고 각 장의 참고문헌으로 대신하였다. 관련 논저들의 필자들에게 감사한다. 이 책은 학교의 보직에서 해방 된 이후 오로지 강의에만 집중하였던 시기의 강의 내용을 정리하고 보충한 기록이다. 지은이는 이달에 정년을 맞는다. 스스로 정년을 기념하는 성격의 이 기록을 남기면서 공적 저작물에 개인적 소회를 주저리는 불출(不出)을 너그럽게 이해해 주시기를 청한다.

지은이는 어문학부로 입학하여 국어학이라는 학문에 발을 디디면서 국어사전을 주목하였었다. 국어사전도 우리가 연구하여야 할 소재라고 생각하였던 것이다. 그러나 대학의 교과목 중에는 그런 응용언어학적인 내용은 다루어지지 않았다. 첫 학기 강좌는 김민수 선생님의 《신국어학》을 교재로 언어의 과학적 접근에 눈을 떴다. 이어 이기문 선생님의 《국어사개설》을 통하여 국어의 역사에 관심을 두게 되었다. 선생님의 간결하면서 핵심을 찌르는 역사 서술에 매료되었다. 음운 연구 방법은 이병근 선생님의 일련의 논문에 주목하였는데, 음운 현상의 세밀한 규칙 설정이 매력적이었다. 자연스럽게 필자의 관심은 음운의 역사에 모아졌다. 1980년 석사 논문으로 〈국어 유음에 관한 연구〉를 제출하였다. 유음이 관여하는 음운현상을 살피면서 그 음운적 특성을 서술하고자 하였다. 중세 국어가 논의의 시작점이었으나 이후 관심은 근대 국어로 옮겨가 박사논문으로 〈17세기 국어의 형태 음운 연구〉(1990)를 제출하였다. 17세기 문헌의 한글 표기를 바탕으로 형태 음운을 살피는 내용이었다. 시간이 지나 《텬로력뎡과 개화기 국어》(1998)를 펴내면서 개화기 국어에 관심을 가지게 되었다. 즉 중세 국어부터 시작하여 개화기 국어까지 시간의 흐름에 따른 변화에 관심을 갖게 되었다. 이 책이 한글문화의 역사를 다루고 있는 점은 이와 같이 역사적 흐름을 중시하는 지은이의 성향에서 비롯된다.

지은이의 직장은 국어연구소와 강남대학교가 전부였다. 국어연구소는 주목하였던 국어사전을 실제로 원 없이 보게 된 곳이었다. 이 시기는 어문 규정이 개정되고 국어사전이 대중의 주목을 받기 시작한 때이기도 하였다. 이 시기의 경험이 이 책의 서술에도 적잖게 녹아 있다. 강남대학교는 31년간 학생들과 함께한 삶의 공간이었다. 비록 폐과의 설움을 겪기는 하였지만, 국어국문학을 좋아한 많은 학생들과 웃고 즐겼던 추억이 서려 있다. 한국어가 주목을 받으면서 한국어교육원이 설립되고 초대 원장으로 기초를 다지며 외국인 유학생들과 함께 하였던 것도 보람이었다. 학교 규모가 작아 모든 교수가 보직을 수행하여야 했던 상황은 공부의 끈을 느슨하게 한 변명거리지만, 동시에 다른 소중한 경험으로 남아 있음도 고백한다. 잡다한 소임 중에서 참 열심히 했던 일은 10여 년간 보임된 학보사 주간 교수직이었다. 그때 학생 기자와 편집 방향을 놓고 수많은 갈등을 겪으면서 머리카락이 하얘지기 시작하였으나, 흰 머리카락은 학생 기자들의 감사패를 받았던 것으로 보상되었다. 아울러 교수협의회의 일에 다년간 봉사하였던 일도 추억의 한 페이지가 되고 있음을 기쁘게 생각한다.

연구실 창을 사이에 두고 소나무와 벗나무가 나를 마주 하고 있다. 손을 뻗으면 닿을 만큼 가까이에 있다. 이 건물이 지어진 30년 전에 어린 나무로 심어졌던 것인데, 이제는 둥치가 굵어지고 키도 많이 자랐다. 봄, 여름, 가을, 겨울 …… 시간이 가는 모습을 이 나무와 함께 하였다. 소나무는 언제나 푸른색이었지만, 벗나무는 사시사철 옷을 갈아 입었다. 꽃이 피고, 잎이 자라고, 단풍이 들었다 떨어지고, 다시 꽃이 피고 …… 이 나무는 30년간 되풀이한 무게만큼이나 마음속에 오래 기억될 것이다. 축복으로 아로새겨진 시간을 함께했던 나무에게도 무병장수를 바란다.

지은이가 처음 책을 간행한 것은 한국어학연구회에서 기획한 《국어사 자료 선집》(공저, 1994)이었다. 국어사 자료들의 해제와 원문을 보여주는 자료집이었다. 이 책의 출판사가 서광학술자료사였다. 지금은 많이 성장하여 굴지의 국어학 전문 출판사로 성장하여 박이정으로 상호를 바꾸었다. 정년을 앞두고 발행하는 이 책을 박이정에서 내게 되어 뜻깊고, 어려운 상황에서 출판을 결정한 박찬익 사장님의 배려에 감사한다. 원고를 이리저리 바꾸어 가는 과정에서도 예쁘게 편집을 마무리해 준 한병순 편집부장님께 감사를 드린다. 또한 제자(題字)를 정성들여 써 준 늘샘 박종갑 친구, 원고를 읽고 교정을 해 준 서정숙 박사, 이숙진 박사, 김희은 석사에게도 고마운 뜻을 전한다.

2021. 2. 3. 입춘(立春)
강남대학교 경천관 연구실
김 동 언

차 례

제3편 한글의 창제

제5편 한글의 정비

제6편 한글의 규범

제7편 맺음말

제1편 서설

제1장 한글과 한글문화

1.1. 국어와 한글

1.1.1. 국어와 한국어

사람은 말과 글로 의사를 전달한다. 말은 누구나 태어나면서부터 힘들지 않게 배울 수 있지만, 글은 일정한 노력을 들여 배워야 하는 어려움이 있다. 일반적으로 말이 글보다 먼저라고 하는 이유다. 말은 듣는 '소리'로 표현되지만, 글은 보는 '글자'로 표현된다. 현재 우리의 말은 국어 혹은 한국어라 하고, 우리의 글은 국문 혹은 한글이라고 한다.

《표준국어대사전》에서는 국어와 한국어를 다음과 같이 정의하고 있다.

(1) 국어: ① 한 나라의 국민이 쓰는 말. 늑 나라말, 방어. ② 우리나라의 언어. '한국어'를 우리나라 사람이 이르는 말이다.
한국어: 한국인이 사용하는 언어.

국어는 우리가 한국어를 이를 때는 물론 다른 나라의 말을 이를 때도 쓰는 보통 명사이나, 한국어는 한국인이 쓰는 교착적인 특징을 가진 언어를 이르는 고유 명사이다. 최근에는 외국인들의 우리말 학습이 고조되면서 대외적으로 우리말을 한국어로 지칭하는 일이 일반화되었다.

1.1.1.1. 방언과 향언과 언어

우리말을 뜻하는 가장 이른 보통 명사는 방언이었다. '방'(方)은 '중'(中)의 상대적 개념으로 방언은 원래 중국의 각 지방 언어를 지칭하였다. 송나라 손목이 지은《계림유사》(1103)에서는 고려어를 채록하면서 '방언'이라고 하였으므로, 방언이란 중국 사람이 우리말을 이르는 용어이기도 하였다. 그런데 우리나라에서는 우리말은 물론 다른 나라나 지역의 언어도 지칭하였다. 방언의 쓰임은 다음 (2)와 같이 다양하다.

> (2) ㄱ. 어머니 고씨가 일찍이 낮에 얼핏 잠이 들었는데 꿈에 한 인도 승려가 나타나 말하기를 "나는 阿孃[방언(方言)으로 어머니를 이른다]의 아들이 되기를 원합니다." 하고 유리 항아리를 주었는데 곧 선사를 임신하였다.[1]
>
> ㄴ. 공은 성품이 삼가고 조심스러워서 무릇 출입과 종사에 가는 곳마다 일에 걸맞았으며, 다른 지역의 방언(方言)과 속어까지도 훤히 알지 못하는 것이 없었다.[2]
>
> ㄷ. 왜학《첩해신어》는 다만 언문으로 그 방어(方語)를 주석하였기 때문에 이것을 배우는 사람들이 뜻을 알기가 어렵다.[3]

---

[1] 母顧氏, 嘗晝假寐, 夢一梵僧謂之曰, 吾願爲阿孃[方言謂母]之子. 因以瑠璃甖爲寄 (河東 雙磎寺 眞鑑禪師塔碑)

[2] 公性謹飭, 凡出入從事, 所莅稱職, 至於異域方言俗語, 無不通曉 (金鳳毛墓誌銘)

[3] 倭學《捷解新語》, 只以諺字, 注釋其方語, 故業是學者, 莫辨旨趣.《정조실록》, 1796. 2. 4.

ㄹ. 그가 태어난 마을 이름을 불지라고 하고, 절 이름을 초개라고 하며, 스스로 원효라고 부른 것은 대개 부처를 처음으로 빛나게 하였다는 뜻이다. 원효도 방언이나 당시 사람들은 모두 향언(鄕言)으로 그를 첫새벽이라고 불렀다.[4]

(2ㄱ)은 887년 최치원이 쓴 하동 쌍계사 진감선사 혜소(774~850)의 탑비명 일절인데, '阿㜷'에 대하여 방언으로 어미를 이른다는 주석을 달았다. 즉 '모'(母)를 우리말로 '아미'라고 하였다는 것을 명시한 것이다. (2ㄴ)은 고려 시대 경주 출신 김봉모(?~1209) 묘지명의 구절로 당시 방언이 다른 지역 말을 지칭하는 예이다. 김봉모는 당시 주로 금나라의 사신을 상대하는 역할을 하였으나 호어(胡語)와 한어(漢語)에 능통하였다. (2ㄷ)의 방어는 일본어를 의미하는 것이다. (2ㄹ)은 《삼국유사》의 원효에 대한 기사로 원효를 방언이라 하고 첫새벽을 향언이라 하였으니, 여기의 방언은 우리말이기는 하지만 고유어와 구분되는 한자어를 뜻하였을 것이다. 방언과 같은 것으로 방음(方音)도 쓰였다. 설총이 우리말로 구경과 육경 문학을 읽었다는 사서의 기록에는 방언과 방음이 모두 쓰였다.[5]

향언(어)도 우리말을 지칭하였다. '향'은 '경'(京)에 대응하는 것으로 주로 중국에 대하여 우리를 상대적으로 이르는 표현이었다. 고려 초기 《균여전》(1075) 권8의 권두에 실린 최행귀의 역시 서문(976년)에서 우리말을 향어라고 한 이래로 다른 나라나 지역의 말을 뜻하기도 하였다.

(3) ㄱ. 시는 당사로 얽었으므로 오언칠자로 이루어졌고 가는 향어(鄕語)

---

4 其生緣之村名佛地, 寺名初開, 自稱元曉者蓋初輝佛日之意爾. 元曉亦是方言也, 當時人皆以鄕言稱之始且也. 《삼국유사》 권4.

5 聰性明銳生知道待 以方言讀九經 訓導後生至今學者宗之 《삼국사기》 열전 제6. 聰生而睿敏博通經史新羅十賢中一也. 以方音通會華夷方俗物名訓解六経文學, 至今海東業明経者傳受不絶. 《삼국유사》 권4.

로 배열하였으므로 삼명육구로 이루어졌다.[6]

ㄴ. 사역원 안에서는 향어를 일절 금지한다는 명령이 이미 내려졌는데, 지금의 사역원에서는 적어도 결원이 생기면 즉시 다른 관원으로 임명하기 때문에 어쩔 수 없이 향언(鄕言)을 섞어 쓰게 되어 매우 불편하다.[7]

ㄷ. 이 만인혈석을 북쪽사람 향어(鄕語)로는 모수월하라고 하며, 신의 숙부 마자화도 가지고 있다.[8]

ㄹ. 오도리와 야인 중추 아을가무가 향언(鄕言)으로 진고하면서 좌우를 물리치고 직접 밀고하기를 청하였다.[9]

(3ㄱ)의 향어는 당사(한문)에 대한 상대적 용어이므로 우리말을 의미한다. 이외에도 최행귀의 역시 서문에 향찰, 향가, 향요 등의 용어가 쓰여, 당시 '향(鄕)'이 우리를 지칭하고 있었다. (3ㄴ)은 조선 시대 사역원에서 우리말을 쓰지 못하도록 하였으나 실제 잘 지켜지지 않음을 기록한 것으로 이를 통하여 향언이 우리말임을 알 수 있다. (3ㄷ-ㄹ)은 향언(어)가 우리말이 아니라 다른 나라나 지역의 말을 의미한다.

속어(언)와 이어(언)도 우리말을 지칭하였다. '속(俗)'과 '이'(俚)는 '화'(華) 혹은 '정'(正)에 대한 상대어로 우리말과 관련된 것을 지칭하는 표현이었다.

(4) ㄱ. 문장으로 어떤 이가 중화를 움직였는가? 청하 최치원이 바야흐로 영예를 얻었다. 불교에는 원효 대사와 의상 대사가 있어, 마음이

---

6 然而詩搆唐辭 磨琢於五言七字 歌排鄕語 切磋於三句六名 《균여전》 권8.

7 司譯院中, 一禁鄕語, 已有着令. 今司譯院苟有窠闕, 卽以他官差之, 不得已雜用鄕言, 甚爲未便. 《세종실록》, 1442.8.1.

8 此萬人血石, 北人鄕語云毛水月下, 臣叔父馬自和有之 《세종실록》, 1437.11.22.

9 吾都里彼人中樞阿乙加茂鄕言進告內, 請屛左右, 就前密告曰 《중종실록》, 1526.11.28.

옛 부처와 서로 부합하였다. 홍유후 설총이 이서를 만들어 속언(俗言)과 향어로 통하게 되었다.[10]

ㄴ. 이로부터 나라의 풍속에는 해마다 정월 상해일·상자일·상오일에 모든 일을 조심하고 감히 움직이지 않았다. 15일을 오기일로 삼고 찰밥으로 제사를 지냈는데 지금까지 이를 행한다. 이언(俚言) 달도는 슬퍼하고 근심하여 만사를 금하고 꺼린다는 말이다.[11]

ㄷ. 원컨대 본국의 이어(俚語)로써 번역하여 향곡의 소민들이 모르는 것이 없게 하소서.[12]

(4ㄱ)은 이승휴의 《제왕운기》(1287)에 우리말을 이르는 용어로 향어와 함께 속언이 쓰인 것이다. (4ㄴ)은 《삼국유사》(1394?)에 전하는 정월 대보름 풍습을 설명한 것이다. '달도'는 "슬퍼하고 근심하여 만사를 금하고 꺼려한다."는 뜻을 갖는데 이언이라고 하였다. 여기서의 이언은 고유어의 뜻을 가졌을 것이다. (4ㄷ)은 《태종실록》의 기사로 '이어'가 우리말로 쓰인 경우이다. 이언은 《삼국유사》 욱면 설화의 "내일 바빠 한댁 방아"[13]에서 오늘날의 속담의 의미로 쓰였다.

'이'(俚), '속'(俗)과 유사한 것으로 '언'(諺)이 있다. 이들은 '속되다'는 뜻을 공통적으로 가지고 있지만, '이'와 '속'에는 말이라는 뜻이 없다. '언'에는 '속'의 뜻에 '말'의 뜻을 포함하고 있어 고려 시대까지는 '언'(諺)에 '언'(言)이나 '어'(語)가 붙지 않고 독자적으로 쓰이거나 야언(野諺), 언칭

---

10 文章何人動中華, 淸河致遠方延譽. 釋焉元曉與相師, 心與古佛相符契. 弘儒薛侯製吏書, 俗言鄕語通科舉 《帝王韻紀》 卷下.

11 爾國俗每正月上亥·上子·上午等日忌愼百事不敢動作. 以十五日爲烏忌之日以糯飯祭之, 至今行之. 俚言怛忉言悲愁而禁忌百事也. 《三國遺事》 卷一.

12 願譯以本國俚語, 令鄕曲小民無不知之. 《태종실록》, 1414.12.6.

13 時有阿干貴珎家一婢名郁面. 随其主歸寺立中庭随僧念佛. 主僧其不職, 每給穀二碩一夕春之. 婢一更春畢歸寺念佛 俚言己事之忙大家之春促 盖出乎此日夕微怠. 《삼국유사》 卷五.

(諺稱), 언전(諺傳), 향언(鄕諺), 속언(俗諺), 하언(夏諺) 등으로 쓰였다.

(5) ㄱ. 성기가 세연에게 말하기를, "내가 일찍이 너를 추천하였는데 이제
도리어 나를 참소하느냐? 언(諺)에 기르던 개가 도리어 문다는 말
이 있는데, 이것은 너를 두고 하는 말이구나."라고 하였다.[14]

ㄴ. 또 이르기를, "놀고 즐기는 것은 제후의 법도가 되니 이미 하언(夏
諺)의 말과 부합하며, 음식은 충신의 마음을 다하게 하니 주나라
사람들 노래에 잘 어울린다."라고 하였다.[15]

ㄷ. 한자와 언자를 같이 쓸 때는 자음에 따라 중·종성으로 보한다.[16]

ㄹ. 무릇 독서할 때에 언어(諺語)로 구절을 읽는 것을 민간에서 토라고
한다.[17]

(5ㄱ)의 '언'은 오늘날 속담에 해당하는 의미를 가진다. (5ㄴ)의 '언'은
하나라의 말에 쓰인 것인데, 이때의 '언'은 다른 나라의 속담에 쓰인 예이
다. (5ㄷ)은 '언'이 한어에 대하여 우리말을 의미하고 있으며, (5ㄹ)은 《세
종실록》의 기사로 처음으로 '언'에 다시 '어'가 붙어 쓰인 경우이다. 이후
《훈민정음》(해례)에는 '언어'(諺語)가 우리말을 뜻하는 의미로 자주 쓰였
다. 이미 '언'은 '방, 향, 속'처럼 중국에 상대하여 우리를 지칭하고 있었던
것이다. 이리하여 언서(諺書), 언요(諺謠), 언찰(諺札), 언간(諺簡), 언교
(諺敎), 언지(諺旨) 언해(諺解) 등이 자주 쓰였다.

일반적으로 '언, 방, 향, 속, 이'는 상대적으로 쓰였다. 중국에 대하여
우리와 관련된 것을 지칭하는 용어였지만, 동시에 우리 조정에 대하여

---

14 成器謂世延曰, "我嘗薦汝, 今反譖耶? 諺曰畜犬反噛, 汝之謂也." 《고려사》열전 卷三十五.
15 又云, "遊豫爲諸侯度, 旣符夏諺之稱, 飮食盡忠臣心, 允協周人之詠." 《破閑集》卷中.
16 文與諺雜用則有因字音而終聲者. 《훈민정음》합자해.
17 凡讀書, 以諺語節句讀者, 俗謂之吐. 《세종실록》, 1428. 윤4.18.

우리 민간을 지칭하거나 한자어에 대하여 고유어를 지칭하는 다중적 의미를 보였다. 이 중에서 조선 시대에 들어 '언'(諺)이 주로 우리의 언어와 문자에 관련된 것을 의미하게 되었다.

1.1.1.2. 고려어와 조선어

우리말을 이르는 고유 명사에 고대의 '진언'(辰言), '가라어'(加羅語) 등이 있었지만 가까이에는 고려어가 있다. 고려어는 《고려사》에 카치운 등이 관인과 겸종을 의주에 남겨 두고 가면서 "너희들은 고려어를 배우면서 내가 다시 올 때를 기다리라."라고 말한 대목에 나온다.[18] 우리나라 사람이 한 말은 아니나 우리 사서에 등장하는 고유 명사이다. 《고려사》에는 '고려화'(高麗話)도 등장한다.[19] 이 기록은 '어' 대신에 '화'를 쓰고 있다는 점에서 특이하다. 이후에 고려어는 한어 학습서인 《노걸대》 언해문에 '高麗ㅅ말숨(번역노걸대), 高麗ㅅ말(노걸대언해)' 등으로 쓰이는 예를 보여준다(백두현, 2004).

조선어는 조선 초기에 《조선왕조실록》 등 역사서에 다른 나라와 관련된 대화에서 몇 차례 보였다. 갑오개혁(1894) 전후에는 일본 외교 문서 등에 많이 쓰였다.

> (6) ㄱ. 조선어(朝鮮語) 할 줄 아는 한 여자가 말하기를, "나는 본래 함길도에 살았었는데 잡히어 이곳에 왔다. 야인들이 얼음이 얼면 강을 건너가서 식량과 종자를 구걸하려고 하나, 얼음이 얼 때까지 기다리기가 어렵다"고 하였다.[20]

---

18 二月 己未 哈眞等還, 以東眞官人及傔從四十一人, 留義州曰, "爾等習高麗語, 以待吾復來." 《고려사》 卷二十二. 1219.2.22.

19 李火來者了兩三番, 也見達達說達達話, 見一般火者說高麗話, 見漢兒說漢兒話, 這般打細呵 《고려사》 卷四十四, 1373.7.13.

20 有解朝鮮語一女云: 我本居咸吉道, 被擄而來. 此野人等氷凍則欲越江乞口糧, 種子, 難待氷合

ㄴ. 만난 상국인 중에 왕고사는 바로 정사년에 보았던 사람으로 나이
는 대략 50세 정도였고, 중간 체구에 얼굴에는 마마 자국이 있었으
며 조선어(朝鮮語)에 능통하였다.[21]

ㄷ. 第五十一條, 裁判所에는 朝鮮語를 用홈. 但訴訟關係人中 朝鮮語에
通치 못혼 者가 有혼 時는 通辯을 用홈을 得홈.
第五十二條, 外國人이 訴訟關係人이 되는 時에 當ㅎ야 判事가 其國
語에 通ㅎ거든 其外國語로써 口述審訊홈을 得홈. 但訴訟記錄은 朝
鮮語로써 作홈이 可홈.

(6ㄱ)은 세종 때 국경에서 건주위 지역의 사람들을 조사한 내용이고,
(6ㄴ)은 1739년 국경을 넘어 왕래한 변방의 백성들을 체포하여 심문한
내용이다. (6ㄷ)은 〈재판소 구성법〉(1895, 법률1호)의 일부로 개화기 정부
공식 문서에서 대내적으로 우리말을 조선어로 지칭한 예다. 이외 1881
(고종18)년 3월 20일 하나부사 일본 공사가 일본 외무경(外務卿) 이노우에
가오루에게 민영익의 동행 소식을 보고하는 문서에서도 볼 수 있다.[22]

1.1.1.3. 국어와 한국어

국어는 나라를 배경으로 하는 용어이다. 원래《국어》는 춘추 시대 좌구
명이 저술한 것으로 알려진 역사서로 기원전 990년부터 기원전 453년까
지 각 제후국별로 역사적 인물들의 어록을 중심으로 편찬된 것이다. 따라
서 중국에서 국어는 제후국의 언어도 포함하였던 것으로 보인다. 우리나
라에서 쓰인 국어는《고려사》에서 처음 볼 수 있다.

之日.《세종실록》, 1424.7.2.

21 接上國人中王高士卽丁巳年所見人年可五十中身面痲能朝鮮語.《동문휘고》卷五十五.

22 威權宰相ノ上ニアリ. 如此人ヲ勢道ト云. 勢道トハ朝鮮語ニテ全權又當權ノ意ナリ.《公文
別錄·朝鮮始末續錄》

(7) ㄱ. 세조가 그의 대답을 칭찬하며 명하기를, "이제부터는 자기에 금으로 그림을 그리지 말고 바치지도 말라."고 하였다. 또 말하기를, "고려인이 국어(國語)를 이같이 잘하면서, 어찌하여 꼭 강수형에게 통역시키는가?"라고 하였다.[23]

   ㄴ. 가면을 쓰고 노는 사람을 국어(國語)로 말하면 광대이다.[24]

(7ㄱ)은 원의 세조가 한 말로 국어는 몽고어를 이르는 것이고, (7ㄴ)은 가면을 쓰고 노는 자를 국어로 광대라 이른다는 것으로 여기서의 국어는 우리말이다. 따라서 국어는 국가 단위로 쓰이는 언어를 이르는 보통 명사로 쓰인 것이다. 그러나 《고려사》는 15세기 중엽에 저술된 것이므로, 이들 용어가 고려 시대에 쓰였는지는 알 수 없다. 분명한 것은 조선 초기에 국어, 국언 등 국가를 배경으로 하는 용어가 다수 쓰이기 시작하였다는 점이다.

(8) ㄱ. 여러 옛일을 증거로 하고 가사에는 국언(國言)을 이용하였다. 이어 시를 지어 그 말을 풀이하였다.[25]

   ㄴ. 국어(國語)에서는 계모를 많이 쓰면서 한자음에는 오직 '쾌'라는 한 글자의 음뿐이니 이는 심히 우스운 일이다.[26]

   ㄷ. 반설음은 가볍고 무거운 두 가지 소리가 있으나 운서의 자모는 하나뿐이고, 또 국어(國語)에도 가볍고 무거움의 구분이 없으나 모두 음을 이룰 수 있다.[27]

---

23 世祖善其對, 命 "自今, 磁器毋畫金, 勿進獻." 又曰, "高麗人解國語如此, 何必使守衡譯之?" 《고려사》 열전 권18.

24 國語假面爲戱者, 謂之廣大. 《고려사》 열전 卷三十七.

25 證諸古事, 歌用國言. 仍繫之詩, 以解其語. 《용비어천가》.

26 國語多用溪母, 而字音則獨夬之一音而已, 此尤可笑者也. 《동국정운》.

27 反舌有輕重二音 然韻書字母唯一 且國語雖不分輕重 皆得成音. 《훈민정음》.

ㄹ. 심지어 나라 사람들 가운데 도망하여 요동의 심양으로 들어가서 동녕위에 속한 자들이 관에서는 중국말을 하고 집에서는 국어(國語)를 하는데, 그 풍속이 지금도 바뀌지 않았다.[28]

ㅁ. 세 나라 역사의 잘못을 바로잡으니 요, 금, 원의 국어(國語)를 번역하였다.[29]

ㅂ. 임금이 이르기를, "국어와 청나라 글은 마땅히 배워야 하지만 몽고말은 무엇 하려고 배우는가?" 하니, 민종묵이 아뢰기를, "국어(國語)와 청나라 글은 본조의 근본이지만, 청나라는 몽고에 대하여 내복처럼 여겨서 언어와 문자를 서로 두루 알고 있기 때문에 수시로 가르치고 익히고 있습니다."[30]

(8ㄱ-ㄹ)의 국언이나 국어는 우리말을 의미하는 것이 분명해 보인다. 특히 (8ㄴ)의 국어는 한자음이 아니라 고유어인 우리말을 지칭하고 있다. (8ㄹ)은 공조 판서 양성지가 28가지 의견을 올린 상소문의 일부이다. 그러나 (8ㅁ-ㅂ)의 국어는 요나라, 금나라, 원나라의 말을 지칭하고 있으며, 특히 고종과 민종묵의 문답에 등장하는 국어는 한어를 의미한다.

국어는 국문과는 달리 개화기에 들어서도 그렇게 널리 쓰이지 못하였다. 우리말을 지칭할 필요가 있는 경우에는 주로 아국어(我國語), 본국어, 조선국어 등이 쓰였고, 다른 나라 말은 각국어(各國語), 기국어(其國語) 등이 쓰였다. 그런데 1888년 2월 24일 일본에 체류 중이던 박영효가 고종에게 올린 상소문의 제6장에는 먼저 인민에게 국사, 국어, 국문을 가르칠 것을 언급하고 있다.[31] 나라를 바탕으로 한 역사, 언어, 문자의 개념이

---

28 至今不改, 至於國人之逃入遼瀋, 爲東寧衛者, 在官則爲華言, 在家則爲國語, 其風俗之不變也如此. 《예종실록》, 1469.6.29.

29 三史糾訛, 譯遼, 金, 元之國語. 《정조실록》, 1799.5.27.

30 上曰, 國語與淸文, 固當學之, 而蒙語則胡爲學之耶? 種默曰, 國語·淸文, 係本朝根本, 而淸之於蒙, 視同內服, 言語文字, 互相通知, 故隨時敎習矣. 《승정원일기》, 1876.9.24.

확실해진 것이다. 이러한 인식에도 불구하고 국어가 제법 쓰이기 시작한 것은 20세기에 들어서였다. 최광옥의 《대한문전》(1908)에는 국어에 대하여 '아국(我國)의 언어는 아국 국어'라고 풀이하였고, 주시경은 〈국어와 국문의 필요〉(1907)에서 "왼 나라 사롬이 다 국어와 국문을 우리나라 근본의 쥬장글노 슝샹ᄒ고 사랑ᄒ여 쓰기를 ᄇ라노라."라고 하여 국어를 적극 사용하였다. 1910년 8월 29일 한일 합방 이후에는 국어가 일본어를 지칭하게 되면서 국어를 우리말에는 더 이상 쓸 수 없게 되었다. 일본은 칙령 제318호(1910.8.29.)에서 "韓國의國號ᄂ改ᄒ야爾今朝鮮이라稱홈이라"라고 규정하여 대한 제국이 조선이 되었음을 명문화하였다. 따라서 우리말은 조선어가 되고, 국어는 일본어가 되었다. 한일 합방 조약문이나 일본의 조서 어디에도 공식 언어에 대한 언급은 없었지만, 이미 일본어는 공식 언어였다. 조선총독부는 기존 통감부의 《통감부공보》를 《조선총독부관보》로 발행하면서 일본어를 전면에 배치하였다. 창간호를 비롯한 일부 관보는 뒷부분에 '조선역문'이라고 하여 국한문으로 된 번역문을 게재하였다. 형식상 일국 2언어 체제인 것으로 보이나, 일어 해독률이 절대적으로 낮은 당시로서는 불가피한 선택이었다. 국어가 일본어를 의미하게 된 공식 기록은 칙령 제229호로 공포된 〈조선교육령〉(1911.8.23.) 제5조 "보통 교육은 보통의 지식과 기능을 가르치고, 특히 국민 된 성격을 함양하며, 국어를 보급함을 목적으로 한다."라고 한 것이다. 여기에서 국어는 일본어인 것이다. 이후 학교 교육은 일본어 상용화라는 목표 달성에 집중된 반면에 조선어 교육은 서서히 고사시키는 방향으로 전개되었다. 조선 시대는 문자 사용에서 한문과 한글로 이원화되어 차별이 있었지만, 음성 언어에서는 그런 차별이 있을 수 없었다. 그런데 1910년 이후 일제 강점기

---

31 先教人民以國史及國語國文事, [不教本國之歷史, 文章, 而但教淸國之歷史, 文章, 故人民以淸爲本而重之, 至有不知自國之典故者, 此可謂捨本取末也.] 《한국근대사기초자료집》(국사편찬위원회).

에는 음성 언어 자체가 이원화되었다. 일본어는 공식 언어로 국어의 지위에 오르고, 우리말은 조선어로 외국어 수준으로 전락하였다. 당시 조선어는 생존을 위한 소통의 수단이었으며 피지배 민족의 민족어였다.

1945년 8월 15일 해방 이후 잠시 영어가 공용어가 되었다. 미국 태평양 사령부 맥아더 장군은 한국에서 군정을 실시하면서 1945년 9월 7일 태평양 미국 육군 총사령부 포고문 제1호를 발표하였다. 포고문은 영어와 국한문, 일본문으로 각기 작성되었는데, 그 제5조에 "군정 기간 중 영어를 가지고 모든 목적에 사용하는 공용어로 함. 영어와 조선어 또는 일본어 간에 해석 또는 정의가 명확치 않거나 다른 경우에는 영어를 기본으로 함."이라고 규정하였던 것이다. 다만, 1945년 9월 17일 미 군정청 〈일반명령〉 제4호에는 교육 용어는 조선 국어로 한다고 하였으나, 1945년 9월 29일 이것을 개정한 군정청 〈법령〉(Ordinance) 제6호에서 "조선 학교에서의 교훈 용어는 조선어로 함. 조선어로 상당한 교훈 재료를 활용할 때까지 외국어를 사용함도 무방함"이라고 하여 당시 학교 교육은 조선어로 시행되도록 하였다. 당시 한글로 된 교재가 없었으므로 외국어로 된 교재를 허용하였지만, 교육 용어는 조선어로 하였으니 영어는 일제 강점기의 일본어와는 본질적으로 다른 것이었다. 또한 미군정청은 〈학무통합〉 352호(1945.10.21.)를 제정하여 학교에 대한 설명과 지시를 하였는데, 이곳에서 공립 소학교의 과정을 2부제와 1부제(전매일)로 나누어 시간표를 제시하였다. 1부제의 경우 1~2학년에 부과된 과목은 수신(2), 조선어(8), 산술·이과(6), 체조·음악(4), 도화·수예(2)로 전체 22시간 중에서 조선어가 8시간으로 36.3%를 차지하였다. 미군정청은 1947년 6월 28일 관보 행정명령 제4호(〈사진1〉)로 맥아더 포고문 제5조를 개정하여 1947년 7월 1일부터는 남조선 과도 정부의 공용어를 조선어로 한다는 단서를 추가하여 공용어를 영어에서 조선어로 바꾸어 놓았다.

1948년 8월 15일 정부 수립 이후 국어가 우리말을 지칭하게 되었고,

대외적으로는 조선어가 아닌 한국어라는 고유 명사를 쓰게 되었다. 2005년 1월 27일 제정된 〈국어기본법〉 제3조에 "국어란 대한민국의 공용어로서 한국어를 말하고, 한글이란 국어를 표기하는 우리의 고유 문자를 말한다."라고 하여 국어가 한국어임을 법률로 분명히 하였다.

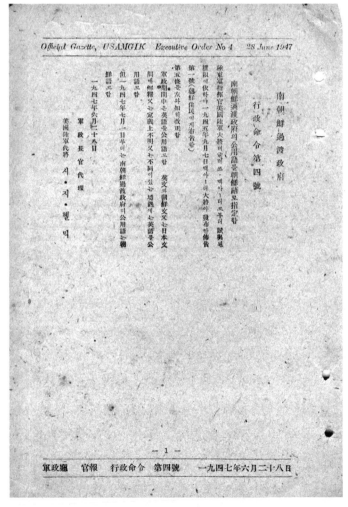

〈사진 1〉 미군정청 《관보》(1947.6.28.). 공용어를 영어에서 조선어로 바꾸어 고시하였다.

1.1.2. 훈민정음과 한글

1.1.2.1. 향문과 한자 차용 표기

훈민정음 창제 이전에는 주로 입으로는 우리말을 말하고 글로는 한문을 쓰는 이중 언어생활을 하였다. 이를 해소하기 위하여 한자를 빌려 우리말을 표기하기 시작하였다. 이렇게 한자를 차용한 우리말 표기 문장은 향찰, 이두, 구결 등이 있었다. 이두나 향찰이 차자 표기 체계 전체를 아우르는 용어로 쓰이기도 하였으나, 지금은 분화되어 쓰이므로 이를 통합하여 한문에 상대하여 향문(鄕文)으로 부르기로 한다.

향찰은 혁련정의 《균여전》(1075) 제8역가현덕분자(第八譯歌現德分者)에 있는 최행귀 역시 서(序)에 처음 등장한다(김민수, 1987).

> (9) 한스러운 것은 우리나라의 재자와 명공은 당시를 읊을 줄 알지만, 중국의 거유와 석덕은 향요를 알지 못한다. 하물며 당문은 제석의 그물이 잘 짜인 것과 같아서 우리나라 사람들도 쉽게 읽지만 향찰(鄕札)은 범서가 잇달아 펼쳐진 것과 같아서 중국 사람은 이해하기 어렵다.[32]

(9)에서 최행귀는 우리나라 사람들은 한시를 잘 이해하지만, 중국 사람들은 우리나라 시를 알지 못하는데, 이것은 우리 시가를 표기한 향찰이라는 고유 표기 방식 때문이라고 본 것이다. 그리하여 최행귀는 균여 대사의 향가를 알리기 위하여 당시의 국제어인 당문(한문)으로 번역하였다. 여기의 향찰은 당문에 대한 상대적인 개념으로 사용하였으므로 우리말의 한자 차용 표기 전반을 의미하는 것이지만, 지금은 향가에 쓰인 글자라는 좁은

---

[32] 而所恨者 我邦之才者名公 解吟唐什 彼士之鴻儒碩德 莫解鄕謠 矧復唐文如帝網交羅 我邦易
讀 鄕札似梵書連布 彼士難諳. 《균여전》.

의미로 쓰이고 있다. 최행귀의 역시서는 〈보현십원가〉(普賢十願歌) 11수를 지은 균여 대사와 비슷한 시기인 967년에 쓰였다(김민수, 1987).

이두는 가장 먼저 이서로 등장한다. 이승휴의 《제왕운기》(1287?)에 "홍유후 설총이 이서(吏書)를 만들어, 속언과 향어로 통하게 되었다."라는 기록이 있는데, 여기에서 이서가 우리말 표기였음을 알려 준다. 따라서 처음에는 이서도 일반적인 우리말 차자 표기법의 용어였다. 이후에도 이찰, 이두, 이도, 이토, 이문 등 다양한 이름을 가지게 되었는데, 지금은 세종과 최만리의 상소문 대화에서 쓰인 이두가 가장 널리 쓰인다. 이들 용어의 '이'(吏)는 벼슬아치를 의미하는 것으로, 이두는 그들이 각종 문서 작성에서 사용하였던 한자 차용 표기를 의미하게 되었다.

구결은 활자본 《능엄경언해》(1461) 어제 발문에 세조가 친히 구결을 달아 구두를 바로 잡았다는 진술에 보인다.[33] 어제 발문에 대한 주석에는 "上이 입겨츨 드르샤 慧覺尊者의 마기와시늘"이라 하였으므로 구결의 우리말은 입겿이다. 구결은 원래 한문을 이해하는 과정에서 원전의 구두점이 찍힐 자리에 적힌 우리말 조사나 어미 등 허사를 한자로 표기한 것이었는데, 대체로 한글 창제 후는 한글이 구결을 대신하였다. 구결은 한문 원전과 함께 쓰인다는 점에서 향찰이나 이두와는 다른 차원의 표기법이다.

신라의 노래였던 향가 〈제망매가〉는 '어느 가을 이른 바람에'를 '於內秋察早隱風末'로 표기하였다. 이 둘은 모두 우리말을 표기한 것이지만, 전자는 한글로 표기된 것이고, 후자는 한자로 표기된 것이다. 한자로 표기된 〈제망매가〉는 어려운 한자를 알아야 하는 문제가 있을 뿐만 아니라, 한자의 음과 훈을 적절히 이용하는 법을 알아야 읽을 수 있다. 또 읽을 수 있다 하더라도 아쉬운 대로 그 뜻을 어느 정도 알 수 있지만, 정확한 형태나 소리를 알기 어려운 한계가 있다. 이러한 어려움을 해소하고 우리말을

---

33 萬機之暇 特徹乙覽 親可口訣 正其句讀. 《능엄경언해》 어제 발문.

정확하고 쉽게 표기할 수 있도록 창제된 것이 훈민정음이었다.

1.1.2.2. 훈민정음과 언문

우리말을 자유롭게 표기하기 시작한 것은 훈민정음의 창제로 비롯되었다. 훈민정음은 두 가지 의미를 가지고 있다. 하나는 우리말을 표기하는 글자의 이름이고, 다른 하나는 그 글자의 해설서 성격을 갖는 책의 이름이다. 전자는 1443(세종25)년 12월 《세종실록》에 기록되어 있으며, 후자는 1446(세종28)년 9월 《세종실록》에 기록되어 있다. 1446년의 《세종실록》 기록은 별도로 간행된 《훈민정음》(해례)에서 해례 부분을 제외하고 나머지만을 기록한 것이다. 《훈민정음》(해례)는 흔히 훈민정음 원본이라 불리는 것으로 1962년 12월 국보 제70호로 지정되었으며, 1997년 10월 세계 기록 유산에 등재되었다.

우리말을 표기하는 글자의 공식적 이름 '훈민정음'은 《훈민정음》(언해)에 '百姓 가르치시논 正흔 소리'로 주석되어 있다. 글자 이름에 '정음'이라고 소리를 넣은 것은 발음을 잘 표기하는 소리글자라는 특성과 관련이 있으며, '훈민'은 백성을 가르치는 수단의 확보라는 글자 창제의 목적과 관련을 가지고 있다. 창제 목적을 배제한 글자 이름으로 '정음'이 쓰인 경우가 있지만, 주로 '언문, 언자, 반절' 등이 쓰였다. 다음에 관련 용례를 보인다.

> (10) ㄱ. 이달에 임금이 친히 언문(諺文) 28자를 지었는데, 그 글자가 옛
>   전자를 모방하고, 초성·중성·종성으로 나누어 합한 다음에야 글
>   자를 이루었다. 무릇 문자와 이어에 관한 것을 모두 쓸 수 있고,
>   글자는 비록 간요하지마는 전환은 무궁하니, 이것을 훈민정음이라
>   고 일렀다.[34]
>
>   ㄴ. 우리 전하께서는 하늘이 낳은 성인으로 이룬 제도와 베풂이 백왕

보다 뛰어나시며 정음(正音)의 지음은 앞의 것을 본받은 바 없이 자연히 이룬 것이다. 그 지극한 이치가 없는 곳이 없으니 한 사람의 사적인 업적이라 할 수 없다.[35]

ㄷ. 문신 30여 인에게 명하여 언자(諺字)를 사용하여 잠서를 번역하게 하였다.[36]

ㄹ. 국법은 귀천·남녀를 막론하고 6, 7세 때부터 언문(諺文)을 가르치도록 하는데, 이를 가나라고 하며 공사 문서는 모두 이 가나를 사용한다.[37]

ㅁ. 언문 자모 속칭 반절(反切) 27자[38]

(10ㄱ)은 훈민정음 창제 사실을 기록하고 있는 1443(세종25)년 12월의 《세종실록》 기사인데, '언문'과 '훈민정음'이 동시에 보인다. (10ㄴ)은 '정음'으로, (10ㄷ)은 '언자'로 글자 이름을 쓴 경우이다. '훈민정음, 정음'이 고유 명사로 쓰인 공식 이름이라면, '언문, 언자'는 일반적으로 통용될 수 있는 보통 명사였다. 이것은 일본 문자를 언문이라 부른 (10ㄹ)을 통해서 확인할 수 있다. (10ㄹ)은 도해역관(渡海譯官) 현의순·최석 등이 대마도의 상황을 보고한 내용으로 일본의 가나를 언문이라고 지칭하고 있다 (백두현, 2004). (10ㅁ)의 반절은 한글 자모의 속칭인데, 한글이 중국의 반절법과 같은 것으로 보아 붙여진 이름이다. 중국의 반절법은 한자 '東'의 자음을 '德紅切로 표기하는 것처럼 두 글자를 합하여 하나의 음절을 표음

---

34 是月, 上親制諺文二十八字, 其字倣古篆, 分爲初中終聲, 合之然後乃成字, 凡于文字及本國俚語, 皆可得而書, 字雖簡要, 轉換無窮, 是謂《訓民正音》.《세종실록》, 1443.12.

35 恭惟我殿下天縱之聖, 制度施爲, 超越百王, 正音之作, 無所祖述, 而成於自然, 豈以其至理之無所不在而非人爲之私也?《세종실록》, 1446.9.29.

36 命... 文臣三十餘人, 用諺字譯覽書.《세조실록》, 1461.3.14.

37 國法無論貴賤男女, 自六七歲, 敎之以諺文, 名之曰 假名, 公·私書盡用假名《순조실록》, 1809.12.2.

38 諺文字母 俗所謂反切二十七字.《훈몽자회》 범례.

하는 것인데, 한글도 자소(字素)를 합하여 하나의 자절(字節)을 이룬다는 점에서 같다. 특이한 용어로는 19세기 강위(1820~1884)의 저서 《동문자모분해》(東文字母分解, 1869)에 쓰인 '동문'이다. 이것은 우리나라 한자음을 '동음'이라고 부르던 것에 비추어 우리나라 글이라는 의미를 나타낸 것으로 해석되는 것이다. 이외에 여자들이 쓴다고 붙인 '암클', 아이들이 쓴다고 붙인 '아힛글' 등 고유어가 쓰였다고 하나 그 용례를 찾을 수 없으며, 개화기에 암클을 번역하여 자문(雌文)이라고 한 예가 있어 주목된다.[39]

언문이 우리 글자를 낮추어 이르는 용어라는 인식이 널리 퍼져 있다. 이러한 문제는 '언'이라는 한자가 속되다는 뜻을 내포하고 있다는 점과 한글이 주로 어린이나 여자 등이 쓰는 비주류의 문자였다는 점과 관련되어 있다. 그러나 (10ㄱ)처럼 쓰인 '언문'이 낮추려는 의도가 있었다고 보기는 어렵다. 당시에 일반적으로 '언, 향, 방' 등은 중국을 뜻하는 '화(華), 경(京), 중(中)'의 상대 개념으로 우리와 관련된 것을 나타내는 일상적 표현이었다. 언문은 진서(眞書)라 부르는 한문에 대한 상대적 개념으로 우리 글자를 지칭하는 겸칭(謙稱)의 용어였다.

1.1.2.3. 국문과 한글

19세기 후반 국제 외교가 활성화되고 자주 독립 의식이 고양됨에 따라 우리 것에 대한 관심이 증폭되어 국문이라는 용어가 쓰이기 시작하였다. 국문은 나라의 고유의 문자나 글을 뜻하는 것으로, 처음에 주로 외교 관계 문서에서 상대국의 문자나 글을 이르는 데 쓰였다.

---

39 國文과 漢文의 利鈍遲速의 分岐됨은 上陳홈과 如ㅎ거니와 何故로 我韓의 固有혼 自國國文은 學ㅎ기 甚히 易ㅎ고 用ㅎ기 極히 便혼 거슬 雌文이라 稱ㅎ야 抛棄ㅎ고 漢文은 靑春으로 白首에 至로록 攻苦ㅎ여도 特效가 蔑혼 거슬 雄文이라 稱ㅎ야 鑽硏ㅎ기에 奔走ㅎ니 哀홉고 憫ㅎ다.(《태극학보》 제7호, 1907.2.24. 國文便利 及 漢文弊害의 說, 강전)

(11) ㄱ. 제3조: 이후 양국의 왕래 공문에서 일본은 일본문(國文)을 쓰고 지금부터 10년간 별도로 한문역본을 구비하며, 조선은 한문을 사용한다.[40]

ㄴ. 예부에서 아뢰길 조선의 국문(國文)에서 내지 어선이 경계를 넘어 고기를 잡고 있으니 이를 엄금해 주십사고 청하였다.[41]

ㄷ. 문: 귀국은 공사 문서에 어떤 글자를 씁니까? 답: 순전히 국문(國文)만을 씁니다.

문: 국서는 없습니까? 답: 있습니다. 부녀와 상민 및 천민만이 씁니다.

문: 일본 국서는 또한 해독합니까? 답: 이 또한 정통한 사람이 있습니다.[42]

(11ㄱ)은 1876(고종13)년 2월 3일 체결된 〈한일수호조규〉 제3조에서 일본글을 이르는 용어로 등장하였다. (11ㄴ, ㄷ)은 조선에서 쓰는 한문을 국문이라고 지칭한 것이므로, 당시 조선의 국문은 한문이었던 것임을 알려 준다. (11ㄴ)은 1880(고종17)년 7월 26일 중국의 예부에서 조선에서 보낸 외교 문서를 조선 국문으로 지칭하고 있으며, (11ㄷ)은 1881(고종18)년 12월 1일 영선사 김윤식이 이홍장이 주최한 연회에 참석하여 재차 회담한 대화록으로 한문을 국문으로 지칭하고 있다.

국문이 조선의 문자인 한글을 이르기 시작한 것은 1888년 2월 24일 박영효의 상소문으로 추정된다. 일본에 체류 중이었던 박영효는 상소문에서 인민에게 국어 국사 국문의 교육을 강조하였다. 언문이라 부르던

---

40 第三款, 嗣後兩國往來公文, 日本用其國文, 自今十年間, 別具譯漢文一本, 朝鮮用眞文.《고종실록》, 1876.2.3.

41 禮部奏, 朝鮮國文稱內地漁船越境禁採請飭嚴禁.《국역 同文彙考》4.

42 問, 貴國公私文字, 用何文. 答, 純用國文. 問, 無國書乎. 答, 有之, 惟婦女常賤用之. 問, 日本國書, 亦解麼. 答, 此亦有精通者.《陰晴史》.

글자를 공식적으로 조선 공용 문자인 국문으로 부르게 된 것은 1894년 갑오개혁으로부터 시작되었다. 한문이 차지하고 있던 나라 글자의 자리를 한글이 차지하게 된 것이다.

(12) ㄱ. 第十四條: 法律勅令總以國文爲本漢文附譯或混用國漢文(칙령 제1호)

ㄴ. 第九條: 法律命令은다國文으로써本을삼고漢譯을附ᄒ며或國漢文을混用홈(칙령 제86호)

(12ㄱ)은 1894년 11월 21일(음) 칙령 제1호로 발표된 공문식제(公文式制)이고, (12ㄴ)은 1895년 5월 8일 국한문으로 개정한 공문식제이다. (12ㄴ)은 조문이 한문에서 국한문으로, 법률 칙령이 법률 명령으로 확대된 것이다. (12)의 내용은 국문으로 본을 삼고 한역문을 덧붙이거나 혹은 국한문을 혼용하도록 한 것이다.

1910년 8월 한일 합방으로 우리 문자를 국문이라고 할 수 없게 되었다. 합방 이후 국가 권력을 빼앗긴 조정에서는 1910년 9월 2일 〈공문서취급안〉을 만들어 전 궁내부 각 관청으로 보냈는데, 그 내용은 "부외 각 관청에 대흔 공문은 총히 일본문을 쓰고, 부내에 조회왕복문서는 종전과 여히 국한문을 용흠이 무방홈"이라 규정하여 대외적으로는 일본 문자가 공식 문자가 되었음을 인정하였다. 대한 제국의 국가 권력을 가지게 된 조선 총독부는 국문 대신 조선글 혹은 언문을 사용하였으나, 민간에서는 한글이라는 용어가 등장하였다. 당시 조선총독부는 우리 글자 표기법을 〈언문 철자법〉(1930)으로, 조선어학회에서는 〈한글 마춤법 통일안〉(1933)으로 명명한 것도 그러한 사정을 보여준다. 현재 확인되는 최초의 한글 사용은 1913년 3월 23일 '배달말글몯음'(조선언문회) 창립 총회 기록인 〈한글모 죽보기〉의 기록이다(고영근, 1994).

(13) 四二四六年 三月 二十三日(日曜) 下午一時 臨時總會를 私立普成學校內
에 開하고 臨時會長 周時經先生이 昇席하다… 本會의 명칭을 '한글모'
라 改稱하고 …

　(13)은 국어연구학회(1908)에서 개명된 '배달말글몯음'(1911)이 1913년
에 다시 '한글모'로 개칭되었음을 보여 준다. '국어'를 더 이상 쓸 수 없게
됨에 따라 '배달말글'로 바꾸었던 것을 '한글'로 바꾼 것이다. 그런데 1911
년 주시경이 '한말'이라는 용어를 쓴 점을 고려하면(고영근, 1994), 한글은
한말에 대응하는 것이라 하겠다. 따라서 애초에 한글에는 언어의 개념이
없었을 것이나, 한말이 쓰이지 않고 주로 한글이 쓰이게 되면서 한글은
언어와 문자의 개념을 포함하여 쓰이게 되었다. 한글의 '한'은 대한제국의
'한(韓)'을 뜻하였을 것으로 짐작되는데 현실적으로는 '크고 무한한' 글이
라는 중의성을 가지고 있다.
　실제 쓰임과는 관계없이 한글이라는 이름이 처음 거론된 것은 그 이전
이라는 주장이 있다. 최명옥(1996)은 한글은 1910년 10월에서 12월 사이
에 조선광문회에서 조선 문자의 이름을 거론하는 과정에서 최남선에 의해
처음 나타났다고 하였다. 한글의 실제 쓰임은 주시경이 주도한 학회 이름
에서 쓰인 이후 《아이들 보이》(1913.9)의 '한글풀이'란에, 《청춘》 4호
(1915.1)의 '한글 새로 쓰자'는 말에, 김두봉의 《조선말본》(1916)의 '한글
모임자 한샘' 등에 단편적으로 사용되었다. 한글이 일반적으로 통용되기
시작한 것은 1920년대 중반 이후이다. 1927년에 동인지 《한글》이 창간되
고, 1928년에 훈민정음 반포를 기념하는 가갸날의 명칭이 한글날로 바뀐
것이 그러한 사실을 말해 준다.

1.1.2.4. 한글날
한글 창제를 기념하는 문제는 《조선일보》가 계해년 음력 초하루 논설

(1923. 2. 16.)에서 훈민정음 창제 8회갑(480년)이 되는 1923년을 맞이하여 이를 기념하는 의견을 제시함으로써 시작되었다. 신문의 사설은 다음과 같이 끝을 맺고 있다.

> (14) 일반 동포는 이 계해년을 축하하는 의사로든지 또는 애도하는 감정으로든지 여하히라도 각 개인 뇌중(腦中)에 금년이 즉 우리의 문화가 대명한 계해의 팔회주갑이라는 기념이 무(無)하면 불가(不可)하도다. 그러나 과거에는 우리가 정신이 유(有)하여도 무(無)함과 동일하엿스나 금일에는 그 정신을 비록 포기하랴 하여도 포기치 못하는 소이가 신성완전(神聖完全)한 우리의 문자에 효력이 다대함을 각오하는 동시에 음력 계해를 초봉(初逢)하는 금일을 제(際)하야 우리의 문자와 우리의 문자를 사용하는 우리의 전도(前途)를 기념적으로 축하하는 의(意)를 형제 자매와 갓치 표(表)코져 하는 바이로라

《조선일보》는 여기에 그치지 않고 논설 〈조선 문화의 대기념〉(1924. 1. 6.)을 통하여 훈민정음이 창제된 1443년 12월을 기념하여 12월의 첫 길일(初吉)인 음력 12월 1일을 매년 문화의 대기념일로 제안하였다. 그러나 실제 한글 창제 기념식은 조선어연구회의 주도로 시작되었다. 《동아일보》(1924. 2. 1.)에 따르면 조선어연구회는 회원 중심으로 1923년에 음력 12월 27일을 훈민정음 반포 기념일로 정하고 강연회를 겸한 기념식을 휘문고등보통학교에서 열었다. 음력 12월은 훈민정음이 창제된 1443(세종25)년 12월이고, 27일은 세종이 훈민정음을 반포한 세종 27년을 인용한 것이라 하였다. 그러나 실제 반포는 세종 28년이었기 때문에 문제가 있는 기념일이었고, 기념행사도 다음 해에는 계속 되지 않았다.

1926년은 한글이 반포된 지 8회갑이 되는 해였다. 그리하여 1926년 11월 4일(음력 9월 29일)에 한글 반포를 기념하는 행사가 있었다. 이날은

1446(세종28)년 9월 《세종실록》의 '이 달에 훈민정음이 이루어졌다'를 근거로 9월의 마지막 날을 양력으로 환산한 것이다. 즉 세종 25년 12월이 아니라 세종 28년 9월을 기념일의 기준으로 삼은 것이다. 이날 오후 6시 조선어연구회와 신민사 주최로 훈민정음 반포 제8회갑을 기념하는 축하회를 종로에 있는 음식점 식도원에서 가진 것이다. 기념일 이름으로 가갸날이 제안되었으나, 당일 토론에서 정음날이 제안 되는 등 이견이 있어 결정하지 못하고 당일 당선된 권덕규, 김영진, 송진우 등 18명에게 일임하였다. 다만, 주최측에서 사전에 가갸날로 공지하였기 때문에 《동아일보》(1926.11.4.)는 '오늘이 가갸날'이라고 보도하는 등 처음부터 가갸날로 부르기 시작하여 대중적으로 널리 불리게 되었다. '가갸'는 한글을 처음 배우는 사람들이 주로 사용하였던 반절표의 첫 두 음절이다. 반절표는 자음과 모음 자소를 합자하여 만든 자절 '가, 갸, 거, 겨... 나, 냐, 너, 녀...' 등을 하나의 표로 만들어 학습하기 편하게 한 것이다. 영어의 알파벳이 처음 두 글자의 이름에서 따온 것과 유사한 것이다.

1928년부터 기념일 명칭이 한글날로 바뀌었고, 기념일은 양력 환산 문제 등으로 수차례 조정을 거쳐 1934년부터 10월 28일로 되었다가 1945년부터 10월 9일로 바뀌었다. 10월 9일은 1940년 7월 발견된 《훈민정음》(해례) 정인지 서문 말미의 9월 상한(上澣)을 토대로, 상순의 마지막 날인 9월 10일을 양력으로 환산한 것이다. 《훈민정음》(해례)가 1940년에 발견되어 그해부터 한글날이 10월 9일로 바뀌었다고도 하나, 실제로 중일 전쟁이 발발하면서 1937년부터는 기념식을 하기 어려운 상황이었기 때문에 10월 9일에 기념식을 한 것은 해방 이후의 일이다.

한글날은 1946년 미군정청 〈근무규정〉(군정법률 제9호)에 따라 처음으로 공휴일로 지정되었고, 정부 수립 후 1949년 6월 4일에 〈관공서의 공휴일에 관한 건〉(대통령령 134호)로 법정 공휴일로 공식 지정되었다. 또한, 정부는 한글날을 법정 기념일로 해 달라는 한글학회를 중심으로 한 문화계의 요구를 수렴하여 1982년 5월 15일에 대통령령으로 법정 기념일로 지정하였다. 그러나 그 후 정부의 공휴일 축소 정책에 따라 1990년 11월 1일 공휴일에서 제외되어 단순히 기념일로 남게 되었다. 한글날을 국경일로 지정하라는 국민 여론을 수렴하여 2006년 10월 9일부터 국경일로 지정되고, 2013년부터 다시 공휴일로 지정되어 오늘에 이르고 있다.

북한은 한글이라는 용어를 쓰지 않기 때문에 한글날이라는 명칭이 없다. 대신 조선글날, 훈민정음 창제일 등으로 부르는데, 그 기념일을 처음에는 양력 1월 9일로 지정하였다. 이것은 1443(세종25)년 12월의 《세종실록》기록 '이달에 임금이 친이 언문 28자를 창제했다'는 것에 근거한 것이다. 1963년부터 12월의 중간 날짜인 15일을 양력으로 바꾼 1월 15일로 기념일을 변경하여 오늘에 이르고 있다. 한반도에서 한글을 기념하는 날이 서로 다른 것은 《세종실록》 기록에 대한 해석의 차이 때문이지만, 공교롭게도 처음 기념식을 도모한 1923년은 창제 기록에, 공개적인 기념식이 처음 열린 1926년은 반포에 근거를 두었다는 점은 흥미롭다.

1.1.2.5. 해방 이후의 한글

정부 수립 이후 한글은 다시 국가의 권위로 공용 문자의 지위에 오르게 되었다. 1948년 10월 9일 〈한글 전용에 관한 법률〉을 제정하여 '대한민국의 공용 문서는 한글로 쓴다. 다만, 얼마 동안 필요할 때에는 한자를 병용할 수 있다.'고 명시하였다. 이 규정은 1894년 개화기의 공용 문자 지위 지정 때와는 상황이 달랐다. 아무 준비 없이 갑자기 공식화되었던 그 때와는 달리 일제 강점기를 통해 일구어 온 한글 통일 노력이 뒷받침하고 있었고, 한글에 대한 민족적 자각이 있은 뒤였다.

이러한 한글 공용 문자 운동은 이미 민간에서부터 시작하여 미군정 당국의 정책으로 시행되었다. 1945년 10월 16일에는 장지영을 위원장으로 하는 한자 폐지 실행화 발기 준비회가 결성되어 초등 교육에서 한자를

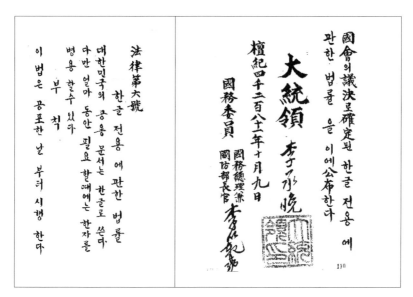

〈사진 2〉〈한글 전용에 관한 법률〉의 내용과 대통령 서명

뺄 것을 골자로 하는 한자 폐지 운동을 시작하였고, 1945년 12월 8일 미군정청 학무국 조선교육심의회 제9분과(교과서)는 교과서의 가로쓰기와 한자 폐지를 결정하였다. 조선교육심의회 제9분과 위원으로는 조진만, 조윤조, 김성태, 피천득, 웰치 대위, 최현배 등이 참여하였다. 이 결정은 한글 사용의 두 가지 중요한 원칙이 사실상 정해진 조치였다. 이어 1948년 8월 6일 미군정청 문교부는 《한자 안 쓰기의 이론》을 발행하면서 오천석 (1901~1987) 부장의 머리말을 통해 이 두 가지 사실을 다시 상기하였다. 여기 게재된 가로쓰기에 대한 결정 사항은 다음 (15)와 같다.

(15) ㄱ. 한글을 풀어서 왼쪽에서 오른쪽으로 나아가는 순전한 가로글씨로 함이 자연적인 동시에 이상적임을 인증함.

ㄴ. 그러나, 이 이상적 가로글씨를 당장에 완전히 시행하기는 어려우니까, 이 이상에 이르는 계단으로, 오늘의 맞춤법 대로의 글을 여전

히 쓰더라도, 그 글꼴(書行)만은 가로(橫)으로 하기로 함.

ㄷ. 첫째 목(項目)에서 규정한 이상적 순전한 가로글씨도 적당한 방법으로 조금씩 차차 가르쳐 가기로 함.

(15)는 한글을 풀어서 가로쓰기를 하는 것이 이상적이라고 하면서도 당장 시행하기 어렵기 때문에 풀어쓰기를 배제한 가로쓰기만을 시행하기로 하였음을 보여 준다. 풀어쓰기도 점차 가르치도록 한다는 결정은 최현배의 영향이 컸을 것으로 짐작된다. 그러나 이 결정 이전에 이미 한글 가로쓰기는 해방 직후 학교 공통 교과서로 발간된 《한글 첫 걸음》(1945.11.6.)에서 시행되었다. 《한글 첫 걸음》은 조선어학회가 편찬하고 미군정청 학무국에서 발간한 것으로 가로쓰기로 조판되었다.

교과서 한글 전용도 1945년 8월 조선교육심의회에서 이미 결정되었다. 초·중 교육에서 원칙적으로 한글을 쓰고, 한자는 안 쓰기로 결정하면서, 필요하다고 생각하는 경우는 한자를 같이 써도 무방하며, 중학교에서는 현대 중국어 과목, 고전식 한문 과목을 가르치도록 하였다. 이를 《한자 안 쓰기 이론》(1948)에서 다시 확인하였는데, 한자 사용을 폐지하는 근거로 정력과 시간의 허비, 인쇄의 불편, 대중문화와 민주 국가 건설, 우리말의 발달, 문자 발달사에서 필연, 한글이 새 문화 표현 수단으로 충분하다는 점을 들었다. 한글 전용 문제는 민간 특히, 조선어학회를 중심으로 강력히 추진되었다. 조선어학회는 1948년 7월 18일 한글을 국자로 정하고, 일반 공용 문서를 한글로 작성하는 한글 전용법 제정을 촉구하는 성명서를 발표하고 국회에 건의문을 제출하였다. 국회는 이러한 여론을 수렴하여 10월 9일 〈한글 전용에 관한 법률〉을 제정 공포하였던 것이다.

그러나 이 법률은 구체적인 내용이 없는 선언적 규정이었다. 법률의 조문은 '대한민국의 공용 문서는 한글로 쓴다. 다만, 얼마 동안 필요한 때에는 한자를 병용할 수 있다.'라고 규정한 것이 전부였다. 이를 보완하기 위하여 1958년 1월 〈한글전용 실천요강〉이 시행되었다. 이 요강은 모든 공문서는 반드시 한글로 쓸 것을 주장하고, 구체적으로 관공서의 간판과 표식물, 게시, 고시, 공고문, 각종 간행물 등을 모두 한글로 쓰도록 하였다. 국가재건최고회의는 1961년 12월 〈한글 전용에 관한 법률〉을 개정하여 모든 간행물에서 한글 전용을 실시하려고 하였으나, 반대 여론에 부딪혀 실시하지 못하였다. 정부는 〈한글전용〉(국무총리 훈령 제68호, 1964), 〈정부 공문서 규정〉(대통령 제2036호 1965. 2. 24.), 〈한글 전용에 관한 지시〉(국무총리 훈령 제22호, 1965.5.16.)을 통하여 공문서의 한글 사용을 재차 독려하였다. 한글 전용 법률에도 불구하고 1963년 2월 제정된 〈제2차 초등학교 교육과정〉에서 한자를 교육하도록 규정함으로써 1965년부터 국어과 교과서에 국한 혼용이 공식 실시되었다. 그러나 박정희 대통령은 1968년 10월 25일 '한글전용 촉진 7개 사항'을 발표하여 민원 서류도 한글을 전용하며 구내에서 한자가 든 서류를 접수하지 말 것 등을 지시하고, 각급 학교 교과서에서 한자를 없앨 것을 지시하였다. 이에 따라 '한글전용연구위원회'를 설치(대통령령 제3925호)하고, 〈한글 전용에 관한 총리 훈령〉(제68호)를 제정하였다. 또한 1969년 9월 교과과정 개정령을 공포하여 한자 교육 근거를 없애고, 1971년 3월부터 국민학교 국어과 교과서를 한글 전용으로 바꾸었다.

해방 후 남한에서의 한글 운동은 조선어학회를 이은 한글학회를 중심으로 전개되었다. 일제 강점기에 한글을 지키고 가꾸다 감옥까지 가야 하였던 역사적 사실에 언중들이 그 권위를 부여하면서 한글 전용을 강하게 추진할 수 있었는데, 이에 대통령의 확고한 한글 전용 방침으로 실행하게 되었다. 그러나 1969년 7월 31일 이에 대한 반대 입장을 가진 한국어문교육연구회가 조직되어 한글 전용 교육이 가져올 국민 지성의 저하, 교육 효과 저하, 학술 발전의 저해 등의 문제를 지적하면서 초등학교부터 한자 교육이 필요하고, 모든 교과서를 국한문 혼용으로 할 것을 주장하여 혼란이 지속되었다. 이에 따라 1972년 한글 전용을 시행하되, 중등학교 이상에서는 한자 한문 교육을 병행하는 쪽으로 절충되어 1975년부터는 중·고등학교 교과서에 한자 병용을 실시하였다. 이후 1980년대 들어 한글 전용이 거의 정착되었다.

한글 가로쓰기와 한자 폐지 문제는 한글의 기계화 문제와 맞물리면서 전개되었다. 1947년 안과 의사 공병우(1907~1995)가 개발하여 1949년 6월 24일 특허된 '쌍초점 타자기'가 상용화·실용화 되면서 한글을 기계화하는 길이 열리었다. 공병우 타자기는 자판이 초성 14자 1벌, 중성 17자 1벌, 종성 27자 1벌을 갖추고 있어 세벌식 타자기로 불리는데, 최초로 가로쓰기가 가능하였으며 빠른 속도와 정확성을 장점으로 가지고 있었다. 최초의 타자기로 알려진 이원익(19144), 송기주(1930)은 모두 가로 찍거나 옆으로 찍어 세로로 읽는 모아쓰기 방식이었다는 점에서 가로쓰기는 획기적이었다. 다만, 글꼴이 반듯한 네모꼴을 보이지 못한 단점이 있어 1959년 이를 보완한 다섯벌식 김동훈 타자기가 시판되었고, 1969년에는 정부의 네벌식 표준 자판에 따라 만들어진 크로바 타자기가 생산되었다. 1982년 정부가 컴퓨터의 도입에 따라 '정보 처리용 건반 배열'이라는 두벌식 컴퓨터 표준 자판을 확정하면서 초성 19자를 1벌, 중성 14자를 1벌로 배열한 것이 표준 자판이 되었다. 공병우 타자기는 한글의 자절(字節) 구성 원리를 타자기에 처음 적용하여 가로쓰기를 실용화하였다는 점에서 중요한 가치가 있어 초기 모델 두 점이 2013년 등록문화재 제552-1, 552-2호로 지정되었다.

가로쓰기가 가능한 한글 타자기의 등장은 문자 생활의 변화를 가져왔다. 공병우 타자기가 한국 전쟁 중 군대에 도입되기 시작하여 알려진 이후 1961년부터 공문서를 한글 타자기로 작성하면서 민간에서도 타자기가 널리 사용되기 시작하였다. 한글을 가로로 모아쓸 수 있는 타자기의 등장은 한글 전용을 추구하는 입장에서는 반가운 소식이었다. 문교부는 1963

년 실업과 교과목에 타자를 신설하는 등 타자기 사용을 독려하였으며, 한글 전용을 추진하는 정부와 한글학회는 전국 단위 타자 경기 대회를 시행하게 되었다. 1968년에 522돌 한글날 기념으로 한글학회와 노동청 주관으로 전국 한글 타자 경기 대회가 열리는 것을 시작으로 1970년 10월에는 총무처 주관으로 제1회 공무원, 제2회 전국 한글 타자 경기 대회가 열리는가 하면 총무처 주관 중앙 행정 기관 대항 한글 타자 경기 대회가 열릴 정도로 타자 기술 습득 경쟁은 열기가 뜨거웠다.

해방 이후 한글과 관련된 또 하나의 중요한 문제는 정체성 회복 문제였다. 미군정청 문교부는 1946년 전국적으로 '국어 정화 촉진 운동'을 전개하였으며, 1947년 1월에는 '국어정화위원회' 등을 설치하여 우리말 정체성 회복을 시도하였다. 1948년 6월 2일에는 흔히 쓰는 일본말 대신에 쓸 만한 우리말을 정리한 《우리말 도로 찾기》를 발간하여 전국에 배포하였는데, 그 머리말의 일부는 다음 (16)과 같다.

(16) 우리는 왜정에 더럽힌 자취를 말끔히 씻어 버리고 우리 겨레의 특색을 다시 살리어 천만년에 빛나는 새 나라를 세우려 하는 이 때에 우선 우리의 정신을 나타내는 우리말에서부터 씻어 내지 아니하면 아니 될 것이다.

1949년 한글날부터는 민간에서 한글학회, 진단학회, 한글전용촉진회가 공동으로 일본식 간판 일소 운동을 벌이고 일본식 용어를 우리말로 고치는 운동을 벌였다. 문교부는 한글 전용을 촉진하기 위하여 1962년 4월 한글전용특별심의회를 통하여 신문 잡지에 사용되는 일상 용어 중에서 주로 어려운 한자말이나 외래어를 쉬운 말로 바꾸는 작업을 하였다. 이 심의 활동은 1962년 7월부터 1963년 7월까지 이루어졌으며, 모두 14,159개 어휘를 다루었다. 1976년 11월 문교부가 국어심의회 안에 국어순화분

과위원회를 설치하여 한자어나 일본어투 표현을 순화한 것도 이러한 작업의 일환이었다.

1.1.2.6. 남북 분단과 한글

1948년 8월 15일 남한의 대한민국 정부 수립과 함께 1948년 9월 9일 평양을 수도로 하는 조선민주주의인민공화국이 수립되며 한반도는 남북으로 분단되었고, 이것은 한글 사용에서도 이질화되는 계기가 되었다. 북한은 정부 수립 이전부터 어문 정책을 적극적으로 수립하여 1946년부터 국어 교육을 강화하고, 문맹 퇴치 운동과 한자 폐지 운동을 대대적으로 전개하였다. 운동의 결과 1949년에는 230여만 명이 글을 읽게 되고, 거의 모든 출판물에서 한글 전용이 적용되었다. 1947년 조선어학회의 맞춤법 통일안을 수정 보충하여 〈표준말 맞춤법 사전〉을 간행하여 사용하였다. 1947년 2월 5일에는 북조선 임시인민위원회 결정으로 김일성종합대학 안에 〈조선어문연구회〉를 조직하여 국어에 대한 과학적 연구와 보급, 국어 생활을 개선하기 위한 사업 등을 체계적으로 전개하였다. 〈조선어문연구회〉는 철자 문제, 한자 문제, 가로쓰기 문제 등을 연구하였는데, 1948년 1월 15일에 〈조선어신철자법〉을 발표하였다. 〈조선어신철자법〉은 월북 인사들이 참여한 가운데 〈조선어문연구회〉가 재조직되고, 이곳의 검토를 거쳐 1950년 4월 14일 최종 발표되었다(김영황 외, 2001).

〈조선어신철자법〉은 일정한 의미를 가진 낱말을 고정하여 표기하는 형태주의 원칙을 강화하고, 모든 문서를 가로쓰기로 결정하였다. 특히 기존에 없던 새로운 6자모(ㄷ ㅂ ㅅ ㅎ ㅕ ㅣ)를 제정하여 자모수가 늘어났다. 6자모는 설측음, 반모음 등과 불규칙활용을 하는 어간의 'ㄹ, ㅂ, ㅅ, ㄷ' 등을 표기하였다. 그러나 이 6자모는 언어생활에 혼란을 주고, 남북통일이 되었을 때 난관이 된다는 점에서 비판이 제기되었고 대중적으로 사용되지 못하다가 끝내 〈조선어철자법〉(1954)에서는 제외되었다. 이외에 〈조선어신철자법〉의 중요한 결정은 '로인'(老人), '량심'(良心), '녀자'(女子)처럼 두음 법칙을 인정하지 않고, 자모 이름을 ㄱ(기윽), ㄴ(니은), ㄷ(디은), ㅅ(시읏)처럼 규칙적으로 명명하였는데 이들은 현재까지 유효하다. 두음 법칙은 1946년 공산당과 신민당이 합당하면서 당명을 '로동당'으로 정할 때 문제가 된 것인데, 맞춤법에서 완전한 표음주의는 불가능하므로 체계적인 데 중점을 두면서 두음 법칙을 인정하지 않는 방향으로 결정되었다. 이들 이외에도 외래어 사용이나 사이시옷 표기, 띄어쓰기 등에서 남북 간에 차이가 적지 않다.

북한의 한글 사용에서 변곡점이 된 것은 1960년대 김일성(1912~1994)의 담화이다. 1958년 3월 문자 정책을 주도하던 김두봉(1889~1960?)이 숙청되고 난 이후, 김일성은 〈조선어를 발전시키기 위한 몇 가지 문제〉(1964)와 〈조선어의 민족적 특성을 옳게 살려 나갈 데 대하여〉(1966)를 잇달아 발표하여 북한 어문 정책 방향을 제시하였다. 특히 후자에서는 표준어를 문화어로 바꾸도록 함으로써 평양말을 표준으로 하는 정책이 시작되었다. "표준어라는 말은 다른 말로 바꾸어야 하겠습니다. 표준어라고 하면 마치도 서울말을 표준하는 것으로 그릇되게 리해될 수 있으므로 그대로 쓸 필요가 없습니다. 사회주의를 건설하고 있는 우리가 혁명의 수도인 평양말을 기준으로 하여 발전시킨 우리말을 표준어라고 하는 것보다 다른 이름으로 부르는 것이 옳습니다. 문화어란 말도 그리 좋은 것은 못 되지만 그래도 그렇게 고쳐 쓰는 것이 낫습니다."라고 주장한 것이다. 《조선말 규범집》(1966)의 표준 발음법은 "현대 조선말의 여러 가지 발음들 가운데서 조선말 발달에 맞는 것을 가려잡음을 원칙으로 한다."라고 하였으나, 1988년 제2차 개정에서는 "혁명의 수도 평양을 중심지로 하고 평양말을 토대로 하여 이룩된 문화어의 발음에 기준한다."라고 개정하였다. 한편 북한은 문화어와 함께 말다듬기 운동을 전개하여 한자어나 외래어를 우리말 고유어로 대체하는 작업을 대대적으로 시행하였다.

1.1.3. 한글과 국어 연구

1.1.3.1. 언문청과 국립국어원

우리말이나 글을 다룬 최초의 기관은 언문청이다. 언문청은《세종실록》(1446.11.8.)의 "《태조실록》을 내전에 들여오기를 명하고, 드디어 언문청을 설치하여 사적을 상고해서 용비시(龍飛詩)를 첨입하게 하니"라는 기록에 처음 보이는데, 이 즈음에 언문청이 설립되었음을 알 수 있다. 그러나 언문청에 대한 구체적 내역은 전하지 않는다. 다만, 훈민정음이 창제된 이후에 훈민정음과 관련된 일을 담당하였을 것으로 추측될 뿐이다.

그런데《문종실록》(1450.10.28.) 기사에는 정음청이 여러 번 등장한다. 정음청이 언문청의 이칭인지 별도의 것인지도 불분명하다. 문종은 정음청을 혁파하라는 신하들의 상소에 대하여 "정음청은 오늘에 세운 것이 아니라 일찍이 이미 설치한 것"이라고 답한 것으로 보아 그 이전의 언문청과 관련이 있을 가능성이 있다. 그러나 문종대의 정음청은 이미 훈민정음과 관련된 업무와는 거리가 멀었던 것으로 추정된다. 주로 환관들이 책임을 맡아 불경, 소학 등을 간행하였고, 중국 체제의 갑옷을 만들기도 하다가 신하들의 요청에 따라 1452(단종1)년 마침내 혁파되었다. 1507년 9월 4일《중종실록》에도 '혁언문청'이라는 기사가 있는데, 이 언문청도 무엇인지 정확히 알 수 없다.

1907년 7월 8일 정부는 맞춤법 등 시급한 한글의 표기 문제를 해결하기 위하여 학부 안에 국문연구소(1907~1909)를 설립하였다. 비록 한시적인 위원회 성격이지만, 세종의 언문청 이래 처음으로 국문 연구 기구가 정부 안에 세워진 것이다. 당시 고종의 재가를 받은 지석영의《신정국문》(1905)에 대한 반발이 심하고, 이능화가 1906년 5월〈국문일정의견〉을 학부에 제출하는 등 맞춤법에 대한 논의가 분분하자 이를 해결하기 위하여 설치한 것이다. 국문연구소는 당시에 한글에 대한 문제로 제기된 10가지 주제에

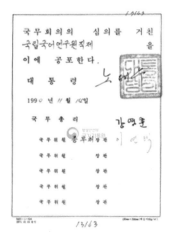

〈사진 3〉 국어연구소 기관지 《국어생활》 창간호와 국립국어연구원 직제 대통령 서명

대하여 논의하고 그 결과를 〈국문연구의정안〉으로 제출하였다. 이 연구 결과는 공식적으로 시행되지 못하였지만, 당시의 한글 사용 문제점과 해결 방안이 정리되어 있다는 점에서 의의가 있다.

해방 이후 문교부는 1984년 5월 10일 학술원 안에 임의 기구 형식으로 국어연구소(1984~1990)를 설립하였다. 국어연구소(소장: 김형규)는 어문 정책을 과학적·체계적으로 실행하기 위한 정책 기반을 조성하기 위하여 설립된 학술 연구 기관이었다. 국어연구소는 두 가지 방향의 사업을 진행하였다. 하나는 국어의 과학적 연구를 뒷받침할 자료 수집과 정리 연구이고, 다른 하나는 국가 정책 사업에 대한 자료 조사 및 연구였다. 특히 후자의 사업은 1985년 2월부터 학술원의 '맞춤법, 표준어, 외래어 표기법 개정안'에 대한 연구 검토 사업이 위탁되면서 연구소의 중심 사업이 되었다. 1990년 1월 3일 정부 조직법 개정에 따라 어문 정책이 문화부로 이관되면서 국어연구소도 문화부 소속으로 바뀌었다. 1990년 11월 14일 정원 35명의 국립국어연구원 직제가 확정되면서 1990년 12월 31일 국어연구소가 해체되고 1991년 1월 23일 국립국어연구원(원장: 안병희)

가 개원하였다.

〈국립국어연구원직제〉 제1조(설치)는 "국어 및 국민의 언어생활에 관한 조사 연구를 통하여 국어 합리화의 기초를 세움과 아울러 국민 문화생활의 향상에 이바지하고자 문화부 장관 소속하에 국립국어연구원을 둔다."라고 하였다. 원장은 학예연구관 또는 1급 상당 별정직 국가공무원으로 보하였다. 국립국어연구원은 2004년 11월 국립국어원으로 명칭을 변경하였다. 국립국어원은 합리적인 국어 정책 추진에 필요한 체계적 조사와 연구를 하며, 언어 규범을 보완·정비하고 국가 언어 자원을 수집하여 통합 정보 서비스를 강화함으로써 국민 언어생활의 편익을 증진하고, 국민이 원활하게 의사소통할 수 있도록 국어 사용 환경을 개선하고 한국어 교육의 질을 높이는 기반을 조성하는 것을 목적으로 하고 있다. 1992년부터 국어대사전 편찬에 착수하여 《표준국어대사전》(1999/2008)을 발간하고, 2016년부터 누리망 《우리말샘》, 《한국어기초사전》을 개통하였다. 2006년에는 〈국어기본법〉에 근거하여 국어 발전을 위한 〈제1차 국어발전기본계획〉(2007~2011) 수립하였다. 2016에는 〈한국수화언어법〉(법률 제13978호)과 점자법(법률 제14205호)을 제정 및 공포하여 국어 사용의 범위를 확대하였다. 이외에도 어문 규범의 관리, 국어 생활 지원, 국어 사전 편찬, 국어 실태 조사, 국어 정보화, 국어 능력 향상, 국외 한국어 보급, 남북 언어 통합, 제도와 국어 발전 계획 등 국어의 실태 조사와 국어 발전을 위한 작업을 추진하고 있다.

1.1.3.2. 〈국어 기본법〉

〈국어 기본법〉은 법률 제7368호로 2005년 1월 27일 제정되어 2005년 7월 28일 시행되었다. 5장 27조 부칙 4조로 구성되었으며, 이후 필요에 따라 몇 차례의 개정을 거쳤다. 2012년 제5차 개정에서는 세종학당 설립 규정이 추가되어 해외 한국어 보급의 장치를 마련했다. 〈국어 기본법〉은 한글뿐만 아니라 우리말의 전반적인 발전을 위한 법적 장치를 마련하였다는 점에서 의의가 있다.

〈국어 기본법〉이전에도 국어 관련 법령이 있었다. 그중 대표적인 것이 〈한글 전용에 관한 법률〉(1948)과 〈문화예술진흥법〉(1995)이다. 전자는 대한민국 공용문서는 한글로 쓴다고 규정한 한 페이지짜리 법률이다. 후자는 1972년 제정된 〈문화예술진흥법〉을 개정한 것인데, 문화 예술의 범위에 어문을 포함하고, '제2장 국어의 발전과 보급'을 추가하였다. 또한 국어심의회를 설치하고, 어문 규범 제정 및 준수를 규정하고 있다.

이들 법률 내용을 포괄하고 체계화한 〈국어 기본법〉은 2003년 정부의 법률안 심의를 마치고 2005년 법률로 제정되었다. 법률은 국어 사용에 관한 기본 원칙, 어문 규범 준수 장려와 국어 진흥 정책의 법적 근거 마련, 국어의 국외 보급 사업 지원 근거 등을 포괄적으로 규정하여 국어의 발전과 보전을 위한 실질적인 제도와 정책을 명시하고 있다.

〈국어 기본법〉의 골자를 들면 다음과 같다. 첫째, 국가는 국어 발전 기본 계획을 수립하고 의무적으로 국회에 연차 보고를 하며 주기적인 국어 실태 조사와 국어 문화 지수를 산정하도록 하고 있다. 또한 공공기관별로 국어 책임관을 임명하도록 하고 있다. 이로써 국어 발전에 관한 국가의 의무를 명확히 하고 있다. 둘째, 공공 기관의 공용문서 작성 시 한글 사용 원칙과 어문 규범 준수 의무 등을 명문화하고 국민의 모든 언어생활을 국어로 하되 어문 규범을 준수하도록 언어 사용에 관한 기본 원칙을 밝히고 있다. 셋째, 국제국어진흥원의 설립, 국어 진흥 기금의 설치, 국어 능력 검정 시험의 실시와 일정 자격 취득자를 우대하도록 하고 국어 상담소의 설치를 장려하는 등 국어의 진흥과 보급을 위한 각종 제도적 방안을 마련하고 있다.

정부의 공문서 사용 문자에 대한 규정은 1485(성종16)년 간행된 《경국대전》예전 용문자식(用文字式)이 처음이다. 여기에서 공용 문서의 규범을 보이고 있는데, 이곳에는 한자나 이두로 된 것은 있으나 언문으로 된 예는 없다. 그런데 국문은 갑오개혁 이후 예문 (12)의 공문식제(公文式制)에서 공용 문자로 처음 등장하였고, 해방 이후 〈한글전용에 관한 법률〉(1948)을 거쳐 〈국어 기본법〉(2005)으로 귀결되었다. 해방 이후 규정의 변화를 보이면 다음과 같다.

(17) ㄱ. 대한민국의 공용문서는 한글로 쓴다. 다만, 얼마동안 필요한 때에는 한자를 병용할 수 있다. (한글전용에 관한 법률, 1948.10.9.)

ㄴ. 공공 기관 등의 공문서는 어문 규범에 맞추어 한글로 작성하여야 한다. 다만, 대통령이 정하는 경우에는 괄호 안에 한자 또는 다른 외국 문자를 쓸 수 있다. (국어기본법 제14조, 2009.3.18.)

〈국어 기본법〉은 국어와 관련한 실질적인 제도와 정책들을 명문화하여 법적·제도적 장치를 마련하였다는 점에서 의의를 지닌다. 더욱 중요한 것은 〈국어 기본법〉의 시행이 품격 높은 국어 생활에 대한 일반인들의 관심과 노력을 배가시켜 장기적으로 국어의 발전과 보존에 초석이 되어야 한다는 점이다.

1.1.3.3. 국립한글박물관

국립한글박물관은 2008년 3월 대통령 업무 보고 및 지시 사항으로 한글 문화의 활성화 방안 마련 및 추진의 일환으로 설립 사업이 시작되었으며, 2014년 10월 9일 정식으로 개관되었다. 2013년 4월 한글 박물관의 개관을 위한 전문가의 의견 수렴을 위하여 국립한글박물관 개관위원회가 발족되었는데, 홍윤표 위원장은 인사말에서 한글 박물관의 기능과 역할에 대하여 다음 (18)과 같이 밝혔다.

(18) 한글이 어떻게 창제되어 어떤 모습으로 변천해 왔는지를 볼 수 있음은
물론이고 우리 선조들이 의사소통을 원활하게 하기 위해 한글을 어떻
게 현명하게 운용해 왔는지를 볼 수 있을 것입니다. 또한 한글을 통해
우리 문화를 발전시켜 온 슬기로운 역사도 볼 수 있을 것입니다. 그뿐
만 아니라 한글을 통해 표현된 글 속에서 우리의 삶이 어떠했으며,
서로 어떻게 교류해 인간관계를 이루어 왔는지를 일목요연하게 확인할
수 있을 것입니다.

이는 한글 박물관이 한글 창제와 변화의 모습, 운용 방법은 물론이고
한글로 표현된 우리 문화와 우리 삶이 어떠했는지를 보여 주고자 한다는
의지를 밝힌 것이다.

실제로 국립한글박물관의 상설 전시의 내용은 한글의 역사와 가치를
드러낼 수 있도록 구성되었는데, 단순히 한
글 창제 원리 등을 알리는 것이 아니라,
교육, 종교, 생활, 예술, 출판, 기계화 등
각 분야에서 한글이 보급되는 과정을 보여
주고 있다. 즉, 한글이 우리 삶과 더불어
어떻게 확산되었는지를 보여 주고 있는 것
이다. 이외에도 한글이 국문의 지위를 얻은
과정, 여러 한글 단체 및 학자들이 이룬
한글 연구 결과와 당시의 한글 교육 자료를
소개하여 한글과 관련된 내용을 폭넓게 전
시하여 한글문화의 창달에 기여하고 있다.
〈사진 4〉는 사전의 재발견을 주제로 진행
된 기획전시의 팸플릿 표지이다.

〈사진 4〉 국립한글박물관 기획 전시 '사
전의 재발견'(2018-1019)

1.2. 한글문화와 한글 역사

1.2.1. 한글문화의 개념

1.2.1.1. 문화의 개념

문화의 개념은 복합적이다. 문화에 대한 사전적 정의는 다음과 같다.

> (19) 자연 상태에서 벗어나 일정한 목적 또는 생활 이상을 실현하고자 사회
> 구성원에 의하여 습득, 공유, 전달되는 행동 양식이나 생활 양식의 과
> 정 및 그 과정에서 이룩하여 낸 물질적·정신적 소득을 통틀어 이르는
> 말. 의식주를 비롯하여 언어, 풍습, 종교, 학문, 예술, 제도 따위를 모두
> 포함한다. (표준국어대사전)

(19)에 따르면 사람의 행위 가운데 문화에 해당되지 않는 것은 거의
없을 것이다. 사람이 생활하면서 이룩한 모든 정신적·물질적인 것이 문
화의 범주에 해당하기 때문이다. 외국어로서의 우리말 교육에서 한국 문
화의 내용은 방대하고 복잡하지만 대체로 현대나 고전을 막론하고 한국인
들의 일상 생활이나 예술에 대한 모든 내용을 포함하는 것도 그러한 이유
에서다.

1.2.1.2. 한글문화의 개념

한글문화는 기본적으로 한글이라는 문자를 매개로 이루어진 문화 활동
을 이른다. 문화 활동의 범위를 어디까지로 할 것이냐는 사람에 따라 다를
수 있다. 문자로만 한정할 수도 있고, 언어로 한정할 수도 있으며, 한글로
이루어진 모든 정신적 물질적 소득으로 확대할 수도 있다. 한글이 문자인
것은 분명하지만, 한글이 한국어를 표기하는 수단이라는 점에서 한국어

와 무관한 것으로 보기는 어렵다. 한글문화가 한국어 문화의 하위 개념일 필요는 없으나, 횡적으로 한국어 문화와 관련을 맺고 있다고 할 수 있다. 한국어 문화는 결국 한국어를 쓰는 우리의 모든 것을 의미하게 된다. 따라서 한글문화는 문자로서 한글이 가지는 특성을 기본으로 하여, 좁게는 한글이 언어와 관련된 창조물을 포함하고, 넓게는 한국어와 관련된 모든 물질적·정신적 소득을 포함하는 개념으로 정의할 수 있다. 다만, 이러한 개념에 따르면 한글 창제 이전의 향문은 넓은 의미의 한글문화에 포함된다. 향문은 우리말을 표기하기 위한 것으로 우리 문자 생활이지만, 그것이 한글을 기반으로 하는 것은 아니기 때문에 좁은 의미의 한글문화에는 포함되지 않는다.

한글문화에 대한 연구는 한글학이라고 이를 만하다. 한글학에 대한 종합적 이해를 다룬 이른 시기의 업적은 김윤경(1938), 홍기문(1946), 최현배(1940/1960), 방종현(1948) 등이 있다. 이들은 대체로 훈민정음의 내용과 그 변천사와 관련된 사실, 한글에 대한 연구 결과의 규명에 초점이 있지만, 김윤경(1938)은 세종과 세조의 실행 장려, 연산군의 폭정, 한글의 보급과 발전에 대한 기독교의 공헌 등을 포함하여 기술하였다. 최현배(1960)의 《고친 한글갈》은 이론편과 역사편을 구분하여, 전자는 한글에 대한 해석 및 한글 기원 등의 문제를 다루고, 후자는 한글 발전 역사 및 한글 연구사 등을 다루고 있다. 최현배(1960)는 한글에 대한 종합적 연구로 한글학의 집대성이라고 할 수 있다. 특히 한글 발전 역사 부분에서는 한글의 독립적인 쓰임인 정음류와 번역 사업인 언해류, 한자음 번역인 역자류, 외국어의 번역인 역어류에 대한 관련 문헌을 세세히 다루어 종합하였다. 한글로 간행된 문헌도 중요한 한글문화의 일부로 편입한 것이다. 홍윤표(2013)은 이러한 한글 문헌을 넘어서서 다양한 내용을 한글문화에 포함하고 있어 흥미롭다. 한글과 문화에는 예술, 생활, 놀이 문화, 과학과 관련된 한글을 다양하게 보여 주고 있다. 문헌이 아니라 한글 제문, 한글

오행점 윷, 버선본 한글, 그림 속 한글 등 실제 생활 속에서 쓰인 다양한 한글 자료를 포함하여 한글문화의 지평을 넓혔다고 할 수 있다.

한글문화에 대한 논저들이 대체로 한글의 가치, 한글의 보급과 발전에 대한 내용이 주류를 이루고 있는데 비하여 국립한글박물관의 보고서 (2019ㄷ)은 보다 폭넓고 구체적으로 개념과 범위를 제시하였다. 해당 보고서는 한글문화의 개념을 한글을 익히고, 가꾸며, 퍼뜨리는 것들로 제안하고 구체적으로 5,000개의 항목을 선정하였다. 익히는 일에는 한글 교육에 관련된 한글 교과서, 한글 교실, 한글 관련 학회, 한글 박물관 등은 물론 사회적 교육 기관들, 훈민정음이나 한글 문헌들을 포함하였다. 가꾸는 일은 한글 순화 운동 등 우리말을 갈고 가꾸는 일을 포함하며, 한글 맞춤법 등 어문 규정을 다듬는 일을 포함하였다. 퍼뜨리는 일은 한글을 세계에 널리 알리는 일은 물론 정보화 시대의 문자 입력 문제 등을 포함하였다.

1.2.2. 한글문화의 서술 범위

본서는 한글문화를 포괄하는 여러 개념 중에서 한글의 본질적 문제와 이와 관련된 문제로 나누어 서술하고자 한다. 한글의 본질적 문제는 한글의 문자적 특징이나 창제 과정 등 한글 문자 자체에 대한 이해를 의미한다. 관련된 문제는 한글이 어떻게 대중들에게 사용되어 왔는지, 현재 한글이 어떻게 사용되고 있는지를 밝히는 것이다. 이 내용은 매우 복잡다기한 것이지만, 한글 사용의 양상과 한글 사용의 규범적 문제로 나눌 수 있다. 따라서 여기서는 크게 다음 세 가지 분야로 제한하여 서술하고자 한다.

첫째는 한글의 문자적 특징에 대한 이해이다. 구체적 한글 창제 원리와 창제 목적을 이해하는 것은 물론이고, 한글 창제 과정에서 상정할 수 있는 이론적 배경 등도 포함된다. 1443년 무렵 중원에는 성운학이라는 어음

연구의 방법이 발전되어 있었고, 티베트나 몽고 등 주변 나라는 중국의 한자가 아닌 표음 문자의 제정을 단행한 뒤였다. 우리나라는 중국과 말이 다르면서도 문자는 한자를 쓰는 언문 불일치의 어려운 상황에 있었고, 한자의 음훈(音訓)을 빌려 우리말을 표기하는 향문을 쓰고 있었지만, 그 불편함은 심대하였다. 새 문자 창제의 기운이 이러한 배경에서 잉태되고 있었음을 이해할 필요가 있다.

둘째는 한글 사용의 양상에 대한 이해이다. 지금처럼 한글이 우리나라의 보편적인 문자가 되기까지 어떤 사람들이 어떻게 한글을 사용해 왔는지가 포함되어야 한다. 특히 조선 시대 서민들이 한글을 사용한 모습이나, 일제 강점기의 엄혹한 시기에 한글을 가꾸고 지키기에 노심초사하였던 모습, 외국인들의 한국어를 배우기 위한 모습도 포함되어야 한다. 이 과정에서 우리말글 교육이나 그에 따른 교재 등 한글 문헌에 대한 내용이 같이 포함된다.

셋째는 한글 표기 규범의 문제이다. 한글은 음소 문자로 창제되었지만 실제 운용은 음절 문자처럼 쓰이기 때문에 어떻게 음절 표기를 할 것인지가 주요 논쟁점의 하나이다. 이 논쟁의 중심 내용과 현재 우리가 쓰는 규범을 충분히 이해하는 것도 한글문화론에 포함되어야 한다. 어문 규범과 함께 빼놓을 수 없는 것은 국어사전에 대한 것이다. 국어사전은 우리말에 대한 종합적 보물 창고인 셈인데, 이것은 한글 규범의 기준이 정립되지 않고는 성립되기 어려운 것이다.

1.2.3. 한글문화의 시기 구분

한글의 변천사를 회고하면서 시기를 구분한 것은 이윤재(1888~1943)로부터 시작되었다. 이윤재(1932)는 변천사를 정음시대(창정기:1446~1494), 언문시대(침체기:1495~1893), 국문시대(부흥기:1894~1910), 한글시대(정리기:1911~1923)로 구분하였다. 최현배(1940/1960)는 한글의 역사를 한글 창제 시기(1419~1468), 한글 정착 시기(1470~1591), 한글 변동 시기(1592~1724), 한글 간편화 시기(1725~1893), 한글 각성 시기(1894~1944), 한글 대성 시기(1945~)로 세분하였다. 그는 각 시기별 특성을 언급하였는데, 한글 창제 시기는 한글을 창제하고 겨레 문화의 올바른 터전을 일군 시기로, 한글 정착 시기는 양반 계급 중심으로 한글이 몸에 자연스럽게 붙는 시기로, 한글 변동 시기는 한글이 평민의 손으로 옮겨가는 시기로, 한글 간편화 시기는 한글이 일반 평민에게 널리 쓰인 시기로, 한글 각성 시기는 정부와 백성이 함께 한글을 쓰기 시작한 시기로, 한글 대성 시기는 모든 장애를 없애고 자유로이 과학적인 성능을 발휘하는 시기로 규정하였다. 방종현(1948)은 훈민정음의 역사를 훈민정음 이전과 훈민정음 저작, 그리고 훈민정음 이후로 3분하고, 훈민정음 이후는 다시 훈민정음 시대(1443~1505), 언문 시대(1527~1893), 국문 시대와 한글 시대(1894~1945)로 3분하였다. 언문시대는 다시 전기(1527~1592)와 후기(1593~1893)로, 국문 시대와 한글 시대는 국문 시대(1894~1910)와 한글 시대(1910~1945)로 나누었다. 따라서 실제로는 다섯 시기로 세분하여 기술한 셈이다. 이러한 기술은 조선 시대를 3시기로 구분하고, 개화기 이후를 2시기로 구분하는 방식이었다. 김민수(1987)는 국어 사용의 문제를 개선하기 위한 활동을 국어 운동으로 규정하고, 이러한 내용으로 국어 운동사를 서술하면서 시기를 훈민정음 이전과 훈민정음 이후로 나눈 다음, 훈민정음 이후는 정음 시대(1443~1504), 언문 시대(1504~1894), 국문 시대(1894~1910), 한글 시대(1910~1945), 국어 시대(1945~)로 구분하였다.

지금까지의 견해를 종합하면 일반적으로 한글의 역사를 나누는 기준은 개화기를 기점으로 하였다. 개화기 이전은 2~4시기로 하위 구분되어 차이가 있기는 하지만, 한글이 정책적 보살핌을 받지 못한 상태에서 야생마

처럼 사용이 확대되어 갔던 시기였다고 할 수 있다. 개화기 이후도 2~3시기로 하위 구분하여 다소 차이가 있지만, 한글이 문자 생활의 전면에서 공식적으로 등장하였다가 어려움에 처하는 상황에서 해방 이후 새로운 전기를 맞이한 시기라고 할 수 있다. 그런데 해방은 한글의 역사에서 대전환을 이룬 시기이므로, 개화기의 갑오개혁처럼 시대 구분의 전환점으로 보는 것이 합리적이다.

이러한 바탕에서 본서는 훈민정음 창제 이후의 시기를 3분하기로 한다. 첫째, 훈민정음 창제 이후 갑오개혁(1894) 이전까지를 한글 성장기로 구분한다. 이 시기는 정책적 보살핌을 받지 못하고 비주류의 설움 속에서도 야생화처럼 꿋꿋이 생존한 시기이다. 음지(陰地)의 시기에 비유될 수 있다. 한글 성장기는 성장 단계별로 하위 구분할 수 있을 것이나, 결국 비주류의 운명을 벗어나지 못했기 때문에 하나로 묶어 서술한다. 둘째, 갑오개혁부터 해방(1945)까지를 한글 정비기로 구분한다. 이 시기는 부침(浮沈)이 심한 격동의 시기였다. 국문이란 이름을 얻어 주류 문자로 격상된 것도 잠시 이내 비주류로 전락하는 시기였지만, 그 과정에서 우리말과 글에 대한 자존적 인식이 확장하면서 오히려 이들을 정리하고 통일을 이루어 낸 시기였다. 이 시기도 한일합방을 계기로 하위 구분이 가능하나, 양지와 음지를 오가면서도 우리말 통일을 이루어낸 과정으로 묶어 서술한다. 양음(陽陰)의 시기에 비유할 수 있다. 셋째, 해방 이후의 현재까지를 한글 규범기로 구분한다. 해방 이후는 가로쓰기와 한글 전용이라는 새로운 역사가 시작되고, 우리말과 글을 주류의 권위로 쓸 수 있게 된 시기다. 훈민정음 창제 이후 가장 화려하게 살아가는 시기로, 어문 관계법과 우리말을 집대성한 국어 사전이 완성되고 적정하게 관리되는 시기이다. 양지(陽地)의 시기에 비유될 수 있다. 이를 정리하여 책의 본론 구성을 보이면 다음 (20)과 같다.

(20) 제2편 한글의 토대(~1443)

　　　제3편 한글의 창제(1443~1446)

　　　제4편 한글의 성장(1443~1894)

　　　제5편 한글의 정비(1894~1945)

　　　제6편 한글의 규범(1945~)

　제2편은 한글이 창제된 토대에 대하여 서술한다. 무엇보다 한자를 차용하여 우리말을 표기하는 방법이나, 음운 분석의 방법을 제공한 중국의 성운학 이론, 참고가 되었을 주변 나라의 문자에 대한 내용이 포함된다. 제3편은 1443년 창제된 한글에 대한 구체적 내용에 대하여 서술한다. 창제 목적, 《훈민정음》의 이본, 제자 원리와 운용 원리 등이 다루어진다. 창제 이후부터 개화기 이전까지를 다루는 제4편은 문자의 소실과 자형의 변화, 한글의 교육과 사용 양상, 한글이 사용된 고문헌의 종류와 내용 등을 다룬다. 개화기 이후를 다루는 제5편은 국문의 등장과 사용 양상 및 국어 교육과 민간의 한글 보급 운동, 어문 정리 사업의 전개와 국어사전의 편찬 등을 다룬다. 마지막으로 제6편은 우리가 현재 한글 사용의 규범으로 삼고 있는 〈한글맞춤법〉 등 어문 규정과 국어사전의 구체적인 내용을 다룬다.

　제1편 서설은 우리말과 우리글의 명칭이 어떻게 쓰였는지를 사적으로 검토한다. 한글 사용은 해방 이후 오늘날까지 전개 양상을 간략히 서술하고, 한글문화의 개념과 시기 구분 문제를 서술한다. 제7편 맺음말은 서술의 내용을 요약하고 앞으로의 한글 사용의 전망을 약술한다. 서술하는 과정에서 창제된 새 문자를 지칭하는 기본 용어는 한글이나, 필요에 따라 훈민정음, 언문, 국문 등의 용어를 혼용한다.

■ 참고문헌

이윤재(1932), 김윤경(1938), 공병우(1949), 최현배(1940/1960), 홍기문(1946), 방종현(1948), 이응호(1974), 허웅(1974), 김민수(1987), 고영근(1994), 최명옥(1996), 고영근(2000), 김영황 외(2001), 이병근(2003), 백두현(2004ㄱ, ㄴ), 김민수(2007), 이상혁(2008), 최경봉 외(2008), 한글학회(2009), 홍윤표(2013), 정우락·백두현(2014), 민현식(2016), 국립한글박물관(2019ㄷ), 인터넷 사이트(국사편찬위원회 누리집, 국립국어원 누리집, 디지털한글박물관 누리집, 조선왕조실록, 한글이 걸어온 길)

제2편 한글의 토대

제2장 한글과 향문

2.1. 한자 차용과 우리말 표기

2.1.1. 한문과 향문

오랫동안 우리는 입으로는 교착어를 사용하지만, 문자로는 고립어 표기 문자인 한자를 이용하였다. 한자가 우리나라에 들어온 시기는 분명하지 않지만, 본격적인 사용은 대체로 기원전 108년 한(漢)나라가 요동 지방에 한사군을 설치한 때로 추정된다. 이후 한문 사용과 함께 우리말 표기에 한자를 이용하였다. 따라서 당시에는 우리말을 한어로 번역하여 표기하는 경우와 우리말을 한자를 빌려 표기하는 경우가 있었다. '난 널 사랑해'를 전자는 '我愛汝'로 표기하는 방식으로 한문이라고 하고, 후자는 '我隱汝乙愛爲伊'로 표기하는 방식으로 한자 차용 표기라고 한다. 두 표기에 모두 한자 '我, 愛, 汝'가 사용되었지만 그 순서가 다르고, 한자 차용 표기에는 허사를 위한 표기가 첨가되어 있다. 한자 차용 표기는 결국 우리말을 표기한 것이므로 한문에 대하여 향문(鄕文)이라고 통일하여 부른다.[1]

향문은 한문에 비하여 어순의 변화와 허사 첨가가 두드러진다. 향문과 그 내용을 한역한 것을 비교해 보면 차이를 알 수 있다. 균여 대사(923~973)가 지은 11수의 향가 중에서 〈예경제불가〉의 향문과 한역시를 보면 다음과 같다.

<blockquote>

(1) ㄱ. 心未筆留　　　　　　　ᄆᅀᆞ미 부드로

　　　慕呂白乎隱仏体前衣　그리ᄉᆞᆸ본 부텨 알픠

　　　拜內乎隱身萬隱　　　저ᄂᆞ온 모마ᄂᆞᆫ

　　　法界毛叱所只至去良　法界ᄆᆞᆺᄃᆞ록 니르가라

　ㄴ. 以心爲筆畵空王　　　마음으로 붓을 삼아 부처님을 그리며

　　　瞻拜唯應遍十方　　　우러러 절하오니 두루 시방세계 비취오시라

</blockquote>

(1ㄱ)은 균여 대사가 지은 10구체 향가로 모든 부처에게 예경(禮敬)하는 노래의 앞부분인데 향문이고, (1ㄴ)은 그 내용을 같은 시대 최행귀가 7언율시(7言律詩)로 번역한 한역시이다. '心未筆留'의 어순이 '以心爲筆'로 바뀌었고, '慕呂白乎隱仏体'의 어순이 '畵空王'로 바뀌었다. (1ㄱ)의 '그리숩다(慕呂白)'는 관형사형 어미 '온'(乎隱)을 온전히 표기하고 있지만, (1ㄴ)의 한역시 '畵'(그리다)는 허사 없이 실사만 나타내었다.

2.1.2. 한자의 음훈(音訓) 이용

한자는 하나의 자형(字形)이 자의(字義)와 자음(字音)의 결합으로 되어 있다. 향문은 한자의 자의와 자음을 이용하여 우리말을 표기하는 것이다.

---

1 이승재(2015)는 한문(韓文)이라는 용어를 제안하였지만 한자를 병기하지 않는 한 한문(漢文)과 구분되지 않는 단점이 있다.

우리말 표기에서 한자의 뜻을 이용하는 것을 훈차(訓借)라 하고, 한자의 소리를 이용하는 것을 음차(音借)라 한다. 그런데 이것은 다시 독(讀)과 가(假)로 구분된다. 한자가 원래의 뜻과 관련을 가지면서 쓰이는 것을 독(讀)이라 하고, 원래 뜻과는 관계없이 쓰이는 경우를 가(假)라고 한다. 따라서 원래 한자의 의미를 유지한 채 음으로 읽으면 음독자가 되고, 뜻으로 읽으면 훈독자가 된다. 원래 한자의 뜻과는 상관없이 원래의 음으로 읽으면 음가자가 되고, 뜻으로 읽으면 훈가자가 된다. 예컨대 '心'(sim/마음)이란 한자로 우리말을 표기한다고 가정하면 다음과 같다. '心대로 해라'를 '심대로'로 읽으면 음독자이고, '마음(맘)대로 해라'로 읽으면 훈독자이다. '心心해'를 '심심해'로 읽으면 음가자이고, '心먀'를 '맘먀'로 읽으면 훈가자이다. 이를 정리하면 다음과 같다.

(2) 훈차: 훈독자 : 한자를 뜻으로 읽고, 한자 원래의 뜻을 유지
　　　　　훈가자 : 한자를 뜻으로 읽고, 한자 원래의 뜻과 관계가 없음
　　　음차: 음독자 : 한자를 음으로 읽고, 한자 원래의 뜻을 유지
　　　　　음가자 : 한자를 음으로 읽고, 한자 원래의 뜻과 관계가 없음

　훈독자는 '去隱春'(가-ㄴ-봄)에서 '去'와 '春'이 해당한다. '去'는 '가다'이고, '春'은 '봄'인데, 이 한자의 뜻이 표기하고자 하는 우리말의 뜻과 같다. '板麻'(널삼), '母牛'(어미소), '鳩目花'(비둘기눈곶) 등도 훈독자로 쓰였다. 훈가자는 '民是'(민-이)의 '是'가 해당된다. '是'는 주격 조사 '이'를 나타내는데, '是'가 원뜻은 지시대명사 '이'로 우리말 주격 조사하고는 아무 관계가 없다. '加火左只'(茵蔯蒿, 더블자기)의 '加'와 '火'은 각각 '더하다'와 '불'이라는 뜻과 관계없이 발음 '더'와 '블'을 나타내고, '臥乎隱'(누온)의 '臥'는 '눕-'이라는 원래 뜻하고 관계없이 우리말 어미 '-ㄴ-'를 나타낸다.

　음독자는 '善化公主'(선화공주)가 해당한다. 한자의 음으로 읽지만 우리

말의 의미와 같다. 薯童房(서동방), 無量壽佛(무량수불)도 음독자에 해당
한다. 음독자는 대개 한어가 우리말에 들어와 굳어진 경우로 오늘날 우리
가 한자어라고 부르는 것이다. 음독자는 훈독자와 구분하기 어렵다. 예컨
대, '民롯'의 '民'을 '민'로 읽으면 음독자이지만 '백성'로 읽으면 훈독자가
되고, '東京'을 '동경'으로 읽으면 음독자이지만 '시볼'이라고 읽으면 훈독
자가 된다. 음가자는 '沙蔘矣角'(鹿角, 사슴이뿔)의 '沙蔘矣'가 해당한다.
'沙'는 '모래', '蔘'은 '삼', '矣'는 어조사의 뜻이지만, 그 뜻과는 아무 관련
없이 '사슴이'를 나타낸 것이다. '君隱'(군은)의 '隱'도 '숨기다'는 뜻하고는
관계없이 우리말의 주제 조사 '은'을 나타낸 음가자이다.

충청도 지명의 대전과 한밭은 표기상 서로 다르지만, 실제로는 동일한
곳을 서로 다르게 표기한 것이다. 한글이 없던 시기에 고유어 지명 '한밭'을
한자를 빌려 大田으로 표기했는데, 우리말의 '한'은 '大, 多'의 뜻을, '밭'은
'田'이라는 뜻을 갖기 때문에 가능했던 것이다. 이 때 '大田'은 훈독자로
쓰였다. 그런데 자연 부락 지명에는 '한밭'을 '閒田' 혹은 '閑田'으로 표기하는
경우가 있다. 이 때 '閒' 혹은 '閑'은 한자의 음을 빌려 표기한 것으로 음가자
로 쓰인 것이다. '大'가 훈독자로 쓰이는 고유 지명은 한밤(大栗), 한내(大川)
한실(大谷), 한다리(大橋), 한재(大峴) 등에서 볼 수 있다.

2.1.3. 음절 표기 방식

2.1.3.1. 음절 분석과 이분법

한자의 자음을 표기하는 방법은 같은 음을 가진 다른 한자로 표기하는
방식과 두 개의 한자를 이용하는 방식이 있다. 전자는 직음법이고 후자는
반절법이다. 직음법은 '怨音庶'처럼 '怨'의 발음을 '庶'로 표기하는 것이다.
반절법은 한자의 음을 2분하여 다른 한자의 음을 표기하는 데 이용하는
것이다. 예컨대 한자 '江'(강)의 음은 '古雙切'로 표기하는데, 이 때 '古'는

'ㄱ'을, '雙'은 'ㅆ'을 나타낸 것이다. 'ㅁ'는 'ㄱ'과 'ㄴ'로, '雙'은 'ㅆ'과 'ㅆ'으로 이분하여 각각 'ㅁ'에서 'ㄱ', '雙'에서 'ㅆ'을 취하여 'ㅉ'의 발음을 표기한 것이다.

향문에도 음절 이분법이 있다. '沙乙木花'(夜合花, 살나모꽃)처럼 음절 '살'을 표기하기 위하여 '沙'와 '乙'을 이용하는 것이다. 그런데 이 방식은 전통적인 반절법과는 다르다. '沙'는 초성과 중성을 합한 '사'를, '乙'은 종성 'ㄹ'을 나타내고 있다. 이것을 반절법 '沙乙切'로 표기하면 '沙'가 'ㅅ'을 반영하여 '슬'이 될 것이다. 이것은 원리상 두 글자로 하나의 음절을 나타냈다는 점에서는 반절법과 같으나 반영하는 방식은 다르다. 그 차이를 그림으로 보이면 다음과 같다.

(3)　　ㄱ.　　　　　　　　　　　　ㄴ.

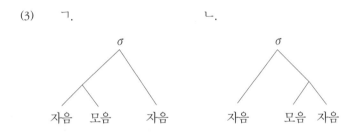

(3ㄴ)은 전통적인 반절법 방식이고, (3ㄱ)은 차자 표기의 방식이다. (3ㄱ)은 향약명 등의 고유 명사 표기에서 자주 볼 수 있다. '沙邑菜'(白朮, 삽치)의 '沙邑'(삽), '牛無樓邑'(牛膝, 쇠무릎)의 '樓邑'(릅), '道羅次'(桔梗, 도랏)의 '羅次'(랏), '茶只葉'(楮, 닥닙)의 '茶只'(닥), '久音方伊'(蟒蟭, 굼벙이)의 '久音'(굼)은 하나의 음절을 두 개의 글자로 나타낸 것인데 '沙乙' 방식과 같다.

(3ㄱ) 방식은 한글의 창제 이후에도 조선 후기까지 오랫동안 이어졌다. '沙乙'처럼 한자를 나란히 쓴 것이 아니라 종성 표기를 위한 한자를 앞의 한자에 붙여 아예 하나의 글자로 만들었다. 예컨대, 우리말의 '갈'(刀)을

표기하기 위해 '加'와 '乙'을 결합한 '乫'이 이용된 것이다. 고유 명사 종성 표기에 사용된 한자를 김종훈(2014, 90)을 바탕으로 예와 함께 보이면 다음 〈표 1〉과 같다.

〈표 1〉 고유 명사의 종성 표기

종성	ㄱ	ㄴ	ㄹ		ㅁ	ㅂ	ㅅ		ㅇ
한자	叱	隱	乙		音	邑	叱		應
예	注叱同	⿰山卩洞	⿱去乙非	乫只	⿱加音不里	⿱沙邑乷里	⿱介叱同	⿱高叱非	加應
	죽동	산동	굴비	갈기	감부리	삽사리	갯동	곳비	강

〈표 1〉의 '⿰山卩'는 '隱'의 약자인 '卩'이, '⿱去乙'은 '乙'이, '⿱加音'은 '音'이, '⿱沙邑'은 '邑'이, '⿱介叱'은 '叱'이 선행자에 합자된 것이다. 다만, '叱'과 '應'은 각각 'ㄱ'과 'ㅇ'이 선행자에 합자되지 않고 독립적으로 쓰인 차이가 있다.

종성 표기를 위한 한자의 약체자 대신에 한글의 자소(字素)를 이용하는 경우도 있다. 한글이 일반에 널리 쓰이기 시작한 이후의 현상이다.

(4) ⿱於ㄱ釗(억쇠), ⿰加ㄱ耳(각귀), 林巪正(임걱정), ⿰多ㄱ順(덕순)
⿱豆ㄴ乭(둔돌), 耆釗(놈쇠), ⿱也ㅁ乭(얌돌), ⿱於ㅅ節(엇절), ⿰豆ㅇ起(둥기)

(4)의 예들은 종성 표기에 한자 대신 한글 'ㄱ, ㄴ, ㅁ, ㅅ, ㅇ'이 쓰인 것이다.

2.1.3.2. 말음 첨기

말음 첨기는 선행어의 마지막 음절이나 선행 음절의 마지막 자음을 덤으로 첨가하는 것을 말한다. 전자는 주로 선행어의 음절수를 암시하거나 형태를 보존하려는 것이고, 후자는 음절 말 자음의 정확한 표기를 위한 것이다.

음절 첨기는 우리말과 한자의 음절 수가 같지 않을 때 이를 해소하기 위하여 말음절을 한 번 더 표기하는 것이다. 한자는 단음절을 표기하지만, 우리말은 다음절어이기 때문이다. (5ㄱ)의 훈차 표기인 '沙'(몰애)와 '車'(수뤼)와 '世'(누리)는 1자 2음절 대응을 보인다. 이러한 불일치를 해소하기 위하여 '모래'를 '沙矣'로, '수레'를 '車衣'로, '누리'를 '世理'로 표기하는 것이다. 음절 첨기는 대체로 선행하는 훈독자가 두 음절로 된 우리말을 표기하는 경우가 많다.

(5) ㄱ. 世理(누리, 원가), 岩乎(바회, 헌화), 雲音(구름, 찬기), 憂音(시름, 모죽), 沙矣(몰애, 원가), 慕理(그리-, 모죽), 車衣菜(수뤼ㄴ믈, 향약구)

　　ㄴ. 人音(사람, 균여), 餘音(남-, 균여), 道尸(길, 모죽), 秋察(가을, 원가), 宿尸(잘, 모죽), 有叱下是有叱(잇-, 모죽), 折叱可(것-, 헌화), 奪叱良乙(앗-, 처용), 亇汝乙(마늘, 향약구)

(5ㄴ)은 음절의 마지막 자음을 위하여 한자를 추가하는 것이다. 말자음 첨기라고 하는 이 현상은 'ㅁ, ㅅ, ㄹ, ㅂ' 등이 말음 표기에 반영되었다. 예컨대, '道尸'의 '道'를 '길'이라는 훈독자로 읽으면 이미 종성에 'ㄹ'이 있지만, 'ㄹ'을 더 분명히 하기 위하여 '尸'을 추가한 것이다. '人音'의 '音'도 말자음 'ㅁ'을 표기하여 '사람'의 종성을 첨기한 것이다. 말음 첨기는 心ㅎ(ㅁ숨), 壽ㅎ(목숨), 有ㅌ(잇-), 十尸(열), 諸ㅣ(모든), 必ㅅ(반득)처럼 구결에서도 나타난다.

2.1.3.3. 음절화와 표기

음절의 말음이 있는 실사가 모음으로 시작하는 허사와 결합하는 경우는 두 가지 표기가 가능하다. 말음이 실사의 일부로 표기되는 분철 표기와 후행하는 허사와 어울려 표기하는 연철 표기가 있다. 이들 표기는 일정한 원칙이 있는 것이 아니라 쓰는 사람에 따라 달랐던 것으로 보인다.

(6) ㄱ. 所邑朽斤草(黃芩, 솝서근플, 향약구), 慕理尸心未(그릴ᄆᅀᆞ미, 모죽), 心音矣命(ᄆᅀᆞ미, 도솔), 明期(ᄇᆞᆰ긔, 처용)

ㄴ. 影亇伊汝乙伊, 影良汝乙伊(그르메너흘이, 향약구급방), 影汝訖(그르메너흘, 향약집성방)

(6ㄱ)의 '朽斤'은 실사 '석-'과 허사 '은'이 결합한 '석-은'의 연철 '서근'을 표기한 것이다. 분철 표기하면 '朽隱'가 되어 'ㄱ'이 어미에 반영되지 않았을 것이다. '前衣'의 '衣'에도 실사의 말음 'ㅍ'이 반영되어 있지 않다. '心未'의 '未'는 말음 'ㅁ'과 조사 '이'가 결합된 연철 표기이므로 'ᄆᅀᆞ미'이고 '心音矣'는 실사 'ᄆᅀᆞᆷ'에 조사 '이'가 결합된 분철 표기이므로 'ᄆᅀᆞ미'이다. 연철에는 실사의 말음이 허사에 반영되어 있다. '明期'가 'ᄇᆞᆰ-긔'인지 'ᄇᆞᆯ긔'인지 불분명하나 발음을 중시하면 연철인 'ᄇᆞᆯ긔'일 것이다.

(6ㄴ)은 한 형태소 안에서의 표기도 분철 경계가 일정하지 않음을 보인다. '蠷螋'[집게벌레]의 우리말인 '그르메너흐리'(훈몽자회, 상)의 '그르메'를 표기하는 방식에는 세 가지가 있다. '影汝訖'은 훈독자 '影'으로 '그르메' 전체를 표기하고 있으나, '影亇伊汝乙伊'와 '影良汝乙伊'는 훈독자 '影'에 말음절을 첨기하고 있다. '影亇伊'는 훈독자 '影'과 음가자 '亇伊'로 '그르-메'를, '影良'는 훈독자 '影'과 훈가자 '良'로 '그름-에'를 표기한다(남풍현, 1983, 241). 발음으로는 '그르메' 하나였겠지만, 표기는 '그르메, 그르-메, 그름-에'로 다르게 분절되었다.

2.1.4. 향문 표기 원리

한자를 이용한 향문의 표기는 《삼국유사》권3의 〈원종흥법 염촉멸신〉에 나오는 이차돈의 표기 '염촉'에 대한 주석에서 확인할 수 있다.

(7) 자는 염촉이다. 이차 혹은 이처라고도 하니, 방언의 음이 다르기 때문이다. 번역하면 염이 된다. 촉, 돈, 도, 도, 독 등은 모두 글 쓰는 사람의 편리에 따른 것으로 조사이다. 이제 윗자만 번역하고 아랫자는 번역하지 않는다. 따라서 염촉 또는 염도 등으로 부른다.[2]

(7)의 기록은 같은 사람의 이름을 한자의 음과 훈을 이용해 여러 가지로 달리 표기할 수 있음을 보여 준다. 이 기록은 두 가지 점에서 흥미롭다.

첫째, 고유 명사 표기에서 한자의 음과 훈이 어떻게 사용되는지를 보인다. 猒髑의 '猒'은 '이차/이처'를 한자의 뜻으로 번역하여 쓴 것이고, '異次, 伊處'는 '이차/이처'를 한자의 음으로 쓴 것이다. 즉, '猒'은 훈독자로, '異次, 伊處'는 음가자로 쓰인 것이다. 이러한 사실은 당시에 '잋'이라는 고유어가 있었고, 이 말의 뜻이 '猒'이었다는 것을 의미한다. 그런데 '髑'은 뜻과 관계없이 음만을 나타낸 음가자다. '髑·頓·道·覩·獨' 등도 소리를 적은 음가자이다. 따라서 '異次頓'은 모두 음가자로, '猒髑'은 훈독자와 음가자가 합해진 표기다. 이것을 정리하면 〈표 2〉와 같다.

---

2 字猒髑 或作異次, 或云伊處, 方音之別也. 譯云猒也. 髑·頓·道·覩·獨等皆隨書者之便, 乃助辭也. 今譯上不譯下, 故云猒髑, 又猒覩等也. 《삼국유사》卷三.

<表 2> 고유 명사 이차돈의 이표기

		상(음차/훈차)	하(음차)	예시
차자	음차	異次/伊處	髑·頓·道·覩·獨	異次頓/異次道/伊處獨/伊處道 獸髑/獸頓/獸獨/獸覩 등
	훈차	獸		

둘째, 위의 말은 번역하였는데[譯上], 아래의 말은 번역하지 않았다는 것이다[不譯下]. 위의 말은 단어의 중심부로 한자의 뜻을 빌어 나타내고, 아래의 말은 조사와 같은 주변부로 한자의 뜻을 빌려 표기하지 않았다는 것이다. 이러한 방식은 우리말의 조사나 어미 등 허사를 대부분 음가자로 표기하는 사실과 연관되어 있다. 이것은 주로 선행자가 뜻으로 읽히고, 후행자가 소리로 읽힌다는 점에서 훈주음종(訓主音從)이라고도 한다.

2.2. 향문의 특성과 종류

향문은 우리말을 표기하는 범위에 따라 어휘 표기와 문장 표기로 구분한다. 어휘 표기는 문장을 구성하는 최소의 단위인 단어를 표기하는 것으로 주로 인명, 지명, 관직명 등 고유 명사 표기에서 시작하여 보통 명사로 확산되었다. 문장 표기는 주어와 술어를 가진 문장을 표기하는 것이다. 문장 표기는 우리말 문장을 표기하는 경우와 한문을 읽을 때 필요한 요소를 표기하는 경우로 나뉜다.

우리말 문장을 표기하는 방식은 서기체, 향찰, 이두가 있다. 서기체는 한문과 다른 우리말 어순에 대한 첫 인식으로 주로 금석문 등에 쓰였고, 향찰은 어순은 물론 우리말의 실사와 허사를 온전히 표기하는 방법으로 시가인 향가의 표기에 쓰였다. 이두는 우리말 어순에 따라 한문을 배치하고, 일부 단어와 허사를 한자를 빌려 표기하는 방식으로 실용문에 주로 쓰였다.

한문 독법 표기는 석독구결과 음독구결이 있다. 석독구결은 한문을 우리말 어순에 따라 읽으면서 어구 다음에 필요한 우리말 허사까지 한자로 표기한 것이다. 음독구결은 우리말 어순이 아니라 한문 순서대로 음독한다는 점에서 석독구결과 차이가 있다. 구결은 한자의 자형을 그대로 이용하는 경우도 있지만, 대체로 약체자를 이용하는 경우가 많다. 이것을 정리하면 아래 〈표 3〉과 같다.

〈표 3〉 향문의 분류

구분	성격	이름
어휘 표기	우리말 표기	명사 표기
문장 표기		서기체, 이두, 향찰
	한문 독법 표기	석독구결, 음독구결

2.2.1. 어휘 표기

2.2.1.1. 전래 한자 표기

어휘 표기는 표기 방식에 따라 전래 한자 표기와 중국식 표기가 있다. 전래 한자 표기는 우리나라 사람들이 한자를 이용하여 인명, 지명, 관직명, 향약명 등을 표기한 것이다. 광개토대왕릉비명, 진흥왕순수비명 등의 초기 각종 금석문에 모로성(牟盧城), 임나가라(任那加羅), 추모(鄒牟), 거칠부지(居七夫智), 이사부지(伊史夫智), 급간(及干) 등 지명·인명과 관직명이 보인다.

신라 경덕왕은 757(경덕왕16)년 전국 고유어 지명을 한어식으로 개편하였는데, 그 내용을 《삼국사기》지리지 권34~권37에 기록하고 있다. 권34는 신라, 권35는 고구려, 권36은 백제 지명의 신구 명칭을 차자 표기로 담고 있으며, 권37은 고구려와 백제의 원래 지명만을 다시 싣되 해당 지명

의 다른 표기를 함께 기록하고 있다. 이러한 기록은 당시 지명 표기의
예를 잘 보여준다.

(8) ㄱ. 買忽 一云 水城(권37)

　　　 水谷城縣 一云 買且忽(권37)

　　　 水入縣 一云 買伊縣(권37)

　　　 橫川縣 一云 於斯買(권37)

　　　 泉井郡 一云 於乙買(권37)

　　ㄴ. 水城郡 本 高句麗 買忽郡 景德王 改名 今 水州(권35)

(8ㄱ)은 한 지명을 훈차와 음차 두 가지 방식으로 표기한 것이다. 고유
어 지명 '미홀'을 한자의 음을 빌려 '買忽'로 표기하고, 훈을 빌려 '水城'으로
표기한 것이다. 고구려 지명 접미사인 '홀'(忽)은 '성'(城)으로 대치되었고,
고구려어 '물'을 의미하는 '미'(買)는 '수'(水)로 대치된 것이다. 따라서 이곳
은 '물이 있는 곳'이었다는 어원을 가진 지명이다. 여러 지명에서 '물'과
관련된 지명이 '買'로 표기되어 있음이 이를 증명한다. (8ㄴ)의 '본'(本)
오른쪽에 기록된 지명은 본래의 지명이고 왼쪽 것은 신라 경덕왕이 개명
한 새로운 지명이며, 마지막 '수주'는 삼국사기 편찬 당시의 지명이다.
《삼국사기》권34의 '永同郡 本 吉同郡'의 '永同'과 '吉同'도 '길동'이라는
지명을 각각 훈차와 음차로 기록한 것이다.

우리말 지명의 표기를 잘 보여 주는 예는 1530(중종25)년 발간된 《신증
동국여지승람》 원주목 주천현에 있는 '刀乃部曲'이다. 부곡은 고려 시대에
서 조선 초기까지 있었던 특수 부락 행정 단위였다. 따라서 문제는 '도내'
인데, 이것은 '돌[回]+내[川]'가 변화한 '도내'의 한자 표기인 것이다. 이
지역이 주천강 줄기가 휘감아 돌아 한 지역을 섬처럼 만들고 있는 지형적
특성을 반영한 것이다. '돌-'이 변한 '도'는 '刀'로 음차되고, '내'는 '乃'로

음차된 것이다. 이 지역의 현재 행정 명칭은 도천리(桃川里)로 '刀'는 같은 음을 가지면서 좋은 의미를 가진 '桃'로 대체되고, '乃'는 음차에서 훈차로 바뀌어 '川'으로 표기되고 있다.

우리나라 군현(郡縣) 이상의 지명은 신라 경덕왕, 고려 태조, 조선 세종, 일제 강점기에 걸쳐 대규모 개편 작업이 진행되었다. 자연 부락 단위의 지명은 기록할 필요성이 있을 때 한자로 표기되었으므로, 이러한 방식은 20세기까지도 계속 이어졌다. 17세기 원주군 호적의 기록에는 좌변면에 汝五論村[지금의 판운(板雲)], 우변면에 寺乙論村[지금의 결운(結雲)]이 표기되어 있는데, 이것은 각각 고유어 '너른'(넓다), '뎌른'(짧다)을 한자의 음과 훈을 빌려 표기한 것이다. '汝'는 '너'를 훈으로 표기한 것이고, '寺'은 '뎔'을 훈으로 표기한 것이다. 현재의 결운은 '뎔〉졀'로 구개음화된 뒤 다시 '졀〉결'로 'ㄱ' 역구개음화된 형태이다.

한자를 차용하여 우리말을 표기하는 방식에서 주목되는 것은 고유 한자에 의한 표기다. 고유 한자는 중국에서 전래된 것이 아니며 우리나라에서 만들어진 한자를 의미하는 것으로 고유 명사 표기에 이용되었다. 1530(중종25)년 발간된 《신증동국여지승람》 원주목 주천현에는 '금마곡소재 현남십오리'(金亇谷所在縣南十五里)라는 기록이 있는데, '金亇谷'은 '큰마실, 큰말'이라는 고유 지명을 한자를 빌려 표기한 것이다. '金'은 '크다'는 의미를 가진 '금/곰'을 음차한 것이고, '亇谷'은 마을의 고어인 '마실'을 표기하기 위하여 고유 한자인 '亇'를 이용한 것이다. 이 지역은 현재 대촌(大村)이라는 자연 부락명으로 불리고 있다. 고유 한자로 표기된 보통 명사는 '阿只'(아기), '亇古里'(마고리)처럼 근세의 고문헌에 상당수 발견된다.

물명 표기는 우리나라 한약재 이름의 차자 표기에서 볼 수 있다. 《향약구급방》은 고려 대장도감에서 13세기경 간행한 것을 1417(태종17)년 중간한 한문으로 된 책으로 구급에 필요한 우리나라 약재의 처방을 기록한 것이다. 여기에는 한어로 된 약재명 아래에 세주 형식으로 우리말 약재

한어명	차자 표기	해독
桔梗	道羅次	도랏/도랒
蒴	馬尿木	물오좀나무
苦蔘	板麻	널삼
百合	犬伊那里根	가이나리불휘
葛根	叱乙根	즐불휘
大蒜	亇汝乙	마늘
菟絲子	鳥伊麻	새삼

이름을 한자를 빌려 표기한 것이 있다. 부록인 권말의 방중향약목초부에 180여 항이 종합되어 있다.

향약명에 쓰인 표기는 '道羅次'처럼 음차, '馬尿木'처럼 훈차만으로 쓰인 경우가 있지만, '犬伊那里根'처럼 음차와 훈차가 같이 쓰인 경우도 있다. '亇汝乙'은 받침 'ㄹ' 표기에 음가자를 이용한 말자음 표기의 예이고, '鳥伊麻'은 이중 모음 'ㅐ[aj]'의 표기에 음가자를 이용한 반모음 첨기의 예이다.

2.2.1.2. 중국식 표기

중국 한자 표기는 중국 사람이 우리말을 그들의 문자인 한자를 이용하여 표기한 것이다. 당시 중국 한자의 자음이나 자훈으로 읽어야 한다는 점에서 전통적인 차자 표기와는 다르다. 중국인의 우리말 표기는 《계림유사》와 《조선관역어》에서 볼 수 있다.

《계림유사》는 1103(숙종8)년 서장관으로 고려에 온 송나라 손목이 당시 고려의 제도와 풍습 등을 기록한 것인데, 방언이라 하여 고려어 약 360여 개를 수록하고 있다. 표기 형식은 '天曰漢捺'에서처럼 '왈'(曰)자를 중심으로 앞의 글자는 뜻을, 뒤의 글자는 발음을 송나라의 한자음으로 표기하고 있다. 《조선관역어》는 15세기 초의 필사본인데, 표기 형식을 '花/果思/華'처럼 3단으로 나누어 제1단에는 한어를, 제2단에는 우리말 표

기를, 제3단에는 우리 한자음을 표기한 것이다. 괄호 속의 한글은 이해를
위하여 첨가한 것이다.

   (9) ㄱ. 天曰漢捺(하늘) / 二曰途孛(두블) / 犬曰家稀(가히)

        猫曰鬼尼(고니) / 男兒曰了妲(아들) / 石曰突(돌ㅎ)

        女兒曰寶妲(ᄇ들) / 田曰把(밭) / 面曰捺翅(ᄂ) / 皮曰渴翅(갗)

    ㄴ. 天: 哈嫩二(하늘): 添 / 星: 別二(별): 省 / 水: 悶二(믈): 署

       土: 黑二(흘): 兎 / 松子: 雜思(잣): 送自 / 衣服: 臥思(옷): 以卜

       花: 果思(곳): 華 / 虎: 半門(범): 火 / 熊: 果門(곰): 稜

       筋: 欣門(힘): 根 / 冷: 尺卜大(칩다), 稜

   (9ㄱ)은《계림유사》의 표기다. 음절말 자음은 대체로 해당 운미를 가진
한자로 표음하지만, 'ᄂ'의 'ㅊ'(翅)처럼 받침을 특별히 독립시켜 표음하거
나 '밭'(把)처럼 종성을 제대로 표기하지 못하였다. (9ㄴ)은《조선관역어》
의 표기다.《조선관역어》는 'ㅇ' 등을 제외하면 우리말의 음절말 자음을
제대로 표음하지 못한 경우가 많으나 때로 종성 ㄹ(二), ㅁ(門), ㅂ(卜),
ㅅ(思) 등을 별도로 표음하는 경우가 있다. 15세기에 중국 사람이 우리말
을 표기할 때 우리말의 음절 종성 표기에 고심하였음을 알 수 있다.

2.2.2. 문장 표기

   문장 표기는 목적에 따라 우리말 표기와 한문 독법 표기로 구분되고,
이어 특성에 따라 전자는 서기체, 이두, 향찰로, 후자는 석독구결과 음독구결
로 나누어진다. 그 특성과 주로 사용된 문장의 예는 다음 〈표 5〉와 같다.

구분	목적	이름	특성			사용례
			어순	실사	허사	
문장표기	우리말 표기	서기체	0			금석문
		이두	0	△	0	실용문
		향찰	0	0	0	창작문
	한문 독법 표기	석독구결	0		0	번역문
		음독구결			0	번역문

우리말 표기인 서기체는 한문의 단어를 우리말 어순에 따라 배열한 것인데, 한어와 우리말의 어순 차이를 인식한 것으로 주로 금석문에 쓰였다. 이두는 대부분 실사는 한문을 유지하지만, 일부 단어와 허사는 우리말을 표기한 것으로 실용 문서에 쓰였다. 향찰은 어휘 형태소까지 모두 우리말을 온전히 표기한 것으로 시가 문학에 쓰였다. 한문 독법 표기인 음독구결은 한문을 읽을 때 정확한 독해를 위해 한문 원문 중간에 문법적 관계가 드러나도록 우리말 허사를 차자 표기한 것으로 한문의 어순대로 읽는 것이다. 석독구결은 역독점(逆讀點)을 이용하여 한문을 우리말 어순에 따라 읽는 표기이다. 차자 표기는 한자의 자형을 그대로 이용하는 경우도 있고, 약체자를 이용하는 경우도 있는데, 구결은 주로 약체자를 쓴다. 최근에는 구결 문자로 기록하지 않고, 점이나 선 또는 숫자 등으로 표시한 부호 구결이 발견되어 관심을 끌고 있다.

2.2.2.1. 서기체

우리말 어순대로 한자를 배열한 표기 체계를 서기체 표기라 한다. 한문과 우리말은 어순이 다른데, 이것을 표기에 반영하는 방식이다. 서기체 표기는 〈울주 천전리 서석〉에서 싹을 보인 뒤, 〈임신서기명석〉(壬申誓記銘石)에서 어느 정도 정착되었다. 〈임신서기명석〉은 552(진흥왕13)년이나 612(진평왕34)년의 것으로 추정되는데, 경북 견곡면 금장리 석장사지

뒤 언덕에서 1940년 발견된 작은 돌이다. 현재는 국립경주박물관에 보물 1411호로 보관되어 있다. 거기에 각자되어 있는 74자의 한자는 한문의 순서가 아니라 우리말 어순대로 기록되었다. 기록 내용은 수학과 실천에 관해 맹세하는 서약으로 되어 있다. 이 서약을 임신년에 기록한 것이어서 〈임신서기명석〉이라는 이름을 얻게 되었으며, 그에 따라 이 표기 체계를 서기체라고 한다. (10ㄱ)은 원문이고 (10ㄴ)은 해독문이다.

(10) ㄱ. 壬申年六月十六日二人幷誓記天前誓今
     自三年以後忠道執持過失无誓若此事失
     天大罪得誓若國不安大亂世可容行誓之
     又別先辛未年七月廿二日大誓詩尙書禮
     傳倫得誓三年

  ㄴ. 임신년 6월 16일에 두 사람이 함께 맹
     세하여 기록한다. 하늘 앞에 맹세한다.
     지금으로부터 3년 이후에 충도(忠道)
     를 지키고 허물이 없기를 맹세한다. 만
     일 이 서약을 어기면 하늘에 큰 죄를
     짓는 것이라고 맹세한다. 만일 나라가
     편안하지 않고 세상이 크게 어지러우

〈사진 1〉 임신서기명석

면 충도를 행할 것을 맹세한다. 또한 따로 앞서 신미년 7월 22일에 시경(詩經)·상서(尙書)·예기(禮記)·춘추전(春秋傳)을 3년 동안 습득하기로 크게 맹세하였다.

(10)의 예문을 한문으로 표기하였다면 다음 (11)과 같았을 것이다. 한문에서 서기체와 어순이 바뀐 부분에 밑줄을 친다.

(11) 歲次壬申六月十六日 二人幷誓于天而記之 <u>自今三年以後</u> 當<u>執持忠道</u> <u>无</u>
<u>有過失</u> <u>若失此事</u> 必<u>得大罪</u>于天 若國不安而<u>世大亂</u> 宜可行道 又先辛未
七月廿二日 大誓倫得詩尙書禮傳以三年

2.2.2.2. 이두

이두는 우리말 어순 구조에 실사는 한문을 유지하지만 조사·어미 등
허사를 한자를 빌려 표기하는 것이어서 한문과 우리말이 섞인 표기 방식
이다. 이두는 일찍부터 19세기까지 오랫동안 쓰이게 되면서 한문의 순수
성 정도나 우리말 표기 정도에 따라 다양한 방식을 보였다. 초기에 주로
금석문 등에서 한문에 국어적인 요소가 가미되는 정도로 사용되었는데,
통일 신라 이후에는 국어의 허사 표기 방법이 보다 세밀하게 발전되어
우리말에 가까운 표기를 보이기 시작하였다. 고려 중기 이후에는 지식인
들이 한문에 익숙해지면서 뜻으로 새겨 있는 어휘의 양이 대폭 줄었으며
(이승재, 1997), 후기로 갈수록 한문의 영향력이 더욱 늘어나면서 서리
등 특정한 계층의 독특한 문자 체계로 사용되었다.

신라 시대의 〈남산신성비명〉은 591(진평왕13)년 경주 남산에 성을 새
로 쌓으면서 세운 기념비에 새겨진 글로서 성이 3년 이내에 무너지면
벌을 받겠다는 서약과 축성 책임자, 축성 거리 등 성의 신축에 관련된
사실을 적고 있는데, 국어의 어순 구조에 일부 이두가 쓰였다.

(12) ㄱ. 辛亥年二月廿六日 南山新城作節 如法以作後三年崩破者 罪敎事爲
聞敎令誓事之

(신해년 2월 26일 남산신성을 지을 적에 만약 법으로 지은 뒤 삼년
에 붕파하면 죄이신 일로하여 들으시게 하여 서약하는 일이다)

ㄴ. 一法師梵唄昌引_爲 諸筆師等 各香花捧_ㅅ 右念行道爲作處_{中至者}三歸
依 三反頂禮_{爲內}佛菩薩華嚴經等供養_{爲內} 以後_{中坐中}昇經寫_{在如}(한 법사

가 범패를 불러 이끌며 여러 필사 등이 각 향화를 밧들며, 우넘행도 하여 만드는 곳에 이르면, 삼귀의 세 번 정례ᄒ네, 불보살 화엄경 등을 공양ᄒ네. 이후에 자리에 올라 경을 베낀다)

(12ㄱ)의 〈남산신성비명〉 이두는 초기의 모습을 보인다. 節·以·者·敎·事·爲·令·之 등은 후대의 이두에도 쓰인 것인데. 節(디위)·敎(이산)·事(일)·爲(ᄒ-)·令(시기-)는 실사를, 以(으로) 者(면), 之(다)는 허사를 표기하였다. (12ㄴ)은 통일 신라 시대의 《화엄경사경조성기》(755)의 이두이다(남풍현, 1997). 실사의 예는 거의 없고, 모두 弥(며), 사(곰), 中(에), 者(면), 等(들), 在如(겨다), 爲內(ᄒ네) 등 허사를 표기하는 가자(假字)이다. 통일 신라 시대의 이두문에서 우리말 허사 표기가 발달하기 시작하여 고려 초기에는 표현이 자유롭고 매우 다양해졌다.

조선 초기의 《대명률직해》(1395)는 방대한 분량에 한문 원문이 앞에 제시되고 있어 당시의 이두를 이해하는 데 중요하다. 《대명률직해》는 명나라 법률인 '대명률'을 이두로 번역한 것으로 원래 권수제는 '대명률'이나 관례에 따라 '대명률직해'라 부른다. 현재 원간본은 전하지 않으나, 목판본으로 된 중간본이 몇 가지 전한다. 다음 (13)은 고려대학교 소장의 16세기 중엽 중간본 《대명률직해》 권제20의 〈노비구가장〉(奴婢毆家長)의 일부분이다.

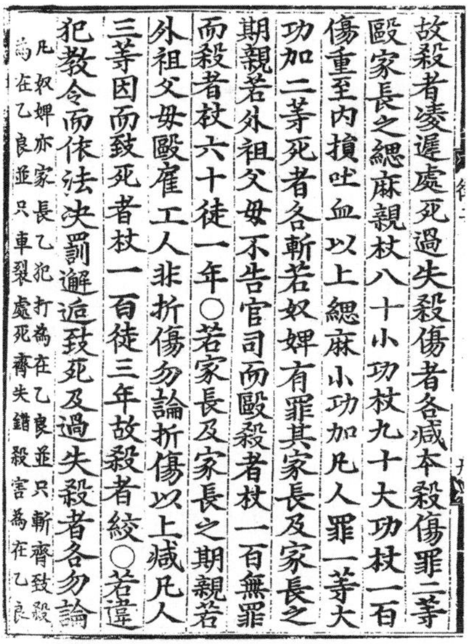

〈사진 2〉《대명률직해》 권 제20

(13) ㄱ. 凡奴婢毆家長者皆斬 殺者皆凌遲處死 過失殺者絞 傷者杖一百流三
千里

ㄴ. 凡奴婢亦(가) 家長乙(을) 犯打爲在乙良(ᄒ견을랑) 並只斬齊(ᄒ제)
致殺爲在乙良(ᄒ견을랑) 並只車裂處死齊(ᄒ제) 失錯殺害爲在乙良
(ᄒ견을랑) 絞死齊(ᄒ제) 有傷爲在乙良(ᄒ견을랑) 杖一百遠流

　　(13ㄱ)은 원문이고, (13ㄴ)은 이두 번역문이다. (13ㄴ) 괄호 속의 한글
표기는 이두의 이해를 위하여 추가한 것이다. 번역문은 대부분 원문과
같지만 조선의 실정에 따라 부분적으로 수정하였다. 예컨대, 원문에는
'流三千里'로 되어 있지만, 이두 번역문에는 단순히 '遠流'로 되어 있다.
부사 並只(다무기, 모두)처럼 실사의 이두 표현이 있기는 하지만, 대부분
이 조사와 어미에 해당하는 허사를 한자를 이용하여 표기하였다.

　　조선 후기에도 이두문에 쓰이는 일부 어휘나 허사는 조선 전기의 것에
서 크게 달라지지 않았다. 그러나 실사 부분에 한문의 성격이 강하게 나타
나 마치 한문에 구결을 단 듯한 모습을 많이 보였다. 이두는 한글이 창제
되어 그 효용성이 줄어들어야 하였지만, 오히려 서리 등 특정 계층에서
한문 대용으로 쓰는 문자로 자리잡아 하나의 독특한 문체가 되었다. 따라
서 지방 수령 및 서리 등 이두를 배워야 할 사람이 쉽게 알 수 있도록
《이문잡례》, 《유서필지》, 《이문대사》등 여러 종류의 책이 발간되었다.
특히 《유서필지》(1864)는 여러 이두 문례를 보여 주었으며, 부록으로 '이
두휘편'을 두어 약 230항 정도의 이두를 자수별로 나누어 제시하였다.
《유서필지》의 부록에 실린 이두의 예를 들면 다음 (14)와 같다. 괄호 안은
독음과 뜻을 나타낸 것이다.

　　(14) 어휘: 進賜(나아리/堂下官), 白是(ᄉᆞᆲ이/사룀), 矣身(의몸/본인), 尺文(ᄌᆞ
문/영수증), 不冬(안들/아니), 幷只(다무기/모두), 尤于(더욱), 況

旀(ᄒᆞ물며)

조사: 良中(아희/에서), 以(로)

'이'계 어미: 是沙(이사/이야), 是白置(이ᄉᆞᆲ두), 是乎矣(이오되), 是白良置(이ᄉᆞᆲ아두)

'ᄒᆞ'계 어미: 爲乎旀(ᄒᆞ오며), 爲遣(ᄒᆞ고), 爲乎矣(ᄒᆞ오되), 爲白齊(ᄒᆞᄉᆞᆲ제), 爲白有如乎事(ᄒᆞᄉᆞᆲ빗다온일)

2.2.2.3. 향찰

향찰은 신라 시대 시가 문학을 대표하는 향가에 쓰인 표기 체계이다. 허사 부분은 물론이고 실사의 대부분도 한자의 음훈을 이용하여 우리말을 표음하였다는 점에서 우리말을 가장 전면적으로 표기한 표기 형태이다. 향찰은 고려 초기 이후에는 잘 쓰이지 않았는데, 이것은 한문의 영향력이 커지면서 복잡하게 한자를 이용하여 우리말을 표기할 필요가 줄었기 때문으로 분석된다. 우리말의 전면적 표기는 후에 한글이 창제됨으로써 실현되었다.

《삼국유사》 권2 〈처용랑 망해사〉 조에는 신라 헌강왕 때의 처용설화와 함께 역신(疫神)을 물러가게 했다는 노랫말이 실려 있는데, 이 노랫말이 한문이 아닌 향찰로 적혀 있다. 이에 대한 《삼국유사》 원문(15ㄱ)과 조선 시대 《악학궤범》(1493)의 한글 가사(15ㄴ), 양주동(1943)의 해석(15ㄷ)을 함께 보인다.

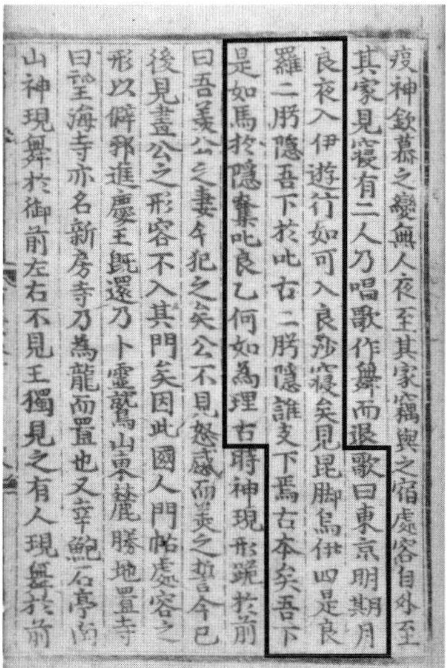
疫神欽慕之變無人夜至其家竊與之宿處容自外至
其家見寢有二人乃唱歌作舞而退歌曰東京明期月
良夜入伊遊行如可入良沙寢矣見昆脚烏伊四是良
羅二肹隱吾下於叱古二肹隱誰支下焉古本矣吾下
是如馬於隱奪叱良乙何如爲理古時神現形跪於前
曰吾羡公之妻今犯之矣公不見怒感而美之誓今已
後見畫公之形容不入其門矣因此國人門帖處容之
形以僻邪進慶王旣還乃卜靈鷲山東麓勝地置寺
曰望海寺亦名新房寺乃爲龍而置也又幸鮑石亭南
山神現舞於御前左右不見王獨見之有人現舞於前

〈사진 3〉 《삼국유사》 권二의 〈처용랑 망해사〉

(15) ㄱ. 東京明期月良 夜入伊遊行如可

　　　入良沙寢矣見昆 脚烏伊四是良羅

　　　二肹隱吾下於叱古 二肹隱誰支下焉古

　　　本矣吾下是如馬於隱 奪叱良乙何如為理古

　　ㄴ. 東京 ᄇᆞᆯ근 ᄃᆞ래 새도록 노니다가

　　　드러 내 자리를 보니 가ᄅᆞ리 네히로새라

　　　아으 둘흔 내 해어니와 둘흔 뉘 해이니오

　　ㄷ. ᄉᆞᄫᆞᆯ 불긔 ᄃᆞ래 밤드리 노니다가

　　　드러ᅀᅡ 자리 보곤 가ᄅᆞ리 네히어라

　　　둘흔 내해엇고 둘흔 뉘해언고

　　　본ᄃᆡ 내해다마ᄅᆞᆫ 아ᅀᅡ놀 엇디ᄒᆞ릿고

　(15ㄱ)은 향찰로 표기된 원문으로 한문으로 읽는 것이 아니라 한자를 일정한 기준에 따라 음과 훈으로 읽어야 한다. (15ㄴ)의 내용은 15세기에 한글로 표기되었으므로 향찰 원문의 내용을 유추하는 데에 도움이 된다. (15ㄷ)은 한국인으로는 처음으로 향가 전편을 해독한 양주동(1903~1977)의 해석이다. 처용가에 쓰인 차자를 양주동의 독법으로 분류해 보이면 다음 (16)과 같다.

　(16) 훈독자: 東京(ᄉᆞᄫᆞᆯ), 明(ᄇᆞᆰ-), 月(달) 夜(밤) 入(들-) 遊(놀-), 行(니-), 寢(자-), 見(보-), 脚(가ᄅᆞᆯ), 四(네), 二(둘ㅎ), 吾(나), 誰(누), 馬(말), 奪(앗-), 何如(엇디), 為(ᄒᆞ)

　　　음독자: 本(본)

　　　훈가자: 如(다), 是(이)

　　　음가자: 期(긔), 良(아) 伊(이), 可(가), 沙(사), 矣(이), 昆(곤) 烏(오), 伊(이), 羅(라), 肹(흐), 下(해), 於(어), 叱(ㅅ), 古(고), 隱(은),

支(ㅣ), 焉(언), 矢(티), 乙(을), 理(리)

(16)의 예를 보면, 향찰 표기는 주로 훈독자와 음가자로 되어 있음을 알 수 있다. 어절의 핵심부를 이루는 앞부분은 주로 한자를 훈독자로 읽고, 뒷부분은 주로 한자를 음가자로 읽는다.

2.2.2.4. 석독구결

구결은 한문을 읽을 때 필요한 우리말을 한자를 빌려 표기한 것이다. 석독구결은 역독점을 이용하여 한문을 국어의 어순으로 읽는 방식이어서 결과적으로는 우리말 표기인 향찰과 비슷하다. 석독구결은 보물 제1572호로 지정된 《구역인왕경》에서 볼 수 있다. 이것은 1973년 충남 문수사의 금동여래좌상 복장 유물에서 발견된 목판본으로 12세기경에 쓰인 것으로 추정되는 것이다. 현재 상권의 5장(2·3·11·14·15)만이 전하는데, 원래 서명은 《인왕호국반야파라밀경》(仁王護國般若波羅密經)이다. 《구역인왕경》은 한문 원문 행간에 역독점과 구결이 표기되어 있다. 역독점은 우리말 어순을 반영하기 위한 것이다. 우측에 구결이 있는 구성소를 읽다가 역독점이 있으면, 위로 올라가 좌측에 구결이 있는 구성소를 읽는 방식

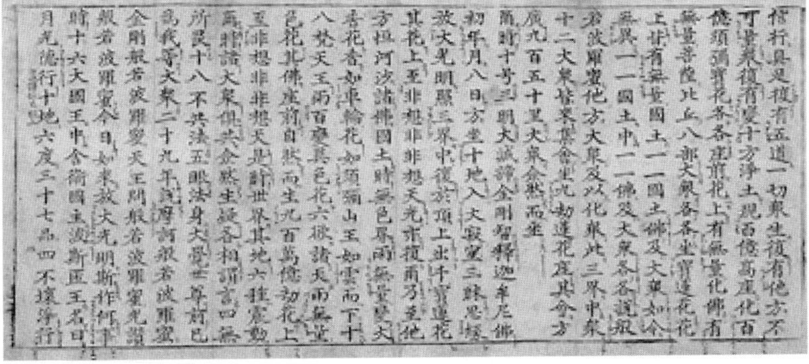

〈사진 4〉《구역인왕경》 권상 二

이다. 좌측 구결에 역독점이 있으면 다시 올라가 좌측에 구결이 있는 구성
소를 읽고, 역독점이 없으면 다시 아래로 내려와 우측에 구결이 있는 구성
소를 읽으면 우리말 어순이 된다. 구결은 주로 우리말 허사를 표기하기
위한 것으로 주로 원 글자의 일부를 따서 쓴 약체자가 쓰이는데 일본의
가나[假名]와 비슷한 것이 많다.

《구역인왕경》 2장의 첫머리 信行具足復有五道一切衆生復有他方不可量
衆을 해독한 다음 예를 보자(장윤희, 2004).

> (17) ㄱ. 信行ㄴ 具足ˇニゥ 復ˇ丁 有ヒナゥ 五道ㄷ 一切衆生ⅱ 復ˇ丁 有ヒナゥ 他方ㄷ
> 不失ⅱㅌㄷ可ㅌˇ丁 量ˊゥˇ 衆.
>
> ㄴ. 信行ㄴ 具足ソニゥ 復ˇ丁 五道ㄷ 一切衆生ⅱ 有ヒナゥ 復ˇ丁
> 他方ㄷ 量ˊゥ可ㅌˇ丁 不失ⅱㅌㄷ 衆 有ヒナゥ
>
> ㄷ. 信行을 具足ㅎ시며 도한 五道ㅅ 일체 중생이 잇겨며 또한 他方ㅅ
> 量ㅅ(혜아룜)홈 짓흘 안디이ᄂ 물 잇겨며
>
> ㄹ. 신행을 구족하시며 또 오도의 모든 중생이 있으며 또한 他方에
> 헤아릴 수 없이 많은 무리가 있으며

(17ㄱ)은 원문에 구결을 표기한 것이고, (17ㄴ)은 구결 표기대로 읽어
우리말 어순이 된 것이다. (17ㄱ)의 위 첨자는 세로글에서 우측에 있는
것이고, 아래 첨자는 세로글에서 좌측에 있는 것이다. (17ㄱ)에는 역독점
이 위에 세 번 아래에 한 번 있다. 위의 '衆生' 다음에서는 앞의 '有'로
거꾸로 올라가고, '量' 다음에서는 앞의 '可'로 거꾸로 올라가며, '衆' 다음에
는 앞의 '有'로 거꾸로 올라간다. 아래의 '可' 다음에서는 그 앞에 있는
'不'로 거꾸로 올라가서 우리말의 어순으로 바뀌게 된다. 이 구결문을 (17
ㄷ)은 중세어로, (17ㄹ)은 현대어로 변환시킨 것이다.

구결자는 ㄴ(乙/을)을 제외하면 모두 약체자로 기록되어 있는데, 이들

을 정자체로 옮기면 다음과 같다. ソニ㫆(爲示旀/ᄒᆞ시며), ソㄱ(爲隱/ᄒᆞᆫ), ヒ(叱/ㅅ), リ(是/이), ヒナ㫆(叱在彌/ㅅ겨며), ノ亠(乎音/홈), 矢リㅌヒ(知是飛叱/디이ᄂᆞᆺ).

2.2.2.5. 음독구결

음독구결은 한문을 읽을 때 구절 단위로 분절하여 구절 끝에 문법 관계를 드러내 주는 허사를 표시해 주는 표기다. 음독구결은 경전을 해독해야 하는 사대부 등 일정한 수준 이상의 한문 수요층을 중심으로 사용되었는데, 주로 체언에 붙는 조사와 용언에 붙는 어미를 표현한다. 음독구결자는 대체로 음차이지만 때로 훈차도 있다. 원래 글자를 줄여 쓰는 약자체가 많으며, 하나의 음 표기에 여러 글자가 겸용되는 경우가 많다.

한글이 창제된 이후에는 한글이 음독구결의 차자 표기를 대신하는 경우가 생겼는데, 불경 등 한문 원전을 언해한 문장에서 주로 볼 수 있다. (18)은 구결로 표기된 것으로 이해를 위하여 괄호 속에 한글을 병기하였다.

(18) ㄱ. 菩提心者ㄱ(은) 卽是佛心丶ヒ(이니) 功德智慧丶(이) 不可格量丶ヒ(이니) 蓋論一念丶溫(이온) 況復多念丶叱亦 (잇여) (상교정본자비도량참법. 2권 1장)

ㄴ. 像季已還㇌(애) 道術旣裂ソ㇌(ᄒᆞ야) 明心之士丶(ㅣ) 妄認緣塵ソ㇌(ᄒᆞ야) 爲物ᄼ(의) 所轉ソ㫆(ᄒᆞ며) (능엄경)

ㄷ. 僧이 曰호ᄃᆡ 惠者ᄂᆞᆫ 以法으로 惠施衆生이오 能者ᄂᆞᆫ 能作佛事이니라(육조대사법보단경언해 서, 1496)

(18ㄱ, ㄴ)은 약체자로 된 구결의 예이고, (18ㄷ)은 훈민정음 창제 후 한글로 표기된 구결의 예이다. 조선 시대의 언해문에 제시된 한문은 대부분 (18ㄷ)과 같은 방식이다.

2.3. 향문과 한글

2.3.1. 한글 창제와 이두 논쟁

이두는 조선 초기 한글 창제와 관련하여 중요한 화두였다. 이두가 한자를 빌려 쓰는 것이라서 불편하니 새로운 글자의 창제가 필요하다는 입장과 비록 거칠지만 한자를 빌려서 쓰는 것이니 쓸 만하다는 주장이 대립하였다.

> (19) ㄱ. 옛날 신라의 설총이 이두를 시작하여 관부와 민간에서 지금까지 쓰이고 있으나, 모두 한자를 빌려 쓴 것이어서 어렵고 막히어 몹시 궁색하고 근거가 일정하지 않다. 우리말을 표기하는 데 그 만분의 일도 통달하지 못한다.[3]
>
> ㄴ. 신라 설총의 이두는 비록 거칠고 속되나 모두 중국의 한자를 빌려서 어조사를 쓰기 때문에 한자와 서로 떨어져 있는 것이 아니옵니다. (중략) 하물며 이두는 수천 년 동안 문서나 서류 등에 쓸 때 어떤 탈도 없는데, 어찌 문제 없는 문자를 고쳐서 속되고 무익한 새로운 문자를 만드십니까?[4]

(19ㄱ)은 정인지 서문의 일부로 한글 창제의 필요성을 이두의 불편함에서 찾은 한글 찬성론자들의 생각을 대변한다. 이두에 의한 우리말 표기를 한글이 대신할 수 있을 것으로 믿은 실용(實用)의 입장이다. (19ㄴ)은 신

---

3 昔新羅 薛聰始作吏讀, 官府民間, 至今行之, 然皆假字而用, 或澁或窒, 非但鄙陋無稽而已, 至於言語之間, 則不能達其萬一焉. 《세종실록》, 1446.9.29.

4 新羅 薛聰吏讀, 雖爲鄙俚, 然皆借中國通行之字, 施於語助, 與文字元不相離, (중략) 而況吏讀行之數千年, 而簿書期會等事, 無有防(礎)[礙]者, 何用改舊行無弊之文, 別創鄙諺無益之字乎 《세종실록》, 1444.2.20.

문자 제정을 반대하였던 최만리(1398-1445)의 반대 상소문으로 한글 창제 불가론자들의 생각을 대변한다. 이두도 아쉬운 대로 쓸만하니 한문을 두고 새 글자를 만들 필요가 없다는 사대(事大)의 입장이다.

훈민정음을 둘러싼 이와 같은 논쟁은 한글 창제가 이두의 우리말 표기 전통과 밀접히 관련되어 있음을 의미한다. 세종은 훈민정음이 불편한 이두를 대신할 수 있는 수단으로 보았던 것이다. 훈민정음이 창제된 후 바로 서리 10여 인에게 한글을 가르쳤다는 《세종실록》의 기록이 그것을 증명한다. 그러나 훈민정음이 창제되고 난 이후에도 이두는 계속해서 쓰였다. 이론적으로 한글이 이두를 대신할 수 있었지만, 실제 행정 실무 문서 등 공적 문서는 한자 차용 표기인 이두문을 계속 사용하였다. 공적 문자 생활에서는 한문의 위력이 커서, 한문과 일부 우리말이 섞인 이두문이 여전히 일정한 세력을 가지게 된 것이다.

2.3.2. 음절 이분법과 종성 표기

향문은 음절과 관련하여 말음절 첨기와 말자음 첨기 방식을 사용하였다. 전자는 음절수와 글자수 차이를 인식한 것이다. 대체로 1자 1음절을 유지하나 때에 따라 '蒙'(그리-)처럼 1자로 2음절을 표기하거나 '鳥伊'(새)처럼 2자가 1음절을 표기하기도 하였다. 이러한 음절수 불일치를 해소하기 위하여 '누리'를 '世理'는 표기하는 말음절 첨기 방식을 사용한 것이다. 후자는 음절말 자음을 명확히 인식한 것이다. 말자음 첨기는 한 음절이 초·중성과 종성으로 구분된다는 인식을 바탕으로 한 것이다. 우리말 '곰'을 훈차하면 '熊'으로 표기할 수 있지만, 음차하려면 '古音'으로 표기한다. '곰'의 음을 가진 한자가 없기 때문에 초·중성이 합해진 '고'(古)에 종성 'ㅁ'(音)을 합쳐 발음을 같게 한 것이다. 구결 'ノㅎ'(乎音)도 'ノ'는 초성과 중성의 결합인 '호'에 종성 'ㅁ'을 위하여 'ㅎ'를 첨가한 것이다. 이러한

방식이 조선 후기까지 고유 명사 등의 표기에 이용되었다는 것은 우리말의 표기에서 초성과 중성이 1차적 단위이고 종성이 2차적 단위임을 의미한다.

음절의 종성을 별도의 글자로 첨기하는 방식은 성운학에서 음절을 성모와 운모로 분석한 방식과는 다르다. 성운학은 음절의 성모를 제외한 나머지 전부를 운모로 분석하기 때문에 중성과 종성을 합하여 하나의 단위로 인식한다는 점에서 우리의 차자 표기법하고는 차이가 있다. 따라서 성운학의 이론으로는 종성을 위한 글자를 만들기 어려웠겠지만, 향문의 말음 첨기 전통이 종성을 분리해서 신문자를 만든 훈민정음 창제에 영향을 주었다. 초성과 중성의 합자를 먼저 배우고 이어 여기에 종성을 덧붙이는 음절 합자 방식은 'ㄱ'과 'ㅏ'를 합한 '가'에 'ㅁ'을 붙여 '감'을 만드는 우리의 반절법 전통에 이어졌다. 몽골 문자 학습 방법도 이와 비슷한데, 종성을 가지고 있는 몽골어의 음절 합자 방식이 향문과 같았음을 의미한다. 따라서 향문 표기의 말음 첨기는 음절의 종성을 구분해 낸 것으로 이것은 결국 음절을 초성과 중성과 종성으로 구분한 한글 창제의 원리에 이어졌다.

2.3.3. 향문의 문체

한글 창제 이전에는 한문과 향문이 쓰였다. 한문은 뜻을 나타내는 수단이었지 우리말과는 아무 관계가 없는 문체였다. 향문은 고유 명사 표기에서 한자의 음훈을 이용한 방법이 우리말 문장 표기로 확대되면서 한문과 다른 문체를 형성하게 되었다. 이렇게 형성된 향문은 한문과 구어 사이에서 준 구어를 형성하게 되었다.

향문은 한문의 영향이 많이 있는 구결문과 그렇지 않은 이두·향찰문으로 나눌 수 있다. 구결문은 '不可格量ㄴ ㄴ'처럼 한문을 구절 단위로 나눈 음독구결문과 '一切衆生刂 有ㄴㅓ氵 復ㄴ丨'처럼 한문을 형태소 단위까지 나눈 석독구결문이 있다. 구결문은 한문이 우리말의 틀 안에 들어오기는 하였으나, 여전히 한문이 중심인 것이다. 이에 비하여 이두문과 향찰문은 우리말 중심이다. 다만 이두문은 대부분의 실사가 한자어인데 비하여 향찰문은 대부분의 실사도 우리말을 표기하였다는 점에서 차이가 있다. 이 두문에서는 '各香花捧ㅅ'의 구조를 보이지만, 향찰문에서는 '夜入伊遊行如 可'의 구조를 보인다.

조선 초에 한글이 창제되면서 향문은 세 가지 방향으로 분화되었다. 첫째, 한글 창제와 관계없이 이두·구결문의 차자 표기를 그대로 이어간 향문이다. 둘째, 구결문과 이두문과 향찰문의 차자 표기를 한글로 바꾼 언한문이다. 창제된 한글이 한자와 같이 쓰이는 경우이다. 다만, 음으로 읽는 음독구결은 한글 구결문으로 대치되나, 한문의 번역인 석독구결은 유교 경전 등의 언해문으로 이어진다. 셋째, 한자의 노출 없이 한글로만 된 새로운 순 언문이 등장하여 민간의 언간이나 문예문 등에서 널리 쓰였다.

■ **참고문헌**

양주동(1943/1960), 강신항(1974), 남풍현·심재기(1976), 안병희(1976ㄱ), 장지영·장세경 (1976), 강신항(1980), 남풍현(1980), 김민수(1982), 안병희(1985), 안병희(1986), 권인한 (1995), 남풍현(1997), 이승재(1997), 송기중(1997), 장윤희(2004), 정재영(2006), 김종훈 (2014), 이승재(2015), 국립한글박물관(2019ㄷ)

제3장 한글과 성운학

3.1. 성운학과 한음

3.1.1. 한자음과 반절법

한자는 자형(字形)과 자의(字義)와 자음(字音)이 하나로 결합된 문자다. 중국에서는 전통적으로 이 세 가지 연구 분야를 각각 문자학, 훈고학, 성운학이라고 불렀다. 성운학은 음절을 분석 대상으로 하였다. 한자는 기본적으로 단음절 표기 문자이므로 하나의 문자는 하나의 음절을 가진다. 따라서 한자음의 분석은 결국 음절의 분석이 된다. 성운학은 음절을 성모와 운모로 분석하여 연구하였다. 이것은 반절법의 형성과 밀접한 관련을 갖고 있다.

반절법은 한자음의 표기 방식이다. 처음에는 하나의 한자로 다른 한자의 음을 나타내는 직음법이나 독약법이 쓰였다. 독약법으로는 芨讀若急 등의 예를, 직음법으로는 怨音庶 등의 예를 볼 수 있는데, 이들은 동음자가 없을 경우 불가능하고, 동음자가 더 어려운 경우는 쓰기 어려운 단점이 있었다. 이를 보완하기 위하여 두 글자로 하나의 자음을 나타내는 반절법이 등장하였다. 표음 대상이 되는 한자는 피절자(被切字)이고, 표음 수단이 되는 한자는 반절자가 된다. 피절자의 성을 나타내는 한자를 반절상자, 운을 나타내는 한자를 반절하자로 구분한다. 예를 들어 '東'의 자음을 '德紅切'로 표시하는데, '德'에서는 성모 [t]을 취하고, '紅'에서는 운모 [uŋ/평성]을 취한 다음, 이 둘을 합하여 [tung/평성]을 표시한다. 반절법은 표음의 정확성을 높이고 거의 모든 글자에 표음할 수 있다는 장점이 있다.

반절법의 연원에 대해서는 논란이 있으나 일반적으로 불교와 함께 전래된 인도의 산스크리트어학(범어학)의 영향으로 이해한다. 불교 경전을 한역하는 과정에서 정확하게 음역할 필요가 있었고, 이때에 인도 실담 문자의 표음 방법이 차용되면서 중국에 널리 퍼지게 되었다. 인도의 실담장(悉曇章)은 범자의 기본자와 그 합자를 순서대로 나열하여 문자 교육의 교재로 만든 것인데, 기본자로 마다(모음)와 체문(자음)을 설정하고 이것의 결합으로 형성되는 글자를 18장에 걸쳐 제시하였다. 예컨대, 체문 ka(迦)에 마다 i(伊)가 결합하여 하나의 음절 글자 Ki가 되는데, Ki는 다시 글자의 체가 되어 체문 ya(也)와 합하여 자음 결합 음절 글자인 kyi가 생성된다. 이같이 음절을 체문과 마다의 결합으로 표음하는 방식은 하나의 한자음을 성과 운의 결합으로 표음하는 반절법에 계승되었다.

3.1.2. 반절법과 운서

반절법의 발전으로 자음을 구체적으로 표기할 수 있게 되면서 운서가 편찬되었다. 운서는 한자를 운에 따라 분류하여 같은 운에 속한 한자를 한 곳에 묶어 놓은 것인데, 같은 운에 속하는 첫 글자의 음을 반절로 표시하였다. 즉, '東' 아래에 德紅切로 표기하여 이 글자의 음이 [tuŋ]임을 표시한 것이다.

운서의 모습은 시대마다 조금씩 달랐다. 가장 오래된 운서는 수(隋)나라 육법언이 편찬한 《절운》(601)이며, 이를 잇는 운서는 송(宋)나라 때 편찬된 《광운》(1008)이다. 이들은 모두 한어 중고음(4세기~12세기)를 대표하는 운서로 절운계 운서로 불린다. 《광운》은 상평성(上平聲)의 '東'으로 시작하고 있다. '東' 아래에는 간단한 의미를 제시하고, 맨 마지막에 '덕홍절(德紅切) 17'이라고 하여 반절로 발음을 제시하고 있다. 17은 발음이 같은 동음자가 모두 17자임을 가리킨다. 운모가 같지만 성모가 다른 한자음 구별을 위하여 ○으로 표시하였다. '同'은 '도홍절(徒紅切) 45'로 되어 있다. 즉, 《광운》은 모든 한자를 성조에 따라 나눈 다음에, 본문의 한 면에 동일 운목(韻目)에 속하는 한자를 자모순으로 배열하는 방식으로 구성되어 있으며 반절로 발음을 표기하고 있다. 운서의 성모는 《광운》의 36자모가 가장 많고, 운모는 《절운》이 193운, 《광운》이 206운으로 구분되었다.

한어 근대음(13세기~19세기) 시기에는 《고금운회거요》(1297), 《중원음운》(1324), 《홍무정운》(1375) 등의 운서가 편찬되었다. 《고금운회거요》는 36자모에 107운(자모운 218운)으로 되어 있으며, 우리나라에서 1434(세종16)년 목판본으로 복각되었다. 《고금운회거요》는 운부를 먼저 나누고 다시 성조로 나누었다. 운부에는 두 글자를 운목으로 삼고 있는데, 제1부인 東鍾에 모든 성조가 포함되어 있다. 즉, 절운계 운서가 성조를 중심으로 한자를 분류하였던 데 비하여, 운을 중심으로 먼저 분류한 다음에 자모와 성조에 따라 구분하는 방식을 취하였다. 36자모 수는 《광운》과 같지만, 세부 내용은 설상음과 정치음을 합하여 3자모(照, 穿, 牀)를 없애고, 대신 차청자와 차탁자의 3자모(㴋, 魚, 合)를 추가하여 다르다.

이들 운서는 본질적으로 성조나 운에 따라 동일한 한자를 분류하여 한 곳에 등록하고 자모순에 따라 다시 분류하였다는 점에서 같다. 또한 운서는 한자의 음을 반절로 표기하고 있지만, 반절자에 대하여 정확히

모를 경우 그 음을 확인하기 어렵고, 성모나 운모의 정확한 특성도 알기 어렵다는 한계가 있다. 이들 운서는 오히려 시를 짓는 데 필요한 운을 검색하는 데 널리 쓰였다.

3.1.3. 음절 분석과 등운도

운서가 자음을 정확히 반영하지 못하는 한계를 극복하기 위하여 등장한 것이 등운도(等韻圖)인데, 흔히 운도라고도 한다. 등운도는 격자표를 만들어 가로줄에 성모를 배열하고 세로줄에 운모를 배열한 다음에 교차점에 해당하는 한자를 넣은 것이다. 그에 해당되는 한자가 없을 때는 공란으로 둔다. 배치된 한자의 음은 성모와 운모를 합하여 읽으면 된다. 일종의 음절 분석표라 할 수 있다. 등운도는 반절에 비해 간단하고 체계적이지만, 교차점에는 한 글자만 넣을 수 있어 여러 동음자를 보여 주지 못하는 단점이 있다. 현전하는 송원(宋元)대의 등운도는 《운경》, 《칠음략》, 《사성등자》, 《황극경세성음창화도》, 《절운지장도》 등이 있는데, 내용이나 형식이 비슷하다.

등운도는 성모를 7음과 청탁으로 구별하여 배열하였다. 성모의 배열 방법은 등운도에 따라 약간씩 차이가 있다. 《칠음략》은 가로줄에 36자모를 두 줄로 배치하고 있다. 첫 줄에는 순중음(1~4), 설두음(5~8), 아음(9~12), 치두음(13~17), 후음(18~21), 반설음(22), 반치음(23)이, 둘째 줄에는 순경음(24~27), 설상음(28~32), 정치음(33~36)이 배치되었다. 순중음과 순경음, 설두음과 설상음, 치두음과 정치음은 겹쳐 있으나, 실제 이들은 운모에서 구분되므로 별다른 혼란은 없다. 다시 각 음은 청탁에 따라 하위 구분되었는데, 순음을 예로 들면 전청, 차청, 전탁, 차탁으로 구분된다.

등운도는 운모를 등호(等呼)와 성조로 구분하였다. 등호는 4등(四等)과

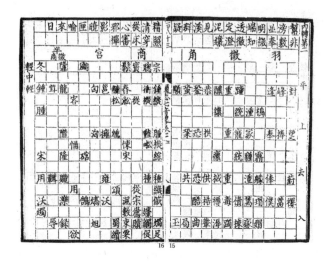

16 15

〈사진 1〉《칠음략》

2호(二呼)를 의미한다. 4등은 음의 특성을 구개성 반모음 'j' 유무와 핵모음
의 차이를 기준으로 4가지로 분류한 것이다. 4등의 성격에 대해서는 다소
의 논란이 있지만, 대체로 혀의 고저와 전후 위치 차이로 구분한다. 1등운
은 혀의 위치가 가장 낮고 가장 뒤쪽에서 발음되고, 4등운은 혀의 위치가
가장 높고 가장 앞쪽에서 발음된다. 2등운은 1등운보다 혀의 위치가 앞쪽
이고 높으며, 3등운은 2등운보다 혀의 위치가 앞쪽이고 높다. 1등운과
2등운은 반모음 'j'가 없는 직음(直音)이고, 3등운과 4등운은 반모음 'j'가
있는 요음(拗音)이다. 2호(二呼)는 핵모음 앞에 원순성 반모음 'w'가 오느
냐를 기준으로 음을 개구호와 합구호로 구분한 것이다. 합구호는 원순성
반모음 'w'를 가지는 것이고, 개구호는 그렇지 않은 것이다. 운모의 배열
방법은 평성·상성·거성·입성으로 먼저 구분하고 이어 각 성조마다 4
등으로 구분하였다. 운모는 세로줄에 최대 16개가 배치될 수 있는데, 4개
의 성조마다 4등으로 하위 구분된다.

3.1.4. 성운학과 실담장

등운도의 음운 분석 방법은 산스크리트어 음성학의 영향을 받은 것이다. 《칠음략》 서(序)에는 "칠음은 서역에서 중국으로 유입되었는데, 인도의 승려들이 불교를 천하에 전파하려고 이 책을 지었으니 (중략) 중국의 승려가 이를 좇아 36자모와 중경(重輕) 청탁(淸濁)을 정하되 그 순서를 잃지 않았으니 천지 만물의 음이 여기에 다 갖추어졌다."[5]는 언급이 있는 바, 이는 등운도에 쓰인 칠음, 36자모, 중경, 청탁의 개념이 인도로부터 온 것임을 의미한다.

산스크리트어학은 파니니가 저술한 《팔장》에 8장 32절 3,983규칙으로 정리되어 있는데, 여기에는 조음 과정, 분절음, 음절 등의 음성학 개념이 포함되어 있다(정광, 2019). 조음 분석은 조음 기관을 내구강과 외구강으로 구분하였는데, 외구강에서는 유성음/무성음과 유기음/무기음과 비음/구음을 생성하고, 내구강에서는 입의 특정 부위에서 협착 정도에 따라 파열음(협착), 마찰음(조금 협착), 반모음(조금 개방), 모음(개방)을 생성하였다.

당나라 지광의 《실담자기》(悉曇字記)의 〈실담장〉에는 산스크리트어를 표기하는 실담 문자를 체문과 마다로 구분하여 설명하였다. 오늘날 자음에 해당하는 체문은 오성(五聲)과 편구성(遍口聲)으로 구분하였다. 오성은 발음 위치에 따라 오음(五音)으로 구분하고, 성대 작용 방법에 따라 오성(五聲)으로 나누었다. 발음 위치에 따라 아성(연구개음), 치성(경구개음), 설성(권설음), 후성(치조음), 순성(순음)으로 구분하고, 성대 작용과 비강 작동 여부에 따라 무기무성음, 유기무성음, 무기유성음, 유기유성음,

---

5 七音之韻 起自西域 流入諸夏 梵僧欲以其教傳之天下故爲比書 (중략) 華僧從而定之以三十六 爲之母 重輕淸濁 不失其倫 天地萬物之音備於此矣.〈七音 序〉

비음으로 분류하였다. 편구성은 마찰음과 접근음 등으로 구분되었다. 5성 체계는 중국어에 없는 유기유성음을 제외하고 그대로 성운학에 4성체계로 도입되었지만, 5음 체계는 편구성을 포괄하여 7음 체계 등으로 확대되면서 내용의 구성도 달라졌다. 오늘날 모음에 해당하는 마다는 별마다 4자를 제외하고 장모음과 단모음이 짝을 이루는 12마다(a/ā, i/ī, u/ū, e/ai, o/au, aṁ/aḥ)를 제시하였는데, 이들 모음은 크게 저모음(a), 중모음(e, o), 고모음(u)로 구분될 수 있다. 구개도에 따른 모음의 인식은 구강의 협착 정도에 따라 음성을 구분하는 방식과도 상통하는 것으로 성운학에서는 운모를 4등으로 구분하였다.

3.1.5. 성운학의 분석 단위

3.1.5.1. 음절 분석

성운학은 기본적으로 한자음을 성모와 운모, 성조를 기준으로 분석한다. 성모는 한자음을 이분법으로 나누었을 때 첫 머리에 오는 소리를 의미하고, 운모는 성모 뒤에 오는 나머지 모든 소리를 의미한다. 운모에는 성조가 얹힌다. 현대적 음운 개념으로는 전자는 자음에 해당하지만, 후자는 모음과 자음, 반모음, 성조 등이 섞여 있다. 한자음의 음절 구조는 다음과 같이 표시될 수 있다.

(1) ㄱ.

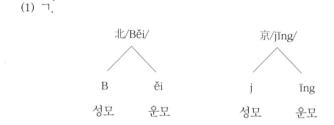

北/Běi/　　　　　　　京/jīng/

B　　ěi　　　　　　j　　īng
성모　　운모　　　　　성모　　운모

ㄴ. [C] [GVE/T]

　　C: 성모, G: 운두, V: 운복, E: 운미 T: 성조

　(1ㄱ)은 음절 '북'(北)과 '경'(京)을 각각 이분법적으로 제시한 것이며,
(1ㄴ)은 음절을 직각 괄호를 이용하여 표시한 것이다. 운모에 얹히는 성조
는 초분절음이고 나머지는 분절음이다.

3.1.5.2. 성모

　성모는 발음 위치에 따라 7음으로 분류되었다. 7음은 성모를 아음(牙
音), 설음(舌音), 순음(脣音), 치음(齒音), 후음(喉音), 반설음(半舌音), 반
치음(半齒音)으로 분류한 것이다. 당나라 수온의 《운학잔권》에서는 30자
모를 아음, 설음(설두음, 설상음), 순음, 치음(치두음, 정치음), 후음으로
분류하였으나, 이후 설음과 치음의 성격을 동시에 가지고 있는 來모와
日모를 별도로 분리하여 7음이 되었다. 이후 다시 순음이 순중음과 순경
음으로 분리되었는데, 이를 통틀어 7음이라 하고 세분하면 10음이 된다.
《칠음략》, 《사성등자》, 《절운지장도》 등이 모두 10음 체계를 보인다.
　성모는 성대의 작용에 따라 청탁으로 분류되었다. 성대가 진동하면서
내는 음을 탁음(유성음), 그렇지 않은 음을 청음(무성음)이라고 한다. 성
문의 열림 정도가 큰 음을 유기음, 그렇지 않은 음을 무기음이라 한다.
따라서 무기무성음은 전청(全淸), 유기무성음은 차청(次淸), 무기유성음
은 전탁(全濁), 그 외 비음, 유음, 반모음 등은 차탁(次濁)이라고 한다.
전탁과 차탁은 모두 유성음이지만 이들이 청음과 같이 유기성에 따라
구분된 것이 아니어서 차탁은 불청불탁, 청탁 등의 이칭으로도 불렸다.
전탁음은 폐쇄음이고 차탁음은 공명음이라는 차이가 있다.
　10음과 청탁에 따른 성모 36자모는 다음 〈표 1〉과 같다.

<표 1> 성모의 조음 위치와 조음 방법

		아음	설음		순음		치음		후음	반설음	반치음
			설두	설상	순중	순경	치두	정치			
파열음	전청	見k	端t	知tj	幫p				影ʔ		
	차청	溪kʰ	透tʰ	徹tjʰ	滂pʰ						
	전탁	羣g	定d	澄dj	並b						
파찰음	전청						精ts	照tɕ			
	차청						淸tsʰ	穿tɕʰ			
	전탁						從dz	牀dʑ			
마찰음	전청				非f	心s		審ɕ			
	차청				敷fʰ				曉h		
	전탁				奉v	邪z		禪ʑ	匣ɦ		
공명음	차탁	疑ŋ	泥n	娘dj	明m	微ɱ			喩∅	來l	日ȥ

〈표 1〉의 치음에는 차탁이 없으나 전청과 전탁이 두 개씩 있다. 이것은 7음의 조음 위치가 일정 부분 조음 방법과 섞여 있기 때문이다. 조음 위치상 아음은 연구개음 위치이고, 후음은 목구멍 위치이고, 순음은 입술 위치이지만, 설음과 치음은 모두 혀의 움직임과 관련되어 다소 복잡하다. 위치상 설두음과 치두음은 치조음이고 설상음과 정치음(권설음으로 보기도 함)은 경구개음이다. 따라서 설두음과 치두음, 설상음과 정치음의 구별은 폐쇄음(파열음, 파찰음, 마찰음)에 따라 구분된다. 설음은 파열음이고, 치음은 파찰음과 마찰음이다. 〈표 1〉에서 치음에 전청과 전탁이 두 번 보이는 것은 치음 중에서 파찰음의 전청과 전탁이, 마찰음의 전청과 전탁이 모두 필요하기 때문이다. 치두음 精, 從과 정치음 照, 牀은 파찰음 전청과 전탁을, 치두음 心, 邪와 정치음 審, 禪는 마찰음 전청과 전탁을 나타내기 위한 것이다.

순음은 파열음(순중음, 양순음)과 마찰음(순경음, 순치음)이 구별된다. 아음은 파열음만 있지만, 후음 曉(x)와 匣(ɣ)이 아음의 마찰음이었을 가능성도 있다. 후음 曉는 차청으로 보는 견해와 전청으로 보는 견해가 엇갈린다. 《운경》에는 影와 曉가 모두 전청으로 되어 있으며, 《칠음략》에서는

影·曉·匣·喩의 순서로 차청이나 《사성등자》에는 曉·匣·影·喩로 배열되어 있어 曉을 전청으로 볼 여지가 있다. 《동국정운》에서는 차청으로 되어 있다.

성모의 배열은 당나라 수온의 《운학잔권》에 보인 순음, 설음, 아음, 치음, 후음의 순서가 《운경》과 《칠음략》으로 이어졌다. 그러나 《사성등자》에서 아음, 설음, 순음, 치음, 후음으로 바뀌었는데, 이는 《동국정운》의 배열 순서와 같다.

3.1.5.3. 운모

운모는 반모음(개음, 운두), 핵모음(운복, 원음), 운미, 성조의 복합 단위이다. 이 중에서 특히 핵모음과 운미가 같은 것을 운부라 하고, 동일한 운부의 대표자를 운목이라고 한다. 운모의 숫자는 운서마다 차이를 보인다. 초기 운서의 운모는 《절운》이 193운, 《광운》이 206운이었다. 한어 근대음(13세기~19세기)을 반영하는 《고금운회거요》는 107운(자모운 218운), 《중원음운》은 19개 운부, 《홍무정운》은 76운으로 나누었다. 《운경》과 《칠음략》에서는 운모를 반모음과 핵모음의 차이를 근거로 한 4등과 사성을 합하여 43전으로 통폐합하여 반모음을 의식하였다. 《사성등자》는 다시 43전을 16섭(20도)으로 통폐합하였는데, 운미가 동일한 경우 유사한 핵모음을 가진 운을 하나의 섭(攝)으로 통합함으로써 운미를 도출하였다(이옥주, 1997). 일반적으로 운모의 구조는 다음 (2)와 같다.

(2) 운모의 구조

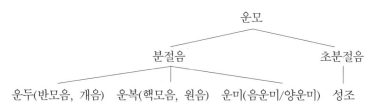

(2)의 운두(반모음)는 성모와 핵모음 사이에 끼어 있는 것으로 일차적으로 /w/가 있는 합구호와 /w/가 없는 개구호로 구분되며, 다음에는 /j/가 없는 직음과 /j/가 있는 요음으로 구분된다. 직음은 1, 2등에 해당하고, 요음은 3, 4등에 해당한다. 원순성 반모음(w)과 구개성 반모음(j)의 구분을 인식한 결과이지만, 전자는 독자적으로 구분하였으나, 후자는 4등의 개념에 포함하였다. 《사성등자》의 16섭(通·江·止·遇·蟹·臻·山·效·果·假·宕·梗·曾·流·深·咸) 중에서 7개의 섭을 4등과 2호로 나누어 보이면 〈표 2〉와 같다(동동소, 1975).

〈표 2〉 7개 운섭의 4등과 2호

		通	止	遇	臻	山	梗	流
개구호	1	東wŋ 冬woŋ			痕ən	寒ɑn		侯u
	2				臻(j)en	刪an	庚eŋ 耕æŋ	
	3	동jwŋ 鍾jwoŋ	止je	魚jo	眞jen 眞jěn	仙jæn	庚jeŋ 清jɛŋ	尤ju 幽jəu
	4				先jɛn		青jeŋ	
합구호	1			模wo	魂wən	桓wan		
	2					刪wan	庚weŋ 耕wæŋ	
	3		止jwe	虞jwo	諄jwen 諄jěn	仙jwæn	庚jweŋ 清jweŋ	
	4				先iwɛn		青iweŋ	

(2)의 운복(핵모음)은 주로 /a/로 대표되는 개모음, /ə/로 대표되는 반개모음, /u/로 대표되는 폐모음으로 구분될 수 있다.

(2)의 운미는 핵모음 다음에 오는 요소를 말하는 것으로, 자음으로 끝나는 양운미 /m(p), n(t), ŋ(k)/와 그렇지 않은 음운미 /ø, u, i/로 구분된다. 《사성등자》의 경우 음운미는 止·遇·蟹·效·果·假·流 7개 섭에 분류되어 있고, 양운미는 通·江·臻·山·宕·梗·曾·深·咸 9개 섭에 분류

되어 있다. 양운미 通·江·宕·梗·曾 5개 섭의 평성·거성·상성의 각 운미는 /ŋ/이고, 입성의 운미는 /k/이다. 마찬가지로 臻·山 2개 섭의 평·거·상성의 운미는 /n/, 입성의 운미는 /t/이며, 深·咸 2개 섭의 평·거·상성의 운미는 /m/, 입성의 운미는 /p/이다. 입성자에 대응하여, 평·상·거성은 서성자(舒聲字)라고 한다. 즉, 서성자는 비음인 /m, n, ŋ/으로 끝나고, 입성자는 그에 대응하는 폐쇄음인 /p, t, k/로 끝난다.

(2)의 성조는 보통 평성·상성·거성·입성의 사성에 따라 분류하였다. /k, t, p/로 끝나는 소리를 입성으로 보고, 그렇지 않은 /ŋ, n, m/ 소리와 대응시켰다. 그리하여 평성·상성·거성은 높낮이에 따라 구분하였으나, 입성은 그에 대응하여 빨리 끝맺는 소리를 의미하였다. 절운계 운서에서는 4성에 의하여 권을 나누었는데, 글자 수가 많은 평성을 상과 하로 나누어 각각 1권씩 배당함으로써 모두 5권이 되었다. 《중원음운》에 와서 사성은 평성이 평성양(양평)과 평성음(음평)으로 구분되고, 입성이 없어지면서 내용상 변화를 하여 현대 중국어의 4성과 합치되었다. 현대 중국어의 성조 유형은 고평(55), 고승(35), 강승(315), 고강(51)인데, 이는 각각 음평성(제1성), 양평성(제2성), 상성(제3성), 거성(제4성)으로 부른다.

3.2. 조선 한자음과 《동국정운》

3.2.1. 《동국정운》의 편찬

3.2.1.1. 편찬자

《세종실록》에서 운서와 관련된 언급은 한글 창제 직후인 1444(세종26)년 2월 최항, 박팽년 등에게 명하여 언문으로 《운회》를 번역하도록 하였다는 기록이다. 《운회》는 《고금운회거요》(1297)을 의미하는 것으로, 고려 시대 이래 널리 사용된 중국의 운서이다. 《운회》의 번역은 현재 전하지 않고, 한글로 표음된 현전하는 이른 시기의 운서는 조선 한자음의 운서인 《동국정운》(1448)과 중국 운서를 언해한 《홍무정운역훈》(1455)이 있다.

《동국정운》은 1447(세종29)년 9월 편찬을 완료하고, 1448(세종30)년 간행한 6권 6책의 조선의 첫 운서이다. 현실 조선 한자음을 중국의 성운학 체계에 비추어 교정하여 편찬된 《동국정운》은 현재 건국대 박물관에 완질(국보 제142호)이, 간송미술관에 권1과 권6(국보 제71호)이 소장되어 있다. 편찬에는 신숙주·최항·성삼문·박팽년·이개·강희안·이현로·조변안·김증 등의 집필진과 동궁, 진양 대군, 안평 대군이 참여하였다. 간송본인 《동국정운》이 1940년 경상북도 안동에서 발견되고, 이어 1972년에 강원도 강릉에서 건국대본이 발견되었다.

3.2.1.2. 편찬 체제

《동국정운》은 조선 한자음을 23자모와 91운목으로 분석하였다. 《동국정운》의 편찬은 현실 한자음을 수집 분석한 것을 바탕으로 하였으나, 일부는 현실음을 따르지 않고 한어 중고음(中古音)을 이상적인 것으로 하고 《고금운회거요》(1297)나 《홍무정운》(1375)을 참고하여 인위적으로 교정하였다. 성모는 주로 《고금운회거요》의 자모 체계를 현실음에 따라 조정하였고, 운모는 현실 발음을 중시하되 개구와 합구를 엄격히 구분하고, 의무적으로 종성을 유지하는 쪽으로 교정하였다(조운성, 2010ㄱ, ㄴ, ㄷ).

자모의 배열 순서는 조음 위치와 청탁 순서에 따랐으며, 운모의 배열 순서는 종성과 중성의 한글 순서에 따라 26운부로 분류한 뒤, 각 운부에 평·상·거·입의 사성을 하나씩 묶어 91개 운목을 제시하였다. 각 운부에는 먼저 음각된 자모(字母)를 제시하고, 자모 아래에는 한글로 한자음을 제시하고, 그 아래에는 작은 한자로 성조를 표시하였다. 성조가 표기된 다음에는 동음 한자를 나열하였다. 즉, 같은 운부 밑에는 같은 종성과

〈사진 2〉《동국정운》(1448) 권지일

중성의 운모를 가진 한자가 모이게 되고, 같은 운부의 같은 자모 밑에는 같은 초성, 중성, 종성을 가진 동음 한자가 모이게 된다. 동음 한자의 배열은 평·상·거·입의 성조 순서에 따랐다. 1운부를 예로 들면 다음과 같다. 1운부에는 '搤肯亙亟'의 네 개의 운목이 있고, 이들은 군(君)이라는 자모 아래에서 '긍平·긍去·극入'과 같은 순서로 배열되어 있다. 여기에서 상성이 없는 것은 이 운부에 속하는 한자 중에서 'ㄱ'으로 시작하는 한자에는 상성이 없기 때문이다. 다시 '긍平' 아래는 搤搔緪絚兢矜의 6개 한자가 소속되어 있다. 운목은 해당 운부에 배치된 한자 중에서 성조의 순서에 따라 가장 먼저 나오는 것을 취하였다.

3.2.2. 성모

3.2.2.1. 23자모 체계

《동국정운》의 성모는 23자모로 되어 있다. 이 체계는 《광운》의 36자모를 통폐합한 것으로 조음 위치에 따른 7음(아음, 설음, 순음, 치음, 후음,

반설음, 반치음)과 유무성에 따른 4성(전청, 차청, 전탁, 불청불탁)으로 분류하였다. 치음에 전청과 전탁이 두 개씩인 것은 하나는 파찰음이고 다른 것은 마찰음을 나타낸다. 《동국정운》 성모 체계는 한글의 17자 체계에 각자병서 6자(ㄲ, ㄸ, ㅃ, ㅉ, ㅆ, ㆅ)가 더해진 것으로 한글의 초성 체계와 일치한다. 23자모 체계는 다음 〈표 3〉과 같다.

〈표 3〉 《동국정운》의 성모 체계

	아음	설음	순음	치음		후음	반설음	반치음
전청	君 ㄱ	斗 ㄷ	彆 ㅂ	卽 ㅈ	戌 ㅅ	挹 ㆆ		
차청	快 ㅋ	呑 ㅌ	漂 ㅍ	侵 ㅊ		虛 ㅎ		
전탁	虯 ㄲ	覃 ㄸ	步 ㅃ	慈 ㅉ	邪 ㅆ	洪 ㆅ		
불청불탁	業 ㆁ	那 ㄴ	彌 ㅁ			欲 ㅇ	閭 ㄹ	穰 ㅿ

3.2.2.2. 조음 위치와 7음 체계

《동국정운》은 반설음과 반치음을 포함하여 7음 체계를 갖는다. 반설음과 반치음을 제외하면 5음이 되는데, 이는 중국 운서에서 설두음과 설상음, 순경음과 순중음, 치두음과 정치음을 통폐합한 것과 같다. 《고금운회거요》에는 설상음과 설두음은 통합되었으나, 순경음과 순중음, 치두음과 정치음은 구분되고 있었다. 《동국정운》에서는 이들이 모두 통폐합되었다.

순경음은 훈민정음에서 기본 문자로 창제하지는 않았지만, 연서의 방법으로 'ㅸ, ㅱ' 등 순경음자를 만들어 사용하였다. 'ㅸ'은 국어 표기에 일부 사용되었으나, 'ㅱ'은 한자음 표기에만 쓰였다. 《동국정운》 16운부의 '高, 롯, 誥'는 각각 'ㄱᅟᅩᇢ'로 표기되었는데, 이것은 교정 한자음 'kow'를 표기하기 위한 것이었다. 즉, 음운미 'w' 표기를 위하여 'ㅱ'를 이용한 것이다. 이것은 훈민정음이 반모음에 해당하는 'w'나 'j'를 위한 단독 글자를 만들지 않았기 때문이다. 치두음과 정치음의 구별은 한음 표기에만 필요하였으므로, 《동국정운》의 조선 한자음에는 쓰이지 않았다.

3.2.2.3. 조음 방법과 4성 체계

《동국정운》은 조음 방법에 따라 전청음, 차청음, 전탁음, 불청불탁음으로 구분하였다. 중국 운서에서 차탁, 청탁, 불청불탁 등으로 쓰이던 것에서 불청불탁을 선택하였다. 다만, 《고금운회거요》에서는 차청차와 차탁차를 추가하였으나, 《동국정운》에서는 이것을 전청과 전탁으로 바꾸어 다시 4성 체계로 환원하였다.

《동국정운》에서는 전탁음 표기를 위하여 'ㄲ, ㄸ, ㅃ, ㅆ, ㅉ, ㆅ' 등 각자 병서를 사용하였는데, 각자병서는 중국 운서의 전탁음(유성음)으로 우리 한자음을 교정하기 위해 사용된 것이었다. 이 각자병서는 〈훈민정음〉의 기본자에 해당하지 않는 것으로 우리말 표기의 일부 환경에서 제한적으로 된소리 표기에 쓰였다. 따라서 각자병서는 주로 한자의 전탁음 표기를 위하여 병서된 글자였다.

3.2.2.4. 《동국정운》의 자모

《동국정운》의 자모자는 전통적인 중국 운서의 글자와 다르다. 중국 운서에 쓰인 자모자와 달리함으로써 둘 사이의 혼동을 피하려는 의도뿐만 아니라, 《훈민정음》의 음가를 표시하는 데 필요한 한자를 사용할 의도가 있었던 것으로 추측된다. 즉 자모자는 한글의 자음뿐 아니라 모음의 표기를 위해서도 필요했으므로, 하나의 글자로 자음과 모음을 모두 표기할 수 있는 글자로 새로 선정한 것이다.

《훈민정음》 예의에 보인 음가 표시 방법 중에서 '君'자는 자음의 'ㄱ'(ㄱ 如君字初發聲)과 모음의 'ㅜ'(ㅜ 如君字中聲)를 표기하는 데에 모두 이용되고 있다. 중성 11자에 2자모씩 배당된 22개의 자모자는 초성 혹은 종성을 표기하는 데도 쓰였다. 훈민정음 중성자 음가 표기에 쓰인 한자는 다음 (3)과 같다.

(3) ·(呑·慈) ㅡ(卽·挹) ㅣ(彌·侵) ㅗ(步·洪) ㅏ(覃·那) ㅜ(君·斗)

ㅓ(業·虛) ㅛ(漂·欲) ㅑ(邪·穰) ㅠ(虯·戌) ㅕ(彆·閭)

3.2.3. 운모

3.2.3.1. 26운부 55운모 체계

《동국정운》의 운모는 26운부, 91운목, 55운모, 192운류로 나누었다(조운성, 2010ㄱ). 운부는 운복과 운미가 같은 음의 묶음인데, 운미에 따라 양운미 3개 음운미 2개로 나누어 구분하였고, 5개의 운미는 다시 모음자에 따라 'ŋ'부 7운, 'n'부 5운, 'm'부 3운, 'w'부 2운, 무운미(ø) 9운으로 구분하여 모두 26운부가 되었다. 26운부는 다시 성조의 사성에 따라 91운목으로 분류되었다. 26운부는 55운모로 나누었으며, 55운모를 성조의 사성에 따라 분류하여 모두 192류가 되었다. 26운부, 91운목, 55운모를 조운성(2010ㄱ)을 참고하여 보이면 〈표 4〉와 같다. '○'은 해당 운목자가 없는 경우이다.

〈표 4〉《동국정운》의 운부 체계

운부	운목 平上去入	운모	운부	운목 平上去入	운모
1(ᅙ)	拖肯互亟	ᅘ, ᅀ, ᅌ	14(ᄆ)	甘感紺閤	ᅀ
2(ᅌ)	觥礦橫虢	ᅌ	15(ᄆ)	箝檢劒劫	ᅀ, ᅀ
3(ᅌ)	肱○○國	ᅌ	16(ᄫ)	高杲誥○	ᅘ, ᅘ
4(ᅘ)	公拱貢穀	ᅘ, ᅘ	17(ᄫ)	鳩九救○	ᅙ, ᅙ
5(ᅀ)	江講絳覺	ᅀ, ᅀ, ᅀ	18(ㅇ)	賷紫恣○	ㅇ, ᅀ, ᅀ, ᅌ
6(ᅘ)	弓重誇匊	ᅘ, ᅘ	19(ᅌ)	傀隗儈○	ᅌ

7(ㆁ)	京景敬隔	ㆁ, ㆀ		20(ㅐ)	佳解蓋○	ㆆ, ㅐ
8(ㄴ)	根懇艮訖	ㄴ, ㄷ, ㄹ		21(ㆁ)	嬀軌媿○	ㆁ, ㆁ
9(ㄴ)	昆袞睔骨	ㄴ		22(ㅐ)	雞啓罽○	ㆆ, ㅖ
10(ㄴ)	干笥旰葛	ㄴ, ㄹ		23(ㆆ)	孤古顧○	ㆆ
11(ㄷ)	君攟攈屈	ㄷ, ㄹ		24(ㅑ)	歌哿箇○	ㅑ, ㅑ, ㆆ
12(ㄴ)	鞬寋建訐	ㄴ, ㄴ, ㄹ, ㄹ		25(ㆅ)	拘矩屨○	ㆆ, ㅸ
13(ㅁ)	簪瘼譖戢	ㅁ, ㅎ, ㅂ		26(ㅑ)	居擧據○	ㅑ, ㅑ

운모의 배열은 종성으로 먼저 구분하고, 같은 종성 아래에는 중성 순서에 따랐다. 제1운부를 예로 들면, 양운미 'ㅇ[ŋ]'를 가진 한자 중에서 'ㅡ, ㅣ, ·ㅣ' 모음을 가진 모든 한자를 배열하되(즉, ㆆ, ㆁ, ㆀ로 끝나는 한자), 그 순서는 'ㆆ'로 끝난 모든 한자를 나열한 뒤에 이어 'ㆁ'로 끝난 한자를 모두 배열하고, 다시 'ㆀ'로 끝난 모든 한자를 배열한다. 같은 운모를 가진 한자는 성조 순서에 따랐다.

3.2.3.2. 종성

《동국정운》은 운미를 5개로 분류하고, 같은 운미를 갖는 한자를 같은 군으로 구분하였다. 즉, 'ㅇ'을 갖는 모든 한자는 1~7운부 안에 들어가 있다. 운미의 순서는 음운미보다 양운미를 먼저하고, 양운미는 아음·설음·순음의 순서에 따랐다.

운미는 서성자 'ㅇ, ㄴ, ㅁ'과 입성자 'ㄱ, ㄷ, ㅂ'을 포함하는 양운미와 그렇지 않은 음운미로 구분되는데, 음운미에는 'w'(ㅸ) 운미를 별도로 설정하였다. 또한 무운미에도 'ㅇ'을 표시하여 운미가 있는 것으로 간주하였다. 운미에 따라 운부를 구분한 것을 평성을 중심으로 예시하면 〈표 5〉와 같다.

<표 5> 운미 종류에 따른 운부 분합

운미		운부	예시(평성)
양운(양성)	ㆁ(ŋ)	1운~7운(7)	拇(궁), 舡(굉), 肱(궁), 公(공), 江(강), 弓(궁), 京(경)
	ㄴ(n)	8운~12운(5)	根(근), 昆(곤), 干(간), 君(군), 鞬(건)
	ㅁ(m)	13운~15운(3)	簪(줌), 甘(감), 箝(겸)
음운(음성)	ㅸ(w)	16운~17운(2)	高(공), 鳩(궇)
	ㅇ(ø)	18운~26운(9)	貲(증), 傀(굉), 佳(갱), 嬀(귕), 雞(곙), 孤(공), 歌(강), 拘(궁), 居(겅)

3.2.3.3. 중성

《동국정운》은 운모를 이루는 반모음(운두, 개음), 핵모음(운복, 원음), 운미(양운미, 음운미) 중에서 양운미를 제외한 모든 요소를 중성으로 통합하였다. 따라서 중성은 핵모음을 중심으로 중모음을 포함한다. 핵모음은 'ㆍ, ㅡ, ㅣ, ㅗ, ㅏ, ㅜ, ㅓ'이며, 상승 이중 모음은 'ㅑ, ㅕ, ㅛ, ㅠ, ㅘ, ㅝ'이며, 하강 이중 모음은 'ㆎ, ㅢ, ㅚ, ㅐ, ㅟ'이고, 중모음은 'ㅙ, ㆈ, ㅞ, ㆆ, ㅞ'이다. 모두 23가지 중성이 있는데, 이들을 배열 순서에 따라 구분하면 다음 〈표 6〉과 같다.

<표 6> 모음의 배열 순서

구 분	예 시
기초자	ㆍ, ㅡ, ㅣ
상합자(하강이중 모음)	ㆎ, ㅢ, ㅚ, ㅐ, ㅙ, ㅟ, ㆈ, ㅞ, ㅞ
초출자, 재출자(상승이중 모음)	ㅗ, ㅛ
초출자, 재출자(상승이중 모음), 합용자(상승이중 모음)	ㅏ, ㅑ, ㅘ
초출자, 재출자(상승이중 모음)	ㅜ, ㅠ
초출자, 재출자(상승이중 모음), 합용자(상승이중 모음)	ㅓ, ㅕ, ㅝ, ㅖ

중성의 배열은 기본자 'ㆍ, ㅡ, ㅣ, ㅗ, ㅏ, ㅜ, ㅓ'의 순서를 기본으로 하되, 두 가지 조건이 따랐다. 첫째, 하강 이중 모음을 'ㅣ'와 'ㅗ' 모음 사이에 몰아서 배열하였다. 하강 이중 모음의 반모음 'j'를 핵모음 'ㅣ'와

관련지어 이해한 것이다. 둘째, 상승 이중 모음을 각 핵모음 뒤에 배열한 것이다. 이것은 운서가 종성에서부터 역순으로 배열된 까닭인데, 상승 이중 모음에서는 반모음 'j'가 'w'보다 먼저 배열되었다. 이것은 반모음 'j'를 'w'보다 핵모음에 더 가깝게 인식한 결과이다.

3.2.3.4. 성조

운모를 성조에 따라 평성·상성·거성·입성의 순서로 배열하였다. 한어의 성조는 전통적으로 평·상·거·입의 사성 체계를 유지하였으나, 송대에 들어 붕괴되기 시작하여 원대의 《중원음운》에서는 입성이 사라지고 평·상·거성에 편입되었다. 그러나 《동국정운》은 《홍무정운》(1445)와 같이 전통적인 사성 체계를 따랐다. 26운부를 사성에 따라 구분하면 91운목으로 나타나고, 55운모를 사성에 따라 나타내면 192운류가 된다.

3.2.3.5. 운모 체계 특성

《동국정운》의 운모 체계에서 주목되는 것은 다음과 같다. (1) 한어 중고음의 음운미 'i'는 하강이중 모음의 반모음으로 되었으나, 'u'는 'ㅱ'로 표기에 반영되어 운미를 유지하고 있다. (2) 모든 음절은 초성과 중성 및 종성을 구비하고 있다. 종성 없이 핵모음으로 끝나거나 하강이중 모음으로 끝나는 운모에 'ㅇ'을 종성으로 인위적으로 표기하였다. (3) 한어 중고음에서의 입성자 't'는 조선 한자음에서 'l'로 변하였다. 이 입성 'l'이 잘못된 것으로 보아 'ㅭ'으로 교정하여 표기하였다. (4) 핵모음 다음의 'j'는 'ㅣ'모음 다음에 배열하고, 반모음(개음) 'j'는 'w'보다 먼저 배열하였다.

따라서 《동국정운》의 운모는 중성과 종성으로 구분되며, 중성은 핵모음(운복) 7개(ㆍ, ㅡ, ㅣ, ㅗ, ㅏ, ㅜ, ㅓ)를 중심으로 상승이중 모음(ㅑ, ㅕ, ㅛ, ㅠ, ㅘ, ㅝ)과 하강이중 모음 (ㆎ, ㅓ, ㅚ, ㅐ, ㅟ) 및 중모음(ㆉ, ㆌ, ㅖ, ㅟ, ㅙ)으로 구성된다. 종성은 8개(ㅇ, ㄱ, ㄴ, ㅭ, ㅁ, ㅂ, ㅱ, ㅇ)로

구성된다. 'ㅱ'은 'w'로 끝난 음운미를 표음하기 위한 것이고 'ㅇ'은 핵모음
과 'j'로 끝난 음운미에 형식상 붙인 종성 표기였다.《동국정운》의 운모의
형태를 예시하면 〈표 7〉과 같다.

〈표 7〉 운모의 예시

	양운미(서성), 음운미	양운미(입성)
운복+운미	ᅙᅳ, ᅌᅵ, ᅌᅴ, ᅌᆞᆼ, ᅱᆼ, ᅙᅭ, ᅌᅣ, ᅙᅲ	ᅳᆨ, ᅴᆨ, ᅵᆨ, ᅴᆨ, ᅴᆨ, ᅲᆨ, ᅵᆨ, ᅲᆨ
	는, 든, 닌, 든, 난, ᄄᆞᆫ, 년	ᅙᆴ, ᄚᆴ, ᅘᆴ, ᄚᆴ, ᄙᆴ, ᄙᆴ
	믐, 흠, 밈, ᄃᆞᆷ, 딤	븝, 틉, 닙, 납, 녑
	ᅘᅳᆯ, ᄍᆞᆯ	
	ᅌᅩ, ᅌᅵ, ᅌᅵ, ᅌᅵᆼ, ᅌᅵᆼ, ᅙᅵᆼ, ᅌᅵᆼ, ᅙᅭ, ᅌᅣ, ᅙᅲ, ᅌᅵ	
운두+운복+운미	ᅘᅪ, ᅌᅣ, ᅘᅡᆼ, ᄬᅡ, ᅌᅧ, ᄬᅵ	ᄽᅮ, ᅱᆨ, ᄽᅡᆨ, ᄶᅲ, ᅵᆨ, ᄩ
	ᄯᅪᆫ, 똰, 년, 권, 편	ᄥᆴ, ᄪᆴ, ᅘᆴ, ᄚᆴ, ᄜᆴ
	딤	녑
	ᅘᅭᆯ, ᄍᆞᆯ	
	ᄲᅢ, ᄭᅵᆼ, ᄬᅵ, ᄬᅵᆼ, ᅌᅣ, ᅘᅡᆼ, ᄬᅡ, ᅌᅧ	

3.3. 성운학과 한글

3.3.1. 세종과 성운학

세종이 한글 창제를 반대하는 최만리 등과 상소문을 놓고 토론하는
대목에 운서에 대한 언급이 나온다. 최만리가 운서의 번역에 대하여 문제
를 제기하자, 세종이 이에 대하여 반응한 대목이다.

(4) ㄱ. 옛사람이 이룬 운서를 가볍게 고치고 근거 없는 언문을 부회하여
       공장 수십 인을 모아 새겨서 급하게 널리 반포하려 하시니[6]

ㄴ. 너희들이 운서를 아느냐? 사성과 칠음을 알며 자모가 몇인 줄 아느
냐? 만약 내가 운서를 바로 잡지 않으면 누가 그 일을 하겠는가?[7]

(4ㄱ)은 1444(세종26)년 2월 16일에 세종이 집현전 교리 최항, 신숙주,
이선로, 이개, 강희안 등에게 언문으로 《운회》를 번역하도록 지시한 사실
을 지적하는 것으로 운서를 고치는 것에 반대하는 최만리의 의견이다.
(4ㄴ)은 이에 대한 세종의 반응이었다. 즉 자신만이 운서의 잘못을 바로잡
을 수 있다는 주장이므로, 이 말은 스스로 운서에 정통하였음을 드러낸
표현이다. 세종이 학문을 좋아하는 군주였다는 것은 널리 알려진 사실이
지만, 당대 최고의 학자들 앞에서 이와 같이 자신감을 드러냈다는 사실이
놀라울 정도이다.

사성과 칠음, 그리고 자모 등 운서와 등운도의 내용은 한어 한자음 분석
의 중요한 이론적 도구였고, 이 이론을 바탕으로 조선 한자음의 분석이
이루어졌으며, 이 결과는 결국 우리말 음절 분석으로 이루어졌다. 한글이
음소 문자이면서 동시에 음절 문자처럼 운용된 것도 음절이 하나의 분석
단위였던 것과 깊은 관련을 가지고 있다.

3.3.2. 운미와 3분법

성운학에서는 한자음을 성모와 운모의 2분법으로 분석하였다. 성모의
경우는 대체로 현대 언어학의 개념으로 자음과 일치하지만, 운모는 모음
과 자음 그리고 성조가 섞여 있어 성격이 조금 복잡하였다. 복합적인 운모

---

6 又輕改古人已成之韻書, 附會無稽之諺文, 聚工匠數十人刻之, 劇欲廣布 《세종실록》,
   1444. 2. 20.
7 且汝知韻書乎? 四聲七音, 字母有幾乎? 若非予正其韻書, 則伊誰正之乎 《세종실록》,
   1444. 2. 20.

에서 양운미와 모음을 분리하여 이들을 각각 종성과 중성으로 대응함으로써 음절 전체를 초성과 중성 및 종성으로 나눌 수 있게 되었다. 이와 같이 음절을 세 조각으로 나눈 3분법은 음절 분석의 진전이었다.

훈민정음은 3분법에 기초하여 창제된 글자이다. 핵모음에 후행하는 양운미를 분리하여 종성으로 삼고, 이것이 성모와 성질이 같다는 사실을 확인하면서 초성과 종성을 자음으로 묶을 수 있었다. 그런데 음운미인 [i]와 [u]는 양운미와 성격을 달리 함으로써 중성에 남게 되었는데, 중성은 오늘날 모음에 해당한다. 모음에는 단모음은 물론, 핵모음 앞뒤에 반모음이 오는 복모음을 포함한다. 따라서 훈민정음의 성립은 운모에서 양운미를 분리하여 모음을 추출해 낸 결과이다.

《동국정운》은 운미 처리에서 《사성등자》나 《몽고자운》보다 체계적이다. 《사성등자》 16섭의 구별이 핵모음의 유사 여부와 후행하는 운미의 동일성에 따라 이루어졌으나, 운도에서 섭의 배열은 같은 운미를 가진 섭끼리 모여 있지 않다. 예컨대, 16섭의 배열은 通, 江, 止, 遇, 蟹, 臻, 山, 效, 果, 假, 宕, 梗, 曾, 流深, 咸의 순서인데, 이 중에서 양운미 /ŋ/를 가진 운모 通, 江, 宕, 梗, 曾는 앞부분과 뒷부분에 분산되어 배치되고 있다. 이에 비하여 《몽고자운》(1308)은 같은 /ŋ/ 운미를 가진 운부를 1~3부에 묶어 배열하여 하나의 부류로 인식하였다. 그러나 여전히 무운미 /ø/는 모여 있지 않고 분리되어 배치되어 있다.

《동국정운》의 26운부는 양운미와 음운미를 가진 순서대로 배열하고 있으며, 운미의 순서도 /ŋ/(1~7운), /n/(8~12운), /m/(13~15운). /w/(16~17운), /ø/(18~26운)으로 체계적 배치를 하고 있다. 이것은 《동국정운》이 종성을 체계적으로 인식하고 있었음을 보여 주며, 이러한 삼분법은 훈민정음의 창제 원리와 같다.

3.3.3. 운두와 모음자

운모의 핵모음 앞에 오는 반모음(개음)에는 'j'와 'w'가 있다. 그런데 훈민정음에서는 구개성 반모음(j)이 선행한 'ㅑ, ㅕ, ㅛ, ㅠ'는 기본 모음자에 포함되어 있고, 원순성 반모음(w)이 선행한 'ㅘ, ㅝ' 는 합자해에서 설명되고 있다. 이들의 차이는 구개성이냐 원순성이냐는 차이만 있을 뿐 반모음의 성질은 같기 때문에 의문으로 남는 부분이다.

등운도 《사성등자》에서는 운모를 16섭으로 편성하고, 각 섭을 4등 2호로 구분하였다. 원순성 반모음(w)는 개구호와 합구호를 구분하는 기준이었고, 구개성 반모음(j)는 1, 2등과 3, 4등을 구분하는 기준이었다. 이것은 구개성 반모음과 원순성 반모음을 서로 다른 차원에서 분석한 것인데, 구개성 반모음이 원순성 반모음보다 핵모음과 더 가까운 성질로 이해한 것이다.

《동국정운》도 'j'을 'w'보다 모음에 더 가까운 것으로 인식하였다. 중성 배열에서 하강 이중 모음 'ㅢ' 등은 모음 'ㅣ'에 이어지고, 상승 이중 모음 'ㅛ, ㅑ, ㅠ, ㅕ'는 'ㅗ, ㅏ, ㅜ, ㅓ' 등 해당 핵모음 다음에 배열하였다. 그런데 'ㅏ, ㅑ, ㅘ'에서 보듯이 원순성 반모음(w)이 구개성 반모음(j)보다 나중에 배치되고 있다. 또한 음운미의 표기에서 'w'는 'ㅱ'으로 표기하여 16~17운부에 몰아 배치되고, 이어 'j'를 18~26운부에서 핵모음과 함께 배치하였다. 이것은 편찬자들이 구개성 반모음이 원순성 반모음보다 핵모음에 깊이 관련된 것으로 이해하였음을 보여 준다. 따라서 구개성 이중 모음만을 〈훈민정음〉의 기본자에 포함한 것은 'w'보다 'j'를 모음에 가깝게 처리한 성운학 분석과 관련이 있을 것이다.

3.3.4. 《동국정운》과 한글 자음자

《동국정운》은 훈민정음의 창제와 깊은 관련이 있다. 첫째, 훈민정음과 마찬가지로 음절 구성이 3분 체계로 되어 있다. 음절을 초성, 중성, 종성 세 부분으로 나눈 점이다. 특히 종성이 없이 모음으로 끝난 경우에도 반드시 'ㅇ'을 표기하도록 하여 초성과 중성과 종성을 갖추었다. 이는 성운학에서 한자음을 성모(聲母)와 운모(韻母) 두 부분으로 나눈 것과는 다른 것으로 《몽고자운》(1308)의 파스파 문자 주음과 비슷한 것이다.

둘째, 성모를 23자모로 분석하였는데, 이는 중국의 운서 36자모 혹은 31자모와는 다르고 훈민정음의 자음 체계와 같다. 《동국정운》 23자모는 국어에 없는 유성음을 표기하기 위한 각자병서 6자를 제외하면 17자가 되어 훈민정음 17자모와 같다. 다만, 《동국정운》에서는 순경음과 정치음이 인정되지 않았지만, 한글에서는 'ㅸ, ㅱ' 등과 'ᅎ ᅏ ᅐ ᅑ ᅔ' 등이 쓰였다. 'ᅎ ᅏ ᅐ ᅑ ᅔ' 등은 한음 표기를 위해 추가된 것으로 특수한 경우이지만, 'ㅸ, ㅱ'는 《훈민정음》(해례)에서 순경음으로 설명되고 실제 용례를 보였다는 점에서 차이가 있다. 다만 성운학의 순경음은 순치음이지만 한글의 순경음(입시울가비야본소리)은 양순 마찰음이어서 서로 다른 음이다.

셋째, 한자음의 성모를 표시하는 자모가 중국의 운서와는 전혀 다른 한자로 바뀌었다. 이 한자는 1446년의 《훈민정음》(해례)에서 한글의 음가를 설명하는 데 쓰인 것과 같다. 따라서 《동국정운》의 편찬이 《훈민정음》(해례)과 밀접히 관련되어 있음을 확인할 수 있다.

■ **참고문헌**

이동림(1970), 박병채(1971), 남광우(1973), 동동소(1975), 유창균(1979), 버나드 칼그렌(1985), 김영만(1996), 이옥주(1997), 강신항(2000), 정경일(2002), 김태완(2005), 정광(2009), 조운성(2010ㄱ, ㄴ, ㄷ), 정광(2019)

제4장 한글과 동아시아 문자

4.1. 표음 문자의 성립

4.1.1. 문자의 개념과 종류

4.1.1.1. 문자의 개념

인간 생활은 대부분 다른 사람과의 의사소통으로 이루어지고, 의사소통은 기호로 이루어진다. 기호는 형식과 의미가 짝을 이룰 때 성립된다는 점에서 그 대상과 범위가 매우 넓다. 인간이 사용하는 최고의 기호는 음성 언어이다. 음성으로 어떤 의미를 대신 나타내어 수많은 내용을 쉽게 전달할 수 있기 때문이다. 음성 언어는 특별한 노력을 기울이지 않고도 쉽게 습득할 수 있다는 점에서도 매력적이다. 그런데 음성 언어의 최대 약점은 보존이 어렵다는 것이다.

이러한 약점을 보완하기 위하여 어떻게든 기록으로 남겨야 할 필요성이 생겼고, 이러한 노력의 초기 모습이 선사 시대의 많은 동굴 벽화나 암각화 등에 나타나 있다. 이것도 그림 형식을 통해 전달하고자 하는 의미를 나타낸다는 점에서 기호라고 할 수 있다. 오늘날 우리 주변에서 흔히 볼 수 있는 교통 표지판의 형태, 인터넷 공간에서 자주 쓰이는 이모티콘 등도 그 의미를 가지고 있다는 점에서 기호의 범주에 들 것이다. 그런데 이러한 기호들은 언어와 관련이 없는 비언어적 기호이다. 비언어적 기호 중의 일부는 특정한 형식이 나타내는 의미가 고정되어 서로 발신하고 수신하여 소통할 수 있다는 점에서 문자적 특성을 가질 수는 있으나, 그 자체가 문자가 되는 것은 아니다.

문자는 언어와 관련을 지닌 언어적 기호를 의미한다. 즉 문자는 특정한 형태를 이용하여 언어를 대신 나타내는 것이다. 언어를 대신하여 나타낸 다는 것은 다음 두 가지를 의미한다. 먼저 언어는 음성과 의미가 결합되어 운영된다는 점에서 문자는 언어의 음성이나 의미를 대신할 수 있어야 한다. 다음으로 문자의 배열 순서는 일반적인 언어의 어순을 따라야 한다. 이렇게 문자가 언어를 반영하는 것을 전제로 할 때, 우리는 문자를 2차적 언어라고 할 수 있다.

4.1.1.2. 문자의 구조 체계

문자는 언어를 반영하는 시각적 기호이다. 언어의 음성이나 의미를 나타내는 가장 작은 단위의 문자를 자소(字素)라고 한다. 음성을 나타내는 자소는 한글의 ㄱ/k/, 일본 가나의 か/ka/ 등이고, 의미를 나타내는 자소는 한자의 '山'[mountain] 등이다.

표음 문자의 자소는 기본자와 합성자로 구분된다. 기본자는 글자의 기본이 되는 것으로 자립 자소와 의존 자소가 있다. 자립 자소는 독립적으로 쓰일 수 있는 것이고, 의존 자소는 반드시 다른 자소와 결합해서만 쓰이는 것이다. 대부분의 자소는 자립 자소이지만, 일본 가나의 구별 기호 ' ゙ '는 무성음(ち)을 유성음(ぢ)으로 바꾸는 데 쓰이는 의존 자소이고, 티베트 문자의 모음을 나타내는 부호는 독립적으로 쓰이지 못하고 자음

자와 결합하여야만 하는 의존 자소이다. 합성자는 자소가 합해진 것으로
복합 자소와 합용 자소가 있다. 복합 자소는 티베트 문자처럼 자립 자소
에 의존 자소가 결합되어 하나의 음절을 나타내는 경우이고, 합용 자소
는 자립 자소끼리 합체되어 새로운 음소를 나타내는 경우이다. 그 분류
는 다음과 같다.

(1)

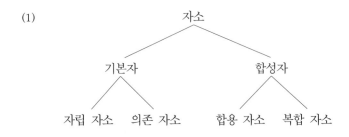

자소는 일정한 형태를 갖는 것이 일반적이지만, 때로 다양한 이형태로
나타나기도 한다. 이형태는 필기체와 인쇄체, 대문자와 소문자와 같이
쓰는 방식에 따라 생기기도 한다. 때로 특정한 형태가 음절의 어느 위치에
오느냐에 따라 달라지는 경우도 있다. 위구르 문자와 몽골 문자는 단어의
어두와 어중 그리고 어말에 따라 자소의 모양이 다르다.
　자소의 운용 방법은 자소를 나란히 이어 쓰는 풀어쓰기와 자소를 모아
음절이나 의미 단위를 나타내는 모아쓰기가 있다. 영어의 알파벳은 대표
적인 풀어쓰기의 예에 해당한다. 자소를 큰 단위로 모아쓰는 방법은 크게
두 가지로 분류된다. 첫째는 거란 소자와 같이 단어의 활용까지 하나의
단위로 표기하는 경우이다. 거란 소자는 음성과 의미를 나타내는 자소를
단어 단위까지 모아쓴다는 점에서 특이한 예이다. 둘째는 모아쓴 단위가
음절인 경우이다. 음절로 모아쓴 것은 실담 문자나 티베트 문자와 같이
자립 자소와 의존 자소를 모아쓴 경우와 한글이나 파스파 문자처럼 자립
자소를 모아쓴 경우가 있다. 한글의 모아쓰기는 결국 형태소의 표기를

고정한다는 점에서 표음 문자를 형태적 표기로 이용하는 특별한 특징이 있다. '바람'의 주격형은 '바라미'로 발음되지만, 표기는 '바람이'로 함으로써 '바람'이라는 형태가 '風'[wind]의 의미를 나타내고, '이'가 주격의 의미를 나타내게 된다. 자소가 모여 음절을 표음하는 단위로 모아쓴 것은 자절(字節) 혹은 음절자라고 한다. 자소나 자절의 운용에서 중요한 것은 띄어쓰기이다. 한문은 띄어쓰기를 하지 않는 문자이고, 한글도 예전에는 띄어쓰기를 하지 않았다. 티베트 문자는 음절 사이 윗부분에 역삼각형을 표시하여 음절 경계를 표시한다.

자소의 배열은 언어의 발화 순서에 따라 보통 하나의 선상에 나란히 이어진다. 수평선에 이어지는 것은 가로쓰기. 수직선상에 이어지는 것은 세로쓰기라 한다. 가로쓰기는 왼쪽에서 시작하여 오른쪽으로 향하는 우향쓰기와 오른쪽에서 시작하여 왼쪽으로 향하는 좌향쓰기가 있다. 어떤 방향이든 줄이나 행이 이어지는 방향은 아래쪽이다. 따라서 가로쓰기는 좌향의 가로쓰기와 우향의 가로쓰기로 구분된다. 세로쓰기는 위에서 아래로 향하는 하향쓰기만이 있지만, 세로 줄이 이어지는 방향은 좌향과 우향이 모두 가능하다. 따라서 세로쓰기는 자소의 나열은 하향으로 공통적이지만, 줄이 이어지는 방향에 따라 우향의 세로쓰기와 좌향의 세로쓰기로 구분된다. 영어 알파벳은 우향의 가로쓰기이고, 아랍 문자는 좌향의 가로쓰기이지만, 중국의 한문은 좌향의 세로쓰기이고, 몽골 문자는 우향의 세로쓰기이다. 그런가 하면 한글은 세로쓰기에서 가로쓰기로 바뀌었다.

4.1.1.3. 문자의 분류

문자는 언어의 음성을 대신하는 표음 문자와 의미를 대신하는 표의 문자가 있다. 문자는 메소포타미아, 중국, 인도, 중앙아메리카 등지에서 처음 쓰이기 시작하였는데, 이들은 의미를 나타내는 표의 문자 단계였다. 초기의 표의 문자들이 음성을 대신하는 기능으로 바뀌면서 표음 문자가 등장하였다. 특정한 언어에 쓰이는 문자는 표의 문자와 표음 문자가 섞여 쓰이는 경우가 많기 때문에 어느 하나의 문자로 특정하기 어렵다.

표의 문자는 단어를 특정한 형식으로 기호화한 것이다. 엄밀하게는 형태소가 뜻을 나타내는 최소의 언어 형식이므로 형태소 문자라고도 한다. 단어 문자는 사물을 나타내는 그림이 지속적으로 추상화·단순화하면서 사물과의 유연성이 약화된 형태가 많다. 한자의 鳥는 에서 추상화된 것이다. 대표적인 표의 문자는 메소포타미아의 설형 문자, 이집트의 상형 문자, 중국의 한자, 인도의 인더스 문자, 중앙아메리카의 마야 문자 등이다. 이 중에서 이집트의 상형 문자는 페니키아에 계승되어 표음 문자로 발전되었다. 또한, 중국의 한자는 아직도 동아시아에서 많이 쓰이고 있다. 표의 문자는 단어를 대신하기 위하여 많은 글자가 필요한데, 《강희자전》 (1716)에는 한자가 정자 47,035자와 고문 1,995자를 합하여 모두 49,030자가 표제어로 올라 있다. 한자는 뜻을 나타내지만 동시에 하나의 음절로 발음되기 때문에 발음의 측면에서는 음절 문자이다. 그런 점에서 표의 음절 문자라고도 불린다. 합성자 중에는 구성의 일부가 발음을 나타내는 경우도 있다. 柱는 뜻을 나타내는 木과 음을 나타내는 主가 결합한 것인데 이 때 '主'는 표음 기능을 하는 것이다.

표음 문자는 음성을 특정한 형식으로 기호화한 것이다. 표음 문자는 제한된 음성을 기호화함으로써 적은 수의 글자로 수많은 문장을 표기할 수 있어 효과적이며 배우기가 쉽다. 문자 사용의 용이함은 문자 생활의 일대 전환이기 때문에, 표음 문자의 등장을 흔히 알파벳 혁명이라고 한다. 언어의 음성은 음소, 음절을 단위로 구분되는데, 각각의 단위를 대신하는 기호를 음소 문자, 음절 문자라고 한다. 표음 문자를 세분하면 다음과 같이 분류 된다.

구분		표음 대상	문자 특성		예
음절 문자		음절	자립 자소		이 문자, 일본 가나
음절적 문자	아부기다		합성 자소	복합 자소	브라흐미 문자, 티베트 문자
	자절			합용 자소	파스파 문자, 한글의 자절
음소 문자		음소	자립 자소		알파벳, 파스파 문자
음소적 문자(자질 문자)			합성 자소	복합 자소	보이는 음성, 한글 가획자
				합용 자소	한글 병서 · 연서자, 초출자
자음 문자(압자드)		자음	자립 자소		페니키아 문자

음절 문자는 하나의 음절을 하나의 기호로 나타낸다. 음절 문자는 언어가 음절 단위로 발음된다는 점에서 문자와 발음이 일치하기 쉬운 것이지만, 음절의 구조가 복잡한 경우는 문자의 수가 많아져서 효용성이 떨어지게 된다. 음절 문자는 음절을 하나의 자립 자소로 표음하는 음절 문자와 음소를 나타내는 자소를 합성하여 표음하는 음절적 문자로 나뉜다. 음절 문자는 중국 남서부에서 쓰이는 이(彝) 문자가 대표적인데, 모두 819개의 글자로 실제로 발음되는 음절들을 모두 표기할 수 있다. 일본의 가나는 대부분이 음절에 대응하는 자립 자소를 가지고 있지만, 음절에 대응하지 않는 두 개의 글자가 있다. '일본'/nippon/은 に(ni)っ(p)ぽ(po)ん(n)로 표기되어 'っ'와 'ん'는 음절이 아니라 모라에 대응한다는 점에서 모라 문자라고도 한다(헨리 로저스, 2017).

음절적 문자는 자립 자소와 의존 자소가 합해진 복합 자소와 자립 자소와 자립 자소가 합해진 합용 자소가 있다. 복합 자소로 된 문자는 아부기다라고 하는데, 하나의 고유 모음을 포함하는 자음 자립 자소와 나머지 다른 모음을 나타내는 의존 자소(구별 기호)가 복합한 것이다. 모음의 표기 필요성이 높아지면서 생긴 현상이다. 아부기다는 주로 인도와 그 부근에서 쓰인 브라흐미 문자, 실담 문자, 티베트 문자 등이 이에 속한다. 합용 자소로 된 자절은 음소 문자를 합하여 하나의 음절 단위로 쓰는 것으로 일부 음절 문자의 성격을 가진다. 몽골의 파스파 문자나 한글이 이에 해당하는데 자소가 모여 음절을 나타낸다는 점에서 자절(字節)이라고 한다. 자절은 2차적 운용 단위를 할 수 있다.

음소문자는 하나의 음소를 하나의 기호로 나타낸다. 음소는 언중들의 뇌에서 인식되는 소리의 최소 단위로 뜻을 구별해 주는 기능을 한다. 개별 음소마다 하나의 문자로 기호화하면 훨씬 적은 수의 문자로 언어를 대신할 수 있다. 그리스 문자와 영어의 알파벳 등은 자립 자소로 자음과 모음을 모두 나타내는 문자이다. 영어의 알파벳은 자소 'p'가 'l'와 '작은 반원'으로 분리되더라도 분리된 단위가 아무런 의미가 없다. 한글은 음소를 표음하면서도 분리될 수 있다는 점에서 영어의 알파벳하고 구별된다. 분리되는 요소가 음소의 자질을 나타낸다는 점에서 자질 문자라고도 한다.

음소적 문자는 자질 문자라고 부른다. 자질은 음소의 특성을 의미하는 것으로 실제로 발음될 수는 없다. 자질 문자는 음소를 나타내는 문자에 음소의 자질이 반영되어 있다. 1867년 벨(Bell)이 청각 장애인의 교육용 문자로 개발한 '보이는 음성'(Visible Speech)은 기본 기호와 자질에 해당하는 기호를 만들어 특정한 음소를 기호의 결합으로 표시한다는 점에서 전형적인 형태이다. 예컨대, 기본 기호 후설(**C**)에 자질 [폐쇄성](I)이 더해진 **Cl**가 연구개 파열음 [k]를 나타내며, 여기에 자질 [유성성](**I**)이 추가된 **El**는 유성 연구개 파열음 [g]을 나타내는 식이다(김하수·연규동, 2015). 일상에서 사용되는 문자로는 한글이 유일하다. 'ㄷ'은 'ㄴ'과 '가로획'(ㅡ)으로 분리되고, 분리된 가로획은 [폐쇄성]을 나타낸다. 'ㄷ'에 다시 가로획을 가하면 [유기성]을 나타내어 'ㅌ'이 생성 되는 방식이다. 1985년 샘슨(Geoffrey Sampson)이 한글은 분절 음소의 수보다 적은 15개의 자질로 설명될 수 있다고 주장한 이래, 한글이 자질 문자인지에 대한 논란이 많다. 'ㅁ, ㅂ, ㅍ'의 비규칙적인 외형과 'ㅇ, ㄹ, ㅿ' 같은 이체자는 가획의 자질로 설명하기 어려운 점이 있어 일정한 한계를 가지고 있으나 한글은

일본어의 탁음 기호(と[to]/ど[do])나 독일어의 움라우트 기호(u/ü) 등처럼 제한적인 것이 아니라 자질의 기호가 비교적 체계성을 가지고 있다는 점에서 차이가 많다.

자음 문자는 모음을 위한 문자가 없이 자음만을 나타내는 문자이다. 상형문자에서 표음 문자로 전환하면서 만들어진 페니키아 문자가 대표적이다. 자음 문자는 압자드라고도 하는데, 후대의 아랍 문자, 히브리 문자 아람 문자 등에는 모음 기호가 추가되어 모음을 반영하려는 노력이 이어졌다.

4.1.2. 상형 문자의 표음화

4.1.2.1. 페니키아 문자

표음 문자의 등장은 셈어를 적는 원시시나이 문자로부터 시작되었다. 원시시나이 문자는 이집트 문자의 표의 문자적 특성을 제거하고 자음을 표음하는 표음 문자로 이용하였다. 원시시나이 문자는 원시가나안 문자를 거쳐 페니키아 문자로 계승되었다. 페니키아 문자는 지중해 연안의 레바논 부근에 살았던 페니키아인들이 사용하였는데, 후에 서쪽의 그리스 문자와 동쪽의 아람 문자에 계승되어 표음 문자의 발달에 큰 영향을 주었다. 현재 사용되고 있는 대부분의 표음 문자들은 페니키아 문자에 뿌리를 두고 있다.

이집트 상형 문자가 원시시나이 문자에서 표음 문자로 변신하는 과정은 다음과 같다. 시나이 반도의 광산에서 발견된 스핑크스에는 ☐◖𐤏𐤗라는 문자가 새겨져 있다. 이것은 이집트 문자로 각각 '집,

〈사진 1〉 원시시나이 문자

눈, 소몰이 막대, ×표를 나타내지만, 이 문자들을 이집트어가 아니라 셈어로 읽으면 beth(집), 'en(눈), lamd(소몰이 막대), tāw(×표)가 된다. 원시시나이 문자는 셈어 단어의 첫 소리만을 따서 그 상형 문자의 소리로 인정하였다. 그리하여 이것을 로마자로 표기하면 b-'-l-t가 되고, 이 자음 문자에 모음을 넣어 읽으면 [ba-a-la-t](Baalat)가 된다(연규동, 세계의 문자 사전). 이와 같이 상형 문자가 묘사하는 대상을 나타내는 단어의 첫 소리를 그 글자의 음가로 인식하는 것을 어두음 원리 혹은 두음서법이라고 한다. 우리가 표의 문자인 한자를 표음 문자로 이용한다면 다음과 같은 방식이 될 것이다. 우리나라 사람은 '山'을 훈독하여 '뫼'로 읽는다. 그런데 어느 날부터 '山'을 '마'으로 읽으면 '山'은 'ㅁ'을 나타내는 표음 문자가 되는 것이다.

페니키아 문자는 상형 문자적 특성이 완전히 지워진 22자의 문자로 되어 있고, 모든 문자는 하나의 자음을 나타내는 자음 문자이다. 이전의 원시시나이 문자 등도 표음 문자의 특성을 보이기는 하지만, 후대에 끼친 영향은 페니키아 문자에 비하지 못한다. 페니키아 문자 자료는 2005년 유네스코 세계 기록 유산에 등재되었다.

4.1.2.2. 그리스 문자

페니키아 문자는 서쪽으로 그리스 문자를 거쳐 로마 문자와 키릴 문자로 발전하여 서양의 중심 문자가 되었다. 그리스인들은 페니키아 문자를 받아 자음과 모음을 모두 표기할 수 있는 완전한 음소 문자인 알파벳으로 발전시켰다. 그리하여 음성 언어를 소리에 맞추어 완전하게 표시하는 단계에 도달하였다. 그리스는 페니키아 문자 가운데 그리스어에 불필요한 문자를 모음으로 전용하고, 새로운 부호를 추가하여 그리스 문자를 완성하였다. 오늘날 쓰는 알파벳이라는 용어는 그리스 문자의 처음 두 글자 알파(alpha)와 베타(beta)로부터 유래되었다.

Phoenician		Greek				Phoenician		Greek			
𐤀	aleph	/ʔ/	A	A	alpha	/a/, /aː/	𐤎	samekh	/s/	Ξ	Ξ	xi	/ks/
𐤁	beth	/b/	Β	B	beta	/b/	O	ʿayin	/ʕ/	O	O	omicron	/o/, /oː/[note 1]
𐤂	gimel	/g/	Γ	Γ	gamma	/g/	𐤐	pe	/p/	Γ	Π	pi	/p/
𐤃	daleth	/d/	Δ	Δ	delta	/d/	𐤑	ṣade	/sˤ/	Μ	Μ	(san)	/s/
𐤄	he	/h/	Ε	E	epsilon	/e/, /eː/[note 1]	𐤒	qoph	/q/	Ϙ	Ϙ	(koppa)	/k/
Υ	waw	/w/	F	F	(digamma)	/w/	𐤓	reš	/r/	Ρ	P	rho	/r/
Ι	zayin	/z/	Ι	Z	zeta	[zd](?)	𐤔	šin	/ʃ/	Σ	Σ	sigma	/s/
Β	heth	/ħ/	Β	H	eta	/h/, /ɛː/	×	taw	/t/	Τ	Τ	tau	/t/
⊗	teth	/tˤ/	⊗	Θ	theta	/tʰ/	Υ	(waw)	/w/	Υ	Υ	upsilon	/u/, /uː/
𐤉	yodh	/j/	I	I	iota	/i/, /iː/	–			Φ	Φ	phi	/pʰ/
𐤊	kaph	/k/	Κ	K	kappa	/k/	–			X	X	chi	/kʰ/
𐤋	lamedh	/l/	Λ	Λ	lambda	/l/	–			Ψ	Ψ	psi	/ps/
𐤌	mem	/m/	Μ	M	mu	/m/	–			Ω	Ω	omega	/ɔː/
𐤍	nun	/n/	Ν	N	nu	/n/							

〈사진 2〉 페니키아 문자와 그리스 문자

그리스 문자는 원래 페니키아 문자처럼 오른쪽에서 왼쪽으로 쓰였지만, 서기관들은 자유롭게 방향을 바꿀 수 있었다. 후에 왼쪽에서 오른쪽으로 쓰는 우향의 순서로 정착되었다. 초기 그리스 문자의 모습을 페니키아 문자와 함께 보이면 〈사진 2〉와 같다.

4.1.2.3. 아람 문자

아람인들은 육상 무역의 중심인 시리아 유프라테스 강 일대에 거주하면서 페니키아 문자를 계승하여 아람 문자를 발전시켰다. 아람 문자(Aramaic alphabet)는 그리스 문자와 달리 여전히 자음 문자였다. 자음 문자를 뜻하는 압자드(abjad)는 아람 문자를 순서대로 배열할 때 처음 네 문자의 음을 따서 붙인 것이다. 아람 문자는 시리아 문자, 브라흐미 문자, 히브리 문자, 아랍 문자로 발전하여 아시아 지역의 문자에 영향을 미쳤다.

초기 아람 문자의 형태와 음가를 보이면 다음 〈사진 3〉과 같다. 초기
아람 문자는 기원전 10세기 후반 또는 9세기 초에 쓰였다.

H	ㄹ	ㄴ	ㅋ	ㅋ	ㅅ	ㅇ	ㅊ
ḥ	ז	ו	ה	ד	ג	ב	א
ḥēth	zain	waw	hē	dālath	gāmal	bēth	ālaph
ḥ	z	v	h	d	g	b	,

ㅇ	ㅋ	ㅅ	ㅅ	ㄷ	ㄱ	ㄹ	Θ
ע	ס	נ/ן	מ/ם	ל	כ/ך	י	ט
'ē	semkath	nun	mim	lāmadh	kāph	yudh	ṭēth
'	s	n	m	l	k	y	ṭ

ㅓ	ㅆ	ㄱ	ㅋ	ㄷ	ㄱ
ת	ש	ר	ק	צ/ץ	פ/ף
tau	shin	rēsh	qoph	ṣādhē	pē
t	sh	r	q	ṣ	p

〈사진 3〉 아람 문자

아람 문자가 순전히 자음 문자로만 쓰이지는 않았다. 아람 문자를 계승
한 시리아 문자는 보조 기호인 구별점을 자음 문자의 위나 아래에 놓아
모음을 읽는데 이용하였다. 아람 문자는 그리스 문자와 달리 22자로 좌향
의 가로쓰기를 하였다.

4.2. 동아시아의 문자

동아시아의 대표적인 문자는 중국의 한자이다. 동아시아의 문자는 한
자를 중심으로 그 영향권에 있는 중원 동남북 지역과 한자와는 전혀 관련
이 없는 중원 서부 지역의 성격이 판이하다. 동남북 지역은 한자를 자국어
의 표기에 적극적으로 이용하여 한자 영향권 아래 놓이게 된 경우이다.
이렇게 사용된 한자는 파생 한자 혹은 의사 한자라고도 하는데, 일본의

가나, 베트남의 쯔놈, 거란 문자, 여진 문자, 우리의 이두 등에서 볼 수 있다.

　서부 지역은 아람 문자 계통의 표음 문자가 쓰였는데, 서아시아에서 인도나 중앙아시아를 거쳐 유입되었다. 인도에서는 브라흐미 문자를 시작으로 그 뒤를 잇는 실담 문자, 티베트 문자, 파스파 문자가 만들어졌고, 중앙아시아에서는 시리아 문자와 소그드 문자를 거쳐 위구르 문자, 몽골 문자, 만주 문자 등이 만들어졌다. 이들은 표음 문자라는 점에서 공통적이지만 실제 성격은 달랐다. 소그드 계열 문자는 자음 문자(압자드) 성격을 가진 자립 자소를 단어 단위로 이용하였으나, 브라흐미 계열의 문자는 음절적 문자(아부기다) 성격을 가진 복합 자소를 음절 단위로 이용하였다. 동아시아 문자를 유별하면 다음 (2)와 같다.

(2)

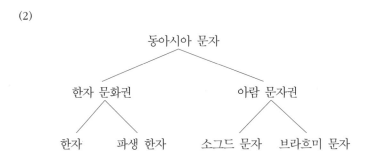

4.2.1. 한자 문화권

4.2.1.1. 한자의 자형과 특성

　중원의 한자는 지금도 쓰이고 있는 표의 문자의 대표적 형태이다. 한자는 자형, 자음, 자의가 결합한 문자인데, 자형 연구는 문자학, 자음 연구는 성운학, 자의 연구는 훈고학으로 발전하였다. 결과적으로 형태를 중심으로 한 자서(字書), 발음을 중심으로 한 운서(韻書), 의미를 중심으로 한

유서(類書)가 발달되었다.

동한(25~220) 시대 저술된 허신의 《설문해자》는 540개의 부수로 9,353자에 달하는 한자를 종합한 자서인데 전서체를 표제자로 하고 있다. 전서체는 상형 문자의 그림 문자 성격이 남아 있는 대전과 이것과 여러 지역에서 통용되던 한자를 바탕으로 한 소전이 있다. 대전은 전국 시대 주나라에서 정리한 문자이고, 소전은 진시황제가 이사에게 명하여 대전을 간략하게 한 것이다. 한자의 서체는 초기의 전서체로부터 시대에 따라 조금씩 변하였다. 예서체는 전서를 쓰기 쉽게 다듬은 것으로 한나라 시대에 널리 쓰였으며, 해서는 당나라 초기에 완성된 것으로 오늘날 정체라고 할 만큼 기본 서체가 되었다. 이외에 행서체와 초서체는 필기체 형식인데, 행서는 단정한 맛이 있게, 초서는 빠르게 쓴 것이다.

〈표 2〉 《설문해자》의 전서와 육서법

閒聞	徐徐	龍龍	제자	기본자	상형	日, 月, 山, 門, 馬, 魚, 龜
友友	畫畫	州州			지사	上 下, 一, 二, 三, 本, 末
祠祠	事事	辛辛		합성자	형성	肝(月+干), 澗(氵+間), 岬(山+甲), 芥(艹+介), 課(言+果), 軌(車+九)
貞貞	聽聽	令令			회의	家(宀+豕), 鼓(支+壴), 信(亻+言), 林(木+木), 好(女+子), 男(田+力)
			운용	전주		考(늙다)/老(늙다), 磨(방앗간)/磨(갈다)
				가차		我(무기)/我(1인칭)

허신은 《설문해자》에서 한자의 형태를 여섯 가지로 분류하여 종합하였다. 흔히 육서법이라고 하는 이 방식은 상형(象形), 지사(指事), 형성(形聲), 회의(會意), 전주(轉注), 가차(假借) 등을 말하는데, 특히 전주에 대하여는 사람에 따라 해석이 구구하다. 상형과 지사는 모두 기본자로 한자 제자의 기본적인 방법이다. 상형은 태양(日), 산(山)과 같이 사물의 형태를 구체적으로 나타내어 그 뜻을 알기 쉽고, 지사는 상(上), 하(下)와 같이

일정한 점과 선으로 동작, 상태, 위치 등을 추상적으로 지시하는 것으로 그 뜻을 쉽게 알기 어렵다. 사람에 따라서는 '末'은 '木'에 선을 더하여 '끝'을, '刃'(도)는 '刀'(도)에 점을 찍어 '칼날'을 나타낸 것처럼 기존 글자에 선과 점을 더하는 방식도 지사로 본다. 형성과 회의는 두 글자 이상을 합하여 만든 합성자이다. 합성의 요소는 의미부와 발음부로 나누어진다. 형성은 '注'(氵+主)처럼 구성하는 한쪽은 의미부를, 다른 쪽은 발음부를 담당하는데 비하여 회의는 信(人+言)처럼 구성하는 요소 모두가 의미부를 담당한다. 형성자는 발음부 '主'에 의하여 住, 注, 柱, 註, 拄 炷, 姓, 桂, 疰, 黈, 跓, 蛀 등 많은 동음자(同音字)를 만들게 되나, 이들은 의미부에 의해 의미가 달라지는 이의자(異義字)가 된다. 형성자는 한자의 주요 제자 방식으로 현대 한자의 85%이상을 담당하고 있다. 회의자는 休(人+木)처럼 서로 다른 글자를 합한 이체 회의자와 林(木+木)처럼 같은 글자를 합한 동체 회의자가 있다. 합성자를 만들 때 글자의 모양이 변형되는 경우도 있는데, '手'(수)는 '扌'으로 변형되어 '投'(투), '招'(초), '把'(파) 등에 쓰이고, '水'는 '氵'로 변형되어 '汀'(정), '汚'(오), '池'(지) 등에 쓰인다. 전주와 가차는 기존 문자의 형태를 그대로 유지하거나 변형하여 다른 의미나 음을 나타내는 것이다. 전주는 '考(kǎo)/老(lǎo)'처럼 같은 의미(늙다)를 가지는 두 글자 사이의 관계인데, 의미는 같으나 발음이 다르기 때문에 새 글자가 필요한 것이다. '樂'처럼 하나의 글자가 여러 개의 의미(악기, 즐겁다. 좋아하다)를 가지는 경우를 전주로 보기도 하는데, 이 경우는 한 글자의 의미가 확장된 것으로 다의자(多義字)를 이루게 된다. 가차는 이미 있는 한자를 빌려 발음이 비슷한 다른 말을 나타내는 것이다. '我'가 원래 무기의 뜻을 나타내는 것이지만, 나중에 같은 음을 가진 1인칭 대명사를 뜻하게 된 경우이다. 이 경우는 한 글자의 발음이 확장된 것으로 동음자(同音字)를 이루게 된다.

육서법과 다른 것으로 〈기일성문도〉(起一成文圖)와 〈인문성상도〉(因

수평[衡]	꺾기[折]			끌어합하기[引合]	짝[配偶]
	일절(一折)		재절(再折)		
	측절(側折)	정절(正切)			
一 [衡]	ㄱ [折]	∧ [折]	∏ [折]	ㅁ [方]	● [偶]
ㅣ [從]	Γ [反]	∨ [轉]	凵 [轉]	○ [圓]	
/ [邪]	ㄴ [轉]	〈 [側]	ㄷ [側]		
㇏ [反]	ㄴ [反]	〉[反]	ㄱ [反]		

〈사진 4〉 《통지》(1747) 권 제35의 〈기일성문도〉와
그 설명 내용

文成象圖)가 있다. 이것은 1161년 중국 남송의 정초(1104-1162)가 지은
《통지》(通志)의 권35 육서략(六書略) 제5에 서술되어 있다. 〈기일성문도〉
는 전서체 구성 원리를 간략하게 설명하고 있는데, 모든 한자가 '一'로부터
이루어졌다고 설명한다. 기준은 수평[衡], 꺾기, 끌어합하기, 짝[配偶]이다.
수평인 원체 '一'을 변형하여 4가지를 만들고, 원체 '一'을 꺾기[折]하여
12가지를 만들었다. 일절(一折)은 측면을 꺾어 4가지를 만들고, 가운데를
꺾어 4가지를 만들었다. 재절(再折)은 4가지를 만들었다. 원체 '一'을 끌어
합하여[引合] 2가지를 만들었고, 원체 '一'의 짝[配偶]을 이루는 '●' 한 가지
를 만들었다. 원체 '一'은 세우면[從] 'ㅣ'가 되고, 기울이면[邪] '/'가 되고,
뒤집으면[反] '㇏'가 된다. 이외에 꺾기를 위한 뒤집기[反], 회전하기[轉],
옆으로 돌리기[側] 등의 방식이 있다. 오른쪽을 한번 꺾어 만들어진 모양
은 '一'을 꺾으면[折] 'ㄱ'이 되고 'ㄱ'을 뒤집으면[反] 'Γ'이 되고, 'Γ'를 회전
하면[轉] 'ㄴ'이 되고, 'ㄴ'을 뒤집으면 'ㄴ'이 된다. 끌어모으기는 모나거나
둥근 모양이 되고, 짝은 원형에 까만색을 채우는 형상이다. 〈기일성문도〉
의 자형은 가로획 모양을 변형하여 가능한 각진 형태와 원형 및 네모를
만들어 냈다는 점에서 한자를 구성하는 여러 선을 설명하기에 적절하다.

이들 중에서 몇 개는 ㄇ(m), ㄷ(f), ㄏ(h) 〈 (q), ㅣ(i), ㄟ(ei) 등처럼 현대 중국어의 주음 부호와 일치한다. 특히 전서체의 기본인 '一'이 '○'에 이르면 '一'의 길이 다한다고 하고 나서 '●'를 '一'과 짝을 지어 양(陽)과 음(陰)의 관계로 설명하고 있는 점이 주목된다. 훈민정음의 양성 모음과 음성 모음을 연상시킨다. 〈인문성상도〉는 하나의 전서를 다른 전서로 이용하는 과정을 20가지로 보여 준다. 예컨대, 하나의 전자를 상하를 바꾸거나[到], 좌우를 바꾸거나[反], 획이나 같은 글자를 더하여[加] 새로운 글자를 만드는 과정을 보여준다.

현재 중국 대륙에서는 한자의 형태를 간략하게 한 간체자를 쓰고 있다. 간체자는 중화인민공화국이 1964년에 공포하고, 1986년에 수정한 《간화자총표》(簡化字总表)를 표준으로 하는 간략화된 한자를 말한다. 그러나 대만, 홍콩과 마카오 등에서는 여전히 정자체(번자체)가 쓰이고 있으며 화교 사회에서도 정자체가 널리 쓰인다.

4.2.1.2. 이두 향찰과 쯔놈

우리말을 표기하기 위하여 한자의 음과 훈을 이용한 것으로 이두와 향찰이 있었다. 이들은 불완전하기는 하였으나, 우리말을 표기하는 수단의 하나였다. 초기의 차자 표기에서는 고유의 한자가 쓰이지 않았지만, 후대에 가면서 畓(답), 垈(대), 乭(굴)처럼 고유 한자가 만들어졌다.

한자를 이용하여 자국어를 표기한 것으로 중원 남쪽의 베트남 쯔놈(字喃)이 있다. 베트남은 중국의 지배(B.C.111~A.D.939)를 받았으므로 오랫동안 한문으로 소통하였다가 한자를 이용하여 자국어를 표기한 쯔놈을 발전 시켰다. 쯔놈은 베트남에서 14세기에서 19세기까지 활발히 사용되었고 여성들과 시문 등 문학 작품에 주로 쓰였다. 떠이 썬왕조(西山, 1789 ~1802) 시기에 잠시 공식 문자로 사용되기도 하였으나, 20세기 들어 포르투갈과 프랑스 선교사들에 의하여 이루어진 로마자 표기로 교체되면서 더 이상 쓰이지 않게 되었다. 1878년 프랑스가 법령을 제정하여 1882년 1월 1일부터 모든 공문서는 물론 학교에서 로마자만을 사용하도록 규정하였다. 이어 1915년에는 북부, 1919년에는 중부 베트남에서 과거 제도를 각각 폐지함으로써 베트남에서 한자와 쯔놈의 사용은 사라지고 로마자가 국재字國語가 되었다(안경환, 2020).

쯔놈은 한자의 원형을 유지하여 차용하는 경우와 새로운 파생 한자를 이용하는 경우가 있다. 원래 한자를 이용하는 경우는 음독자, 훈독자, 음가자로 분류될 수 있다. '春(xuân), 國(quốc), 花(hoa)' 등은 원래 한자의 음과 훈으로 쓰인 음독자의 예이다. '沒'은 원래 한자의 의미와 관계없이 발음만 빌려 베트남어 'một'(一)을 나타내는 음가자이고, '固'는 베트남어 'có'(있다)를 나타내는 음가자이다. '役'은 '일, 노동'의 뜻을 갖는 베트남어 '비엑'(việc:)을 표기한 것으로 훈독자로 분류된다. '爫'는 '爲'가 단순화한 것으로 베트남어 'làm'(하다)를 표기한 훈독자이다. 한자의 음훈을 이용하는 것은 이두의 표기 방식과 비슷하다.

새롭게 만든 파생 한자는 대체로 형성의 방법에 따랐다. '吧'(ba)는 '셋'을 뜻하는 글자인데, '三'을 의미하는 베트남어 고유어 발음 'ba'를 표시하는 '巴'와 뜻을 나타내는 '三'과 합자한 것이다. 베트남어 'trẻ'(젊다)를 뜻하

<표 3> 쯔놈 문자

쯔놈	합자요소	발음	의미	합성자
𢤮	执+助	giúp	돕다	
媄	女+美	mẹ	어머니	吒媄(cha mẹ) 부모
𤾓	百+林	trăm	100	爻𤾓(một trăm) 100
祂	礼+少	trẻ	젊다. 어린이	祂媕(trẻ em) 유아
𡎝	由+罢	bởi	이유	𡎝爲(bởi vì) 이유
𦢳	界+下	dưới	아래, 바닥	
𡦂	舉+門	cửa	문, 입구	𡦂数(cửa sổ) 창문
𡨸	字+字	chữ	글자	𡨸漢(chữ hán) 한자
𨰟	美+開	mở	열다	𨰟頭(mở đầu) 시작

는 '祂(礼+少), 'mở'(열다)를 뜻하는 '𡤇(美+開) 등도 모두 그러한 방식으로 합자되었다.

쯔놈 문자 사이트(chunom.org)는 쯔놈 문자를 4급과 기타로 분류하여 각각에 해당하는 글자를 제시하고 있다. 1급 83자를 포함하여 모두 832개의 글자가 제시되어 있다. 〈표 3〉은 이에 근거한 것이다.

4.2.1.3. 구결과 일본의 가나

구결은 한문의 어순을 우리말 어순으로 바꾸는 역독점을 제외하면 대체로 한자의 약체자를 이용하여 우리말의 허사를 표기하는 방식이다. 제2장에서 본 바와 같이 '丷ㅋ扌'는 '爲示於'의 약체자로 우리말 'ㅎ시며'를 나타내고 있으며, '丷ㄱ'은 '爲隱'의 약체자로 우리말 '흔'을 표기하였다. 한문의 행간에 적기 위하여 한자의 획수를 가능한 간략하게 한 결과이다. 이와 달리 한자의 약체자로 한 언어 전체를 표기하는 것으로 일본의 가나[假名]가 있다. 가나는 보통 일본어 표기에 차용된 한자를 마나[眞字]라 부르는 데에 비하여, 그들이 변형하여 사용한 한자를 가자[假字]라고 부른 데서 비롯되었다.

일본은 한문을 받아들여 사용하다가 4세기경부터 고대 일본어 표기를 위하여 한자의 음과 훈을 이용하였다. 가장 이른 형태는 만요가나[萬葉假名]인데, 이것은 고대 일본의 시가집인 《만엽집》에 처음으로 쓰이기 시작하여 붙여진 이름이다. 《만엽집》은 한문 어순이지만, 시가는 일본어 어순에 따라 한자의 음훈을 이용하여 표기하였다. 만요가나에는 후지산(富士山)의 '후지'를 '不盡'로 표기한 음차와 '유키'(ゆき)를 '雪'로 표기한 훈차 등이 쓰였다. 우리의 향찰 표기와 유사하다. 만요가나는 후대에 간략화되어 오늘날의 가나로 발전되었다.

가나에는 두 가지 형태가 있다. 히라가나(平假名)는 주로 한자의 초서체를 변형하여 간략화한 것으로 글자의 형태가 원형의 부드러운 맛이

	あ단	い단	う단	え단	お단
あ행	ア a	イ i	ウ u	エ e	オ o
か행	カ ka	キ ki	ク ku	ケ ke	コ ko
さ행	サ sa	シ shi	ス su	セ se	ソ so
た행	タ ta	チ chi	ツ tsu	テ te	ト to
な행	ナ na	ニ ni	ヌ nu	ネ ne	ノ no
は행	ハ ha	ヒ hi	フ hu	ヘ he	ホ ho
ま행	マ ma	ミ mi	ム mu	メ me	モ mo
や행	ヤ ya		ユ yu		ヨ yo
ら행	ラ ra	リ ri	ル ru	レ re	ロ ro
わ행	ワ wa	ヰ wi		ヱ we	ヲ wo
					ン n

있다. な는 奈의, に는 仁, ぬ는 奴, か는 加의, き는 機의, く는 久의, ま은 末의 초서에서 변형을 거친 것이다. 가타카나(片假名)는 한자의 일부를 떼 내어 만든 것으로 보다 각지고 딱딱한 느낌이 있다. 'ア'는 '阿'에서 'カ'는 '加'에서 'タ'는 '多'에서 'ウ'는 '宇'에서, 'ホ'는 '保'에서, 'リ'는 '利'에서, 'ヤ'는 '也'에서 'ヨ'는 '與'에서 각각 파생하여 만들어진 문자이다. 한자는 하나의 글자가 하나의 음절로 발음되고, 가나는 한자를 변형한 것이므로 결국 가나도 하나의 글자가 하나의 음절 단위를 표기하는 음절 문자가 되었다.

일본어를 가나의 형태로만 적을 수 있겠지만, 대체로 日本, にっぽん, ニッポン처럼 같은 말을 가나와 한자로 각각 쓸 수 있다. 가타카나는 2차 세계 대전 이전의 일본 제국 시대에는 한자와 함께 공문서 등에 사용되었으나, 이제는 주로 외래어 표기 등 제한된 범위에 쓰인다. 일상적인 표기에서는 주로 한자와 히라가나가 쓰인다.

4.2.1.4. 거란 문자와 여진 문자

중원 북부 지방에서 한자를 이용하여 표음과 표의 기능을 나타내는 자소를 만들어 자국어를 표기한 문자로 거란 문자와 여진 문자가 있다. 거란 문자는 907년 야율아보기(872~926)가 거란의 여러 부족을 통합하여 916년 스스로 황제가 되어 건국한 요(遼)나라(916~1125)의 문자이다. 거란 문자는 한어와 달리 교착적 성격을 가진 거란어를 표기하기 위한 것으로 거란 대자와 거란 소자가 있다. 거란 대자는 요 태조 야율아보기가 920년 제정 반포한 표의 문자로 원래 한자를 차용하여 쓴 경우도 많지만 새로운 형태의 글자도 만들어 사용하였다. 거란소자는 924~925년 태조의 동생인 야율질랄이 위구르 문자를 배워서 만든 표음 문자 성격으로 한자를 변형한 글자로 조사와 어미 등 허사도 표음하였다. 거란 문자는 한문과 같이 행을 오른쪽에서 왼쪽으로 이어간 좌향(左向)의 세로쓰기였다.

거란 소자는 자소를 만들어 단어마다 하나의 형태로 모아쓴 글자이다. 거란 소자의 자소는 음소나 음절 등 발음을 나타내거나 단어를 나타낸다. 캐인(Kane)이 2009년에 작성한 거란 소자 목록의 약 380개의 자소 중에서 알 수 없는 것을 제외하면 뜻을 나타내는 문자가 125개, 음성을 나타내는 글자가 115개쯤 된다. 거란 소자가 한자의 직접적 영향 아래 있으면서도 표음성을 가지게 된 것은 거란소자를 만들 때 위구르 문자의 영향을 받았기 때문이다. 따라서 거란 소자는 표음 문자와 표의 문자가 섞여 있는 독특한 문자라 할 수 있다.

거란 소자는 구성소를 이루는 자소를 일정한 순서로 배열하였다. 두 개의 자소가 짝을 이루고 있으면 좌우로 배치하고, 네 개의 자소가 짝을 이루면 두 줄로 위와 아래에 배치한다. 자소가 홀수가 되어 짝을 이루지 못하면 아래 줄 가운데에 배치하여 최대 7 가지 유형으로 합자가 가능하다. 〈사진 6〉은 거란어의 소유격 조사를 나타내는 6개 이형태가 다른 자소와 합하여 쓰이는 모습을 보인다. 6번[un]은 4개 자소가, 5번[an]은

〈사진 6〉 거란어 소유격 조사의 표기(왼쪽)와 '거란자명동경'(오른쪽)

3개의 자소가 합하여졌다. 오른쪽의 거울 '거란자명동경'(契丹字銘銅鏡)은 국립중앙박물관에 소장되어 있는 것으로 칠언절구의 시(詩) 28자가 새겨져 있다. 거란 소자는 자소를 모아 네모형의 글자를 만드는 방법이 한글의 운용과 비슷하다고 하여 주목을 받기도 하였다. 그러나 거란 소자는 2음절 이상이 하나의 단위를 이룰 수 있다는 점에서 음절 단위로 글자 모양을 운용하는 한글과는 성격이 다르다.

여진 문자는 퉁구스계 민족인 여진족이 세운 금(金)나라(1125~1234)의 문자로, 한자와 거란 문자의 영향을 받아 여진어를 기록하기 위하여 만들어진 것이다. 여진 문자에도 대자와 소자가 있는데, 대자는 금의 태조가 완안희윤(完顔希尹)에게 명하여 1119년에 제정 반포한 것이고, 소자는 1138년 희종이 대자를 간략화하여 표음 문자를 만든 것이다. 여진 소자는 거란 소자와 형태가 같은 것은 거의 없는 것으로 알려져 있지만, 음성을 나타내는 기호를 이용하여 문법 형태나 음성 전사에 사용한 방법은 비슷하였다.

4.2.2. 아람 문자권

중원 서쪽은 다른 지역과 달리 표음 문자를 사용하였다. 이 지역 문자는 아람 문자와 연관을 가지는 것으로 중앙아시아 지역의 소그드 문자와 인도 지역의 브라흐미 문자가 원조라 할 수 있다. 중앙아시아의 소그드 (Sogd) 문자는 아람 문자 계열의 시리아 문자의 영향을 받은 것으로 자음 문자이다. 이후 소그드 문자는 위구르(Uyghurs) 문자, 몽골(Mongol) 문자, 만주 문자 등으로 이어졌다.

인도에는 상형 문자인 인더스 문자가 있었지만, 그 정확한 내용은 알려지지 않고 있으며, 현재 알려진 가장 오래된 문자는 브라흐미 문자다. 브라흐미 문자의 기원은 명확하지 않으나, 대체로 아람 문자에서 영향을 받은 것으로 이해된다. 브라흐미 문자는 음절적 문자(아부기다)로 주로 인도 지역에서 많이 쓰이지만 미얀마·태국 등 동남아시아의 문자에도 영향을 미쳤다. 브라흐미 문자를 이어 온 굽타 문자는 이후 실담 문자, 티베트 문자, 파스파 문자 등으로 이어지며 동북아시아 문자에도 영향을 주었다. 특히 실담 문자는 일찍이 불경과 함께 동북아시아의 중국, 한국, 일본 등에 알려졌다.

4.2.2.1. 위구르 문자와 몽골 문자

위구르 문자는 8세기부터 주로 현재 중국 신장 위구르 자치구에 위치한 중앙아시아의 타림 분지에서 사용되었다. 위구르 문자는 인구어족의 이란 어파에 속하는 소그드어를 표기한 소그드 문자를 이어받아 위구르어를 표기한 자음 문자인데, 일부 모음 표기가 가능하여 음소 문자의 특성도 있다. 18개의 문자 중 17자가 소그드 문자와 같고 한 글자만이 위구르인들이 만들었다(정광, 2019). 위구르 문자는 16세기에 이슬람의 전래와 함께 아랍 문자로 교체되었는데, 간수(甘肅) 지방에서는 17세기까지 사용되었다.

위구르 문자는 일부 자소를 조합하여 어두 모음 표기에 썼다. 어두의 /a/는 알레프(')를 두 번 쓰고, 어두의 /ï, i/는 알레프(')+요드(y)를 이어 쓰고, 어두 /o, u/는 알레프(')+와우(w)를 이어 쓰고, 어두 /ö, ü/는 알레프 (')+와우(W)+요드(y)를 이어 썼다. 즉, 'wydwn의 'wy은 위구르어 /ödün/ 의 어두음 /ö/를 표음한다(김주원, 2016). 어두 이외의 나머지 음절에서는 와우(w)가 /o, u, ö, ü/를 모두 표기하여 모음을 완전히 구별하지 못하는 한계를 가졌다. 알레프가 어두 모음임을 암시하고 있다. 또한 위구르 문자 는 하나의 글자가 단어 내에서 위치(어두, 어중, 어말)에 따라 모양이 바뀌 었다. 위구르 문자는 우향(右向)의 세로쓰기 방식을 보였다. 이것은 우에 서 좌로 가로 쓰는 좌향의 아람 문자와 다른 방식이고, 동양에서는 표음 문자가 세로로 쓰인 첫 사례라 할 수 있다. 위구르 문자는 아람 문자 방식을 왼쪽으로 90도 회전한 형태로 쓰이는데, 한자의 세로쓰기 영향으 로 유추할 수 있다.

몽골 문자는 칭기즈 칸(成吉思汗/ 1155?~1227)이 위구르인 타타통아(塔 塔統阿)에게 명하여 위구르 문자로 몽골어를 표기할 수 있도록 만든 것인데, 위구르 문자와 구별하기 위해 몽골식 위구르 문자라고도 한다. 칭기즈 칸은 1189년경 몽골 여러 씨족을 통일하고 1206년 몽골 제국의 왕으로 즉위하였는데, 몽골어 표기를 위하여 위구르 문자를 차용한 것이다.

몽골 문자는 위구르 문자와 달리 자음과 모음을 위하여 별도의 문자를 가진 음소 문자이다. 모음 5개, 자음 17개를 합하여 모두 22자로 되어 있는데, 모음 o/u, ö/ü, 자음 t/d를 구별하지 못하였다. 〈사진 7〉의 문자 형태는 단어 안의 위치(어두, 어중, 어말)에 따라 다른 것은 물론, 같은 위치에서도 두 가지 형태를 갖는 경우가 있다. 같은 위치의 두 형태는 일정한 조건에 따라 선택된다. 예컨대, 5번의 두 개 어중 문자는 앞의 것은 제1음절에서, 뒤의 것은 제2음절에서 쓰이며, 12번과 18번 두 개 어중 문자는 앞의 것은 뒤에 모음이 올 때, 뒤의 것은 뒤에 자음이 올

	Letter	Initial	Medial	Final
1	a			
2	e			
3	i			
4	o/u			
5	ö/ü			
6	n			
7	ng			
8	b			
9	p			
10	q			
11	k			
12	γ			
13	g			
14	l			
15	m			
16	s			
17	š			
18	t/d			
19	č			
20	j			
21	y			
22	r			

때 사용된다. 어말 위치에서도 음절 말인지 단어 말인지에 따라서 자형이 달라진다. 문자 형태 변화에서 특이한 것은 모음(1-5번)의 경우 어중에서는 왕관이라고 부르는 ✦가 생략된다는 점이다.

　몽골 문자는 위구르 문자와 같이 자소를 위에서 아래로 이어 단어 단위로 쓴다. 예컨대, 〈사진 8〉의 '몽골'은 'm-o-ng-γ-o-l'의 6개 글자를 이어서 하나의 단어를 표기한 것이다. 'm'은 〈사진 7〉의 15번의 어두 문자, 'o'는 4번의 어중 문자, 'ng'는 7번의 어중 문자, 'γ'은 12번의 어중 문자, 'o'은 4번의 어중 문자, 'l'은 14번의 어말 문자이다. 다만, 'γ'은 어중 문자에

〈사진 8〉 몽골 문자로 쓴 '몽골'

두 가지 형태가 있는데, 두 점이 있는 것은 뒤에 모음이 올 때 사용되는 것이고, 점이 없는 것은 뒤에 자음이 올 때 사용된다. 여기서는 뒤에 모음이 왔으므로 두 점이 있는 형태를 쓴 것이다.

그런데 몽골 어린이들이 글자를 배울 때는 보통 개별 자소 형태보다는 자음(C)과 모음(V)이 결합된 개음절 문자(CV) 형태를 먼저 배우고, 이어서 폐음절과 장음절을 만드는 방식으로 문자를 배운다. 이것은 한글이 초성과 중성을 합자한 다음 다시 종성을 합하는 방식과 유사하다.

몽골 문자는 청나라(1636~1912)를 세운 누르하치(努爾哈赤)가 만주어 표기에 사용되도록 개량한 만주 문자로 계승되었다. 몽골은 세력이 약화되어 중국의 지배를 받아오다가 1924년 몽골 공화국으로 독립하였는데, 1946년 키릴 문자를 사용하기 시작하면서 더 이상 몽골 문자가 쓰이지 않게 되었다. 지금은 중국의 내몽고 지역에서 쓰이고 있다. 최근 몽골 정부는 2025년까지 공용 문서에서 키릴 문자와 함께 몽골 문자를 사용하겠다는 계획을 발표하였다.

4.2.2.2. 실담 문자와 티베트 문자

고대 인도의 브라흐미 문자를 잇는 굽타 문자에서 계승된 문자는 실담 문자와 티베트 문자가 있다. 실담 문자는 산스크리트어[梵語]를 적는 문자라 하여 범자(梵字)라고도 하는데, 실담(悉曇)의 원어인 'sidhham'은 '성취된 것, 완벽한 것'을 의미한다. 실담은 체문(자음)에 대응하는 마다(모음)을 뜻하기도 하고, 체문과 마다가 결합되어 형성되는 문자 전체를 뜻하기도 한다. 실담 문자는 6세기 후반에서 13세기까지 사용되었다.

실담 문자는 기본 자음자에 모음 /a/를 내포하고 있는 아람 문자 계열의 음절적 문자(아부기다)에 속한다. 실담 문자는 모음자를 독자적으로 만들

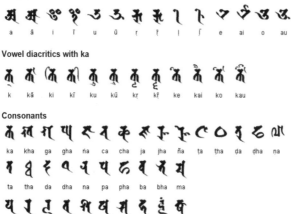

Vowels

a   ā   i   ī   u   ū   r̥   r̥̄   l̥   l̥̄   e   ai   o   au

Vowel diacritics with ka

k   kā   ki   kī   ku   kū   kr̥   kr̥̄   ke   kai   ko   kau

Consonants

ka   kha   ga   gha   ṅa   ca   cha   ja   jha   ña   ṭa   ṭha   ḍa   ḍha   ṇa

ta   tha   da   dha   na   pa   pha   ba   bha   ma

ya   ra   la   va   śa   ṣa   sa   ha   ḷa   kṣa

〈사진 9〉 실담 문자

었다는 점과 왼쪽에서 오른쪽으로 쓰는 우향 가로쓰기를 한다는 점에서 아랍 문자와 다르다. 그러나 실담 문자의 모음자는 음절 초 자음 없이 모음만이 독자적으로 실현되는 경우에 쓰이고, 자음자 뒤에 붙을 때는 변형한 의존 자소를 덧붙여서 새로운 글자 형태로 나타난다. 즉, /i/가 독자적으로 쓰일 때는 로 표기하지만, /ki/처럼 자음 뒤에 쓰일 때에는 전혀 다른 형태인 으로 표기한다. 〈사진 9〉는 실담 문자의 문자표인데, 모음자는 독립적으로 쓰일 때와 자음과 같이 쓰일 때 자형이 다른 것을, 자음자는 모음 /a/를 포함하고 있음을 보여 준다.

당나라 지광이 저술한 《실담자기》에는 실담 문자가 모음인 마다(摩多) 12자와 자음인 체문(體文) 35자를 합해 모두 47자로 되어 있다. 《실담자기》는 통마다로 불린 기본 모음 12자만을 싣고, 새 문자를 형성하지 못하여 별마다로 불린 4자는 제외하였다. 통마다 12자는 각각 장음 6자와 단음 6자로 구분된다. 통마다 12자 중에서 /aṃ/(暗)과 /aḥ/(疴)는 자음과 모음이 합쳐진 독특한 글자이다. /aṃ/은 모음의 비음화를, /aḥ/는 음절

말 [h]를 뜻하는 것으로 모음에 자음적 요소가 덧붙여진 것이다. 〈사진 9〉 모음에는 별마다 4자를 포함하고 계반자 2자를 제외하여 12자만 보였다. 체문은 오성(五聲) 25자와 편구성(遍口聲) 10자로 구분된다. 오성은 다섯 가지 조음 위치에 따라 아음(연구개음), 치음(경구개음), 설음(권설음), 후음(치조음), 순음(양순음)을 구분하고 조음 위치마다 조음 방법에 따라 무기무성음 /ka/, 유기무성음 /kha/, 무기유성음 /ga/, 유기유성음 /gha/, 비음 /na/을 구분하여 모두 25개가 된다. 편구성은 입안 전체에서 발음되는 접근음과 마찰음 등에 10자를 배치하였다. 체문 35자에는 모음 /a/가 포함되어 있다. 따라서 실담 문자는 자음 /k/만을 나타낼 수는 없고 /ka/만을 표기할 수 있었으나, 후대의 표기 체계에서는 체문에 모음을 제거하는 기호 'ͺ'(virama)를 붙여 자음 /k/만을 표기할 수 있게 되었다.

실담 문자는 18장으로 구분된 합자법에 따라 약 10,000자가 만들어지는데, 이것을 외우기 쉽게 노래[頌]로 만든 것이 300여 송이다. 각 송은 네 개의 구로 이루어지고 한 구에는 8자씩 배정되어 모두 32자가 들어 있다. 합자법의 구체적인 내용이 《실담자기》에 18장으로 나뉘어 설명되어 있다 (이태승, 2001). 제1장은 'llam'을 제외한 34개 체문에 12개마다가 붙어 408개 글자를 만들었다. 즉, 체문에 모음을 나타내는 의존 자소를 붙여 새로운 글자를 만든 것이다. 이것은 가로줄에 12개 마다를 배열한 다음 세로줄에 34개 체문을 배열하여 이들의 교점마다 새로운 글자가 만들어지는 격자 구조와 같다. 이 방식은 중국 등운도의 전(轉)을 나타내는 운도나 일본의 50음도, 그리고 한글의 반절표와 같은 원리이다. 《실담자기》 제2장에서는 제1장에서 형성된 자절을 다른 자음과 결합하여 자음군을 가진 자절을 형성한다. 제1장의 기본 자절 408개에 반체자 /ya/가 결합하여 /kya, kyi, kyu, kye, kyo, .../ 등 자음군을 가진 자절 384개를 얻게 된다. 제3장 이하에서는 제2장과 같은 여단장은 물론 자모의 중복으로 얻어진 중장, 여러 종류가 섞인 이장 등이 기술되고 있다. 따라서 실담 문자는 독립적인 V를 제외하면 CV를 기본으로 하여 CCV 등 구조를 갖는다.

티베트 문자는 7세기 중반에 토번의 손첸감보 왕명에 따라 재상 톰비 삼보타가 티베트어를 적기 위하여 제정한 것이다. 티베트 문자는 인도의 굽타 문자를 바탕으로 도입한 것으로 자음자만 있고 모음은 의존 자소로 만 된 전형적 음절적 문자(아부기다)이다. 티베트 문자도 실담 문자와 같이 모음 /a/를 내포하고 있지만, 다른 주요 특징은 모음자가 따로 없고 독자적인 모음을 표기하는 영성자(零聲字)가 있다는 점이다. 이것은 굽타 문자나 실담 문자가 모음이 단독으로 쓰일 때 필요한 모음자를 만들고, 자음과 모음이 결합할 때는 기본 자음에 의존 자소를 붙여 새로운 문자를 만들었던 것과 다르다.

티베트 문자는 30개의 자음자와 4개의 모음 의존 자소로 되어 있다. 자음자는 연구개음, 경구개음, 치조음, 순음 등 조음 위치 4곳에 무기무성음, 유기무성음, 무기유성음, 비음의 조음 방법으로 16개를, 치조 파찰음 4개를, 마찰음과 접근음 등에 10자를 만들어 모두 30자가 되었다. 실담 문자에 있는 유기유성음 문자는 쓰이지 않았으며, 모음 /a/를 표음하는 글자 ஜ가 새롭게 등장하였다

티베트 문자는 기본적으로 /a/를 포함하고 있고, 모음 /i, u, e, o/를 표기하기 위해서 기본 자음 위나 아래에 각각 의존 자소 ঌ, ঌ, ঌ, ঌ를 부가한다. 모음 /i, e, o/는 자음 위에 표기되며, 모음 /u/는 자음의 아래에 표기된다. 독자적인 모음 /a/를 표기하기 위해서는 영성자(ஜ)를 이용하였다. 영성자는 자동적으로 모음 /a/를 표기하며, 모음 /i, u, e, o/가 자음 없이 독자적으로 쓰일 때는 영성자 위아래에 모음 의존 자소를 사용해서 나타낸다. 〈사진 10〉의 윗줄은 영성자에 모음 의존 자소가 쓰인 예를, 아랫줄은 'pa'를 나타내는 기본자에 의존 자소를 이용하여 'pi, pu, pe, po'를 나타내는 것을 보여 준다.

티베트 문자는 철자법상 가장 간단한 음절은 /ka/처럼 하나의 자음자로

〈사진 10〉 티베트 문자의 모음 부호

구성되며, 가장 복잡한 것은 7개의 자소들로 구성된다. 각각의 자소들은 음절을 구성하는 규칙에 따라 다양하게 조합된다. 모음 의존 자소는 맨 위나 맨 아래에만 올 수 있으며, 기본자를 중심으로 전후상하에 자소가 올 수 있다. 〈사진 12ㅁ〉의 티베트 육자진언(가로쓰기 둘째 줄)의 넷째 /pad/는 2개의 자립 자소가 앞뒤로 조합되고, 마지막 /hūṁ/은 기본자 /h/를 중심으로 아래에 차례로 장음 의존 자소와 모음 /u/ 의존 자소를 붙였으며 위로는 비음화 의존 자소인 /ṁ/을 붙였다. /hūṁ/은 1개 자립 자소에 3개 의존 자소가 조합되었다. 원래 티베트 문자는 장단 구별이 없지만 산스크리트어를 음사할 때는 장음 부호를 붙인다.

4.2.2.3. 파스파 문자

몽골족은 이미 12세기 말에서 13세기 초에 칭기즈 칸의 지시로 몽골식 위구르 문자를 제정해 쓰고 있었지만, 원(元)나라 건국과 함께 새 문자를 만들었다. 칭기즈 칸의 손자이자 원나라(1206~1368)의 세조인 쿠빌라이 칸(1215~1294)은 1260년부터 35년간 재위하면서 티베트 출신의 승려 파스파(八思巴)에게 제국의 여러 언어를 적을 수 있도록 새로운 문자의 제정을 명하였다. 1269년 공식 반포된 이 문자를 흔히 파스파 문자 혹은 팍바 문자, 몽골 신자라고 한다. 파스파 문자는 티베트 문자를 바탕으로 만들었으며, 몽골어뿐 아니라 한어, 티베트어, 산스크리트어, 튀르크어 등 여러 언어를 적는 데 쓰인 음소 문자였다.

파스파 문자는 1269년부터 약 100년간 몽골의 국자로 사용되다가 원의 멸망과 함께 쓰이지 않게 되었다. 파스파 문자가 쓰인 자료는 비문이나 인장, 문서 등에 일부가 남아 있으며, 문헌으로는 한자음을 파스파 문자로 주음한 《몽고자운》(1308)이 있다. 《몽고자운》은 원나라 때 주종문이 편찬한 운서로 청나라 시기에 필사한 것이 현재 영국 런던 박물관에 소장되어 있다. 파스파 문자는 대체로 41자가 알려져 있다.

《몽고자운》은 36자모표와 15운모표를 포함하여 약 800개의 음절이 15운부에 따라 나뉘어 배열된 본문으로 구성되어 있다. 자모표에는 모두 41자의 문자가 있으나 일부는 중복되고 일부는 이체자로 표기되었다. 정광(2015)는 이 문자표 분석을 통하여 자음 32자(이체자 제외)와 모음자 6자를 제시하였다. 〈사진 11〉은 파스파 문자의 자음을 전통적인 성운학의 체제에 맞추어 조음 위치에 따라 10음 체계를, 조음 방법에 따라 4성 체계를 보인 것이다. 모음은 후음의 불청불탁인 유모[illegible]을 포함하여 유모에 속하는 6자 "[illegible]"를 인정하여 7모음을 제안하였다. 유모는

	全淸	次淸	全濁	不淸不濁	全淸	全濁
牙音	[k]	[kh]	[g]	[ŋ]		
舌頭音	[t]	[th]	[d]	[n]		
舌上音				[ṅ]		
脣重音	[p]	[ph]	[b]	[m]		
脣輕音	[β]	[vʰ]		[w]		
齒頭音	[ts]	[tsʰ]	[dz]		[s]	[z]
正齒音	[tʃ]	[tʃʰ]	[dʃ]	[ʃ]	[dʐ]	
喉音	[h]	[ɣ]	[ɦ]	[a, ∅]		
半舌音				[r, l]		
半齒音				[ʐ]		

〈사진 11〉 파스파 문자의 자모도

자음에서는 음가 없음을 뜻하지만, 모음에서는 /a/를 표음한다고 본 것이다.

파스파 문자는 티베트 문자와 같이 자음자에 모음 /a/를 포함하고 있어 아부기다 성격을 가지고 있다. 음절 말에서는 /a/가 발음되지 않고 자음만 발음된다. 티베트 문자와 다른 것은 모음을 표시하는 의존 자소를 파스파 문자에서 자립 자소로 독립시켰다는 데에 있다. /a/를 나타내는 ᠊᠊ 대신에 ᠊᠊가 쓰였다. 자립 자소로 독립된 4개 모음자 자형 ᠊᠊i, ᠊᠊e, ᠊᠊o, ᠊᠊u은 티베트의 모음 의존 자소와 비슷하다. 다만, 어두에서는 가로획이 첨가되고, 기타 위치에서는 가로획이 없는 형태가 쓰였다. 가로획은 몽골 문자의 어두 모음을 나타내는 왕관에 대응한다. 티베트 문자에 없는 전설 원순 모음 /ö/와 /ü/를 위하여 합용자 iu[ö]와 eu[ü]를 새로 만들었다. 유모자는 어두의 /a/모음이나 이중 자음으로 표기된 모음, 특별한 경우의 어두 /e/ 등에 쓰였다고 알려져 있으나, 정광(2019;319-321)은 《몽고자운》에서 어두 모음자 앞에 유모가 쓰였다고 보고, 어두에 오는 /o/도 ᠊᠊ (᠊᠊+᠊᠊)로 표기하였다고 하였다.

파스파 문자는 자소를 만들고 이를 합자하여 음절 단위로 사용하였다. 자소의 합자는 위에서 아래로 이어지는데, 한 음절을 위하여 2개에서 최대 4개의 자소가 합해질 수 있다. 2개가 합해지면 2합, 3개가 합해지면 3합, 4개가 합해지면 4합이라고 하는데, 4합은 자음, 개음, 핵모음, 운미 등이 하나의 음절을 이루는 경우를 말한다. 종성에 쓰인 파스파 문자는 초성과 모양이 같아 음절 위치에 따라 자형이 달라지지 않는다. 자소를 합자하는 과정에는 자소의 상하를 연결하는 세로줄(ㅣ)을 이용하여 이들을 이어 준다. 세로줄은 보통 글자의 우측에 연결되지만 중앙에 연결되는 경우도 있다. 파스파 문자는 위구르 문자와 같이 우향의 세로쓰기를 한다.

파스파 문자는 티베트 문자를 모방한 것이지만, 실제 운영에서는 몽고 땅에서 이미 쓰이고 있었던 몽골 위구르 문자의 영향도 적지 않았다. 자형의 유사성과 음절 단위의 표기는 티베트 문자의 영향이지만, 독자적인 자음과 모음을 갖추었다는 것과 우향의 세로쓰기 방식을 채택하고 있다는 점은 몽골 위구르 문자의 영향이다. 따라서 파스파 문자는 티베트 문자를 모방하고 몽골 위구르 문자의 전통을 고려하면서 음소 문자를 음절 문자 처럼 쓰는 새로운 형태를 만들어 냈다.

4.2.3. 동아시아 문자와 육자진언

동아시아 문자에서 공통적으로 볼 수 있는 불교의 육자진언(六字眞言) 표기를 통하여 각 문자를 비교할 수 있다. 육자진언은 육자대명왕진언이 라고도 하는데, 산스크리트어로 /oṃ maṇi padme hūṃ/을 6개의 음절 글자로 나타낸 것을 이르는 말이다. 불교에서는 이 진언을 외우면 관세음 보살의 자비로 번뇌가 소멸되고 지혜와 공덕을 갖게 된다고 한다.

〈사진 12ㄱ〉은 우라나라 《진언집》(1569)의 육자진언이고, 〈사진 12ㄴ, ㄷ, ㄹ〉은 위키디피아(중국어판)에 있는 육자진언이다. 〈사진 12ㅁ〉은 시닝의 왕자 슐라이만의 기부를 기념하여 1348년에 막고굴에 세워진 슐 라이만의 비에 새겨진 육자진언이다. 막고굴은 중국 간쑤성(甘肅省) 서부 의 둔황(敦煌)에서 발견된 석굴군의 이름이다.

슐라이만의 비는 가로쓰기로 된 실담문자와 티베트 문자, 세로쓰기로 된 한문, 파스파 문자 등이 새겨져 있으며, 《진언집》에는 한글과 한문, 실담 문자가 쓰여 있다. 실담 문자의 첫 글자는 독자적인 모음 /o/를 나타 내는 글자 위에 비음화를 나타내는 ॰를 붙여 하나의 음절 /oṃ/을 이룬 것이고, 마지막 글자는 /hū/를 나타내는 글자 위에 ॰를 붙여 하나의 음절 /hūṃ/를 이룬 것이다. 가운데 네 글자는 구슬[寶珠]을 의미하는 /maṇi/와 연꽃을 의미하는 /padme/를 나타낸다. /mani/가 두 개의 문자로 표기되 고, 어중 자음군을 포함하는 /padme/도 두 개의 문자로 표기되었다. 그런

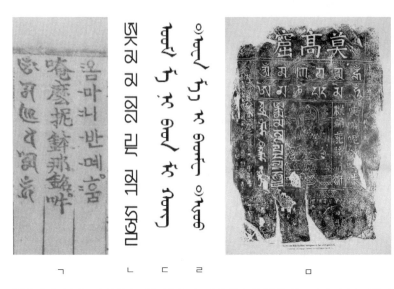

〈사진 12〉 육자진언 표기. 안심사 《진언집》(ㄱ), 파스파 문자(ㄴ)와 몽골 문자(ㄷ, ㄹ), 슐라이만 비문(ㅁ).

데, 실담 문자의 음절 표기는 종성 없이(음절말 'ㅇ'과 비음화는 제외) 초성과 중성으로 이루어지기((C)V) 때문에 /ma/, /ni/, /pa/, /dme/로 대응되었다. 초성이 최대화 된 것이다.

동아시아 문자의 육자진언에서 주목되는 것은 /padme/의 분절 방식과 자음 없는 영성자 표기 방식이다. /padme/에서 어중 자음군 /dm/을 어떻게 분절하느냐가 문제이다. 《진언집》의 한자는 唵麼抳鉢那銘吽 7자로 음사되었으나, '那銘'이 자음군을 나타내는 이합자(二合字)이므로 실담 문자와 충실히 대응된다. 그러나 슐라이만의 비문 唵嘛呢叭咪吽 6자는 /d/가 음사되지 않았다. 《진언집》의 한글 음사에서는 /d/가 'ㄴ'으로 반영되어 '반'과 '몌'로 표기되어 실담 문자와 달리 /pad/와 /me/로 표기되었다. /d/는 〈사진 12〉의 티베트 문자(비문의 둘째 줄)나 파스파 문자(ㄴ), 몽골 문자(ㄷ)에서도 앞의 음절에 배치하였다. 그런데 〈정의진언〉에서 /padme/를 3음절 '바득몌'(鉢頭米二合)로 음사한 바 있어(김현덕, 2016), 한글 표기에서는 어중 자음군이 있는 /padme/를 2음절 혹은 3음절로 표기하였음을 알 수 있다. 현재 쓰이고 있는 몽골 문자 〈사진 12ㄹ〉은 /padme/를 하나의 단위로 표기한다. 이것은 몽골 문자가 음소 문자를 단어 단위로 풀어쓰기 때문에 가능한 현상으로, 음소 문자를 음절 단위로 운용하는 한글에서는 둘 또는 세 음절로 나누어 표기하였다.

양성자는 /oṃ/ 표기에서 볼 수 있다. 실담 문자는 자음 없이 독자적으로 쓰이는 모음자 ✸가 쓰였으나, 나머지 문자에서는 모두 영성자가 쓰였다. 〈사진 12〉에서 티베트 문자에서는 ◌ᵥ가, 파스파 문자에서는 ◌ᵥ가 쓰였는데, 이들은 모두 모음 /a/를 표기하고 있는 특징이 있다. 다만 파스파 문자에서 모음 /i, e, o, u/는 어두에서 단독형으로 쓰일 때 가로획을 가진 형태가 쓰이기도 하는데, 이는 몽골 문자 모음에 쓰인 왕관 ✚과 상관관계가 유추된다. 영성자로 몽골 문자에서는 왕관이, 한글에서는 'ㅇ'이 쓰였는데, 이것은 티베트 문자나 파스파 문자와 달리 모음을 내포하지 않는다는 점에서 구별된다. 다만, 한글은 자절 단위로 모아쓰기 때문에 매 음절 초성에서도 쓰이지만, 몽골 문자는 단어 단위로 쓰이기 때문에 어두 위치에서만 쓰였다. 음절 단위로 운용되는 파스파 문자는 한글과 같이 어중 음절 초에도 모음자 위에 가로획이 쓰였다. 따라서 한글의 'ㅇ'은 몽골 문자의 왕관이나 파스파 문자의 가로획과 기능이 유사하다.

4.3. 동아시아 문자와 한글

4.3.1. 제자 원리

4.3.1.1. 자절과 자소의 형상
한글의 형태와 관련하여 주목된 것은 《세종실록》의 자방고전(字倣古

篆)이다. 지금까지 '고전'이 무엇이냐를 두고 여러 해석이 있어 왔다. 고전이 한자의 옛 전자인지 몽고의 전자인지까지 논의되고, 한자의 전서체라면 어떤 것을 모방하였는지 논의가 분분하였다. 전서체의 영향을 자형의 전반적인 특성이나 일정한 획의 굵기 등에서 찾으려는 노력도 보였다.

자방고전은 한글 자절의 사각형 모양이 전서체와 닮았음을 의미하는 것이다. 한자는 하나의 음절을 하나의 글자로 표기하는 문자 체계로 글자의 모양이 대체로 사각형에 가까운데, 한글이 모아쓰기를 하면서 네모 모양이 되어 전반적으로 비슷하게 되었다. 최만리 반대 상소문의 "글자의 형상은 비록 옛날의 전문을 모방하였을지라도"라는 구절도 한글의 자절이 전서체의 전반적 형상과 닮았음을 의미하였을 것이다.

한글의 자소는 〈기일성문도〉와 파스자 문자 관련성이 주목되었다. 〈기일성문도〉는 'ㅡ'을 기본으로 하여 다양한 모양을 만들어 보였다. 그 모양이 한글의 모양과 유사한 것이 많아 일찍이 관심의 대상이었다(홍기문, 1946). 기본자 'ㅡ'을 이용하여 만든 'l, ㄱ, ㄴ, ∧, ∪, □, ○, ·' 등이 전서체를 이룬다는 것인데, 그 자형이 한글 자소와 매우 유사한 것이다. 특히 '·'는 'ㅡ'와 짝을 이루는 양음(陽陰) 관계로 설명되어 있어 한글의 '·'와 'ㅡ'의 관계와 같다는 점에서 그 연관성을 생각할 수 있다. 파스파 문자 관련설은 조선 후기 이익(1681~1763)의 《성호사설》에서 소리를 위주로 하는 것이 언문과 같다고 언급된 이래로 유희(1773~1837)의 몽고자 영향설[依蒙古字樣]에 영향을 미쳤으나 어떤 구체적 근거에 의한 것은 아니었다. 1966년에 레자드(Ledyard)가 파스파 문자의 기본자에 가획하거

〈표 4〉 파스파 문자와 한글의 유사한 글자

파스파 문자	ꡂ	ꡊ	ꡘ	ꡈ	ꡪ	ꡛ	ꡯ
음가	ga	da	nga	ja	fa	sa	o
한글	ㄱ	ㄷ	ㄹ	ㅌ	△	ㅈ	ㅊ

나 감획하여 한글이 되었다고 하여 한글의 자형과 파스파자의 유사성을 주장한 이래 한글은 파스파 문자의 아들 문자인 것으로 이해되는 경향도 생기게 되었다. 그러나 한글과 파스파 문자는 〈표 4〉처럼 자형의 일부가 유사성이 있으나 'ㄱ'을 제외하면 음가는 관련성을 찾기 어렵다.

4.3.1.2. 제자 원리와 육서법

한글의 기본 제자 원리는 상형이다. 《세종실록》의 '자방고전'은 《훈민정음》(해례) 정인지 서문에서 '상형자방고전'(象形字倣古篆)으로 바뀌었다. 제자 원리가 상형임을 분명히 한 것이다.

한글의 제자 원리와 관련하여 한자의 육서법이 거론된다. 한자는 상형자와 지사자를 기본자로 하고, 이들을 합하여 새로 형성자와 회의자를 만든 것이다. 기본자를 먼저 만들고, 이어 이들을 합하여 새로운 글자를 만든 방법은 한글과 같다. 한글 기초자는 발음 기관과 삼재(三才)를 본떴다고 하였으므로 상형에 해당할 것이지만, 자음의 가획자(ㅋ, ㅌ 등)나 합용자(ㅅ, ㄲ 등), 모음의 초출자(ㅏ, ㅗ 등), 재출자(ㅑ, ㅛ 등), 합용자(ㅘ, ㅝ 등) 등의 제자에 대해서는 여러 해석이 있어 왔다. 합용자는 두 자소를 합하여 사용한 것이므로 회의와 유사한 것으로 해석할 수 있겠으나, 가획자와 출자는 추상적 자질을 나타내므로 지사의 원리로 해석된다.

4.3.1.3. 파스파 문자와 한글

《세종실록》 기사의 '분위초중종성'(分爲初中終聲)은 음절을 초성·중성·종성으로 분석한다는 것이다. 한글은 이렇게 분석된 중성(모음)을 위하여 모음자를 만들어서 완전한 음소 문자가 될 수 있었다. 동아시아의 표음 문자는 브라흐미계의 아부기다와 위구르계의 음소 문자로 구분되는데, 파스파 문자는 이들의 영향을 받아 음소 문자이면서 아부기다 요소를 가지게 되었다. 즉, 모음 /a/는 자음자에 포함하지만 나머지 모음은 자립 자소나 합성 자소로 독립하여 표기하였다. 독립적인 /a/를 위하여 유모ᠸ를 이용하였는데, 이것은 동시에 어두에 자음이 없음을 암시하는 영성자의 기능을 겸하고 있었다. 그러나 한글은 순전히 /a/를 위한 별도의 글자 'ㆍ'를 제정하고 영성자의 기능은 후음의 기초자 'ㅇ'에 남김으로써 모음 표기에서 아부기다 요소를 완전히 제거하였다는 점에서 차이가 있다.

한글의 'ㅇ'은 성운학의 유모에 해당하는 글자로 특정한 환경에서 /ɦ/을 나타내기도 하였으나, 주된 기능은 어두나 어중 음절의 초성에 자음이 없음을 나타내는 것이었다. 파스파 문자에서 영성자의 기능은 가로획, 유모ᠸ, 영모ᠷ가 담당하고 있어 매우 복잡하였다. 파스파 문자의 영모ᠷ는 영성자 기능 이외에도 모음 다음의 어중 음절 초성에 쓰이는 등 그 기능이 매우 다양하였다. 그러나 영모에 해당하는 한글의 'ㆆ'은 독립적으로 쓰이지 못하고 관형사형 어미 'ㄹ' 다음에 '갏 걿'처럼 쓰였다는 점에서 차이가 적지 않다. 따라서 한글의 'ㅇ'과 'ㆆ'은 파스파 문자의 유모ᠸ와 영모ᠷ의 기능과 일치하지 않는다.

파스파 문자나 한글은 모두 된소리를 위한 글자가 없는 점에서 같지만, 자음 표기 문자의 내용에서는 서로 다르다. 파스파 문자의 경우는 조음 방법에 따라 전청/k/, 차청/kʻ/, 전탁/g/, 불청불탁/ŋ/의 4개 글자를 기본으로 하였으나, 한글의 경우는 전청/ㄱ/, 차청/ㅋ/, 불청불탁/ㆁ/만 기본자로 하고 전탁/ㄲ/은 전청을 합자하여 이용하였다. 파스파 문자는 티베트 문자를 거의 그대로 이용하였지만, 한글은 우리말 표기에 필요 없는 전탁을 위한 글자를 만들지 않고 한자음 표기를 위하여 합자의 방법을 택하였다.

4.3.2. 운용 원리

《세종실록》 기사의 '합지연후내성자'(合之然後乃成字)는 초성과 중성 및 종성을 합하여 자절을 이룬다는 것으로, 자소를 음절 단위로 모아쓰는 방식의 문자 운용을 의미한다. 동아시아 지역의 표음 문자는 몽골 위구르 문자처럼 단어를 자음과 모음의 나열로 표기하는 것과 실담 문자처럼 자음과 모음이 합해진 음절 단위로 표기하는 경우로 구분된다. 특히 파스파 문자는 자음과 모음 혹은 자음·모음·자음을 세로로 이어 음절 단위로 쓴다는 점에서 한글의 자절과 비슷하다. 거란 문자도 자소를 조합해서 쓰는 경우지만 조합 단위가 음절이 아니다.

파스파 문자는 자소를 합자해서 음절 단위로 쓰는 점은 한글과 같으나, 파스파자는 세로로 최대 4글자가 배치되는데 비하여 한글은 상하 좌우로 여러 개의 글자가 복합적으로 배치되는 차이가 있다. 자소의 이러한 공간 배치로 한글은 정사각형의 모양이나 파스파자는 직사각형의 모양을 띤다. 한글의 자절과 관련하여 실담 문자의 합자법과 몽골 위구르 문자의 문자 학습법이 주목된다. 실담 문자 합자법은 18장으로 설명되는데, 체문에 마다를 붙여 새로운 글자를 만드는 방식이다. 이 방식으로 수많은 자음군을 가진 문자를 합자한다. 몽골 위구르 문자 학습법은 초성과 중성을 합한 글자를 먼저 배우고, 여기에 종성을 위한 글자를 합하는 순서로 한다. 이것은 초성과 중성을 합자한 후 종성을 붙여 새로운 글자를 만드는 우리의 반절 학습법과 유사하다.

한글이 완전히 독자적으로 창작된 것이라고 주장할 수 없을 것이다. 주변 여러 나라의 글자를 살펴보고 그 장단점을 파악하였을 것이고, 우리말 표기에 적당한 방식을 고민하였을 것이다. 한반도에서 늘 쓰이던 한자와는 전혀 다른, 자음과 모음을 갖춘 음소 문자가 있었다는 것은 중요한 참고 대상이었을 것이다. 음소 문자를 만들어 놓고도 이를 몽골식 위구르 문자처럼 풀어쓰기를 하지 않고, 음절 단위로 모아쓰기를 채택한 것도 음절 문자적 성격이 강한 주변 문자의 영향이었을 것이다.

4.3.3. 최만리의 상소문과 동아시아 문자

최만리는 한글 창제에 반대하면서 올린 상소문에서 주변 문자에 대하여 언급하고 있다. 최만리는 예로부터 중국은 9개 지역으로 나뉘어 있지만 방언 차이로 인하여 새로운 글자를 만든 일이 없다는 점을 강조하고, 새로운 문자를 만든 것은 오직 오랑캐들이나 하는 일이라고 주장하고 있다.

(3) ㄱ. 예로부터 구주의 안의 풍토는 비록 다르지만 지방의 말에 따라 따로 문자를 만든 일이 없사옵고, 오직 몽고·서하·여진·일본과 서번 등이 각기 그 글자가 있으되, 이는 모두 이적의 일이므로 족히 바른 길이 아닙니다.[8]

ㄴ. 당문은 제석의 그물이 잘 짜인 것과 같아서 우리나라 사람들도 쉽게 읽지만 향찰(鄕札)은 범자를 잇달아 펼친 것 같아서 중국 사람은 알기 어렵다.[9]

(3ㄱ)는 최만리 상소문의 일부로 그가 오랑캐로 지목하면서 몽고, 서하, 여진, 일본, 서번(티베트) 등을 예로 들고 있는데, 이것은 이들 문자가 이미 당시 조선에 널리 알려진 문자라는 것을 알 수 있게 한다. (3ㄴ)은 10세기에 최행귀가 한역시 서문에서 밝힌 것으로 당시에는 향찰을 인도의 문자와 같이 한자와는 이질적으로 인식하였다는 것인데, 이미 범자에 대한 인식을 하고 있었음을 알 수 있다.

당시 실제로 주변의 언어와 문자에 대한 교육과 통역은 중요한 관심이

---

8 自古九州之內, 風土雖異, 未有因方言而別爲文字者, 唯蒙古, 西夏, 女眞, 日本, 西蕃之類, 各有其字, 是皆夷狄事耳, 無足道者. 《세종실록》, 1446.2.20.

9 唐文如帝網交羅 我邦易讀 鄕札似梵書連布 彼土難諳. 《균여전》.

었다. 《고려사》에는 1276(충렬왕 2)년에 통문관을 설치해 한어를 습득하게 했으며, 나중에 사역원을 두고 통역을 관장했다는 기록이 있다. 1389 (공양왕 1)년에 사역원에 십학(十學)을 설치하였는데, 여기에 자학(字學)과 이학(吏學)이 포함되어 있다. 이러한 한어 중심의 역학 정책은 조선에 들어 한학·몽학·왜학·여진학 등에 양가의 자제들을 뽑아 교육하면서 확대되었다. 그러나 사역원에는 한어 이외에는 지원자가 그리 많지 않았던 듯하다. 1394(태조3)년 《태조실록》에는 사역원 제조 설장수가 사역원에서 지금 몽학훈도(蒙學訓導)가 겨우 두 사람이고 익히는 자가 또 적으니, 각 도에서 양민의 자제 중 15세 이하의 자질이 명민한 자를 해마다 한 사람씩 뽑아서 올리게 할 것과 1414(태종14)년 왜객 통사 윤인보가 일본인의 왕래가 끊이지 않으나 일본어를 통변하는 자는 적으니 자제들로 하여금 전습(傳習)하게 해 달라는 상언을 한 기록이 있다.

몽학에서는 한자를 번역하고 글자를 쓸 줄 알되 겸하여 위구르[偉兀] 문자를 쓰는 사람과 위구르 문자만을 쓸 줄 알고 몽고어에 통하는 사람을 구분하였는데, 이것은 당시 원의 멸망으로 파스파 문자가 쓰이지 않게 됨으로써 몽고어를 공부하는 사람에게는 위구르 문자가 중요하였다는 것을 알 수 있게 한다.

■ 참고문헌

홍기문(1946), 이기문(1982), 김사엽(1983), 김민수(1987), 이태승(2001), 안명철(2004), 김정대(2008), 정광(2009), 백두현(2012), 김주원(2013), 왕옥지(2013), 정광(2015ㄱ), 정재문(2015), 김하수·연규동(2015), 김현덕(2016), 정광(2016), 샤오레이(2016), 김주원(2016), 헨리 로저스(2017), 정광(2019), 안경환(2020), 인터넷 사이트(거란 문자, 그리스 문자, 실담 문자, 육자진언, 위구르 문자, 쯔놈 문자, 티베트 문자, 파스파 문자, 세계의 문자, 세계의 문자 사전, 세계의 언어 백과, 한자의 어원)

제3편 한글의 창제

제5장 한글 창제 기록과 목적

5.1. 《세종실록》의 한글

5.1.1. 1443(세종25)년 12월 기록

한글 창제와 관련한 첫 기록은 《세종실록》에서 볼 수 있다. 《세종실록》 102권(세종25년, 1443) 12월 30일 두 번째 기록에 다음 (1)과 같은 내용이 있다.

  (1) 이달에 임금이 친히 언문 28자를 지었는데, 그 글자가 옛 전자를 모방하고, 초성·중성·종성으로 나누어 합한 다음에야 글자를 이루었다. 무릇 문자와 이어에 관한 것을 모두 쓸 수 있고, 글자는 비록 간요하지마는 전환은 무궁하니, 이것을 훈민정음이라고 일렀다.[1]

---

1 是月, 上親制諺文二十八字, 其字倣古篆, 分爲初中終聲, 合之然後乃成字, 凡于文字及本國俚語, 皆可得而書, 字雖簡要, 轉換無窮, 是謂, 《訓民正音》. 《세종실록》, 1443.12.30.

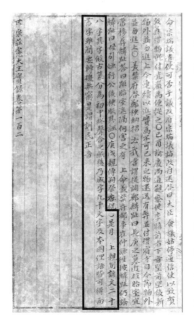

<사진 1> 《세종실록》 권 제102, 정족산 사고본

(1)은 1443(세종25)년 12월에 실제 한글 글자의 모양이나 음가, 합자에 대한 내용이 이미 결정되어 있었음을 의미한다. 이 기사는 당시의 기록이 아니고 한글의 내용이 확정된 이후에 그에 맞추어 추가되었을 가능성이 없지 않으나, 《훈민정음》(해례)의 정인지 서문이나 최만리 상소문의 내용으로 보아, 당시에 문자 창제 및 표기법 등이 이미 완료되었다고 보아야 할 것이다. 따라서 (1)의 기록은 세종이 어제 서문과 예의를 한문으로 지었음을 의미하는 것으로 해석할 수 있으나 그 정확한 실상은 알 길이 없다.

1443(세종25)년의 이 기록은 매우 간단하지만, 한글의 중요한 내용을 모두 담고 있다. 왕이 직접 언문 28자를 만들었다는 사실을 적시하고 있으며, 글자 모양은 고전을 모방했고, 초·중·종성을 합해서 사용하고, 한자와 우리말을 적는데 두루 가능하다고 말하고 있다. 이 기록에서 언급된 중요한 논점은 다음과 같다.

첫째, 글자의 이름이다. 이 기록은 글자의 이름을 공식적으로 '훈민정음'이라고 하였지만, 실제 '언문'을 창제했다고 함으로써 글자 이름을 두 가지로 쓰고 있다. 《세종실록》의 기사를 검색해 보면 훈민정음은 10번, 언문은 420번이 사용되었으니, 일반적인 통용 명칭은 언문이었음을 알 수 있다. 언문이라는 용어는 《세종실록》의 이 기사에서 처음 볼 수 있는데, 당시 우리말을 언어(諺語)로 지칭하였다는 점에서 언문이란 용어가 자연스러웠을 것이다. 그런데 훈민정음이라는 공식적인 글자 이름에서 '소리'

[音]을 쓴 것은 문자 이름으로 어울리지 않는다. 《훈민정음》(언해) 협주에서는 훈민정음을 "빅셩 가르치시논 정흔 소리라."라고 축자적으로 설명했지만, 《석보상절》 서문 협주에서는 "정흠은 정흔 소리니 우리나랏 마를 정히 반드기 올히 쓰논 그릴씨 일후믈 정흠이라 ᄒᆞᄂᆞ니라."라고 하여 우리말을 바르게 적는 글이라 규정하였다. 훈민은 백성을 가르치기 위한 것이라는 창제 목적을, 정음은 우리말이나 한자음을 올바로 표기하는 표음문자라는 특성을 드러내고 있는 것이다.

둘째, 한글을 세종이 직접 만들었다는 것이다. 한글의 창제가 간단치 않은 작업이기 때문에 임금이 직접 만들기보다는 능력 있는 사람들과 협찬하여 만들었다는 주장이 끊이지 않는다. 한글은 창제 과정에 대한 기록이 전혀 없기 때문에 숱한 가설이 등장하고, 이는 드라마나 영화 등의 좋은 소재가 되고 있다. 물론 세종 혼자 아무도 몰래 만들었을 가능성은 적지만, 어디까지나 창제의 주체는 세종이었을 것이고, 필요에 따라 조력자가 있었을 가능성이 있을 뿐이다. 그러나 조력자가 있더라도 창제의 공로를 같이할 정도는 아니었을 것이다. 각종 기록에도 한글에는 반드시 어제(御製)라는 말이 항상 따라 붙는 사실을 상기할 필요가 있다.

셋째, 창제 글자 수가 28자라고 밝힌 것이다. 이 기록은 기본 글자 28자를 밝히고 있지만, 다음 해에 제출된 최만리 상소문에는 언문 27자로 언급되었고, 1527(중종22)년에 간행된 《훈몽자회》 범례의 언문 자모에는 훈민정음 28자에서 'ㆆ'이 빠진 27자만이 '속소위반절'(俗所爲反切)이라 하여 기록되어 있다. 이러한 사실을 근거로 최종 확정된 한글 28자 이전에 27자가 먼저 창제되었다가 《훈민정음》(해례) 작성시에 'ㆆ'이 추가되었을 가능성이 제기되었다. 'ㆆ'은 실제로 우리말의 자음 표기에 독립적으로 사용된 적이 없고, 주로 한자음의 표기에 이용되었다. 한편, 정광(2016)은 언문 27자는 한자음을 표기할 수 있는 초기 자모의 숫자를 의미하는 것이고, 28자가 된 것은 나중에 불필요한 각자 병서와 순경음 등 10자를 빼고,

모음자 11자가 추가된 것이라는 주장을 제기하였다.

넷째, 글자는 고전을 모방했다는 점이다. 이 언급은 한글의 글자 모양이 고전과 닮았다는 것으로 해석되는데, 닮았다는 것이 모방하였다는 것인지와 모방하였다면 모방의 대상이 어떤 것이냐가 문제이다. 한글은 특정한 문자를 모방하여 제작한 것은 아니라고 판단된다. 《훈민정음》(해례)에서 글자 모양에 대하여 발음 기관 상형설과 천지인(天地人) 삼재 상형설을 명확하게 밝히고 있으므로 단순히 모방한 차원이 아닌 것이다. 새 원리로 창제되었지만 주변의 여러 문자가 참고되었을 것이다. 한글의 글자는 두 가지 차원이 있다. 초성·중성·종성을 나타내는 각각의 자소(字素)가 있고, 이를 합하여 만든 완성된 자절(字節)이 있다. '자방고전'은 자소는 각이 진 기일성문도(起一成文圖)나 파스파 문자와, 자절은 한자의 전서체 형식과 일정한 영향 관계를 생각할 수 있다.

다섯째, 사용 범위가 우리말뿐 아니라 한자음 표기에도 쓰인다는 점이다. (1)의 '문자급본국이어'(文子及本國俚語)에서 본국이어는 우리말을, 문자는 한자음 표기를 염두에 둔 것이다. 표음 문자로서 신문자를 우리말과 한자음을 모두 표기할 수 있는 성격으로 규정한 것이다. 실제로 한글이 창제되고 난 이후의 사업은 한자의 올바른 음을 정하여 주음하는 것과 한문을 우리말로 번역하여 한글로 표기한 것이었다. 초기의 대부분 한글 문헌에서는 한자 아래에 한글로 발음을 병기하였다.

여섯째, 비록 자소는 28자로 간단하지만 전환이 무궁하다는 것이다. 전환이 무궁하다는 것은 자소가 모여 무수히 많은 자절을 만든다는 사실을 의미한다. 즉, 자소를 합해서 발음 가능한 수많은 음절을 표기하는 데 제한이 없다는 것이다. 이렇게 자소를 조합하여 자절을 만드는 과정을 흔히 반절법이라고 한다. 반절법은 인도의 실담장에서 유래하여 중국의 성운학이나 몽골 문자, 일본의 50음도에 영향을 미친 것으로 합자의 한 방법이었다. 반절법은 한글을 배우는 가장 초보적인 방법으로 아주 오랫동안 한글 학습에 쓰였던 만큼 신문자의 특성을 드러내는 중요한 사실이다.

5.1.2. 최만리의 상소문

1443(세종25)년 12월 훈민정음이 창제되었다는 사실이 알려지고 난 다음인 1446년 2월 20일에 집현전의 학자들이 이에 반대하는 상소문을 올렸다. 상소문 서명자는 부제학 최만리, 직제학 신석조, 직전 김문, 응교 정창손, 부교리 하위지, 부수찬 송처검, 저작랑 조근 등 7명이었다. 이들은 후에 《훈민정음》(해례)를 집필한 집현전 8학사들과 한글 창제에 대한 입장에서 대척점에 서게 된다.

서명자 중 최고위직인 최만리(?~1447)는 집현전의 실무 책임자인 부제학으로서 국정 문제에 대하여 14차에 걸쳐 상소를 올릴 정도로 강직하고 청렴한 인물이었다. 최만리 등이 상소문을 올리게 된 직접적 동기는 1444(세종26)년 2월 16일에 세종이 집현전 교리 최항, 신숙주, 이선로, 이개, 강희안 등에게 언문으로 《운회》를 번역하도록 지시한 사실과 관련이 있다. 이미 조정에는 훈민정음 창제에 대한 사실이 알려져 있었는데, 그 당시에는 크게 반발하지 않다가 《운회》 번역 지시가 떨어지고 나흘만에 상소문을 올렸다는 것이 그것을 말해 준다.

《운회》는 당시 조선에서 널리 쓰이던 중국의 운서 《고금운회거요》를 말하는 것으로, 《운회》 번역에 참가한 이들 5명은 상소문 서명에 참여하지 않았는데, 이들은 후에 모두 집현전 8학사에 포함된다. 최만리 등은 한자음의 표준이라 할 운서를 고쳐서 새로운 글자로 번역한다는 사실을 받아들이기 어려웠던 것이다.

상소문에는 6개항에 걸쳐 자신들의 의견이 개진되어 있는데, 《세종실록》(1444.2.20.)에 전문이 실려 있다. 다소 길지만 한글 창제 과정을 이해하는데 중요한 자료이므로 전문을 세종대왕기념사업회의 번역문을 바탕

으로 일부 표현을 바꾸고, 필요한 주석을 붙였다.[2]

(2) 신 등이 엎드려 보옵건대, 언문을 제작하신 것은 지극히 신묘하와 만물을 창조하시고 지혜를 운용하심이 천고에 뛰어 나시옵니다. 그러나 신 등의 구구한 좁은 소견으로는, 오히려 의심되는 것이 있사와 감히 간곡한 정성으로 상소하오니, 엎드려 성재하여 주시옵기를 바라옵나이다.

1. 우리 조선은 조종 이래로 지성으로 대국을 섬기어 한결같이 중화의 제도를 준행하였는데, 이제 글을 같이하고 법도를 같이하는[同文同軌] 때를 맞이하여 언문을 창작하신 것은 보고 듣기에 놀라운 바가 있습니다. 설혹 "언문은 모두 옛 글자를 본뜬 것이고 새로 된 글자가 아니라."라고 하지만, 글자의 형상은 비록 옛날의 전문(篆文)[3]을 모방하였을지라도 음을 쓰고 글자를 합하는[用音合字] 것은 모두 옛것에 반대되니 실로 의거할 데가 없사옵니다. 만일 이러한 사실이 중국에 흘러 들어가서 비난하는 자가 있사오면, 어찌 대국을 섬기고 중화를 사모[事大慕華]하는 데에 부끄럽지 않겠습니까?

1. 예로부터 구주(九州)[4] 안에서 풍토는 비록 다르오나 지방의 말에 따라 따로 문자를 만든 일이 없사옵고, 오직 몽고·서하·여진·일본·서번 등이 각기 그 글자가 있으되, 이는 모두 이적(夷狄)의 일이므로 족히 말할 것이 없사옵니다. 옛글에 말하기를, "화하(華夏)를 써서 이적(夷狄)

---

2 《조선왕조실록》은 세종대왕기념사업회(사단법인)이 태조~성종과 숙종~철종 기간의 실록을, 민족문화추진회(한국고전번역원)이 연산군~현종 기간의 실록을 분담하여 번역하였다. 해당 내용은 국사편찬위원회 누리집(http://sillok.go.kr)에서 통합하여 제공하고 있으며 본서에서는 이를 이용하였다.
3 중국 고대 서체 중의 하나. 대전과 소전이 있음.
4 고대 중국의 9개 행정구역으로, 중국의 모든 국토를 이름.

을 변화시킨다고는 하였으나, 화하가 이적에게 변한다는 말은 듣지 못하였사옵니다." 역대로 중국에서 모두 우리나라는 기자(箕子)가 남긴 풍속이 있다 하고, 문물과 예악을 중화에 견주어 말하기도 하는데, 이제 따로 언문을 만드는 것은 중국을 버리고 스스로 이적과 같아지려는 것으로서, 이것은 이른바 소합향(蘇合香)[5]을 버리고 당랑환(蟾螂丸)을 취함이오니, 어찌 문명의 큰 흠절이 아니오리까?

1. 신라 설총의 이두는 비록 비루한 이언(俚言)이오나, 모두 중국에서 통행하는 글자를 빌어서 어조사(語助詞)에 사용하였기에, 문자와 원래 서로 분리된 것이 아니므로, 비록 서리나 복예(僕隷)의 무리까지 반드시 익히려고 하면, 먼저 몇 가지 글을 읽어서 대강 문자를 알게 된 연후라야 이두를 쓰게 되옵는데, 이두를 쓰는 사람은 모름지기 문자에 의거하여야 능히 의사를 통하게 되기 때문에, 이두로 인하여 문자를 알게 되는 자가 자못 많사오니, 또한 학문을 흥기시키는 데에 한 도움이 되었습니다. 만약 우리나라가 원래부터 문자를 알지 못하여 결승(結繩)[6]하는 세대라면 우선 언문을 빌려서 한때 사용하는 것은 오히려 가할 것입니다. 그래도 바른 의논을 고집하는 자는 반드시 "언문을 시행하여 임시방편을 하는 것보다는 차라리 더디고 느릴지라도 중국에서 통용하는 문자를 습득하여 길고 오랜 계책을 삼는 것만 같지 못하다."라고 할 것입니다. 하물며 이두는 시행한 지 수천 년이나 되어 부서(簿書)나 기회(期會) 등의 일에 방애(防礙)됨이 없사온데, 어찌 예로부터 시행하던 폐단 없는 문자를 고쳐서 따로 야비하고 상스럽고 무익한 글자를 창조하시나이까. 만약에 언문을 시행하오면 관리된 자가 오로지 언문만을 습득하고 학문

하는 문자를 돌보지 않아서 이원(吏員)이 둘로 나뉘어질 것이옵니다. 진실로 관리된 자가 언문을 배워 환달(宦達)한다면, 후진이 모두 이러한 것을 보고 생각하기를, 27자의 언문으로도 족히 세상에 입신할 수 있다고 할 것이오니, 무엇 때문에 고심노사(苦心勞思)하여 성리(性理)의 학문을 궁구하려 하겠습니까? 이렇게 되오면 수십 년 후에는 문자를 아는 사람이 반드시 적어져서, 비록 언문으로써 능히 이사(吏事)를 집행할 수 있다고 하더라도, 성현의 문자를 알지 못하고 배우지 않아서 담을 대하는 것처럼 사리의 옳고 그름에 어두울 것이오니, 언문에만 능숙한들 장차 무엇에 쓸 것이옵니까? 우리나라에서 오래 쌓아 내려온 우문(右文)[7]의 교화가 점차로 땅을 쓸어버린 듯이 없어질까 두렵사옵니다. 전에는 이두가 비록 문자 밖의 것이 아닌 데에도 유식한 사람은 오히려 야비하게 여겨 이문(吏文)[8]으로써 바꾸려고 생각하였는데, 하물며 언문은 문자와 조금도 관련됨이 없고 오로지 시골의 상말을 쓴 것이 아니겠습니까? 가령 언문이 전조(前朝) 때부터 있었다 하여도 오늘의 문명한 정치에 변로지도(變魯至道)하려는 뜻으로서 오히려 그대로 물려받을 수 있겠습니까? 반드시 고쳐 새롭게 하자고 의논하는 사람이 있을 것이라는 것은 환하게 알 수 있는 이치이옵니다. 옛것을 싫어하고 새것을 좋아하는 것은 고금에 통하는 우환이온데, 이번의 언문은 새롭고 기이한 한 가지 기예(技藝)에 지나지 못한 것으로서, 학문에 방해됨이 있고 정치에 유익함이 없으므로, 아무리 반복하여 생각하여도 그 옳은 것을 알지 못하겠사옵니다.

1. 만일에 말하기를, '형살(刑殺)에 대한 옥사(獄辭)같은 것을 이두 문자로

---

7 문을 중요하게 여김.
8 중국에 보내던 외교 문서의 특수한 문체.

쓴다면, 문리(文理)를 알지 못하는 어리석은 백성이 한 글자의 착오로 혹 원통함을 당할 수도 있겠으나, 이제 언문으로 그 말을 직접 써서 읽어 듣게 하면, 비록 지극히 어리석은 사람일지라도 모두 다 쉽게 알아들어서 억울함을 품을 자가 없을 것이라.'고 하오나, 예로부터 중국은 말과 글이 같아도 옥송(獄訟) 사이에 원왕(冤枉)한 것이 심히 많사옵니다. 가령 우리 나라로 말하더라도 옥에 갇혀 있는 죄수로서 이두를 해득하는 사람이 친히 초사(招辭)를 읽고서 허위인 줄을 알면서도 매를 견디지 못하여 그릇 항복하는 사람이 많사오니, 이는 초사의 글 뜻을 알지 못하여 원통함을 당하는 것이 아님이 명백합니다. 만일 그러하오면 비록 언문을 쓴다 할지라도 무엇이 이보다 다르오리까? 이것은 형옥(刑獄)의 공평하고 공평하지 못함이 옥리(獄吏)가 어떠하냐에 있는 것이고, 말과 문자가 같고 다름에 있지 않는 것임을 알 수 있으니, 언문으로써 옥사를 공평하게 한다는 것은 신 등은 그 옳은 줄을 알 수 없사옵니다.

1. 무릇 일의 공(功)을 세움에는 가깝고 빠른 것을 귀하게 여기지 않사온데, 국가가 근래에 조치하는 것이 모두 빨리 이루는 것을 힘쓰니, 두렵건대, 정치하는 체제가 아닌가 하옵니다. 만일에 언문을 할 수 없어서 만드는 것이라면, 이것이 풍속을 바꾸는 큰 일이므로, 마땅히 재상으로부터 아래로는 백료(百僚)에 이르기까지 함께 의논하되, 나라 사람이 모두 옳다 하여도 오히려 선갑(先甲) 후경(後庚)하여 다시 세 번을 더 생각하고, 제왕(帝王)에 질정하여 어그러지지 않고 중국에 상고하여 부끄러움이 없으며, 백세(百世)라도 성인(聖人)을 기다려 의혹됨이 없게 된 연후에라야 시행할 수 있는 것이옵니다. 이제 넓게 여러 사람의 의논을 채택하지도 않고 갑자기 이배(吏輩) 10여 인으로 하여금 가르쳐 익히게 하며, 또 옛사람이 이미 이룩한 운서를 가볍게 고치어 근거 없는 언문을 부회(附會)하고 공장(工匠) 수십 인을 모아 각본(刻本)하여서 급하게 널리

반포하려 하시니, 천하 후세의 공의(公議)가 어떠하겠습니까? 또한 이번 청주 초수리(椒水里)에 거동하시는 데에도[9] 특히 연사가 흉년인 것을 염려하시어 호종하는 모든 일을 힘써 간략하게 하셨으므로, 전일에 비교하오면 10에 8, 9는 줄어들었고, 계달하는 공무(公務)도 또한 의정부에 맡기시었으니, 언문 같은 것은 국가의 완급에 부득이하게 기한에 미쳐야 할 일도 아니온데, 어찌 이것만은 행재(行在)에서까지 급하게 서두르시어 성궁(聖躬)을 조섭하시는 때에 번거롭게 하시나이까? 신 등은 도무지 그 옳음을 알지 못하겠나이다.

1. 선유(先儒)가 이르기를, "여러 가지 완호(玩好)는 대개 지기(志氣)를 빼앗는다."라고 하였고, "서찰(書札)에 이르러서는 선비의 하는 일에 가장 가까운 것이나, 외곬으로 그것만 좋아하면 또한 자연히 지기가 상실된다." 하였사옵니다. 이제 동궁(東宮)[10]이 비록 덕성이 성취되셨다 할지라도 아직은 성학(聖學)에 잠심(潛心)하시어 더욱 그 이르지 못한 것을 궁구해야 할 것입니다. 언문이 비록 유익하다 이를지라도 특히 문사의 육예(六藝)[11]의 한 가지일 뿐이옵니다. 하물며 만에 하나도 정치하는 도리에 유익됨이 없사온데, 정신을 연마하고 사려를 허비하며 날을 마치고 때를 옮기시오니, 실로 시민(時敏)의 학업에 손실만 되올 뿐이옵니다. 신 등이 모두 문묵(文墨)의 보잘것없는 재주로 시종(侍從)에 대죄(待罪)하여 마음에 품은 바가 있으므로 감히 함묵(含默)할 수 없어서 삼가 폐부(肺腑)를 다하여 우러러 성총을 번독하나이다.

---

9 왕의 거동 준비는 1444(세종26)년 2월 3일 관찰사에게 보낸 유시에 처음 보이지만, 임금의 거마(車馬)가 초수리에 도착한 것은 그 해 3월 2일임.

10 왕세자, 후에 문종이 됨.

11 예(禮), 악(樂), 사(射), 어(御), 서(書), 수(數) 등 여섯 가지 기예.

(2)의 상소문 내용은 여섯 항목으로 구분되어 있다. 첫째, 한자와 다른 새로운 표음 문자를 만드는 것은 중국의 문화에 어긋나는 것이다. 언문은 소리를 나타내는 자소를 합하는 용음합자의 방식인데, 이것은 한자와 다른 것이라 하였다. 둘째, 자국의 언어에 맞는 신문자를 만드는 것은 오랑캐의 할 일이지 문화국의 할 일이 아니라는 것이다. 중국 안에서는 말(방언)이 다르다고 하여 새 글자를 만들지 않지만, 새 글자를 만드는 것은 오랑캐의 일이라고 하여 주변 문자를 예로 들었다. 셋째, 신문자는 유익함이 없고 학문 진흥에 방해가 되는 새로운 기예의 하나일 뿐이다. 쉬운 언문만으로 출세할 수 있게 되면 한문을 배우는 사람이 없어지게 되고 결국 문을 숭상하는 문화가 사라질까 걱정하고 있으며, 이두가 한자에서 벗어난 것이 아닌 데도 유식자들은 이를 무시하는데 언문이야 어떠하겠느냐고 걱정하고 있다. 넷째, 언문으로써 옥사를 공평하게 한다는 것은 맞지 않다는 주장이다. 그것은 법을 집행하는 관리의 자질 문제이지 글자를 알고 모르고의 문제가 아니라는 것이다. 다섯째, 언문 창제의 일이 너무 급하게 진행되고 있다는 것이다. 문자 창제와 같이 중요한 일은 시간을 갖고 여론을 수렴하여 신중히 하는 것이 좋은데, 언문을 창제하자마자 가르치고 번역하며 판각하려는 것이 너무 서둘러 진행되고 있다는 우려를 표하고 있다. 여섯째, 세자가 신문자 작업에 매달리다 보니 정작 중요한 성학 공부에 방해된다는 주장이다. 성학에 집중해야 할 세자가 언문 창제 일에 깊이 관여하여 정작 해야 할 일을 놓치고 있다는 비판을 하고 있다.

여섯 가지 주장은 크게 세 가지로 분류할 수 있다. 첫째와 둘째는 한자와 관계가 없는 신문자 창제가 조선의 문화가 중국의 문화와 같다는 동문주의(同文主義)에 어긋난다는 점을 강조하고 있다. 셋째와 넷째는 신문자는 문화 발전에 방해가 될 뿐 아무런 이익이 없는 하나의 새로운 기예일 뿐이라는 점을 강조하고 있다. 언문이 옥사의 억울함을 해소할 것이라는 것도 사실이 아니라며 언문 창제의 부당함을 구체적으로 비판하고 있다. 다섯째와 여섯째는 언문 창제를 지나치게 서두르는 데에 대한 부작용을 강조하고 있다. 과속으로 진행되는 언문 관련 작업을 중지해 달라는 비판이다.

5.1.3. 세종과 신하의 문답

상소문을 본 세종이 최만리 등을 불러 상소문에 대하여 문답한 내용이 《세종실록》의 상소문에 이어 기록되어 있다. 세종은 신하에게 다음 (3)과 같이 말하였다.

(3) 너희들이 이르기를, '음'(音)을 사용하고 글자를 합한 것이 모두 옛것에 어긋난다고 하였는데, 설총의 이두도 역시 음이 다르지 않으냐? 또 이두를 만든 본뜻이 백성을 편리하게 하려 함이 아니겠느냐? 만일 그것이 백성을 편리하게 한 것이라면 지금의 언문도 백성을 편리하게 하려 한 것이 아니겠느냐? 너희들이 설총은 옳다 하면서 군상(君上)의 일은 그르다 하는 것은 무엇이냐? 또 네가 운서를 아느냐? 사성 칠음에 자모가 몇이나 있느냐? 만일 내가 그 운서를 바로잡지 아니하면 누가 이를 바로잡을 것이냐? 또 소(疏)에 이르기를, 새롭고 기이한 하나의 기예라고 하였으니, 내 늘그막에 날을 보내기 어려워서 서적으로 벗을 삼을 뿐이지, 어찌 옛것을 싫어하고 새것을 좋아하여 하는 것이겠느냐? 또는 전렵(田獵)으로 매사냥을 하는 것도 아닌데 너희들의 말은 너무 지나침이 있다. 그리고 내가 나이 들어서 국가의 서무를 세자에게 맡겼으니, 비록 세미한 일일지라도 참여하여 결정함이 마땅하거든, 하물며 언문은 어떠하겠느냐? 만약 세자를 항상 동궁에만 있게 한다면 환관에게 일을 맡길 것이냐? 너희들이 시종하는 신하로서 내 뜻을 훤히 알면서도 이러한 말을 하는 것이 옳은 것인가?

(3)에서 상소 내용에 대하여 문제를 제기한 것은 다섯 가지이다. 첫째, 음을 써서 글자를 합하는 것이 옛 글에 어긋난다고 하였지만, 음을 이용하는 것은 이두도 마찬가지라는 점이다. 둘째, 신문자도 창제의 목적이 설총의 이두와 같이 백성의 편리함 추구에 있다는 점을 강조하고 있다. 셋째, 내가 운서를 바로잡지 않으면 누가 이를 바로잡겠느냐고 주장하고 있다. 넷째, 한글 창제가 새롭고 신기한 재주라고 한 것에 대해 한글 창제 작업은 옛것을 싫어하고 새것을 좋아해서 하는 일은 아니라고 반박하고 있다. 다섯째, 세자가 국가의 서무를 도맡아 하고 있으므로, 중요한 신문자 창제 사업에 참여하는 것은 마땅한 일이라고 하였다.

세종의 주장 중에서 넷째와 다섯째는 자신의 진의를 왜곡하는 신하들에게 서운한 감정을 나타낸 부분이고, 세종이 말하고 싶은 것은 처음 세 가지였다. 첫째는 이두도 한자의 음훈을 이용하여 우리말을 표기한 것이니 옛글과 어긋나기는 마찬가지라는 주장이다. 나아가 신문자 창제가 오랑캐의 일이라면 이두도 그러하지 않느냐는 반박의 뜻을 내포하고 있다. 둘째와 셋째는 세종의 의중이 백성들의 편리함 추구와 한자음의 정리라는 창제 목적에 집중된 것이다. 언문이 한자와 아무 연관이 없다는 비판에 대하여, 이두가 백성의 편리함을 위한 것이었듯이 언문도 그 점에서 마찬가지라고 주장하고 있다. 한자와의 관계가 문제가 아니라 소리를 이용하는 신문자의 편리한 기능에 주목하였던 것이다. 또한 운서의 번역 등 언문 작업을 급하게 한다는 비판에 대하여 내가 이 일을 하지 않으면 누가 하겠느냐고 반문하면서 한자음 교정에 대한 강한 의지와 자신감을 드러내고 있다. 이것도 한글 창제의 의도가 명백하게 드러나는 대목이다. 세종은 최만리의 상소문에서 언문 창제가 동문주의에 어긋나고 성리학의 진흥에 방해가 되며, 언문이 옥사의 억울함을 없애지 못한다는 주장에 대해서는 언급하지 않았다. 전자는 당시의 조선 정책과 관련을 가지는 것으로 세종의 입장에서도 무어라 비판하기 어려웠을 것이지만, 옥사의 문제는 한글 창제 명분 중 하나였다는 점에서 대화의 마지막 부분에서 정창손을 벌주는 장면에 연결된다.

세종의 첫째와 둘째 지적에 대해 최만리 등이 재차 강조한 것은 이두나 언문이 모두 우리 말소리를 나타내는 것은 같으나 한자와 관련성 면에서 서로 다르다고 한 점이다. 이두는 한자의 음과 훈을 이용하여 한자와 뗄 수 없는 관계를 가지지만, 언문은 여러 자소를 음절 단위로 모아써서 다양한 형태로 변하기 때문에 한자와 같은 형상이 아니라는 주장이다. 세종은 백성을 위해 쉬운 신문자를 만들어야 하는 개혁자의 입장으로 한글의 실용성을 보았으나, 최만리 등은 당시 대명 사대 외교를 중시하여 중국 문화와의 관계성을 보았던 것이다. 셋째 지적에는 아무런 대답을 하지 않았다. 이것은 신하들이 예의를 차린 결과인지, 아니면 세종의 성운학에 대한 실력을 인정하고 대답을 하지 못한 것인지는 알 수 없다. 넷째 지적에 대해서 글을 쓰는 과정에서 잘못된 것이지 다른 뜻이 있어 그렇게 된 것이 아니라는 점을 밝혀 사과의 뜻을 표하고 있다. 다섯째 지적에는 급한 일이 아닌 언문 작업에 세자가 온종일 마음을 쓰는 것이 문제라는 답을 하고 있다. 다시 신문자 창제가 불요불급한 일이라고 거듭 주장하고 있는 것이다.

마지막으로 세종은 이들을 처벌하는 조치를 내린다. 최만리 등의 대답에 대해 세종은 김문과 정창손의 일을 거론하면서 사리를 돌보지 않고 말을 바꾸어 대답하니 죄를 줄 수밖에 없음을 밝히고 있다. 김문은 이전에는 언문 창제에 찬성하였다가 말을 바꾸었다는 점에서, 정창손은 언문으로 《삼강행실도》를 번역하여 반포하면 충신, 효자, 열녀가 나올 것이라고 예측한 세종의 말에 대해 이것은 사람의 문제이지 언문으로 번역해서 될 문제는 아니라는 견해를 보였다는 점에서 세종의 마음을 노하게 하였다. 상소문 서명자 중 최만리, 신석조, 김문, 정창손, 하위지, 송처검, 조근 등을 의금부에 가두었다가 다음 날 석방하였다. 다만, 세종을 노하게 하였던 정창손은 파직하고, 김문은 언문 창제 찬성의 입장을 반대로 바꾼 배경을 심문하여 보고하도록 하였다. 이들은 얼마 후 모두 복직하게 되었으나, 최만리는 사직하고 낙향하였다가 이듬해 10월 23일에 작고하였다.

5.1.4. 정인지 서문

훈민정음의 구체적 내용을 알 수 있는 기록은 1446(세종28)년 9월 29일 《세종실록》 4번째 기사이다. 한글 창제 사실이 알려지고 난 이후 거의 3년만이다. '이 달에 훈민정음이 이루어졌다.'[是月 訓民正音成]로 시작된 기록은 세 가지 대목으로 구분된다. 첫째는 창제 목적을 밝힌 세종의 '서문'이고, 둘째는 글자의 모양과 소리 값을 한자를 빌려서 보여 주며 글자의 합자법에 대해 설명하고 있는 '예의'이고, 셋째는 정인지가 신하를 대표해서 작성한 '서문'이다.

이 기록의 '훈민정음'은 글자 이름이 아니라 글자에 대한 해설을 담고 있는 책의 이름이다. 《세종실록》의 기사는 당시 발간된 해설서인 《훈민정음》(해례)의 내용 중에서 신하들이 작성한 해례 부분을 제외하고 나머지를 그대로 옮겨 놓았다. 다만 기사의 시작 부분은 '어제왈(御製曰)'로 시작하고 있는데, 《훈민정음》(해례)에는 '어제왈'의 표현이 없었던 것으로 판단된다. 또한 실록 기사의 정인지 서문이 시작하기 전에는 '예조판서 정인지서왈'이라고 간략히 표기되어 있지만, 《훈민정음》(해례)에는 정인지 서문이 끝난 뒤에 '정통 11년 9월 상한'이라는 날짜와 함께 자신의 품계를 자세히 밝히고 있다. 이것은 실록 기사의 체재에 맞추어 《훈민정음》(해례)의 일부를 전재한 것이기 때문이다. 어제 서문과 예의 내용은 제7장에서 보기로 하고, 여기에서는 정인지 서문의 번역문[12]을 세 개의

---

12 정인지 서문의 번역은 세종대왕기념사업회의 《세종실록》 번역과 강신항(1987) 등 훈민정음

단락으로 나누어 보이기로 한다.

(4) 천지 자연의 소리가 있으면 반드시 천지 자연의 글이 있게 되니, 옛 사람이 소리를 바탕으로 글자를 만들어 만물의 뜻을 통하고, 삼재의 도리를 실으니 후세 사람이 이를 바꿀 수 없었다. 그러나 사방의 풍토가 구별되니 소리의 기운도 또한 다르게 된다. 대개 중국 이외의 말은 소리는 있어도 글자는 없으므로, 중국의 글자를 빌려서 그 일상에 쓰게 되나, 이것은 네모 난 자루가 둥근 구멍에 들어가 서로 어긋남과 같으니[枘鑿之鉏鋙], 어찌 통하여 막힘이 없겠는가? 요는 모두 각기 처지에 따라 편안하게 하면 되고, 억지로 같게 할 일은 아니다. 우리 동방의 예악 문물이 중국에 견줄만하나, 다만 방언과 이어(俚語)[13]가 한어와 같지 않으므로, 글을 배우는 사람은 그 뜻을 이해하기 어려워 근심하고, 옥사를 다스리는 사람은 그 곡절(曲折)을 이해하기 어려워 괴로워하였다. 옛날에 신라의 설총이 처음으로 이두를 만들어 관부와 민간에서 지금까지 이를 쓰고 있으나, 모두 한자를 빌려 쓰는 것이어서 어렵고 막히어 몹시 궁색하고, 근거가 없어서 말을 적는 데에 그 만분의 일도 통할 수 없었다.

계해년 겨울[14]에 우리 전하께서 정음 28자를 처음 만들어 예의를 간략하게 들어 보이고 이름을 훈민정음이라 하였다. 글자는 물건의 형상을 본떠서 만들되, 고전(古篆)을 모방하였으며, 소리에 따라서 음(音)은 칠조(七調)[15]에 어울리고 삼극(三極)[16]의 뜻과 이기(二氣)[17]의 정묘함이

연구서에서 볼 수 있다. 최근에 국립한글박물관의 연구 보고서(2019ㅁ)에서도 《훈민정음》 (해례)의 전편을 현대어로 번역하고 해설을 붙였다. (4)는 이들 번역문을 참조하였다.

13 당시 우리말을 이름.

14 1443(세종25)년 12월

15 음악의 7음. 궁(宮), 상(商), 각(角), 변치(變緻), 치(緻), 우(羽), 변궁(變宮)으로 서양 음악에서는 '도, 레, 미, 파, 솔, 라, 시, 도'이다.

구비 포괄되지 않은 것이 없으며, 28자로써 전환이 무궁하고 간략하면
서도 요령이 있고 자세하면서도 통달하게 되었다. 그러므로 지혜로운
사람은 아침나절이면 이를 이해하고, 어리석은 사람이라도 열흘이면
배울 수 있게 되었다. 이것으로 글을 해석하면 그 뜻을 알 수가 있으며,
송사(訟事)를 들으면 그 실정을 알 수가 있게 되었다. 자운(字韻)[18]은
청탁(淸濁)을 능히 분별할 수가 있으며, 악가(樂歌)는 율려(律呂)[19]가
능히 어울릴 수 있으며, 소용되는 곳에 구비되지 않은 적이 없으며,
어디를 가더라도 통하지 않는 곳이 없으며, 바람소리, 학 울음소리,
닭 울음소리, 개 짖는 소리까지도 모두 표현할 수 있게 되었다.

전하께서 마침내 상세히 해석하여 여러 사람들을 깨우치게 하라고 명
하시니, 이에 신이 집현전 응교 최항, 부교리 박팽년과 신숙주, 수찬
성삼문, 돈녕부 주부 강희안, 행 집현전 부수찬 이개, 이선로 등과 더불
어 삼가 모든 해석과 범례[20]를 지어 그 대강을 서술하니, 이를 본 사람
은 스승이 없어도 스스로 깨닫게 되었다. 그러나 그 연원과 정밀한
뜻의 오묘함은 신 등이 능히 발휘할 수 있는 바가 아니다. 삼가 생각하
옵건대, 우리 전하께서는 하늘이 낳은 성인으로서 이룬 제도와 베풂이
백대(百代)의 제왕보다 뛰어나시며, 정음의 창제는 앞의 것을 본받은
바도 없이 자연히 이룬 것으로 그 지극한 이치가 있지 않은 곳이 없으
니, 한 사람의 사적인 업적이라고 할 수 없을 것이다. 대체로 동방에
나라가 있은 지가 오래 되었으나, 만물의 뜻을 깨달아 모든 일을 이루
는 큰 지혜는 대개 오늘을 기다리고 있었다.

---

16 천지인(天地人) 삼재(三才).
17 음양(陰陽)
18 글자의 운으로, 한자음을 이름.
19 '율'(陽律)과 '려'(陰呂)로 된 음악의 가락을 이름,
20 《훈민정음》(해례)의 5해(제자해, 초성해, 중성해, 종성해, 합자해)와 1례(용자례)를 이름,

정인지 서문의 구성은 창제 목적과 신문자 내용과 기능, 그리고 집필진으로 구분할 수 있다. 창제 목적은 한문은 배우는 사람이 그 뜻을 알기 어려워 근심이 많고, 옥사를 다스리는 사람은 그 곡절을 알기 어려워 근심이 많은데, 이두도 우리말을 제대로 표기하지 못해 문자 생활의 불편함을 해소하기 위한 것이라는 취지를 보였다. 신문자에 대하여는 구체적으로 특성과 용도를 지적하였다. 신문자 28자는 전환이 무궁해서 배우기 쉽고, 요령이 있고 자세하면서도 쉽게 통달하게 된다고 하였다. 이로써 지혜로운 사람은 아침나절이면 이를 이해하고, 어리석은 사람도 열흘이면 배울 수 있게 되었다. 신문자 기능은 다음 다섯 가지로 요약하였다. 한문을 번역하면 그 뜻을 알 수가 있으며, 송사(訟事)를 들으면 그 실정을 알아낼 수가 있으며, 한자음은 청탁을 능히 분별할 수가 있으며, 음악은 가락이 조화를 이룰 수 있다. 즉, 언문으로 한문 공부나 송사 문제, 한자음과 음악에 이르기까지 모든 것을 제대로 이해할 수 있게 되었다는 것이다. 또한 소용되는 곳에 구비하지 않은 적이 없으며 어디를 가더라도 통하지 않는 곳이 없어서, 바람소리, 학의 울음, 닭 울음소리, 개 짖는 소리까지도 모두 표현해 쓸 수가 있게 되었다. 집필진은 정인지 본인을 포함해서 8명이지만, 한글 창제는 세종의 독창이라는 점을 부각하고, 집필진은 다만 이에 대한 해석을 가한 정도라고 언급하고 있다.

정인지 서문에는 언어와 문자에 대한 그의 생각이 담겨 있다. 정인지는 말(언어)이 있으면 그에 따른 글(문자)이 마땅히 있어야 하지만, 사방의 풍토가 다르기 때문에 사람의 말(발음)도 또한 다를 수밖에 없어 문자도 달라야 한다고 주장하였다. 그리하여 중국 이외 나라의 말에는 그에 해당하는 글자가 없어서 중국의 글자를 빌려서 쓰는데, 서로 어긋나서 능히 통달하는 데 어려움이 많으니, 각자 처해 있는 바에 따라 쓰면 된다는 것이다. 언어가 다르면 해당 언어에 맞는 글자로 쓰면 되는 것이지, 억지로 한자를 빌려 쓸 필요가 없다는 주장을 함으로써 당시 조선말에 맞는 글자 창제의 당위성을 언급한 것이다.

정인지 서문의 내용은 최만리의 상소문 내용과 비슷한 주제를 담고 있지만, 그에 대한 관점은 서로 대척점에 있다. 최만리는 신문자가 소리를 써서 합자하는 것으로 옛것에 반하여 근거 없는 것임을 강조하였으나, 정인지는 신문자를 상형하여 만들되 모양은 고전(古篆)을 본떴다고 하여 글자 모양의 유사성을 강조하였다. 특히 신문자 창제를 이두와 비교한 논리는 완전히 다르다. 최만리는 이두가 한자와 떨어져 있는 것이 아니고 사용에 아무 탈이 없다고 본 반면에, 정인지는 이두가 둥근 구멍에 모난 자루 같이 말과 글이 서로 어긋나는 것이어서 어문 생활이 불편하다고 보는 것이다. 또 한글의 실용성과 관련하여 최만리는 송사에서 억울한 일을 당하는 것은 글자를 몰라서 생기는 문제가 아니라고 본 반면에, 정인지는 이제 쉬운 언문을 이용할 수가 있으므로 백성들이 억울한 일을 당하지 않게 되었다고 주장하였다. 이러한 차이는 당시 조정에서 한글 창제를 둘러싸고 벌어진 창제의 목적과 실용성에 대한 논쟁의 일단을 보여 주며, 시기적으로 정인지 서문이 상소문보다 나중에 된 것이지만 실제로는 한글 창제 전후로 이와 같은 논쟁이 분분하였을 것으로 추정된다.

《훈민정음》(해례)가 발견되기 이전에는 한글의 구체적 내용을 이 실록 기사를 통해서 알 수 있었다. 그러나 1940년 경북 안동 지방에서 《훈민정음》(해례)가 발견됨으로써 비로소 한글에 대한 해설과 용례의 내용을 알 수 있게 되었다. 《세종실록》의 이 기록은 1940년 《훈민정음》(해례)가 발견되기 이전까지 오랫동안 한글의 정체를 알려 주는 불완전한 기록이었던 셈이다.

5.2. 한글 창제 목적과 한글의 지위

5.2.1. 한글 창제자 세종 이도

세종은 조선 제4대(1418~1450) 왕으로 본관은 전주, 이름은 이도, 자는 원정이다. 태종의 셋째 아들이며, 어머니는 원경왕후 민씨이며, 비는 심온의 딸 소헌왕후이다. 시호는 장헌영문예무인성명효대왕(莊憲英文睿武仁聖明孝大王)이고, 묘호는 세종이며, 능호는 영릉으로 경기도 여주시 능서면 영릉로에 있다. 1408년 충녕군에 봉해지고, 1418년 6월 왕세자에 책봉되고, 같은 해 8월에 태종의 양위를 받아 즉위하였다. 원래 세자로 책봉된 이는 첫째 아들 양녕 대군이었으나, 세자로서의 자질이 문제되어 폐위되고 충녕 대군이 세자로 옹립되었다. 이때 태종은 '충녕 대군은 천성이 총민하고, 또 학문에 독실하며 정치하는 방법 등도 잘 안다.'는 점을 명분으로 삼아 세자 교체를 결정하게 된다. 충녕 대군은 태종의 선택을 받을 만큼 총명하고 학문에도 열심이었다.

세종의 가장 중요한 업적은 훈민정음의 창제다. 《세종실록》의 훈민정음 창제 기록이나 《훈민정음》(해례)의 정인지 서문 등에서 훈민정음은 세종이 직접 창제하였음을 알리고 있지만, 여전히 그것을 둘러싼 논의는 분분하다. 논의는 신문자 창제 같은 일이 군주 한 사람의 힘으로 되기 어려웠을 것이라는 의문으로 시작된다. 그러나 파스파 문자나 티베트 문자는 모두 왕명에 따라 특정인이 만들었다는 전례가 있다는 점에서 반드시 불가능하다고 할 수는 없다. 한글의 창제에 반대하는 상소문과 그 문답을 보면, 세종이 문자 창제의 이론적 받침이 된 성운학에 얼마나 조예가 깊으며, 신문자 창제에 대한 철학이 얼마나 확고한지 알 수가 있다. 확고한 철학 위에 실력을 겸비하고 있었으므로, 세종 친제가 불가능하다는 논리는 무리라 할 것이다. 더하여 세종은 문자 창제에 전력을 다하였던

〈사진 2〉 여주의 영릉(왼쪽), 해시계인 앙부일구(오른쪽). 앙부일구는 하늘을 우러러 보는 가마솥 모양에 비치는 해 그림자로 때를 아는 시계라는 뜻이다. 사진은 2020년 8월 국외소재문화재재단에서 미국 경매를 통해 사들인 것이다.

것으로 보인다. 신문자 창제의 사실이 알려진 직후 세종은 1444년 2월 28일 안질 치료를 위해 청주 초수리로 거동하게 된다. 왕의 거동 준비를 위한 기록은 2월 3일에 경기도와 충청도 관찰사에게 보낸 유시에 처음 보이지만, 준비는 훨씬 이전에 시작되었을 것이니 그 건강은 매우 악화되어 있었을 것으로 보인다. 건강이 좋지 않은 상황에서도 신문자와 관련된 일은 무엇보다 먼저 추진되었다. 최만리는 상소문에서 다른 공무는 모두 의정부에 맡기면서도 언문 관계 일은 행궁에서 급하게 하려는 것은 옳지 않다고 걱정하고 있다. 여기서 언문 관계 일은 운회 번역 같은 한글 후속 작업이었겠으니, 그의 한글에 대한 집념의 정도를 알 수 있다.

한글 창제 과정에 대한 공식적인 기록은 거의 없다. 따라서 한글의 창제 과정은 비공개적으로 진행되었다고 볼 수밖에 없다. 이러한 비공개적인 과정 때문에 그 창제 과정과 배경 등을 두고 수많은 논의가 있어 왔으며, 영화나 드라마로 제작되어 많은 관심을 끌어왔다. 〈뿌리 깊은 나무〉(SBS, 2011.10.05.~2011.12.22.)는 한글 창제 과정과 창제 이유와 배경을 추적하며 세종을 재해석하려는 의도를 보였으며, 〈나랏말싸미)(2019)는 한글 창제 과정에 신미 대사가 주도적으로 참여하였다는 줄 거리를 가진 영화로 제작 상영되었다.

세종의 업적은 훌륭한 인물의 중용으로 가능하였던 것이 많다. 세종의 음악적 업적은 크게 아악의 부흥, 새로운 악기의 제작 등 다양한데, 이것은 박연과 같은 전문가를 만나 꽃을 피운 것이다. 천문과 관련된 과학 기술의 발전으로 일종의 천문 시계인 혼천의, 해시계인 앙부일구(〈사진 2〉) 등이 제작되었는데, 여기에는 장영실이라는 과학자가 함께 있었다. 이 점에서 《훈민정음》(해례)의 완성과 각종 운서 편찬 등 세종이 한글 창제 사업을 마무리하는 데 기여한 최항 등 집현전 학사들도 마찬가지였다.

세종은 정치적 안정을 바탕으로 문화 융성의 시대를 이끌었다. 세종은 법과 제도를 정비하여 사회 안정을 이루었고, 집현전을 통해 많은 인재를 양성하였다. 이를 바탕으로 다양한 편찬 사업이 이루어졌으며, 농업과 과학 기술, 음악의 발전 등 많은 사업을 통해 문화 국가의 틀을 마련하였다. 특별히 세종대에 전개된 편찬 사업은 여러 방면에 걸쳐 방대하였다. 농업서(농사직설), 유교 윤리(삼강행실), 지리서(팔도지리지), 법의학서 (무원록주해), 의약서(향약집성방), 역사서(자치통감훈의), 천문(칠정산 내외편), 시가(용비어천가), 음운서(동국정운) 등 분야를 가리지 않고 다양하게 편찬 발간되었다. 서적의 출판은 동시에 인쇄술의 발전을 가져와 동활자인 경자자(庚子字)를 만들었고, 이후 갑인자를 주조하여 인쇄에 활용하였다.

한편, 유네스코(UNESCO)는 세종대왕 문해상(King Sejong Literacy Prize)을 제정하여 1990년부터 시상하고 있다. 시상일은 매년 문해의 날인 9월 8일이다. 세종대왕 문해상은 각국에서 문맹 퇴치 사업에 공이 많은 개인이나 단체를 선발하여 수여하고 있는데, 백성들이 문자 생활을 쉽게 할 수 있도록 한글을 창제한 세종을 기리기 위해 한국 정부 후원으로 제정된 것이다.

5.2.2. 창제 협찬설

5.2.2.1. 집현전 8학사

집현전 8학사가 한글 창제에 협력하였다는 의견이 있다. 집현전은 1420(세종2)년 설치하여 1456(세조1)년까지 37년간 유지되었던 학술 연구 기관으로 제학 이상은 겸직으로서 명예직이었고, 부제학이 상근하는 실질적 실무 책임자였다. 주로 학문 활동과 국왕의 자문에 응하는 기능을 하였는데, 조선 초기의 젊은 인재들이 대거 중용되었다. 집현전 8학사설은 집현전 학사 중의 8명을 한글 창제의 협찬자로 보아야 한다는 것이다.

8학사는 《훈민정음》(해례)의 정인지 서문에 8명의 이름이 거명된 것에 근거하고 있다. 정인지 서문에는 "집현전 응교 최항, 부교리 박팽년, 신숙주, 수찬 성삼문, 돈녕부 주부 강희안, 행 집현전 부수찬 이개, 이선로 등과 더불어 삼가 여러 해(解)와 예(例)를 지어서 이 글자에 대한 경개를 서술하였다."고 하였다. 《훈민정음》(해례)의 집필이 문자에 대한 해설이므로 그에 대한 상세한 이해를 전제해야 한다는 점에서 그 이전에 미리 한글 창제 작업에 관여했으리라고 추정할 수는 있다. 또한 한글이 창제되고 난 이후의 첫 사업이 운회 번역인데, 이 사업에 참여한 7인이 모두 집현전 8학사에 포함된다는 것도 그러한 추정을 가능하게 한다.

그러나, 《훈민정음》(해례)의 집필은 훈민정음이 창제되고 난 이후 2년 9개월이 지나서야 완성되었다. 이 짧지 않은 시간 동안 해설의 방향을 놓고 학사들 간에 수많은 토론이 있었을 것이다. 이미 완성된 문자를 놓고 이에 대한 당위성과 원리를 철학적, 어학적으로 풀어내야 하였기 때문이다. 이것이 한글 창제에 기여하였다는 근거가 되기는 어렵다. 다만, 김문이 전에 이미 언문 제작이 불가하지 않다고 하였다고 한 세종의 주장과 정창손에게 죄를 주는 이유를 보면 언문과 관련되어 신하들과 대화가 있었음을 추정할 수는 있다.

5.2.2.2. 왕실과 정의공주

《훈민정음》(해례) 집필진 가운데, 강의안은 돈녕부 주부로 집현전과 관계가 없는 사람이었다. 돈녕부는 왕실의 가까운 친척 사이의 친목을 도모하기 위해 설치된 기구인데, 그 소속의 강희안이《훈민정음》(해례) 집필에 참여하였다는 것은 이 사업이 왕실과 밀접한 관련 아래에서 진행되었음을 알 수 있게 한다.

세종의 한글 창제 사업에 동참한 왕자 중에는 세종의 장자인 문종이 거론된다. 세종의 통치 말기에는 세자가 일반적 서무를 도맡아 처리하였는데, 그중에 한글과 관련된 일도 포함되었기 때문이다. 1444년의 최만리 상소문에는 성학에 집중해야 할 세자가 한글에 관한 일을 하느라 너무 많은 시간을 뺏기고 있다는 지적이 있다.

협력자로 구체적으로 언급된 인물로는 세종의 둘째 공주인 정의 공주가 있다. 정의 공주의 어머니는 소헌왕후 심씨이고, 후에 연창위 안맹담과 가례를 치렀다. 이가원(1994)은《몽유야담》의 창조문자(刱造文字) 항목에서 "우리나라 언서는 세종 조에 연창 공주가 지은 것이다."라는 기록과 죽산안씨 족보 중에서 '정의공주유사'를 찾아 소개하고 공주의 협찬을 주장하였다. 《죽산안씨대동보》의 기록은 다음과 같다.

> (5) 세종이 방언이 한자와 서로 통달하지 않음을 안타깝게 생각하여 훈민정음을 지었는데, 변음토착(變音吐着)은 다 연구하지 못하여 여러 대군에게 풀게 하였으나 모두 하지 못하였다. 드디어 공주에게 내려 보냈는데, 공주가 이를 곧 풀어 바쳤다. 세종이 크게 칭상하고, 특히 구백구를 하사하였다.

(5)는 세종이 훈민정음을 창제할 때 잘 풀리지 않는 변음토착 문제를 공주가 풀었다는 내용으로 공주가 한글 창제에 일정 부분 기여하였다는

내용이다. 이에 대하여는 긍정하는 견해와 부정하는 견해가 공존한다. 안병희(2004)는 이 기록의 신빙성에 문제가 있고, 《몽유야담》의 창조문자 기록과도 배치되는 내용이라는 점에서 현실성이 떨어진다는 의견이다. 정광(2019)는 정의 공주가 한자 차용 표기에서 훈독자로 쓰인 한자 독음을 한글로 풀어서 우리말 표기 발전에 기여하였다는 입장이다. 변음토착을 발음을 바꾸어 토를 다는 일로 해석하였는데, 한자 차용 표기에서 爲古를 '위고'가 아니라 'ᄒᆞ고'로, 是羅를 '시라'가 아니라 '이라'로 읽어야 하는 것을 변음으로 본 것이다.

5.2.2.3. 불교계와 신미 대사

조선 초기는 숭유배불 정책을 펴면서 명나라와 동문주의를 추구하는 사회였다는 점에서, 동문주의에 반하는 고유의 신문자 창제를 유교계가 아니라 불교계와 함께 하였으리라는 주장이 있다. 당시 왕실과 관계가 깊었던 신미 대사(1403~1480) 협찬설이 그것이다. 신미 대사는 본명이 김수성으로 유생이면서도 숭불을 주장했던 김수온의 친형이다. 그는 매우 영특했으며, 범어, 구결, 주역 등에 정통한 학승으로 알려져 있다. 이러한 내용이 한글 창제에 필요한 요소였기 때문에 신미 대사가 한글 창제 사업에 참여케 되었다는 것이 협찬설의 요지이다. 이러한 내용은 소설 '천강에 비친 달'(정찬주)와 영화 '나랏말싸미'(조철현)의 소재로 이용되어 폭넓은 관심을 끌었다.

이러한 주장은 한글 창제가 고대 인도의 산스크리트어나 그 문자와 관련되어 있었을 것이라는 점과 당시 왕실의 불교 숭상 풍조에 근거를 두고 있다. 산스크리트어의 음성학적 지식과 산스크리트어를 적는 실담 문자가 한역 불경을 통하여 우리나라에 전래되면서 신미 대사와 같은 학승들이 그에 정통하였고, 그 지식이 한글 창제에 이바지하였다는 것이다. 특히 정광(2019)는 한글 제정이 상당히 진척된 후 신미 대사의 산스크리트어에 대한 지식, 예컨대 실담 문자의 채문과 마다의 결합 방식이 훈민 정음 중성 창제에 기여하였다고 보고 있다. 더욱이 처음의 언문은 27자 성모만으로 된 것이었으나, 나중에 신미 대사에 의해 모음이 추가 제정되었다고 보고 있다. 한글 창제에 영향을 미친 원류를 찾다 보면 산스크리트 어학에 이를 수 있을 것이지만, 모든 것을 그것의 직접적 영향이라고 하기는 다소 무리가 있다. 당시 조선과 훨씬 가까운 곳에는 몽골 문자나 파스파 문자가 모두 모음자를 사용하고 있었으며, 산스크리트어 음성학도 중국 성운학에 수용되어 체계적으로 발전되어 있었다. 한글 창제의 틀은 가까이에 있는 몽골의 문자나 중국 성운학의 정보가 영향을 주었을 가능성이 높다.《세종실록》(1423. 2. 4.)에는 생도들이 몽골 위구르 문자(위올진)만 익히고 파스파 문자(첩아월진)을 익히는 사람이 적으니 몽학(蒙學) 인재를 선발할 때는 파스파 문자까지 시험을 보도록 조처하였다는 기록이 있는데,[21] 이로써 당시에 이들 문자가 조선에 널리 알려져 있었음을 알 수 있는 것이다.

신미 대사는 함허당(1376-1433)의 제자로 알려져 있으나,《세종실록》 1438(세종20)년 기록에는 '신미는 간사한 중 행호(行乎)의 무리'로 처음 등장한 이후 아무런 언급이 없다가 1446(세종28)년 5월 27일에 신미를 간승이라 지칭하는 기록이 나온다. 이때가 세종이 신미의 이름을 들었을 때로 추정되므로 유신들의 견제가 심했었음을 알 수 있다. 이어 1447(세종29)년 6월 5일 실록 기사에는 "수양 대군과 안평 대군이 신미를 심히 믿고 좋아하여, 신미를 높은 자리에 앉게 하고 무릎 꿇어 앞에서 절하여 예절을 다하여 공양하였다."라고 기록하여 신미가 유신들의 견제 속에서도 왕실의 신임을 받고 있었음을 확인해 준다. 왕실의 신임은 세종의 유지

---

21 蒙古字學有二樣, 一曰偉兀眞, 二曰帖兒月眞. 在前詔書及印書用帖兒月眞, 常行文字用偉兀眞, 不可偏廢, 今生徒皆習偉兀眞, 習帖兒月眞者少. 自今四孟朔蒙學取才, 竝試帖兒月眞, 通不通分數, 依偉兀眞例《세종실록》, 1423. 2. 4.

로 문종이 1450(문종1)년 신미에게 혜각존자라는 승직을 제수하면서 절정에 이르렀다. 이러한 신미와 왕실의 관계도 신미의 한글 창제 참여 가능성이 있다고 보는 것이다.

《문종실록》(1450.4.6.)에 의하면 세종이 신미의 이름을 처음 들은 것은 병인년(1446)이고, 경오년(1450)에는 신미 대사를 효령 대군 자택에서 만난 것으로 되어 있다. "대행왕께서 병인년부터 비로소 신미의 이름을 들으셨는데, 금년에는 효령 대군의 사제(私第)로 옮겨 거처하여 정근하실 때에 불러 보시고 우대하신 것은 경들이 아는 바이다."[22] 이 기록은 세종이 신미 대사를 안 시점이 《훈민정음》(해례)가 마무리되던 때일 것임을 알려준다. 아마도 빨라야 병인년 5월 근처로 추측할 수 있을 것이다. 이때는 이미 한글 창제가 완성되고 해설서도 마무리될 시점인 것이다. 신미 대사의 친동생인 김수온이 쓴 〈복천사기〉(식우집 2권)에도 처음에 세종이 신미의 이름을 듣고 산으로부터 불러서 만난 이후 총우(寵遇)가 날로 높아졌다고 기록하고 있으나, 그 정확한 시점은 언급하고 있지 않다.

따라서 신미 대사가 한글 창제 작업에 주도적으로 직접 참여하였다는 기록은 찾기 어렵다. 다만, 신미 대사가 한글 창제 후에 세조를 도와 불경 언해 사업에는 일정한 역할을 하였음을 알 수 있다. 불경 언해 사업을 일으켰던 세조와 매우 친밀한 사이였다는 것과 신미 대사가 주도한 평창 〈상원사 중창 권선문〉에도 언해문이 있으며, 각종 불경 언해 사업에 관여한 기록이 있기 때문이다. 김주필(2019)에서는 훈민정음 언해본의 서문 글자 수가 108자인 점을 들어 훈민정음의 언해 작업이 신미와 같은 승려가 책임을 지고 진행하였을 가능성을 제기하였다.

---

22 大行王, 自丙寅年始知信眉名, 今年移御孝寧第, 精勤之時, 接見優待, 卿等所知也. 《문종실록》, 1450.4.6.

5.2.3. 한글 창제 목적

5.2.3.1. 신문자 이름과 창제 목적

세종이 창제한 신문자는 언문으로 부르지 않고 훈민정음이라는 특별한 이름을 부여하였다. 여기서 '훈민'은 백성을 가르치기 위한 것이라는 문자의 용도를, '정음'은 우리말을 제대로 쓸 수 있다는 문자의 특성을 나타낸다. 문자의 특성은 "우리나랏 마를 졍히 반드기 올히 쓰논 글"(석보상절 서문 주석)이라는 표음 문자를 가리킨다. 즉, 정음은 우리말을 잘 표기할 수 있도록 표음 문자로 창제되었고, 그 표음 문자는 발음과 표기가 일치하는 것으로 배우기 쉬운 문자이다. 이러한 쉬운 문자를 수단으로 백성을 가르치려는 것이 신문자 창제의 기본적이고 핵심적인 목적인 것이다. 즉, 훈민하기 위해 창제된 표음 문자가 훈민정음인 것이다.

훈민은 군주의 모든 통치 행위를 이를 수 있지만, 문자와 관련하여 보면 두 가지 의미로 해석할 수 있다. 첫째는 백성들이 쉽게 이용할 수 있는 문자를 통하여 자유롭게 소통할 수 있도록 하는 것이다. 당시는 극히 소수의 지배층에서만이 한문을 통하여 소통할 수 있었기 때문에 그렇지 못한 백성들에게 문자를 제공하는 것 자체가 훈민 정책인 것이다. 둘째는 군주가 통치를 위해 필요한 것을 백성들에게 가르치는 것이다. 특별히 전자는 쉬운 소통 수단의 제공으로 백성들을 편하게 하는 것이고, 후자는 백성들의 교화 혹은 순화의 수단 확보로 통치자가 편리해지는 것이다. 이 모두는 결국 백성을 위하는 것으로 보아 애민, 위민, 편민 정신으로 종합될 수 있다.

5.2.3.2. 소통을 위한 표음 수단의 확보

한글의 창제 목적이 분명히 기술된 것은 55자로 된 짧은 어제 서문(언해 문은 108자임)에 있다. 서문에서 세종은 일상생활에서 한자로 자신의 뜻을 표현하지 못하는 백성들이 편리하게 사용할 수 있도록 28자를 만들었음을 천명하고 있다. 즉, 우리말을 쉽게 표기할 수 있는 문자의 확보가 중요한 신문자 창제의 목적인 것이다.

(6) 나랏말ᄊᆞ미 中國에 달아 文字와로 서르 ᄉᆞᄆᆞᆺ디 아니ᄒᆞᆯᄊᆡ 이런 젼ᄎᆞ로 어린 百姓이 니르고져 호ᇙ배 이셔도 ᄆᆞᄎᆞᆷ내 제 ᄠᅳ들 시러 펴디 몯ᄒᆞᇙ노미 하니라 내 이를 爲ᄒᆞ야 어엿비 너겨 새로 스믈여듧字ᄅᆞᆯ 밍ᄀᆞ노니 사ᄅᆞᆷ마다 히ᅇᅧ 수ᄫᅵ 니겨 날로 ᄡᅮ메 便安킈 ᄒᆞ고져 ᄒᆞᇙ ᄯᆞᄅᆞ미니라.

(6)은 한글의 창제가 우리말을 적을 수 없는 우매한 백성들이 문자 창제의 1차적 수혜 대상임을 명백히 하고 있는 것으로 신문자가 한문을 대체할 용도는 아니었다는 것을 알려 준다. 신문자 창제가 주로 한문을 모르는 백성을 위한 것임은 이미 최만리와 문답하면서 신라 시대 설총의 이두가 백성을 편하게 하려고 했던 것과 마찬가지로 한글도 그러한 것이라고 누차 강조하였던 바 있다.

표음 수단의 확보는 여러 가지 점에서 유용하게 쓰일 수 있다. 정인지는 해례 서문에서 언문으로 한문의 번역, 송사(訟事)의 이해, 자운(字韻)의 이해, 음악의 조화 등을 이룰 수 있다고 하였다. 어려운 한문을 이해할 수 있거나 복잡한 송사 문제를 정확히 판단할 수 있는 것은 우리글로 하는 어문 생활의 중요한 이점이다. 실제로 한글 창제 이후에는 《석보상절》같이 한문을 언해한 문헌이 양산되었으며, 신원(伸冤)을 위하여 언문을 사용한 예는 허다하다. 한자음이나 음악에 대한 이해는 전형적인 음성 언어의 맛을 문자로 드러낼 수 있는 부분으로, 한글이 《동국정운》 등 운서에서 반절법 대신 정확한 발음을 표음하거나 《양금신보》(1610) 등 악보에서 악기 소리를 표음하는 수단으로 유용하게 사용되었다. 한자로는 감당하기 어려웠던 것이다.

특별히 당시는 한자의 정확한 발음 표기가 중요한 문제였다. 한자음에 대한 혼란은 문자 생활에 불편을 초래할 수밖에 없다. 혼란스러운 한자음을 정리하는 일은 어쩌면 한문을 잘 아는 지배 계층에게 심각한 문제였을 것이다. 학구파였던 세종은 중국의 한자음과 조선의 한자음이 서로 다르고, 조선 한자음도 통일되어 있지 않아 매우 곤혹했을 것이다. 그래서 조선 한자음을 정리하여 표준화할 필요성이 있었고, 이를 위해 표음 문자가 필요했을 것이다. 따라서 한자음을 정리하고 이를 표기할 표음 문자가 필요하였던 것은 필수적 수순이었다. 실제로 1443(세종25)년 12월 훈민정음 창제 사실이 공식적으로 알려진 뒤의 훈민정음에 대한 첫 사업이 집현전 교리 최항 등에게 명하여 《운회》를 언문으로 번역하도록 한 사업이었음이 그것을 뒷받침한다. 운회는 《고금운회거요》(1297)를 줄여 말하는 것으로, 당시 조선에서 《홍무정운》(1375)과 함께 널리 쓰이던 운서였다. 더욱이 이 사업은 동궁(東宮)과 진양 대군·안평 대군으로 하여금 그 일을 관장하여 모두 성상의 판단에 품의하도록 하였으므로 그 사업에 힘이 많이 실렸다. 이것은 신문자 창제가 한자음에 대한 표음 기능을 염두에 두었다고 판단할 수 있는 근거가 된다. 언문이 그 소임을 다한 것은 《동국정운》(1447)과 《홍무정운역훈》(1455) 등 운서의 편찬에서였다.

창제 이후 간행된 언해 문헌에서는 《용비어천가》(1447)를 제외하고는 모두 한자에 한글로 주음을 하였다. 심지어 《월인천강지곡》(1447)에서는 한자어에 대하여 한글로 먼저 표기하고 그 아래에 해당 한자를 표기하였다. 이러한 사실은 한글이 우리말의 고유어뿐만 아니라 한자음 표기를 위하여서도 필요하였다는 것을 보여 준다.

5.2.3.3. 백성 교화의 수단

군주는 백성들에게 자신의 통치에 충성하도록 가르치고 지시하는 소통의 수단이 필요하다. 그런데 한문은 배우기 너무 어렵기 때문에 쉬운 표음 문자를 만들어 누구나 쉽게 읽고 쓸 수 있는 문자가 필요했던 것이다. 이러한 문자가 필요함을 증명해 보인 것이 《삼강행실도》이다. 《삼강행실도》는 1434(세종16)년 어명에 의하여 직제학 설순 등이 우리나라와 중국의 서적에서 삼강에 모범이 되는 충신·효자·열녀의 행실을 뽑아 만든 책으로, 사람들이 알기 쉽도록 그림을 넣어 만들었다. 세종이 직접 이 책을 편찬하도록 명한 것은 1428(세종10)년 진주의 김화라는 사람이 아버지를 살해한 사건이 일어났을 때, 엄벌에 앞서 세상에 효행의 풍습을 널리 알릴 필요가 있다는 판단에서였다. 어려운 한문만으로는 목적을 달성하기 어렵기 때문에 쉬운 그림을 덧붙이는 노력을 하였던 것이다. 그림을 대신할 수 있는 쉬운 새로운 문자의 필요성이 대두되었을 것이다.

1444(세종26) 2월 20일 한글 창제 반대 상소를 두고 벌인 임금과 신하의 문답에는 세종이 정창손을 질책하면서 한 말이 언문의 기능을 확실히 보여 준다. "삼강행실을 반포한 후에 충신·효자·열녀의 무리가 나옴을 볼 수 없는 것은, 사람이 행하고 행하지 않는 것이 사람의 자질 여하에 있기 때문입니다. 어찌 꼭 언문으로 번역한 후에야 사람이 모두 본받을 것입니까."라는 정창손의 말에 세종이 "이따위 말이 어찌 선비의 이치를 아는 말이겠느냐. 아무짝에도 쓸데없는 용속(庸俗)한 선비다."라고 질타하였다. 세종은 인륜의 도리를 그림으로 풀어 알려 줌으로써 백성들을 교화할 수 있다는 관점이지만, 신하 정창손은 《삼강행실도》를 반포했지만 그러한 효과를 보지 못했다고 주장하고 있는 것이다.

한글이 창제되고 난 이후 발간된 최초의 한글 문헌은 《용비어천가》이다. 《용비어천가》(1447)는 조선 건국의 정당성을 찬양하는 내용으로 되어 있으며, 국문 가사에 이어 한역시가 있고, 다음에 한문 주해가 있다. 한글이 중심이 된, 한글 창제의 의도가 숨어 있는 책인 것이다. 《용비어천가》는 1447(세종29)년 간행되었지만, 이미 1442(세종24)년 편찬이 계획되어 자료를 수집하고 있었다. 《조선왕조실록》에는 1442(세종24)년 3월 1일

《용비어천가》를 짓고자 태조의 활동상을 조사하여 보고하라는 지시를 내렸다는 내용이 있다. 한글이 창제되기 1년 반 전이다.

이렇게 수집된 자료를 바탕으로 1445(세종27)년 4월 권제, 정인지, 안지 등이 세종에게 《용비어천가》 10권 125장을 지어 올렸는데, 이것은 현전하지 않는다. 1447(세종29)년 2월 최항, 박팽년, 강희안, 신숙주, 이현로, 성삼문, 이개, 신영손 등이 1445년의 한시에 한문 주해를 가하고, 음훈(音訓)을 붙여 읽기 쉽도록 완성한 것이 전하는데, 여기에는 한글 가사를 한시보다 우선 배치하고 있다. 이외에 한글을 한자보다 우선한 것은 《월인천강지곡》이 있는데, 이들은 모두 세종이 깊이 관련된 책이라는 공통점이 있다.

결국 세종은 쉬운 문자를 통해 백성을 교화하고 백성과 소통하고자 하였다. 백성에게 표현의 도구인 문자를 준다는 것은 백성들에게 지시하여 통치 목적을 쉽게 달성할 수 있지만, 역으로 보면 지배층이 가지고 있던 문자 권력이 상실되고 백성과 지배층이 문자 사용에서 대등하게 되는 위험한 상황이 될 수도 있는 문제였다. 그러나 세종은 한글은 지배층의 문자였던 한문과는 다른 역할을 할 것으로 판단하고 있었던 것이다. 언문은 한문으로 소통할 수 없는 백성들을 위하여 필요한 문자였고, 처음에 신문자가 주로 언해문에 쓰였음이 그것을 보여 준다.

5.2.4. 한글의 지위와 표기 대상

5.2.4.1. 문자로서의 지위

한글의 지위나 사용 범위는 《훈민정음》 어제 서문에서 유추할 수 있다. 우선 어제 서문에서 나랏말이 중국과 달라서 한자로는 서로 소통할 수 없으므로, 우매한 백성들이 말하고자 하는 바 있어도 그를 표현하지 못하는 사람이 많은데, 이러한 사람들을 위하여 새로 28자를 만들었다고 명시적으로 밝히고 있다. 이러한 언급은 한글이 애초에 한자를 대신하기 위한 문자가 아님을 분명히 한 것이다. 당시는 우리말을 한문으로 번역해서 적는 방법을 가지고 있었지만, 그것을 사용하지 못하는 백성을 위하여 별도의 표음 문자를 만든 것이다.

그런데 실제 한글 사용은 한자와 함께 하는 경우가 많았다. 《훈민정음》(해례) 합자해에서는 한자와 한글을 섞어 쓸 것에 대하여 언급하고 있다. 한자와 언문을 섞어 쓸 경우에는 '孔子ㅣ, 魯ㅅ사름'처럼 한자음에 따라서 한글로 중성이나 종성을 보충하는 일이 있다. 이 서술은 한글의 자소가 음절을 이루지 못하고 단독으로 쓰이는 경우를 예로 든 것이지만, 결과적으로 한글이 한자와 함께 쓰이는 상황을 보여 주게 되었다. 또한, 초기 문헌에서는 한글이 한문의 언해문으로 대응하는 경우가 많았고, 언해문 안에서도 한자와 한글이 혼용되거나 병용되는 경우가 많았다.

따라서 한자는 공식 주류 문자로 그대로 쓰면서, 통치의 목적이나 일상 생활의 편리함을 위한 문자 사용이나 한자음 표기 등에는 신문자인 한글을 사용하였다. 두 문자의 역할을 다르게 생각하고 있었던 것이다.

5.2.4.2. 문자의 표기 대상

한글은 우리말을 표기 대상으로 하였다. 당시 우리말은 주로 언어, 향언, 방언 등으로 불리었지만, 훈민정음 서문에서는 '국지어음'(國之語音)으로 표현되었다. 이 말은 '나랏말씀'으로 나라의 말 즉, 국어를 의미하게 된다.

국어가 우리말을 의미하는 것은 의문의 여지가 없지만, 훈민정음에서 말하는 국어는 아동이 쓰는 말이나 지방의 사투리 등은 포함되지 않았다. 한양을 중심으로 한 표준어의 개념이 적용되고 있었음은 다음 (7)을 통하여 알 수 있다.

(7) '·'와 'ㅡ'가 'ㅣ'에서 시작하는 소리는 국어에는 쓰이지 않는데, 아동말
　　이나 시골말에는 있을 수 있다.[23]

　　(7)의 기록은 표준어가 아닌 아동어나 사투리 등의 표기에도 신경을
쓰고 있었음을 보여 주고 있으나 이들은 정식 표기 대상이 아닌 것이다.
　　한글은 조선 한자음도 적을 수 있었다. 우리말에는 쓰인 적이 없이
《동국정운》(1448)의 한자음 표기에 쓰인 'ㅭ' 같은 글자가 창제되었다는
사실에서 한자음 표기를 상정할 수 있다. 한글 창제 과정에서도 한자음
분석이 선행되었던 것으로 판단되고, 창제되고 난 이후 제일 먼저 착수한
작업이 중국의 운서인 《운회》를 번역하는 일이었다는 점에서 한자음을
한글로 주음하는 것은 중요한 한글의 역할 중 하나였다.
　　또한 한글은 외래어 표기를 위한 조치를 포함하고 있다. 《용비어천가》
(1447)의 몽고 인명 표기 '갏불어'(高卜兒闊, 53장), '닌춰시'(紉出闊失, 7,
23)에 쓰인 'ㅭ'과 'ᅑ'은 실제로 쓰인 외래어 표기에 해당한다. 《훈민정음》
(언해)는 해례본에 없는 한음 표기 규정에 대한 내용이 추가되어 있다.
이것으로 한글이 우리말에 없는 중국어의 치두음과 정치음을 구별하여
표기하기 위하여 장치를 마련하였음을 알 수 있다.

■ 참고문헌

홍기문(1946), 방종현(1948), 이기문(1974), 이우성(1976), 강만길(1977), 남풍현(1978), 강신
항(1987/2014), 이현희(1990), 이기문(1992), 이가원(1994), 박영준 외(2002), 강신항(2003),
안병희(2004), 안병희(2007), 민덕식(2008), 백두현(2010), 김주원(2013), 정광(2014), 김주필
(2017), 한재영(2017), 홍윤표(2017), 김주필(2019), 정광(2019)

---

23 ·一起ㅣ聲, 於國語無用, 兒童之語 邊野之語 或有之. 《훈민정음》(해례) 합자해.

제6장 《훈민정음》 이본

6.1. 책의 형태와 이본

6.1.1. 책의 외양과 판식

책의 기본적인 내용은 같으면서도 여러 가지 이유로 재생산되어 부분적으로 차이가 있는 책을 이본이라고 한다. 이본에 대한 연구는 책의 내용 차이에 대한 것과 책의 형태 차이에 대한 것으로 나눌 수 있다. 《훈민정음》(1446)도 비슷하지만 조금씩 다른 내용과 형식으로 된 이본이 있다.

조선 시대의 책은 한 장의 인쇄면을 접은 다음 여러 인쇄면을 묶은 형태이다. 접히는 부분을 왼쪽으로 하고 오른쪽 부분을 모은 다음, 겉표지를 덧붙여 실로 꿰매어 책으로 만든다. 책을 꿰매는 곳은 보통 다섯 곳이기 때문에 5침 안정법이라고 한다. 따라서 왼쪽에서 오른쪽으로 책장을 넘기게 된다. 당시는 책과 권의 개념이 오늘과 달랐다. 책은 별도로 성책된 하나하나를 이르는 말이지만, 권은 내용에 따라 분류한 것이다. 따라서 3권1책이라고 하면, 별도로 성책된 것은 1개이지만 그 내용에 따라 3가지로 구분된 것을 말한다. 예컨대, 조선 역대 왕들의 시문을 수록한 《열성어제》(1682)는 모두 8권4책으로 되어 있는데, 그중의 제1책은 권1(태조, 정종, 태종)과 권2(세종, 문종)로 구분되어 있다.

책 외부에는 각각의 명칭이 있다. 실로 꿰맨 책등 부분을 보통 서배, 왼쪽 열려 있는 부분을 서구, 윗부분을 서수, 아랫부분을 서근이라고 한다. 겉표지에는 책의 제목과 책차, 총 책수가 기록되며, 필요에 따라 간략한 목차가 첨기되기도 한다. 책 내부의 인쇄면은 문자가 들어가는 부분과 그렇지 않은 여백 부분이 있는데, 여백 중에 위에 있는 곳을 서미, 아래에 있는 부분을 서각이라 한다. 문자가 있는 부분과 그렇지 않은 부분을 구분하는 테두리를 광곽이라 한다. 이 광곽 안의 형식을 판식이라고 하는데, 판식의 중요 사항은 광곽과 판심이다.

광곽은 모양에 따라 사주단변, 사주쌍변, 좌우쌍변 등이 있다. 사주단변은 테두리의 네 변이 하나의 굵은 선으로 된 것이고, 사주쌍변은 네 변이 두 개의 선으로 된 것이다. 이 경우 보통 바깥의 선이 굵고 안쪽은 가늘다. 좌우쌍변은 위 아래쪽에는 단선이고, 좌우에만 쌍선으로 된 경우를 말한다. 광곽에서 문자가 들어가는 행을 구분하기 위하여 만든 계선이 있으면 유계, 선이 없으면 무계라 한다. 한 장에 들어간 행수와 한 행에 들어간 글자 수를 행관(行款)이라고 한다. 행관은 보통 한 장의 반쪽(반엽)의 행수와 각 행의 글자 수를 말한다. 〈사진 1〉은 《가례언해》의 일부인데, 인쇄면은 판식이 사주쌍변에 반엽광곽이 23.2×16.6cm이며, 유계에 10행 24자의 행관을 보인다.

판심은 인쇄면의 한 가운데 부분을 이르는데, 판심의 가운데를 특히 중봉이라고 한다. 판심에는 책 제목인 판심제, 인쇄면의 순서를 나타내는 장차가 표시된다. 판심제와 장차 표시는 보통 위 아래에 있는 어미(魚尾) 안에 들어간다. 어미는 물고기의 꼬리 모양으로 되었다고 붙여진 이름인데, 어미의 모양은 책에 따라 다양하게 나타난다. 어미가 흰 바탕으로

계선　　　　　　　　　광곽

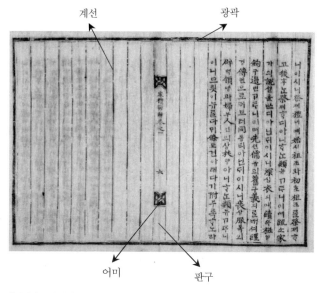

어미　　　　　　　판구

〈사진 1〉 《가례언해》의 판식

된 것은 백어미, 검은 바탕으로 된 것은 흑어미라 한다. 특별히 어미에 꽃 모양의 문양이 있는 것을 화문어미라 한다. 어미는 위에 하나만 있을 수도 있고, 아래에도 있을 수 있는데, 위의 것을 상어미, 아래 것을 하어미라 한다. 위 아래에 어미가 있을 경우 어미의 오목한 부분이 서로 마주 보느냐 아래로 향하느냐에 따라 내향어미와 하향어미로 구분한다. 따라서 어미가 위 아래에 다 있으며, 오목한 부분이 서로 마주 보고 있고, 어미가 꽃잎 모양의 문양이 있으면, 상하내향화문어미로 불리게 된다. 판심의 어미와 광곽 사이 공간을 판구라고 하는데, 판구에 검은 선이 있는 것을 흑구라 하고, 없는 것을 백구라 한다. 〈사진 1〉의 판심제는 '가례언해 권지3'이고, 장차는 6장이다. 장차는 현재의 개념으로 말하면 두 페이지를 의미하기 때문에, 앞 페이지는 6a, 뒤 페이지는 6b 등으로 구분하여 표기하기도 한다. 어미는 상하내향화문어미이다.

6.1.2. 배행과 배자

조선 시대 고문헌은 좌향의 세로쓰기였으므로 행간을 구분하는 계선이 세로로 그어져 있다. 고문헌의 행수는 대부분 10행으로 되어 있다. 다만, 한글이 창제된 초기에는 7행 혹은 8행으로 되어 있는데,《월인석보》와 《훈민정음》(언해)는 7행,《훈민정음》(해례)는 8행으로 되어 있다. 책의 크기에 따라 차이가 있기는 하겠지만, 대체로 행수가 많을수록 행간이 좁아 광곽이 꽉 찬 느낌을 준다.《훈민정음》(해례)는 문자의 중심선을 행간의 중심에 맞추고, 문자 상하 간에도 밀착시켜 행간이 꽉 찬 느낌을 준다.

특이한 배행은《석봉 천자문》이다.《석봉 천자문》은 세 개의 가로 줄로 계선을 그어 가로 4행의 행간을 마련하였다. 각 행간에는 위에 한자를 큰 글씨로 배치하고, 그 아래에 한글로 우에서 좌로 음과 훈을 배치하였다.《훈몽자회》(가정본, 1527)은 세로로 4행을 만들어 한 행에 넉 자씩 배치하고 세로로 음과 훈을 한글로 표기하고 있어《석봉 천자문》과는 형식이 조금 다르다. 한편, 외국어 학습서인《동문유해》(1748)와《몽어유해》(1768)는 세로로 10개의 행을 마련하고, 각 행을 상하 이단으로 활용하였다. 각 행에 두 개씩의 어구를 상하에 배치하여 각각의 만주어와 몽고어 발음을 표기하였다.

문헌에서 각 행간에 들어가는 글자 수와 배치 형식도 약간씩 다르다. 매 행의 윗부분에 여백을 주는 경우와 그렇지 않은 경우가 있다.《훈민정음》(해례)와《월인석보》등은 한자는 여백 없이 위부터 썼으나, 한글 부분은 한 글자 정도 여백을 두고 써서 한자와 한글 부분을 자연스레 구분하는 효과가 있다.《언해태산집요》(1608)는 윗부분을 한 글자 정도 떼어서 썼으며,《어제상훈언제》(1745)는 윗부분을 두 글자 정도 띄우고 써서 약간 시원한 느낌이 있다. 그런데 시와 같은 운문은 편수를 구분해서 행을 바꾸거나, 대구를 이룰 때 행을 바꾸어 구분한다. 《고산유고》(1791)는 전자의 예에 해당하고, 《월인천강지곡》(1449), 《용비어천가》(1447) 등은 후자의 예에 해당한다. 주석을 다는 경우에는 주로 소자 쌍행(雙行)의 협주를 이용한다.

배자 형식에서 특이한 것은 대두법과 궐자법이다. 이것은 글에서 상위의 신분을 가진 사람이나 그 행동에 대해 존경을 표시하기 위해 문자의 위치에 구별을 두는 형식이다. 궐자법은 대개 글 속에 등장하는 왕이나 존귀한 사람을 나타내는 단어 앞에 한 칸을 빈칸으로 비워 두는 방식으로 공격(空格)이라고도 한다. 대두법(擡頭法)은 그러한 단어부터 이하의 문장을 다음 행으로 옮겨 양 옆의 글자보다 한 자 올려서 쓰는 방식이다. 개화기의 서양인들이 펴낸 성경에서는 하느님, 예수 등 신앙의 대상이 되는 인물들에 대해 궐자법이 쓰였다. 최초의 한글 번역 성경인 《예수성교 누가복음젼》(1882)에는 '하나님, 쥬, 키리스토, 예수' 등의 단어 뒤에서 한 칸씩 띄어쓰기를 하였으나, 이후에는 이들 단어 앞을 띄어 쓰는 방식으로 바뀌었다.

6.2. 《훈민정음》의 종류

6.2.1. 한문본과 언해본

책의 형태로 간행된 《훈민정음》은 여러 종류의 이본이 현존한다. 이본은 본래 책의 형태로 된 것을 의미하지만, 여기서는 관례에 따라 어떤 책의 일부로 된 것도 이본으로 본다.

《훈민정음》의 이본은 한문본과 언해본으로 구분된다. 한문본은 여러 이본이 있는데, 별도의 책으로 간행된 간송본이 훈민정음 원본으로 인정되는 것이다. 이 외에 《세종실록》에 있는 실록본, 별도의 책에 수록된 배자예부운략본과 열성어제본이 있다.

언해본은 별도의 책으로 간행되었는지가 분명하지 않다. 현전하는 고려대본은 단행본으로 되어 있지만, 이것은 《월인석보》 권두에 덧붙어 있는 '훈민정음'을 떼어서 후대에 성책(成冊)한 것으로 믿어지는 것이다. 현재로서는 독립된 책으로 간행된 근거는 없는 것으로 보인다. 언해본은 먼저 한글 구결이 달린 한문이 제시되어 있지만, 한문을 번역한 언해문이 중심 내용이기 때문에 붙여진 이름이다. 한문본과 언해본은 〈표 1〉과 같다.

〈표 1〉 《훈민정음》의 이본

구분	이름	내용	소재
한문본	간송본	세종28년 원간본 어제 서문과 예의, 해례, 정인지 서문	간송미술관 소장본 상주본
	실록본	어제 서문과 예의, 정인지 서문	《세종실록》(1446) 정족산 사고본 《세종실록》(1446) 태백산 사고본
	배자예부운략본	어제 서문과 예의	《배자예부운략》(1678) 권미
	열성어제본	어제 서문과 예의	《열성어제》(1682) 권지2
언해본	서강대본	어제 서문과 예의, 한음치성	《월인석보》 권두, 1459(세조5)년 《월인석보》 복각본 권두, 1568(선조1)년 문화재청 재구본(2007)
	고려대본	어제 서문과 예의, 한음치성	고려대 육당문고 동인지 《한글》 창간호(1927) 박승빈 고정본 《정음》 4호(1933)

한문본과 언해본의 근본적 차이는 표기 문자의 차이에 근거한 것이지만, 한문본에는 해례가 있고 한음치성에 대한 부분이 없지만, 언해본은 해례가 없고 한음 치성 부분이 있는 차이를 보인다. 그 이외에 국내외에 여러 필사본이 다수 현존하고 있지만, 여기에는 포함하지 않았다. 일본에 있는 일본 궁내청본, 가나자와 쇼사부로 구장본, 한국에 있는 장서각 소장

본, 서울대 일사문고본, 가람문고본 등은 모두 언해본과 같은 내용이고, 최석정(1646~1715)의 《경세훈민정음》에 있는 것은 한문본의 예의와 어제 서문만을 순서를 바꾸어 적은 것이다.

6.2.2. 한문본

6.2.2.1. 간송본

간송본은 《세종실록》(1446.9)의 기사가 밝히고 있는 '이 달에 훈민정음이 이루어졌다.'의 그 '훈민정음'으로 추정되는 것이다. 이 책의 서명은 '훈민정음'이지만, 신하들이 작성한 해례가 붙어 있어 '훈민정음 해례본', 훈민정음의 내용이 담긴 첫 간행물이라는 점에서 '훈민정음 원본'이라고도 한다. 간송본은 1940년 경북 안동 이한걸 씨의 집에서 발견되어 간송 전형필(1906~1962)이 보관하고 있던 것인데, 지금은 간송미술관에 소장되어 있다. 1962년 12월 국보 제70호로 지정되었으며, 1997년 10월 유네스코 세계 기록 유산으로 지정되었다. 본서에서는 간송본의 명칭을 《훈민정음》(해례)로 통일한다.

《훈민정음》(해례)는 모두 33장으로 된 1책의 목판본이고, 크기는 가로 16.8cm, 세로 23.3cm이다. 광곽은 사주쌍변에 행관의 계선이 있는 유계이다. 판심은 상하하향흑어미이고, 판구는 상하 모두 흑구로 되어 있다. 장차는 하어미 아래에 표시되어 있다. 성책은 한 권으로 되었으나, 권두 서명이 다른 '훈민정음'과 '훈민정음해례'가 합본 되어 있는 형태이다. 권두 서명이 훈민정음인 세종어제와 예의는 4장 7쪽으로 되어 있는데, 판심제는 '정음'(正音)이고, 행관은 7행 11자로 되어 있다. 권두 서명이 훈민정음해례인 해례와 정인지 서문은 29장으로 되어 있는데, 이 중에서 해례가 26장 51쪽, 정인지 서문이 3장 6쪽이다. 판심제는 '정음해례'이고 행관은 8행 13자로 되어 있다. 다만, 정인지의 서문은 한 자씩 낮추어서 매행

12자로 되어 있다. '훈민정음'과 '훈민정음해례'는 각각 임금과 신하의 글이라는 점에서 글자 크기 등에서 판식을 달리했던 것이다.

《훈민정음》(해례)는 어제 서문과 예의, 해례, 정인지 서문 등으로 구성되어 있다. 어제 서문과 예의는 세종이 작성한 것이고, 해례는 집현전 8학사의 공동 작업이고, 정인지 서문은 정인지가 작성한 것이다. 집현전 8학사는 정인지·신숙주·성삼문·최항·박팽년·강희안·이개·이선로 등이다. 정인지 서문이 작성된 날짜는 1446년 9월 상한(上澣)이다. 그 구성을 보이면 다음 〈표 2〉와 같다.

<표 2> 《훈민정음》(해례)의 구조

어제	서문		1a	창제 이유와 목적
	예의	문자	기본	1a-4a	초성 17자와 각자 병서 6자 음가 중성 11자 음가 종성은 초성을 다시 씀
			합성		연서자와 병서자
		운용	부서		부서법
			성조		사성법
해례	제자해		5a-18b	정음 28자 제자 방법과 특징, 각자 병서, 연서자
	초성해		18b-19b	초성의 개념과 사용법
	중성해		19b-21b	중성의 개념과 사용법, 합용자와 상합자
	종성해		21b-24b	종성의 개념과 사용법, 서성과 입성, 8종성법
	합자해		24b-28b	성자법과 부서법, 입성, 합용 병서, 비표준어 표기
	용자례		28b-30b	초성과 중성과 종성별로 용례 제시
정인지 서문	후서		30b-33b	창제 이유와 목적, 훈민정음 내용, 집필자

《훈민정음》(해례)의 어제 서문에는 한글 창제의 이유와 목적이 서술되어 있으며, 예의에는 기본자 28자의 각 음가를 한자로 예시하고 있다. 더불어 합성자와 부서법, 그리고 성조와 방점 사용법 등을 설명하고 있다.

《훈민정음》(해례)의 해례는 제자해, 초성해, 중성해, 종성해, 합자해로 된 5해와 용자례 1례로 구성되어 있다. '해(解)'는 각 주제에 대한 해설의 성격을 가지고 있으며, '예'(例)는 글자의 쓰임을 예를 들어 보인 것이다. 제자해는 전체 29장 중에서 14장에 걸쳐 기술될 정도로 정음 28자 제자에 대하여 자세하게 설명하고 있다. 기본자 이외 각자 병서와 연서자가 풀이 되었다. 초성해는 초성을 운서의 자모(字母)에 해당하는 것으로 설명하여 '君'(군)자의 첫소리 'ㄱ'을 초성이라 하였다. 초성 'ㄱ'은 'ㄴ'자와 더불어 '군'자를 이룬다. 중성해는 중성을 자운(字韻)의 가운데에 해당하는 것으로 보아 '呑'(툰)자의 가운뎃소리 'ㆍ'을 중성이라 하였다. 중성 'ㆍ'는 'ㅌ'과 'ㄴ' 사이에 와서 '툰'자를 이룬다. 초성과 종성의 합용은 합자해에서 설명 되었지만, 중성의 합용과 상합은 중성해에서 설명되었다. 종성해는 종성 을 초성과 중성을 이어받아 자운을 이루는 것으로 보아 '卽'(즉)자의 마지 막 'ㄱ'을 예로 들었다. '卽'의 마지막 'ㄱ'은 '즈'에 붙어 '즉'이 된다. 종성해 에서는 서성과 입성을 설명하고, 종성에서 발음이 가능한 8자(ㄱ, ㄴ, ㄷ, ㄹ, ㅁ, ㅂ, ㅅ, ㅇ)만을 쓰도록 하였다. 합자해는 초·중·종성이 합하여 음절을 이루는 부서법과 초성끼리 혹은 종성끼리 합자하는 방법을 설명하 고 있다. 이외에 한자와 함께 쓰는 법, 반설경음, 성조, 비표준어 표기 등이 설명되었다. 용자례의 용례는 초성과 종성은 각 문자 당 2개씩의 단어를 보이고, 중성은 문자 당 4개씩의 단어를 보여 모두 94개의 단어를 보이고 있다.

《훈민정음》(해례)의 정인지 서문은 창제 목적과 문자 내용, 집필진 등 을 밝히고 있다. 창제 목적은 한문은 어렵고 이두는 우리말을 제대로 표기 하지 못하므로 문자 생활에 불편함을 해소하기 위한 것이라는 취지를 보였다. 문자 내용은 전환이 무궁하고 배우기 쉬우며, 한자음을 구별할 수 있고, 바람 소리, 닭 울음소리 등 모든 소리를 잘 표기할 수 있다는 장점을 설명하고 있다. 집필진은 정인지 본인을 포함해서 8명이지만, 한 글 창제는 세종의 독창이라는 점을 부각하고, 집필진은 다만 이에 대한 해석을 가한 정도라고 언급하고 있다.

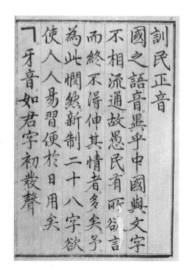

〈사진 2〉《훈민정음》(해례) 원본(왼쪽)의 글씨와 보사된 글씨(오른쪽)

그런데 《훈민정음》(해례)는 발간 당시의 책 모습을 온전히 전하는 것이 아니다. 《훈민정음》(해례)는 1940년 발견 당시에 표지는 물론 첫 두 장이 없어지고 각 장의 인쇄 이면에는 붓글씨가 있었으므로, 낙장을 보사하고 붓글씨 부분을 배접하여 공개되었다. 낙장된 부분에는 세종 어제 서문, 초성자의 자형, 초성자의 음가 예시 및 병서 규정이 포함되어 있다. 당시의 책은 한 면에 들어갈 행수와 각 행의 글자 수가 책마다 일정하였으므로, 빠진 부분을 보사해서 3장과 일치시키는 데는 무리가 없었다. 낙장을 보사할 때 들어갈 내용은 《세종실록》의 기록 첫머리에 있는 '어제왈' 석 자를 제외하고 바로 '국지어음'으로 시작하였다. 《월인석보》(권1·2) 복각본이 영향을 주었을 것이다. 보사된 부분은 김태준 교수의 주도 아래 이한걸 씨의 셋째 아들 이용준이 쓴 것으로 알려져 있다. 《훈민정음》(해례)는 그간 수차례 영인본이 발행되었는데, 2015년에는 간송미술재단에서 전통 고서 방식 그대로 현상 복제를 시도한 영인본을 펴냈다.

낙장을 보사하는 과정에서 세종 어제 서문의 마지막 글자 '이(耳)'가 '의(矣)'로 잘못되었음은 처음부터 지적되었다. '欲使人人易習'은 실록본의 '欲使人易習'과 다르고, 《훈민정음》(언해)의 '欲使人人易習'과도 같지 않다. 이외에도 낙장의 보사에 대한 의문이 제기되었는데, 구체적으로 구두점과 권성점, 권두 서명, 전청자의 병서자 배치 등이 문제가 되었다(백두현, 2017). 구두점은 원문에는 구점과 두점이 구분되어 있는데 보사된 곳에는 모두 구점으로 되어 있어 그 구별이 문제되고, 권성점도 보사에서는 무시되어 어느 한자에 권성점을 두어야 하는지 문제이다. 권두 서명은 '어제훈민정음'이라는 주장과 '훈민정음'이라는 주장이 맞서 있었는데, 임금이 직접 지은 것을 의미하는 '어제'의 개입 여부가 쟁점이었다. 지금은 대체로 권수제가 '훈민정음'이었을 것으로 보고 있다. 병서자의 행 배치는 "ㄱ。牙音。如君字初發聲 並書。如虯字初發聲"에서 병서 이하를 이어 배치하느냐 별도의 행으로 배치하느냐의 문제이다. 보사된 《훈민정음》에서는 병서를 행을 바꾸어 별도의 행으로 구분해 놓고, 병서 행의 첫 칸을 빈칸으로 비워 두었다. 이 부분은 어떻게 배치하든 나머지 부분과의 연계에는 아무런 문제가 없으나, 후대의 이본인 배자예부운략본과 열성어제본은 모두 병서를 별도의 행으로 나누지 않았다.

한편, 2008년 7월 30일 《훈민정음》(해례) 또 하나가 경북 상주에서 발견되었다. 이 책은 간송본과 같은 판목에서 인출된 것으로, 책 전체를 해체하여 낱장으로 분리하여 비닐에 포장된 상태로 13장만이 공개되었다. 표지는 개장된 것으로 '오성제자고'(五聲制字考)라고 쓰여 있다(이상규, 2012). 그 전모는 공개되지 않아 알 수가 없다. 간송본과 차이 나는 것은 여백에 일부 묵서로 주석을 해 놓은 것이 있으며, 책의 크기가 간송본보다 훨씬 크다는 사실이다. 상주본의 책 크기는 당시 원본의 크기를 보여 준다는 점에서 의의가 있으나, 여백에 보이는 묵서는 원 소장가가 자신이 알고 있는 내용과 해례의 내용이 다른 부분에 그 내용을 기록한 것이다(김주원,

2013). 상주본은 2015년 화재로 인해 불에 그을린 채, 2017년 일부가 언론을 통해 공개되었다. 상주본은 소유권 문제로 송사에 휘말려 있다가 2019년 7월 15일 대법원에 의해 소유권이 국가에 있다고 최종 판결되었다.

6.2.2.2. 실록본

실록본은 《세종실록》(1446.9.29.)에 실려 있는 훈민정음 기사의 내용이다. 훈민정음 기사는 독립된 책의 형태가 아니므로 '본'이라고 하기에는 무리가 있지만 관례에 따라 이본으로 본다. 《세종실록》은 세종 재위 기간(1418~1450)의 국정 전반을 기록한 책으로 원래 이름은 《세종장헌대왕실록》이다. 《세종실록》은 다른 실록과 함께 서울(춘추관), 충청도(충주), 경상도(성주), 전라도(전주)의 사고에 보관되었으나, 임진왜란(1592~1598)의 병화로 전주 사고본만 남고 나머지는 모두 불타 없어졌다. 1603(선조36)과 1606년 사이에 전주 사고본을 바탕으로 재간행하여 춘추관·마니산·태백산·묘향산·오대산에 보관하였는데, 1624년 춘추관 소장의 실록이 불타고 1633년 묘향산 사고를 적상산으로 옮기고, 1678년 마니산 사고를 정족산 사고로 옮기면서 이후에는 정족산(강화)·태백산(봉화)·적상산(무주)·오대산(평창) 사고에 보관되었다. 《세종실록》은 다른 실록과 함께 1973년 12월 31일 국보 제151호로 지정되었으며, 1997년 10월에는 유네스코 세계 기록 유산에 등재되었다.

《세종실록》의 훈민정음 기사는 을해자로 된 전주 사고본과 이를 저본으로 목활자로 간행한 태백산 사고본에 남아 있다. 임진왜란 때에 전라도 태인의 유생 안의와 손홍록이 내장산 암자에 옮겨 병화를 면한 전주 사고본은 후에 강화 마니산에 보관되었다. 마니산 사고가 병자호란(1636~1637)과 1653(효종4)년의 화재로 일부가 소실되고, 남은 책은 1678(숙종4)년에 강화도에 새로 지은 정족산 사고로 이관되어 지금은 정족산 사고본이라고 부른다. 정족산 사고본은 1910년 일제에 의해 서울로 옮겨진

뒤, 지금은 규장각 한국학연구원에 소
장되어 있다. 태백산 사고본은 임진왜
란 이후 전주 사고본을 바탕으로 목판
으로 재간행한 것이다. 당시 전주 사
고본은 마니산에 보관하고, 인쇄 정본
을 춘추관, 태백산, 묘향산에 보관하
고 교정 정본을 오대산 사고에 보관하
였다. 태백산 사고본은 국가기록원 소
장으로 현재 국사편찬위원회 누리집
에서 원본 이미지와 한문 원문 및 번
역문을 볼 수 있으며, 필요한 검색이
가능하다.

〈사진 3〉《세종실록》 태백산 사고본

실록본에는 어제 서문과 예의에 이
어 정인지 서문이 제시되었다. 《훈민정음》(해례)와 달리 실록본의 어제
서문은 '어제 왈'로 시작하고 있으며, 정인지 서문은 '예조판서 정인지 서
왈'로 시작하고 있다. 《훈민정음》(해례)의 해례 부분은 수록되지 않았다.

6.2.2.3. 배자예부운략본

《배자예부운략》은 이전부터 있던 운서를 과거 시험용으로 간략히 만든
것으로 정도찬이 1678(숙종4)년 편찬한 것이다. 2책 5권으로 되어 있는데,
권5의 마지막 부분에 4쪽에 걸쳐 훈민정음이 실려 있는 것을 안병희(1976)
이 처음 소개하였다. 배자예부운략본은 실록본을 옮겨 놓은 것으로 보이
나 완전히 일치하지는 않는다.

훈민정음이란 권수제 다음 행에 어제 서문이 실려 있는데, 끝부분에
'정통 11년 병인 구월 알'이 첨기되어 있는 특징이 있다. 이 날짜는 정인지
가 서문을 쓴 날짜인데, 어제 서문에다 붙였다. 또한, 어제 서문이 '어제

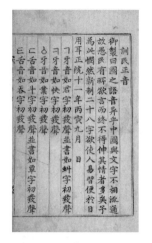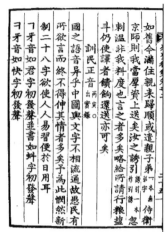

〈사진 4〉《배자예부운략》(왼쪽)과 《열성어제》(오른쪽)

왈'로 시작하는 것은 실록본과 일치하나 '欲使人易習'이 '欲使人易習'으로, '異乎中國'이 '冄乎中國'으로 달리 나타나 있다. 글자의 음가를 보여 주는 한자는 실록본의 내용과 같다. 다만, 병서자는 별행으로 다루지 않고 전청 자에 이어 제시하고 있다.

그러나 음가 설명이 끝난 이후의 내용은 '종성부용초성, 범자필합이성 음, 이점변사성'으로 구분하여 각각 주석으로 설명을 덧붙이고 있다. '종 성부용초성'(終聲復用初聲)에는 연서와 합용을, '범자필합이성음'(凡字必 合而成音)에는 부서법을, '이점변사성'(以點辨四聲)에는 방점을 주석하였 다. 정인지 서문은 내용 없이 정인지 등이 명을 받아 해례를 지었다는 사실만 기록하고 있다.

6.2.2.4. 열성어제본

《열성어제》(列聖御製, 1682)는 숙종 8년 이우가 편찬하고 권유가 증정 한 것으로 사주단변에 반엽광곽이 24×15.7cm이며, 유계 10행 20자로 되 어 있다. 조선의 역대 왕들의 시문을 수록한 책으로, 태조~선조의 시문을

1631(인조9)년 1책으로 처음 펴내었으나, 숙종 8년에 태조~현종의 시문이 추가되어 편찬되었다. 이 책의 2권에는 훈민정음이 수록되어 있다.

열성어제본은 비슷한 시기에 간행된 배자예부운략본(1678)과 다르다. 열성어제본은 병인년(1446) 실록에 근거하고 있음을 밝히고 있으며, 어제 서문과 예의 부분만 수록되어 있다. 두 이본의 공통점은 기본 28자에 대하여 별도의 행으로 나열하고, 병서자는 별행으로 처리하지 않았다는 점이다. 그러나 열성어제본은 종성법, 부서법, 연서법, 사성법 등에 대하여는 모두 줄을 바꾸지 않고 이어 쓰고 있다는 점에서 《배자예부운략》본과 차이를 보이고 있다. 또한 배자예부운략본에는 '欲使人易習'으로 되어 있으나, 열성어제본에는 '欲使人人易習'으로 되어 있다.

6.2.3. 언해본

6.2.3.1. 서강대본

서강대본은 1459(세조5)년에 간행된 《월인석보》(권1·2)의 권두에 첨부되어 있다. 현전하는 《월인석보》(권1·2)는 원간의 초쇄 교정본으로 서강대학교 도서관이 1972년 1월 26일 통문관으로부터 입수하여 세상에 알려졌으며, 같은 해 서강대학교 인문과학연구소에서 영인 발행하였다. 이 장(章)의 마지막에 축소 영인되어 있다. 책의 크기는 가로 22.8㎝, 세로 33.8㎝로 1983년 보물 제745-1호로 지정되었다. 또한 《월인석보》 복각본이 1568(선조1)년 경북 풍기 희방사에서 발간되었다. 희방사에 보존되던 90개의 판목을 1929년 6월 불교종양교무원의 도진호가 발견하였는데, 남아 있던 판목은 1951년 1월 13일 남북전쟁 과정에서 화재로 소실되었다. 《월인석보》 원간본이 발견되기 이전까지는 복각본을 통하여 언해본의 내용을 알 수 있었다.

《월인석보》는 훈민정음 언해가 있고 이어 8상도와 석보상절 서문, 월인

〈사진 5〉《월인석보》원간본(왼쪽), 복각본(가운데), 문화재청 복원본(오른쪽)

석보 서문이 나온다. 훈민정음 언해는《훈민정음》(해례)의 어제 서문과 예의 부분을 언해하고, 한음 표기 규정을 추가한 것으로 흔히 월인석보 권두본 혹은 훈민정음 언해본이라고 한다. 본서에서는《훈민정음》(언해)로 통일한다.《훈민정음》(언해)는 목판본으로 반광곽이 가로 18㎝, 세로 22.3㎝이고, 판구는 흑구로 되어 있고, 어미는 상하내향흑어미이고, 광곽은 사주쌍변에 행관의 계선이 있는 유계이다. 행관은 7행 16자이다. 권수제는 '세종어제훈민정음'이지만, 판심제는 '정음'이고, 권미제는 '훈민정음'이다. 장차는 하어미 위에 표기되었다.《훈민정음》(언해)의 첫 페이지는 일부가 훼손되어 알아보기 어려운데, 복각본 등을 참고하여 김민수(1996), 정우영(2005)에서 복원본이 제시된 바 있으며, 2007년 문화재청 용역 사업에서도 복원본과 재구본이 발표된 바 있다.

《훈민정음》(언해)의 자형은《훈민정음》(해례)의 그것과 상당히 다르다. 서선의 굵기가 굵은 직선에서 변화를 주었고, 방점과 'ㆍ' 등의 모양이 원형점에서 사향점으로 변하였다. 전반적으로 붓의 움직임이 살아 있는 필서체의 부드러운 느낌을 주는데,《월인석보》본문의 서체와도 다르다. 홍윤표(2017)은 언해본 내부에서도 자형의 차이가 있다고 보았다.《훈민정음》(언해)는 15장(30쪽) 분량으로 서문 5쪽, 예의 22쪽, 한음 표기 3쪽으로 구성되어 있다. 어제 서문과 예의는 《훈민정음》(해례)와 같은 내용으로 되어 있다. 추가된 한음 치성 표기 규정은 한음의 아음, 설음, 순음, 후음을 위하여서는 훈민정음 기본자를 그대로 쓰면 되지만, 치음을 위하여서는 별도의 글자가 필요함을 밝히고 있다. 즉, 한음의 치두음을 위하여 ㅅ ㅆ ㅈ ㅉ ㅊ를, 정치음을 위하여 ㅅ ㅆ ㅈ ㅉ ㅊ를 쓰도록 규정하고 있다. 애초의 훈민정음은 치음자 'ㅈ, ㅊ, ㅉ, ㅅ, ㅆ'만으로 고유어와 조선 한자음 표기를 염두에 두었으나, 한음을 원음대로 표기할 필요가 생긴 것이다. 따라서 《훈민정음》(언해)는 《훈민정음》(해례) 이후에 된 것임을 알 수 있다.

《훈민정음》(언해)의 본문 구성은 초기 언해 문헌의 전형적인 모습으로 한글로 구결을 단 한문과 한자와 한글이 혼용된 언해문으로 구성되었다. 한글 구결문이 끝난 다음에는 특정 한자에 대하여 소자 쌍행으로 주석을 달았다. 언해문은 한글 구결문과 행을 달리하여 배치하고 한문 본문보다 한 글자를 내려써서 원문과 차이를 두었다. 한글 구결문이나 언해문, 주석문의 한자에는 모두 동국정운식 한자음을 작은 한글로 표기하였다. 따라서 모든 한자에는 한글로 주음되었으므로 한글만으로도 충분히 읽을 수 있도록 하였다.

《훈민정음》(언해)의 구결문은 기본자 음가에 대한 설명은 1문장이 하나의 단위로 분절되었으나, 서문은 2문장이 8개로, 병서는 2문장이 하나로 분절되었다. 또한 성조는 1문장이 5분절되고, 한음은 1문장이 4분절되었다. (13)은 서문과 병서 및 성조 규정의 분절 상황을 보인 것이다.

(13) ㄱ. 國之語音이 / 異乎中國ᄒᆞ야 / 與文字로不相流通ᄒᆞᆯᄊᆡ / 故로愚民이 有所欲言ᄒᆞ야도 / 而終不得伸其情者ㅣ多矣라.

  ㄴ. 予ㅣ爲此憫然ᄒᆞ야 / 新制二十八字ᄒᆞ노니 / 欲使人人ᄋᆞ로易習ᄒᆞ야 便於日用耳니라.

ㄷ. 初聲을合用홇디면則竝書ᄒ라終聲도同ᄒ니라

ㄹ. 凡字ㅣ必合而成音ᄒᄂ니 / 左加一點ᄒ면則去聲이오 / 二則上聲이

　　오 / 無則平聲이오 / 入聲은 加點이同而促急ᄒ니라

(13ㄱ)은 서문의 첫 문장을 5개로 분절하였는데, 주어부와 서술부가 분절된 점에서 특이한 예이다. 대부분의 주어는 (13ㄴ)의 '予'처럼 별행으로 분절되지 않았다. (13ㄴ)은 서문의 둘째 문장이 3분절하였음을 보인다. 셋째 단위는 'ᄒ야' 다음에서 분절될 수도 있었을 것이나 분절되지 않았다. (13ㄷ)은 병서에 대한 것으로 두 문장인 것을 하나로 합한 경우이다. (13ㄹ)은 성조에 대한 규정으로 '凡字必合而成音'은 성조가 음절에 걸리는 것임을 보이기 위하여 성조와 하나를 이루었다. 이러한 분절 단위에서 한글 구결은 주로 주어 다음에서 'ᄂᆫ/는/ᄋᆫ/은, 이/ㅣ' 등이, 부사어 다음에는 '로/ᄋᆞ로/으로'가, 목적어 다음에는 '을/를'이, 서술어 다음에 'ᄒ니라, ᄒ야, ᄒ노니, ᄒ면, 홇씨, 이오, 이니' 등이 쓰였다.

주석은 다음 (14)와 같은 5가지 유형으로 분류될 수 있다(김주필, 2019).

(14). ㄱ. 國은나라히라

　　ㄴ. 異ᄂᆫ다롤씨라

　　ㄷ. 不은아니ᄒ논ᄠᅳ디라, 使ᄂᆫ히여ᄒ논마리라

　　ㄹ. 之ᄂᆫ 입겨지라, 乎ᄂᆫ아모그에ᄒ논겨체쓰는字ㅣ라

　　ㅁ. 中國은皇帝겨신나라히니우리나랏常談애江南이라ᄒᄂ니라

(14ㄱ)은 체언인 한자는 '이랴'형이, (14ㄴ)은 용언인 한자는 'ㄹ씨랴'형이 쓰였음을 보인다. (14ㄷ)은 체언이나 용언 이외의 한자가 'ᄒ논 ᄠ디라, ᄒ논 마리랴'처럼 간접 형식을 사용하였음을 보인다. (14ㄹ)은 허사가 쓰인 경우인데, '입겾'이라는 명사로 직접 표현하든지, 'ᄒ논겨체쓰는字'처럼

간접 표현하고 있다. (14ㅁ)은 한자어의 내용을 설명하는 주석에 쓰인 예이다.

언해문의 단어는 주로 고유어가 한글로 쓰였고, 한자로 쓰인 한자어는 매우 드물었다. 언해문의 한자는 주석문과 관련하여 4가지 유형으로 구분 할 수 있다.

(15) ㄱ. 中國, 上聲, 平聲, 入聲, 齒頭, 正齒

ㄴ. 百姓, 便安

ㄷ. 字, 爲, 半, 乃終, 點, 通

ㄹ. 君ㄷ字, 把字, 虛ᅙ字

(15ㄱ)은 주석문에서 한자어에 대하여 풀이를 하고, 그 한자어를 한자로 쓴 것이다. 예컨대, 언해문의 '平聲'은 주석에서 '平聲은 ᄆᆞᆺ가ᄇᆞᆫ소리라'고 되어 있다. 다만, '去聲'은 주석에서 '去聲은 ᄆᆞᆺ노ᄑᆞᆫ소리라'로 풀이하고, 언해문에서 'ᄆᆞᆺ노ᄑᆞᆫ소리오'가 쓰여 일정한 기준이 있었던 것은 아닌 듯하다. (15ㄴ)은 주석문에서 한자어로 풀이된 말을 그대로 한자로 쓴 것이다. 예컨대, 언해문의 '便安'은 주석문에서 '便은便安ᄒᆞᆯ씨라'로 되어 있다. 이들은 모두 주석에 언급된 한자어라는 점이 공통적이다. (15ㄷ, ㄹ)은 주석문에서 전혀 거론되지 않았는데 한자로 노출한 것이다. 다만, 한음치성에 나오는 '通'은 앞에서 'ᄉᆞᄆᆞᆾᄌᆞᆯ씨라'로 주석되어 있으나, 한자를 그대로 노출하였다. (15ㄹ)은 음가를 나타내기 위하여 쓰인 한자라는 점에서 불가피한 점이 있다.

《훈민정음》(언해)는 온전한 원래의 모습이 아니다. 처음 4행이 나머지 부분과 글자 모양과 글자 수에서 모두 다르다. 기존의 판목에 매목을 대고 새롭게 새기면서 글자 수가 늘어났다. 《훈민정음》(언해)의 권수제가 '세 종어제훈민정음'이 아니라 '훈민정음'이었음을 의미한다. 매목을 대고 다시 새기는 과정에서 '世솅宗종御엉製졩' 8자와 '御'와 '御製'에 대한 주석에 소요된 21자를 합하여 29자가 늘어난 것이다. 이 글자 수를 빼게 되면 1행 16자로 배열할 수 있어서 나머지 다른 행의 글자 수와 일치하게 된다. 《월인석보》(1459)는 세종이 승하한 후 세조가 간행한 것인데, 세조 자신이 쓴 '어제 월인석보 서'와 세종이 지은 훈민정음 서문과 예의를 구별하기 위하여 불가피하게 생긴 문제이다. '훈민정음'을 권수제로 하는 재구본이 정우영(2005)와 2007년 문화재청의 연구 용역에서 제시된 바 있는데, 정우영(2005)는 제1차 재구에서 한음 치성 부분을 제거하고 제2차 재구에서 살렸으며, 문화재청(2007)은 한음 치성 부분을 그대로 유지하였다.

《훈민정음》(언해)가 언제 처음 번역되었는지는 논란이 많다. 현전하는 실물은 1459년에 월인석보 권두본이 가장 이른 것이지만, 그 이전에 번역이 있었을 것으로 추정된다. 월인석보 권두본이 《월인석보》 권두에 부재되어 있다는 점과 한음 치성 규정이 추가되어 있다는 점으로 미루어 《석보상절》에도 부재되었을 가능성이 높다. 《석보상절》 권 21의 범어 진언음사 표기는 한음의 치두와 정치를 구분 표기한 예를 보이기 때문이다. 《용비어천가》(1447.2)는 인명과 지명에 대한 한글 주음에서 순경음은 사용되었으나 치두음과 정치음의 구별은 사용되지 않았다. 《석보상절》의 진언 표기는 기본적으로 《홍무정운역훈》(1455)의 표기와 같으나, 중성으

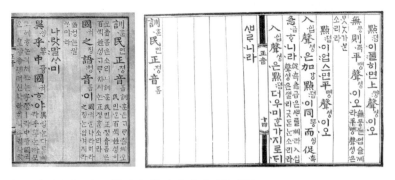

〈사진 6〉 문화재청 재구본(왼쪽)과 정우영 제1차 재구본(오른쪽).

로 끝나는 경우에 'ㅇ'으로 종성 표기를 하는 동국정운식 표기도 하였다. 1447년은 《동국정운》 편찬이 완성되고, 《홍무정운역훈》 편찬이 시작되는 시점이라, 《석보상절》의 진언 표기는 이 두 방식이 혼재되었다. 아직 한음 표기 규정이 명문화되지는 않았으나, 치두음과 정치음의 구별 표기 기준은 이미 성립되어 있었던 것이다.

그러나 《석보상절》 서문과 훈민정음 언해문의 표기를 비교하면 차이가 적지 않아 두 글을 같은 사람이 번역한 것으로 보기 어렵다. 훈민정음 언해문의 사잇소리 표기는 《용비어천가》와 같이 조음 위치에 따라 'ㄷ, ㅂ, ㄱ, ㅿ, ㆆ' 이 쓰였는데, 《석보상절》 서문에는 이들이 'ㅅ'으로 통일되어 있다. 더욱이 《훈민정음》(언해)에서 추가된 한음 치성 표기 부분에는 사잇소리가 'ㅅ'으로 되어 있다. 이러한 사실을 종합하면, 《용비어천가》 편찬에 관여한 누군가 《훈민정음》(해례)의 어제서문과 예의만을 번역하였을 가능성이 높다. 이 언해문이 《석보상절》 권두에 수록되면서 진언의 한음 표기 필요에 따라 한음 치성 규정이 추가된 것으로 짐작된다.

《석보상절》 권두에 있었을 《훈민정음》(언해)는 《월인석보》를 편찬하면서 다시 그 권두에 실리게 되었다. 이러한 추론에서 풀어야 할 과제는 글자의 모양이다. 《훈민정음》(언해)의 자체는 《석보상절》이나 《월인석보》와 많이 다르다. 《훈민정음》(언해)의 판각 자본의 글씨는 《석보상절》 서문과 유사하나, 《월인석보》 서문이나 본문과는 아주 다르다. 《훈민정음》(언해)의 자체는 필기체의 부드러운 모양으로 새로운 서체의 등장을 알리는 것이었다. 따라서 《훈민정음》(언해)는 《월인석보》의 판식에 맞추어 다른 사람의 새로운 글씨체를 자본(字本)으로 하여 판각한 것으로 추정된다. 판목의 처음 4행의 변개는 《월인석보》 발간 직전에 '세종어제'의 추가 필요성 때문에 일어난 일로 해석된다.

6.2.3.2. 고려대본

고려대본은 원래 박승빈(1880~1943)의 소장이었으나, 지금은 고려대학교 아세아문제연구소의 육당문고에 소장되어 있다. 고려대본의 원주인은 남학명(1654~1722)의 증손녀인, 이세근의 어머니인데, 이세근은 박승빈 고조부의 사위이다. 남학명의 장본(藏本)이 박승빈가로 건너온 것이다. 고려대본은 《조선일보》(1927.1.6.) 등에서 처음 기사화되었던 것인데, 그 즈음에 발견된 것으로 보인다. 《동아일보》(1926.1.2.)의 최남선(1890~1957) 논설에서 소개한 훈민정음은 서강대본의 복각본이었다.

고려대본은 《월인석보》(1459) 권두에 있는 《훈민정음》(언해)에다가, 권말에 《국조보감》(세조3년, 1457.1.) 권7(30~31)의 정인지 서문을 필사하여 덧붙여 하나의 책으로 장정한 것이다. 고려대본은 첫 장(두 쪽)이 낙장이어서 보사되어 있는데, 이 부분(〈사진 7〉)에 남학명의 장서인이 있다. 고려대본 첫 장의 보사된 부분은 《배자예부운략》(1678)의 권말에 있는 훈민정음을 보고 옮겼을 가능성이 높다. 서문이 '어제왈'로 시작하는 것이나 보사된 부분에 '异乎中國'의 '异'자가 쓰인 것이 《배자예부운략》과 같다.

고려대본의 보사된 부분은 《훈민정음》(언해)와 판식은 같으나 원문의 분절과 한글 구결, 언해문과 주석은 모두 다르다. 이 두 번역은 완전히 서로 다른 것이다. (16)은 고려대본의 원문 분절과 한글 구결, 그리고 언해문을 《훈민정음》(언해)와 비교한 것이다.

(16) ㄱ. [구결문] 御製曰ᄒᆞ샤ᄃᆡ / 國之語音이 异乎中國ᄒᆞ야 /與文字로 不相流通이라 / 故로 愚民이 有所欲言
[언해문] 御製예 ᄀᆞᆯᄋᆞ샤ᄃᆡ /나랏말소리 中國과 달라/ 文字로 더브러 서르 흘러 通티 몯ᄒᆞᄂᆞᆫ디라
ㄴ. [구결문] 國之語音이 / 異乎中國ᄒᆞ야 / 與文字로 不相流通ᄒᆞᆯᄊᆡ /

故로 愚民이 有所欲言

[언해문] 나랏말ᄊᆞ미 / 中國에 달아/ 文字와로 서르 ᄉᆞᄆᆞᆺ디 아니ᄒᆞᆯᄊᆡ

(16ㄱ)은 고려대본의 보사 부분이고, (16ㄴ)은 《훈민정음》(언해)의 해당 부분이다. (16ㄱ)의 원문 분절을 (16ㄴ)과 비교하면 '국지어음'과 '이호중국

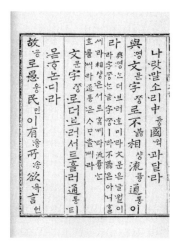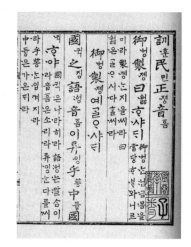

〈사진 7〉 고려대본 첫 부분

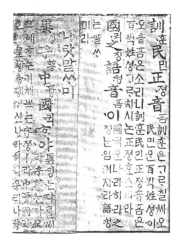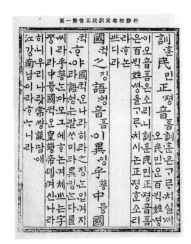

〈사진 8〉 《한글》 재구본(왼쪽), 박승빈 고정본(오른쪽)

를 합하고, 한글 구결은 '通홀씨'를 '通이라'로 하였다. 이것은 (16ㄱ)이 한문 '國之語音 異乎中國 與文字不相流通'을 선행 부사절과 후행절로 분절하여 그 사이를 나눈 것이다. (16ㄱ) 언해문은 (16ㄴ)과 여러 가지로 다르다. 다만 '중국에 달아'가 '중국과 달라'로 바뀐 것은 (16ㄱ)이 근대 국어를 반영한 것을 의미한다. 고려대본의 보사 부분은 의식적으로 방점을 사용하고 동국정운식 한자음 표기를 따르는 등 이미 사라진 옛 표기를 보였다. 15세기에 이미 사라진 문자 중에서 'ㅸ'(당ㅎ 병와)가 쓰이는가 하면, 'ㅿ'(지을씨라)는 쓰이지 않는 등 혼선을 보인다. 주석도 차이가 많다. 고려대본은 모든 한자('之' 제외)에 대하여 개별적으로 주석을 하고 있으며, 《훈민정음》(언해)처럼 '訓民正音, 御製, 中國, 流通'을 묶어 주석하지 않았다. 주석문의 형태는 '(ㅁ)이라, ㄹ씨라'로 통일되어 있는데, '이라'는 주로 체언에, '-ㄹ씨라'는 주로 용언에 쓰였다. 따라서 명사가 아닌 '與' 같은 경우도 '더브러호미라'처럼 명사형으로 주석되었다. '曰'은 용언으로 'ㄹ씨라' 형식이지만, '글ㅇ시다홀씨라'의 복잡한 구조를 보이고 있다.

고려대본이 1927년 발견되자 이것을 훈민정음 원본으로 간주하는 분위기가 있었다. 동인지 《한글》 창간호(1927)에서는 보사된 1장을 《월인석보》 복각본으로 교체하되, 첫 4행을 수정하여 '세종어제훈민정음원본'으로 발표하였다. 처음 4행에서 '세종어제'와 관련 주석을 제거한 다음 나머지 주석을 1행 16자로 배열하여 원본으로 재구한 것이다. 이 재구본은 2007년 문화재청의 연구 용역으로 재구한 내용과 기본적으로 같으나 자체와 3행의 글자 수에서 차이를 보인다.

박승빈은 자신의 장본을 《정음》 4호에 영인하면서 보사된 부분을 수정한 고정본(考定本)을 함께 공개하였다. 박승빈 고정본은 보사된 부분을 일부 수용하였지만, 《한글》 재구본은 《월인석보》 복각본만을 근간으로 수정하여 차이를 보인다. 박승빈 고정본은 '어제왈 ᄒ샤ᄃ' 부분을 제거하고, 권수제 '訓民正音' 아래에 한자의 주석을 붙였다. 언해문과 주석 및 번역 양식은 《월인석보》 복각본을 바탕으로 일부 수정하였다. 언해문은 '나랏말소리中國과달라'는 '나랏말쏘리中國에달아'로, '文字로더브러서르흘러通티몯ᄒᆞ논니라'는 '文字와로서르흘러ᄉᆞᄆᆞᆺ디아니ᄒᆞ논디라'로 수정하였다. '나랏말쏘리'와 'ᄒᆞ논디라'는 고려대본을 따랐으나, 나머지는 《월인석보》 복각본을 수용하였다. 〈표 3〉에 보인 '不相流通'의 '不'의 주석과 언해문을 보면, 박승빈 고정본은 《월인석보》 복각본과 고려대본을 적절히 반영한 것을 알 수 있다.

〈표 3〉 박승빈 고정본의 특성

구결문	주석문	언해문	이본
不相流通홀씨	不은아니ᄒᆞ논쁘디라	ᄉᆞᄆᆞᆺ디아니홀씨	《월인석보》 복각본
不相流通이라	不은아니홀씨라	通티몯ᄒᆞ논디라	고려대본
不相流通이라	不은아니ᄒᆞ논쁘디라	ᄉᆞᄆᆞᆺ디아니ᄒᆞ논디라	박승빈 고정본

6.2.4. 《훈민정음》(언해) 원문 영인

6.2.4.1. 언해문의 현대어 역

나라의 말이 중국과 달라서 한자로는 서로 통하지 아니하므로 어리석은 백성이 말하고자 할 바가 있어도 마침내 자기의 뜻을 얻어 펴지 못할 사람이 많다. 내가 이를 불쌍히 여기어서 새로 스물여덟 자를 만드니 사람마다 쉽게 익혀서 날마다 씀에 편안하게 할 따름이다.

ㄱ은 어금닛소리이니 군(君)자의 처음 나는 소리와 같으니, 나란히 쓰면 끟(虯)자의 처음 나는 소리와 같다.

ㅋ은 어금닛소리이니 쾡(快)자의 처음 나는 소리와 같다.

ㆁ은 어금닛소리이니 업(業)자의 처음 나는 소리와 같다.

ㄷ은 혓소리니 둫(斗)자의 처음 나는 소리와 같으니, 나란히 쓰면 땀(覃)

자의 처음 나는 소리와 같다.

ㅌ은 혓소리니 툰(呑)자의 처음 나는 소리와 같다.

ㄴ은 혓소리니 낭(那)자의 처음 나는 소리와 같다.

ㅂ은 입술소리니 볕(彆)자의 처음 나는 소리와 같으니, 나란히 쓰면 뽕(步)자의 처음 나는 소리와 같다.

ㅍ은 입술소리니 푱(漂)자의 처음 나는 소리와 같다.

ㅁ은 입술소리니 밍(彌)자의 처음 나는 소리와 같다.

ㅈ은 잇소리니 즉(卽)자의 처음 나는 소리와 같으니, 나란히 쓰면 쭝(慈)자의 처음 나는 소리와 같다.

ㅊ은 잇소리니 침(侵)자의 처음 나는 소리와 같다.

ㅅ은 잇소리니 슗(戌)자의 처음 나는 소리와 같으니, 나란히 쓰면 쌍(邪)자의 처음 나는 소리와 같다.

ㆆ은 목소리니 흡(挹)자의 처음 나는 소리와 같다.

ㅎ은 목소리니 헝(虛)자의 처음 나는 소리와 같으니, 나란히 쓰면 홍(洪)자의 처음 나는 소리와 같다.

ㅇ은 목소리니 욕(欲)자의 처음 나는 소리와 같다.

ㄹ은 반혓소리니 령(閭)자의 처음 나는 소리와 같다.

ㅿ은 반잇소리니 샹(穰)자의 처음 나는 소리와 같다.

ㆍ는 툰(呑)자의 가운데 소리와 같다.

ㅡ는 즉(卽)자의 가운데 소리와 같다.

ㅣ는 침(侵)자의 가운데 소리와 같다.

ㅗ는 홍(洪)자의 가운데 소리와 같다.

ㅏ는 땀(覃)자의 가운데 소리와 같다.

ㅜ는 군(君)자의 가운데 소리와 같다.

ㅓ는 업(業)자의 가운데 소리와 같다.

ㅛ는 욕(欲)자의 가운데 소리와 같다.

ㅑ는 샹(穰)자의 가운데 소리와 같다.

ㅠ는 슗(戌)자의 가운데 소리와 같다.

ㅕ는 볃(彆)자의 가운데 소리와 같다.

나중 소리는 다시 첫소리를 쓴다.

ㅇ을 입술소리 아래에 이어 쓰면 입술 가벼운 소리가 된다.

첫소리를 어울러 쓸 것이면 나란히 써라. 나중 소리도 한가지이다.

ㆍ와 ㅡ와 ㅗ와 ㅜ와 ㅛ와 ㅠ는 첫소리 아래 붙여 쓰고

ㅣ와 ㅏ와 ㅓ와 ㅑ와 ㅕ는 오른쪽에 붙여 쓴다.

무릇 글자가 모름지기 어울려야 소리가 이루어지니

왼쪽에 한 점을 더하면 가장 높은 소리이고

점이 둘이면 상성이고

점이 없으면 평성이고

입성은 점을 더하는 것은 한가지인데 빠르다.

중국 소리의 잇소리는 치두와 정치의 구별이 있으니

ㅅ ㅆ ㅈ ㅉ ㅊ자는 치두 소리에 쓰고

ㅅ ㅆ ㅈ ㅉ ㅊ자는 정치 소리에 쓰니

어금니와 혀와 입술과 목소리의 글자는 중국 소리에 통용한다.

이하에 서강대본 훈민정음을 축소 영인하였다. 원본의 우철(右綴) 방식에 따라 첫 부분이 뒤쪽에 배치되어 순서가 역순으로 되었다.

■ 참고문헌

권덕규 외(1927), 박승빈(1934), 방종현(1948), 이상백(1957), 안병희(1976), 김동언(1985), 천혜봉(1991), 김민수(1996ㄴ), 안병희(1997), 정우영(2001), 안병희(2002), 강신항(2003), 안주호(2003), 정우영(2005), 문화재청(2007), 김주필(2011), 이상규(2012), 김주원(2013), 정광(2013), 한재영(2017), 백두현(2017), 정우영(2017), 홍윤표(2017), 김주필(2019)

ᅙᅩ
·니 혀쏘·리·ᄂᆞᆫ ·우·리 나·랏 소·리예·셔 여·트·니 ·혀 ᅀᅳᆺ 머·리·예 다·ᄂᆞ·니·라

ㅈㅊㅉㅅㅆ字ᄍᆞᆼᄂᆞᆫ 正졍齒칭ㅅ소·리
·예 ·ᄡᅳ·고

ㅈㅊㅉㅅㅆ字ᄍᆞᆼᄂᆞᆫ 用ᅇᅩᆼ於ᅙᅥᆼ正졍齒칭
ᄒ·ᄂᆞ·니 ·터·부·니 ·이 소·리·ᄂᆞᆫ ·우·리 나·랏 소·리예·셔 두·터·ᄫᅵ·니 혓 그·티 아·랫 닛·므·유·메 다·
·라·ᄂᆞ·니

ㅈㅊㅉㅅㅆ字ᄍᆞᆼᄂᆞᆫ 正졍齒칭ㅅ소·리

15a

·예 ·ᄡᅳ·ᄂᆞ·니

牙ᅌᅡᆼ舌쎯脣쓘喉ᅘᅮᇢ之징字ᄍᆞᆼᄂᆞᆫ 通통

用ᅇᅩᆼ於ᅙᅥᆼ漢한音ᅙᅳᆷ ᄒᆞ·ᄂᆞ·니·라

엄·과 혀·와 입시·울·와 목소·리·옛 字ᄍᆞᆼᄂᆞᆫ

中듕國·귁 소·리·예 通통·히 ·ᄡᅳ·ᄂᆞ·니·라

訓훈民민正졍音ᅙᅳᆷ

15b

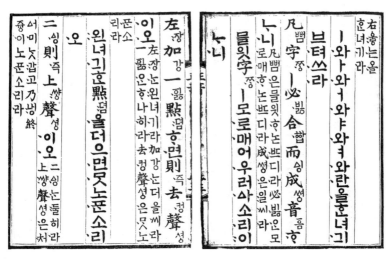

13b　　　　　13a

14b　　　　　14a

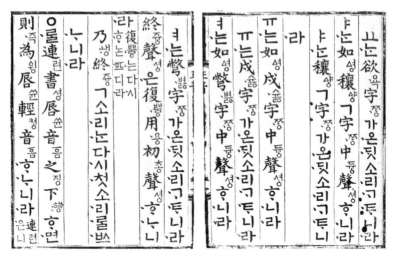

11a

ㅛᄂᆞᆫ 欲욕字ᄍᆞᆼ 가온딧소리 ᄀᆞᄐᆞ니라
ㅑᄂᆞᆫ 穰ᅀᅣᆼㄱ字ᄍᆞᆼ 가온딧소리 ᄀᆞᄐᆞ니라
ㅠᄂᆞᆫ 戌슗字ᄍᆞᆼ 가온딧소리 ᄀᆞᄐᆞ니라
ㅕᄂᆞᆫ 彆볋字ᄍᆞᆼ 가온딧소리 ᄀᆞᄐᆞ니라
라

11b

ㅕᄂᆞᆫ 彆볋字ᄍᆞᆼ 가온딧소리 ᄀᆞᄐᆞ니라

終즁聲셩은 復뽕用용初총聲셩ᄒᆞᄂᆞ니라
復뽕는 다시 ᄡᅳᆯ씨라
乃냉終즁ㄱ소리는 다시 첫소리를 ᄡᅳᄂᆞ니라

○連련書셔脣쓘音흠之징下ᅘᅡᆼᄒᆞ면 則즉爲윙脣쓘輕켱音흠ᄒᆞᄂᆞ니라
連련은 니ᅀᅳᆯ씨라

12a

○ᄅᆞᆯ 입시울쏘리 아래 니ᅀᅥ ᄡᅳ면 입시울가ᄇᆡ야ᄫᆞᆫ소리 ᄃᆞ외ᄂᆞ니라

初총聲셩을 合ᄒᆞᆸ用용ᄒᆞᇙ디면 則즉並뼝書셔ᄒᆞ라 終즁聲셩도 同똥ᄒᆞ니라
合ᄒᆞᆸ운 어울씨라

12b

첫소리를 어울워 ᄡᅮᇙ디면 ᄀᆞᆯ바 ᄡᅳ라 乃냉終즁ㄱ소리도 ᄒᆞᆫ가지라

ㆍㅡㅗㅜㅛㅠᄂᆞᆫ 附뿡書셩初총聲셩之징下ᅘᅡᆼᄒᆞ고
附뿡는 브텨 ᄡᅳᆯ씨라 下ᅘᅡᆼᄂᆞᆫ 아래라
ㆍ와 ㅡ와 ㅗ와 ㅜ와 ㅛ와 ㅠ와란 첫소리 아래 브텨 쓰고
ㅣㅏㅑㅓㅕ란 附뿡書셩於헝右ᅌᅮᇢᄒᆞ라

9a

閭ᇢ字 初發聲ᅙᆞ니라

ㄹ는 半반혀쏘리니 閭ᇢ字ㅉ 처ᅀᅥᆷ
펴아나ᄂᆞᆫ 소리 ㄱᆞᆮᄐᆞ니라

ㅿ는 半반齒칭音ᅙᆢᆷ이니 如ᅀᅧᆼ 穰ᅀᅣᆼㄱ字
初총發벓聲셩ᅙᆞ니라

ㅿ는 半반니쏘리니 穰ᅀᅣᆼ字ㅉ
펴아나ᄂᆞᆫ 소리 ㄱᆞᆮᄐᆞ니라

9b

中듕은 가온ᄃᆡ라

ㆍ는 如ᅀᅧᆼ 呑툰ㄷ字ㅉ 中듕聲셩ᅙᆞ니라

ㆍ는 呑툰ㄷ字ㅉ 가온딋소리 ㄱᆞᆮᄐᆞ니
라

ㅡ는 如ᅀᅧᆼ 卽즉字ㅉ 中듕聲셩ᅙᆞ니라

ㅡ는 卽즉字ㅉ 가온딋소리 ㄱᆞᆮᄐᆞ니라

ㅣ는 如ᅀᅧᆼ 侵침ㅂ字ㅉ 中듕聲셩ᅙᆞ니라

10a

ㅣ는 侵침ㅂ字ㅉ 가온딋소리 ㄱᆞᆮᄐᆞ니
라

ㅗ는 如ᅀᅧᆼ 洪ᅘᅩᆼㄱ字ㅉ 中듕聲셩ᅙᆞ니라

ㅗ는 洪ᅘᅩᆼㄱ字ㅉ 가온딋소리 ㄱᆞᆮᄐᆞ니
라

ㅏ는 如ᅀᅧᆼ 覃땀ㅂ字ㅉ 中듕聲셩ᅙᆞ니라

ㅏ는 覃땀ㅂ字ㅉ 가온딋소리 ㄱᆞᆮᄐᆞ니

10b

라

ㅜ는 如ᅀᅧᆼ 君군ㄷ字ㅉ 中듕聲셩ᅙᆞ니라

ㅜ는 君군ㄷ字ㅉ 가온딋소리 ㄱᆞᆮᄐᆞ니
라

ㅓ는 如ᅀᅧᆼ 業ᅌᅥᆸ字ㅉ 中듕聲셩ᅙᆞ니라

ㅓ는 業ᅌᅥᆸ字ㅉ 가온딋소리 ㄱᆞᆮᄐᆞ니
라

ㅛ는 如ᅀᅧᆼ 欲욕字ㅉ 中듕聲셩ᅙᆞ니라

7a

ㅈ는니쏘·리·니 即·즉字·쫑·처섬·펴·아·나
ㄴ소·리·ᄀᆞ·ᄐᆞ·니 ᄀᆞᆯ·밧·ᄶᆞ·면 慈쫑ᅙ字·쫑
·처섬·펴·아·나소·리·ᄀᆞ·ᄐᆞ·니·라
大땡ㄷ齒칭音ᅙᆷ이·니 如영 侵침ㅂ字·쫑初총
發ᄈᆞᆯ聲셩ᅙ·니·라
大땡ㄷ쏘·리·니 侵침ㅂ字·쫑·처섬·펴·아
나ㄷ쏘·리·니·ᄀᆞ·ᄐᆞ·니·라

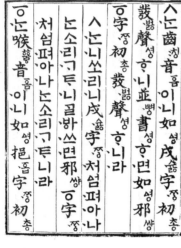

7b

ㅅ는니齒칭音ᅙᆷ이·니 如영 戌슗字·쫑初총
發ᄈᆞᆯ聲셩ᅙ·니 並뼝書셩ᅙ·면 如영 邪썅
ㅅ는니쏘·리·니 戌슗字·쫑·처섬·펴·아·나
ㄴ소·리·ᄀᆞ·ᄐᆞ·니 ᄀᆞᆯ·밧·ᄶᆞ·면 邪썅ᅙ字·쫑
·처섬·펴·아나ㄴ소·리·ᄀᆞ·ᄐᆞ·니·라
ᅙ는喉ᅘᅮᆼ音ᅙᆷ이·니 如영 挹ᅙ字·쫑初총

8a

發ᄈᆞᆯ聲셩ᅙ·니·라 喉ᅘᅮᆼ는 모기·라
ᅙ는목소·리·니 挹ᅙ字·쫑·처섬·펴·아·나
ᅘ는喉ᅘᅮᆼ音ᅙᆷ이·니 如영 虛헝ᅙ字·쫑初총
ㄴ소·리·ᄀᆞ·ᄐᆞ·니·라
發ᄈᆞᆯ聲셩ᅙ·니 並뼝書셩ᅙ·면 如영 洪
ㄱ는목소·리·니 虛헝ᅙ字·쫑·처섬·펴·아

8b

나는소·리·ᄀᆞ·ᄐᆞ·니 ᄀᆞᆯ·밧·ᄶᆞ·면 洪ᅘᅩᆼㄱ字·쫑
·처섬·펴·아나는소·리·ᄀᆞ·ᄐᆞ·니·라
ㅇ는喉ᅘᅮᆼ音ᅙᆷ이·니 如영 欲욕字·쫑
發ᄈᆞᆯ聲셩ᅙ·니·라
ㅇ는목소·리·니 欲욕字·쫑·처섬·펴·아·나
ㄴ소·리·ᄀᆞ·ᄐᆞ·니·라
ㄹ는半반舌쎯音ᅙᆷ이·니 如영 閭령ᅙ字

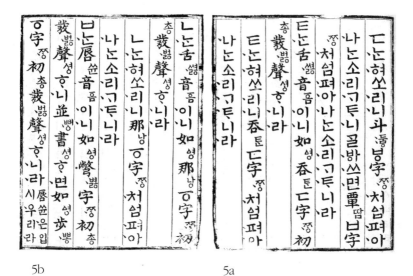

5b 5a

6a (오른쪽 아래)

ㅂᄂᆞᆫ 입시울쏘리니 彆ㅸ字 처ᅀᅥᆷ 펴
아 나ᄂᆞᆫ 소리 ᄀᆞᆮᄒᆞ니 ᄀᆞᆲᄫᅡ 쓰면 步ㆆ
字 처ᅀᅥᆷ 펴아 나ᄂᆞᆫ 소리 ᄀᆞᆮᄒᆞ니라
ㅍᄂᆞᆫ 입시울쏘리니 漂ㅸ字 처ᅀᅥᆷ
펴아 나ᄂᆞᆫ 소리 ᄀᆞᆮᄒᆞ니라

6b (왼쪽 아래)

ㅁᄂᆞᆫ 입시울쏘리니 彌ㆆ字 처ᅀᅥᆷ 펴
아 나ᄂᆞᆫ 소리 ᄀᆞᆮᄒᆞ니라
ㅈᄂᆞᆫ 齒音이니 如 卽字 처ᅀᅥᆷ
發聲ᄒᆞ니 並書ᄒᆞ면 如 慈
ㆆ字 初發聲ᄒᆞ니라 齒ᄂᆞᆫ 니라

6b 6a

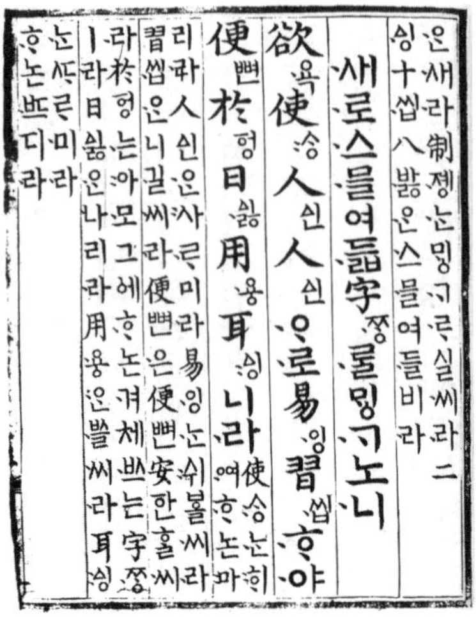
ᄋᆞᆫ 새라 制졩ᄂᆞᆫ ᄆᆡᇰᄀᆞᄅᆞ실 씨라 二ᅀᅵᆼ十씹八밣ᄋᆞᆫ ᄉᆞ믈여들비라
새로 스믈여듧 字ᄍᆞᆼ를 ᄆᆡᇰᄀᆞ노니
欲욕使ᄉᆞᆼ人ᅀᅵᆫ人ᅀᅵᆫᄋᆞ로 易ᅌᅵᆼ習씹ᄒᆞ야
便뼌於ᅙᅥᆼ日ᅀᅵᇙ用용耳ᅀᅵᆼ니라 使ᄉᆞᆼᄂᆞᆫ ᄒᆡᅇᅧ ᄒᆞ논 마
리라 人ᅀᅵᆫᄋᆞᆫ 사ᄅᆞ미라 易ᅌᅵᆼᄂᆞᆫ 쉬ᄫᅳᆯ 씨라
習씹ᄋᆞᆫ 니길 씨라 便뼌ᄋᆞᆫ 便뼌安한ᄒᆞᆯ 씨라
於ᅙᅥᆼᄂᆞᆫ 아모그ᅌᅦ ᄒᆞ논 겨체 ᄡᅳᄂᆞᆫ 字ᄍᆞᆼ
ㅣ라 日ᅀᅵᇙᄋᆞᆫ 나리라 用용ᄋᆞᆫ ᄡᅳᆯ 씨라 耳ᅀᅵᆼ
ᄂᆞᆫ ᄯᆞᄅᆞ미라 ᄒᆞ논 ᄠᅳ디라

3a

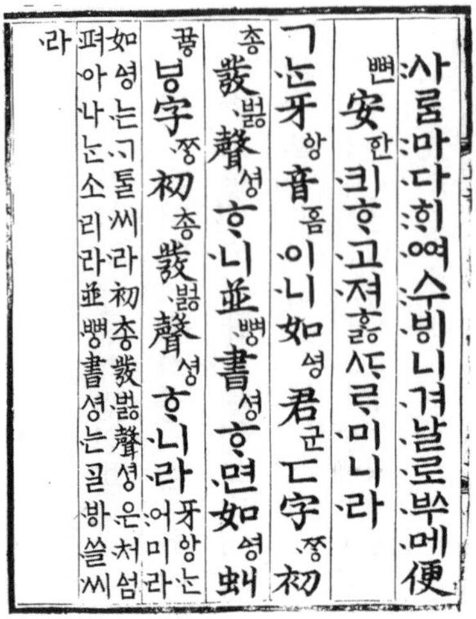
사ᄅᆞᆷ마다 ᄒᆡᅇᅧ 수ᄫᅵ 니겨 날로 ᄡᅮ메 便
뼌安한킈 ᄒᆞ고져 ᄒᆞᇙ ᄯᆞᄅᆞ미니라
ㄱᄂᆞᆫ 牙앙音ᅙᅳᆷ이니 如ᅀᅥᆼ君군ㄷ字ᄍᆞᆼ 初
총發벓聲셩ᄒᆞ니 並뼝書셩ᄒᆞ면 如ᅀᅥᆼ虯
끃ᄫᆞᆼ字ᄍᆞᆼ 初총發벓聲셩ᄒᆞ니라 牙앙ᄂᆞᆫ 어미라
如ᅀᅥᆼᄂᆞᆫ ᄀᆞᄐᆞᆯ 씨라 初총發벓聲셩ᄋᆞᆫ 처ᅀᅥᆷ
펴아 나ᄂᆞᆫ 소리라 並뼝書셩ᄂᆞᆫ ᄀᆞᆯᄫᅡ ᄡᅳᆯ 씨
라

3b

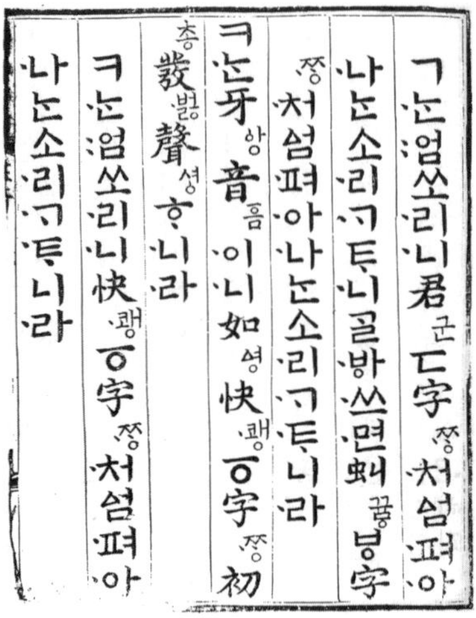
ㄱᄂᆞᆫ 엄쏘리니 君군ㄷ字ᄍᆞᆼ 처ᅀᅥᆷ 펴아
나ᄂᆞᆫ 소리 ᄀᆞᄐᆞ니 ᄀᆞᆯᄫᅡ ᄡᅳ면 虯끃ᄫᆞᆼ字
ᄍᆞᆼ 처ᅀᅥᆷ 펴아 나ᄂᆞᆫ 소리 ᄀᆞᄐᆞ니라
ㅋᄂᆞᆫ 牙앙音ᅙᅳᆷ이니 如ᅀᅥᆼ快쾡ᅙ字ᄍᆞᆼ 初
총發벓聲셩ᄒᆞ니라
ㅋᄂᆞᆫ 엄쏘리니 快쾡ᅙ字ᄍᆞᆼ 처ᅀᅥᆷ 펴아
나ᄂᆞᆫ 소리 ᄀᆞᄐᆞ니라

4a

ᅌᄂᆞᆫ 牙앙音ᅙᅳᆷ이니 如ᅀᅥᆼ業업字ᄍᆞᆼ 初총
發벓聲셩ᄒᆞ니라
ᅌᄂᆞᆫ 엄쏘리니 業업字ᄍᆞᆼ 처ᅀᅥᆷ 펴아 나
ᄂᆞᆫ 소리 ᄀᆞᄐᆞ니라
ㄷᄂᆞᆫ 舌쎯音ᅙᅳᆷ이니 如ᅀᅥᆼ斗ᄃᆞᇢ봉字ᄍᆞᆼ 初
총發벓聲셩ᄒᆞ니 並뼝書셩ᄒᆞ면 如ᅀᅥᆼ覃
땀ㅂ字ᄍᆞᆼ 初총發벓聲셩ᄒᆞ니라 舌쎯ᄋᆞᆫ 혀라

4b

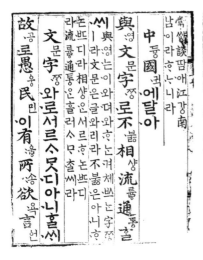

世・솅宗종御・엉製・졩訓・훈民민正・졍音

나・랏:말ᄊᆞ・미

異・잉乎ᅘᅩᆼ中듕國・귁・ᄒᆞ・야

國・귁之징語・엉音흠・이

中듕國・귁・에달・아

與・영文문字・ᄍᆞ・로不・붏相샤ᇰ流륳通통・ᄒᆞᆯ・ᄊᆡ

文문字・ᄍᆞ・와・로서르ᄉᆞᄆᆞᆺ・디아・니ᄒᆞᆯ・ᄊᆡ

故・공・로愚ᅌᅮᆼ民민・이有・ᅌᅮᇢ所・송欲・욕言언

1b　　　　　　　1a

・ᄒᆞ・야・도

而ᅀᅵᆼ終즁不・붏得・득伸신其끵情쪄ᇰ者쟝

・ㅣ多당矣・ᅌᅴᆼ・라

・이런젼・ᄎᆞ・로어・린百・ᄇᆡᆨ姓・셩・이니르・고

ᄆᆞ・ᄎᆞᆷ:내제・ᄠᅳ・들시・러펴・디:몯ᄒᆞᇙ・노・미하・니・라

予・영・ㅣ爲・윙此・ᄎᆞ憫・민然션・ᄒᆞ・야

・내・이・ᄅᆞᆯ爲・윙・ᄒᆞ・야:어엿・비너・겨

新신制・졩二・ᅀᅵᆼ十・씹八・바ᇙ字・ᄍᆞ・ᄒᆞ・노・니

2b　　　　　　　2a

제7장 한글의 문자와 운용

7.1. 한글 창제의 원리

7.1.1. 음절 삼분법과 제자

언어에서 발음이 가능한 가장 작은 단위는 음절이다. 따라서 표음 문자에서는 음절이 가장 편리하고 쉬운 표음 대상이 된다. 음절은 일반적으로 자음, 모음, 자음의 순서로 분석된다. 자음과 모음은 사람이 인식하는 소리의 최소 단위로 음소라 한다. 음소가 음절과 가지는 관계는 여러 가지 분석이 가능하다. 전통적인 방법은 음절을 둘로 쪼개는 것이다. 하나는 모음을 앞에 오는 자음과 먼저 합하고 이어 모음 뒤에 오는 자음과 합하는 방법이고, 다른 하나는 그 반대의 방법이다. 이것을 간단하게 그림으로 그리면 다음 (1)과 같다.

(1)　ㄱ.　　　　　　　　　　　　ㄴ.

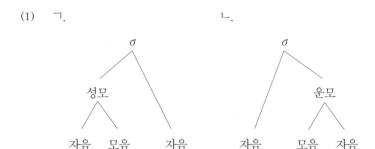

   (1ㄱ)은 전통적인 차자 표기 방법이다. '살나모'의 '살'을 '沙乙'로 표기하는 방식이다. (1ㄴ)은 중국 성운학의 분석 방법이다. '江'을 '古雙切'로 표기하는 방식이다. 훈민정음은 이와는 다른 방법을 택하였다.

   훈민정음은 음절을 구성하는 요소 하나하나를 독립적인 요소로 구분하고, 첫 자음을 초성, 가운데 모음을 중성, 끝 자음을 종성이라고 하였다. 정음 초성은 운서의 자모이고, 중성은 자운의 가운데로 초·종성과 합해서 음을 이루고, 종성은 초·중성을 이어서 자운을 이룬다고 하였다.[24] 초성 'ㄱ'이 'ᅟᅮᆫ'과 합하여 '군'(君)이 되고, 중성 'ㆍ'는 'ㅌ'과 'ㄴ' 사이에 와서 '튼'(呑)이 되고, 종성 'ㄱ'은 '즈' 다음에 와서 '즉'(卽)이 된다. 이것을 그림으로 보이면 다음 (2)와 같다.

(2)

---

24 正音初聲卽韻書之字母也〈초성해〉, 中聲者居字韻之中合初終而成音〈중성해〉, 終聲者承初中而成字韻〈종성해〉.

(2)는 초성과 종성이 중성을 가운데 두고 대등한 관계에 있음을 보인다. 이러한 도식은 현대어 의성 의태어의 동음 반복을 보면 합리적임을 알 수 있다. '둥둥 : 두둥실'에서는 초성과 중성이 더 가까운 것 같지만, '옹기 종기'에서는 중성과 종성이 더 가까운 것으로 보인다. 중성이 어느 한쪽으로 쏠리는 것으로 보기 어려운 것이다. 이와 같이 초성과 종성이 중성과 대등한 관계를 보이는 것을 음절 삼분법이라고 한다.

음절의 삼분법이 중요한 것은 중성이 하나의 단위로 독립한 것과 초성과 종성을 같은 것으로 인식하였다는 것이다. 중성의 독립은 성운학의 운모에서 양운미를 제외한 결과인데, 양운미 제외는 내적으로는 한자 차용 표기의 말음 표기 전통이, 외적으로는 몽골 문자나 파스파 문자의 받침이 영향을 주었을 것이다. 따라서 중성에는 성운학의 개음(반모음), 핵모음, 음운미를 포함하게 되었고, 핵모음에 해당하는 글자를 창제함으로써 완벽한 음소 문자가 탄생하게 되었다. 초성과 종성의 동일 인식은 종성을 위하여 별도의 문자를 만들지 않게 되었다. 초성과 종성은 자음으로 같은 성질이나 실제로 그 음가는 완전히 같은 것이 아니다. '밥'의 경우 초성 'ㅂ'은 폐쇄와 지속과 개방의 3단계를 온전히 갖는 외파 파열음이지만, 종성의 'ㅂ'은 개방이 없는 미파 파열음으로 차이가 있다. 훈민정음은 초성과 종성에서의 이러한 음성적 차이는 무시하고 이들을 하나의 음소로 인식한 것이다. 《훈민정음》(해례)에서 '종성은 초성을 다시 쓴다.'[終聲復用初聲]고 규정한 것이 그것을 말해 준다. 이러한 결과 훈민정음은 자음(초성과 종성)과 모음(중성)의 두 가지 문자를 온전히 갖게 되는 길이 마련된 것이다.

7.1.2. 음절 이분법과 운용

훈민정음은 음소를 나타내는 자소를 만든 다음, 자소를 모아서 음절 단위로 쓰도록 하였다. 음소 문자의 경우는 영어의 알파벳이나 몽골 문자처럼 발음되는 순서대로 나열하는 경우와 파스파 문자처럼 음절 단위로 모아쓰는 경우가 있는데, 훈민정음은 파스파 문자와 같이 모아쓰기를 택하였다. 《훈민정음》(해례) 예의에서는 '무릇 모든 자소는 반드시 합하여야 음절을 이룬다.'라고 하고, 합자해에서는 '초·중·종성의 세 자소가 합하여야 하나의 글자를 이룬다.'라고 한 것이다.

모아쓰는 방법에 대하여 《훈민정음》(해례) 예의와 합자해에서 다음과 같이 언급하였다.

(3) ㄱ. ·, ㅡ, ㅗ, ㅜ, ㅛ, ㅠ는 초성의 아래에 붙여 쓰고, ㅣ, ㅏ, ㅓ, ㅑ, ㅕ는 오른쪽에 붙여 쓴다.[25]

ㄴ. 초중종 삼성이 합하여 글자를 이루는데, 어떤 초성은 중성의 위쪽에 오고 어떤 초성은 중성의 왼쪽에 온다. (중략) 종성은 초중성의 아래에 온다.[26]

(3ㄱ)은 초성과 중성을 붙여 쓰는 방식을 언급하였다. 이를 구체적으로 설명한 것이 (3ㄴ)인데, 중성의 가로획(·포함)은 '구'처럼 초성의 아래에 붙여 쓰고, 세로획은 '치'처럼 초성의 오른쪽에 쓴다는 것이다. 그런데 (3ㄴ)은 종성이 초·중성의 아래에 온다는 설명을 추가하였다. 이것은 (1ㄱ)의 전통적인 향문 표기의 음절 표기 방식과 같은 것이다. 훈민정음에서 자소를 만들 때에는 음절을 초성·중성·종성으로 삼분하였으나, 자소를 운용할 때는 초성과 중성을 먼저 합하고 이어서 종성을 합하는 2단계 방식을 이용한 것이다.

---

25 ·, ㅡ, ㅗ, ㅜ, ㅛ, ㅠ附書初聲之下 ㅣ, ㅏ, ㅓ, ㅑ, ㅕ附書於右. 〈예의〉.
26 初中終三聲 合而成字 初聲或在中聲之上 或在中聲之左 (중략) 終聲在初中之下 〈합자해〉.

7.2. 제자 원리와 한글 자모

7.2.1. 제자 원리

음절 삼분법에 의하여 자음과 모음 글자가 만들어졌다. 제자는 기본적으로 기본자를 만들고 이를 합하여 새로운 합성자를 만드는 방식을 이용하였다. 기본자는 상형과 지사의 원리를 이용하였고, 합성자는 병서와 연서의 원리를 이용하였다. 이것을 종합하면 다음 〈표 1〉과 같다.

〈표 1〉 제자 원리

기본자	상형의 원리	발음기관 상형자	자음 기초자(ㄱ, ㄴ, ㅁ, ㅅ, ㅇ)
		삼재 상형자	모음 기초자(·, ㅡ, ㅣ)
	지사의 원리	가획자	자음 가획자(ㅋ, ㄷ, ㅌ 등)
		출자	모음 출자(ㅗ, ㅏ, ㅛ, ㅑ 등)
합성자	병서의 원리	병서자	각자 병서(ㄲ, ㄸ, ㅃ 등), 합용 병서(ㅺ, ㅼ, ㅵ, ㅴ 등)
		합용자	모음 초출자 합성(ㅘ, ㅝ 등)
		상합자	모음 기본자 + ㅣ(·ㅣ, ㅚ 등)
	연서의 원리	연서자	순자음 + ㅇ(ㅸ, ㅱ 등)

상형의 원리는 어떤 사물의 형상을 본뜨는 것으로 기초자 창제의 원리가 되었다. 《훈민정음》(해례)에는 '그 형태를 본떠서 글자를 만들었다'[各像其形而制之]고 기록하고 있다. 형상을 본뜨는 대상은 자음자는 발음 기관의 모양이나 움직임에 따라 형성되는 입안의 모양, 모음자는 주역의 천지인(天地人) 삼재이었다. 예컨대, 'ㅅ'은 이의 모양을 본뜬 것이며, '·'는 하늘의 둥근 모양을 본뜬 것이다. 자음자는 한자의 상형이 주로 자연 사물의 형태를 본뜬 것과는 다르게 발음과 관련된 모양을 본떴다.

지사의 원리는 특정한 부호로 추상적인 개념을 나타내는 것으로 자음의 가획자를 만드는 데 이용되었다. 가획은 기초자보다 조금 센 소리를 표기하기 위하여 획을 더하는 방식[聲出稍厲故加劃]을 말한다. 예컨대 기초자 'ㄴ'에 가획하여 'ㄷ'이 되고, 다시 이에 가획하여 'ㅌ'이 되는 것이다. 이것은 국어가 비음, 평음, 격음 순으로 점점 더 세지는 소리의 특성을 '가획'의 방법으로 표현한 제자 방식이다. 지사의 원리는 모음의 초출자와 재출자를 만드는 데에도 이용되었다. 출자는 기초자에서 새 글자를 끌어내는 방식으로 'ㆍ'의 위치를 상하좌우로 달리하는 방식이다. 초출자 'ㅗ, ㅏ, ㅜ, ㅓ'는 'ㆍ'를 'ㅡ'나 'ㅣ'의 상하좌우에 배치하여 만든 글자로 'ㆍ'가 어디에 위치하느냐에 따라 음가가 달라진 것이다. 즉, 'ㆍ'가 'ㅣ'의 좌우에 붙은 것은 평순 모음이고, 'ㆍ'가 'ㅡ'의 상하에 붙은 것은 원순 모음이며, 'ㆍ'가 'ㅣ, ㅡ'의 우상에 붙은 것은 양성 모음이고, 'ㆍ'가 'ㅣ, ㅡ'의 좌하에 붙은 것은 음성 모음이다. 재출자 'ㅛ, ㅑ, ㅠ, ㅕ'는 'ㅣ'에서 시작하여 'ㅗ, ㅏ, ㅜ, ㅓ'로 끝나는 것인데, 'ㅣ' 음가를 'ㆍ'로 나타내었다.

병서의 원리는 기본자를 좌우로 나란히 이어 쓰는 방식이다. 병서는 자음과 모음에 모두 쓰인 방식이다. 자음의 병서는 각자 병서와 합용 병서가 있다. 서로 같은 글자를 나란히 쓴 'ㄲ, ㄸ' 등을 각자 병서, 서로 다른 글자를 나란히 쓴 'ㅺ, ㅳ' 등을 합용 병서라 한다. 모음의 병서는 합성과 상합이 있다. 기본자를 나란히 쓴 'ㅘ, ㅝ'를 합용, 반모음 'ㅣ'를 기본자 오른쪽에 쓴 'ㅐ, ㅚ' 등을 상합이라 불렀다. 합용자의 'ㅗ, ㅜ'는 반모음 'w'을 나타냈으나 독립적으로 쓰이면 기본자로 쓰였다. 상합자의 'ㅣ'는 반모음 'j'를 나타냈으나, 역시 독립적으로 쓰이면 기본자가 된다. 이것은 반모음을 위한 글자를 따로 만들지 않았기 때문이다. 두 글자를 합하여 새로운 글자를 만드는 것은 한자의 회의(會意)나 형성(形聲)과 같이 매우 경제적인 글자 제정 방법이다.

연서의 원리는 글자를 상하로 이어 써서 새로운 글자를 만드는 방법이다. 순음과 반설음 아래에 'ㅇ'을 이어 써서 순경음이나 반설경음을 표기하는 데 이용되었다. 'ㅸ'은 우리말 표기에 쓰였으나, 대부분은 한어 표기에 쓰였다.

7.2.2. 자음자

7.2.2.1. 기본 자음 17자

《훈민정음》(해례) 제자해에서는 기초자 5개와 가획자 12개를 만들어 모두 17자를 기본자로 하였다. 제자해에서 전탁자 'ㄲ, ㄸ, ㅃ, ㅆ, ㅉ, ㆅ' 6자모를 각자 병서로 설명하고 있으나 이들은 기본자에는 포함되지 않았다. 기본자의 내용은 〈표 2〉와 같다.

〈표 2〉 훈민정음 초성 17자

오음	기초자	상형	가획자		
			1차	2차	이체
아음	ㄱ	혀뿌리가 목구멍을 막는 모양(象舌根閉喉之形)	ㅋ		ㆁ
설음	ㄴ	혀끝이 윗잇몸에 닿는 모양 (象舌附上齶之形)	ㄷ	ㅌ	ㄹ
순음	ㅁ	입 모양(象口形)	ㅂ	ㅍ	
치음	ㅅ	이 모양(象齒形)	ㅈ	ㅊ	ㅿ
후음	ㅇ	목구멍 모양(象喉形)	ㆆ	ㅎ	

기초자는 아음, 설음, 순음, 치음, 후음 등의 조음 위치에서 나는 가장 약한 소리를 대상으로 하였다. 설음의 'ㄴ', 순음의 'ㅁ', 후음의 'ㅇ'이 그러한 예이다. 그런데 'ㅇ'은 그 음가가 없다. 해례에서 목구멍에서 나는 불청불탁음이라고 하였지만 담이허(淡而虛)하여 종성에는 쓰일 수 없다고 하였으므로 실질적 음가가 없는 것이다. 주로 어두에서 초성 없이 모음으로 시작하는 경우를 표시하는 영성자의 기능을 하였다. 다만, '달아'처럼 'ㄹ'의 연철을 거부하는 'ㅇ'은 특정한 환경에서 유성마찰음[ɦ]의 음가를 가진 것으로 해석된다. 아음과 치음은 예외적으로 전청자를 기초자로 삼았다.

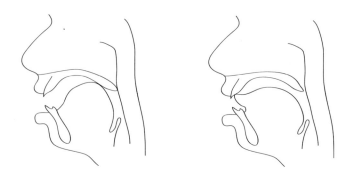

〈그림 1〉 'ㄱ'의 발음 기관(왼쪽)과 'ㄴ'의 발음 기관(오른쪽)

아음의 불청불탁자 'ㆁ'는 설근이 연구개를 막고 소리가 코로 나가는 연구개 비음으로 후음 'ㅇ'과 소리가 비슷하고, 글자 모양도 목구멍을 본뜬 것이어서 아음의 기초자로 삼지 않았다. 대신 전청자 'ㄱ'을 기초자로 삼았다. 치음에는 불청불탁자가 없으므로 전청자가 기초자가 되었다. 치음의 전청자는 'ㅅ'과 'ㅈ' 두 가지가 있었는데, 'ㅅ'은 마찰음이고, 'ㅈ'은 파찰음인 차이가 있었다. 'ㅅ'이 'ㅈ'보다 약한 소리로 판단하여 'ㅅ'을 기초자로 삼았다.[27] 따라서 기초자는 서로 공통적인 음성 특징이 없으나, 각 조음 위치에서 사정이 허락하는 한 가장 약한 소리를 선택하였다.

기초자의 자형은 상형의 원리에 따랐다. 발음 기관이 움직이는 모양을 본뜬 것은 'ㄱ'과 'ㄴ'이다. 'ㄱ'은 〈그림 1〉과 같이 후설이 연구개 위치로 올라가서 발음되는 형상을 본뜬 것이고, 'ㄴ'은 〈그림 1〉과 같이 전설이 잇몸 위치로 올라가서 발음되는 형상을 본뜬 것이다. 'ㄱ'은 후설이 연구개로 올라가서 발음되는 것이 특징인데, 이를 목구멍 폐쇄로 인식한 것이다. 발음 기관의 모양을 본뜬 경우는 'ㅁ, ㅅ, ㅇ'이다. 순음 'ㅁ'은 입술의

---

27 ㄴㅁㅇ 其聲寂不厲 故次序雖在於後 而象形制字則爲之始 ㅅㅈ雖皆爲全淸 而ㅅ比ㅈ 聲不厲 故亦爲制字之始 唯牙之ㆁ 雖舌根閉喉聲氣出鼻 而其聲與ㅇ相似 故韻書疑與喩多相混用 今亦取象於喉 而不爲牙音制字之始 〈제자해〉.

모양을, 치음 'ㅅ'은 이의 모양을, 후음 'ㅇ'은 목구멍 모양을 본떴다.[28]

가획자는 기초자에 획을 더하여 만들었다. 가획은 기초자보다 소리가 세다는 것을 나타낸다. 전청자는 불청불탁음보다 세고, 차청자는 전청음보다 세다고 본 것이다. 가획은 'ㅋ'처럼 'ㄱ'에 하나의 가로획을 덧붙이거나 'ㅊ'처럼 'ㅈ'에 하나의 세로획을 덧붙인다. 세로획은 가로획보다 절반 크기로 줄어든다. 다만, 'ㅁ'과 'ㅂ', 'ㅂ'과 'ㅍ'에는 두 개의 획을 나란히 덧붙인다는 점에서 , 'ㅍ'은 'ㅂ'에 아래로 가획을 한 다음 옆으로 누인 형태라는 점에서 각각 원칙에서 벗어난 형태이다.

〈표 2〉에서 1차 가획자(폐쇄음)은 전청자이고, 2차 가획자(유기음)은 차청자이다. 다만 'ㅋ'은 1차 가획자이지만 차청자에 속한다. 아음은 예외적으로 'ㅇ'이 아니라 'ㄱ'이 기초자가 되었기 때문이다. 치음의 'ㅈ'은 'ㅅ'의 가획자이지만, 'ㅈ'은 파찰음 전청자이고 'ㅅ'은 마찰음 전청자이어서 실제로 같은 성질의 음성은 아니다. 1차 가획자 'ㆆ'은 전청자로 제시되었지만 우리말에서 단독으로 쓰인 경우가 없다. 주로 동국정운식 한자음 표기에서 'ㄹ'이 'ㄷ'에서 왔음을 밝히기 위하여 '볋'(彆)처럼 쓰였다. 국어 표기에서는 '오싫 제'처럼 관형사형 어미 다음이나 '先考ㆆ뜯'처럼 사잇소리 표기에만 일부 쓰였다. 'ㆆ'은 다른 전청자와는 달리 병서자 'ㆅ'의 예도 보이지 않는다. 이것은 'ㆆ'이 일반적인 전청자의 성격과는 다른 것으로 중국어 성모 체계에 영향을 받아 인위적으로 만든 글자의 성격이 짙다는 것을 의미한다. 2차 가획자 'ㅎ'은 차청자로 분류되었지만 음의 성격이 분명하지 않다. 'ㅎ'은 조음 위치와 관계없이 마찰을 일으키는 유기성 자질의 접근음 성질이 있으며, 또한 무성평음의 특성이 있어 유성음간에서 유성평음으로 변하는 특성이 있어 양면적이다. 따라서 'ㅎ'은 무성평음의

---

28 正音二十八字 各象其形而制之 初聲凡十七字 牙音ㄱ 象舌根閉喉之形 舌音ㄴ 象舌附上齶之形 脣音ㅁ 象口形 齒音ㅅ 象齒形 喉音ㅇ 象喉形 〈제자해〉.

특성으로 보면 전청으로, 유기성 자질로 보면 차청의 성질을 갖는다. 성운학에서 효모(曉母/h/)를 전청자로 보는 경우와 차청자로 보는 경우가 혼재하는 이유이다. 이체자는 가획의 과정으로 만들어진 것이지만 불청불탁음으로 각 조음 위치의 기초자와 소리의 세기가 같거나 약해서 가획의 의미를 부여할 수 없다. 아음의 이체자 'ㆁ'은 초기에는 어두에는 쓰인 일이 없고 어중 초성(서에㕊)이나 종성(부헝鵂鶹)에서 쓰였지만, 'ㅇ'과 발음이 비슷하여 곧 세로획이 사라지고 후음의 기본자 'ㅇ'과 같은 형태로 통합되었다. 그리하여 종성에 쓰인 'ㅇ'은 /ŋ/을 나타내게 되었다. 'ㅿ'은 유성음 /z/를 표기하였는데, '숫(孾), ᄆᆞ숨'처럼 어두와 음절 초에서 적잖게 사용되다가 곧 없어졌다.

7.2.2.2. 병서자

병서자는 기본자의 자소를 두 개 이상 좌우로 나란히 합하여 만들었다. 병서자는 다시 서로 다른 글자를 이용한 합용 병서와 서로 같은 글자를 이용한 각자 병서로 구분된다. 각자 병서는 예의와 제자해에서 언급되어 합자해에서 언급된 합용 병서와는 차원이 달랐다.

각자 병서는 제자해에서 'ㄲ, ㄸ, ㅃ, ㅉ, ㅆ, ㆅ'가 제시되었는데, 주로 한자음의 전탁자(유성음)를 표기하는 데 사용되었다. 虯뀨, 覃땀, 並뼝, 邪썅, 慈쯩, 洪뽕 등이 그러한 예이다. 고유어에서는 '혀爲引, 쏘다(射)'처럼 어두음에서 'ㅆ, ㆅ'만이 된소리에 사용되고, 나머지는 'ㄹ' 관형사형 어미 다음에의 어중에서만 사용되었다. 아ᅀᆞ 볼까, 주글 똘, 볼띠니, 받ᄌᆞ 볼 쩌긔, 괴ᅇᅧ(人愛我) 등이 그러한 예이다. 다만, 'ㅇㅇ'은 '괴‧ᅇᅧ'처럼 고유어의 어중에서 제한적으로 쓰였다. 이외에 《훈민정음》(해례)에 소개되지는 않았지만, 실제 표기에서는 'ㄴ'(다ᄔᆞ니라) 등이 보였다.

각자 병서는 전청자를 병서한 것이 원칙이나, 후음 'ㆅ'은 차청자인 'ㅎ'을 병서하였다. 후음의 전청자인 'ㆆ'은 소리가 깊어 엉기지 않으므로 전탁자가 될 수 없으나, 'ㅎ'은 소리가 얕아 소리가 엉길 수 있어 전탁자가 될 수 있다고 하였다.[29] 이 경우는 'ㅎ'을 차청으로 본 것이지만, 'ㆆ'을 전청으로 보면 'ㆅ'도 전청자를 병서한 것으로 이해할 수 있다. 합자해에 언급된 'ㆀ'은 불청불탁자를 병서한 것이다.

합용 병서는 합자해에서 설명되고 있다. 합용 병서는 초성에는 'ᄶᅡ, ᄧᅡᆨ, ᄢᅳᆷ, ᄣᅢ'처럼 'ㅅ'으로 시작하거나 'ㅂ'으로 시작하는 경우가 있는데, 전자는 된소리를 표기하고, 후자는 어두 자음군을 표기한다. 합자해에는 각각 하나씩만 병서자를 보이고 있으나, 실제 표기에는 많은 병서자가 쓰였다. 'ㅅ'계 합용자의 실제 표기에는 'ᄮ'(ᄮᅡᄒᆡ, 男)도 보이는데, 이는 일반적인 것은 아니다. 종성에도 'ᄒᆞᆰ, 낛, ᄃᆞᇌᄣᅢ'처럼 자음을 합용하여 'ᆰ, ᆪ, ᇌ'을 표기하였다. 종성에는 'ᄆᆞᇝᄌᆞᇰᄉᆡᇰ, ᄌᆞᄅᆞᇝ길'처럼 사잇소리를 나타내는 사이시옷이 종성으로 쓰인 경우가 있어 형식상 많은 병서를 보인다. 사이시옷을 제외하면, 《훈민정음》(해례)에 제시된 예와 실제 표기에서 쓰인 합용자는 다음 〈표 3〉과 같다. 합용자는 초성과 종성에 두루 쓰였으나, 종성의 경우는 연철과 분철에 따라 매우 유동적이다.

〈표 3〉 합용 병서의 용례

구분	예시
초성병서자	ᄭᅮᆷ(夢), ᄯᅩ(亦), ᄲᆞᄅᆞ다(速) ᄢᅵ(時), ᄠᅳᆮ(意), ᄡᅳ다(用), ᄧᅡᆨ(隻), ᄩᅱ-(跳) ᄢᅳᆷ(隙), ᄣᅢ(時)
종성병서자	ᄒᆞᆰ(土), ᄀᆞᆲ(겹, 원각경), 값(價), 갊-(藏), ᄀᆞᆱ-(膿), 낛-(釣), 엱-(上)

29 全清並書則全濁 以其全清之聲凝則爲全濁也 唯喉音次清爲全濁者 蓋以ㆆ聲深不爲之凝 ㅎ比ㆆ聲淺 故凝而爲全濁也 〈제자해〉.

7.2.2.3. 연서자

연서자는 제자해에서 설명되었다. 순음 아래 'ㅇ'을 이어 쓴 'ㅸ'을 순경음이라고 하고 입술을 살짝 붙였다 떼면서 목구멍 소리가 많아진 소리로 규정하였다.[30] 입술을 완전히 붙였다 떼면서 내는 순중음과 구별한 것으로 양순마찰음을 의미한다. 한어 성운학에서의 순경음이 순치음이었던과 것과 다르다. 순경음은 이론적으로 'ㅸ, ㅱ, ㆄ' 등이 가능하겠으나, 실제로 고유어에는 '사·ㅸㅣ'(蝦), '드ㅸㅟ'(瓠)처럼 'ㅸ'만이 쓰이고 한자음 표기에서는 'ㅸㅭ'처럼 'ㅱ'이 쓰였다. 자음자 중에서 기본자가 아니면서 제자해에서 설명된 것은 각자 병서 6자와 순경음자만 있다.

그런데 합자해에서는 'ㄹ' 아래에 'ㅇ'을 이어 쓴 반설경음을 제시하였다. 반설경음은 사실상 구분하지 않아도 되는 것이지만, 갖추어 쓰고 싶으면 순경음 예에 따라 쓰면 된다고 하였다. 이 글자는 실제로 쓸 필요가 없었으나, 이론적으로 경음(輕音, 마찰음)이 순음뿐만 아니라 설음에서도 가능하다는 것을 보인 것이다.

한어 성운학에서 순음은 순중음과 순경음, 설음은 설두음과 설상음, 치음은 치두음과 정치음으로 하위 구분되었다. 훈민정음에서는 이들 자음 중에서 기본자는 하나씩만 제정되었다. 그런데 순경음은 기본자가 아니었음에도 순중음에 대응되는 것으로 제자해에서 설명하고 용자례에서 용례를 보였다. 순경음의 제정은 'ㅱ'이 주로 동국정운식 한자음 /w/의 표기에 쓰였으며, 고유어에 쓰인 'ㅸ'도 얼마 사용되지 못하고 소멸되었다는 점에서 성운학의 순경음 표기에 이끌린 것으로 의심된다.

7.2.2.4. 된소리와 합용 병서

한글 창제 당시의 한음과 15세기 우리말의 파열음은 서로 달랐다. 한음에

---

30 ㅇ連書脣音之下 則爲脣輕音者 以輕音脣작合以喉聲多也. 〈제자해〉.

는 전청(무기무성음), 차청(유기무성음), 차탁(무기유성음) 세 가지가 있었는데, 우리말에는 평음(무기무성음), 유기음(유기무성음), 경음(무기무성음) 세 가지가 있었다. 조선 초기에 된소리는 기능 부담량이 많지는 않지만 자음 체계 안에 들어와 있었다. 그러나 한음에는 경음이 없고, 대신 차탁(유성음)이 있었다. 따라서 한자음과 우리말을 모두 표기하기 위해서는 4가지의 문자가 필요하였으나, 실제 기본자로 제정된 것은 'ㄱ, ㄷ, ㅂ' 등 무성 평음과 'ㅋ, ㅌ, ㅍ' 등 유기음뿐이었다. 한음의 유성음 표기와 우리말 된소리 문자가 없는 것이다. 당시 경음을 위해서 'ㅅ'계 합용 병서를 이용하고, 한자음의 유성음을 위하여 각자 병서를 이용하였다.

《동국정운》은 조선 한자음을 중국 한자음을 기준으로 교정하여 인위적으로 정리한 운서였다. 조선 한자음에 없는 유성음을 한음의 차탁(유성음)으로 교정하면서 전청자를 병서하여 유성음인 차탁을 표기하도록 한 것이다. 이것은 현행 〈국어의 로마자 표기법〉에서 우리말과 로마자를 'ㄱ:g, ㅋ:k, ㄲ:gg'로 대응하여 표기하는 것과 유사하다. 로마자는 우리말의 된소리(ㄲ)를 표기할 문자가 없으니 평음 'g'를 병서한 것이다. 〈외래어 표기법〉에서는 외래어의 'g'를 'ㄱ'으로, 'k, kʰ'를 'ㅋ'으로 대응하고, 된소리 표기를 인정하지 않기 때문에 'ㄲ'은 쓸 자리가 없다.

각자 병서는 한자음의 유성 평음을 나타내면서 동시에 제한적으로 우리말의 경음을 표기하기도 하였다. 'boy'의 유성음 'b'가 우리말로 대응할 때는 '보이' 혹은 '뽀이'가 될 수 있듯이, 유성음 표기에 쓰인 각자 병서가 경음 표기에도 일부 쓰였다. 그러나 우리말 경음 표기를 위한 것은 'ㅅ'계 합용 병서이고, 당시 합용 병서는 'ㅺ, ㅼ, ㅽ, ㅆ' 등이 있었다.

7.2.2.5. 자질 문자적 특성

자음은 기초자에 가획한 가획자와 기초자를 합성한 합용자로 구분된다. 가획자는 한글을 자질 문자라고 부르는 중요한 근거가 된다. 자질은 음소의 특성을 의미하는 것으로, 자질 문자는 하나의 문자 기호가 자질을 나타 낸다고 보는 것이다. 즉, 'ㄱ'의 가획자인 'ㅋ'에 더해진 획(ㅡ)은 더 센 음을 나타내는 하나의 자질 부호로 인식하는 것이다. 훈민정음의 조음 위치별 기초자는 약한 소리를 원칙으로 하였으며, 1차 가획자는 폐쇄음을, 2차 가획자는 유기음을 표음하였다. 이 과정에서 의존 자소인 1차 가획은 [폐쇄성]이라는 자질을, 2차 가획은 [유기성] 자질을 의미한다. 그러나 기초 자 중에 'ㄱ'은 약한 소리가 아닌 폐쇄음이며, 'ㅋ'은 1차 가획자이지만 유기음이어서 예외이다. 이런 이유 때문에 김진우(1997)은 [지속음인 'ㅁ, ㄴ, ㅅ, ㆁ, ㅇ'을 기본형으로 설정하고 1차 가획[ㅂ, ㄷ, ㅈ, ㄱ, ㆆ]과 2차 가획[ㅍ, ㅌ, ㅊ, ㅋ, ㅎ]으로 자질을 설명하였다. 그러나 여전히 'ㆁ'이 'ㄱ'으로 되는 과정은 분명하지 못하고, 'ㅁ, ㅂ, ㅍ'의 비규칙적인 외형을 설명하기 어려운 한계가 있다. 더욱이 'ㆁ, ㄹ, ㅿ'은 각각 기초자 'ㅇ, ㄴ, ㅅ'에 바탕을 두고 가획한 것이지만, 이러한 자질의 의미가 없다는 점에서 예외적이다. 따라서 《훈민정음》(해례)에서는 이들을 가획의 의미 가 없는 이체자로 분류하였다.[31] 합용자는 각자병서와 합용병서로 구분되 는데, 자립 자소를 합성하여 각각 한음의 유성 평음과 우리말 된소리를 표음하였다. 'ㅺ, ㅼ, ㅽ' 등 합용 병서는 'ㅅ'이 [경음성] 자질을 나타내고, 'ㄲ, ㄸ, ㅃ, ㅆ, ㅉ, ㆅ' 등 각자 병서의 한 글자는 [유성음] 자질을 나타낸다.

현재 우리가 쓰는 휴대폰의 KT 나랏글 자판은 가획의 원리를 이용한 것이다. 자음의 자판으로 훈민정음 기초자 'ㄱ, ㄴ, ㅁ, ㅅ, ㅇ'에 'ㄹ'을 보탠 6개만을 만들고, 나머지 가획자는 '획추가' 칸을 이용하여 표기한다. 예컨대, 'ㄱ'을 누른 후 획추가를 누르면 'ㅋ'으로, 'ㄴ'을 누른 후 획추가를 누르면 'ㄷ'으로, 다시 획추가를 누르면 'ㅌ'이 된다. 또한 현대의 된소리

---

31 ㅋ比ㄱ 聲出稍厲 故加劃 ㄴ而ㄷ ㄷ而ㅌ ㅁ而ㅂ ㅂ而ㅍ ㅅ而ㅈ ㅈ而ㅊ ㅇ而ㆆ ㆆ而ㅎ 其因聲加劃之義皆同 而唯ㆁ爲異 半舌音ㄹ 半齒音ㅿ 亦象舌齒之形而異其體無加劃之義焉 〈제자해〉.

표기를 위한 각자 병서를 위하여 '쌍자음' 칸을 두었다. 예컨대, 'ㄱ'을 누른 후 '쌍자음'을 누르면 'ㄲ'이 되는 식이다. 좁은 공간에다 한글의 자질 문자 특성을 이용하여 자음을 입력할 수 있도록 고안된 자판이다.

〈사진 1〉 갤럭시에 탑재된 나랏글 자판

7.2.2.6. 외래어 표기

《훈민정음》(해례)에 설명되지 않고 있지만, 《훈민정음》(언해)에는 한어 치성 표기를 위한 새로운 글자가 제시되어 있다. 한글의 제정 이후 외국어 표기의 필요에 따라 새로운 글자를 제정한 것이다. 한음 치성은 우리말과 달리 치두음과 정치음이 구별되었는데, 치두음은 치조파찰음에 해당하고 정치음은 경구개치조음이나 권설음에 해당한다. 한어의 치두음을 위해 ᄼ ᄽ ᅎ ᅏ ᅔ을, 정치음을 위해 ᄾ ᄿ ᅐ ᅑ ᅕ를 추가로 만들었다. 원래 우리말 치음 표기는 'ㅅ, ㅈ, ㅊ'처럼 좌우 삐침이 같은 크기였다.

이외에 '닌쥐시'(紉出闞失용가, 7, 23)처럼 여진어 표기에 쓰인 합성자 'ㅿ'을 볼 수 있다. 이것은 원어의 발음에 가깝게 표기하기 위해 새롭게 합성자를 만든 것으로 위의 치음 표기와는 성격을 달리한다. 《용비어천가》에 쓰인 'ㅱ'(갏불어高卜兒闕)와 《동국정운》에 쓰인 'ㅱ'(곻高)는 연서자를 활용하여 한자음을 표기한 예에 해당한다.

7.2.2.7. 자음자 종합

지금까지 《훈민정음》(해례)에 언급된 자음자를 종합하면 다음과 같다.

〈표 4〉《훈민정음》(해례)의 자음자

		아음	설음	순음	치음	후음	비고	출처
기본자	기초자	ㄱ	ㄴ	ㅁ	ㅅ	ㅇ	조음 위치별	제자해
	가획자	ㅋ	ㄷ	ㅂ	ㅈ	ㆆ	1차 가획	〃
			ㅌ	ㅍ	ㅊ	ㅎ	2차 가획	〃
		ㆁ	ㄹ		△		이체, ㆁ은 ㅇ에 가획	〃
합성자	병서자	ㄲ	ㄸ	ㅃ	ㅆ	ㆅ, ㅇㅇ	전탁음/경음	〃(ㅇㅇ합자해)
		ㅺ	ㅼ	ㅽ			경음	합자해
		ㅴ, ㅳ, ㅵ, ㅲ, ㅄ, ㅶ					자음군(초성)	〃
		ㄺ, ㄻ, ㄼ, ㅺ, ㅄ, ㅄ					자음군(종성)	〃
	연서자	ㅸ					순경음	제자해, 합자해

7.2.3. 모음자

7.2.3.1. 기본 모음 11자

《훈민정음》(해례) 제자해에서는 기초자 3개와 출자 8자를 만들어 모두 11자를 기본자로 하였다. 기본자는 단모음 7개와 이중 모음 4개를 나타낸다. 단모음은 기초자 'ㆍ, ㅡ, ㅣ'와 초출자 'ㅗ, ㅏ, ㅜ, ㅓ'이고, 이중 모음은 재출자 'ㅛ, ㅑ, ㅠ, ㅕ'이다.

기초자는 우주를 구성하는 기본적 요소인 하늘[天]과 땅[地]과 사람[人]을 상형하여 만들었다. 따라서 'ㆍ'는 둥근 하늘의 모양을, 'ㅡ'는 평평한 땅의 모양을, 'ㅣ'는 서 있는 사람의 모양을 본뜬 것이다. 하늘과 땅과 사람은 주역의 삼재(三才)를 뜻한다. 출자는 지사의 원리를 적용하여 추상적인 모음 음가를 표음하였다. 초출자 'ㅗ, ㅜ'는 'ㅡ'의 상하에 'ㆍ'를 배치하여 원순 모음을 표음하고, 'ㅏ, ㅓ'는 'ㅣ'의 좌우에 'ㆍ'를 배치하여 평순 모음을 표음하였다. 재출자는 초출자 앞에 반모음 'ㅣ'가 있는 상승 이중 모음인데, 반모음을 초출자에 'ㆍ'로 지사하였다.

〈표 5〉는 모음 11자의 상형의 원리와 지사의 원리 예를 보인 것이다.

〈표 5〉 훈민정음 중성 11자

상형의 원리 (기초자)			지사의 원리(출자)					
			초출자(1차)				재출자(2차)	
			· / —		· / ㅣ		· /ㅗ, ㅜ, ㅏ, ㅓ	
·	하늘(天)	원(圓)						
—	땅(地)	평(平)	ㅗ	ㅜ	ㅏ	ㅓ	ㅛ ㅠ	ㅑ ㅕ
ㅣ	사람(人)	입(立)						

기초자의 음가는 혀의 모양과 소리의 느낌으로 설명하였다.[32] 혀의 모양은 축(縮)으로 설명하였다. 혀가 오므라지는 것을 '축'(縮)으로, 혀가 펴지는 것을 '불축'(不縮)으로 설명한 것이다. 자연히 '소축'(小縮)은 '축'과 '불축'의 중간 단계에 해당하는 것이다. 현대 언어학의 용어로 보면 '·'는 후설 모음이고, 'ㅣ'는 전설 모음이며, 'ㅡ'는 중설 모음 정도로 이해될 수 있다. 소리의 느낌은 '심'(深)과 '천'(淺)으로 설명하였다. '·'는 깊은 소리의 느낌으로[聲深], 'ㅣ'는 얕은 소리의 느낌으로[聲淺], 'ㅡ'는 중간 소리의 느낌으로[聲不深不淺] 구분한 것이다. 현대 언어학의 용어로는 '·'는 저모음이고, 'ㅣ'는 고모음이고, 'ㅡ'는 중모음 정도로 이해될 수 있다.

초출자는 '·'와 'ㅡ'가 합해진 'ㅗ, ㅜ'와 '·'와 'ㅣ'가 합해진 'ㅏ, ㅓ'가 있는데, 이들은 두 가지 기준 입술 모양과 음양(陰陽)에 따라 구분되었다. 입술 모양은 '축'(蹙)과 '장'(張)으로 설명되었다.[33] '축'은 입술이 둥그런 모양[口蹙]이고, '장'은 입술이 펴진 모양[口張]인데, 현대 언어학 용어로 전자는 원순 모음이고 후자는 평순 모음이 된다. 그런데《훈민정음》(해례)에서는 동시에 'ㅗ, ㅜ'를 합(闔)으로 'ㅗ, ㅏ'를 벽(闢)으로 설명하였는

32　·舌縮而聲深 天開於子也 形之圓 象乎天也. ㅡ舌小縮而聲不深不淺 地闢於丑也 形之平 象乎地也. ㅣ舌不縮而聲淺 人生於寅也 形之立 象乎人也〈제자해〉.

33　此下八聲 一闔一闢 ㅗ與·同而口蹙 其形則·與ㅡ合而成 取天地初交之義也 ㅏ與·同而口 張 其形則ㅣ與·合而成 取天地初用發於事物待人而成也 ㅜ與ㅡ同而口蹙 其形則ㅡ與· 合而成 亦取天地初交之義也 ㅓ與ㅡ同而口張 其形則·與ㅣ合而成 亦取天地初用發於義事 物待人而成也〈제자해〉.

데, 이것은 성운학에서 원순성 개음/w/를 가진 음절을 합구(合口)로, 그렇지 않은 것을 개구(開口)로 지칭한 개념을 원순 모음과 평순 모음의 개념으로 확대한 것이다. 실제로 'ㅗ, ㅜ'는 핵모음을 표음하지만 'ㅘ, ㅝ' 등 이자 합용에서는 원순성 개음/w/의 역할을 하고 있다. 따라서 《훈민정음》(해례)는 'ㆍ, ㅏ'는 'ㆍ'와 같지만 'ㅗ'는 원순 모음이 되고 'ㅏ'는 평순 모음이 되는 점에서 구별되고, 'ㅜ, ㅓ'는 'ㅡ'와 같지만 'ㅜ'는 원순 모음이 되고 'ㅓ'는 평순 모음이 된다고 하였다. 그러나 자형상 'ㅜ'와 'ㅓ'에서 'ㅓ'에는 'ㅡ'가 없어 그 설명이 분명하지 못하다. 음양(陰陽)은 양성 모음과 음성 모음으로 설명하였다. 양성 모음은 'ㅗ, ㅏ'로, 음성 모음은 'ㅜ, ㅓ'로 구분하였다. 자형 특성상으로 이들이 모두 'ㆍ'를 가지고 있을 뿐 다른 특성을 공통적으로 갖지는 않는다. 이들 구별은 'ㆍ'의 위치에 따라 설명된다. 양성 모음은 'ㆍ'의 위치가 'ㅡ, ㅣ'의 위쪽과 바깥쪽에 위치하고, 음성 모음은 아래쪽과 안쪽에 위치하는 것으로 설명하였다.[34] 《훈민정음》(해례)는 'ㅗ, ㅏ'는 하늘에서 온 것이고, 'ㅜ, ㅓ'는 땅에서 온 것으로 설명하고 있으므로 'ㆍ, ㅗ, ㅏ'는 양성 모음이고, 'ㅡ, ㅓ, ㅜ'는 음성 모음이 된다. 'ㅣ'는 음양의 대립이 없으므로 중성 모음이다.

　기초자와 초출자의 음가를 종합하면 다음 〈표 6〉과 같다. 'ㆍ'는 원순 후설 저모음이고, 'ㅣ'는 평순 전설 고모음이고, 'ㅡ'는 평순 중설 중모음이다. 'ㅗ, ㅜ'는 원순 모음인데, 중설에서는 원순 모음을 상정하기 어렵기 때문에 'ㅜ'는 후설 모음으로 본다. 모음 사각도 체계에서는 'ㅓ, ㅡ, ㅜ'가 너무 먼 것으로 보이지만, 실제 현실 발음에서는 'ㅜ, ㅓ'는 중설 쪽에 근접한 것으로 해석할 수 있다. 이러한 해석은 'ㅏ, ㅗ'가 'ㆍ'와 같고, 'ㅜ, ㅓ'가 'ㅡ'와 같다는 《훈민정음》(해례)의 기록과 일치하는 것으로 전자는

34　ㅗ ㅏ ㅛ ㅑ之圓居上與外者 以其出於天而爲陽也 ㅜ ㅓ ㅠ ㅕ之圓居下與內者 以其出於地而爲陰也 〈제자해〉.

양성 모음이 되고 후자는 음성 모음이 된다.

재출자는 'ㅣ'와 초출자의 조합으로 만들어졌으므로, 초출자의 성격에다 반모음 'ㅣ'가 선행된 이중 모음을 표시하는 글자가 되었다.[35] 'ㅛ'는 'ㅣ+ㅗ', 'ㅠ'는 'ㅣ+ㅜ', 'ㅑ'는 'ㅣ+ㅏ', 'ㅕ'는 'ㅣ+ㅓ'가 합해진 이중 모음이나, 자형은 '·+ㅡ', '·+ㅜ', '·+ㅏ', '·+ㅓ' 합으로 표시하였다.

<표 6> 7모음자의 음가

	전설모음	중설모음	후설모음
	평순	평순	원순
고모음	ㅣ		ㅜ
중모음	ㅓ	ㅡ	ㅗ
저모음		ㅏ	·

7.2.3.2. 합용자와 상합자

모음은 병서의 원리에 의하여 합용자와 상합자를 만들었다. 합용자는 중성해에서 이자 합용(二字合用)으로 설명되고 있는데, 이것은 모두 4자로 중모음을 표기하기 위한 것이다. 이자 합용 4자(ㅘ, ㅝ, ㆇ, ㆊ)는 두 글자가 합성된 것인데, 'ㆇ, ㆊ'는 실제 이중 모음 두 개가 결합된 것이지만 'ㅛ, ㅑ, ㅠ, ㅕ'를 하나의 글자로 인정하였기 때문에 이자 합용이 되었다.

상합자(相合字)는 한 글자에 'ㅣ'가 붙은 10글자(ㆎ, ㅢ, ㅚ, ㅐ, ㅟ, ㅔ, ㆉ, ㅒ, ㆌ, ㅖ)와 두 글자에 'ㅣ'가 붙은 4글자(ㅙ, ㅞ, ㅙ, ㅞ)가 있다. 'ㆉ, ㅒ, ㆌ, ㅖ'도 'ㅛ, ㅑ, ㅠ, ㅕ'가 하나의 글자로 인정되기 때문에 한 글자에 'ㅣ'가 붙은 것이다.

합용자와 상합자는 실제 발음에서는 운두+운복으로 된 상승이중 모음, 운복+운미로 된 하강이중 모음, 그리고 운두+운복+운미로 된 삼중 모음을 나타낸다. 재출자의 'ㅛ, ㅑ, ㅠ, ㅕ'도 실제 발음으로는 운두+운복으로 된 이중 모음이다. 그런 점에서 'ㆉ, ㅒ, ㆌ, ㅖ, ㅙ, ㅞ'는 삼중 모음이고,

---

[35] ㅛ與ㅗ同而起於ㅣ ㅑ與ㅏ同而起於ㅣ ㅠ與ㅜ同而起於ㅣ ㅕ與ㅓ同而起於ㅣ 〈제자해〉.

'퍄, 뗘, 퍠, 뗴'는 사중 모음이다. 사중 모음은 실제 표기에서 사용된 예를 찾기 어렵다.

〈표 7〉 모음 합성자

구분	자형과 음가	비고
합용자 (二字合用)	ㅘ/wa/, ㅝ/wə/ 퍄/jwja/, 뗘/jwjə/	초출자 합용 재출자 합용
상합자 (與ㅣ相合)	·ㅣ/ʌj/, ㅢ/ɨj/, ㅚ/oj/, ㅐ/aj/, ㅟ/uj/, ㅔ/əj/ ㅛ/joj/, ㅒ/jaj/, ㅠ/juj/, ㅖ/jəj/	단모음(기본자+초출자)+ㅣ 이중 모음(재출자)+ㅣ
	ㅙ/waj/, ㅞ/wʌj/, 퍠/jwaj/, 뗴/jwəj/	삼중 모음(합용자)+ㅣ

《훈민정음》(해례) 합자해에서는 국어에는 없으나 아동의 말이나 시골 말에는 있는 발음을 표기할 수 있는 글자를 제시하였다. 'ㅣ'에서 시작하여 '·, ㅡ로 끝나는 이중 모음이 그것인데, 'ㅣ, ㅣ'처럼 종으로 먼저 획을 긋고 이어 횡으로 획을 긋는 획순을 제시하고 있다.

7.2.3.3. 이중 모음과 반모음 표기

이중 모음은 반모음이 핵모음 앞뒤에 결합하여 형성된다. 반모음이 핵모음 앞에 오면 상승 이중 모음이고, 핵모음 뒤에 오면 하강 이중 모음이다. 훈민정음은 반모음을 위하여 별도의 글자를 만들지 않았기 때문에 성격에 따라 기본 모음자 '·, ㅣ, ㅗ/ㅜ를 핵모음과 합하여 표기하였다.

반모음 'ㅣ'가 선행하는 상승 이중 모음은 제자해에서 재출자로 처리하였으나, 'ㅣ'가 후행하는 하강 이중 모음은 합자해에서 상합자로 처리하였다. 상승 이중 모음은 ㅣ에서 시작하고 사람을 겸하였으므로 재출자가 되고,[36] 하강 이중 모음은 ㅣ가 심천합벽(深淺闔闢) 등 모든 모음에 어울

---

[36] ㅛ與ㅗ同而起於ㅣ ㅑ與ㅏ同而起於ㅣ ㅠ與ㅜ同而起於ㅣ ㅕ與ㅗ同而起於ㅣ... ㅛㅑㅠㅕ起 於ㅣ而兼乎人爲再出也(제자해).

려서 능히 서로 따를 수 있어서 가능하다고 하였다.[37] 모두 'ㅣ'가 관여하고 있지만, 재출자의 'ㅣ'는 'ㆍ'로 표음하고, 상합자의 'ㅣ'는 핵모음에 후행하는 'ㅣ'로 표음하였다.

상승 이중 모음의 'j'계와 'w'계도 구별하였다. 이들은 반모음이라는 점에서 성격이 비슷하지만, 전자는 재출자로 제자해에서 설명되고 후자는 합용자로 합자해에서 설명되었다. 이러한 구별은 'w'을 'j'보다 자음적 성격이 더 강한 것으로 인식한 결과였다. 성운학에서 'j'는 핵모음을 4등으로 구분하는 요소이지만, 'w'는 이들을 다시 합구와 개구로 구분하는 요소로 다르게 처리하였던 것이다. 《동국정운》에서는 음운미에서 'w'를 'ㅱ'으로 표기하고, 'j'를 핵모음과 함께 배치하여 구별하였다. 이것은 구개성 반모음이 원순성 반모음보다 핵모음에 깊이 관련된 것으로 이해하였음을 보여준다.

7.2.3.4. 모음의 자질 문자적 특성

모음은 기본자인 기초자와 출자가, 합성자인 합용자와 상합자가 있다. 모음자는 모두 자립 자소인 기초자를 합성하였다는 점에서 자음의 가획자와는 차이가 있다. 가획자는 자립 자소인 기초자에 의존 자소를 결합하였지만 출자는 기초자를 결합하여 만들었다. 그러나 출자에 사용된 기초자는 원래의 음가하고는 상관없이 새로운 의미를 가진 부호로 기능하였다. 초출자는 기초자 'ㆍ'가 'ㅡ'와 'ㅣ'의 위쪽과 오른쪽에 위치하느냐 아니냐에 따라 양성 모음과 음성 모음을 구별하여 'ㆍ'가 양성음 자질로 기능하였다. 자형에 'ㅡ'의 존재 여부에 따라 원순 모음과 평순 모음을 구별하여 'ㅡ'가

---

37 二字合用者 ㅗ與ㅏ同出於ㆍ故合而爲ㅘ ㅛ與ㅑ又同出於ㅣ 故合而爲ㆇ ㅜ與ㅓ同出於ㅡ 故合而爲ㅝ ㅠ與ㅕ又同出於ㅣ 故合而爲ㆊ 以其同出而爲類 故相合而不悖也 一字中聲之與ㅣ相合字十 ㆍㅣㅢㅚㅐㅟㅔㅛㅒㅠㅖ是也 二字中聲之與ㅣ相合字四 ㅙㆈㅙ ㆋ是也ㅣ於深淺闔闢之聲並能相隨者(중성해).

원순성 자질로 기능하였다(김정대, 2008). 재출자는 '·'를 초출자 앞에 제시함으로써 '·'가 두 번 있는 것은 반모음 'j'를 가진 이중 모음임을 나타냈다. 합성자도 마찬가지 특성을 가지고 있다. 이중 모음을 나타내는 합용자 'ㅘ, ㅝ'는 반모음 'w'를 초출자 'ㅗ, ㅜ'로 나타내었다. 반모음 'j'는 '·'로, 'w'는 'ㅗ/ㅜ'로 표기한 것이다. 또한 하강 이중 모음을 의미하는 여이상합자(與ㅣ相合字)의 반모음 'j'는 'ㅣ'로 나타내어 상승 이중 모음의 반모음 표기 '·'와 구별하였다. 이중 모음의 종류에 따라 반모음의 표기도 달리하였다.

　현재 우리가 쓰는 휴대폰의 천지인 자판은 모음의 출자 원리를 이용한 대표적인 예이다. 삼성의 천지인 자판은 '·, ㅡ, ㅣ' 세 개의 모음만을 탑재하고 나머지 모음은 이들의 조합으로 입력할 수 있도록 하였다. 예컨 대, 모음자 'ㅗ'는 '·'와 'ㅡ'를 순서대로 누르면 되고, 'ㅟ'는 'ㅡ, ·, ㅣ'를 순서대로 누르면 되고, 'ㅑ'는 'ㅣ, ·, ·'를 순서대로 누르면 되고, 'ㅕ'는 '·, ·, ㅣ'를 누르면 된다. 여기서도 상승 이중 모음의 반모음 'ㅣ'는 '·'를 누르고, 하강 이중 모음의 반모음 'j'는 'ㅣ'를 누른다. 천지인 자판은 애플 의 휴대폰에 탑재(IOS7)되면서 스와이프 기능이 채택되어 '·'를 끌어 'ㅓ, ㅏ, ㅜ, ㅕ'를 직접 입력할 수도 있게 되었다.

〈사진 2〉 애플에 탑재된 천지인 자판

7.3. 운용 원리와 자절

7.3.1. 부서법과 모아쓰기

《훈민정음》(해례)는 자소를 붙여 쓰도록 하였다. 초성은 중성이 가로 획이면 그 위에, 세로획이면 그 왼쪽에 쓰고, 종성은 초·중성 다음에 쓰도록 하였다. 즉 자소를 모아서 음절 단위로 운용하도록 하였다. 이것을 《훈몽자회》 범례에서는 초성 16자와 중성 11자가 합해진 자절 176자로 설명하였고, 여기에 종성이 합해진 것을 초중종삼성합용작자례(初中終三聲合用作字例)로 설명하였다. 현재 사용되는 한글 자모를 기반으로 생성되는 자절은 11,172개가 인정되며, 한글 워드프로세서(HWP)의 완성형 한글 글자 마디에는 2,340개의 자절이 제시되어 있다.

자소를 음절로 모아쓰는 순서는 그것이 표기한 음성 연속과 일정한 관계를 가지지만, 글자의 배치는 모음의 모양에 따라 달랐다. 자소의 배합 유형은 다음과 같다.

(1) 자절의 유형

　좌우 합자: 쟈, 븨, 싸
　좌우하 합자: 담, 얌, 낯, 딱
　상중 합자: 드, 쏘, 뀨
　상중하 합자: 슷, 슴, 뜸, 닶

부서법에 따라 자절 단위로 모아쓴 용례를 자음 17자를 중심으로 구체적으로 보이면 다음 〈표 8〉과 같다. 고유어는 《훈민정음》(해례)의 용자례에서, 한자어는 《훈민정음》(언해)의 동국정운식 표음에서 따온 것이다. 해례에 'ㆆ'의 용례는 없다.

	기초자	1차 가획자	2차 가획자	이체자
아음	:감(柿), 君군	콩(大豆), 快쾡		러·울(獺), 御어
설음	납(猿), 那낭	·뒤(茅), 斗(둫)	두텁(蟾蜍), 呑툰	·무뤼(雹), 閭령
순음	:뫼(山), 彌밍	:벌(蜂), 鱉볋	풀(蠅), 漂푱	
치음	:셤(島), 戌슗	죠·히(紙), 卽즉	·채(鞭), 侵침	아ᅀᆞ(弟), 耳ᅀᅵ
후음	바얌(蛇), 與영	挹흡	·힘(筋), 虛헝	

이러한 다양한 자절의 유형은 해방 이후 한글 타자기가 보급되면서 만들어진 여러 가지 글꼴과 연결되어 있다. 공병우의 세벌식 타자기 (1949)는 초성·중성·종성을 이루는 각각의 자형이 하나의 글쇠에 할당되기 때문에 위치마다 같은 글꼴이 사용되어 자절이 반듯한 네모형을 이루지 않고 다소 거친 모습이었다. 그러나 김동훈이 개발한 다섯벌식 타자기(1959)는 중성이 가로획인지 세로획인지에 따라 초성의 모양이 달라지는 자형을 반영하여 자절 모양이 반듯하고 매끈하게 되었다. 즉 초성은 윗자음과 옆자음의 두 벌을 만들고, 중성은 받침이 있는 모음과 받침이 없는 모음의 두 벌을 만들고, 종성은 한 벌을 만들어 모두 다섯벌의 글쇠로 하나의 자절을 이루도록 한 것이다. 훈민정음의 부서법 원리를 적절히 적용한 것이다.

모아쓰기는 자소를 음절 단위로 모아쓴 음절 문자이기 때문에 음소 문자이면서 음절 문자이고 음절 문자이면서 음소 문자인 양면성을 가지고 있다. 영어의 알파벳은 음소 문자로서의 기능만을 하고, 일본의 가나는 음절 문자로서의 기능만을 한다. 모두 표음 문자로 고유의 기능을 잘 수행하고 있지만, 한글은 이 두 가지 기능을 모두 수행하는 복합적 성격을 가지고 있다. 따라서 일본의 가나가 비분리적 음절 문자라면 한글은 분리적 음절 문자라고 할 만하다. '갑자기 분위기 싸하게 만드는 사람'을 '갑분싸'로 줄여 쓸 수 있지만, '안녕'을 'ㅇㄴ'으로 줄여 쓸 수도 있는 것이

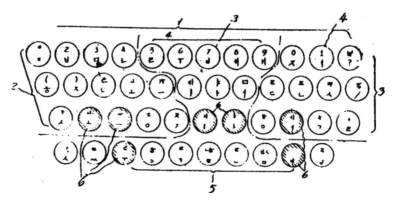

〈사진3〉 김동훈 타자기 자판도. (2) 옆자음군과 가로획 모음군, (3) 윗자음군, (4) 세로획 모음군, (5)종성, (6) 종성 없는 모음을 위한 글쇠가 배정되었다.

한글의 특징이다.

음절 단위의 모아쓰기는 가로쓰기나 세로쓰기가 모두 가능하지만, 훈민정음은 전통적인 한자의 서사 방법에 따라 좌향의 세로쓰기를 유지하였다. 이것은 몽골의 파스파 문자가 우향의 세로쓰기인 점과 다른 점이다. 한문에는 구두점을 쳐 구별을 하였으나, 한글에는 띄어쓰기 개념이 없었다. 다만, '시조, 왕업'과 같이 왕조와 관련된 단어 앞에는 한 칸을 비우는 공격법을 쓰고 있다.

자소를 모아 음절 단위로 표기하는 경우에 단음절을 표기할 때는 문제가 없으나, 다음절을 표기할 때는 문제가 발생한다. 모음 사이의 자음을 선행 음절의 종성으로 할지, 후행 음절의 초성으로 할지가 문제되기 때문이다. 예컨대, 한글은 주로 어절을 단위로 하여 띄어쓰기를 하는데, '바람이'로 할 것인지 '바라미'로 할 것인지가 문제가 되는 것이다. 전자는 분철이라 하고 후자는 연철이라 하는데, 분철은 형태를 분리하여 표기하고 연철은 실제 발음을 잘 반영하여 표기한다.

《훈민정음》(언해)나 《석보상절》등 대부분의 문헌에서는 대체로 연철을 보여 주나 《월인천강지곡》은 분철의 예를 많이 보여 차이가 있다.

(2) 제쁘들시러펴디몯홇노미하니라(훈민정음)

부텻마룰듣ㅈ보딕밥머글쏘ㅣ너겨(석보, 十三, 34)

먼리외ㅅ일이시나눈에보논가너기ㅅ볓쇼셔(월인천강지곡, 기2)

(2)의 '쁘들, 시러, 노미, 마룰, 머글'은 연철이고, '일이시나, 눈에'은 분철의 예이다.

7.3.2. 표음 주의와 8종성 표기

《훈민정음》(해례)는 종성에는 8자만으로 쓰기에 족하다고 하였다. 《훈민정음》(해례)는 종성의 완급을 구분하여 불청불탁이 종성으로 쓰이면 서성(평성·상성·거상)이 되고 전청·차청·전탁이 종성으로 쓰이면 입성(入聲)이 되어, 'ㆁ, ㄴ, ㅁ, ㅇ, ㄹ, ㅿ'은 서성의 종성이 되고, 나머지는 모두 입성의 종성이 된다고 하였다. 그러나 종성에는 'ㄱ, ㆁ, ㄷ, ㄴ, ㅂ, ㅁ, ㅅ, ㄹ' 8자만으로 쓰기에 족하다고 하였다.[38] 예컨대, '빗곶'(梨花)의 'ㅈ'이나 '엿의갗(狐皮)의 'ㅿ, ㅊ'은 8종성자가 아니므로 모두 'ㅅ'으로 쓴다. 이것은 종성 표기가 형태소를 표시하는 것이 아니라 실제 발음을 표기해야 한다는 것을 의미한다. 당시에는 종성에서 8자만이 발음될 수 있었고, 나머지는 중화되었기 때문이다. 합자해에서 종성 합용자로 '흙(土), 낛(釣), 둛째(酉時)'처럼 자음군 표기도 함께 보이지만, 용자례에서는 8종성자로 끝나는 단어만을 제시하고 있다. 《훈민정음》(해례)는 'ㅇ'은 '소리가 맑고 비어서 종성에는 쓸 필요가 없다'[且ㅇ淡而虛 不必要於終]고 하였다. 따라서 음절이 모음으로 끝나는 경우에는 받침에 'ㅇ'을 쓸 필요가

---

[38] 所以ㆁㄴㅁㅇㄹㅿ六字 爲平上去聲之終 而餘皆爲入聲之終也 然ㄱㆁㄷㄴㅂㅁㅅㄹ八字可足用也 〈종성해〉.

<표 9> 《훈민정음》(해례) 용자례 종성의 용례

아음	닥(楮), 독(甕), :굼벙(蠐螬), 올창(蝌蚪)
설음	·갇(笠), 싣(楓), 신(屨), ·반되(螢)
순음	섭(薪), ·굽(蹄), :범(虎), :심(泉)
치음	:잣(海松), ·못(池),
반설음	·둘(月), :별(星)

없다. 다만, 한자음 표기를 규정한 《동국정운》에서는 음절이 모음으로
끝나더라도 종성 자리에 'ㅇ'을 표시하도록 규정하여 우리말 표기와는 차
이를 보였다.

《훈민정음》(해례) 종성해에서는 8종성으로만 쓰도록 하였으나, 실제로
는 그대로 지켜지지 않은 경우도 있다. '곶(花)'는 8종성법에 따르면 '곳'으
로 되어야 하지만, '곶'으로 표기되고 있기 때문이다. 《용비어천가》, 《월
인천강지곡》에서는 '빛나시니이다, 깊고, ㅈ, 낮, 높고'와 같이 8종성 이외
의 글자가 많이 쓰였다.

허용 가능한 받침의 수효는 한글 사용의 역사에서 논란이 많았던 것이
다. 18세기 이후에는 'ㄷ'이 'ㅅ'으로 합류하여 7종성을 받침으로 썼으나,
개화기 들어 주시경을 중심으로 모든 자음을 종성에 쓸 수 있도록 하자는
주장이 제기되었다. 이것은 형태를 밝혀 적기 위하여 종성에서 발음이
되지 않는 자음도 표기하자는 것인데, 오랜 논쟁을 거쳐 〈언문철자
법〉(1930)과 〈한글 마춤법 통일안〉(1933)에서 채택되어 오늘에 이르고
있다. 전자는 기존의 7종성에 'ㄷ, ㅌ, ㅈ, ㅊ, ㅍ' 등을 추가하였고, 후자는
'ㅋ, ㅎ'을 더 추가하여 결국 자음 14자 모두가 종성에 쓰이게 되어 《훈민
정음》(해례)의 '8종성가족용' 원칙은 사라지게 되었다.

7.3.3. 사성 표기와 방점

15세기 국어는 성조 언어였다. 성조는 음절의 고저가 단어의 의미를 구별해 주는 것으로 운율적 요소다. 음절의 고저를 표기에 반영하기 위하여 자절 좌측에 원점을 더하는 방식을 사용하였다. 이 원점을 방점 또는 성점이라고 한다. 방점은 운율적 요소를 문자 표기에 반영한 것이지만 제자해에서는 언급되지 않았다. 《훈민정음》(해례) 예의 끝부분에서 평·상·거·입 4성이 다음 (3)과 같이 언급되었다.

(3) 믈읫 쭝ㅣ 모·로·매 어·우러·사 소·리 :이나·니, :왼녀·긔 혼
    뎜·을 더으·면 ·뭇 노·픈 소·리·오, 뎜·이 :둘히·면 쌍성·
    이·오, 뎜·이 ·업스·면 뼝셩·이·오, 입셩·은 뎜 더·우·믄 혼
    가·지로·딕 샌ᄅᆞ·니·라.(언해본)[39]

방점은 자절 왼쪽에 평성은 무점, 거성은 1점, 상성은 2점을 붙였다. 평성은 가장 낮은 소리이고, 거성은 가장 높은 소리이고, 상성은 처음이 낮고 나중은 높은 소리였다. 입성은 평·거·상성과 달리 빨리 끝맺는 음이라는 점에서 차별되나, 성조를 나타내는 방점은 그와 같다. 《훈민정음》(해례) 종성해의 'ㆁ, ㄴ, ㅁ, ㅇ, ㄹ, ㅿ' 6개 불청불탁자는 평·상·거성의 종성이 되고, 나머지는 입성의 종성이 된다.

《훈민정음》(해례) 합자해에서 한자의 입성자는 거성과 비슷하지만, 국어의 입성자는 성조가 정해져 있지 않다고 설명하였다. 국어 입성의 성조는 혹 평성과 비슷하기도 하고, 혹 상성과 비슷하기도 하고, 혹 거성과 비슷하기도 하므로, 방점을 가하는 것도 평·상·거성과 같다고 하였다.

---

[39] 凡字必合而成音, 左加一點則去聲, 二則上聲, 無則平聲, 入聲加點同而促急.

즉, '긷'[柱]은 '활'[弓]과 성조로는 평
성(무점)으로 같으나, '긷'은 빨리 끝
맺는다는 점에서 '활'과 구분된다.

다만, 'ㄹ'은 한자음 종성에서는
'ㄷ'으로 써야 맞지만, 우리나라 습속
은 'ㄹ'을 쓰는데, 이 경우는 입성이

〈표 10〉 성조의 서성과 입성		
서성	평성	활(弓)
	상성	:돌(石)
	거성	·갈(刀)
입성	평성	긷(柱), 붇(筆), 녑(脅)
	상성	:낟(穀), :깁(繒)
	거성	·못(釘), ·입(口)

될 수 없다고 밝히고 있다. '彆'(별)은 원래 중국식 발음으로는 '볃'이 되어
야 하나 우리 속습으로는 '별'이라는 것이다. 그리하여 《동국정운》에서는
이 차이를 보정하기 위해 '볋'처럼 종성에 'ㆆ'을 첨기하고, 이것을 이영보
래(以影補來)라 하였다. 영모(ㆆ)로 래모(ㄹ)를 보충하여 'ㄷ'과 같다는 것
을 보여 주는 표기다.

7.3.4. 한자와 혼용 문제

《훈민정음》(해례)에는 한글이 한자와 같이 쓰이는 경우를 잡용(雜用)
이라고 하여 밝혀 두었다. 즉, 한자와 한글을 같이 쓸 때 한자음에 따라
한글로 중성(모음)이나 종성(자음)을 보충하여 쓰도록 하였는데, 여기에
서는 한글의 모아쓰기 원리가 적용되지 않았다.

'孔子ㅣ'에서는 주격조사가 'ㅇ'이 없이 모음자 'ㅣ'만 쓰였다. 이것은
음절 초성에 자음이 없는 경우 'ㅇ'을 넣어 '이'처럼 쓰는 한글 음절 구성
방식에 어긋나는 것이나, '자(子)'의 음 'ㅏ' 다음의 주격조사 'ㅣ'는 'ㅐ'(재)
로 표기될 수 있는 것을 염두에 두고 그것을 표기에 반영하고 있는 것이
다. 즉, 한자로는 '孔子ㅣ'로 쓰지만 한글로만 쓰면 '공재'가 될 수 있는
것을 반영한 것이다. '始祖ㅣ 경흥에 사ᄅ샤의 'ㅣ'도 마찬가지다. '魯ㅅ사
람'에서 속격조사 'ㅅ'은 앞의 명사가 한자가 아니라면 '놋'처럼 붙여 쓸
수 있으나, 그렇지 못해 별도로 'ㅅ'을 표기한 것이다. '狄人ㅅ서리예 가샤

의 'ㅅ'도 그러한 예에 해당한다. 즉 종성의 'ㅅ'이 모아쓰기에 따라 쓰이지 못한 특별한 예인데, 한글이 한자와 함께 쓰이게 되면서 일어난 현상이다.

■ 참고문헌

권덕규(1923), 김윤경(1937), 홍기문(1946), 이상백(1957), 박병채(1976), 이성구(1985), 강신 항(1987/2003), 이익섭(1985), 안병희(1990), 임용기(1991), 강창석(1996), 유창균(1966), 김진우(1997), 이기문(1998), 박영준 외(2002), 임용기(2002), 안병희(2003), 김무림(2004), 김정대(2004), 박병천(2004), 박창원(2005), 안명철(2005), 홍윤표(2005), 김정대(2008), 백두 현(2012), 김주원(2013), 백두현(2013), 정광(2014), 백두현(2014), 홍윤표(2017), 박병천 (2018), 정광(2018), 알브레히트 후베(2019)

제4편 한글의 성장

제8장 한글 자모와 서체 변화

8.1. 한글 자모와 운용의 변화

8.1.1. 자모의 이름과 배열 순서

8.1.1.1. 자모 이름

《훈민정음》에는 한글 자모의 이름이 제시되지 않았다. 다음 (1)의 《훈민정음》(언해) 예의를 통하여 자음자는 '자음+ㅣ'로 읽혔음을, 모음자는 해당 모음으로 읽혔음을 유추할 수 있다.

(1) ㄱ는엄쏘리니君ㄷ字처섬펴아나는소리ㄱ트니

ㆆ는목소리니挹字처섬펴아나는소리ㄱ트니라

ㅣ는侵ㅂ字가온딧소리ㄱ트니라

ㅗ는洪ㄱ字가온딧소리ㄱ트니라

ㅜ는君ㄷ字가온딧소리ㄱ트니라

(1)은 자음자 뒤에서는 조사 '는'이, 모음자 뒤에서는 '는'과 '는'이 온다는 것을 보여 준다. 이것은 자음자도 모음으로 끝났음을 뜻한다. 그런데 주제 조사는 양성 모음(·, ㅗ, ㅏ) 다음에는 '는'이, 음성 모음(ㅡ, ㅜ, ㅓ) 다음에는 '는'이, 중성 모음(ㅣ) 다음에는 '는'과 '는' 모두가 올 수 있으므로, 자음자는 'ㄱ, ㄴ, ㄷ, ㄹ'처럼 '·'나 'ㄱ, ㄴ, ㄷ, ㄹ...'처럼 'ㅣ'로 끝났음을 추론할 수 있다. 티베트 문자나 파스파 문자가 모든 자음자에 양성 모음(/a/)을 포함하고 있다는 점을 고려하면 한글 자음자도 모음 '·'를 포함하였을 가능성이 있으나, 최세진의 《훈몽자회》(1527)에서 초성독용8자의 이름을 '키, 티'처럼 'ㅣ'로 한 것을 고려하면 'ㅣ'를 붙여 읽었을 가능성이 더 높다.

자모 이름은 최세진이 편찬한 《훈몽자회》(1527)의 범례 '언문 자모'에 처음 등장한다. 《훈몽자회》는 모음은 모두 한 글자로 되어 있지만, 자음은 두 글자로 된 것과 한 글자로 된 것이 있고, 규칙적인 것과 불규칙적인 것이 있다.

    (2) ㄱ. 초성종성통용8자

        ㄱ(其役) ㄴ(尼隱) ㄷ(池⑯) ㄹ(梨乙) ㅁ(眉音) ㅂ(非邑) ㅅ(時⑳),
        ㆁ(異凝)

      ㄴ. 초성독용8자

        ㅋ(箕) ㅌ(治) ㅍ(皮) ㅈ(之) ㅊ(齒) ㅿ(而) ㅇ(伊) ㅎ(屎)

      ㄷ. 중성독용 11자

        ㅏ(阿) ㅑ(也) ㅓ(於) ㅕ(余) ㅗ(吾) ㅛ(要) ㅜ(牛) ㅠ(由) ㅡ(應/不用
        終聲) ㅣ(伊/只用中聲) ·(思/不用初聲)

(2ㄱ)은 자음이 초성과 종성에 모두 쓰이는 것인데, 첫 글자는 초성에서의 발음을, 둘째 글자는 종성에서의 발음을 나타낸다. 'ㄱ'(其役)의 '其'는

초성 'ㄱ'을, '役'은 종성 'ㄱ'을 반영한다. 'ㄴ'(尼隱)은 첫 글자의 모음은 'ㅣ'을, 둘째 글자의 모음은 'ㅡ'을 가진 글자를 선택하는 규칙이지만, 'ㄱ, ㄷ, ㅅ'처럼 같은 음을 가진 한자가 없는 경우는 유사한 것으로 하거나 뜻으로 발음을 표기하였다. '役'은 '윽'과 비슷한 음을 가진 한자이나, '은, 읏'처럼 마땅한 한자가 없는 경우에는 뜻으로 읽어 '末'은 '귿', '衣'는 '옷'으로 읽도록 하였다. 이들은 훈독을 지시하기 위하여 ○ 안에 글자를 두었다. (2ㄴ)의 箕[키]도 뜻으로 읽어야 한다. (2ㄴ)은 자음이 초성에서만 쓰이는 것이므로 'ㅍ'(皮)는 초성 'ㅍ'만을 반영한 것이다. (2ㄷ)은 모음의 이름인데 초성이 없는 한자로 표기하였으나, 'ㅡ, ㅣ, ·'는 모음으로만 읽으라는 단서를 붙였다.

자모 이름은 국문연구소의 《국문연구의정안》(1909)에서 공식적으로 논의되어 모든 자음의 이름을 두 글자로 하고, 모두 규칙형으로 바꾸는 것으로 의결하였다. 《국문연구의정안》은 시행되지 못 하였으나, 이 안과 같은 것이 오늘날 북한에서 쓰이고 있다. 남한에서는 모두 두 글자로 바꾸기는 하였으나, 《훈몽자회》의 불규칙형을 그대로 인정하고 있다.

8.1.1.2. 자모의 배열 순서

훈민정음의 자음자 배열은 《훈민정음》 예의에 제시된 순서에 따른다. 《훈민정음》은 아음, 설음, 순음, 치음, 후음, 반설음, 반치음의 순서를 먼저 하고, 이어 각 위치 안에서 전청자(전탁자), 차청자, 불청불탁자 순서를 따랐다. 훈민정음 자음의 배열 순서는 다음과 같다.

〈표 1〉 훈민정음의 자음 배열 순서

아음	설음	순음	치음	후음	반설	반치
ㄱ(ㄲ), ㅋ, ㆁ	ㄷ(ㄸ), ㅌ, ㄴ	ㅂ(ㅃ), ㅍ, ㅁ	ㅈ(ㅉ), ㅊ, ㅅ(ㅆ)	ㆆ, ㅎ(ㆅ)	ㄹ	ㅿ

훈민정음 자음 배열 순서는 《훈몽자회》에서 대폭 수정된다. 《훈몽자회》는 성운학의 성모 순서가 아니라 한글이 쓰이는 범위에 따라 먼저 초종성통용8자와 초성독용8자를 분리하여 전자를 앞세운 결과이다. 이들 내부에서는 다시 조음 위치 순서에 따라 배열되고, 같은 조음 위치에서는 기초자, 가획자 순으로 배열되었다. 이체자는 해당 조음 위치의 마지막에 두는 것이 원칙이나, 'ㅇ'만은 예외로 'ㄱ' 다음이 아니라 후음 자리인 마지막에 위치하였다. 'ㆁ'이 아음자이긴 하였으나, 후음과 비슷한 점이 고려되었다. 《훈몽자회》의 배열 순서는 다음과 같다.

〈표 2〉 《훈몽자회》의 자음 배열 순서

초성종성용8자					초성독용8자				
아음	설음	순음	치음	(아음)	아음	설음	순음	치음	후음
ㄱ	ㄴ, ㄷ, ㄹ	ㅁ, ㅂ	ㅅ	ㆁ	ㅋ	ㅌ	ㅍ	ㅈ, ㅊ, ㅿ	ㅇ, ㅎ

《훈몽자회》의 배열 순서는 홍계희의 《삼운성휘》에서 초성독용8자가 'ㅈ, ㅊ, ㅌ, ㅋ, ㅍ, ㅎ'의 순서 변화를 겪었다가 'ㅋ, ㅌ'의 순서로 바뀌어 지금과 같이 되었다.

훈민정음의 모음자 배열 순서는 기초자를 먼저 하고, 이어 초출자와 재출자 순서로 하였다. 초출자는 천지인의 순서에 따라 'ㆍ, ㅡ, ㅣ' 순서를 따랐다. 재출자는 양성 모음을 음성 모음보다 먼저 배치하고, 같은 양성 모음은 'ㆍ'가 'ㅡ'와 결합한 형태를 우선하였다. 하늘과 땅이 만나는 것('ㆍ'와 'ㅡ')이 하늘과 사람이 만나는 것('ㆍ'와 'ㅣ')보다 우선한 것이다. 훈민정음의 모음의 배열 순서는 다음과 같다.

〈표 3〉 훈민정음의 모음 배열 순서

기초자	초출자				재출자			
	양성 모음		음성 모음		양성 모음		음성 모음	
	원순	평순	원순	평순	원순	평순	원순	평순
·, ㅡ, ㅣ	ㅗ	ㅏ	ㅜ	ㅓ	ㅛ	ㅑ	ㅠ	ㅕ

훈민정음의 모음 배열 순서도 《훈몽자회》에서 바뀌었다. 《훈몽자회》에서는 초출자와 재출자가 섞이고 기초자를 나중에 배치하는 순서로 바뀌었다. 초출자와 재출자는 구장(ㅏ, ㅓ)을 먼저 하고 구축(ㅗ, ㅜ)을 나중에 두었다. 구장(口張)은 입을 벌려서 내는 음이고, 구축(口蹙)은 입을 오므려서 내는 음이다. 같은 부류에서는 양성 모음이 음성 모음보다 앞서도록 배치되었다. 재출자는 'ㅏ, ㅑ / ㅓ, ㅕ / ㅗ, ㅛ / ㅜ, ㅠ'처럼 핵모음이 같은 초출자와 묶었다.

〈표 4〉 《훈몽자회》의 모음 배열 순서

출자				기초자		
구장		구축		땅	사람	하늘
양성 모음	음성 모음	양성 모음	음성 모음			
ㅏ, ㅑ	ㅓ, ㅕ	ㅗ, ㅛ	ㅜ, ㅠ	ㅡ	ㅣ	·

이러한 《훈몽자회》의 순서 변화가 어디에 근거하는지는 분명하지 않으나, 비슷한 것이 《사성통해》(1517)에 실려 있는 《사성통고》 범례 7항에 있다. 《사성통고》 범례에는 한어 한자음의 중성을 설명하면서 그 순서를 'ㅏ, ㅑ, ㅓ, ㅕ, ㅗ, ㅛ, ㅜ, ㅠ, ·, ㅡ, ㅣ' 순서로 하고 있다. 《훈몽자회》의 모음자 순서는 지금도 그대로 쓰이고 있다.

8.1.2. 없어진 문자

8.1.2.1. 《훈민정음》(해례)와 〈한글 맞춤법〉

훈민정음이 창제되었을 때 제시된 자모가 시간이 지나면서 더 이상 쓰이지 않거나 음가가 변하여 애초와는 다른 음가를 나타내게 되었다. ◇, ·, ᅇ 등 새로운 글자가 일부 학자들에 의해 제안되기는 했지만, 실제 문자 생활에서 쓰이지는 않았다.

《훈민정음》(해례)에 제시된 자모는 기본자 28자와 합성자 32자이다. 기본자는 고정되어 있지만, 합성자는 일부만 예시되었기 때문에 실제 문헌에 쓰인 것과 다소 차이가 있다. 현재 우리가 쓰는 〈한글 맞춤법〉(2017)에 제시되어 있는 자모는 기본자 24자와 합성자 27자이다. 다만, 종성에 쓰이는 11개의 겹받침은 〈한글 맞춤법〉 규정의 합성자에 포함되어 있지 않지만, 사전에 단어를 올릴 때 순서를 보여주기 위한 해설에 포함되어 있고, 훈민정음에도 종성에 쓰이는 합성자가 있으므로, 이것을 합성자에 포함하여 보인다. 종성의 11개 받침을 제외하면 〈한글 맞춤법〉의 합성자는 16자이다.

《훈민정음》(해례)과 〈한글 맞춤법〉의 자모를 비교하면 다음과 같다. 자모의 배열 순서는 〈한글 맞춤법〉의 순서를 기준으로 하되, 현재 쓰이지 않는 글자는 나중에 배열하였다.

〈표 5〉 《훈민정음》(해례)와 〈한글 맞춤법〉(2017)

	《훈민정음》 해례(1446)	〈한글 맞춤법〉(2017)
기본자	ㄱ, ㄴ, ㄷ, ㄹ, ㅁ, ㅂ, ㅅ, ㅇ, ㅈ, ㅊ, ㅋ, ㅌ, ㅍ, ㅎ, ㆁ, ㆆ, ㅿ	ㄱ, ㄴ, ㄷ, ㄹ, ㅁ, ㅂ, ㅅ, ㅇ, ㅈ, ㅊ, ㅋ, ㅌ, ㅍ, ㅎ
	ㅏ, ㅑ, ㅓ, ㅕ, ㅗ, ㅛ, ㅜ, ㅠ, ㅡ, ㅣ, ㆍ	ㅏ, ㅑ, ㅓ, ㅕ, ㅗ, ㅛ, ㅜ, ㅠ, ㅡ, ㅣ
합성자	ㄲ, ㄸ, ㅃ, ㅆ, ㅉ, ㆅ, ㆀ, ㅸ (초성) ㅺ, ㅷ, ㅶ, (초성) ㄺ, ㄽ, ㅭ, (종성)	ㄲ, ㄸ, ㅃ, ㅆ, ㅉ (초성, 'ㄲ, ㅆ'은 종성에도 가능) ㄳ, ㄵ, ㄶ, ㄺ, ㄻ, ㄼ, ㄽ, ㄾ, ㄿ, ㅀ, ㅄ(종성)
	ㅐ, ㅒ, ㅔ, ㅖ, ㅘ, ㅙ, ㅚ, ㅝ, ㅞ, ㅟ, ㅢ, ㆎ, ㆄ, ㆇ, ㆋ, ㆌ, ㆈ, ㆉ	ㅐ, ㅒ, ㅔ, ㅖ, ㅘ, ㅙ, ㅚ, ㅝ, ㅞ, ㅟ, ㅢ

〈표 5〉를 보면 지금은 훈민정음의 기본자에서 4글자가 더 이상 쓰이지 않게 되었다. 합성자의 경우는 초성에 쓰이던 일부 각자 병서와 합용 병서, 연서가 사용되지 않게 되었으며, 일부 모음 합성자도 쓰이지 않게 되었다. 쓰이지 않게 된 글자는 밑줄로 보였다. 다만, 〈한글 맞춤법〉에서는 종성에 쓰일 수 있는 겹자음의 수가 9개 더 늘었다. 이것은 형태를 밝혀 적기로 한 맞춤법의 정신에 따라 추가된 것이다.

이외에 《훈민정음》(언해)에서 제시되었던 정치음 표기자 ㅅ ㅆ ㅈ ㅉ ㅊ 과 치두음 표기자 ㅅ ㅆ ㅈ ㅉ ㅊ 등도 쓰이지 않게 되었다. 또 역학서 등에서 외국어 표기에 쓰였던 글자도 쓰이지 않게 되었다. 《역어유해》에는 한어 道(닳)의 발음 표기를 위하여 'ㅗ'가 쓰였다. 《몽어유해》에는 背(陰處)를 위하여 'ㅓ', 《왜어유해》에는 擇예라뿌, 探사우루 등에서처럼 '뿌, 우' 등이 쓰였다. 현재 〈외래어 표기법〉은 현용 24자만으로 쓰도록 규정하여 별도의 부호나 글자를 이용하지 않는다.

8.1.2.2. 기본자

훈민정음에서 기본 자모는 자음 17자, 모음 11자를 포함하여 모두 28자로 명기되어 있다. 그러나 현재는 24자만이 쓰이고 있다. 자음 17자 중에서 'ㅿ, ㆁ, ㆆ', 모음 11자 중에서 'ㆍ'가 소실되었다.

자음자 중 'ㅿ'은 치조 유성 마찰음인 [z]였을 것으로 추정되나, 얼마 사용되지 못하고 소멸되었다. 'ㅿ'은 우리말이나 한자음 표기에 모두 쓰였다. 우리말 표기에서는 형태소, 합성어, 굴절어, 사잇소리 등에서 쓰였다. 슷(훈몽), 설설(몽43), 아ᅀ(훈민), 모ᅀᆞᆯ(월인), 한숨(월인서), 니ᅀᅡ샤도(용가, 125), 나랏일홈(용85) 등. 그러나 창제 당시부터 '앗이라(석보13-2), 한숨(석보19, 14)으로 쓰일 정도로 사용이 안정적이지 못하였다. 16세기 후반에는 'ㅿ' 대신 'ㅇ'으로 표기된 경우가 많아지는데, 17세기 이르러 쓰이지 않게 되었다. 'ㅿ'은 방언에 따라 '나서'(愈)처럼 'ㅅ'으로 남아 있는 경우도 있다.

자음자 중 'ㆁ'은 연구개 비음인 [ŋ]이었을 것으로 추정되나, 얼마 사용되지 않고 'ㅇ'에 합류되었다. 'ㆁ'은 우리말이나 한자음 모두에 쓰였다. 우리말 표기에서는 음절의 초성 '억'(所), '보오리'나 종성 '강아지'에 쓰였다. 16세기 초엽 이후에는 종성에만 쓰이다가 16세기 말에서 17세기 초에는 종성에서도 글자 모양이 'ㅇ'으로 바뀌어 더 이상 쓰이지 않게 되었다. 이후의 'ㅇ'자는 초성에서는 음절이 초성 없이 모음으로 시작한다는 구별자(영성자)의 역할을 하고, 종성에서는 [ŋ]을 나타내는 두 가지 기능을 하게 되었다.

자음자 중 'ㆆ'은 하나의 음소를 표시한 것이 아니라 긴장성 자질 [ʔ]을 나타내는 음성 요소였던 것으로 추정된다. 'ㆆ'은 창제 당시의 한글 표기에서 음절 초성에는 물론 종성에도 단독으로 쓰이지 못한 문자이다. 이것은 동국정운식 한자음 표기에서 'ㄷ'을 표기하기 위해 'ㅭ'처럼 쓰이거나, 국어 표기에서 '오싫 제' 같이 관형사형 어미에 붙어 사용되었다. 최세진의 《훈몽자회》 범례나 최만리의 상소문에 나타나는 '반절 27자'라는 표현은 28자 중에서 'ㆆ'이 빠진 결과였는데, 이것은 이 글자의 안정성과도 밀접히 관련되어 있다. 《훈민정음》(해례) 용자례에도 이 글자는 빠져 있다. 'ㅎ'은

16세기 이후부터 쓰이지 않게 되었다.

모음자 중에서 'ㆍ'는 한자음은 물론 우리말 표기에 '물'(馬), 'ᄀ술'(秋), 'ᄀᄅ칠'(訓)처럼 광범위하게 쓰였다. 문자 'ㆍ'가 나타낸 국어의 [ㅂ]음은 두 단계를 거쳐 사라진 것으로 추정된다. 일반적으로 1단계는 16세기에 제2음절 이하에서 'ㆍ'가 '나ᄀ내〉나그네, 다ᄅ다〉다르다'처럼 '으'로 변하고, 2단계는 18세기 후반에 제1음절에서 'ㆍ'가 'ᄆ술〉마을'처럼 '아'로 변한 것이다. 문자 'ㆍ'가 나타내는 소리는 사라졌지만, 글자는 습관적으로 오랫동안 사용되었다. 'ㆍ'는 국문연구소의 〈국문연구의정안〉(1909)에서도 폐지를 확정하지 못하다가 조선총독부의 〈보통학교용 언문철자법〉(1912)에 가서야 폐지되었지만, 실제로는 훨씬 오랫동안 사용되었다.

8.1.2.3. 합성자

훈민정음에서 합성 자모는 병서와 연서가 있다. 병서에는 자음에서 각자 병서와 합용 병서가 있고, 모음에는 이자합용과 여이상합이 있다. 연서는 자음에만 있다.

각자 병서는 두 개의 같은 글자를 좌에서 우로 나란히 이어 쓰는 방식의 글자다. 각자병서는 훈민정음 예의에 'ㄲ, ㄸ, ㅃ, ㅉ, ㅆ, ㆅ'가 제시되고, 합자해에서 'ㅇㅇ'이 추가되어 있다. 실제 한글 표기에서는 'ㅥ'도 쓰인 경우가 있다. 각자병서는 주로 한자음의 전탁음(유성음) 표기에 쓰이고 우리말에는 제한된 환경에서 된소리를 나타내는 데 쓰였다. 각자병서는 《원각경언해》(1465) 이후 폐지되었으나, 'ㅆ'은 16세기에 들어 다시 쓰이게 되었다. 이 'ㅆ'은 각자병서가 아니라 'ㅅ'으로 시작하는 합용병서의 하나로 해석된다. 'ㆅ'은 'ㅎ'의 경음 표기에 쓰였는데, 17세기 들어 '화를 혀'처럼 쓰다가 'ㅋ'이나(나그네 켜 오라)나 'ㅆ'(불을 쓰다)로 바뀌었다. 'ㅇㅇ'은 '히여' 등 피동사에 쓰였으나, 16세기 이후에는 사용되지 않았다.

각자병서 'ㄲ, ㄸ, ㅃ, ㅆ, ㅉ'는 20세기 들어 우리말 된소리를 표기하게 되었다. 이들은 19세기 중반 천주교 자료 등에서 된소리를 표기하는 수단으로 쓰이기 시작하더니, 《셩경직히》(1893~1895)에서는 된소리에 전면적으로 쓰이게 되었다. 일반적으로 된소리 표기는 'ㅅ'계 합용병서가 많이 쓰이고 있었는데, 된소리의 각자병서 표기 문제가 국문연구소의 〈국문연구의정안〉(1909)에서 공식적으로 토의되었다. 〈언문철자법〉(1912, 1921)에서까지도 된소리 표기에 'ㅅ'계 합용병서를 쓰도록 하였으나, 〈언문철자법〉(1930)에 가서 공식적으로 된소리 표기에 각자병서가 쓰이게 되었다.

합용병서는 서로 다른 글자 두 개 혹은 세 개를 좌에서 우로 이어 쓰는 방식의 글자이다. 합용병서는 《훈민정음》(해례)의 합자해에 제시되어 있는데, 'ㅲ, ㅄ, ㅶ, ㅷ, ㅴ, ㅵ' 등 'ㅂ'계와 'ㅺ, ㅼ, ㅽ, ㅻ' 등 'ㅅ'계로 구분된다. 이들은 모두 우리말 표기에만 사용되었다. 'ㅂ'계는 두 개의 발음이 모두 본음을 유지하는 어두자음군을, 'ㅅ'계는 된소리를 표기하였다. 'ㅂ'계 합용병서는 어두 자음군이 소실되면서 쓰임이 유명무실해졌지만, 19세기 들어 일부 된소리 표기 기능을 하면서 표기상 명맥을 유지하다 이내 쓰이지 않게 되었다. 'ㅅ'계 합용병서는 20세기 초까지 된소리 표기에 쓰였으나, 〈언문철자법〉(1930)에서 사용이 폐지되었다.

모음을 합용하는 경우는 《훈민정음》(해례) 중성해에서 언급하고 있다. 중성해에는 이자합용자(二字合用字)로 'ㅘ, ㅝ, ㆇ, ㆊ'가 제시되어 있으나, 'ㆇ, ㆊ'는 표기에 실제 쓰이지 않았다. 여이상합자(與ㅣ相合字)로 'ㆎ, ㅢ, ㅚ, ㅐ, ㅟ, ㅔ, ㆉ, ㅒ, ㆌ, ㅖ, ㅙ, ㅞ, ㆈ, ㆋ'가 제시되어 있으나, 'ㆎ'는 'ㆍ'의 소실과 함께 소멸되고, 'ㆈ, ㆋ'는 실제 표기에 사용되지 않고, 'ㆉ, ㆌ'는 한자음 표기에만 쓰였다. 따라서 모음 합용자 중 'ㅘ, ㅝ, ㅢ, ㅚ, ㅐ, ㅟ, ㅔ, ㅙ, ㅞ, ㅒ, ㅖ'는 현재까지 쓰이고 있으나, 그중에서 일부는 음가가 변하였다.

연서는 자음에서 서로 다른 두 글자를 상하로 이어 쓰는 방법으로 'ㅱ, ㅸ, ㆄ, ㅹ'가 있다. 연서자는 대부분 한자음 등 외래어 표기에 쓰였으며,

'ᄫ'만은 우리말 표기에도 쓰였다. 'ᄫ'은 순경음 [β]으로 기본 자모는 아니지만, '셔ᄫᅩᆯ, 드ᄫᅱ니다'처럼 음절 초성에서 쓰였던 독특한 문자이다. 그러나 'ᄫ'은 이미 15세기 중엽에 반모음 '오/우[w]'으로 바뀌었고, 16세기 중반 이후에는 우리말에 더 이상 쓰이지 않았다. 'ᄫ'은 방언에 따라 '더러 버라'처럼 'ㅂ'으로 남아 있는 경우도 있다.

8.1.2.4. 방점

방점은 자절의 왼쪽에 덧붙인 조그만 원형의 점을 말하는데, 음절에 걸치는 성조를 표기하기 위한 것으로 평성(무점), 거성(1점), 상성(2점)으로 되어 있었다. 다만, 입성은 종성을 'ㄱ, ㄷ, ㅂ'처럼 빨리 끝맺는 것을 이르는 것으로 고저를 의미하는 것은 아니었다. 입성자의 고저는 평성, 거성, 상성과 같은 방점으로 표기되었다. 따라서 고저 표기를 위한 방점은 실제 형식상 1점과 2점만이 존재하였다. 이러한 방점은 성조의 소실에 따라 16세기 중후반에 표기가 혼란스럽다가 《신증유합》이나 《석봉천자문》 등에서는 아예 쓰이지 않게 되었다.

상성으로 표기된 음절의 고저는 '평성+거성'의 합성으로 이해되는데, 이 경우 상성은 음장의 기능도 동시에 가진 것으로 해석된다. 두 개의 방점이 나타내던 상승조 성조와 음장의 기능은 방점의 소멸로 더 이상 표기할 수 없게 되었다. 19세기 들어 외국인들이 저술한 《Corean Primer》 등 한국어 학습서에는 음장 표시를 하고 있었고, 〈언문철자법〉(1921)의 외래어 표기에서 음장을 표시하도록 한 경우가 있다.

8.1.3. 음가 변이 문자

8.1.3.1. 조음 위치의 이동

훈민정음 창제 당시에 'ㅅ, ㅈ, ㅊ, ㅉ'는 구개음이 아니라 치조음으로 발음되었다. 즉, 조음 위치가 현대 국어보다 구강의 앞쪽에 있었다. 그러나 근대 국어 들어 이들의 조음 위치가 뒤로 밀리면서 구개음으로 발음되게 되었다. 그러나 'ㅅ'의 경우 음성적 차원(i, j 앞)에서는 구개음을 변이음으로 가지고 있지만, 음소적 차원에서는 여전히 치조음 위치에 남아 있었다. 따라서 근대 국어의 'ㅅ'은 조음 위치가 치조음이나, 'ㅈ, ㅊ, ㅉ'은 조음 위치가 구개음으로 바뀐 새로운 음가를 표기하게 되었다.

'ㅈ, ㅊ, ㅉ'이 구개음으로 되자, 구개음 아닌 소리가 'i, j' 앞에서 구개음으로 바뀌는 구개음화가 일어났다. 'ㄷ, ㅌ, ㄸ' 등이 구개 모음인 'i, j' 앞에서 구개음인 'ㅈ, ㅊ, ㅉ'으로 바뀐 것이다. 쌔지여(두시, 중간), 죠호미(두시, 중간) 등이 그러한 예이다. 또, 'ㄱ, ㅎ'은 'i, j' 앞에서 각각 'ㅈ, ㅅ'으로 변하였다. 져을[冬], 지름[油], 셩데(兄弟) 등이 그러한 예이다. 현대 서북 방언은 중앙어와 달리 'ㅈ, ㅊ, ㅉ' 등이 아직 조음위치가 구개음으로 바뀌지 않아 구개음화가 일어나지 않은 예외적 지역으로 남아 있다. 서북 방언은 당개(댱개, 장가), 덩거당(뎡거댱, 정거장), 돟다(둏다, 좋다), 듕얼거리다(듕얼거리다, 중얼거리다), 데것(뎌것, 저것), 가티(같이), 구디(굳이) 등으로 구개음화가 되지 않는 것은 물론 '니마, 니밥'처럼 어두 'ㄴ'도 탈락하지 않는 특징을 보인다.

구개음화의 결과 '댜, 뎌, 됴, 듀'와 같은 합자는 불가능하게 되고, '쟈, 져, 죠, 쥬'와 같은 합자가 가능하게 되었으나, 구개음화한 'ㅈ, ㅊ, ㅉ'은 이어지는 'j'계 이중 모음과 결합에 제약이 생기게 되어, '졀〉절, 젹다〉적다'과 같이 반모음 'j'가 탈락되는 표기가 생겨났다. 'i, j' 앞의 'ㅅ'도 '션비〉선비'처럼 마찬가지 현상이 생겼다. 그러나 '셜, 졀'의 이중 모음 표기는 오랫동안 습관적으로 지속되었다. 이들의 '셔, 졀'이 공식적으로 '서, 셜로 표기된 것은 〈언문 철자법〉(1930), 〈한글 마춤법 통일안〉(1933)에 가서야 가능하였다. 현재의 〈한글 맞춤법〉에서도 '가져'와 같은 표기가 있는데, 이것은 발음과 관계없이 '가지-어'의 어간 요소 'ㅣ'를 나타내는 형태소적 표기의 결과이다.

8.1.3.2. 하강 이중 모음의 단모음화

훈민정음 창제 당시에는 반모음 'j'로 끝나는 하강 이중 모음이 14개나 되었다. 《훈민정음》(해례) 중성해에서 보인 여이상합자(與ㅣ相合字) 중 실제 쓰인 'ㆍㅣ, ㅢ, ㅚ, ㅐ, ㅟ, ㅔ, ㅒ, ㅖ, ㅙ, ㅞ'에서 'ㆍㅣ'는 'ㆍ' 소실과 함께 사라지고, 나머지는 글자 모양은 같지만 현재 쓰이는 음가와는 차이가 있다.

'ㅚ, ㅐ, ㅟ, ㅔ'는 이중 모음에서 단모음으로 바뀌고, 'ㅙ, ㅞ, ㅒ, ㅖ'는 삼중 모음에서 이중 모음으로 바뀌었다. 이중 모음 'ㅐ, ㅔ'이 단모음으로 변한 것은 19세기의 일이나, 이중 모음 'ㅚ, ㅟ' 등은 20세기가 되어서야 단모음으로 되었다. 따라서 'ㅐ, ㅔ, ㅚ, ㅟ'는 훈민정음 창제 당시는 두 개의 발음을 나타내는 합성 자모였지만 현대에 와서는 단모음을 나타내는 문자 역할을 하고 있다. 다만, 단모음 'ㅚ'와 'ㅟ'는 지위가 불완전하여 'we, wi' 등으로 수의적 교체를 보여 상승 이중 모음으로 발음되는 경우가 많다. 이중 모음이 하강에서 상승으로 바뀐 것이다. 'ㅢ'는 하강 이중 모음에서 상승 이중 모음으로 바뀌었지만, 단모음 'ㅡ, ㅣ' 등으로 발음되는 등 여전히 불안정한 상태에 있다.

하강 이중 모음 10자의 창제 당시 음가와 현재의 음가를 보이면 다음 (3)과 같다.

(3) ㅐ[aj] → [ɛ], ㅔ[ʌj] → [e], ㅟ[uj] → [y], ㅚ[oj] → [ø]

    ㅒ[jaj] → [jɛ], ㅖ[jʌj] → [je], ㅙ[waj] → [wɛ], ㅞ[wʌj] → [we]

    ㅢ[ɯj] → [ɯi]

8.1.4. 자모 운용의 변화

8.1.4.1. 8종성법과 표음주의

《훈민정음》(해례)의 예의에서는 언급이 없다가 《훈민정음》(해례)의 종성해에 새롭게 등장한 개념이 8종성법이다. 8종성법은 《훈민정음》(해례) 종성해에서 '8종성으로 족히 쓸 수 있다.'[八終聲可足用也]고 하여 종성에 'ㄱ, ㄴ, ㄷ, ㄹ, ㅁ, ㅂ, ㅅ, ㅇ'만을 쓰도록 한 것이다. 이것은 당시 국어의 종성에 발음될 수 있는 음소가 8개뿐이었기 때문이었다. 8종성 이외의 나머지 자음들은 20세기 초반까지 종성으로는 쓰이지 않았다.

훈민정음 창제 직후의 대부분 문헌에서는 이 8종성법을 잘 지키고 있지만, 《월인천강지곡》과 《용비어천가》는 예외를 다음 (4)처럼 적지 않게 보인다.

> (4) 《용비》 곶됴코여름하나니(2), 믈깊고비업건마른(34) 衆賊좇거늘(36)
> 《월곡》 다숫곶두고지(7), 둘희쏜살이세낱붊쁸쁴여디니(40) 짜해다붌
> 아디니(158)

그런데 당시는 종성에서 'ㄷ'과 'ㅅ'은 엄격히 구별하여 발음하였기 때문에 종성에 'ㄷ'과 'ㅅ'을 쓰는 것이 가능하였지만, 16세기 들어 종성의 'ㄷ'과 'ㅅ'의 표기에 혼란이 생겼다. 16세기에는 예 (5)처럼 주로 종성 'ㅅ'으로 쓰던 단어가 'ㄷ'으로 쓰이는 경우가 많았다.

> (5) 벋(정속언해, 13), 믿디 못ㅎ야도(소학언해, 5, 84), 복 바티 되리니(계
> 초심학인문, 21), 졷디 아니ㅎᄂ니라(논어, 3, 38), 곧티 ㅎ시며(맹자언
> 해, 8, 12)

17세기 중반에 들면 오히려 'ㄷ'으로 쓰던 단어에서 'ㅅ'으로 바뀌어 표기되는 경우가 생기게 된다. 《가례언해》, 《마경초집언해》 등에 관련 예가 보이기 시작하다가 17세기 후반기에 들어 대체로 'ㅅ'으로 통일된다. 17세기 후반 문헌인 《노걸대언해》, 《박통사언해》에는 'ㄷ' 종성이 사라지고 'ㅅ'으로 거의 통일되었다(이익섭, 1992). 심지어 모음으로 시작하는 조사나 어미 앞에서도 'ㅅ'으로 표기 되었다.

(6) 굿디 아니ㅎ고(마경, 상, 20), ㄹㅈ지 아니ㅎ니(가례언해, 하, 50)
　　 믓누의ㄴ(가례언해, 2, 18), 친상을 듯고(가례언해, 7, 10)
　　 권당과 벗을(경민편언해, 36), 칙 밍근의 뜻이 아니니(경민편언해, 서, 3)
　　 흔 벗이 이셔(노걸대언해, 상, 1), 쑤지람 듯다(역어유해, 상, 31)
　　 쯧은(계주윤음, 23), 친밀한 벗이(명의록언해, 2, 14)

《훈민정음》(해례)에서 'ㄱ, ㄴ, ㄷ, ㄹ, ㅁ, ㅂ, ㅅ, ㅇ'의 8종성법을 채택한 이래로 17세기 후반에 'ㄷ'을 제외한 7종성법이 형성된 것이다. 7종성법은 개화기까지 자연스럽게 전통으로 자리 잡았다. 따라서 개화기에도 'ㄷ, ㅈ, ㅊ, ㅋ, ㅌ, ㅍ, ㅎ'은 종성에서 쓰이지 않았다. 이들 받침을 쓰자는 주장은 국문연구소의 〈국문연구의정안〉(1909)에서 나왔으나 실제 적용되지는 못하였다. 이들 받침이 실제로 쓰인 것은 조선총독부가 개정한 〈언문 철자법〉(1930), 〈한글마춤법통일안〉(1933)에 가서야 가능해졌다.

8.1.4.2. 음절 표기와 형태

《훈민정음》 예의에는 부서법으로 정의된 '초·중·종성이 합해서 글자를 이룬다.'[初中終聲合而成字]는 개념이 있다. 이것은 훈민정음을 하나의 음소에 하나의 문자를 대응하는 자소로 만들기는 하였으나, 실제 사용에서는 초성과 중성과 종성을 합해서 하나의 음절 문자처럼 쓰라는 것이다.

이것은 자소를 모아서 하나의 음절 단위로 쓴다는 점에서 모아쓰기라고도 한다.

자소를 어절 단위로 모아쓰기를 하면, 모음 간 자음을 선행 음절 말음으로 할 것인지 후행 음절의 초성으로 할 것인지의 문제를 낳는다. 예컨대, '사람이', '사라미', '사람미' 중 어느 방식을 쓸 것이냐 하는 것이다. '사람이'는 흔히 분철 표기라 하고, '사라미'는 연철 표기라 하고, '사람미'는 중철 표기라 한다.

한글 창제 당시의 표기는 연철 표기가 중심이었다. 조사를 체언 어간과, 어미를 용언 어간과 분리하지 않는 연철 표기를 하고 있었다. 《석보상절》이나 《월인석보》는 대부분 연철이 쓰였다. 분철을 보인 문헌은 훈민정음 창제 직후에 세종이 직접 저술한 《월인천강지곡》에서 볼 수 있다. 당시로서는 이례적인 것으로 세종 자신이 직접 제작에 관여하였던 것이라는 점에서 세종의 표기관을 반영한 것이라는 추정이 가능하다. (7)은 연철 표기의 예문이다.

(7) ㄱ. 耶輸ㅣ 그 긔별 드르시고 羅睺羅 더브러 노픈 樓 우희 오르시고
　　　門돌홀 다 구디 줌겨 뒷더시니 (석보, 권6)
　　ㄴ. 눈에 보논가 너기ᅀᄫᆞ쇼셔(월곡, 2)
　　　큰룡을 지ᅀᅥ 셰존ㅅ몸애 감아늘(월곡, 76)

16세기 이후에는 분철이 상당한 세력을 가지게 되나, 대체로 체언과 조사의 결합에서는 분철이 많이 쓰이고, 용언 어간과 어미는 여전히 연철이 많이 쓰인다. 분철은 자음이 주로 유성음인 경우에 많으나, 간혹 'ㄱ' 등 무성음도 예를 보인다. 분철 표기의 예는 (8)과 같다.

(8) 블근 돌애(법, 2, 13), 여러 터럭에(남명, 상 75), 사람으로(육조, 상

15), 사룸이(두, 상7), 흙으로(두, 상, 9), 계집을(태, 10), 목을(동, 충 1.73), 왼손을(태, 1, 1), 뜯이(가, 구, 43), 힘이(첩, 3, 7), 믈에(역, 상, 27), 숨엇더니(동, 효8, 56), 잡아가(박, 하, 15)

16세기에는 중철 표기도 《이륜행실도》, 《정속언해》 등에 보이기 시작한다. 당시의 중철 표기는 'ㄱ, ㄴ, ㄷ, ㄹ, ㅁ, ㅂ, ㅅ' 등 종성으로 쓰일 수 있는 자음에서 가능하였으나(9ㄱ), 'ㅈ, ㅊ, ㅋ, ㅌ, ㅍ' 등 종성으로 쓸 수 없는 자음은 선행 음절에는 'ㅅ, ㄱ, ㄷ, ㅂ'으로 후행 음절에는 'ㅈ, ㅊ, ㅋ, ㅌ, ㅍ'으로 나누어 표기하였다(9ㄴ). 이와 같이 하나의 음소를 양쪽 음절에 나누어 표기하는 것을 양음절 표기라고도 한다.

(9) ㄱ. 갑포믈(번박, 상 38), 흙기(번박, 상, 40)
　　　온몸믈(두, 상18), 손늘(태, 23), 춤마(동, 효8, 17), 여슷슬(박, 상29)
　　ㄴ. 빗츨(여, 18), 동녁키(여, 21), 깁피(이윤, 48), 근티(이륜, 13), 졀끠(태, 11), 겻티(마, 상21), 븍녁킈(동, 효6, 29), 근틱신디라(경민편, 父母第一), 솟티(십구, 1.35), 놋빗츨(십구, 1.23)

17세기에 들면 이러한 양음절 표기는 형태소 경계에서가 아닌, 한 형태소 안에서도 수다히 발견된다. 아래 예 (10)의 '구틱여'와 '굿틱여'의 경우는 모음 간 'ㅌ'을 연철하여 'ㅌ'으로 적거나 'ㅌ'을 'ㅅ'과 'ㅌ'으로 나누어 'ㅅㅌ'으로 적는 것인데, 이들은 형태 표기와는 아무 관련이 없는 발음에 충실한 표기라 할 수 있다.

(10) 구틱여(가, 삼, 4) / 굿틱여(민, 35), 이튼날(가, 십, 11) / 잇튼날(자, 5)
　　마치(태, 31) / 맛치(노, 상, 10), 나타난ᄂ니라(가, 1, 35) / 낫타나디(가, 6, 20), 두터오니(가, 7, 22) / 둣텁고(가, 3, 18), 굽피고(십구, 1.23)

cf)저허/저컨대/적컨대, 너코/넉코, 나하/낫코

한편, 유기음 'ㅋ, ㅌ, ㅍ'의 표기는 음소를 분해하여 'ㄱ-ㅎ, ㅅ-ㅎ, ㅂ-ㅎ'으로 나누어 표기하는 재음소화 표기가 생겼다. 재음소화 표기는 '겻히, 놉흔, 셔녁흐로'처럼 모음 간 'ㅌ, ㅍ, ㅋ' 등 유기음을 선행 음절 말음 'ㅅ, ㅂ, ㄱ'과 후행음절 초성 'ㅎ'으로 나누어 표기하는 현상이다. 재음소화 표기는 유기음 'ㅌ, ㅍ, ㅋ'를 두 가지 요소로 분해해서 각각 다른 음절에 배당한 것으로 발음과 형태를 동시에 표기한 것으로 보인다. 이것은 유기음을 각기 평음과 'ㅎ'음의 결합체로 인식한 결과였다. 예 (11)이 참고된다.

(11) 밋희셔(동, 일, 15), 흔녁흐로(어, 5), 놉희(신전자, 11), 남녁희(가, 5, 28)

이상의 표기에서 일관된 것은 'ㅈ, ㅊ, ㅋ, ㅌ, ㅍ, ㅎ' 등의 자음은 모음 앞이나 자음 앞이나 어떠한 경우에도 종성에 표기되지 못하였다는 것이다. 이들은 《훈민정음》(해례)의 8종성 규정에 따른 것으로, 모음 앞에서는 연철과 중철 및 재음소화 표기 등으로 다양하게 쓰였다. 이들 자음은 〈언문 철자법〉(1930), 〈한글마춤법통일안〉(1933)에서 8종성법을 폐기함으로써 종성에 쓰이는 길이 열렸다. 즉 발음과 무관하게 형태를 밝힐 수 있도록 모든 자음을 종성에 쓰도록 허용한 결과다.

8.2. 한글 자형과 서체의 변화

8.2.1. 한글 서체의 분류

일반적으로 글자의 모양을 이르는 말은 글꼴, 자체, 자형, 서체 등으로 다양하게 쓰이지만, 이들 사이에 어떤 차이가 있는지는 분명하지 않다. 다만, 훈민정음 글자 모양을 설명하기 위해서는 이들을 구별할 필요가 있다. 훈민정음은 자소 하나하나를 독립 단위의 글자로 만들었지만, 실제 운용은 자소를 합하여 자절 단위로 운용하게 되어 있다. 이런 점에 근거하여 자형은 자소인 자음자와 모음자를 이루는 획의 모양과 굵기, 장평, 기울기 등의 모양을 의미하고, 자체는 자소를 모아쓴 자절의 중심축 위치, 자음과 모음 간의 공간과 균형 등의 모양을 의미한다. 자체가 서예와 같이 글자를 쓰는 운필 방법까지 포괄하는 넓은 의미로 쓰일 때는 서체라고 한다. 서체는 한자의 육서에서 유래된 전서체, 예서체, 해서체, 행서체, 초서체 등이 자주 이용된다. 전서체는 정방형의 각진 글씨를, 예서체는 전서체를 간략화한 글씨를, 해서체는 자형이 단정하고 반듯한 글씨를 의미한다. 행서체는 약간 흘려 쓰는 글씨를, 초서체는 획수를 줄여 가며 많이 흘려 쓴 글씨를 의미한다. 이들은 반듯하여 읽기 쉽고 쓰기 어려운 글자에서 점차 쓰기 쉽고 읽기 어려운 글자체로 변화해 간 특징이 있다.

한글 서체는 정자체와 필기체로 구분한다. 정자체는 하나하나의 자소를 획의 변화 없이 또박또박 쓴 것이고, 필기체는 자소의 자형에 변화를 주어 빨리 쓴 것이다. 정자체는 사각형의 자체를 유지하여 글자의 중심이 가운데 위치하는 특징이 있는데, 글자의 전형성 유지 여부에 따라 정음체와 언해체로 구분된다. 정음체는 자형이 일정한 굵기를 유지하고 자체가 사각형을 유지하여 글자의 중심이 가운데 위치하는 특징을 전형성으로 하는데, 《훈민정음》(해례)의 글자를 시초로 삼는다. 언해체는 정음체의 일부 전형성을 유지하면서 필서체의 맛을 들인 《훈민정음》(언해)의 글자를 시초로 한다. 전형성 유지와 편리성 여부에 따라 언해 정체와 언해 흘림체로 구분한다. 필기체는 자형의 굵기에 변화가 생기는 것은 물론 모음의 길이가 자음보다 길어지면서 사각형의 틀이 깨지고 글자의 중심이 오른쪽으로 쏠리는 특징이 있다. 필기체는 〈상원사 중창 권선문〉의 글자를 시작점으로 한다. 필기체는 사용 양상이 매우 다양하여 글자의 흘림성의 정도에 따라 흘림정체, 반흘림, 진흘림으로 구분하고, 사용자에 따라 궁체, 민체, 방각체 등으로 구분한다.

한글 서체를 종합해 보이면 다음과 같다.

〈표 6〉 서체의 분류

구분		특징
정자체	정음체	전형성 유지
	언해 정체, 언해 흘림체	일부 전형성 유지, 편리성 가미
필기체	흘림 정체, 반흘림체, 진흘림체	흘림 정도
	궁체, 민체, 방각체	사용자

한글 서체를 설명하기 위해서는 붓의 움직임을 이해하여야 한다. 당시의 글자는 먹을 붓에 묻혀서 썼기 때문에, 자형은 자연 붓의 움직임과 관련되어 있다. 자형과 관련된 붓의 움직임은 선과 원과 점이다. 붓으로 한 번 그은 것을 선이라 하고, 그 선이 완전히 한 번 돌아 이어진 것을 원이라 하고, 원이 까맣게 채워진 것을 점이라 한다. 붓글씨에서 선의 처음 시작하는 부분은 기필부, 가운데 부분은 송필부, 마무리하는 부분은 수필부라고 한다. 기필부와 수필부를 둥그렇게 하면 원필형이고, 각지게 하면 방필형이며, 뾰족하게 붓의 움직임이 살아 있으면 첨필형이다. 원은 둥근형과 타원형이 있다. 점도 완전히 둥근 형상을 하는 원형점과 물방울 무늬 모양을 하는 사향점이 있다.

8.2.2. 정음체의 특성과 변화

8.2.2.1. 정음체의 자형과 자체

정음체의 자형은 선과 원 및 점을 기본으로 한다. 선은 직선과 사선이 있는데, 선의 굵기가 처음부터 끝까지 일정한 특징이 있다. 가로획과 세로획의 굵기도 서로 같다. 선의 기필부와 수필부는 둥글게 마무리되어 있는 원필형을 이룬다. 선과 선이 만나는 부분에서는 대부분 직각을 이루고 있다. 점은 까만색으로 채워진 완전한 원형점으로 되어 있다. 전반적인 특징은 현재의 고딕체에 가까운 형태를 보인다.

《훈민정음》(해례)의 자음의 기본자는 기초자 'ㄱ, ㄴ, ㅁ, ㅅ, ㅇ'와 가획자를 합하여 모두 17자이다. 기초자 중 'ㄱ, ㄴ'은 두 직선이 직각으로 만나 형성된 모양이고, 'ㅁ'은 두 개의 세로획과 두 개의 가로획이 서로 직각으로 만나 형성되었다. 기초자 중 'ㅅ'은 오른쪽과 왼쪽의 사선이 꼭짓점에서 서로 맞닿아 대칭을 이루고 있으며, 'ㅇ'은 완전히 둥근 원을 이루고 있다.

가획자는 'ㅋ, ㄷ, ㅌ, ㅂ, ㅍ, ㅈ, ㅊ, ㅎ, ㆆ'이 있는데, 가로로 획을 더할 때는 'ㅋ, ㄷ, ㅌ, ㅍ, ㆆ' 등과 같이 같은 방향으로 나란히 놓이게 하였으며, 가획되는 획의 굵기와 길이는 기초자와 같다. 다만, 'ㄷ, ㅌ'의 경우 위쪽 가로획이 왼쪽으로 약간 돌출되어 있다. 'ㅈ'은 기초자 'ㅅ'의 꼭지점이 가획되는 가로획의 가운데에 놓여 있다. 세로로 획을 더할 때는 'ㅎ, ㅊ'처럼 하나의 짧은 세로획이 가로획 위에 붙는다. 가획자 중에서 'ㅂ'은 두 개의 획이 가획되고, 'ㅍ'은 가획한 다음 옆으로 눕힌 형태를 이룬다. 가획의 의미가 없는 이체자 'ㆁ, ㄹ, ㅿ'에서 'ㆁ'은 'ㅇ' 위에 짧은 세로획이 붙는 데 비해, 'ㅿ'은 'ㅅ'에 가로획이 덧붙는 형상이고, 'ㄹ'은 경우는 'ㄴ' 위에 'ㄷ'을 좌우 회전한 형상을 덧붙여 만든 형태를 보인다.

합용자에서 각자 병서는 'ㄲ, ㄸ, ㅃ, ㅆ, ㅉ, ㆅ' 등이, 합용 병서에는

'ᄰ, ᄡ, ᄥ, ᄭ, ᄙ' 등이 쓰였는데, 기본자의 자형 변화 없이 글자 크기를 조정하여 자절의 모양에 맞도록 배치하였다. 연서자 'ᄫ, ᄝ' 등도 기본자 모양이 변하지 않았다.

<표 7> 정음체 기본자 자형

자음	ㄱ	ㅋ	ㆁ	ㄴ	ㄷ	ㅌ	ㄹ	ㅁ	ㅂ	ㅍ	ㅅ	ㅈ	ㅊ	ㅿ	ㅇ	ㆆ	ㅎ
모음	·	―	ㅣ	ㅗ	ㅏ	ㅜ	ㅓ	ㅛ	ㅑ	ㅠ	ㅕ						

《훈민정음》(해례)의 모음자는 '·, ―, ㅣ'를 기초로 하여 초출자와 재출자를 합하여 모두 11자를 만들었다. 기초자 '·'는 완전한 원형점으로 되어 있고, '―'는 수평의 가로획으로, 'ㅣ'는 수직의 세로획으로 되어 있다. 선은 굵기가 처음부터 끝까지 일정하며, 기필부와 수필부 모두 원필형이다.

초출자 'ㅗ, ㅏ, ㅜ, ㅓ', 재출자 'ㅛ, ㅑ, ㅠ, ㅕ'는 원형점이 세로획 혹은 가로획과 합하여 만들어졌는데, 기초자의 특성을 그대로 가지고 있다. 다만, 초출자는 가로획과 세로획 좌우상하 가운데 위치에 원형점을 하나씩 배치하였으나 재출자는 원형점을 두 개씩 배치한 것이 다를 뿐이다. 원형점과 선은 서로 닿지 않고 떨어져 있다.

예외적인 경우로 하나의 획이 있을 자리를 둘로 나누어 두 개의 글자를 배치한 글자가 있다. 아동의 말이나 시골말에서 쓰인 'ㅣ·'나 'ㅣ―'는 'ㅣ'로 시작하여 '·'와 '―'로 끝나는 이중 모음의 경우인데, 먼저 세로획을 하고 나중에 원형점이나 가로획을 한다. 이것은 세로획이 있어야 할 자리에 원형점이나 가로획이 있는 특이한 예를 보인다. 한 획이 다른 획의 자리를 일부 침범하고 있는 것이다.

정음체의 자체는 사각형의 모양을 이루는 특징이 있다. 사각형 안의 자소는 합자의 종류에 따라 크기에 변화가 있다. 초중성 합자의 경우 자음자가 모음자보다 조금 큰 편이지만, 좌우합자와 상하합자에 따라 자소의 크기가 일정하게 조정된다. 좌우합자는 자음자의 가로 폭이 줄어지는데 비하여, 상하합자는 자음자의 세로 폭이 줄어진다. 초·중·종성 합자의 경우는 자소의 세로 폭이 일정하게 좁아지면서 사각형을 유지한다.

자절을 이루는 과정에서 자음자와 모음자는 서로 접촉하지 않고 독립적인 형태를 유지한다. 이 과정에서 자소의 모양에도 변화가 일어나지 않게 됨으로써 자소의 전형성을 유지하고 있다. 전체적인 모습은 중심이 글자의 한가운데 위치하여 상하 좌우의 대칭형을 이루는 반듯한 체계를 유지하고 있다.

8.2.2.2. 정음체의 변화

정음체에 해당하는 대표적 문헌으로는 《훈민정음》(해례)를 비롯하여 《용비어천가》(1447.2), 《동국정운》(1448), 《석보상절》(1447.7.25), 《월인천강지곡》(1447), 《월인석보》(1459.7.7), 《몽산화상법어약록언해》(1472) 등이 있다. 《월인석보》(권1·2)는 〈세종어제훈민정음〉, 〈팔상도〉, 〈석보상절 서〉, 〈어제월인석보 서〉, 〈월인석보 1·2〉 등으로 구성되어 있다. 이 중에서 〈월인석보 서〉는 정음체의 특성을 많이 가지고 있지만, 〈세종어제훈민정음〉이나 〈석보상절 서〉는 정음체와는 전혀 다른 모습을 보인다. 또한 《월인석보》 본문은 정음체를 보이는 부분도 있고, 언해체에 가까운 양상을 보이는 경우도 있어 《월인석보》는 정음체이기는 하지만, 언해체의 모습을 보이기 시작하는 과도기적 모습을 보인다.

정음체 존속 기간은 30년이 되지 않을 정도의 짧은 기간이지만, 그 사이에 문헌마다 자형에서 약간씩 변화를 보였다. 자형의 변화는 1차 선 변화, 2차 출자 변형, 3차 방점(·포함) 변화로 나눌 수 있다. 1차 변화는 자음자의 선이 원필에서 방필로 바뀌었다. 원필은 《훈민정음》(해례)에서만 유일하게 보이며, 나머지 문헌에서는 모두 방필로 바뀌었다. 《월인석

| 훈민정음 해례 | 용비어천가 | 동국정운 | 월인천강지곡 | 월인석보 | 몽산화상법어 |

〈사진 1〉 정음체의 변화 양상

보》(1459)는 선의 기필부는 모두 방필형이지만, 수필부는 원필형을 보이는 경우가 많다.

2차 변화는 출자의 원형점이 선으로 바뀐 것이다. 초출자와 재출자에 쓰였던 'ㆍ'가 오늘날과 같이 짧은 획으로 바뀐 것이다. 《훈민정음》(해례)와 《동국정운》에서만 초출자와 재출자의 'ㆍ'가 완전한 원형점으로 되어 있고, 나머지 정음체 문헌에서는 짧은 선으로 바뀌었다. 갑인자체 활자본인 《사리영응기》(1448)에도 盧고소미, 姜ㄱ리대, 金검불 등 한글 인명이 다수 있는데 서체는 《석보상절》과 같다.

3차 변화는 방점과 독립적으로 쓰이는 모음 기초자 'ㆍ'가 사향점으로 바뀐 것이다. 《용비어천가》(1445), 《석보상절》(1447), 《동국정운》(1448), 《월인천강지곡》(1449)에서는 《훈민정음》(해례)처럼 원형을 유지하고 있으나, 《월인석보》(1459), 《몽산화상법어약록언해》(1472)에서는 기필 부분은 뾰족하나 수필 부분은 둥그렇게 마무리되는 사향점으로 바뀌었다.

정음체 자형의 변화는 다음 〈표 8〉과 같다.

〈표 8〉 정음체의 분류

	글자 모양			대표 예문	한자 서체
	자음	모음(출자)	방점, ·		
정음체	원필형	원형점	원형점	훈민정음 해례본	전서
	방필형	원형점	원형점	동국정운	전서
	방필형	선	원형점	용비어천가, 월인천강지곡, 석보상절	예서
	방필형	선	사향점	월인석보, 몽상화상법어약록언해	예서

8.2.3. 언해체의 특성과 변화

8.2.3.1. 언해체의 자형과 자체

언해체는 붓의 움직임을 느낄 수 있는 서체이므로 필기의 편리성을 고려한 서체이다. 언해체는 《훈민정음》(언해)의 글자체로부터 시작되는 서체이므로 《훈민정음》(언해)가 수록되어 있는 《월인석보》의 간행연도인 1459년 무렵부터 시작된다. 정음체로부터 13년 만에 초기의 전형성에서 탈피한 부드러운 해서체가 등장한 것이다.

〈표 9〉 언해체의 기본자와 치성자 자형

자음	ㄱ	ㅋ	ㆁ	ㄷ	ㅌ	ㄴ	ㅂ	ㅍ	ㅁ	ㅈ	ㅊ	ㅅ	ㆆ	ㅎ	ㅇ	ㄹ	ㅿ
치성	ㅈ	ㅉ	ㅊ	ㅅ	ㅆ	ㅈ	ㅉ	ㅊ	ㅅ	ㅆ							
모음	ㆍ	ㅡ	ㅣ	ㅗ	ㅏ	ㅜ	ㅓ	ㅛ	ㅑ	ㅠ	ㅕ						

《훈민정음》(언해)의 자형에서 원은 정음체와 같이 완전히 둥근형을 유지하고, 점은 정음체의 마지막 문헌인 《월인석보》, 《몽산화상법어약록언해》의 형태와 같이 사향점으로 되어 있다. 선은 정음체와 많은 차이를 보인다. 선의 기필부와 수필부에 첨필의 모습을 보여 정음체의 원필이나 방필과는 확연히 구분된다. 선의 굵기도 일정하지 않으며, 가로획의 송필부가 가늘고 오른쪽이 굵은 모양을 보여 붓 움직임의 강약이 그대로 살아

있다. 가로획의 경우는 오른쪽이 약간 위로 올라가는 형태를 보여 정음체의 수평선하고도 모양이 달라졌다.

언해체의 자음 중 'ㄱ, ㄴ, ㅁ'은 직선과 직선이 만나는 지점의 각도가 직각에서 부드럽게 꺾어지고 있으며, 특히 'ㅁ'의 'ㄱ' 부분은 부드럽게 하나의 획으로 이어지고 있다. 이체자 'ㄹ'도 'ㅁ'과 같이 3획으로 필획되면서 각도가 부드러워졌다. 'ㅇ'의 둥근형 원은 정음체와 다르지 않다. 'ㅅ'은 원칙적으로 사선이 대칭을 이루는 자형이나, 일부 'ㅆ' 각자 병서에서는 오른쪽 사선이 왼쪽 사선의 아래로 내려오는 비대칭적인 모습을 보이기도 한다. 가획자 'ㅋ, ㄷ, ㅌ, ㅂ, ㅍ, ㆆ'에서 기초자에 획을 더할 때는 정음체와 다르지 않으나, 'ㅊ, ㅎ' 등의 꼭대기 짧은 세로획은 거의 사향점으로 변하여 있다.

모음자 'ㆍ'와 방점은 사향점으로 되어 있으며, 초출자와 재출자에 쓰인 'ㆍ'는 짧은 선으로 되어 있다. 《월인석보》의 정음체와 같다. 'ㅑ, ㅕ, ㅛ, ㅠ' 등 재출자의 짧은 획은 크기가 같고 간격도 일정하게 유지하고 있다. 가로획은 기필부가 첨필형이고 수필부가 굵은 형태를 보이며, 세로획은 기필부가 약간 왼쪽으로 쏠리는 형태를 보이고 있다.

《훈민정음》(언해)에서 특이한 자형은 한어의 치성을 표기하기 위하여 새로 추가한 치두음과 정치음 표기이다. 이것은 'ㅈ, ㅊ, ㅉ, ㅅ, ㅆ'의 자형에서 치두를 위하여 왼쪽 사선을 길게 늘어트리고, 정치음을 표기하기 위하여 오른쪽 사선을 길게 늘어트린 것이다.

언해체의 자체는 사각형 글자 모습을 유지하며, 글자의 중심이 여전히 가운데에 있다. 자소의 크기가 조정되면서 자절 내 공간 사용이 다소 유연해졌다.

8.2.3.2. 언해체의 변화

자음자의 자형 변화에서 두드러지는 것은 《훈민정음》(언해)의 대칭형에서 점차 비대칭형으로 바뀌는 것이다. 1차 변화는 'ㅅ'에서 일어났다. 두 사선이 꼭지점에서 만나던 'ㅅ'이 오른쪽 사선이 왼쪽 중간에 접하는 시기는 15세기 중엽에 시작되어 17세기에는 일반화되었다. 각자병서 'ㅆ'의 자형 변화는 이미 《훈민정음》(언해)에서도 볼 수 있고, 《월인석보》에 부재되어 있는 '석보상절 서'에는 '즁쎙히, 홀쎠라' 등에서 이미 'ㅅ'의 오른쪽 사선의 위치가 왼쪽 사선 아래로 내려온 글자가 있다. 《삼강행실도》(1481)의 후쇄본(고려대 소장)에도 '사ㄹ미'의 'ㅅ'이 오른쪽 사선이 왼쪽 사선의 중간쯤에 자리하고 있으며, 안심사 발행의 《진언집》(1569년 중간), 《경민편언해》(1579) 등에서도 그러한 예를 자주 볼 수 있다. 그런데 'ㅅ'은 합자의 방법에 따라 일부 모양이 달라지는 경우도 있다. 《악학궤범》(1493)에는 좌우 초중성합자의 경우는 오른쪽 사선이 왼쪽 사선의 가운데 놓이는 데 비하여, 상하 초·중성 합자의 경우나 종성자의 경우에는 여전히 두 사선이 꼭지점에서 만나는 형태를 유지한다.

2차 변화는 'ㅈ, ㅊ'의 획수에서 일어났다. 획수가 'ㅈ'은 3획에서 2획으로, 'ㅊ'은 4획에서 3획으로 줄어들었다. 즉, 'ㅅ'의 꼭지점 위에 가로획이 걸치는 형태에서 변형된 'ㄱ'자에 오른쪽 사선이 붙는 방식으로 바뀐 것이다. 이러한 예는 필사본에서는 《순천김씨 언간》 등 16세기에 보였으나, 판본에서는 17세기 들어 《연병지남》(1612), 《두시언해》(중간본, 1632), 《훈몽자회》(미만본, 1613), 《가례언해》(1632), 《송강가사》(이선본, 1690), 《어제상훈언해》(1745)에서 자주 볼 수 있다.

이외에도 18세기 들어 선이 만나는 지점의 각도가 작아지는 등 여러 변화가 나타난다. 기초자 'ㄱ'은 세로획이 왼쪽으로 삐치는 변화를 보이고, 'ㄴ'은 가로획이 우상향하는 정도가 심해진다. 'ㄴ'은 후대로 갈수록 세로획이 기필부가 왼쪽으로 눕는 형태를 보인다. 'ㅁ'은 아래쪽의 가로획이 위쪽보다 짧아지는 경향을 보인다. 'ㅇ'은 원의 기필 부분이 보이거나 타원형의 모습을 보였다. 가획자의 'ㅍ'은 두 세로획이 나란하게 위치하지

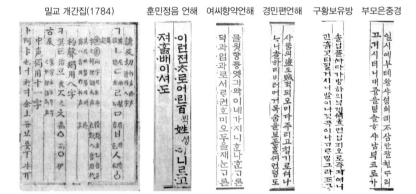

밀교 개간집(1784) 훈민정음 언해 여씨향약언해 경민편언해 구황보유방 부모은중경

〈사진 2〉 언해체의 변화 양상

않으며, 아래가 좁아지는 비대칭의 구조를 보인다. 'ㅌ'은 위쪽의 가로획이 'ㄷ'과 떨어진 형태로 쓰이기도 하였다. 특히 'ㅊ, ㅎ'의 세로획은 19세기에 들어 완전히 사향점으로 처리되었다. 《밀교 개간집》(1784)의 '언반절'은 18세기에 자모자가 어떻게 변하였는지를 잘 보여 준다.

모음자 자형에는 큰 변화가 없으나, 17세기 이후에는 'ㆍ' 사향점의 크기나 방향이 약간씩 변하였으며, 'ㅡ'는 점차 가운데가 가늘어지고 우상향하는 경향이 심화되었고, 'ㅣ'는 기필부가 왼쪽으로 눕는 정도가 강화되었다. 재출자 'ㅛ, ㅑ, ㅠ, ㅕ' 중에서 'ㅑ, ㅕ'와는 달리 'ㅛ, ㅠ'는 짧은 두 세로획이 평행되지 않고 왼쪽의 획이 굽으면서 짧아지는 경향이 있다. 합용자 중 'ㅝ'는 《훈민정음》(해례)의 용자례에서처럼 초성이 없는 경우에는 'ㅓ'의 짧은 가로획이 'ㅜ'의 가로획 아래에 있었으나, 《석보상절》처럼 실제 초성이 있는 경우는 'ㅓ'의 짧은 가로획이 'ㅜ'의 가로획 위에 놓이기도 하였다.

언해체는 시간이 지남에 따라 전형성을 유지하는 성향이 강한 언해 정체와 편리성이 추구하는 성향이 강한 언해 흘림체로 분화된다. 16세기 《악학궤범》(1493) 《여씨향약언해》(1518?), 《훈몽자회》(1527) 등이 언해 정체를 보이는 문헌들로 자체가 아직 사각형의 틀 안에 있다. 《구황보유방》, 《경민편언해》(1656), 《염불보권문》(1704), 《불설대보부모은중경언해》(남고사본, 1741)도 자획이 전형성을 잃어가면서 획의 강약 조절로 새로운 조화를 이루어 가고 있다. 이들은 17세기 중반 이후 등장하는 것으로 자형이 단순화하면서 흘림의 맛을 보이기 시작한다.

언해 흘림체는 초·중성 합자의 좌우 합자에서는 자음이 작고 모음이 큰 비대칭의 구조를 보이고, 가로 폭보다 세로 폭이 큰 자체가 된다. 또한 선의 유연성이 심화되어 'ㄱ'자는 세로획이 거의 사선으로 바뀌었다. 자절을 이루는 과정에서 일부 자음자와 모음자는 서로 접촉하지 않는 형태였지만, 후대로 갈수록 '나, 다, 타, 라, 파'에서 자음자의 마지막 획이 모음자에 붙는 형태를 보인다. 초·중·종성 합자의 '간'의 경우 종성의 'ㄴ'의 세로획 시작점이 'ㄱ'의 가로획 시작점보다 뒤로 밀려서 붙었다. 또한 종성의 글자 크기가 초중성과 비교하여 작아져서 비대칭의 구조를 보여준다.

8.2.4. 필기체의 특성과 변화

8.2.4.1. 필기체의 특성과 종류

필기체는 붓을 빨리 움직여 쓰는 문체로 선을 부드럽게 하고, 필획에 강약 조절이 있다. 따라서 자획의 전형성이 상실되어 간략화되는 경우가 많고, 중심축이 글자의 오른쪽에 위치하기 쉽다. 흘림의 정도에 따라 자절 안에서의 이음은 물론 심하면 자절 간에도 이음이 이어진다.

필기체의 시작점은 《훈민정음》(언해)의 서체에서부터 잉태되었다. 언해체는 정음체와는 달리 붓길의 강약 조절감이 살아 있어 조형미보다는 실용미에 눈뜨기 시작하였다. 그러나 각 자소가 사각형의 틀 속에서 나름의 공간을 지키고 있어 약간의 전형성을 가지고 있다. 그런데 필사본으로 전하는 〈평창 상원사 중창 권선문〉(국보 292호)는 필기체의 느낌이 더욱 강해진 서체이다. 이 권선문은 한글과 한문을 같이 사용하였는데, 1464(세조9)년 신미 대사의 것과 1465(세조10)년 세조의 것이 있다. 전체적으로 세조의 권선문이 신미 대사의 것보다 좀 더 정성을 들여 써서 상대적으로 전형성에 가깝다. 이 권선문은 《훈민정음》(언해)보다 오히려 자체의 크기가 일정하고 가지런하게 정렬되어 있으며 사각형 틀을 유지하려는 노력을 보이고 있다. 그러나 모음 'ㅣ'와 'ㅡ'가 길어지고, 특히 'ㅡ'가 곡선화함으로써 필기체의 모습을 보인다. 따라서 권선문의 서체를 초성과 종성의 자소가 상대적으로 작아지고 'ㅣ'와 'ㅡ'에 종속되는 것으로 보아 궁체의 초기 모습으로 파악한다(신현애, 2017).

필기체는 흘림의 정도에 따라 흘림 정체와 반흘림체, 그리고 진흘림체로 구분한다. 이들은 흘림의 정도 차이로 구분하지만 그 경계가 명확히 되는 것은 아니다. 흘림 정체는 자획의 모양에 흘림으로 변화를 주기는 하지만 반듯한 모양을 유지하고, 반흘림체는 주로 자절 안에서 자획 간의 흘림을 보이고, 진흘림체는 자절 간에도 흘림을 보인다. 19세기 간행된

| 평창 상원사 중창 권선문 | 태상감응편도설언해 | 옥원듕회연 | 녀범 | 순천김씨묘출토언간 | 산중신곡 |

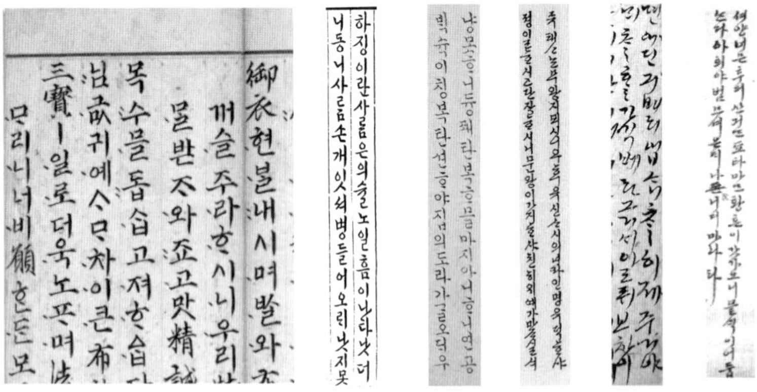

〈사진 3〉 필기체의 양상

《태상감응편도설언해》(1880)는 한 권의 책에서 세 가지 서체 모습을 보여 준다는 점에서 특이하다. 〈사진 3〉은 반흘림체의 모습이다. 대부분의 필기체는 필사본에서 보게 되는데, 조선 후기에 들어서면 인쇄본에서도 볼 수 있다.

필기체의 자형은 획수를 줄이면서 모양이 단순화되는 과정을 밟는다. 대표적으로 'ㄹ'자는 이른 시기부터 세로로 길게 늘어지게 쓰는 과정에서 선이 분명하게 드러나지 않으며 대부분 1획으로 마무리하고 있다. 'ㅁ'도 3획에서 1획으로 마무리되면서 자형이 간략화된다. 'ㅅ, ㅈ, ㅊ'도 이미 초·중성 좌우 합자의 세로 모음 앞에서는 오른쪽 사선을 왼쪽 사선의 아랫부분에 접하면서 1획으로 마무리하기 시작하였는데, 상하 합자 가로획 위에서는 오른쪽 사선이 왼쪽 사선의 윗부분이나 가운데에 접하는 차이가 있으나 대부분 1획으로 마무리되는 데에는 같다.

8.2.4.2. 필기체와 서체

필기체는 사용자에 따라 세 가지로 분류할 수 있다. 첫째, 언간 등 일상 문자 생활에서 일반 사대부나 평민들 사이에서 사용되는 것으로 민체가 있다. 둘째, 주로 궁중에서 사용되는 우아한 원형 모양의 서체인 궁체가 있다. 셋째, 19세기 후반에 서적상에 의해 상업용으로 출판한 방각체가 있다.

민체는 사용자에 따라 글자의 크기나 모습이 불규칙적인 측면이 있으며, 매우 다양한 모습을 띠어 일관되게 설명하기 어렵다. 이는 궁체가 일관되게 정형화된 모습을 보이는 것과 대조되는 모습이다. 민체는 한글이 창제된 직후인 15세기말부터 서간문이나, 창작물, 실용문 등에 자주 볼 수 있다. 〈순천김씨묘 출토 언간〉은 반듯하지 않은 민체의 모습을 보이고, 고산 윤선도의 시조 《산중신곡》의 자형은 붓의 움직임이 살아 움직이는 부드러운 모양을 보여 준다. 글자의 중심은 오른쪽의 세로획

모음에 있다. 글자의 크기는 강약 조절에 따라 달라지고, 가로보다는 세로가 긴 형태를 보인다. 17세기에서 18세기 전반에 쓰인 은진 송씨의 송준길가 《선세언독》은 17세기 명문가의 민체의 모습을 보여 준다.

궁체는 자체가 일정하게 유지되는 특성을 가지고 있으며, 획이 부드럽고 아름다우며, 전체적 느낌이 우아하며 유려하다. 주로 글자가 모음의 가로획과 세로획을 중심으로 하고 초성과 종성이 그에 딸려 가는 모양을 갖게 된다. 그런 과정에서 글자의 중심축이 오른쪽으로 이동하여 초성이 들쭉날쭉 하는 형태를 띠며, 종성도 글자의 가운데가 아니라 우측으로 이동하는 모양을 띤다. 궁체는 주로 궁중의 전문 필사자인 서사상궁(書寫尙宮)들이 써서 발달한 것이지만, 왕, 왕후, 공주 등 왕족들도 궁체를 통해 소통하였다. 궁체는 18세기에 형성되어 19세기에 널리 발달한다. 19세기의 순조비인 순원 왕후, 순조의 딸 덕원 공주의 글씨도 이에 해당한다. 국립한글박물관 소장으로 2019년 일반에 공개된 조선의 마지막 공주이자 순조의 셋째 딸인 덕온공주(1822~1844)가 한글로 옮겨 쓴 《자경전기》도 단아한 궁체의 모습을 보인다. 영조의 빈인 선희궁의 친필인 《녀범》도 진흘림의 궁체를 보여 준다. 궁체는 장서각에 소장된 《옥원듕회연》, 《낙성비룡》등 고소설들은 물론 《경세문답언해》(1761), 《곤범》 등 일반 서적에서도 볼 수 있다.

방각체는 19세기 후반에 증가하는 한글 고소설들에 쓰인 서체이다. 방각본은 관판과 달리 빠르게 인쇄하여 판매를 해야 하는 입장에서 정성들인 정자체보다는 필기체가 더 적합하였다. 방각본 소설은 주로 서울과 안성, 전주와 태인 지방에서 간행되었는데, 《님경업젼》(1780), 《별월봉긔》(1823)이 가장 이른 시기의 것이다. 이외에 《심쳥젼》, 《춘향젼》, 《사씨남졍긔》 등 적지 않은 고소설들이 필기체로 판각되었다.

■ 참고문헌

이기문(1961/1998), 김동언(1990), 박병채(1990), 이익섭(1992), 김무림(2004), 박병천(2004), 여태명(2005), 이광호 외(2007), 허경무·김인택(2007), 유정숙(2008), 김명준(2013), 박병천(2013), 홍윤표(2013), 박정숙(2016), 신현애(2017), 국립한글박물관(2019ㄱ), 인터넷 사이트(국립중앙도서관, 한국학자료포털)

제9장 한글 사용과 문체 형성

9.1. 한글 교육과 사용

9.1.1. 한글 교육 사례

조선 초기에는 한글이 한문 공부의 방편으로 사용되었다. 1450(문종1)년 《문종실록》에는 "임금이 동궁에 있을 때 서연관에게 명하여 《대학연의》를 언자(諺字)로써 어조사를 써서 종실 가운데 문리가 통하지 않는 자를 가르치려고 하였다."는 기록이 있다. 이것은 경전에 한글로 구결을 달아 한문의 이해를 돕고자 한 것으로, 실제로 당시의 석보상절 서문이나 훈민정음(언해)에는 한글로 구결을 붙인 한문이 먼저 제시되고 이어 언해문이 배치되었다.

한글 자체를 가르친 첫 사례는 최만리(?~1447) 상소문에 보인다. 최만리 등 집현전 학사 7명이 1444(세종25)년 2월 20일 올린 상소문 다섯 번째 항에 '급하게 이배 10여 인에게 가르쳐 익히게 하고[驟令吏輩十餘人訓習]라는 구절이 있는데, 이것은 행정 실무를 보는 서리 10여 명에게 훈민정음을 가르쳤음을 보여 주는 것이다. 이때는 훈민정음이 창제되었다는 《세종실록》의 기록(1443년 12월)이 보인 후 두 달이 채 되지 않은 시기였다. 훈민정음이 창제되자마자 실제로 현장에서 사용할 수 있도록 서리 중에서 일부를 선발해서 교육하였던 것이다.

세종 시대에 왕세자를 교육하는 서연(書筵)에서 훈민정음을 가르치고 있었다. 1447(세종29)년 《세종실록》의 이석형 상서에는 "지금 서연관 열 사람에 언문과 의서를 제하면 겨우 신 등의 여섯 사람이 윤차로 진강하고 있다."는 기록이 있다. 이 기록은 당시 이미 한글을 서연의 진강 과목으로 가르치고 있었다는 것을 의미한다. 또한 1460(세조6)년 《세조실록》에도 예조에서 "《훈민정음》·《동국정운》·《홍무정운》을 문과 초장에서 강할 것을 진언하고 세조가 윤허하였다."고 기록하고 있다.

조선 시대의 공식 교육 기관으로는 서당, 향교, 성균관 등이 있었다. 서당은 오늘날 민간 초등학교에 해당하고, 향교는 공립 중·고등학교에 해당하는데, 이곳에서 한글을 가르쳤다는 기록은 없다. 다만, 후기로 갈수록 이들 교육 기관이 성장하면서 한글 교육이 이루어졌을 가능성을 추론할 수 있다. 이들 교육 기관에서 교육용으로 주로 쓰였을 《천자문》, 《훈몽자회》 등에 한글로 음과 훈이 표기되어 있었다는 점에서 그러하다. 《훈몽자회》 범례에는 다음과 같이 언급하고 있다.

(1) 무릇 시골 사람들 가운데 언문을 모르는 사람이 많아 이제 언문 자모를 같이 지었으니 먼저 언문을 배우고 나서 훈몽자회를 공부하게 되면 깨우치는 데에 도움이 될 것이다. 한자를 모르는 사람도 언문을 배우고 한자를 알면 스승의 가르침이 없더라도 장차 한문에 통할 수 있는 사람이 될 것이다.

최세진이 언급한 (1)은 한문을 공부하기 위하여도 언문의 이해가 필요하다는 것을 뜻하지만, 언문을 가르치기 위하여 언문 자모를 지었다는 점을 분명히 하고 있다는 점에서 주목된다.

그러나 조선 후기까지 서당에서 제대로 된 한글 혹은 국어 교육이 이루어지지는 않았던 것 같다. 1908년 8월 28일의 대한제국 〈학부훈령〉 제3호에는 서당 교육의 개혁을 위한 6개 항의 지시가 담겨 있는데, 여기에는 서당에서 부과하는 과목은 한문이지만, 국어가 처세(處世)하는 데에 한문에 뒤지지 않기 때문에 국어를 개설함이 가하다는 지시가 있다.

성종 시대에 편찬된 법전 《경국대전》(1485) 예전(禮典) 장권(獎勸)에는 《삼강행실도》를 한글로 번역하여 부녀자와 아이에게 가르치도록 규정하고 있다. 이 규정은 조선의 마지막 법전인 《대전회통》에까지 유지되었다.

> (2) 삼강행실을 한글로 번역하여, 서울과 지방 사족(士族)의 가장과 부로
> (父老) 또는 교수와 훈도 등에게 부녀자와 어린이를 가르치도록 하여
> 이해하게 한다. 만약 대의에 능통하고 행실이 탁월한 자가 있으면 서울
> 에서는 한성부가, 지방에서는 관찰사가 왕에게 보고하여 시상한다.

《삼강행실도》는 1434(세종16)년 설순(偰循) 등이 왕명에 의하여 우리나라와 중국의 서적에서 군신·부자·부부의 삼강에 모범이 될 만한 충신·효자·열녀의 행실을 모아 그림과 함께 설명해 놓은 것인데, 실제로 1490(성종21)년 이를 언해하여 그림 상단에 한글을 새겨 넣어 언해본을 편찬하였다. 《삼강행실도》 언해본을 이해하려면 그 이전에 먼저 한글을 알아야 한다는 점에서 당시 지배층에 의해서 한글 교육이 이루어졌음을 추론할 수 있다.

17세기에 이르면 가정에서 사적으로 여성들에 의하여 한글 교육이 이루어졌다. 경상북도 달성군 현풍에 살았던 곽주(1612~1614)가 장모에게 보낸 한글 편지에는 사대부가의 부녀자들이 집안에서 아이들에게 한글을

가르쳤음을 알 수 있는 대목이 있다. (3)은 곽주가 아들에게 한글을 가르쳐 달라고 장모에게 요청하는 대목이다. 괄호 안은 현대어역을 붙인 것이다(백두현, 2002).

(3) 아ᄋᆞ ᄌᆞ식 둘란 게 갓ᄉᆞᆸᄂᆞᆫ 제 언문 ᄀᆞᄅᆞ쳐 보내ᄋᆞᆸ쇼셔 슈고롭ᄉᆞ오시나 언문 ᄀᆞᄅᆞ치ᄋᆞᆸ쇼셔 ᄒᆞᄋᆞᆸ기 젓ᄉᆞ와 ᄒᆞᄋᆞᆸ다가 알외ᄋᆞᆸᄂᆞ이다 (아우 자식 둘이 거기에 가 있을 때 한글을 가르쳐 보내 주소서. 수고로우시겠으나 한글을 가르치소서. 말씀드리기 어려워하다가 말씀드립니다.)

그런가 하면, 일찍이 외국인에게 한글을 가르친 것이 죄가 되어 파직당한 일이 있다. 1543(중종38)년 《성종실록》에는 "군기시 판관 주양우는 지난날 북경에 갔을 때 중국 사람과 교통하여 한글을 가르쳤으니 잘못됨이 매우 심합니다. 평상시의 역관들이 국법을 두려워하지 않고 우리나라에서 숨기는 일을 전달하지 않는 것이 없습니다."라는 요청에 따라 죄를 묻는 사건이 발생했다.

9.1.2. 각종 시험과 한글

교육의 결과는 평가로 귀결된다. 평가는 특정한 목적의 인재를 선발하는 데에도 중요한 수단이 된다. 그런 점에서 훈민정음이 창제된 직후부터 관리 등용의 각종 시험에 훈민정음을 시험 과목으로 부과한 것을 이해할 수 있다.

정부의 인재 선발 시험에서 훈민정음이 시험 과목으로 언급된 《세종실록》의 첫 기록은 1446(세종28)년 12월 26일 "이후로는 이과(吏科)와 이전(吏典)의 취재(取才) 때에 《훈민정음》도 아울러 시험해 뽑게 하되, 비록 뜻과 이치에는 통하지 못하더라도 능히 합자(合字)하는 사람을 뽑게 하라."는 대목이다. 이어 1447(세종29)년에도 "다음 해부터 함길도 자제로서 이과에 응시하는 자는 훈민정음을 시험하여 합격한 사람에게만 다른 시험 (6재)을 보게 할 것이며, 각 관아의 이과 시험에도 모두 훈민정음을 시험 하도록 하였다."는 기록이 등장한다. 《훈민정음》(해례)가 완성되고 바로 시험 과목으로 지정한 것이다. 시험을 보는 대상이 행정 실무를 보는 이과 와 이전에 국한되어 있으며, 시험의 내용은 한글을 쓸 수 있는 능력을 보는 것으로 국한되어 있다.

1460(세조6)년 《세조실록》에도 성균관에서 "매 식년(式年)의 강경(講經)할 때는 4서(四書)를 강(講)하고, 아울러 《훈민정음》·《동국정운》·《홍무정운》·이문(吏文)과 또 5경·여러 사서를 시험하되"라고 하여 훈민정음이 시험 과목으로 등장하고 있다.

훈민정음의 시험 과목 지정은 《경국대전》의 이전(吏典) 취재(取才)에 명확히 기록되어 있다. 녹사(錄事)는 매년 정월과 칠월에 서산(書算)에서 "해서(楷書), 언문(諺文), 행산(行算)을 시취한다."고 되어 있어, 한글이 녹사 시험 과목 중에 하나였다는 것을 보여 준다. 녹사는 조선 시대 중앙·지방 관서의 행정 실무를 맡은 서리(書吏)와 경아전(京衙前)에 속한 상급 서리(胥吏)였다. 이 규정은 대전회통까지 그대로 계승되었으므로 규정이 제대로 작동하였다면 녹사가 되기 위해서는 한글 시험에 통과해야 만 하였다.

19세기 후반에 이르러 정부의 각종 시험에서 국문이 정규 시험 과목으로 부과되었다. 1894(고종31)년 고종이 윤허한 군국기무처의 〈전고국 조례〉(銓考局條例)에는 "보통시험은 국문, 한문, 글자쓰기, 산술(算術), 국내 정사, 외국 사정, 국내 사정, 외무 관계 문제를 모두 시험 문제로 낸다."라고 하여 국문이 정식 과목으로 되어 있다. 전고국은 각 부, 아문에서 보낸 선발 추천된 사람들을 시험 보는 일을 맡는 기구이다. 1895(고종32)년 칙령 제49호 〈법관 양성소 규정〉에도 입학 시험 과목으로 한문 작문,

조선 역사와 지리 대요, 국문 작문이 부과되었다. 이 시기에 들어 정부에서 일하기 위해서는 모든 분야에서 한글 시험을 보도록 한 것이다.

9.1.3. 한글 학습과 반절

9.1.3.1. 《훈몽자회》의 언문 자모

훈민정음을 배우는 교재로는 《훈민정음》(해례)를 우선 생각할 수 있다. 그러나 이 책은 철학적 바탕을 가지고 논리적으로 쓰여진 글이라 일반인들이 이해하기에는 어려웠을 것이다. 관료를 비롯한 사대부들이 이 책을 통하여 스스로 훈민정음의 원리를 공부하였을 가능성이 높다. 손쉽게 이용할 수 있는 것은 이를 한글로 번역한 《훈민정음》(언해)였을 것이다. 그러나 《훈민정음》(언해)도 음가와 합자원리 등을 간략하게 설명하고 있을 뿐이므로, 실질적인 학습의 교재가 되기에는 적당하지 않았다.

한글 학습에 비교적 편리하게 이용된 것은 최세진의 《훈몽자회》(1527) 범례에 기록된 언문 자모였다. 한자 어휘집인 《훈몽자회》는 수록된 한자에 대하여 한글로 음과 뜻을 적어 놓았기 때문에, 이를 이해하기 위해서는 한글을 알 필요가 있었다. 그리하여 최세진은 간단히 한글을 배울 수 있는 방식을 범례에 제시해 두고, 자모를 먼저 배우고 다음에 《훈몽자회》를 공부하게 되면 좋을 것으로 판단한 것이다. 《훈몽자회》의 언문 자모에는 '속소위반절이십칠자(俗所謂半切二十七字)'라는 부제가 붙어 있다. 여기에서 반절이라는 것은 한글을 이르는 속칭인데, 이것은 한글이 한자음을 표기하

〈사진 1〉《훈몽자회》. 언문 자모가 실려 있다.

는 반절과 기능이 같다는 점에서 붙여진 이름이다.

　최세진의 언문 자모에는 훈민정음 28자에서 'ㆆ'를 제외한 자소 27자에 대하여 그 쓰임에 따른 종류와 합자의 예를 들었다. 자소는 음절 위치에 따른 쓰임에 따라 초성과 종성에 모두 쓰이는 것, 초성에만 쓰이는 것, 중성에만 쓰이는 것으로 분류하고 해당 자소를 나열하였다. 합자는 초성·중성, 초성·중성과 종성의 합자의 예를 각각 순서대로 보여 주었다.

　(4) ㄱ. 자소의 분류

　　1. 초성종성통용8자

　　　ㄱ, ㄴ, ㄷ, ㄹ, ㅁ, ㅂ, ㅅ, ㅇ

　　2. 초성독용8자

　　　ㅋ, ㅌ, ㅍ, ㅈ, ㅊ, ㅿ, ㆍ, ㅎ

　　3. 중성독용11자

　　　ㅏ, ㅑ, ㅓ, ㅕ, ㅗ, ㅛ, ㅜ, ㅠ, ㅡ, ㅣ, ·

　ㄴ. 합용작자례

　　4. 초중성합용작자례

　　　가, 갸, 거, 겨, 고, 교, 구, 규, 그, 기, ᄀᆞ

　　5. 초중종삼성합용작자례

　　　각, 간, 갇, 갈, 감, 갑, 갓, 강

　(4ㄱ)은 《훈민정음》(해례)의 8종성법에 따라 자모를 분류한 것이다. 즉 초성과 종성에 쓰이는 글자를 따로 떼어 처리함으로써 초성에만 쓰일 수 있는 글자와 차별화하였다. 이와 같은 분류 방식은 성현(1439~1504)의 《용재총화》(권지7)에 세종이 언문청을 설치하여 신숙주·성삼문 등에게 명하여 한글을 창제하였다고 소개하는 대목에도 나온다. 한글은 초종성 8자, 초성 8자, 중성 11자로 되었고, 자체는 범자를 따랐다고 하였다.[1]

이 기록은 당시에 이러한 분류가 이미 널리 쓰이고 있었음을 알려 주고 있다.

(4ㄴ) 작자례(作字例)는 자음과 모음을 모아써서 하나의 자절을 이루는 방식을 보여 준 것이다. 《훈몽자회》는 두 단계로 나누어 자절이 이루어지는 과정을 보여 주었다. 첫째는 초성과 중성이 합해지는 단계이고 둘째는 이것이 종성과 합해지는 단계이다. 초성 16자와 중성 11자가 합해진 1단계의 음절수는 모두 176자에 이른다. 1단계에 생성된 자절에 8종성이 합자되면 이론상 1,408자가 된다. 즉, 자소 27개로 1,408개 자절을 만들 수 있는 과정을 단계별로 보인 것이다.

음절을 이루기 위한 이와 같은 합자 방식은 체문(자음)과 마다(모음)이 결합하는 인도의 실담장과 유사한 것이며, 성모(자음)와 운모(모음+자음)가 결합하는 중국의 등운도의 원리와 같다. 그런데 한글은 초성과 중성이 먼저 합해지고 난 다음에, 여기에 종성이 합해지는 2단계 순서를 따라 합자한 것이다.

9.1.3.2. 《삼운성휘》의 언자초중종성지도

《훈몽자회》의 언문 자모는 이후 한글 자모를 설명할 필요가 있는 곳에서는 그대로 인용하는 경우가 많았다. 불교 경전의 진언(眞言)에 대한 한글 음사를 보인 각종 《진언집》이 대표적인 경우다. 1569(선조2)년 안심사에서 간행한 진언집에는 〈언본〉이란 이름으로, 1777(정조1)년 만연사에서 간행된 《진언집》에는 〈언본 16자모〉라는 이름으로, 1784(정조8)년 《비밀교집》에는 〈언반절〉이라는 이름으로 실려 있다. 《진언집》(1777)은 《삼운성휘》(1751)를 참고로 하여 일부 수정되었다.

---

1 初終聲八字. 初聲八字. 中聲十二字. 其字體依梵字爲之. 《용재총화》(권지7). 중성11자의 오자로 보인다.

〈사진 2〉《삼운성휘》

그런데 조선 한자음 운서인 홍계희의 《삼운성휘》(1751)에는 이들과 조금 다른 '언자초중종성지도'가 실려 있다. 이것이 속간에서 쓰이는 반절로 사람들이 한글을 쉽게 깨우치도록 하는 것이라 밝힌 것은 같지만, 기존의 자음 14자와 모음 11자 외에 새로 합중성 2자와 중중성 1자를 추가하였다. 여기에서는 《훈몽자회》에 있던 'ㅇ, ㆆ, ㅿ'이 제외되고, 이미 사라진 'ㆁ'은 기존의 것을 그대로 답습하였다. 실제 표기에서 'ㆁ'은 이미 소멸되어 'ㅇ'으로 통합되었으나, 'ㅇ'은 없애고 'ㆁ'은 살리는 결과가 되었다. 'ㆁ'은 후대 반절표에서 'ㅣ'와 'ㅇ'으로 분리 표기되는 결과로 이어졌다. 또한 《훈몽자회》의 '언문 자모'에 없는 'ㅘ, ㅝ'를 합중성이라 하고, 'ㅚ, ㅐ' 등 하강 이중 모음의 부음 'ㅣ'를 중중성이라 하여 중성의 하나로 포함하였다.

자모의 배열이 《훈몽자회》 범례의 '언문 자모'와 달라진 것은 'ㅈ, ㅊ'이 초성 독용자의 맨 앞으로 이동한 것과 'ㅌ, ㅋ'의 순서가 바뀐 것이다. 'ㅈ, ㅊ'의 위치 이동은 'ㅈ'이 전청자라는 점에서 이해되는 것이며, 'ㅊ'은 'ㅈ'과 같은 위치이므로 딸려 간 것으로 추측된다. 다만, 'ㅋ, ㅌ'의 위치 이동은 이유를 알기 어렵다. 'ㅋ, ㅌ'의 위치 바꿈을 제외하면 이 자모 순서는 현재 우리가 쓰는 것과 일치한다.

9.1.3.3. 반절표

《훈몽자회》 범례에 보인 '언문 자모'의 음절 합자 설명을 하나의 표로 만들어 보기 쉽게 한 것이 반절표이다. 반절표는 한글 학습에 중요한 실용적·시각적 교재가 되어 널리 쓰였다. 불교의 일용문 작법을 모은 《승가일용식시묵언작법》(1882)의 반절표를 예로 하면, 초성(14)과 중성(11) 기본자의 1단계 합자를 순서대로 우에서 좌로, 상에서 하로 모두 배열하여 중앙에 배치하였다. 앞에는 초성종성통용8자를 제시하고, 뒤에는 《삼운성휘》에서 언급된 합중성 '놔, ㅝ'와 초성의 1단계 합자의 예를 보였다. 1단계 합자에 종성이 붙는 2단계 합자례는 별도로 제시하지 않고, 제시된 초성종성통용8자가 1단계 합자에 붙는 것을 암시하고 있다. 특이한 것은 'ㅇ'을 'ㅣ'와 'ㅇ'으로 분해하여 둘로 나타낸 점이다. 'ㆁ'이 사라진 다음에 그 쓰임을 모른 상태에서 빚어진 일이다.

이러한 반절표가 언제부터 사용되었는지는 확인하기 어렵다. 현재까지 가장 이른 시기의 것으로 알려진 것은 일본에 전해진 반절표로 1719(숙종 45)년 우리나라 사신이 일본 사람에게 적어 준 것이라는 〈한글서〉와 〈조선한글〉이 있다. 이 반절표에는 '놔, ㅝ'가 포함되어 있지 않기 때문에 이런 유형의 반절표는 적어도 18세기 초에는 사용되었던 것으로 추정할 수 있다(안병희, 1985). '놔, ㅝ'가 반절표에 포함되기 시작한 것은 《삼운성

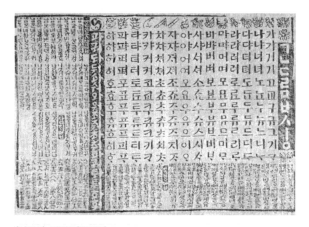

〈사진 3〉 반절표(방각본)

휘》(1751)가 간행된 18세기 중반 이후의 일로 추정된다.

19세기 후기 낱장의 방각본으로 인쇄된 반절표가 전해진다. 이것은 '퐈, 풔'자가 빠져 있는데, 지면의 제약 때문으로 추정된다. 각 행의 첫 자 위에는 독법을 암시하는 그림을 그려 넣고 있다. '가'행에는 개가, '나'행에는 나비가, '다'행에는 닭이 그려졌다. 왼쪽과 아래쪽에는 혼인 궁합 보는 법, 삼지법, 작명법 등 당시 일상생활에 필요했던 내용이 곁들여져 있다. 반절표가 달력처럼 벽에 붙여 놓고 한글 공부하는 수단으로 이용되었다. 국립중앙도서관 소장의 리봉운《국문정리》(1897)에는 낱장의 음절표가 별도로 들어 있는데, 이것은 당시 낱장의 음절표가 널리 쓰였다는 방증이다.

9.1.4. 한글 편지 쓰기와 《징보언간독》

19세기 후반에는 한글 편지 규식을 제시하고 있는 《언간독》이 간행되어 한글 편지 쓰기 학습에 사용되었다. 《언간독》은 간행 연도가 분명하지 않지만, 《징보언간독》(1886), 《증보언간독》(1907) 이 계속 발간되었다는 점에서 1886년을 하한으로 추정할 수 있다. 《언간독》은 한문이나 한글로 된 간찰첩의 영향을 받아 늘어난 수요에 부응하기 위하여 이루어졌을 가능성이 높다. 실제 15세기말의 언간이 현전하는 것으로 보면, 이러한 규식이 필사본으로 유포된 것은 훨씬 이전으로 거슬러 올라갈 수 있을 것으로 보인다. 비슷한 시기에 필사본으로 전하는 《언찰규식》, 《규중간독》 등에는 편지의 예문을 수록하고 있다.

《징보언간독》은 목록 1장과 본문 23장으로 된 1책으로 권수의 2장은 판심 서명이 '언간독 목녹'이고 나머지는 '언간독'으로 되어 있다. 목록에 제시된 편지를 내용별로 분류하면 문안 편지, 사교 편지, 상업적 편지, 위문 편지로 구분할 수 있으며, 보낸 편지에 대한 답장 형식이 짝을 이루고 있다. 편지마다 봉투의 형식을 앞에 싣고, 이어 본문과 맺음말을 격식에 따라 제시하였다. 《징보언간독》에 제시된 규식의 일부를 보인다. 괄호 속의 한자는 원문에 없는 것이나 편의를 위해 덧붙인 것이다.

(5) ㄱ. 아모아희 긱즁(客中)

길 가는 슈고가 탄탄(坦坦)훈 디뢰(大路ㅣ)나 요요(遙遙)훈 험뢰(險路ㅣ)나 곤(困)ᄒ기 일반이니 엇지 득달ᄒ여 몸이나 무고훈지 쇼식이 아득ᄒ니 쥬야로 념(念)이로다 나는 아즉 훈 모양 지니며 가솔(家率)도 일양(一樣) 지니니 긱지의 념녀말고 쇼간ᄉ(所幹事)나 마츤 후 즉시 와 문(門)의 의지ᄒ야 기다리는 쯧즐 져ᄇ리지 말게 ᄒ여라 마춤 인편(人便) 잇기로 두어 ᄌ 안부나 통ᄒ며 총요(悤擾) 이만 젹는다 년 월 일 부(父)

ㄴ. 졔번(除煩)ᄒ옵고 일긔(日氣) 부죠(不調)ᄒ온디

긔운 평안ᄒ시니잇가 앙소(仰溯) 만만이오며 뎨(弟)는 무고ᄒ오니 만힝(萬幸)이오며 이번 물건은 시셰(市勢)가 팔결(八結)이오나 다른 ᄉ름이 예셔 돈돈 식이나 덜ᄒ게 어더 보니오니 그리 아옵고 조곰 두엇다 파르시면 돈 슈습 관(貫) 식이나 써러질 듯 ᄒ오니 시셰(市勢)를 살피오셔 경션이 미미(賣買)치 마옵소셔 말슴 무궁ᄒ오나 이 ᄉ름의게 ᄌ셰이 드르시옵소셔 이만 긋치옵ᄂᆞ이다 년 월 일 뎨(弟) 아모(某) 빈(拜)

(5ㄱ)은 집을 떠나 있는 아들에게 아버지가 보낸 편지이다. 집 떠나가 있는 아들의 안부를 묻고, 기다리는 아비의 마음을 헤아려 건강히 돌아오라는 당부의 내용이다. (15ㄴ)은 상인 간의 거래를 위한 편지이다. 거래처 사람에게 사람을 시켜 물건을 보내면서 좋은 물건이니 좀 가지고 있다가 매매하면 돈을 벌 수 있을 것이니 미리 팔지 말라는 조언을 하고 있다.

이러한 규식은 표면상으로는 순 한글로 되어 있지만, 실제 쓰인 말은 한자어가 많아 해독하기에 어려움이 많다.

《징보언간독》(1886)의 편지 규식은 단순한 한글 공부를 넘어 우리말을 일정한 규식에 맞추어 쓰는 법을 보여 준다는 점에서 우리말 글쓰기의 학습 교재라고 할 수 있다(김종철, 2015). 이 규식집이 가지고 있는 특징은 첫째, 남성들의 편지는 사교적인 편지 규식이 적지 않으나, 여성들은 주로 시집 사람들에게 쓰는 문안 편지가 대종을 이루고 있다. 둘째, 상황과 맥락에 따라 필요한 규식을 다양하게 제공함으로써 상황에 맞는 편지 쓰기에 효과적으로 사용될 수 있다. 더욱이 그에 대한 답장의 형식도 같이 보인다는 점에서 주고받는 편지의 유통 방식에 부응하고 있다. 셋째, 편지의 외형적인 틀을 보여 주고 있다. 구체적인 내용은 쓰는 사람에 따라 달라질 수 있지만, 첫머리와 마무리 부분, 편지 봉투 쓰는 법 등의 형식적 틀을 유지하고 있다. 편지에 하고 싶은 말을 쓸 곳을 "근뉘 감긔로 알코 지닌다가 슈일은 젹이 나은 듯 ᄒ나 종시 쾌(快)치 못 ᄒ니 실노 괴롭다 [할 말은 아릭 되답ᄒ래 홀 말 무궁ᄒ나 정신 츠리기 스흐어 이만 젹는다" 에서 보듯이 중간에 세주를 달아 표시하였다.

9.1.5. 한글 사용의 양상

9.1.5.1. 비공용문자로서의 한글

조선 시대에 한글은 공용 문자로서 대접을 받지 못하였다. 1485(성종 16)년 간행된 《경국대전》 예전 용문자식(用文字式)에는 공용 문서의 규범을 보이고 있는데, 이곳에는 한자나 이두로 된 것은 있으나 한글로 된 예는 없다. 이것은 당시 공용 문서에서 한글이 공적 지위를 갖고 있지 못하였다는 것을 뜻한다.

1536년 이문건이 부친 이윤탁의 묘를 모친과 합장하면서 세운 묘비의

왼쪽에는 순 한글 경계문이 새겨져 있다. 묘비를 훼손
하는 사람에게는 화가 있을 것이라는 경고의 뜻을 담
고 있다. 정부는 서울시 노원구 하계동에 위치하는 이
묘비를 2007년 9월 18일 최초의 순 한글 비문이라는
가치를 인정하여 보물 1524호로 지정하였다. 비의 윗
부분에 '靈碑'(영비)라고 한자가 새겨져 있어 보통 이
윤탁 한글 영비라고 하는데, 당시에 이미 한글이 널리
사용된 증거로 인식되는 것이다. 그러나 비문에는 "녕
혼 비라 거운 사르믄 지화롤 니브리라 / 이는 글 모르
는 사룸두려 알위노라."라고 하여 한글은 글이 아니라
는 의식을 드러내고 있다. 따라서 한문을 아는 사람을
위하여 오른쪽에 비슷한 내용의 경고문을 한문으로 새
겨 넣었다. 한글에 대한 당시 지식인들의 생각이 그러
하였을 것이다.

〈사진 4〉 한글 영비

그런데 숙종 때의 《수교집록》(1698)에 보면 훈민정
음이 공문서로서의 효력을 가질 수 없도록 못을 박았
다. 《수교집록》은 이익·윤지완·최석정 등이 왕명으로 《대전후속록》이
후에 각 도 및 관청에 내려진 수교와 조례 등을 모아 편찬한 법전인데,
이 책의 호전 징채(徵債)에 "송사에는 반드시 증인이나 필자가 있어야
되나, 언문 및 증인이나 필자가 없는 것은 그 대상이 되지 않는다."[2]는
규정이 있다. 이 규정은 《경국대전》(1485)에서는 보이지 않았던 것이다.
《경국대전》 호전 징채에는 "송사에서 받아지려면 증거나 필자가 있어야
하되, 1년이 지나면 효력이 없다"고만 규정되었다.

한글 창제 이후 조선 초기 법전에서는 언급되지 않은 한글 문서가 18세

---

2 出債成文, 必具證筆者聽理, 諺文及無證筆者, 勿許聽理.

기에 이르러 불가한 것으로 법령에 명기된 것은 당시 한글의 활발한 사용과 연관이 있을 것이다. 18세기 전후에는 이미 민간에 한글이 널리 통용되고 있었는데, 누구나 쉽게 쓸 수 있는 한글로 된 사채 문서가 급증함으로써 문제가 많이 발생하였기 때문이다. 그러나 《수교집록》의 이 규정은 《속대전》을 거쳐 조선 마지막 법전인 《대전회통》에까지 그대로 이어졌으므로 사실상 조선 시대에는 한글이 공용 문자로 인정받지 못하였다.

9.1.5.2. 18세기와 한글

조선 시대의 한글은 훈민정음 창제 초기의 관심이 사라지면서 비주류의 삶을 살았지만, 시간이 지나면서 나름대로의 자생력으로 성장하였다. 한글 사용은 한양에서 시작하여 지방으로, 사대부에서 시작하여 평민으로 사용이 확대되었다. 전국적으로 여성과 아동을 포함하여 평민층에까지 자생력이 확대되는 시기는 18세기 이후로 볼 수 있다.

18세기는 여러 가지 면에서 한글에 대한 관심이 증폭된 시기이다. 당시는 홍양호(1724~1802), 신경준(1712~1781), 정동유(1744~1808), 유희(1773~1837)를 비롯한 학자들이 한글의 우수성과 가치에 대하여 적극적으로 주장하기 시작하였으며, 책을 베껴 돈을 받고 빌려주는 세책(貰冊)집이 등장하고, 한글 고소설이 민간으로 확산되는 시기였다. 당시 한글 사용 실태는 이규상(1727~1799)의 《일몽고(一夢稿)》에서 확인된다. 그는 다음 (6)과 같이 주장하여 당시의 문자 사용 상황을 구체적으로 알려 주고 있다(이상혁, 1998).

> (6) 최근에 언문과 과문(科文)은 도처에서 신장하는 데 반해 고자고문(古字古文)은 도처에서 점차 위축되고 있다. 동방의 한 지역을 두고 매일 그 소장(消長)의 형세를 보건대 오래지 않아 언문이 이 지역 내에서 공행문자(公行文字)가 될 것 같다. 지금 더러 언문으로 사용되는 공문

서가 있는데, 공이문자(公移文字)를 쓰기 어려운 사람이 급히 언문을
쓰는 경우가 없지 않다고 한다. 이것이 그 조짐이다.

(6)은 당시에 이두문(공이문자)로 쓰이던 문서가 간간히 언문으로 쓰이
고 있음을 증언하는 것이고, 이러한 형세에 비추어 곧 언문이 공용 문자의
반열에 오를 것임을 주장하고 있는 것이다.

그러나 이미 17세기도 한글이 평민 사이에 이미 널리 쓰이고 있었음은
전란의 참화가 극심했던 임진왜란 때 《선조실록》(1597.10.22.)의 기록으
로 알 수 있다. 기록에는 적진에 사로잡힌 우리나라 사람들을 회유하기
위하여 한글을 섞어서 타이르는 글을 보내도록 지시한 내용이 있다. 이것
은 포로가 된 사람들이 한글을 읽을 수 있었다는 사실을 전제하고 있는
것이다. 당시 중국 병마가 구례 지역의 왜진을 치니 그곳에는 조선인 200
여 명이 잡혀가 있었고, 조선 사람을 불러내니 나온 자가 60여 명이었고
그 나머지는 돌아오려고 하지 않았다는 보고에 따른 조치였다.

9.1.5.3. 여성과 한글
조선 시대 어문 생활은 신분상으로 세 가지 유형으로 구분된다. 왕족을
포함한 사대부는 주로 공식적으로 한문을 사용하고, 하급관리나 중인은
이두를 사용하고, 평민은 한글을 사용하였다. 사대부나 중인들도 한글을
쓸 수 있었으므로 한글은 거의 대부분 계층에서 사용되었으나 주 이용자
는 평민이었을 것으로 추정된다.

어문 생활을 성별로 나누어 보면 남성들이 주로 한문을 사용한 반면
여성들이 한글을 사용하였다. 한글이 쓰인 대표적 형태는 고소설과 언간
이다. 이 둘은 모두 여성이 관여하는 경우가 많다. 고소설은 여성이 주요
한 독자이고, 언간은 주고받는 상대편 중에 여성이 있는 경우가 대부분이
다. 언간은 후술할 것과 같이 15세기에 민간에서 널리 사용되기 시작하여

16세기에는 일반화되었는데, 언간을 주고받는 사람 가운데 적어도 한 쪽은 여성인 경우가 많다. 이래호(2015)는 알려진 1,465건의 언간을 분석하여 발수신자별 성별을 다음과 같이 제시하였다.

〈표 1〉 조선 시대 언간의 발수신자별 분류

성별	여→여	여→남	남→여	남→남	여→남, 여	미상
건수	349	622	436	19	11	39
비율	23.6%	42.3%	29.5%	1.2%	0.8%	2.6%

〈표 1〉은 조선 시대 언간의 여성 참여 비율이 96.2%(미상 제외)이고, 남성 참여 비율이 71.8%임을 보여 남성도 적지 않은 비율을 보인다. 그러나 내용으로 보면 여성은 발신자 비율이 66.7%로 남성 발신자 비율 30.7%보다 높다. 이것은 여성들이 언간을 주로 쓴 데 비하여 남성들은 읽는 경우가 많았기 때문이다.

특히 한글은 여성들에게 계층을 넘어서 모두에게 두루 사용되었다. 궁중에서 궁중 시녀들뿐만 아니라 왕비나 대비 등도 자주 사용하였다. 1447년 성종의 비인 윤씨 폐비 문제를 거론하는 대비의 한글 교지가 그것을 말해 준다. 대비는 윤씨 폐비 사건이 전개되는 과정에서 여러 차례 조정 대신에게 언문으로 지시한 사실이 실록에 기록되어 있다. 언간도 왕실 여성들에게서 적지 않게 사용되었다. 왕실 언간 147매를 발신자와 수신자를 기준으로 분석한 바(백두현, 2005)에 따르면 왕과 왕자가 발신자인 것이 33.3%이고 왕비·대비·공주·옹주가 66.6%이어서 여성의 발신자 비율이 압도적으로 많다. 수신자의 경우도 대부분 공·옹주, 왕의 누이, 장모, 왕비의 시누, 친정 조카 등 여성이 많다.

조선의 여성 교육도 주로 가정에서 한글로 된 책으로 이루어졌다. 성종의 모후인 소혜왕후 한씨가 중국 문헌에서 부녀 교육에 요긴한 대목을 인용하여 언해한 《내훈》(1475), 《어제 내훈》(1736) 이래로 《규중요람》

(1544), 《여사서언해》(1736) 등도 모두 언해하였다. 송시열(1607~1689)이 안동 권씨 가문에 시집가는 맏딸을 위하여 부녀자가 지켜야 할 덕목 20 항목을 기록한 《계녀서》와 영조의 빈 선희궁 영빈이씨(사도세자 친모)가 123명의 여성에 대한 덕목과 행적을 기록한 《녀범》도 한글로 지어져서 널리 읽혔다.

9.1.6. 한글 사용의 사례

9.1.6.1. 임금의 문서

조선 시대 왕의 명령은 주로 한문으로 내려졌지만, 때로 한글로 한 경우가 있었다. 한글로 왕명을 내린 첫 임금은 세종이었다. 세종은 1446(세종28)년 10월 4일 대자암 불사 문제에 대한 대신들의 반대 상소 사건을 해결하는 과정에서 직접 한글을 사용하였다. 1446년 10월 10일에 관련자를 하옥하면서, 대간들의 죄상을 한글로 써서 의금부와 승정원에 보냈다. 《세종실록》에는 "임금이 대간의 죄를 일일이 들어 언문으로 써서, 환관 김득상에게 명하여 의금부와 승정원에 보이게 하였다."라고 기록하고 있다.

임금이 직접 한글로 행정 지시를 내린 셈이다. 그 형식이 어떠했는지 확인할 수 없으나, 왕의 뜻을 담은 최초의 한글 문서였던 것만은 틀림이 없다. 대간에 대한 처벌을 거두어 달라는 신하들의 요청이 거듭되자, 수양대군이 의금부에 유시한 한글로 된 글을 들어 보이면서 "범죄가 이와 같은데 죄주지 않겠는가?"라고 하였다. 한글의 내용이 무엇인지는 알려져 있지 않으나, 《훈민정음》(해례)가 나오고 며칠 안 된 때임에도 한글을 원본으로 하여 명을 내렸다는 사실에서 세종의 한글에 대한 애정을 읽을 수 있다.

백성을 대상으로 한 임금의 명령이 한글로 내려진 것은 1472(성종3)년

9월 7일이었다. 성종이 근본에 힘쓰고 쓰기를 절도 있게 하라는 전지를 내렸는데, 이것을 의정부에서 사인(寫印)하여 여러 고을에 반포하도록 한 것이다. 이것은 백성에게 처음 내려진 임금의 한글 문서가 되었지만 현전하지는 않는다.

그런데 임금이 내리는 한글 문서는 선조에서 자주 생겼다. 선조(1552~1608)는 1567년 즉위하여 41년간 재위하였는데, 1592년 4월 임진왜란을 맞게 되었다. 허약한 국방력으로 순식간에 전란의 참화에 빠지면서 나라가 어려움에 처하자 백성들에게 도움의 손길을 보내기 위해 여러 차례 한글을 사용하였다. 1592(선조25)년 8월 1일 간단하게 방문처럼 만들어 의병장이나 감사 등에게 보내 이들이 한글로 번역하여 촌민들이 알 수 있도록 하였다. 이어 8월 19일에도 "언서로 방문을 많이 써서 송언신에게 보내어 민간을 효유하게 하라. 듣건대 유성룡이 어떤 중과 함께 북도에 가서 정탐한다 하니, 또한 언서를 보내어 효유하게 하라."라고 전교하였다. 이후에도 여러 차례 선조의 교서가 한글로 번역되어 백성들에게 뿌려졌다.

1593(선조26)년 9월 9일에 일본군에게 투항하거나 잡혀가 부역하고 있는 백성들의 귀순을 회유하는 한글 교서가 발표되었다. 《선조실록》에는 "부산 등지에 있는 우리 백성으로서 왜적에게 투항하여 들어간 자가 매우 많은데 돌아오고 싶어도 돌아오면 화를 당할까 의심하는 자가 어찌 없겠는가. 별도로 방문을 만들어 분명하게 고유(告諭)하되, 나오면 죽음을 면제시켜 줄 뿐만이 아니라 평생토록 면역시킬 것은 물론 혹 포상으로 벼슬도 줄 수 있다는 점을 의논하여 조처하도록 비변사에 이르라."는 기록이 있는데, 이때 내린 한글 교서(방문)가 현전하고 있다. 이 실물은 1975년 김종택 교수가 경주 시내의 최 모씨가 보관하고 있던 것을 학계에 처음 보고한 바 있었다. 현재 부산시립박물관에는 임진왜란시에 김해성을 지키던 권탁(1544~1593) 후손 소유의 실물이 있는데(〈사진 5〉), 1988년

6월 16일 보물 951호로 지정되었다. 한글 방문 첫머리는 다음 (7)과 같다.
'예'는 왜(倭)를 뜻한다.

(7) 님금이 니르샤되 너희 처엄의 예손되 후리여서 인호여 둔니기는 네
본 무움이 아니라 나오다가 예손되 들려 주글가도 너기며 도르혀 의심
호되 예손되 드럿던 거시니 나라히 주길가 두려 이제드리 나오디 아니
호니 이제란 너희 그런 의심을 먹디 말오 서르 권호야 다 나오면 너희
를 각별이 죄 주디 아닐 쑨 아니라 그 듕에 예룰 자바나오거나 예호눈
이룰 조셰이 아라나오거나 후리인 사름을 만히 더브러 나오거나 이문
란 공 이시면 냥쳔 물론 호여 벼슬도 호일 거시니....(후략)

조선 후기에 반포된 임금의 훈유서인 윤음은 모두 30여 편이 있는데,
주로 흉년이 들었을 때 위무하거나 구휼하는 내용이 많으며, 간혹 가발
을 금지하거나 술을 경계할 것을 주문
하는 내용상 특이한 윤음도 있었다. 윤
음은 정조대에 반포된 것이 대부분이
다. 1839(헌종5)년에 내린 《척사윤음》
은 70여 명의 천주교도를 처형하고 난
뒤 유교적 사회 윤리에 따라 천주교를
비판하고 천주교도들을 효유하는 내용
으로 되어 있다. 대부분의 윤음은 한문
과 언해문이 분리되어 별도로 제시되
고 있다.

임금의 명령은 아니지만, 대비전 등
에서 내리는 내지(內旨)가 있다. 성종대
에는 왕비 윤씨 폐비 문제를 두고 대비

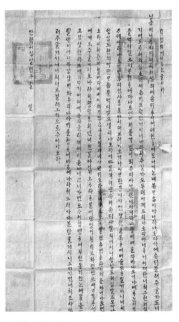

〈사진 5〉 선조 국문 유서

전이 자신의 뜻을 담은 한글을 조정으로 여러 차례 내렸다. 1447(성종8)년 3월 29일에는 대왕 대비가 중궁을 폐하는 문제를 공론화하는 언간을 보낸 이후 조정과 대비전과의 일련의 소통 수단이 모두 한글로 되었다. 이들은 현전하지 않지만, 실록에 실려 있는 한문 번역문에서 그 내용을 알 수 있다. 연산군조에 이르러서는 이때 한글을 펴 읽거나 풀어 보인 사람 등이 모두 치죄의 대상이 되었다.

9.1.6.2. 연산군과 위기의 한글

연산군(1476~1506)은 성종과 윤씨 사이 맏이로 태어나 1494년 왕위에 올랐는데, 그가 왕위에 오르기 전에 윤씨가 폐비(1479년)된 뒤 1482년 사사되는 불운을 겪었다. 연산군은 보위에 오른 뒤 1504(연산군10)년 3월 24일 폐비 윤씨를 복위하고, 승정원에 명하여 폐비 사사 사건에 직접 관련된 사람들을 조사하도록 하였다. 그리하여 윤필상, 이세좌 등을 극형에 처하고, 한명회·정창손 등은 부관참시한 갑자사화가 일어났다. 이후 계속되는 폭정 속에서 1504년 7월 19일 한글 익명서 사건이 발생하였다. 연산군의 처남 신수영이 자기 집에 투서된 익명서를 연산군에게 밀고하면서 시작되었다. 익명서 석 장 모두 한글로 되어 있고, 인명만 한자로 되었다. 그 내용은 《연산군 일기》에 다음과 같이 적혀 있다. 민족문화추진회(한국고전번역원)의 번역문을 바탕으로 일부 표현을 바꾸었다.

(8) 첫째, 개금·덕금·고온지 등이 함께 모여서 술을 마시는데, 개금이 말하기를 '옛 임금은 난시(亂時)일지라도 이토록 사람을 죽이지는 않았는데 지금 우리 임금은 어떤 임금이기에 신하를 파리 머리를 끊듯이 죽이는가. 아아! 어느 때나 이를 분별할까?'라고 말하였고, 덕금이 말하기를 '그렇다면 반드시 오래 가지 못할 것인데, 무슨 의심이 있으랴.'라고 심하게 말하였으나 이루 다 기억할 수는 없다. 이런 계집을 일찍이

징계하여 바로잡지 않았으므로 가는 곳마다 이렇게 말하는 것이다. 만약 이 글을 버리는 자가 있으면, 내가 '개금을 감싸려 한다.'고 상언하리니, 반드시 화를 입으리라.

둘째, 조방·개금·고온지·덕금 등 의녀가 개금의 집에 가서 말하기를 '옛 우리 임금은 의리에 어긋나는 일을 하지 않았는데, 지금 우리 임금은 여색에 구별하는 바가 없어, 이제 또한 여기·의녀·현수 들을 모두 다 점열(點閱)하여 후정에 들이려 하니, 우리 같은 것도 모두 들어가게 되지 않을까? 국가가 하는 짓이 잘못인데 어찌 신하의 잘못을 바로잡을 수 있을까. 아아! 우리 임금이 이렇듯 크게 무도하다.'라고 하였으니, 이런 말을 한 계집을 크게 징계하여야 옳거늘, 어찌하여 국가가 이런 계집을 징계하지 않는가? 이런 계집을 능지하고서야 이런 욕을 다시 듣지 않으리라.

셋째, 개금·덕금·고온지 등이 함께 말하기를 '신씨가 아니었던들 금년에 사람들의 억울함이 이토록 극도에 이르겠는가. 어찌하면 신씨의 아비·할아비·아들·손자를 아울러 모조리 없애어 씨를 말릴 수 있을까? 우리 임금이 신하를 많이 죽여서 거둥할 때에는 반드시 부끄러운 마음이 있으므로 사족의 아낙을 모조리 쫓는 것이며, 이로 말미암아 제 집의 아내로 삼으려는 것이 아닌가. 어느 때에나 이런 대(代)를 바꿀까?' 하였으니, 이런 계집은 반드시 징계하여야 한다.

익명서는 연산군의 엽색과 살육 행위를 비방한 내용으로 되어 있는데, 익명서에 등장하는 인물들이 자신들의 발언이 아니라고 주장함에 따라 익명서 투서의 범인을 색출하는 작업이 시작되었다.

다른 한편으로는 한글 사용 금지 명령을 내리게 되었다. 《연산군 일기》의 1504년 7월 20일, 23일 기록에는 다음 (9)와 같이 되어 있다.

(9) ㄱ. 앞으로는 한글을 가르치지도 말고 배우지도 말며, 이미 배운 자도 쓰지 못하게 하며, 한글을 아는 모든 자를 한성의 오부(五部)로 하여금 적발하여 고하게 하되, 알고도 고발하지 않는 자는 이웃 사람을 아울러 죄주라. 어제 죄인을 잡는 절목(節目)을 성 안에는 이미 널리 알렸거니와, 성 밖 및 외방에도 널리 알려라.(7. 20.)

ㄴ. 의녀 개금·덕금·고온지 등을 추국(推鞫)할 때에 그 봉해서 내린 글을 사람을 피해서 열어보고, 사관일지라도 그것을 베껴 쓰지 말라. 이 사람들에게 음부(淫夫)가 반드시 많을 것이며, 그중에 반드시 미워하고 사랑함이 있어서 미워하고 사랑하는 가운데에 서로 혐의로 틈을 일으켜서, 이런 일을 꾸며 만들었을 수도 있으니, 이런 뜻으로 상세히 묻되, 숨기는 자가 있거든 형신(刑訊)하고, 말에 관련된 자는 계달(啓達)을 기다릴 것 없이 곧 잡아와서 국문하라. 또 방리(坊里) 사람의 가구 수를 각호로 하여금 써 올리되, 아무는 아무 날 아무 곳에 나갔고 아무는 집에 있어 출입이 없었다는 것을 쓰게 하라. 또 이웃 방리로 하여금 서로 고하되, 아무 집의 아무가 접때는 집에 있더니 이제는 나갔고 아무 집의 아무가 접때는 나갔더니 이제는 돌아왔다고 하게 하라. 또 언문을 아는 자를 적발하여 하나하나 쓰게 하여 봉해 내린 글과 비교하여 살피라. 현수(絃首)·침선비(針線婢) 및 다른 사람 중에 이 이름을 가진 자를 한성부와 오부로 하여금 상세히 찾아서 아뢰게 하라.(7. 20.)

ㄷ. 언문을 쓰는 자는 기훼제서율(棄毁制書律)로, 알고도 고하지 않는 자는 제서유위율(制書有違律)로 논단하고, 조사(朝士)의 집에 있는 언문으로 구결 단 책은 다 불사르되, 한어를 언문으로 번역한 따위는 금하지 말라.(7. 22.)

연산군의 이 명령은 한글을 사용하거나 배우지 말고 가르치지도 말

것과 한글을 쓰는 사람을 찾아 고발할 것을 지시하고 있다. 한글을 쓰는 사람은 임금의 명령문을 훼손하는 사람을 처벌하는 법률로 다스리고, 알고도 고하지 않는 사람은 임금의 명령문을 어긴 사람을 처벌하는 법률로 다스리라고 하였으므로 상황이 매우 엄중하였음을 알 수 있다. 범인을 색출하기 위하여서는 익명서를 비밀리에 다루고 의심되는 자는 엄히 다루며, 사람들의 출입을 상세히 파악하고, 한글 아는 사람을 적발하여 익명서의 필적과 비교하도록 세세히 지시하였다. 특이한 것은 한글로 구결을 단 책은 불 태우되, 한문을 한글로 번역한 책은 그러지 말도록 하였다.

이들 지시는 익명서가 한글로 되어 있으므로 익명서 작성자를 찾기 위한 방책이었다 하더라도, 한글 사용과 학습을 금하는 조치로 한동안 한글 사용이 위축되는 사태를 초래하였다. 연산군 이후 한글 문헌이 발행된 것은 《삼강행실도》 중간(1511), 《속삼강행실도언해》(1514)이었으므로, 연산군 사후에도 적지 않은 기간 한글 문헌이 발행되지 못하였다. 그럼에도 실제로는 한글 사용이 전혀 금지된 것은 아니었다. 연산군은 한글로 구결을 단 책은 불사르되, 한어를 한글로 번역한 것은 금하지 말고, 궁인의 제문을 한글로 번역하여 의녀를 시켜 읽게 하고, 공사천(公私賤) 또는 양녀(良女)를 막론하고 한글을 아는 여자를 각원에서 2사람씩 뽑아 들이라고 하였다.

9.1.6.3. 한글과 익명 투서

한글 벽서를 이용하여 공개적으로 의사를 표시하거나 익명 투서 등으로 일을 도모하는 일이 적지 않았다. 1449(세종31)년에는 어떤 사람이 새로 재상인 된 하연(1376~1453)을 비난하는 한글 벽보를 붙이는 사건이 생겼다. 1449년 10월 5일 《세종실록》에는 하연은 까다롭게 살피고 또 노쇠하여 행사에 착오가 많았으므로, 어떤 사람이 한글로 벽 위에다 쓰기를, "하 정승아, 공사(公事)를 망령되게 하지 말라"고 하였다는 기록이 있다. 하연은 우의정 · 좌의정을 거쳐, 1449년에 영의정이 되었던 인물이다. 당시 영의정에 오른 인물을 비난한다는 것은 쉬운 일이 아니었을 것이다. 정치에 밝고 경쟁 관계에 있는 사대부나 가능하였을 것이지만, 공교롭게도 사람을 비난하는 익명서에 창제된 지 얼마 되지 않은 한글이 이용되었다는 점이 주목된다.

정부의 재상을 비난하는 다른 익명서 사건이 1455(성종16)년 7월 17일에 발생하였다. 호조에서는 시장을 옮기는 방안을 추진하였는데 이 일과 관련하여 호조 판서 이덕량의 동생 집에 한글 익명서가 투서되었다. 예문 (10)과 같이 호조 판서와 참판을 비난하는 내용이었다.

> (10) 이덕량이 물러간 지 얼마 안 되어 다시 와서 언문 두 장을 가지고 들어와
> 아뢰었는데, 이는 곧 시장 사람이 판서와 참판을 비웃고 헐뜯는 말이었
> 다. 대략 그 내용은 저자를 옮겨 배치하는 것은 공도에서 나온 것이
> 아니며, 판서를 가리켜 제 자식을 위한 것이며, 참판을 가리켜 뇌물을
> 받기 위한 것이며, 신정(申瀞)을 끌어들여 탐장(貪贓)의 법에 저촉되었으
> 며, 윤필상은 재물을 증식하다가 홍문관의 논의를 초래하였다는 등
> 나쁜 말과 비방이 가득하였다.

익명서는 시장을 옮기는 일에 이해 관계가 있는 누군가가 관리를 비난하는 것을 목적으로 하였다. 이러한 내용이 사실인지는 알 수 없으나, 한글이 힘 있는 누군가를 고발하고 비난하는 도구로 사용되었다는 사실이 주목된다. 배우기 쉽고 쓰기 쉬운 한글로 백성들이 자신의 뜻을 나타내기 한결 수월해진 것이다. 그러나 결과는 비난을 받은 지배층 인사들에게는 아무런 징계가 없었지만, 투고자를 찾아내 통렬하게 징계하도록 하였다. 이 일에 관련되어 옥에 갇힌 자가 79명이 되었다고 하니 백성들의 고초가 많았을 것이다. 이같은 일의 처리는 투서 내용의 사실 확인보다는 국가의

기강을 중시하여 백성들이 정부나 관리의 잘못을 비방하는 일을 제어하기 위한 조치였다.

이보다 앞서 최초의 한글 투서 사건은 1447(성종8)년 3월 20일 성종의 비인 윤씨가 일으킨 모함 사건이었다. 이것은 윤씨가 임신 중인 정소영을 제거하기 위하여 정소영과 엄숙의가 자신을 해하려 한다는 내용의 한글을 하인을 시켜 권숙의 집에 투입한 사건이다. 이 사건은 3월 29일 대왕대비가 조정에 윤씨의 폐비 문제를 거론하는 한글 교지를 내리면서 밝혀졌는데, 대왕대비는 한글 교지에서 "엄씨 집과 정씨 집이 서로 통하여 윤씨를 해치려고 모의한 내용의 언문을 거짓으로 만들어서 고의로 권씨의 집에 투입시켰는데, 이는 대개 일이 발각되면 엄씨와 정씨에게 해가 미치게 하고자 한 것이다."라고 적었다. 이 사건은 결국 모함한 윤씨가 오히려 폐비되는 사건의 원인으로 작용하였다.

9.1.6.4. 소통과 언간

한글로 작성된 서간문은 언간, 언찰, 언서, 내간이라 부르는데, 언간은 여성뿐만 아니라 사대부에서도 널리 통용되던 소통 수단이었다. 기록으로 알 수 있는 첫 언간은 1451(문종1)년 11월 17일에 있었다. 양녕 대군 이제가 한글로써 짧은 편지를 써서 김경재의 상경을 허락해 주도록 청한 것이다. 김경재를 보고 싶은 양녕 대군이 김경재 딸의 혼사 문제를 핑계로 청을 넣은 것이다. 그러나 대신들의 반대로 이 청은 받아들여지지 않았고, 오히려 양녕이 분수를 모르고 이런 일을 편지로 올리니 죄를 주자는 의견이 대두되었다. 이에 문종은 "일찍이 세종조에서 대체로 하고자 하는 일은 편지에 써서 아뢰었으니, 대개 편리함을 따르고자 하여서였다."하고 문제 삼지 말도록 조치하였다. 당시 편지로 아뢰는 일이 많았다고 하니, 한글로 청하는 간략한 편지도 적지 않았을 것으로 추정된다.

언간은 이미 15세기에 민간에 널리 유행하였다. 1496(연산2)년 3월 20

일 초계 군수를 지낸 유인홍(1456~1519)의 딸이 집에서 피살되는 사건이 발생하고, 이 사건을 수사하는 과정에서 유인홍과 그 첩인 무적이 주고받은 한글 편지와 그 편지를 전달한 사람들을 탐지하여 문초하였다(정주리·시정곤, 2011). 이 사건은 사대부와 첩이 한글 편지를 주고받으며, 살인 사건을 덮으려 한 것으로 당시 언간이 일반화되었음을 알게 한다.

실제로 15세기 말에 민간에서 쓰인 언간이 현전하고 있다. 1490년경 쓰인 것으로 추정되는 《신창맹씨 묘 출토 언간》 2건이 2011년 대전 지역의 신창맹씨의 무덤에서 나왔다. 언간은 군관으로 외지에 가 있는 남편 나신걸(1461~1524)이 아내 신창맹씨에게 보낸 것으로, 첫째 편지는 여러 가지 옷가지를 보내 달라는 내용인데 그 판독문은 다음 (11)과 같다(배영환, 2012).

> (11) 그지업시 수업시 ᄒᆞ뇌 지븨 가 어마님미라 아기라 다 반가이 보고 가고
> 져 ᄒᆞ다가 쟝쉬 혼자 가시며 날 몯 가게 ᄒᆞ시니 몯 가 둔녀가뇌 이런
> 민망ᄒᆞ고 셜온 이리 어듸 이실고 군과놀 ᄌᆞ망ᄒᆞᆫ 휘면내 ᄆᆞᄋᆞᆷ로 마디
> 몯ᄒᆞᄂᆞᆫ 거실쇠 가디 말라 ᄒᆞᄂᆞᆫ 거슬 굿드리 가면 병조의셔 회덕골로
> 힝이ᄒᆞ여 자바다가 귀향 보낼라 ᄒᆞ니 이런 민망ᄒᆞᆫ 이리 어듸 이실고
> 아니 가려 ᄒᆞ다가 몯ᄒᆞ여 영안도로 경셩 군관 ᄒᆞ여 가뇌 내 고도 겹텰
> 릭 보내소 게ᄂᆞᆫ 가면 ᄀᆞᄂᆞᆫ 빅뵈와 명디와 흔ᄒᆞ니 무명이 하 귀ᄒᆞ니
> 관워니 다 무명오슬 닙ᄂᆞ다 ᄒᆞ뇌 무명 겹텰릭과 무명단 텰릭과 니블라
> ᄒᆞ뇌 모ᄅᆞ매 마니 ᄒᆞ여 설 쇠오디 말오 경셩으로 구디 ᄒᆞ여 드려 보내
> 소. (하략)

외지에 있는 나신걸이 고향에 가서 부모님과 처자를 보고 싶으나 못 가게 하여 서러워하는 사내의 마음이 절절하며, 영안도(함경도)의 경성 군관으로 가게 되었는데 옷을 보내 달라는 내용이다. 부부간에 필요한

것을 요청하는 전형적인 편지라 할 수 있다.

16세기 중후반에 쓰인 것으로 추정되는 대규모 언간이 1977년 청주 북일면 순천김씨 묘에서 출토되었다. 《순천김씨 묘 출토 언간》은 채무이 (1537~1594)의 아내 순천김씨가 주고받았던 189건의 언간이다. 이 언간 은 부모와 자식 간은 물론 부부 간, 시부모와 며느리 간 등에 오간 것으로 보아 이 시기는 모든 계층에서 이미 언간이 소통의 수단으로 일반화되었 다 할 수 있다. 이어 17세기에 쓰여진 《현풍곽씨언간》 167건이 있는데, 이는 1989년 경북 달성군 진주하씨 묘에서 출토된 것이다.

17세기의 왕실 언간으로는 선조가 1603(선조36)년 옹주에게 보낸 것이 있다. 선조의 계비인 인목 왕후(1584~1632)의 《인목왕후필적》에 들어 있어 인목 왕후의 것으로 보기도 한다. 내용은 "글월 보고 도둔 거슨 그 방이 어둡고(너 역질ᄒᆞ던 방) 날도 陰ᄒᆞ니 日光이 도라디거든 내 親히 보고 ᄌᆞ셰 긔별ᄒᆞ마 대강 用藥ᄒᆞᆯ 이리 이셔도 醫官醫女를 드려 待令ᄒᆞ려

ᄒᆞ노라 분별말라 ᄌᆞ연 아니 됴히ᄒᆞ
랴'라 하여 병환(천연두) 중에 있는
공주를 위로하며 안심시키는 것이다.
한국학중앙연구원 한국학자료센터
에는 임금과 왕후 및 사대부가 보낸
한글 편지 597편이 탑재되어 있다.

현재까지 알려진 언간의 수는 대
략 2,943건이고(이래호, 2015), 이들
언간은 주로 여성이 발신자이거나
수신자로 등장한다는 점에서 여성들
에게 널리 사용된 특징이 있다.

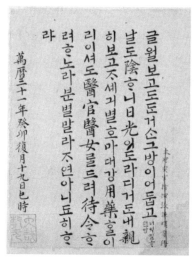

〈사진 6〉 선조의 언간

9.1.6.5. 한글과 고소설

한글은 인간의 감정을 세밀히 묘사하는 문학 작품에 적합하였다. 자연스러운 우리말과 일치하는 한글로 사건을 전개하거나 감정을 드러내기에 이만한 것이 없었다. 훈민정음이 창제되고 맨 처음 간행된 《용비어천가》, 《석보상절》, 《월인천강지곡》 등은 한문과 일정한 관계를 가지고 있기는 하지만, 한글로 쓰인 시가와 산문이었다. 이후의 《두시언해》(1481) 등도 사대부들이 즐겨 읽어야 할 두시를 한글로 번역하였다는 점에서 한글은 처음부터 문학에 관여하고 있었다.

한문 중심의 조선 시대에서 한글이 주로 쓰인 영역은 앞에서 본 언문 편지와 함께 시가와 고소설이었다. 시가 작품으로는 16세기 이후로 퇴계 이황의 《도산시비곡》(1565), 고산 윤선도의 《어부사시사》(1651), 송강 정철(1536~93)의 《관동별곡》 등은 물론, 허난설헌의 《난설헌집》, 황진이의 시조 등 여성들의 한글 시가도 많았다. 《청구영언》이나 《해동가사》에 고시조 등 한글 가사 작품이 수록되어 있다.

한글 고소설은 한글 사용 문헌에서 절대적인 위치를 갖는다. 한글 고소설은 《왕랑반혼전》, 《설공찬전》과 같은 한문 소설의 한글 번역으로부터 시작되었다. 16세기 초의 한글 번역 소설 《설공찬전》은 충청도 관찰사, 호조 참판 등의 벼슬에 올랐던 채수(1449~1515)가 지은 것인데, 저승 이야기를 통하여 화복이 윤회한다는 주장을 한 허구의 이야기였다. 그는 젊어서부터 문예로 이름을 드러냈고 늘 시와 술을 좋아하고 음률을 스스로 즐겼던 인물이다. 그런데 《중종실록》에는 1511(중종6)년 9월 2일에 이 소설이 민중을 현혹시킨다고 하여 유통을 금지하고 모든 책을 불살라 버렸고, 마침내 채수는 파직되었다는 기록이 있다. 16세기 초에 이미 한글 소설이 널리 읽히고 있는 것을 알 수 있다.

한글 창작 소설이 언제부터 시작되었는지는 불명확하지만, 17세기 말의 《구운몽》, 《사씨남정기》, 《숙향전》등이 나오면서 한글 소설의 전기를 맞게 되었다. 18세기에 소설에 대한 수요가 늘어나면서 서로 빌려 보거나 필사해서 보기 어렵게 되자 책을 베껴 돈을 받고 빌려주는 세책(貰冊)집과 대규모 유통을 위해 상업적 출판을 하는 방각본을 통하여 유통업이 활발히 전개되었다. 세책의 존재를 알려 주는 기록은 채제공(1720~1799)이 부인 동복오씨(1723~1751)가 필사한 책 《여사서》에 대해 쓴 서문에 있다 (정병설, 2005).

(12) 근세에는 여자들이 서로 다투어 능사로 하는 것은 오직 패설만을 숭상 하는 것이다. 패설이 날로 증가하여 천백여 종이나 되는데, 책쾌집[儈 家]에서는 이것을 깨끗이 베껴서 빌려보는 자가 있으면 그 값을 받아서 이익을 취한다. 부녀들은 식견이 없어 비녀나 팔찌를 팔고 동전을 빚내 어 서로 다투어 빌려다가 긴 날을 소일하였다. 《번암집 33. 여사서서》

(12)는 당시에 여자들이 세책집에서 소설류를 빌려다 읽는 것이 인기였음을 보여 준다. 당시 소설은 중국 고사를 소재로 한 번안 소설이거나 한글 창작 소설이었을 것이니 한글 소설의 독자가 매우 많았음을 알 수 있다.

책쾌는 책을 가지고 다니면서 매매하는 거간꾼으로 이런 경험이 나중에 세책업으로 이어진다. 책쾌의 숫자는 적지 않았던 듯하다. 당시에는 중국의 주린이 지은 《강감회찬》에 이성계가 고려의 이인임의 아들이라는 등 조선 왕조에 대한 잘못된 내용이 들어 있었기 때문에 그와 관련된 책은 금서로 지정되었다. 그런데 1771(영조47)년 5월 27일에 그가 쓴 《명기집람》 등 문제의 책을 사고 판 사람들을 처벌하는 일이 발생하였다. 처벌할 자를 색출하는 과정에서 영조는 책 장수가 도성 가운데 가득하다고 지적하며, 6월 2일에는 《청암집》을 바치지 않았다는 이유로 잡아들여 문초한 상역(象譯)과 책쾌가 1백 명 가까웠다고 하니 당시 책쾌의 숫자가 적지 않았음을 가늠할 수 있다.

이와 같이 18세기 중반에는 세책집이 생기면서 한글 소설이 민간으로 확산되었고, 더하여 새로운 한글 소설들이 창작되었을 것이다. 1820년 이후에 방각본이 출현하고 필사본이 다량 생산되면서 한글 고소설은 19세기 중반에서 20세기까지 지역별로 다양하게 유통되었다. 김재웅(2014)에 따르면, 전국에 유통된 필사본 고소설은 영남 222종, 호남 83종, 충청 132종, 서울과 경기 50종, 강원 16종, 북한 9종 등이었으며, 향유층은 남성(87)보다 여성(265)이 풍부하고, 한문본보다 국문본이 대부분을 차지하고, 작품의 유형은 영웅소설(79)이 가장 풍부하게 유통되었다.

9.1.6.6. 고문서와 한글

고문서는 정부나 개인이 공적인 일로 생성한 문서 중에 오래된 것을 말한다. 한글 고문서는 청원서, 진정서 형식의 소지(所志)나 상언(上言), 개인의 가계를 기록한 호적류, 한글로 된 제문, 재산을 매매하는 데 쓰이는 명문(明文), 상전이 아랫사람에게 전답 매매 권한을 위임하는 패지(牌旨), 각서나 확인서 형식의 수표(手票), 하급 관리가 상관에게 공적인 일을 알리거나 문안할 때 쓰는 고목(告目), 개인적 사후 처리를 알리는 유언, 결혼 등 각종 의식에 관련된 의례류 등의 다양한 유형이 존재하는데, 대체로 19세기 이후의 자료가 많다. 이러한 고문서들은 원래 이두문으로 작성되었으나, 한글이 폭넓게 쓰임으로서 한글로 작성된 것이다.

한글 상언이 처음 보이는 것은 1509(중종4)년 9월 11일 철비가 사천을 면해 줄 것을 요청하는 것이었다. 실록에는 철비가 성상의 덕을 입어 사천(私賤)을 면해 주기 바라는 한글 상언을 올렸는데, 한글로 상언을 올려 지극히 무례하고, 또한 그 소원도 들어줄 수 없는 것이니, 처벌하도록 한 기사가 있다. 철비는 역모로 처형된 이과(1475~1507)의 어미이다. 다음해 12월 12일에는 이과의 어미 철비를 공신의 집에 비(婢)로 주지 말라고 지시가 있었던 것으로 보면 한글 상언이 효과가 있었던 것으로 추정된다. 그러나 이로부터 100년이 지난 1610(광해군2)년 5월 10일 실록에는 한글 상언 때문에 문제가 되었다. 죄를 받아 죽은 이홍로(1560~1608)의 처 기씨가 한글 상언을 올린 것을 의금부에서 받아들였다가 논란이 되자 대죄를 청하는 일이 있었다. 문제가 된 것은 같은 내용을 여러 번 올릴 수 없고, 한글로 상언하는 일은 전례가 없고, 언서의 출납은 일이 매우 외설스러울 뿐만 아니라 또한 후일의 폐단이 있을 것이 두렵다는 논리였다. 한글 상언 때문에 사달이 난 것이다.

17세기에 영남 지방에서 작성된 분재기(分財記)가 있다. 1644년 적모(嫡母) 여강 이씨가 서자녀에게 전답과 노비를 나눠 준 기록으로 안동대학교 박물관에 소장되어 있으며, 한국학자료센터에서 원문을 탑재하고 있다. 문서의 형태는 위아래 두 단락으로 나누어 작성하였다. 증인은 따로 없고 이름을 쓰고 도장을 찍었다. 맨 처음에 등장하는 '망득의 깃'은 다음과 같다. '깃'은 무엇을 나눌 때 각자에게 돌아오는 몫을 이르는 말이다.

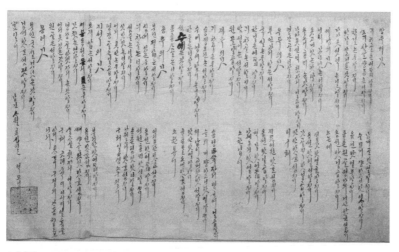

〈사진 7〉 17세기 여강 이씨 〈분재기〉

(13) 망득의 깃

긔차골논 여듧말지기 감개골밧 열말지기 쏘 긔차골 샹동논 서말지기
늘븨개 쟝바고니밧 엿말지기 한길논 두말지기 옴션밧 열두말지기 밧갈
마고것논 닷말지기 동촌 원골 졍가의게 산밧 흔셤지기 가마못 셧녁논
닐곱말지기 옴션밧 닐곱말지기

9.2. 한글과 문체 형성

9.2.1. 한문체

한문체는 한문으로만 쓰인 문체이다. 한문체는 한문과 향문으로 구분
된다. 한문은 사대부 등이 사용하는 공식 문장에 쓰인 글이고, 향문은
한자를 이용하여 우리말의 일부를 표기한 것이다. 조선 시대 향문에는
식자층의 한문 읽기에 쓰인 음독 구결과 우리말 표기에 쓰인 이두가 있다.
한문체를 종합하면 다음 〈표 2〉와 같다.

〈표 2〉 한문 중심 문체

구분			표기 문자	한자 노출 단위	성격
한문체	한문	순한문체	한자	전체	우리말 번역 표기
	향문	음독구결체	한자	전체	한문 음독 표기
		이두체	한자	전체	일부 우리말 표기

음독 구결문은 한문의 어순을 그대로 유지하면서 읽는 과정에서 필요
한 허사를 한자 차용 표기한 문장이다. 구결은 한글이 창제되면서 그 사용
이 극히 제한되었다. 다음 (14)는 음독 구결체의 예문이다.

(14) ㄱ. 凡鄕之約四伊尼 一曰德業相勸伊五 二曰過失損規伊五 三曰禮俗相

交伊五 四曰患難相恤伊羅(여씨향약언해)

ㄴ. 虛心者丶 福矣ㄴ 以天國丶 乃其國也丶ㅛ 哀慟者丶 福矣ㄴ 以其將受

慰也丶ㅛ 溫柔者丶 福矣ㄴ 以其將得土也丶ㅛ …… 人爲我而詬誶爾

ㆍ尓 迫害爾ㆍ尓 且妄言諸惡ㆍ丁 以謗以ㄱ 則爾福矣ㄴ 爾宜欣喜歡

樂丶ㄴ 以在天今丶 爾所得之賞丶 大也丶ㅅ(마태복음 5:3-12)

(14ㄱ)은 16세기의 《여씨향약언해》(1518)의 구결이고, (14ㄴ)은 19세기
후기에 이수정이 현토하여 간행된 《신약성서 마태전》(1884)의 구결이다.
(14ㄱ)은 한자의 정자체를 쓴 경우이지만, (14ㄴ)의 예들은 한자의 약자를
썼다. 丶(是), ㄴ(尼), ㅛ(五), ㆍ尓(爲旀), ㆍ丁(爲也), ㄱ(面), ㅅ(羅).

이두체는 한글이 창제되면서 그 역할이 축소되었으나, 조선 후기로 오
면서 우리말 표기보다는 행정 실무에서 한문이나 이문에 구결을 다는
것 같은 형태로 발전되어 서리 계층의 독특한 문체가 되었다. 이두체는
전통적 이두와 조선 후기의 한문체 이두로 구분된다. 전통적인 이두문과
조선 후기의 한문체 이두문을 보이면 다음과 같다.

(15) ㄱ. 治牛疫狐腸病燒炭 和水灌之

ㄴ. 牛矣傳疫病乙 治療爲乎矣 狐腸汝兒昌子여이챵ᄌ 火燒成炭和水牛

口良中 灌注爲乎事

ㄷ. 쇠서ᄅ뎐염ᄒ얏ᄂ병을고툐딕여이챵ᄌㅅ론지롤므레프러이베브으

라

(16) ㄱ. 右謹 啓臣矣段臣矣身等伏以彰善揚美士林之公議也表宅樹風 國家

之懿典是白乎等以不避僭猥之罪敢此齊籲於 法駕之前爲白齊

ㄴ. 우는 삼가 사뢰옵건대 신 자신은 신 자신들이 엎드려 생각건대,

선을 표창하고 미를 선양하는 것이 사림의 공의이고 가문을 드러

내고 풍속을 세우는 것이 국가의 의전이온 것이므로 참람하고 외람된 죄를 피하지 않고 감히 이처럼 전하 앞에 호소합니다.

(15)는 소와 말의 전염병 치료 방법을 설명한 《우마양저염역치료방》(1578)의 이두이다. (15ㄱ)은 원문이고 (15ㄴ)은 이두 번역문이고, (15ㄷ)은 한글 번역문이다. (15ㄴ)의 이두 표기인 '矣'(의), '乙'(을), '爲乎矣'(ᄒ오딕), '良中'(에), '爲乎事'(혼일) 등이 우리말 조사와 어미를 차용 표기한 것이다. 다만, 호장(狐腸)에 대해서는 소자쌍행(小字雙行)으로 주석을 달았는데, '여이챵ᄌ'를 '汝兒昌子'로 차용 표기하였다. 다음 장에서는 '獺'(달)을 '汝古里'(너고리)로 표기한 것을 보면 '汝'는 훈독과 음독에 자유롭게 이용되었다고 할 수 있다.

(16ㄱ)은 19세기 이두로 추정되는 《유서필지》의 '효자정려'(孝子旌閭)의 일부분이고, (16ㄴ)은 현대어 해독문이다. 이두에는 '矣'(의), '矣身'(의몸)처럼 자신을 가리키는 체언도 있지만, 대체로 조사 '段'(짠/은)이나 용언의 활용형 '是白乎等以'(이숣온들노/이온 것으로), '爲白齊'(ᄒ숣져/하옵니다) 등 허사부에 많다. (16ㄱ)을 (15ㄴ)과 비교하면 허사부의 한자 차용 표기는 유사하지만, 실사부는 (15ㄴ)이 우리말 어순이라면 (16ㄱ)의 不避借猥之罪敢此齊籲於法駕之前은 한문 어순이다.

9.2.2. 언문체

언문체는 모두 언문으로만 표기되어 있는 순 한글체이다. 순 언문체는 완전한 국어 어순 구조에다가 한자어도 한글로 노출하는 문체이다. 순 언문체는 표기 대상 단어가 고유어가 많은지 한자어가 많은지에 따라 구분될 수 있으나, 그 사이의 구분이 명확한 것은 아니다. 순 언문체는 《구급간이방언해》(1489), 《정속언해》(1518) 등 16세기 전후의 문헌에서 처음 볼 수 있으나, 대체로 근대에 들어서 많이 볼 수 있다. 《속명의록언해》(1778), 《경신록언석》(1795), 《텬로력뎡》(1895) 등이 있다. (17ㄱ)은 《동국신속삼강행실도》, (17ㄴ)은 《구황보유방》, (17ㄷ)은 《양로무농윤음》의 예문이다.

(17) ㄱ. 온달은평양부사룸이라양강왕의져근쫄리스스로듕믜ᄒ야달의안해되엿더니후쥬무뎨뇨동을틸시션봉이되여분로ᄒ여텨크기이긔니왕이대형벼슬주엇더니

ㄴ. 솔닙플ᄯ다가방하의닉게흐면닙피오로즉긔여니긴흙곳티될거시니뿔이나것곡이나ᄀᄅ빙그라됴곰녀코쥭을믈게뿌어솔닙씨흐니를녀허ᄒ딗프러머그라.

ㄷ. 왕이이러틋시ᄀᄅ샤틴내드르니공부직향당에보시고왕도의쉬오믈알아계시니졍ᄉ보기ᄂ뎍졍에잇고풍쇽보기ᄂ들에이시니졍ᄉ에미츤바ᄂ엿고풍쇽에엇ᄂ바ᄂ깁흔지라.

창작문은 가사와 소설 등 창작 작품이나 개인 간에 주고받은 언간 등에서 볼 수 있다. 고산 윤선도의 친필가첩인 《산중신곡》(1642), 필자 미상의 일기체 수필인 《산성일기》(17세기), 소설류인 《춘향전》(경판), 《심청전》(경판) 등은 순 언문체로 되어 있다. 언간은 낱장에 언문으로 필사되어 있는 경우가 대부분이다. 이들은 상대적으로 자연스러운 고유어를 많이 반영한다. (18ㄱ)은 《용비어천가》의, (18ㄴ)은 《산중신곡》의 〈하우요〉(夏雨謠)의 예문이다.

(18) ㄱ. 불휘기픈남ᄀᆫ바ᄅ매아니뮐씨곳됴코여름하ᄂᆞ니 / 시미기픈므른ᄀᆞᄆ래아니그츨씨내히이러바ᄅᆞ래가ᄂᆞ니(1장)

ㄴ. 비오ᄂᆞᆫ딗들희가랴사립닷고쇼머거라마히믹양이랴잠기연장다ᄉ려

라쉬다가개는날보아스래긴밧가라라 / 심심은ᄒ다마는일업슬슨마
히로다답답은ᄒ다마는한가홀손밤이로다아히야일즉자다가동ᄠᅳ거
든닐거라.

ㄷ. 어버ᅀᅵ여희ᅀᆞᆸ고늄ᄋᆞᆯ브터이쇼ᄃᆡ어ᅀᅵ아들이입게사노이다 / 쉰싱ᄋᆞᆯ
즐기리잇가주구믈기드리노니목숨므거부어손ᅀᆞ몯죽노이다(기
142)

(18ㄷ)은 《월인천강지곡》의 예문으로 언문을 앞세우고 한자어에는 작
은 글씨로 한자를 달아 주어 언한 병용체를 보이나, 병용된 한자를 제외하
면 언문체에 해당한다.

9.2.3. 언한문체

언한문체는 언문과 한자가 같이 쓰인 것으로 한자가 쓰인 성격이나
정도에 따라 구결체, 이서체, 경전체, 향찰체로 구분된다. 구결체는 한문
독법의 하나인 음독 구결을 한글로 표기한 것으로 한문의 구조가 유지되
는 문체이다. 경전체는 석독 구결처럼 국어의 어순이기는 하나 각 한자를
하나하나 새겨 읽는 문체이다. 이서체는 전통적 이두문에서 허사부만 한
글로 바뀐 문체인데, 향문의 이두체와 구분하기 위하여 이서체로 부르기
로 한다. 향찰체는 완전한 국어의 어순에다가 실사의 상당 부분이 고유어
로 실현되는 문체이다. 여전히 일부 한자어가 한자로 노출된다는 점에서
언한문체에 해당한다. 이것을 구분하면 다음과 같다.

〈표 3〉 언문 중심 문체

구분	한자 노출 단위	어순	성격	향문
구결체	구절	한문	한문의 국어화 과정	음독구결
경전체	형태소	국어	한문의 국어화(해석)	석독구결
이서체	단어	국어	실사는 한자로 노출	전통적 이두
향찰체	단어	국어	일부 실사 한글 노출	향찰

9.2.3.1. 구결체

한글 구결문은 한문이 국어화하는 중간 과정의 형태로 한문과 국어의 구조상의 차이를 해소하는 과정이라고 할 수 있다. 한글 구결은 한문의 구절이 가리키는 문법적 관계를 국어로 표현하는 것으로 한문의 어순을 유지하면서 그 뜻을 잘 드러내도록 하는 장치이다. 한문의 뜻을 제대로 이해하기 위해서는 구절을 어떻게 분절해서 구결을 다느냐와 관계가 깊다.

한글 구결이 달리는 단위는 한문의 기능어 '若, 如, 則, 而, 哉, 也' 등과 관련되거나 국어의 구성 성분과 관련되는 경우가 많다(김상대, 1985). 한문이 국어의 어순과 일치되는 경우에는 각 문장 성분, 주어, 부사어, 서술어 등에다 구결을 다는 경우가 많다. 보어나 목적어는 한문의 예외적인 구조에서 구결을 다는 경우가 있으나, 일반적으로 서술어와 목적어 혹은 서술어와 보어가 하나의 단위로 묶여 구결이 달린다. 이것은 구결문이 기본적으로 한문의 순서를 바꾸지 않기 때문에 생기는 현상으로 구결문의 특성이 된다.

(19) ㄱ. 佛이 爲三界之尊ㅎ샤 弘渡群生ㅎ시ᄂ니 無量功德이 人天所不能盡讚이시니라 世之學佛者ㅣ 鮮有知出處始終ㅎᄂ니 雖欲知者ㅣ라도 亦不過八相而止ㅎᄂ니라

ㄴ. 子曰學而時習之지면 不亦說乎아
有朋이自遠方來면 不亦樂乎아

人不知而不慍이면 不亦君子乎아

子ㅣ日巧言令色이 鮮矣仁이니라

(19ㄱ)은 《석보상절》서문의 한글 구결문이다. '위'(爲)가 서술어이고 '삼계지존'(三界之尊)이 보어에 해당할 것이나, 이 둘이 하나로 묶여 구결이 달렸다. 목적어 '군생'과 서술어 '홍도'도 하나의 단위로 묶여 있으며, 나머지는 한문 어순의 구절이 그대로 수용되었다. (19ㄴ)은 《논어언해》의 한글 구결문이다. 주어 '유붕' 다음에는 분절되어 조사가 첨부되었으나, '人不知而不慍'의 주어 '人'은 따로 분절되지 않았다. 역시 대부분의 구절은 한문의 순서를 그대로 유지하였다. 원문이나 언해문 모두 한자에는 한글로 주음을 하는 병용체를 보여 주고 있다.

9.2.3.2. 경전체

경전체는 완전한 국어 어순 구조에 형태소 단위로 한자를 노출 시키는 문장으로 구어체하고는 거리가 멀다. 독립적으로는 잘 쓰이지 않는 형태소를 하나의 단위로 쓴 것으로, 유교 경전 등의 정확한 해석이 필요한 경우에 한자 하나하나를 풀어 직역하는 형식을 취한다. 경전체는 석독 구결처럼 한자를 뜻으로 풀이하여 결국 우리말처럼 된 문장 구조의 연장선이라고 할 수 있다. (20)은 《논어언해》의 문장을 보인 것이다.

(20) 子즈ㅣ 굴ᄋ샤ᄃᆡ學ᄒᆨᄒᆞ고時시로習습ᄒᆞ면쏘ᄒᆞ깃브디아니ᄒᆞ랴

子즈ㅣ 굴ᄋ샤ᄃᆡ言언을巧교히ᄒᆞ며色ᄉᆡᆨ을令령히홀이仁신ᄒᆞ이鮮션ᄒᆞ니라

(20)은 학이편 언해문으로 독립적으로 쓰이지 못하는 '학, 시, 습, 온, 언, 교, 색, 인, 선' 등의 1음절 한자가 그대로 문장의 단위로 쓰여 형태소

단위의 분절을 보여 준다.

9.2.3.3. 이서체

이서체는 전통적 이두문에서 실사부의 한자는 그대로 두고 허사부를 한글로 바꾼 문체이다. 이서체는 구결체와는 어순에서 다르고, 경전체와는 한자 노출 단위에서 차이가 있다. 이서체는 완전한 국어의 어순을 따르되, 단어나 복합 단위를 한자 노출 단위로 하는 경우가 많다. 향찰체와는 어순이나 한자 노출 단위에서 같지만, 한자 사용 정도에서 차이가 난다.

(21) ㄱ. 性與天合ᄒ샤디 思不如學이라ᄒ샤 儒生을 親近ᄒ시니이다 (122장)

ㄴ. 新羅盛代 昭盛代 天下大平 羅侯德 處容아바 以是人生애 相不語ᄒ시란디 以是人生애 相不語ᄒ시란디 三災八難이 一時消滅ᄒ샷다 《악학궤범》

(21ㄱ)은 《용비어천가》의 일절로 전통적인 이두문체를 보이는 구절이다. 유생(儒生), 친근(親近)은 단어 단위이지만, 성여천합(性與天合), 사불여학(思不如學)은 덕성이 하늘에 맞고, 생각이 배움만 못하다는 한문의 구절을 하나의 복합 단위로 이용한 것이다. (21ㄴ)은 《악학궤범》에 실린 고려 처용가의 전강(前腔) 부분으로 허사 부분을 제외한 모든 부분이 한자로 되었다.

9.2.3.3. 향찰체

완전한 국어 문장 구조에 필요한 경우 단어 단위로 한자를 노출 시키는 문체로 구어체와 가깝다. 일반적으로 2음절 한자어가 한자로 노출되는 경우가 많다. 적지 않은 경우 고유어가 한글로 쓰인다는 점에서 이서체와는 구별된다. 향찰체는 언해문장이나 창작문 등에 널리 쓰이는 자연스러운 문체이다.

> (22) ㄱ. 周國大王이 幽谷애 사ᄅ샤 帝業을 여르시니 우리 始祖ㅣ 慶興에 사ᄅ샤 王業을 여르시니(용비어천가, 3장)
>
> ㄴ. 부톄目목連련이 ᄃ려니ᄅ샤디네迦강毗삥羅랑國귁에가아아바ᄂᆞᆷ긔와아ᄌ마ᄂᆞᆷ긔와아자바님내ᄭᅴ다安ᄒᆞᆫ否ᄫᅳᆯᄒ습고 (석보상절 권6)
>
> ㄷ. 셰世존尊ㅅ일을보리니먼萬리里외外ㅅ일이시나눈에보논가너기ᅀᆞᄫᆞ쇼셔 / 셰世존尊ㅅ말을보리니쳔千지載샹上ㅅ말이시나귀예듣논가너기ᅀᆞᄫᆞ쇼셔(월인천강지곡, 긔2)
>
> ㄹ. 년닙희밥싸두고반찬으란쟝만다라닫드러라다드러라靑쳥篛약笠립은 써잇노라綠녹簑사衣의가져오냐至지菊국葱총至지匊국葱총於어思ᄉ臥와無무心심ᄒᆞᆫ白ᄇᆡᆨ鷗구는내좃는가제좃는가(고산유고)

(22ㄱ)은《용비어천가》(1447), (22ㄴ)은《석보상절》, (22ㄷ)은《월인천강지곡》, (22ㄹ)은《고산유고》(1798)의 예문이다. (22ㄱ)은 혼용체이지만, (22ㄴ, ㄷ, ㄹ)은 병용체를 보인다.

■ 참고문헌

김일근(1974/1980), 김종택(1975), 안병희(1977), 김영만(1981), 김상대(1985), 안병희(1985), 이광정(1995), 이상혁(1998), 백두현(2002), 김문준(2004), 김슬옹(2005ㄱ), 백두현(2005), 정병설(2005), 홍윤표(2006), 백두현(2007), 시정곤(2007), 정병설(2008), 정주리·시종곤(2011), 김재웅(2014), 김주필(2014), 김종철(2015), 이래호(2015), 이윤석(2015), EBS 〈한글, 전란 속에서 성장하다〉(2018.10.9.), 인터넷 사이트(조선왕조실록, 한국학자료센터, 디지털한글박물관)

제10장 한글 고문헌 종류와 특징

10.1. 고문헌의 이해

10.1.1. 간인본과 필사본

고문헌은 형태적으로 간인본(刊印本)과 필사본(筆寫本)으로 구분한다. 간인본은 목판에 글자를 새기거나 활자를 식자하여 짠 판에서 인출한 방식으로 발간된 책으로 판본(版本)이라고도 한다. 나무판에 직접 글자를 새긴 것을 목판본이라 하고, 활자를 심어 인출한 방식으로 된 것을 활자본이라 한다. 활자본은 다시 활자의 재질에 따라 금속활자본과 목활자본으로 구분한다.

필사본은 붓이나 펜으로 직접 종이 위에 써서 만든 책으로 단순히 사본이라고도 한다. 필사본에는 고본(稿本), 전사본(轉寫本)이 있다. 고본은 지은이가 처음으로 종이에 직접 쓴 것으로 사료적 가치가 있으며, 전사본은 남의 글을 필요에 따라 베껴 쓴 사본으로 사료적 가치가 떨어진다. 특별히 종교 경전을 필사한 것을 사경(寫經)으로 구분하기도 한다.

책의 장정은 인쇄면의 중간 판심 부분을 바깥으로 가고 여백 면을 안으로 가게 접어서, 접어진 인쇄지들을 순서대로 중첩한 다음 인쇄지의 몸통을 꿰매는 식이다. 앞뒤에 표지를 각각 대고 책등을 명주실 등으로 꿰매 장정한다. 고려 말 이후 우리나라 고서에는 대개 다섯 번을 꿰매는 5침안정법을 쓴다.

《월인석보》는 활자본인 《월인천강지곡》(1449)과 《석보상절》(1446)을 합쳐서 목판본으로 한 데 엮은 것이지만, 두 책을 합편하는 과정에서 체제와 내용에서 완전히 달라진 새로운 책이 되었다. 고려대본의 《훈민정음》은 국조보감에 실려 있는 훈민정음 관련 실록 기사를 전사하여 뒤에 붙여 하나의 책으로 만들었다는 점에서 간인본과 필사본이 합해진 합철본의 성격을 갖는다.

10.1.2. 활자본과 목판본

10.1.2.1. 활자의 종류

목활자는 준비된 나무판에 자본(字本)을 뒤집어 붙여 글자를 새긴 다음 가는 톱으로 잘라내고, 활자의 네 면을 작은 칼로 가지런하게 다듬어 완성하기 때문에 제작하는 방법이 상대적으로 단순하다. 금속활자는 몇 가지 단계를 거쳐 만들어진다. 첫째, 자본을 선정해서 제작한다. 둘째, 제작된 자본을 나무판에 붙여 글자를 새긴 다음, 잘라내어 깨끗하게 손질하여 어미자를 만든다. 셋째, 거푸집에 어미자와 가지쇠를 박아 넣어 자국을 낸 다음 그것을 빼낸다. 넷째, 거푸집에 녹인 금속을 부어 넣어 활자를 만든 다음 깨끗하게 마무리한다.

금속활자는 재질에 따라 석활자, 연활자, 동활자, 철활자 등으로 구분하거나, 주조 연도에 따라 계미자, 갑인자, 을해자, 정리자 등으로 구분한다. 목활자도 활자를 만든 사람이나 기관에 따라 훈련도감자, 교서관목

활자 등으로 구분하거나, 용도에 따라 동국정운자, 홍무정운자 등으로 구분한다.

10.1.2.2. 활자본

활자본은 인판에 활자를 심어 인출한 책을 말한다. 인쇄하는 방법은 다음과 같다. 먼저 광곽, 판심, 어미 등 원하는 책의 판식대로 만든 인판을 준비한다. 인판은 대개 금속활자는 동으로 하며, 목활자는 나무판으로 한다. 원고대로 준비된 활자를 골라 인판에 식자하며, 활자가 움직이지 않게 하거나 고르게 다져 인출할 준비를 마친다. 인출할 준비가 되면 활자 면에 고르게 먹물을 칠한 다음, 그 위에 종이를 얹고 말총이나 털뭉치 등으로 문질러 인출한다. 인출된 종이는 책으로 묶어 마무리한다.

금속활자본으로는 《월인천강지곡》, 《석보상절》 등이 이른 시기의 것이다. 이들은 초주 갑인자와 같이 쓰인 한글 동활자본이다. 이후 을해자와 같이 쓰인 한글 금속 활자본 《능엄경언해》, 경서자와 같이 쓴 한글 금속활자본으로 《소학언해》, 《대학언해》, 《중용언해》, 《논어언해》 등 유교 경전이 있다. 철활자본은 18세기 들어 보이기 시작하는데, 후기 교서관 인서체자와 같이 쓰인 한글본으로 《증수무원록언해》 등이 있다. 19세기 후반, 동활자인 재주 정리자와 같이 쓰인 《심상소학》 등이 있으며, 신연활자로 찍은 《이언》(1883), 《한성순보》, 《텬로력뎡》(숭실대 소장본) 등이 있다.

목활자본으로는 동국정운자와 같이 쓰인 《동국정운》이 있다. 《동국정운》은 큰 한자와 한글은 나무 활자로 되어 있고, 작은 한자는 동활자인 갑인자로 인쇄되어 여러 활자가 혼재되어 있다. 이점은 《홍무정운역훈》도 비슷하다. 《법보단경언해》, 《조군령적지》(1881), 훈련도감에서 발간된 각종 한글 언해서도 목활자본이다. 이외에 19세기 후반 한글본으로 《소학독본》, 《국민소학독본》, 《스민필지》 등이 있으며, 이들은 학부 인서체자와 같이 쓰였다(천혜봉, 1991).

10.1.2.3. 목판본

목판본은 나무판에 글자를 새긴 다음, 그 위에 종이를 얹고 문질러 인출한 책을 말한다. 나무판에 글자를 새기는 방법은 다음과 같다. 먼저 글자를 새길 나무목을 마련한다. 나무판은 대추나무, 배나무, 가래나무 등을 주로 쓰는데, 마련된 나무판에 광곽, 판식, 계선 등 책의 형태에 맞는 투식판을 만든다. 투식판에 종이를 대고 문질러 글자를 쓸 용지를 마련하여, 그 위에 간행할 내용을 표현할 글자나 그림 등을 필사하여 판서본(板書本)을 만든다. 판서본을 나무판에 뒤집어 붙여 그 위에 문자를 양각한다. 이런 과정을 거쳐 만든 나무판을 판목 혹은 목판이라고 한다. 판목이 완성되면 양각된 글자 부분에 먹솔 등으로 먹칠을 한 다음, 그 위에 종이를 놓고 말총 등으로 문질러 찍어 낸다. 판목이 마모될 때까지 여러 번 책을 찍어낼 수 있으나, 목판을 마련하고 판각하는 등 제작 과정이 다소 길다. 〈사진 1〉은 공주 갑사에 보관되어 있는 월인석보 목판으로 1974년 12월 31일 보물 제582호로 지정되었다. 책의 형태가 시대에 따라 달라지기 때문에, 목판본의 형태 변화를 통해 시대의 변화를 읽을 수 있다. 판목에서 처음으로 인출한 것을 초쇄본 혹은 초인본이라고 하고, 나중에 인출한 것을 후인본 혹은 후쇄본이라 한다.

〈사진 1〉 《월인석보》 목판(1569)

조선 시대에는 중앙이나 지방관서에서 발간한 관판본, 절에서 발간한 사찰본, 왕실에서 간행한 왕실판본, 서원에서 발간한 서원판본, 개인이나 문중에서 발간한 사가판본, 상업용으로 판매업자가 간행한 방각본 등이 다양하게 발간되었다. 훈민정음 해설서인 《훈민정음》(해례)는 대표적인 목판본이다. 《월인석보》(1459), 《몽산화상법어약록》(1467년경), 《경민편》(중간, 1579), 《언해태산집요》(1608), 《오륜행실도》(1797)도 목판본으로 발행되었다.

10.1.3. 초간본과 중간본

어떤 문헌이 처음 간행된 것을 초간본 혹은 원간본, 초판본이라고 하고, 초간 이후 간행된 것을 중간본 혹은 후간본이라고 한다. 일반적으로 초간본이 문헌적 가치를 가지는 것으로 평가한다. 중간본은 초간본의 내용을 거의 그대로 간행하는 경우가 많으나, 때로는 초간본을 일부 수정하여 간행하는 경우도 있다. 초간본의 내용을 대폭 수정하여 발간한 것을 특별히 개간본이라고 한다.

초간본을 수정하여 간행한 중간본으로는 《두시언해》를 들 수 있다. 《두시언해》는 1481(성종12)년에 두보의 시를 우리말로 번역하여 25권 17책으로 간행하였는데, 1632(인조10)년에 중간본이 경상도에서 간행되었다. 초간본이 을해자본으로 간행되었지만, 중간본은 목판본으로 발간되었고, 내용도 일부 수정하였으므로 책이 담고 있는 언어도 서로 다르다. 개간본으로는 중국의 어휘를 수집해 주석을 단 《어록해》를 들 수 있다. 《어록해》는 1657(효종8)년 경북 비안현에서 처음 발간되었지만, 내용과 체재를 대폭 수정하여 1669(현종10)년 교서관에서 왕명으로 중간되었다. 개간본의 초쇄본은 규장각에 소장되어 있는데, 후에 이를 저본으로 한 간인본과 필사본이 현전하고 있다. 이같이 먼저 간행된 책에 빠진 부분이나 필요한 부분을 보충하여 간행한 것을 증간본 또는 증보판이라고도 한다. 내용의 일부 수정까지 곁들여 있으면 수정증보판이라 한다. 《텬로 력뎡》(1895)은 동일 저작이 4차례에 걸쳐 중간된 바 있는데, 2번째 판은 수정증보판이다.

10.1.4. 복각본과 보수판

초간본으로 간행된 책을 해체하여 한 장씩 나무판에 뒤집어 붙여 그대로 다시 새긴 것이 있는데, 이것은 번각본 혹은 복각본이라고 한다. 번각 본은 목판본으로만 간행할 수 있는데, 초간본과 글씨의 모양까지도 같기 때문에 초간본이 존재하면 그 가치가 떨어진다. 복각본의 예로는 《월인석 보》(권1, 2)를 들 수 있다. 이 책은 경북 풍기 희방사에서 1568년에 복각본 을 발행하였다. 복각본 《월인석보》(권1, 2) 권두에는 《훈민정음》(언해)가 있는데, 초간본 《월인석보》(권1, 2)가 1972년에서야 발견되었기 때문에 복각본의 《훈민정음》(언해)가 오랫동안 중요한 역할을 하였다.

목판이 오래되어서 훼손되거나, 분실된 경우에는 판목을 다시 만들어 보충하는 경우가 있다. 이것은 보판 혹은 보수판이라고 한다. 판목의 일부 분에서 수정이 필요한 경우, 그 부분을 깎아 내고 대신 다른 나무판을 박아 글자를 새기는 경우가 있다. 이 나무판을 매목이라 하고, 매목에 글자를 새로 새긴 것을 상감(象嵌)이라고 한다. 《월인석보》 권두에 실려 있는 《훈민정음 언해본》의 첫 4행은 그 이전에 있었던 판목에서 해당 부분을 들어내고 상감한 경우이다.

10.1.5. 귀중본과 반사본

간인본 중에서 귀중한 책을 흔히 귀중본이라고 한다. 아주 보기 드물고

중요한 문헌은 진본이라고도
한다. 매우 보기 드문 책은 희
구본(稀覯本)이라고 하며, 하
나만 존재하는 것을 유일본,
혹은 고본이라고 한다. 소장
자가 오랫동안 애지중지하며
보관한 책은 수택본(手澤本)
이라고 한다.

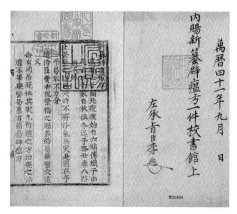

여러 책으로 된 전질이 온　　**〈사진 2〉 《신찬벽온방》(1613)**

전히 보전되어 있는 것을 완

질본이라 한다. 전질 중 일부가 없어진 것을 결본이라고 하고, 전질 중
약간만 남아 있는 것을 잔본이라고 한다. 낙권이 많아 남아 있는 책이
아주 적을 때 특별히 영본(零本)이라고 한다. 《용비어천가》(1447) 초간본
은 영본으로 전한다.

임금이 내려준 책은 반사본(頒賜本) 혹은 내사본(內賜本)이라고 한다.
반사본에는 겉쪽 안에 내사기가 있고, 본문 첫 장에 보인[宣賜之記]가 찍혀
있다. 내사기에는 보통 주는 연 월, 받는 이의 직함과 이름, 책명과 권수,
주는 이의 명을 받아 집행하는 사람의 직함과 성명 그리고 수결이 찍혀
있다. 개인에게 내리는 책에는 사은하지 말라는 명령[命除謝恩]을 책명과
권수 다음에 덧붙인다. 〈사진 2〉는 서울대 규장각한국학연구원에 소장되
어 있는 《신찬벽온방》(보물 제1087-1호)으로, 만력41년(1613) 9월에 1건
을 교서관에 내린다는 내사기와 선사지기가 있다. 좌승지가 수결하였다.

10.2. 한글 고문헌의 전개·양상

10.2.1. 고문헌의 시기별 특성

한글로 된 고문헌은 한문으로 된 고문헌에 비하면 비교가 되지 않을 정도로 적다. 문화관광부의 연구보고서(김석득, 2001)에 따르면, 15세기에 41종, 16세기에 54종, 17세기에 61종, 18세기에 145종, 19세기에 83종, 20세기에 45종으로 18세기에 문헌이 압도적으로 많이 간행되었다. 15세기는 훈민정음이 창제된 이후 50년밖에 되지 않았으나, 적지 않은 한글 문헌들이 간행되었음을 알 수 있다.

10.2.1.1. 15세기

15세기에 간행된 한글 문헌은 41종에 달한다. 한글이 창제되고 난 이후 50년 동안에 발행된 것이니 그 수가 적지 않다. 이 시기는 왕조 창업과 관련된 《용비어천가》(1447), 왕실 불교와 관련된 《석보상절》(1447), 《월인천강지곡》(1447) 등과 조선 한자음에 관한 《동국정운》(1448), 중국 한자음에 관한 《홍무정운역훈》(1455) 등이 가장 먼저 발행되었다. 이어서 의학 관련 《구급방》(1469), 《구급간이방》(1489), 여성 교육서인 《내훈》(1475), 농사에 관련된 《농사직설》(1492), 두시를 번역한 《두시언해》(1481), 의궤와 악보에 관한 《악학궤범》(1493) 등이 눈에 띈다.

《용비어천가》(1447)는 언한문이기는 하나 한글 가사가 먼저 제시되고 이를 번역한 한역시가 뒤에 온다는 점에서, 《월인천강지곡》(1447)은 한글로 된 가사가 먼저 제시되고 한자어는 한자로 표기하였다는 점에서 주목되는 문헌이다. 《석보상절》은 한문의 《석가보》를 먼저 편찬하여 번역한 것이지만 실제 책에는 원문이 없어서, 언한문으로만 된 가장 이른 문헌에 해당한다.

15세기에 특징적인 것은 불교 관련 문헌들이 언해되어 간행되었다는 점이다. 숭유배불 정책을 실시한 조선 왕조였지만, 왕실의 의지에 따라 불교의 한글 역경 사업이 많았다. 《석보상절》(1447), 《월인석보》(1459) 등이 초기의 대표적 불교 문헌이다. 특히 세조대에 설치된 간경도감(1461 ~1471)에서 많은 불경 언해서가 발간되었는데, 《능엄경》(1462), 《묘법연화경》(1463), 《불설아미타경》(1464), 《선종영가집》(1464), 《금강반야바라밀경》(1464), 《반야바라밀다심경약소》(1464), 《대방광원각수다라요의경》(1465), 《목우자수심결》(1467), 《사법어》(1467) 등이 대표적이다.

10.2.1.2. 16세기

16세기에 간행된 한글 문헌은 54종에 달하는데, 15세기보다 종류가 다양해졌다. 《선종유심결》(1500), 《불설대보부모은중경》(1553), 《선가귀감》(1569》, 《진언집》(1569), 《계초심학인문》(1577), 《발심수행장》(1577) 등의 불경 언해서가 여전히 간행되었지만, 유교 경전도 눈에 띄게 증가하였다. 유교 관련 서적으로는 《속삼강행실도》(1514), 《번역소학》(1518), 《이륜행실도》(1518), 《정속언해》(1518), 《중간경민편》(1519), 《소학언해》(1587), 《칠서언해》(1588), 《효경언해》(1589) 등이 있으며, 백성 구제를 위한 《구황촬요》(1554)도 발간되었다. 한문과 한시 공부에 필요한 《사성통해》(1517), 《훈몽자회》(1527), 《천자문》(광주, 1575), 《신증유합》(1576), 《천자문》(석봉, 1583), 《백련초해》 등이 있으며, 외국어 학습서로 《노걸대》, 《박통사》 등도 등장하였다. 의학서로는 《간이벽온방》(1525), 《촌가구급방》(1538)이 있으며, 수의서로 《우마양저염역병치료방》(1541)이 발간되었다.

16세기의 특징으로는 언해서가 아닌 한글로 창작된 문학 작품이 발간되기 시작하였다는 점이다. 퇴계 이황의 연시조 12곡이 수록된 《도산십이곡》(1565), 사모곡, 청산별곡 등의 악보가 실려 있는 연대 미상의 《시용향

악보》 등이 그러한 예이다. 창작문의 발간은 당시 한글이 어느 정도 일반화되었다는 것을 의미하는 것인데, 이를 증명하는 것이 언간이다. 언간은 고문헌은 아니지만, 이미 15세기 말에서부터 쓰이기 시작하였다. 1977년 충북 청주에서 출토된 189건의 《순천김씨묘 출토 언간》(1537~1594)이 대표적인데, 이보다 먼저 1490년경에 쓰인 것으로 추정되는 《신창맹씨묘 출토 언간》이 발견되었다.

16세기에는 지방에서 한글로 된 문헌이 간행되기 시작하였다. 중앙의 간행본을 복각한 《목우자수심결언해》(1500)가 경상도 합천에서 간행되었다. 원간으로는 경상도에서 간행된 《이륜행실도》(1518), 《여씨향약언해》(1518), 《정속언해》(1518) 등이 있으며, 《불설대보부모은중경언해》(1553)은 전라도 완주를 비롯하여 지방 여러 곳에서 발간되었다.

10.2.1.3. 17세기

17세기에 간행된 한글 문헌은 61종에 달한다. 이 시기는 불교나 유교에 관련된 책이 줄어들고 문학 작품들이 대폭 늘어난 특징을 보인다. 불교와 유교 관련 서적으로는 《삼경사사석의》(1609), 《동국신속삼강행실도》(1617), 《가례언해》(1632), 《권념요록》(1637) 정도가 있다. 16세기에 이어 한글로 된 문학 작품들이 늘어났다. 《송강유고》(1632), 《고산친필가첩》(1632), 《산성일기》(1639), 《계축일기》 등이 그러한 예에 해당한다. 《중간두시언해》(1632), 《난설헌집》(1692)처럼 이전 간행된 것들이 중간되거나 복각되는 경우가 많았다.

17세기는 전쟁, 의학, 어학과 같은 분야의 문헌들이 대폭 증가하는 특징을 보인다. 임진왜란을 겪은 뒤의 사회적 현실을 반영하는 것으로 보인다. 《신기비결》(1603), 《연병지남》(1612), 《신전자취염초방언해》(1635), 《화포식언해》(1635) 등은 전쟁 관련 서적들이며, 《언해두창집요》(1607), 《언해태산집요》(1608), 《동의보감》(탕액편, (1613)), 《향약집성방》(1633),

《마경초집언해》(1635), 《구황촬요》(1639), 《벽온신방》(1653), 《구황보유방》(1660), 《두창경험방》(1663), 《신간구황촬요》(1660) 등은 의서와 구휼하는 방법을 다룬 서적이다. 이외에 《어록해》(1657/1669), 《노걸대언해》(1670), 《첩해신어》(1676), 《박통사언해》(1677), 《역어유해》(1690) 등 외국어 학습서도 대거 간행되었다.

10.2.1.4. 18세기

18세기에 간행된 한글 문헌은 145종에 달할 정도로 그 수가 많았다. 이 시기는 영조와 정조 재임 시기로 특히 왕이 직접 쓴 각종 글을 언해해서 발행하거나 임금이 신하와 백성들에게 내리는 윤음을 언해한 것이 많다. 《어제내훈언해》(1736), 《어제상훈언해》(1745), 《어제자성편언해》(1746), 《어제경세문답언해》(1761) 등은 물론 《어제수성윤음》(1751), 《어제계주윤음》(1757), 《유경기대소인민등윤음》(1783), 《시혜윤음》(1784) 등 각종 윤음이 많이 발행되었다. 윤음은 왕의 뜻을 직접 백성들에게 전달하는 방식으로 현존하는 30여 편의 윤음 중에서 정조대에 25편이 발행되었다.

18세기는 만주어 학습서 등 외국어 학습서가 급증하였는데, 《소아론》(1703), 《청어노걸대》(1704), 《삼역총화》(1774), 《팔세아》(1777), 《한청문감》(1779) 등이 있다. 이외에 몽고어 학습서인 《몽어노걸대》(1741), 《몽어유해》(1768), 《첩해몽어》(1790), 중국어 학습서인 《노걸대언해》(1745), 《박통사신석언해》(1765), 《중간노걸대언해》(1795), 일본어 학습서인 《개수첩해신어》(1781), 18세기 말기의 《왜어유해》 등이 발행되었다.

실용서와 관련해서 《방언유석》(1778), 《유서필지》(1785?), 《고금석림》(1789), 《청장관전서》(1795) 등이 있으며, 의학서 《증수무원록언해》(1782), 《제중신편》(1799)와 구휼에 관한 법령인 《자휼전칙》(1783), 무예에 관한 《무예도보통지언해》(1790) 등이 있다. 문학 작품들을 모아 간행하거나 필사한 《청구영언》(1728), 《해동가요》(1755), 《사민인곡첩》(1764), 《송강가사》(관서본, 1768), 《불우헌집》(1786), 《고산유고》(1792), 《노계가사》, 《춘향전》 등이 전해진다.

10.2.1.5. 19세기

19세기에 간행된 한글 문헌은 83종에 이른다. 이 시기는 중후반에 가서 한글 문헌의 발행이 활발하였다. 이 시기의 큰 특징은 상업적 출판을 위하여 한글 소설들이 방각본으로 간행되고 유통되었다는 것이다. 방각본은 《고사촬요》(1576)가 서울에서 간행된 이래 주로 서울, 전주, 안성에서 활발하게 간행되었데, 한글 방각본은 주로 19세기 중반 이후 언간독(諺簡牘), 소설 등 200여 책에 이르렀다. 서울에서 발행된 경판본으로는 《사씨남정기》(1851), 《홍길동전》(1858), 《숙향전》(1858), 《숙영낭자전》(1860), 《한양가》(1884) 등이 있고, 전주에서 발행된 완판본은 《별월봉긔》(1823)를 비롯하여 판소리계 소설 《열녀춘향수절가》, 《심청가》, 《심청전》, 《화룡도》, 《토별가》 등이 전해진다. 이 때는 동시에 필사본으로 전해지는 고소설들이 다양하게 유통되었다.

19세기 후반에는 불경 대신 도교, 기독교, 천주교 관련 서적이 증가하는 특징을 보인다. 도교는 《태상감응편도설》(1848), 《과화존신》(1880), 《관성제군명성경》(1883) 등이 보이고, 천주교는 필사본으로 전하는 《성경직히광익》, 《텬쥬성교공과》와 목판본인 《신명초힝》(1864), 활자본인 《성경직히》(1893~1895) 등이 있다. 기독교는 존 로스에 의해 《누가복음》(1882)이 낱권으로 처음 간행된 이후 《신약마가젼복음셔언히》(1885) 등 낱권 번역이 이루어진 다음에 신약 전체 번역인 《예수셩교젼셔》(1887)가 간행되었다. 이후에도 낱권 번역의 개정이 계속되어 《보라달로마인셔》(1890), 《수도힝젼》(1892) 등이 간행되었다. 기독교계 번역 소설인 《텬로력뎡》(1895)도 순 한글로 번역되었다.

갑오경장을 전후한 시기에는 새로운 문물을 담아내는 서적과 신문 교과서 등이 한글로 발간되어 한글 사용의 새로운 전기를 마련하였다. 《이언언해》(1884?), 《국민소학독본》(1895?) 《서유견문》(1895), 《ᄉ민필지》(1886), 《독립신문》(1896) 등이 그러하다. 이 시기는 외국인이 한국어를 배우기 위한 각종 대역사전이 간행되었다. 《조선위국자휘》(1835), 《로한사전》(1874), 《한불ᄌ뎐》(1880), 《한영ᄌ뎐》(1890) 등은 어휘집 수준이지만, 《Corean Primer》(1877)는 문장 차원의 한국어 학습서이다.

10.2.2. 고문헌의 주제별 특징

10.2.2.1. 최초의 한글 문헌 《용비어천가》

《용비어천가》는 조선 왕조의 창업을 칭송하여 정통성을 확보하고, 후대 왕들에게 경계하기 위한 것으로 모두 125장인데, 1447(세종29)년에 10권 5책의 목판본으로 발간되었다. 현전하는 초간본은 보물 제1463호로 지정되어 있으며, 1612(광해군4)년 복각본, 1659(효종10)년, 1765(영조41)년에 중간본이 간행되었다. 〈사진 3〉은 서울역사박물관에 소장된 《용비어천가》 권4이다.

《용비어천가》는 1442년부터 자료를 수집하여 1445(세종27)년 4월에 정인지·안지·권제 등이 우리말 노래를 한시로 풀이하여[歌用國言 仍繹其歌 以作解詩] 임금에게 올렸다. 임금이 간행을 명하였다고 하나 현재 실물이 전하지는 않는다. 1445년 11월 3일 주로 시경을 따라 지은 4언시가 뜻을 다하지 못하므로 새로 짓게 명하였다가 그만두었는데, 1446년 10월 11일에 《용비어천가》에 첨입할 선대왕의 업적을 다시 찾는 과정을 거쳐 1447년 2월 새로 완성하였다. 수정판격인 《용비어천가》(1447)는 정인지가 서문을 쓰고, 최항이 발문을 썼다. 수정 작업은 최항 외에 성삼문, 박팽년, 이개, 강희안, 신숙주, 이현로, 신영손 등이 참여하여 주해를 달고

〈사진 3〉《용비어천가》권4

다시 음훈(音訓)하여 보기 편하게 편찬하였다(就加註解 於是粗敍 其用事之本末 復爲音訓. 오늘날 전하는 《용비어천가》(1447)의 한글 가사가 언제 누구에 의하여 이루어졌는지는 논란이 적지 않다. 가사는 국언을 이용하였다는 정인지 전문(箋文)의 기록과 주해를 가하고 음훈하였다는 최항의 발문 기록으로 미루어 국문 가사는 정인지 등에 의하여 이루어졌을 것이고, 최항 등에 의해 수정되었을 것이다.

《용비어천가》의 한글 가사는 한글을 사용하여 처음으로 우리말을 기록한 것으로 평가된다. 한글 고문헌들이 대부분이 한문 원문이 있고 다음에 언해문이 있는데, 이 책은 한글이 먼저 온다는 점에서 특기할 만하다. 대부분의 한글 가사는 한자와 한글이 함께 사용된 국한 혼용문의 원조격인데, 다른 책과 달리 한자음을 한글로 적지 않았다. 한자음 정리가 아직 끝나지 않은 상태인 것으로 판단된다. 《용비어천가》의 글자체는 방점과 'ㆍ'를 완전히 둥근 형상으로 나타내고 있으나, 모음의 초출자와 재출자의 'ㆍ'는 획으로 바뀌었다. 한글 표기는 '좇거늘(30장), 빛나시니이다(80장), 깊고(34장)'처럼 8종성법을 지키지 않는 예들이 자주 보이지만, '기픈 (2장), 브ㄹ매(2장), 뜨디시니(4장)'처럼 조사와 어미는 어간과 분리되지 않고 연철로 표기된 경우가 많다.

10.2.2.2. 언한문체의 《석보상절》

《석보상절》은 세종의 명에 따라 수양대군이 1447(세종29)년 소헌왕후의 명복을 빌기 위하여 석가의 전기를 만들고, 이것을 한글로 번역한 것이다. 전기를 엮기 위해서 《석가보》뿐만 아니라 《법화경》, 《지장경》, 《아미타경》 등 불경이 참조되었다. 내용은 석가모니의 전생, 탄생, 성장, 출가, 성불, 멸도의 과정과 사후의 불법 유포 등을 포함하고 있다. 모두 24권이었던 것으로 추정되지만, 초간본은 현재 권6, 권9, 권13, 권19, 권23, 권24의 6권이 있고, 중간본은 권11 등이 있다. 초간본은 보물 제523호로 지정되었다. 〈사진 4〉는 동국대학교에 소장된 《석보상절》 권 23의 첫머리이다. 《석보상절》은 후에 《월인천강지곡》과 합편되어 《월인석보》(1459)로 간행되었다.

《석보상절》은 한문 원문이 없이 언해문만으로 이루어졌다. 언해문은 한자와 한글이 함께 쓰이고 있으나, 한자 다음에는 동국정운식 한자음이 작은 한글자로 주기되어 있다. 내용에 대한 설명이 필요한 경우는 두 줄로 주석을 달고 있다. 다음 예문에서 '단월'(檀越)에 대하여 '檀은 布施오越은 걷낼씨니貧窮海룰걷낼씨니라'라고 주석을 하여 가난을 건너는 것으로 해설하고 있다.

(1) 世間애겨시거나涅槃ᄒ신後ㅣ어나信心檀越이金銀七寶一切됴ᄒ거스로 如來ᄭ의布施ᄒᅀᆞ바돈어듸두리잇고부톄니ᄅ샤ᄃᆡ부텨이싫저긔施ᄒ혼부텻거슨즁둘히알려니와부텨滅度ᄒ후에一切信心의施ᄒ혼부텻거스란글로부텻像과부텻옷과를밍ᄀᆞ오七寶幡蓋란香과기름과보비옛고줄사아부텻긔供養ᄒᆞᆳ디니(3ㄱ)

《석보상절》은 언한자체로 표기된 최초의 산문 자료로 문장이 비교적 자연스럽고 고유어를 많이 보여 준다. 권21에서는 진언의 음사 표기에서 《훈민정음》(언해)에 추가된 치두음과 정치음 구분 표기를 이용하였다. 한글 표기는 《훈민정음》 해례의 8종성 원칙을 충실히 따르고 있으며, 주로 발음대로 표기하는 연철 표기를 보여준다. 《석보상절》은 활자본으

로 두 가지 크기의 글자를 사용하고 있으며, 최초로 만든 한글 글자를 사용하였다. 한자는 필서체의 느낌이 나는 단아한 활자이지만, 한글 글자는 획이 굵고 커서 한자를 압도하는 분위기를 준다. 한글 글자의 특징은 직선으로 되고, 방점과 '·'가 원점으로 되어 《훈민정음》(해례)의 문자체와 같다. 다만, 모음자에서 원점으로 되어 있던 'ㅏ, ㅗ' 등의 원점이 직선으로 바뀐 차이가 있다. 같은 모양의 활자가 《월인천강지곡》에도 쓰였다.

〈사진 4〉《석보상절》 권23

10.2.2.3. 한글 우선의 《월인천강지곡》

《월인천강지곡》은 1447(세종29)년 수양 대군이 올린 《석보상절》을 보고 세종이 석가의 공덕을 찬송하여 지은 시이다. '월인천강'(月印千江)은 달빛이 많은 강 위에 비친다는 것으로, 부처님의 공덕을 달빛으로 비유하고 중생을 강에 비유한 것이다. 따라서 《월인천강지곡》은 부처의 자취를 칭송한 노래로 일종의 영웅 서사시의 성격이다. 정확한 간행 연대는 확인되지 않지만, 《석보상절》과 비슷하게 1447년에 간행되었을 것으로 추정한다. 상·중·하 3권에 580여 수의 노래가 수록되어 있었던 것으로 추정된다. 한국학중앙연구원에 소장된 상권은 194곡이 실려 있으며 2017년 국보 320호로 지정되었다. 《월인천강지곡》은 《석보상절》과 합본하여 《월인석보》(1459)로 간행되었는데, 여기에는 440곡이 수록되어 있다. 국립중앙도서관의 《석보상절》 권6에는 《월인천강지곡》 12곡(145~154, 174,254)이 낙장으로 끼어 전한다(〈사진 5〉).

《월인천강지곡》 상권의 앞 부분 가사는 다음과 같다. 석가의 높고 큰 공덕을 언제 다 말하겠느냐면서 그의 행적과 말이 오래 전 먼 나라에서의 것이나 잘 이해하라는 당부를 하고 있다.

(2) 셰존ㅅ일술ㅂ보리니먼리외ㅅ일이시나눈에보논가너기ᄉ ᄫᆞ쇼셔
     셰존ㅅ말술ᄫᆞ보리니쳔지쌍ㅅ말이시나귀예듣논가너기ᄉ ᄫᆞ쇼셔

《월인천강지곡》은 몇 가지 특징을 보인다. 첫째, 대부분의 문헌이 한자 다음에 한글로 발음을 표기하는 것이 보통이지만, 한글을 대자로 먼저 제시하고 그 아래에 소자로 한자를 적는 한글 우선의 태도를 보이고 있다는 점이다. 둘째, 한글의 자형은 석보상절과 같이 모음 글자가 점에서 획으로 된 금속 활자가 사용되었다. 셋째, 표기상 연철이 아닌 분철을 보이는 경우가 많다. 또한 '곳, 봊' 등처럼 8종성법을 따르지 않는 경우가 많이 있는데, 이러한

〈사진 5〉《월인천강지곡》 권상

점은 형태를 의식한 표기로 평가된다. 넷째, 한자음은 동국정운식 한자음으로 한자보다 먼저 표시되었으나, '지'(之)처럼 모음으로 끝나는 경우에는 종성 자리에 'ㅇ'은 쓰지 않았다.

10.2.2.4. 판화체의 《삼강행실도》

《삼강행실도》는 1434(세종16)년에 세종의 명에 의하여 설순 등이 우리 나라와 중국의 역대 효자·충신·열녀 중에서 각각 110명씩을 뽑아 그림

을 그리고 한문 설명과 찬시(贊詩)를 지어 간행한 백성 교화용 책이다. 이 책에서 인물을 각 35명씩으로 줄이고 난상에 언해를 붙여서 3권 1책의 목판본으로 간행한 것이 서명이 같은 《삼강행실도》(1481, 성종12년)이다. 《성종실록》에는 "근자에는 사족(士族)의 부녀 중에도 혹 실행하는 자가 있으니 내가 매우 염려한다. 한글로 된 《삼강행실열녀도》를 약간 찍어서 경중의 오부와 제도에 반사(頒賜)하여, 촌항의 부녀가 다 배울 수 있게 하라. 그러면 아마도 풍속을 바꿀 수 있을 것이다."라는 기록이 있다.

〈사진 6〉《삼강행실도》

《삼강행실도》는 원래 있던 한문본을 바탕으로 했다는 점에서는 중간본이라 할 수 있지만, 언해문이 첨부되어 있다는 관점에서는 원간본이라 할 수 있다. 1481년 원간본으로 추정되는 것이 성암고서박물관에 소장되어 있으며, 고려대 도서관, 서울대 규장각 등 여러 곳에 후쇄본으로 보이는 이본들이 다수 소장되어 있다. 〈사진 6〉은 서울대학교 규장각한국학연구원 소장본으로 〈효자도〉에 노나라 양풍의 딸 양향의 효행이 기록되어 있다.

(3) 양향이흟쓰리열네힌져긔아비조차조뷔다가버미아비를므러늘두라드러버믜모굴즈르든대아비사라나니라원곡셕이며비단주고그집믄에졍문셰니라. (양향액호楊香搤虎)

판화는 여러 사건을 한 장에 모두 표현하고 있는데, 산·언덕·집·울타리·구름 등으로 구획하여 사건 내용을 배치하였다. 인물은 비교적 상세히 표현하였다. 언해문에는 방점과 'ㅸ, ㅭ, ㆅ 등이 쓰였으며, 한자에는 동국정운식 한자음으로 표기하였다. 대체로 세종 때의 표기와 유사하나, 한자음의 개음절 종성에 'ㅇ'을 표기하지 않았다.

비슷한 성격의 책으로 《속삼강행실도》(1514), 《이륜행실도》(1518), 《동국신속삼강행실도》(1617), 《오륜행실도》(1797) 등이 계속 편찬되었다. 특히 《동국신속삼강행실도》(1617)는 17권 17책의 방대한 분량으로 우리나라 사례만을 모은 것인데, 열녀도에는 717편이나 실려 있다. 이들 열녀 대부분은 임진왜란 중에 있었던 인물이라는 특징이 있다. 이외에도 판화체 문헌은 《부모은중경언해》(1553), 《태상감응편도설언해》(1852), 《텬로력뎡》(1895), 《마경초집언해》(1623~1637), 《무예도보통지언해》(1790) 등이 있다.

10.2.2.5. 한시 번역과 《두시언해》

《두시언해》는 두보의 시 1,647편에 주석을 달고 언해한 책으로 원제는 '분류두공부시언해'이다. '분류'는 시를 체계적으로 분류하여 정리하였다는 것이고, '공부'는 두보의 벼슬 이름이다. 시를 기행, 술회, 회고, 우설, 산악 등 52부로 분류하였다. 《두시언해》는 세종 때 류윤겸 등이 주해하고, 성종 때 조위 의침 등이 언해하여 1481(성종12)년 25권 17책의 을해자 활자본으로 처음 간행하였다. 초간본은 25권 중에 1, 2, 4, 5, 12권이 전하지 않는다. 조위의 서문에 따르면 민간의 세교풍화(世敎風化)가 간행 목적이다. 1632(인조10)년 경상감사 오숙이 초간본을 교정하여 여러 고을에 나누어 목판본으로 된 개간본을 간행하였다. 그곳에는 일부에서 경상도 방언의 모습이 보이고 표기도 상당 부분 달라졌다. 〈사진 7〉은 서울대학교 규장각한국학연구원 소장본이다.

《두시언해》는 한문으로 된 원시를 제시하고, 그 아래에 두 줄로 필요한 주석과 언해문을 제시하였다. 주석과 언해문 사이는 '○'으로 구분하고 있다. 한시의 한자나 언해문의 한자에는 모두 한자음이 달려 있지 않고, 주석문과 언해문은 한자와 한글이 혼용되고 있다. 《두시언해》는 한시에 대한 최초의 한글 번역이라는 점과 언해문에 순수 고유어가 많이 사용되었다는 특징이 있다.

〈사진 7〉 《분류두공부시》

　　권6의 '궁전'에 속해 있는 〈옥화궁〉은 당 태종(598~649)의 이궁(離宮)이었던 것인데, 폐허가 된 뒤 두보가 이곳을 지나면서 지은 5언 배율의 시이다. 세상사와 인생의 무상과 덧없음을 절제된 언어로 노래하고 있으며, 횟돌대[回], 디새[瓦], ᄒᆞ올로[獨], ᄀᆞᆺᄀᆞᆺᄒᆞ도다[瀟灑], 의문형 어미 '-고, ᄯᅳ녀' 등의 옛말을 쉽게 만날 수 있다. 언해문은 다음과 같다.

(4) 시내횟돈디숤ᄇᆞᄅᆞ미기리부나니프른쥐녯디샛서리예숨ᄂᆞ다
　　아디 몯ᄒᆞ리로다어느님긊宮殿고기튼지슨거시노푼石壁ㅅ아래로다
　　어득ᄒᆞᆫ房앤귓거싀브리ᄑᆞᄅᆞ고믈어딘길헨슬픈ᄆᆞ리흐르놋다
　　여러가짓소리眞實ㅅ뎌와피릿소리ᄀᆞᆮ도소니ᄀᆞ숤비치正히ᄀᆞᆺᄀᆞᆺᄒᆞ도다
　　고온사ᄅᆞ미누른홀기ᄃᆞ외니ᄒᆞᄆᆞᆯᆯ며粉黛ᄅᆞᆯ비러쓰던거시ᄯᅳ녀
　　그時節에金輿ᄅᆞᆯ侍衛ᄒᆞ던녯거슨ᄒᆞ올로잇나닌돌ᄆᆞ리로다
　　시름오매프를지즐안자셔훤히놀애블로니눖ᄆᆞ리소내ᄀᆞ득ᄒᆞ도다
　　어른어른녀ᄂᆞᆫ긿ᄉᆞᅥᆯ예뉘이나홀기리살사ᄅᆞᆷ고

10.2.2.6. 한어 학습서 《박통사》

《박통사》는 1517(중종12)년 이전에 최세진이 한어 학습서인 한문본 《박통사》의 원문을 바탕으로 한자음과 언해문을 붙인 것이다. 한문본은 고려 때부터 한어 학습서로 이용되던 것이다. 한문본 《박통사》 번역은 이후에 《박통사언해》(1677), 《박통사신석언해》(1765)가 간행되었는데, 《박통사》를 이들 언해서와 구분하기 위하여 《번역박통사》라고 부르기도 한다. 《박통사》은 1455년에 제작된 을해자로 된 활자본으로 원래 3권이 었으나 현재는 상권 1책만이 국회도서관에 소장되어 있다.

《박통사》는 책명이 무엇을 의미하는지 분명하게 밝혀져 있지 않다. 내용으로 보면 중국인의 생활 풍습과 제도 등에 대한 내용을 회화체로 구성하였다. 상권에는 모두 106과로 독립적인 주제의 이야기로 구성되어 있다. 각 이야기는 제목 없이 줄을 바꾸어 시작하는 것으로 구분하였다. 같은 저자의 책으로 고려에서 북경을 오가는 길에서 만난 고려 상인과 중국인 상인과 대화를 문답체로 구성한 《노걸대》가 있다.

책은 원문과 발음 그리고 언해문으로 구성되어 있다. 한문 원문을 구절 단위로 나누어 우리말로 번역하였는데, 한문 원문의 한자마다 발음을 한글로 표기하고 동그라미로 구분한 다음 언해 문을 붙였다. 한자 아래 왼쪽에는 《사성통고》의 한어 표기를 따랐고, 오른쪽은 속음을 따랐다. 한어 표기에는 치두 정치음 구별 표기 등 다양한 표기가 등 장하였다. 언해문은 가능한 순 우리말을 쓰려고 노력하였으며, 한글 표기는 'ㅿ, ㅇ' 등이 사용되는 등 중세 국어의 모습을 보이고 있다. 말 매매를 위한 대

〈사진 8〉 《박통사》 권상

화를 《박통사언해》(1677)와 비교해 보면 다음과 같다. 즈름아비는 거간꾼이다.

(5) ㄱ. 어듸 됴흔말 풀리 잇는고

동녁져젯 즈름아비 돈닌듸 하니 아는 듯ᄒ니라

네 든보와라

네 므슴 지조앳 ᄆᆞᆯ 사고져 ᄒᆞ는다

내 산힁홀 듸 틀 잘 ᄃᆞᆫ는 ᄆᆞᆯ 사고져 ᄒᆞ노라(62장)

ㄴ. 어듸 풀 됴흔 ᄆᆞᆯ이 잇더뇨

동녁모롱이에 즈름가는 듸 만ᄒ니 알ᄃᆞ시 ᄒ니

네 듯보라

네 므슴 지조엣 ᄆᆞᆯ을 사고져 ᄒᆞ는다

내 산영ᄒ는 고듸 틀 잘 ᄃᆞᆫ는 ᄆᆞᆯ을 사고져 ᄒᆞ노라(57장)

한편, 외국어 단어 학습을 위한 어휘집이 사역원에서 편찬되었는데, 《역어유해》(한어), 《몽어유해》(몽어), 《동문유해》(만주어), 《왜어유해》(일본어) 등이 있다.

10.2.2.7. 의역의 《번역소학》

《번역소학》은 중국 주희의 지시로 유자증이 편찬한 원본 《소학》에 한글 구결을 달고 우리말로 번역한 것인데, 백성들을 교화하기 위한 목적으로 중종의 명으로 김전, 최숙생, 김안노 등 16명이 언해하여 간행하였다. 원본 《소학》은 아이들에게 가르치기 위하여 편찬된 수신서로 내편과 외편으로 구분되어 편찬된 책이다. 《소학》의 번역은 1518(중종12)년 《소학집성》을 저본으로 처음 이루어졌는데, 현재 원간본은 전하지 않고 복각본이 고려대 도서관(6·7, 8, 9), 서울대 규장 각(9), 국립중앙도서관(10)에 영본으로 전 한다. 〈사진 9〉는 서울대 규장각 소장본이 다. 이 번역이 지나치게 의역되었다는 비 판에 따라 1588(선조21)년 교정청에서 직 역하여 《소학언해》를 간행하였다. 《소학 언해》는 6권4책의 경진자로 된 활자본으 로 현재 도산서원에 소장되어 있으며, 영 조 대에는 《어제소학언해》(1744)가 간행 되었다.

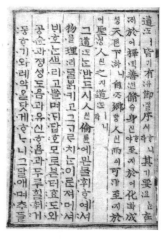

《번역소학》(1518)은 한문 원문이 먼저 제시되고, 이어 줄을 바꾸어 언해문을 붙였다. 원문은 매 글자마다 한자음 을 달고 구절마다 한글 구결을 달아 읽기에 편하도록 하였다. 언해문은 원문보다 한 칸 아래에서부터 시작하여 본문과 구별하였다. 언해문에는 한자와 한글을 같이 쓰고 있으나, 한자에는 그 발음을 표기하였다. 특이한 것은 주석이 필요한 경우에는 원문 다음에 붙인 것이 아니라 언해문의 해당 단어 다음에 두 줄로 표기하고 있는 것이다.

《번역소학》(1518)은 《소학언해》(1588)에 비하여 상대적으로 고유어가 많이 사용되고, 한문에 이끌린 전이어 등이 적게 사용되어 자연스러운 구어의 모습을 띠고 있다. 이들 두 문헌은 원문의 분절을 달리하여 번역하 여 내용이 달라지기도 하였는데 그 차이를 보이면 다음과 같다. (6ㄱ)은 《번역소학》의 한글 구결문이며, (6ㄴ)은 《번역소학》 언해문, (6ㄷ)은 《소 학언해》의 언해문이다. '믿불휘'는 '근본'을, '두루힐휘'는 '휘두르다'를 뜻 한다.

(6) ㄱ. 其道ᄂᆞᆫ必本於人倫ᄒᆞ야明乎物理오其敎ᄂᆞᆫ自小學灑掃應對以往ᄋᆞ로

修其孝悌忠信周旋禮樂이니

ㄴ. 그 道는 반드시 人倫에 믿불휘ᄒ여셔 物理를 붉키고 그 ᄀᄅ치는
이른 져머셔 비호는 쓰리고 쓸며 듸답ᄒ모로브터 효도와 공슌과
졍셩도옴과 유신ᄒ욤과 두루힐훠거동하기와 례약을 닷게 ᄒᄂ니
《번역소학, 권9》

ㄷ. 그 道는 반ᄃ시 人倫에 根本ᄒ야 物의 理를 붉키고 그 ᄀ라침은
小學엣 믈쓸이고 쓸며 應ᄒ며 對홈으로브터뻐 감으로 그 효도ᄒ며
손슌ᄒ며 《소학언해, 권6》

10.2.2.8. 전염병 예방과 《언해두창집요》

《언해두창집요》는 선조의 명에 따라 허준이 지은 것을 1608년에 내의
원에서 발간한 두창에 대한 의서이다. 책 이름을 '힝역고틸죵요로온방문'
으로 번역하였는데, '두창'을 '행역'으로 번역하였으므로 천연두 같이 옮아
앓는 병을 치료하는 방법을 다룬 책이다. 이 책은 원래 세조 때의 《창진
집》을 개편하여 언해한 것으로 알려져 있는데, 2권 2책의 목판본으로 간

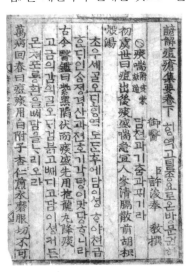

〈사진 10〉 《언해두창집요》

행되었다. 상권에 두창의 원인, 예방
법, 해독법 등이 제시되었고, 하권에
서는 두창의 여러 가지 증상에 대하여
설명하고 있다. 분량은 상권 138쪽,
하권 142쪽 도합 280쪽에 이른다. 이
책의 내용은 후에 《동의보감》의 소아
(小兒)편에 모두 수록되어 있다. 현재
규장각에 소장되어 있다.

각 쪽은 11행으로 구결이 없는 한문
원문이 제시되고, 줄을 바꾸어 순 한글
의 언해문을 보였다. 언해문은 한문보

다 한 칸을 내려서 시작하였다. 대개의 언해본은 구결을 단 한문이 제시되는 것이 보통이나 17세기를 전후해서 간행된 《불설대보부모은중경》(1553), 《언해태산집요》(1608), 《벽온신방》(1653), 《신간구황촬요》(1660), 《신전자초방》(1698) 등은 모두 한문만 제시되어 있는 특징이 있다. 《언해두창집요》는 어두 자음군으로 'ㅄ, ㅴ'이 쓰이고 때로 'ㅴ'이 'ㅶ'과 혼동되어 쓰이고 있다. 이외에 ㅅ, ㅼ, ㅺ 등의 ㅅ계 합용 병서와 ㅂㄱ, ㅂㄷ, ㅄ, ㅶ, ㅳ 등의 ㅂ계 합용 병서도 확인할 수 있다. '즌믈어' 같이 자음 동화가 반영된 표기를 쉽게 찾아볼 수 있다. 자음으로 끝나는 체언 중에서 'ㄱ, ㄴ, ㄹ, ㅁ, ㅂ'의 경우에는 분철된 것이 일반적이다.

가래가 끓어 숨이 찰 때 방문(方文)으로 다음의 내용을 소개하고 있다.

(7) 초우세 궐오듸 힝역 도든 후에 담이 셩ᄒᆞ야 쳔급ᄒᆞᆫ 듸 인ᄉᆞᆷ졍격산과 젼호긔각탕이 맛당ᄒᆞ니라
고금의감의 궐오듸 검븕고 ᄲᅥ디고 담이 셩커든 몬져 포룡환을 ᄡᅥ 담을 ᄂᆞ리오라

임진란 이후 17세기에는 《언해태산집요》, 《언해구급방》, 《언해두창집요》 등 의학서가 많이 간행되었는데, 특히 《동의보감》(1613)은 허준이 우리나라와 중국의 의서를 집대성하여 펴낸 25권 25책의 대표적 의서이다. 특히 3권 3책으로 된 '탕액편'에는 한글로 쓰인 향약명이 약 640여 개가 등재되어 있어 국어 연구에 귀중한 자료로 쓰인다. 예컨대 '졍화수(井華水)'는 '새배처엄기른우믈믈'로 풀이하고 있다.

10.2.2.9. 한자 자전과 《전운옥편》

《전운옥편》은 《어정규장전운》과 비슷한 시기에 2권2책의 목판본으로 간행되었다. 《어정규장전운》은 1796(정조20)년 정조의 명에 따라 이덕무

가 중심이 되어 편찬한 중국 한자음과 우리나라 한자음을 동시에 표기한 운서이다. 이 운서는 평·상·거·입 사성을 한 페이지에 표시하는 사단 체계로 모두 106운을 제시하고 있는데, 동일한 운에 속하는 글자들을 국어의 자모순에 따라 배열하고 있다. 각 글자에는 중국어 화음은 동그라미 안에 넣어 위쪽에 표시하고 우리나라 동음은 네모 안에 넣어 화음의 아래쪽에 표시하였다.

《전운옥편》은 이 운서와 짝을 이루는 것으로 운서의 수록 한자를 부수와 획수로 찾아보기 쉽도록 별도로 편찬한 것이나, 주석은 《어정규장전운》보다 풍부하게 되어 운서 없이도 자전의 구실을 할 수 있는 독립성을 가지고 있다. 국립중앙도서관 소장본은 2권2책으로 사주쌍변 반곽 22.0 x 15.2 cm, 유계, 10행15자 상하향흑구, 상하향흑어미로 되어 있다. 옥편은 조선 초기에도 있었으나, 형식을 갖춘 현대적인 것은 《전운옥편》에서 시작된다. 《전운옥편》은 이후 언더우드 등 외국인이 《한영ㅈ뎐》(1890) 등을 편찬할 때 참고하는 등 우리나라 자전 편찬에 큰 영향을 미치었다.

〈사진 11〉 전운옥편

이 책의 이본이 매우 다양한데, 주로 후대의 판본이 전한다.

《전운옥편》은 획과 부를 제시한 다음에 1획자를 제외하고 나머지는 동그라미 안에 획수를 표시하였다. 그 아래에 동일한 획수를 가지는 표제자를 제시하였는데, 표제자 아래에는 네모 안에 한글로 우리나라 발음을 표시하고 있다. 기본적으로 《규장전운》의 발음을 따르지만, 당시의 속음도 표기하고 있다. 그 다음에 자의, 용례, 운자, 속음,

통용자 등을 세로 2행으로 표시하였다. 글자가 속하는 운은 동그라미 안에 한자로 표시하고 있다. '一'에 대한 기술은 다음과 같다. 발음은 '일'이고, 뜻은 '始, 初, 均, 同, 誠, 純, 天地未分元氣泰一'이고, 운자는 質이고 통용자는 壹이다.

(8) 一 ⓘ 數之始畫之初均也同也誠也純也天地未分元氣泰一 ⓠ壹通

이와 다른 유형으로 3,360의 한자를 천문, 지리 등 의미별로 분류하여 한자의 뜻과 발음을 한글로 표기한 최세진의 《훈몽자회》(1527)가 있다.

10.2.2.10. 완판 방각본과 《별월봉긔》

조선 후기에 들어 책을 베껴서 빌려주며 상업적 이익을 취하던 세책업과 함께 상업적 출판물인 방각본을 생산하는 출판 산업이 등장하였다. 최초의 방각본은 1756년, 16세기 중반에 발행된 일종의 백과사전인 한문본 《고사촬요》인 것으로 알려져 있지만, 후기에 한글 소설들이 방각본으로 많이 출판되었다. 한글 방각본 소설은 연세대 중앙도서관에 소장된 《님경업젼》(1780)이 가장 이른 시기의 것이다. 병자호란의 참화를 배경으로 비운에 쓰러진 명장의 일생을 영웅화하여 그린 허구적 역사소설이다.

전주에서 발간된 최초의 완판 방각본은 《별월봉긔(하)》(1823)로 알려져 있다. 《별월봉긔》는 표제가 〈月峰記〉이고, 판심제는 〈월봉긔하〉이다. 모두 48장으로 '도광삼년사월일석구곡개판(道光三年四月日石龜谷開板)'이라는

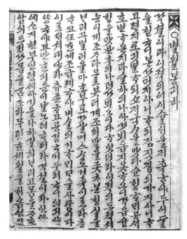

〈사진 12〉 별월봉긔(하)

간기를 가지고 있다. 전주의 원석구라는 마을에서 간행된 것인데, 이곳은 구동(龜洞)이라고도 불리는 곳으로 책의 출판이 활발하던 태인과 전주가 연결되는 길에 위치하고 있다. 책의 내용은 중국 소설을 번안한 것으로 서울에서 이미 월봉기, 월봉산기, 소운전, 소학사전 등 다양한 이름으로 간행되었던 적이 있다.

《별월봉긔》 하권 전체 내용은 경판 《월봉긔》 상권의 15~30장의 내용에 불과하며, 진행되던 사건을 해결하지 않고 작품을 끝맺고 있어 내용상 문제가 있지만, 표현은 더 자세하다(권상욱: 2010, 151). 글씨는 유려한 진흘림체를 보인다. 〈별월봉긔〉(하)의 첫 부분은 태어나면서부터 서능을 부친으로 알고 자란 소윤의 아들 서계조(소태)가 과거에 급제하여 집으로 돌아오다가 자신의 실체에 대해 의심을 품기 시작하는 대목이다.

> (9) 각셜이라 이젹의 어시 슐이을 직쵹ᄒ야 두어 둘을 힝ᄒ니 본가 머지 아니ᄒ되 짐짓 집의 가지 아니ᄒ고 편지로 긔별ᄒ되 쇼지 국ᄉ을 맛다 슌힝ᄒ미 공ᄉᆞ호변ᄒ온지라 슬하의 나아가 뵈옵지 못ᄒ오니 각읍슌힝을 맛찬후의 나려가 뵈오이다 ᄒ엇더라

《별월봉긔》(하)는 박순호 교수 소장으로 알려져 있으며, 2017년 전주시에서 전통 한지로 복본을 만들어 전시회를 가진 바 있다.

10.2.2.11. 서양인의 한국어 길잡이 《Corean Primer》

《Corean Primer》는 서양인 선교사 존 로스(1841~1915)가 1877년 한국어 회화 입문서로 펴낸 것이다. 《Corean Primer》는 4×6판 97페이지에 달하는 것으로 상하이의 미국 장로교 선교회 출판부에서 발행되었다. 국립중앙도서관에 소장되어 있다. 후에 《Korean Speech》(1882)로 개정 증보되어 출판되었다.

《Corean Primer》는 서론과 본문으로 구성되어 있는데, 서론에는 6페이지에 걸쳐 인칭 대명사와 동사의 활용 예를 제시하고, 이 책에 쓰인 로마자의 음가를 영어 단어의 보기로 나타내었다. 로마자의 음가는 1음가 1문자로 대응하도록 하였고, 이어 두음 법칙 등 한국어의 발음에 대한 규칙들을 소개하고 있다. 이어 한글 자모에 대하여 9종성과 합자를 보이고 있다. 9개 종성은 종래의 8종성에서 'ㅣ'가 덧붙여진 것이다. 합자는 초성과 14자와 중성 11자가 합자된 반절 '가, 갸, 거, 겨, 고, 교, 구, 규, 그, 기, ᄀᆞ' 등을 보인 것이다. '하'가 '아'와 '자' 사이에 배치되었고, '과, 궈, 와, 워, 솨, 숴, 화, 훠, 듸, 데' 등을 보였다. 반절표에서는 처음 중중성(듸, 데)이 제시되었다. 반절자 아래는 로마자로 발음이 표시되었다.

본문은 '서재, 학교, 부엌' 등 33과로 구성되어 있다. 각과의 형식은 우리말을 한글로 제시한 다음 그 아래에 로마자로 발음을 표기하고, 다시 그 아래에 뜻을 영어로 번역하였다. 한글 자모는 모양이 매우 어색한데, 특히 'ㅂ'이나 '듸'의 모양이 자연스럽지 않다. 번역은 문장 단위로 한 것이 아니라 단어에 대응되도록 하여 단어 공부에 더 집중하였던 듯하다. 한글 표기에서 특이한 것은 단어마다 빈칸 띄어쓰기를 하고 있는데, 이는 영어와 1:1 대응을 보이기 위해서도 필요했던 듯하다.

이 책 이전에 서양인이 한국어 문법에 대하여 언급한 것은 몇 가지가 있으나, 간략하지만 체계를 가지고 우리말 발음과 문법에 대하여 언급하고 회화문을 제시한 것은 처음인 것으로 평가된다. 로스 목사는 평북 의주 출신 이응찬 등으로부터 한국어를 배웠으므로, 자연

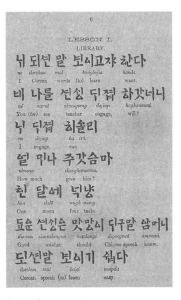

〈사진 13〉《Corean Primer》

히 평북 의주 지역어를 반영하는 경우가 많다. 평안 방언을 반영하는 두드
러진 특징은 '됴운'(好)처럼 형태소 내에서 대부분 구개음화를 겪지 않는
다는 것이다. 다만, 부사형어미 '-지'는 '듯지'처럼 구개음화가 되는 경우가
적지 않게 발견된다. 특이한 것은 함경도 방언형이다. '늬 만지디 안슴메'
의 '-슴메'는 함경도 방언의 평서형 종결 어미인 것이다.

10.2.2.12. 번역 소설과 《텬로력뎡》

《텬로력뎡》은 영어 원문의 번역 문학 효시라고 알려진 작품인데, 영국
인 존 번연(John Bunyan, 1628~1688)의 *The Pilgrim's Progress*를 번역한
것이다. '순례자의 편력'이란 의미를 갖는 이 책은 크리스챤(긔독도)라는
한 남자가 성경을 읽고 자기의 죄를 뉘우치고 천국을 향하여 여행하는
이야기를 제1부로 하고, 그 처자가 남편을 따라 같은 길을 가는 것을 제2부
로 한 소설이다. 제1부를 번역한 초판본(1895)은 게일과 그의 아내 헤리엇
의 번역으로 발간되었는데, 이 번역은 약간 수정을 하며 재판(1910), 삼판
(1919), 사판(1926)으로 거듭 발행되었다. 초판본은 목판본이 연세대 도서

관, 국립중앙도서관 등에, 연활자본
이 숭실대 기독교 박물관에 소장되
어 있다. 제2부는 1920년 언더우드
부인이 《텬로력뎡》(부제: 긔독도 부
인 려힝록)으로 번역 발간하였다.

《텬로력뎡》(1895)의 서문에 쓰
인 단어는 고유어가 68.5%이고 한
자어가 30.8%이고 외래어가 0.7%
이다. 전체적으로 고유어가 많이 쓰
였음을 알 수 있다. 초판에 쓰였던
고유어가 재판에서는 한자어로 수

〈사진 14〉 《텬로력뎡》(1895)

정되는 예가 많아졌다. 《텬로력뎡》은 중국에서 먼저 번역되고, 이어 일본에서 번역되었다. 중국역은 천로역정(1853, 1869, 1907)이, 일본역은 의역 천로역정(1879), 천로역정(1886, 1893) 등이 발행되었다. 한국어역본은 일본어역본과는 관련이 없으며, 중국어역본의 영향을 많이 받았다. 특히 고유 명사 표기는 중국어 역본과 거의 일치한다. 고집(John/約翰), 마셔(Moses/摩西), 약슬(Joseph/約瑟), 법노(Pharaoh/法老), 이색렬(Israel/以色列). 영어 원본부터 삽화를 넣었는데, 동양 3국에서 번역 간행하면서 모두 각기 자국의 사람을 배경으로 삽화를 그린 특징이 있다. 한국어 역본은 김준근이 그린 것으로 모두 42장이 있다.

한글은 종교의 포교 활동과 연결되어 적지 않은 영향을 주었다. 조선 초기의 《석보상절》, 《월인석보》를 비롯한 간경도감의 많은 불경 언해서들이 그러한 예를 보여 준다. 16세기 이후에도 용주사 등 여러 곳에서 《불설대부모은중경언해》를 간행하는 등 불경이나 포교서 등이 발행되었다. 19세기 들어는 《태상감응편도설언해》(1852), 《경신록언해》(1880), 《과화존신》(1880) 등 도교 경전류가 언해되었는데, 19세기 후기에는 이들과 달리 서양의 종교가 한글로 경전을 펴내기 시작하였다. 《신명초힝》, 《성경직히광익》(1866) 등 천주교 교리서는 물론 기독교계에서 《예수성교누가복음》(1882) 등을 모두 한글로 간행하기 시작하였다.

■ **참고문헌**

김영배(1972), 안병희(1979), 안병희(1983), 박병채(1991), 천혜봉(1991), 안병희(1992), 홍윤표(1993), 한국어학연구회(1994), 김석득(2001), 안주호(2003), 정병설(2005), 최경봉(2005), 김양진(2006), 홍윤표(2006), 정병설(2008), 김동언(2010), 전상욱(2010), 박형익(2012), 김재웅(2014), 이윤석(2015), 인터넷 사이트(문화재청, 한국민족문화대백과, 서울대 규장각한국학연구원)

제5편 한글의 정비

제11장 국문의 등장과 사용

11.1. 애국 계몽과 국문 사용

11.1.1. 갑오개혁과 자주 독립국

개화기는 조선이 쇠락하는 과정에서 분출되는 내부 불만과 외세의 경쟁적 유입으로 사회적 분위기가 요동치는 전환기였다. 1884년 김옥균, 서재필 등 양반 지식층이 중심이 된 급진적 개화파가 개화사상을 바탕으로 갑신정변을 일으켰으나 실패로 끝났다. 그러다가 1894(고종31)년 2월 발생한 반봉건주의와 외세 배척을 주장하던 동학 농민군의 봉기를 수습하는 과정에서 외세를 끌어들였는데, 급기야 외세가 조선의 내정 개혁을 요구하는 상황이 되었다.

마침내 조선 정부는 일본의 압력으로 1894년 6월 25일(음) 김홍집 등을 중심으로 군국기무처를 신설하여 행정, 교육, 사회, 사법 등 국정 전반에 대해 근대적 개혁을 단행하는 갑오개혁을 추진하였다. 특히 7월 1일부로 청나라 연호 대신 조선 개국 기원 연호(조선 개국 503년)를 사용하여 청과

의 대등한 관계를 대내외에 선포하였다. 그러나 이 연호는 1896년 1월 건양으로, 다시 1897년 8월 광무로 바뀌게 되어 그 혼란스러웠던 상황을 알 수 있게 한다.

1894년 11월 21일(음)에는 김홍집, 박영효를 중심으로 군국기무처를 폐지하고 중추원을 설치하는 등 2차 내정 개혁을 단행하였다. 이어 고종은 1894년 12월 12일(음) 제도의 근대화와 자주 독립 국가로서의 조치를 담은 〈독립서고문〉과 〈홍범 14조〉를 종묘에 고하고 다음날 윤음으로 반포하였다. 다음 (1)은 다른 나라를 믿지 말고 자주 독립해야 한다는 다짐을 담은 윤음의 일부를 순 한글과 국한문으로 보인 것이다.

> (1) ㄱ. 이제로붓터다른나라를이밋지말고. 나라운슈를. 융슝ㅎ고창셩ㅎ게.
> 회복ㅎ며. 싱민의복을. 지어. 뼈. 즈쥬독립ㅎᄂ긔업을. 굿게홀지라.
> …… 첫지ᄂ 쳥국에. 붓치ᄂ싱각을. 쓴어바리고. 확실히자쥬독립ㅎ
> ᄂ긔업을. 셰우ᄂ일
>
> ㄴ. 今으로붓터他邦을이恃치毋ㅎ고國步을隆昌ㅎᄃ되恢ㅎ며生民의福祉
> 를造ㅎ야뼈自主獨立ㅎᄂ基을 鞏固케홀지니 …… ㅡ 淸國에附依ㅎ
> ᄂ念慮을割斷ㅎ고自主獨立ㅎᄂ基礎를確建ㅎ미라

〈독립서고문〉은 자주 독립국의 의지를 드러내는 선언이었지만, 현실은 청나라 대신 일본의 영향이 커지는 상황으로 전개되었다. 1897년 10월 12일에는 국호를 대한제국으로 바꾸고, 고종 스스로 황제가 되어 자주성과 독립성을 강화하려고 노력하였다. 그러나 광무개혁이 실패하고 1905년 을사조약과 이에 따른 통감부 설치로 이어지다가 마침내 1910년 한일합방으로 귀결되었다.

요컨대, 개화기는 종래 청나라에 의존하던 체제에서 일본에 휘둘리는 새로운 질서에 편입되는 시기였다. 따라서 당시는 우리 스스로 개혁의 주체가 되지 못하고, 일본의 눈으로 보는 조선의 개혁이 진행될 수밖에 없었다. 동시에 당시는 자주 독립국을 지향하며 근대적 국가의 모습으로 탈바꿈하려고 힘겹게 노력한 시기였다고 할 수 있다.

11.1.2. 애국 계몽 운동과 국문의 각성

개화기는 자주 독립국을 지향하는 수단으로 애국 계몽 운동을 힘차게 전개한 시기였다. 이 운동은 실제적으로 우리 말글과 우리 역사에 대하여 새롭게 주목하게 하였다. 특히 유길준, 주시경 등 어문 연구자들은 우리글과 우리말에 주목하였으며, 신채호, 박은식 등 역사 연구자들은 우리 역사에 주목하였는데, 이들은 모두 우리 민족이란 고유성에 방점을 두고 애국계몽 운동을 전개하였다. 그러나 19세기 후반에도 여전히 조선의 공용문은 한문이었다. 1875년 조정에서는 여전히 언문으로 쓴 글을 언서로 지칭하고 있었으며,[1] 1882년 4월 6일 체결된 〈조미조약〉 제12조에서 조선은 한문을 쓰도록 하는 등 각종 외교 문서에서는 여전히 한문이 쓰였다.[2]

국문은 1876(고종13)년 2월 3일 체결된 〈한일수호조규〉 제3조에 일본은 자기 나라 국문을 쓰지만, 조선은 한문을 쓰도록 한다고 하여 일본 글을 이르는 용어로 등장하였다.[3] 1888년 7월 13일 러시아와 맺은 〈조아육로통상장정〉 제8조에는 러시아 관원이 조선 관원에게 조회하는 문건에는 잠시 한문 혹은 조선 국문으로 번역하여 러시아문을 함께 송부한다고 하여 '조선 국문'이 한문과 함께 등장한다. 조약 초안에는 없던 조선 국문이 협정문에 들어가게 된 것은 독판통상교섭사무 조병식이 한문 번역

---

1 引見時原任大臣及禮堂. 敎曰: "俄見冬至使諺書狀啓, 則中國皇帝崩逝"《고종실록》, 1875.1.4.

2 第十三款, 此次兩國訂立條約, 與夫日後往來公牘, 朝鮮專用華文, 美國亦用華文, 或用英文, 必須以華文註明, 以免岐誤.《조미조약》

3 第三款, 嗣後兩國往來公文, 日本用其國文, 自今十年間, 別具譯漢文一本, 朝鮮用眞文.《고종실록》, 1876.2.3.

다음에 '혹조선국문'(或朝鮮國文) 5자를 넣어 달라는 요청에 따라 이루어 졌다.[4] 또한 1888년 2월 24일 일본에 체류 중이던 박영효의 상소문에 '국사, 국어, 국문'이 등장하였다. 따라서 이 때는 한문이 아닌 한글을 조선의 국문으로 인식하기 시작하였던 것으로 보인다.

1894년 6월 28일(음) 군국기무처는 관제 개혁으로 궁내부와 의정부를 두고, 의정부 아래에 내무·외무·탁지·법무·학무·공무·군무·농상 무 등의 8아문을 두었다. 학무아문에는 참의 1원과 주사 4명으로 구성되 는 편집국을 두어 국문 철자와 각 국문 번역과 교과서 편집을 관장하게 하였다.[5] 이로써 국문을 다루는 정부의 행정 부서가 공식으로 조직되었다. 철자는 한글 자소의 합자를 의미하는 것이므로, 국문 철자는 우리 글자인 한글을 쓰는 일을 관장하는 부서였다는 것을 의미한다.

이어 국문이라는 용어로 우리글에 관한 여러 조치가 이루어졌다. 1894 년 7월 8일(음)에는 군국기무처에서 올린 의안에 외국 국명, 지명, 인명 등 고유 명사를 국문으로 번역하도록 하였다.[6] 이것은 서구 외래어를 한문 식이 아니라 국문으로 번역 표기하게 하였다는 점에서 한글 표기에 대한 인식 전환이었다고 할 수 있다. 1894년 7월 12일(음)에는 각종 시험을 관장하는 전고국(銓考局)의 조례에 보통시험 과목으로 국문, 한문, 사자 (寫字), 산술 등을 제시하고 있으며,[7] 1894년 8월 28일(음)에는 군무아문 에서 국문으로 《군졸 교과서》를 편찬하도록 지시하였다.[8]

---

4 凡由俄國官員, 照會朝鮮官員文件, 暫可譯成漢文或朝鮮國文與俄文配送. 〈조아통상육로장 정〉 8조2항.
  第八款第二節, 凡由俄國官員照會朝鮮官員文件, 暫可譯成漢文之下, 另添或朝鮮國文五字, 1888년(고종 25년) 7월 6일. 고종시대사 14.

5 編輯局 掌國文綴字 各國文繙繹及敎課書編輯等事 叅議一員 主事四員 《고종실록》, 1894.6.28.

6 凡國內外公私文字, 遇有外國國名, 地名, 人名之當用歐文者, 俱以國文繙繹施行事. 《고종실 록》, 1894.7.8.

7 普通試驗. 國文, 漢文, 寫字, 算術, 內國政, 外國事情, 內情外事, 俱發策. 《고종실록》, 1894.7.12.

국문은 이렇게 다양하게 우리글을 지칭하는 용어로 쓰이다가 결국 국가의 공식 문서의 기본 문자로 인정되었다. 1894년 11월 21일(음) 칙령 제1호로 공문식제(公文式制)가 한문으로 반포되었는데, 제14조에 법률 칙령 등을 모두 국문으로 본을 삼고 한역을 붙이거나 혹은 국한문을 혼용하도록 규정하고 있다. 이 공문식은 다시 1895년 5월 8일(음) 칙령 제86호로 공포하였는데, 제9조에 같은 내용이 국한문으로 기록되어 있다. 칙령의 조문 자체가 순한문에서 국한문으로 바뀐 것인데, 그 내용은 다음 (2)와 같다.

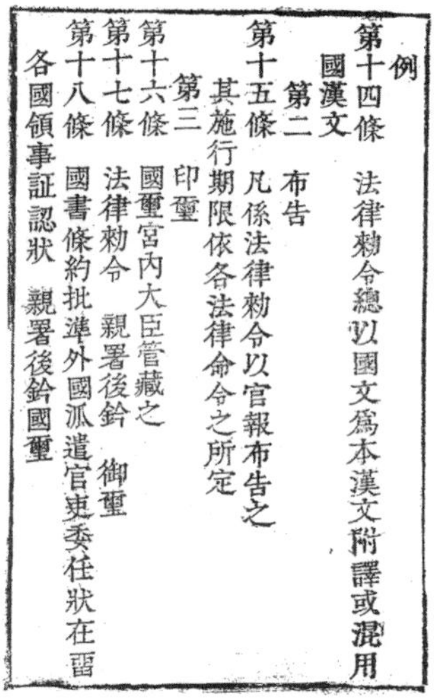
例
第十四條 法律勅令總以國文爲本漢文附譯或混用
國漢文
第二 布告
第十五條 凡係法律勅令以官報布告之
其施行期限依各法律命令之所定
第三 印璽
第十六條 國璽宮內大臣管藏之
第十七條 法律勅令 親署後鈐 御璽
第十八條 國書條約批準外國派遣官吏委任狀在留
各國領事証認狀 親署後鈐國璽

〈사진 1〉 공문식. 칙령 제1호(1894.11.21.)

(2) 第十四條: 法律勅令總以國文爲本漢文附譯或混用國漢文(칙령 제1호)
第九條, 法律命令은다國文으로써本을삼고漢譯을附ᄒᆞ며或國漢文을混用홈(칙령 제86호)

국문에 대한 각성은 우리 고유의 것에 대한 인식의 전환이었다. 이후 많은 지식인들이 남의 나라 글자는 먼저 잘 배우려고 하면서 제 나라 글자는 잘 모르고 배우려 하지 않는 점을 지적하며, 국문을 배워 잘 쓰는 것이 문명 자주의 길임을 주장하기 시작하였다.

이러한 개화 당시의 국문 자각도 잠시, 20세기에 들면 국문 대신에

8 本國軍卒, 未有敎養, 但知體操, 擔銃之爲職分, 而不知衛國護民之爲何事. 紀律以之未嚴, 心膽以之未固, 由軍務衙門, 以國文編纂《軍卒敎科書》, 每日限時間敎授事. 《고종실록》. 1894.8.28.

언문이 그 자리를 대신하였다. 1909년 11월 8일자 〈내각고시〉제42호에는 전신 사무를 개시하면서 "언문 전보(諺文電報) 처리에 관ᄒ야"라고 하여 한글을 언문으로 지칭하게 되었다. 실제로 관보에서도 순 국문으로 작성 된 된 기사는 단 한 번뿐이고, 1900년대에 가면서 국한문이 일반화되었다. 《관보》(1908.1.22.) 광고 규정에는 "원고는 국한문으로 교작(交作)ᄒ야 해서(楷書)로셔 녹송(錄送)ᄒ음을 요함"이라고 하여 광고 문안에 국한문을 요구하더니, 1908년 1월 25일에는 내각총리 대신이 모든 공문서를, 아예 국문에 대한 언급 없이, 국한문을 쓰도록 각부에 지시하였다.

(3) 從來公文書類에使用ᄒᄂ文字를國漢文을交用치아니ᄒ고或純漢文으로 調製ᄒ며吏讀를混用홈이己違規例이옵고且外國人으로本國官吏된者가 或其國文을專用ᄒ며一般解釋上에疑誤를慮가有홈쑨더러規式에違反되 겟ᄉ기左開條件을另定施行ᄒ事로閣議에決定ᄒ야內閣總理大臣이各部 에照會를發홈

一 各官廳의公文書類ᄂ一切히國漢文을交用ᄒ고純漢文이나吏讀나外國 文字의混用홈을不得홈

一 外國官廳으로接受ᄒ公文에關ᄒ야만原本으로正式處辦을經ᄒ되譯本 을添付ᄒ야存檔케홈 《관보》(1908.2.6.)

(3)은 공용문자는 "국문으로 본을 삼고 한역을 부하며 혹 국한문을 혼용 함"에서 "국한문을 교용하는 것"으로 일원화하였음을 보여 준다.

11.1.3. 애국 계몽과 국문 매체의 등장

1883년 10월 31일 우리나라 최초의 근대적 신문인 《한성순보》가 정부 주관으로 박문국에서 발행되었다. 순 한문으로 창간된 《한성순보》는 이

듬해 갑신정변으로 중단되었지만, 〈순보서〉에서 "외보(外報)를 폭넓게 번역하고 아울러 내사(內事)까지 기재하여 국중(國中)에 알리는 동시에 열국에까지 반포하기로 하고 이름을 순보라 하고 견문을 넓히려" 한다는 창간 의도를 밝혔다. 비록 짧은 기간 순 한문으로 발행되었지만, 개화 개방이 시작되던 무렵에 외국에서 일어난 일이나 나라 안의 소식을 나라 안팎으로 알리려는 소통이 목적이었다는 점에서 새로운 시도였다.

1886년 1월 25일에는 《한성순보》의 뒤를 이어 《한성주보》가 발행되었다. 신문의 기사는 '국내기사, 물가, 외보, 사의, 집녹, 공고' 등이었는데, 《한성주보》의 발행 목적은 《한성순보》와 같았다. 다만, 발행 주기가 10일에서 일주일로 바뀐 점, 기사를 한문과 국한문, 순 한글로 한 점, 처음으로 광고가 실렸다는 점 등에서 적잖은 차이가 있다. 따라서 《한성주보》는 한글 기사가 실린 최초의 신문이 된다. 〈주보서〉에서 신문 발행을 재개한 이유를 "과거 순보가 간행되지 않았을 적에는 불편한 것을 모르고 지냈더니, 순보가 중단되니 겨우 틔었던 이목이 다시 어두워지는 것 같다"는 여론 때문이었다고 하니 당시 신문의 위력을 알 수 있다. 관보의 성격인 《한성주보》가 신문 기사를 세 가지 문체로 하였다는 것은 새로운 의미를 가진다. 물론 주된 문체는 순 한문이었지만, 국한문과 순 한글 기사가

〈사진 2〉 《한성주보》 제1호와 《황성신문》 제권 1호

적지 않게 실렸다. 김혜진(2008)에 따르면 1,260편의 기사 중에서 국한문 기사는 44건, 국문 기사는 40건, 한문 기사는 1,176건으로 전체 기사 건수는 한문이 절대적이었으나, 국한문과 한글 기사는 전체 지면 수에서는 결코 적지 않았다. 국한문과 한글 기사는 분량이 긴 외보나 집록에 주로 실렸기 때문이다. 《한성주보》 창간호에는 국한문체는 12건, 국문체는 2건이 등장하는데, 이것은 신문에 등장하는 최초의 문체로서의 가치를 가진다.

1896년 4월 7일 《독닙신문》이 순 한글 신문으로 창간되었다. 제12호부터 《독립신문》으로 제호를 바꾸었다. 당시는 개화기 국어 국문에 대한 각성과 정부의 국문 공용 문자 지정 등의 영향으로 한글의 위상이 강화되는 시기였다. 《독립신문》은 창간호에서 "죠선만 위ᄒᆞ며 공평이 인민의게 말할 것"을 기치로 걸고 상하귀천 없이 모든 인민을 독자로 하는 신문을 표방하였다. 1899년 12월 4일 폐간될 때까지 약 3년 8개월간 발간되었으나, 한글 전용 신문으로서 개화기 문체에 많은 영향을 끼쳤다 《독립신문》의 영향으로 많은 한글 전용 신문들이 창간되었다. 《죠션그리스도인회보》(1897), 《그리스도신문》(1897), 《협성회회보》(1898), 《ᄆᆡ일신문》(1898), 《경성신문》(1898), 《뎨국신문》(1898), 《경향신문》(1906) 등이 그러한 신문이다. 1898년 《황성신문》이 국한문체로 발행을 시작하면서 국한문체의 신문이 늘어나고 한글 전용 신문이 줄어든 상황이었지만, 특이하게도 해외에서는 순 한글 신문이 계속 창간되었다. 하와이에서 간행된 《신조신문》(1904), 《시사신보》(1905), 《한인시사》(1905), 샌프란시스코에서 발행된 《공립신보》(1905) 등이 20세기 들어 한글 전용 신문으로 창간되었다.

1898년 9월 5일 《황성신문》이 최초의 국한문 전용의 일간 신문으로 창간되었다. 《황성신문》은 1898년 3월 4일 순 한글 신문으로 창간된 《경성신문》과 이를 이어 받은 《대한황성신문》을 인수하여 발행을 시작하였다. 《황성신문》은 창간호 사설에서 국한문을 혼용하는 이유를 고종이 국한문을 허용한 공문서식을 존중하고, 옛글과 이제 글을 함께 전하고, 독자의 편리를 위한 것으로 규정하였다.[9] 한문은 예전의 글을 전달할 수 있지만 개화 당시의 넘치는 정보를 담기에는 한계가 있음을 인식한 것이고, 한글 전용으로는 독자가 읽기에 불편하다는 점을 적시한 것이다. 신문의 발행에 윤치호, 남궁억, 나수연 등 독립협회의 인사들이 주로 관여하여 민족의식 고취에 앞장섰다. 을사보호조약 체결 후 침략자와 일제에 협력한 정부 대신들을 규탄하는 논설 <시일야방성대곡>(是日也放聲大哭, 1905.11.20.)을 발표하였다. 《황성신문》뒤를 이어 《시사총보》(1899), 《서울신문》(1905), 《대한일보》(1905), 《중앙신문》(1905), 《조선신보》(1905), 《만세보》(1906), 《국민신보》(1906), 《대한신문》(1907) 등 국한문으로 된 많은 신문들이 창간되었다.

1904년 7월 18일 《대한매일신보》가 외국인 베델(Ernest Thomas Bethell)과 양기탁 등의 합작에 의해 창간되었다. 1903년 격일간으로 창간된 《매일신보》를 개명하였다. 《대한매일신보》는 처음에는 국문판(1, 3면)과 영문판(2, 4, 5, 6면)이 하나의 신문으로 통합되어 발행되었으나, 200여 호를 발행하고 정간한 다음에 속간하여 1905년 8월 11일(제3권 1호)부터는 영문판과 국한문판을 분리 발행하였다. 2면이었던 국문판이 4면의 국한문판으로 바뀐 것이다. 1907년 5월 23일에는 다시 4면의 국문판을 창간하고, 종래의 국한문판은 논설은 순 한문으로 하고 외보·잡보 등은 국한문을 사용하였다. 《한성주보》(1883)가 하나의 신문에서 한문체·국한문체·국문체가 통합 간행된 것에 비하여 《대한매일신보》(1907)는 국문판·국한문판·영문판이 분리 발행되었던 것이다.

1907년 《대한매일신보》 국문판(창간호)은 사설에서 나라가 권세를 잃

---

9 몬져 國漢文을 交用ᄒᆞᄂᆞ거슨 專혀 大皇帝陛下의 聖勅을 式존ᄒᆞᄂᆞ本意오 其次ᄂᆞ古文과 今文을 幷傳코져홈이오 其次ᄂᆞ 僉君子의 供覽하시ᄂᆞᄃᆡ 便易홈을 取홈이로라.

고 사람이 권리가 없어 무수히 비참한 지경에 빠진 것이 국문을 버리고
한문을 숭상한 데 원인이 있다고 진단하고 다음과 같이 국문판 창간 이유
를 썼다.

> (4) 본샤에서 국문신보 일부를 다시 발간ᄒ야 국민의 정신을 씌여 니르키
> 기로 쥬의ᄒ지가 오래엿더니 지금셔야제반 마련이 다쥰비되여 릭월일
> 이부터 발힝을 시작ᄒ오니 한국진보의 긔관은 우리 국문신보의 확쟝되
> ᄂ 졍도로써 징험ᄒᆯ지니 쳠군쟈ᄂ 이 쥬의와갓치ᄒ기를십분 근졀이
> 브라노라

(4)는 국문판은 국민 정신을 깨우기 위하여 발행하는 것이고, 이 신문의
성공 여부로 국가 발전을 가늠할 것이라고 하였다. 1896년《독립신문》의
창간 목적을 다시 보는 듯한 상황이 되었는데, 당시에는 자주 독립의 희망
에 찬 시도였으나, 이제는 나라가 기울어지는 시기의 애처로운 안간힘이
었다. 실제로 1908년 5월《대한매일신보》의 발행 부수는 국한문판 8,143
부, 한글판 4,650부, 영문판 463부, 도합 13,256부가 발행되었다고 하니,
국문판이 국한문 신문의 절반밖에 되지 않았다.

11.1.4. 개화기의 국문 의식

11.1.4.1.《독립신문》논설

《독립신문》(1896.4.7.-1899.12.4.)은 미국 망명에서 돌아온 서재필
(1864-1951)이 정부의 지원을 받아 창간한 우리나라 최초의 순 한글 신문
이다. 창간 당시에는 타블로이드판 크기 신문의 4면 가운데 3면을 한글
전용으로 편집하고, 나머지 1면은 영문판으로 편집하였으나, 1897년 1월
5일자부터는 국문판과 영문판을 분리하여 두 가지 신문을 발행하였다.

국문판은 자주 독립의 계몽과 정부 및 사회 부조리에 대한 비판, 외세 배척 등을 지향하고, 영문판은 우리의 실정을 외국인에게 알려 주는 역할을 담당하였다. 현재 연세대에 소장되어 있으며, 2012년 10월 17일 등록 문화재 제506호로 지정되었다.

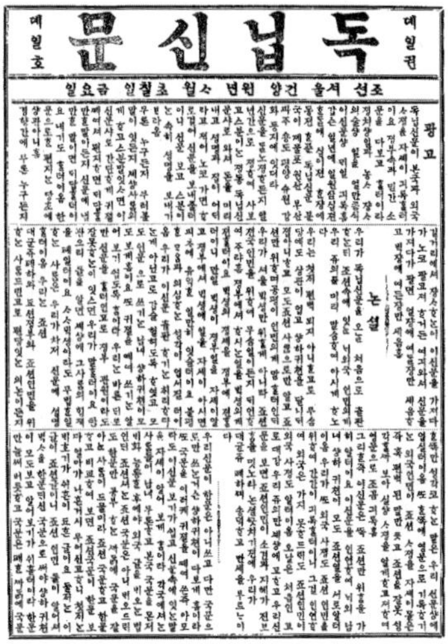

〈사진 3〉《독립신문》 제1권 1호

서재필은 1884년 갑신정변의 실패로 일본을 거쳐 미국으로 망명하였다가 갑오개혁 이후 귀국하여 《독립신문》을 창간하는 등 애국 계몽 운동을 전개하였다. 그는 1898년 정세 변화에 따라 다시 미국으로 갈 수밖에 없었지만, 그 사이 신문 발행은 물론이고, 배재학당에서 학생을 가르치기도 하고, 학생 단체인 협성회를 조직하게 하는 등 여러 가지로 애국 계몽 운동에 활발히 기여하였다.

《독립신문》의 중요한 창간 목적은 자주 독립과 국가 발전을 위한 애국 계몽이었고, 이것을 이루기 위한 수단으로 누구나 읽을 수 있도록 순 한글 신문을 채택하였다. 신문 제1호 제1면에 창간의 목적을 밝히는 논설을 싣고 있는데, 여기에는 우리 고유 글자를 언문 혹은 국문으로 부르고 있으며, 국문으로 신문을 발간하는 목적을 다음과 같이 적고 있다.

(5) 우리신문이 한문은 아니쓰고 다만 국문으로만 쓰ᄂᆞᆫ거슨 상하귀쳔이 다보게 ᄒᆞᆷ이라 ᄯᅩ 국문을 이러케 귀졀을 ᄯᅦ여 쓴즉 아모라도 이신문 보기가 쉽고 신문속에 잇ᄂᆞᆫ말을 자세이 알어 보게 ᄒᆞᆷ이라 각국에셔ᄂᆞᆫ 사ᄅᆞᆷ들이 남녀 무론ᄒᆞ고 본국 국문을 몬져 ᄇᆡ화 능통ᄒᆞᆫ 후에야 외국 글을 ᄇᆡ오ᄂᆞᆫ 법인ᄃᆡ 죠션셔ᄂᆞᆫ 죠션 국문은 아니 ᄇᆡ오드ᄅᆡ도 한문만

공부 하는 까닭에 국문을 잘 아는 사룸이 드물미라

예문 (5)는 신문에서 국문을 사용하는 것은 남녀노소와 상하귀천에 관계없이 손쉽게 정보를 잘 전달하기 위한 것임을 밝히고 있다. 이것은 신문 창간이 한자를 잘 아는 지배층을 위한 것이 아니라 대부분의 기층민을 위한 것이라는 것을 의미하며, 단순히 평등 사상의 실현이 아니라 기층민을 계몽하여 자주 독립과 국가 부흥을 이루려는 수단으로 한글이 채택되었음을 의미한다.

《독립신문》은 순 한글 신문이면서 동시에 빈칸 띄어쓰기를 적용한 첫 신문이기도 하다. 창간호 논설에서 "귀절을 쩨여 쓰기는 알어 보기 쉽도록 흠이다."라고 하고, 또 "국문을 알아 보기가 어려운건 다름이 아니라 첫째는 말마듸을 쩨이지 아니하고 그져 줄줄 닉려 쓰는 까닭에..."라고 하여, 국문을 띄어 써야 함을 강조하고 있다.

11.1.4.2. 리봉운의 《국문졍리》

리봉운은 《국문졍리》(1897.1)에서 당시 가장 긴요한 것이 국문이라고 보고, 국문의 이치를 분석한 자신의 견해를 순 한글로 발행하였다. 리봉운에 대해서는 정확히 알려진 것이 없는데, 서울 묘동에 거주하던 사람으로 개화기에 움트는 국문 의식을 가진, 일본어에 정통한 왜어 역관으로 추정된다(김민수, 1983).

《국문졍리》는 14장 분량의 목판본으로 발행되었다. 특히 권점으로 띄어쓰기를 대신하고 있는데, 대체로 현재 우리가 쓰는 띄어쓰기에 매우 근접해 있다. 《국문졍리》는 서문·목차에 이어 국문의 내력과 자모분음·장음반절·단음반절·문법론·탁음·어토명목(語吐名目)·새 언문이 차례로 서술되었다. 그 내용은 미흡하기는 하나 최초로 국문과 언어적인 구조에 대한 분석과 제안을 순 한글로 저술하였다는 점에서 주목된다.

리봉운은 《국문정리》 서문에서 국문은 문명의 가장 요긴한 것이니, 국문의 이치를 밝혀 똑바로 이해하고 사용하는 것이 독립과 자주 사무에 중요한 것이라고 주장하였다. 그는 궁극적으로는 언문 옥편(국어사전)을 만들어서 사람들이 알게 하여야 한다고 주장하였다.

> (6) 대뎌. 각국. 사름은. 본국. 글자을. 슝샹ᄒᆞ야. 학교를. 셜립ᄒᆞ고. 학습ᄒᆞ야. 국졍과. 민ᄉᆞ를. 못홀. 일이. 업시ᄒᆞ야. 국부. 민강. ᄒᆞ것무ᄂᆞᆫ. 죠션. 사름은. 놈의. 나라. 글만. 슝샹하고. 본국. 글은. 아죠. 리치를. 알지못ᄒᆞ니. 졀통ᄒᆞᆫ 지라. (중략) 또. ᄌᆞ쥬. 독립의. 리치로. 말하야도. 놈의. 나라. 글문. 위쥬. 홀 거시. 아니오. (중략) 문명의. 뎨일. 요긴ᄒᆞᆫ거슨. 국문이디. 반졀리치를. 알. 사름이. 젹기로. 리치를. 궁구ᄒᆞ야. 언문. 옥편을. ᄆᆞᄃᆞᆯ. 죠야에. 발힝 ᄒᆞ야.

이 주장은 국부 민강이나 자주 독립을 위해서는 국문을 숭상하고 정확히 아는 것이 긴요한데 현실은 그렇지 못함을 한탄하면서 자신이 알고 있는 국문의 이치를 널리 알리고자 《국문정리》를 발간하였음을 밝힌 것이다. 결국 그의 국문에 대한 저술은 자주 독립을 위하여 필요한 일이었던 셈이다.

11.1.4.3. 주시경의 〈국문론〉

주시경(1876-1914)은 호가 한힌샘으로 중종 때 서원을 창시한 주세붕의 후손으로 황해도 봉산에서 태어나 1882년부터 서울에서 생활하였다. 1894년에 배재학당에 입학하여 신학문을 배우게 되었다. 1900년 6월 배재학당을 졸업하기까지 중간에 인천 관립이운학교의 관비생으로 선발되어 졸업하기도 하였으나, 결국 다시 배재학당으로 돌아와 졸업하였다. 그는 배재학당을 설립한 아펜젤러 등에게서 서양 문물을 공부하였는데, 이 과정에서 1896년 4월 서재필이 창간한 《독립신문》의 회계 및 교보원(校補員)으로 발탁되었다. 그는 국어 국문에 관심을 갖게 되면서 1896년 5월에는 신문사 안에 '국문동식회'(國文同式會)를 조직하여 표기법의 표준화 작업에 관심을 기울였다.

주시경은 국어 연구에 개척자의 공적을 남기었다. 그의 국어에 대한 생각은 《독립신문》(1898)에 두 번에 걸쳐 발표한 〈국문론〉에 나타나 있다. 그는 "(먹으로) 할 것을 (머그로)" 하지 말고 말의 경계를 옳게 찾아 써야 함을 주장하였다. 이후 《대한국어문법》(1906), 《국어문전음학》(1908), 《국어문법》(1910), 《조선어문법》(1911), 《말의소리》(1914) 등 대표 저서를 남겼으며, 국문연구소의 〈국문연구의정안〉의 의결 과정에 참여하였고, 그 보고서의 부록인 〈국문 연구〉(1909)을 집필하였다. 그는 개화기 국문이 가지고 있는 문제를 해결하기 위한 논리적 근거를 마련하는 한편으로, 국어의 과학적 연구에도 열의를 보였다. 그가 주장한 '고나'는 현대 음운론의 핵심 개념의 하나인 '음소'와 비슷한 것이고, '늣씨'는 현대 형태론의 핵심 개념인 형태소와 유사한 것이지만, 서양 언어학보다

〈사진 4〉 주시경(1876~1914)과 《국어문법》(1910)

시기적으로 먼저 발표된 탁견이었다.

주시경은 현실적으로 국어 교육을 통하여 국어 운동과 계몽 활동을 전개하였다. 서울 명신여학교, 숙명여자고등학교의 교사, 이화학당 강사, 보성중학교, 배재학당 강사 등 각급 학교 교단에서 국어, 지리, 주산 등을 가르쳤다. 더하여 사설 기관에서도 그의 노력은 지속되었다. 서울 남창동에 있는 상동교회 안에 설립된 청년학원(1904-1913)에서 국어를 가르치는 것은 물론 1907년 7월부터는 여름 방학을 이용한 단기 집중 과정으로 개설된 '하기 국어강습소'에서 직접 국어를 강의하였다. 현재 확인되는 졸업생은 제1회 졸업생 25명을 포함하여 모두 93명이다. 이어 국어강습소(1909)에서도 2회에 걸쳐 71명의 졸업생을 배출하였다(한글학회, 2005; 141). 그의 가르침을 받은 학생들은 이후 한글과 국어 연구에서 중추적인 역할을 하였는데, 대표적인 인물은 최현배, 이병기, 현상윤, 김두봉, 권덕규 등이었다.

주시경은 하기 국어강습소 운영을 계기로 1908년 8월 31일에 뜻을 같이하는 사람들과 '국어연구학회'(회장: 김정진)를 조직하여 한글 연구와 보급에 중심적인 활동을 하였다. 이 학회의 창립 회원은 주시경을 비롯하여 김정진, 남형우, 박태환, 장지영, 이규영 등 통상회원과 주시경의 제자들인 권덕규, 김두봉, 신명균, 최현배 등 특별회원으로 약 40여 명이었다(한글학회, 2005). 국어연구학회는 오늘날의 한글학회의 모체로서 '배달말글몯음'(1911), '한글모'(1913), '조선어연구회'(1919, 1921년 확대 개편), '조선어학회'(1931), '한글학회'(1949)로 수차례 이름을 바꾸면서 일제 강점기의 우리말글 통일과 보존 및 보급에 심혈을 경주하였다. '배달말글몯음'은 한일합방으로, '학글학회'는 남북 분단으로 쓰기 어려운 상황에서 각각 개명된 것이니, 이 학회는 우리말글의 혹독한 역사와 함께 한 것임을 알 수 있다.

주시경은 1914년 38세의 일기로 세상을 떠났다. 그는 소용돌이치는 개화기의 시대적 정세 앞에서 애국의 상징적 존재로 부상한 한글과 국어를 살리기 위하여 온몸으로 노력하였던 선구자이고 언어학자였다. 그는 〈보성친목회보〉 1호(1910.6.10.)에 게재한 〈한나라말〉에서 '한나라말, 한나라글'이라는 용어를 처음 쓰고 "말이 오르면 나라도 오르고, 말이 나리면 나라도 나리나니라"라고 하여 나라 발전에 말이 중요함을 천명하였다. 또한 맞춤법 정리에 심혈을 기울여 오늘날 우리가 채택하고 있는 형태주의적 표기법의 뼈대를 이루는 이론을 제시하였으며, 그 연장선상에서 한자를 폐지하고 한자어를 개조하려는 생각을 가져 이후에 한글 운동가에게 많은 영향을 끼치게 된다. 그 공로가 인정되어 1980년 건국훈장 대통령장에 추서되었다.

《독립신문》에 발표된 〈국문론〉은 주시경이 가졌던 국문에 대한 인식과 그에 대한 발전 방안을 담은 중요한 논설이었다. 〈국문론〉의 첫째는 1897년 4월 22일과 24일에, 둘째는 1897년 9월 25일과 28일에 실렸다. 첫째 글은 국문 사용을 장려하는 내용을 담고 있으며, 둘째 글은 국문을 어떻게 써야 옳은 것인가에 대한 주장을 담고 있다. 즉 그는 〈국문론〉에서 국문이 말과 글이 일치하는 진정한 글자임을 강조하면서, 모든 문자 생활을 국문으로 하여 자주 독립의 주초가 되어야 한다고 주장하여 국문 사용이 자주 독립을 위해서도 중요한 것임을 밝히고 있다.

첫째 글에서 주시경은 글자를 설명하면서 '말 ㅎ는거슬 표로 모하 긔록 ㅎ여 놋는거시나 표로 모하 긔록 ㅎ여 노흔것슬 입으로 닑는거시나 말에 마듸와 토가 분명 ㅎ고 서로 음이 쪽ᄀᆺㅎ야 이거시 참 글즈요'라 하여, 말과 글이 일치하여야 진정한 문자라는 입장을 밝혔다. 이러한 주장은 당시에 문자 생활의 중심에 있던 한문이 우리말과 일치하지 않는다는 점을 비판한 것으로, 말과 똑같이 기록할 수 있는 소리 글자인 한글이 좋은 글자라는 점을 분명히 한 것이다. 배우기 쉬운 한글을 두고 어려운 한문을 배우느라 시간을 허비하고 애를 쓰는 것은 매우 안타까운 일이라고 하였다. 그리하여 젊어서 한문을 배우느라 시간을 보내지 말고 한글로 모든 일을 기록하고 남는 시간에는 사업에 유리한 학문을 배워 각자가 할 만한 일을 하여 우리나라 독립의 주초가 되어야 할 것임을 강조하고 있다.

둘째 글에서 주시경은 글을 올바로 쓰기 위해서 해야 할 일을 몇 가지로 나누어 제시하고 있다. 첫째, 말의 법식을 세우고 배워서 써야 한다. 둘째, 국문으로 옥편을 만들어 이용해야 한다. 셋째, 한자를 쓰는 대신에 그 음을 국문으로 나타내서 써야 한다. 넷째, 외국 글을 번역할 때에도 외국 글을 모르는 사람이 다 알아볼 수 있도록 번역하여야 한다. 다섯째, 글을 쓸 때는 말의 경계를 밝혀 적어야 한다. 여섯째, 글은 왼쪽에서 오른쪽으로 써 나가는 것이 편리하다. 이 여섯 가지 주장은 국문을 중심으로 올바른 어문 생활을 해야 한다는 것이 핵심이다. 후에 첫째 주장은 문법 연구로, 둘째 주장은 '말모이' 편찬으로, 셋째·넷째 주장은 한글 전용 주장으로, 다섯째 주장은 형태주의 표기법 주장으로, 여섯째 주장은 가로 풀어쓰기 주장으로 발전하게 되었다.

한글 전용과 관련하여 주시경의 생각은 분명하였다. 한자를 사용하면 한자를 아는 사람은 시원하게 알 것이나, 한자를 모르는 사람들을 위해 한자의 음을 한글로 써야 한다는 주장이다. 이 과정에서 '門'이라는 한자는 그 음을 한글 '문'으로 쓰면 된다는 것이다. '문'은 한자로 쓰든 한글로 쓰든 이미 우리말이 되었기 때문에 굳이 한자로 쓸 필요가 없다는 것이다. 그리하여 한문 글자의 음이 이해되지 않는 것은 되도록 쓰지 말아야 한다는 주장이다. 이러한 주장은 후에 어려운 한자어를 우리말로 바꾸어 쓰자는 한자말 순화 주장으로 이어지게 된다.

형태주의 표기법 문제는 어간과 토의 경계를 분간하여 표기하여야 한다는 주장으로 맞춤법 문제의 중심적 화두에 해당하는 것이다. 대명사 '이것'에 토 '이'가 붙는 말은 '이거시, 이것이, 이것시' 등으로 다양하게 쓰이는데, 이것은 '이것'과 '이'가 붙은 것이므로 '이것이'로 분간하여 써야 한다는 주장이다. 이러한 것은 'ㅅ'이 모음과 모음 사이의 중간에 발음되는 것이므로 발음상은 똑같기 때문에 생기는 현상이라 하였다. 이러한 주장은 〈언문철자법〉(1930), 〈한글 마춤법 통일안〉(1933)를 거쳐 〈한글 맞춤법〉(2017)에 계승되어 있다.

11.1.5. 개화기의 문체

11.1.5.1. 한문체와 국문체

개화기 문체는 1894년 칙령 1호에서 법률 칙령 등을 모두 국문으로 본을 삼고 한문을 붙이거나 혹은 국한문을 혼용하게 함으로써 공식적 전환을 맞게 되었다. 이에 따라 1894년 12월 22일 정부의 공식 문서인 〈독립서고문〉이 처음으로 국문으로 작성되었다. 〈독립서고문〉은 한문, 국한문, 국문으로 각각 작성되어 관보에 게재되었는데 앞부분만을 차례로 들어보면 다음과 같다.

(7) ㄱ. 皇祖列聖之靈. 惟朕小子. 粤自中年. 嗣守我　祖宗丕丕基. 迄今三十有一載. 惟敬畏于天. 亦惟我　祖宗時式時依. 屢遭多難. 不荒墜厥緖. 朕小子. 其敢曰克享天心.

ㄴ. 皇祖列聖의靈에昭告ᄒ노니朕小子가이에沖年으로붓터我　祖宗의丕丕ᄒᄂ基를嗣守ᄒ야惟天을敬畏ᄒ며亦惟我　祖宗을時式ᄒ며時依ᄒ야多難을屢遭ᄒ나厥緖을荒墜치아니ᄒ오니朕小子가其敢히曰ᄒ되天心에克享ᄒ다ᄒ리오

ㄷ. 황됴렬셩의신령에고ᄒ노니. 짐소ᄌ가　됴종의큰긔업을. 니어. 직흰지. 셜흔한ᄒᆡ에. 오작. 하ᄂᆞᆯ을. 공경ᄒ고. 두려ᄒ며. 쏘한. 오쟉. 우리 됴종을. 이. 법바드며. 이. 의지ᄒ야. 쟈죠. 큰어려움을. 당ᄒ나. 그긔업

은.거칠게바리지아니ᄒ니.짐소ᄌ가그감히글ᄋ되.능히.하늘마음
에.누림이라ᄒ리오.

(7ㄷ)은 한문 (7ㄱ)과 국한문 (7ㄴ)에 대응하는 국문으로 단순히 (7ㄴ)
의 한자를 국문으로 표기한 정도가 아니라 별도로 작성된 것처럼 자연스
러운 우리 문장이다. (7ㄱ, ㄴ)에 쓰인 한자어 중 많은 것은 고유어로
풀어 모두 국문으로 쓰였다. 당시에 생각한 국문체의 모습이었을 것이다.
'니어직흰지'(嗣守), '공경ᄒ고 두려ᄒ며'(敬畏), '법바드며'(時式), '거칠게
바리지'(荒墜), 하늘마음(天心), 누림(克享) 등처럼 한자어를 가능한 고유
어로 바꾼 것이 그것을 증명한다.
  국문체는 조선 후기에 개인적인 생활에 필요한 언간이나 정서 표현에
이용된 창작문, 일반 백성들에게 알릴 필요가 있는 임금의 윤음, 유교,
불교 등 종교계 언해 문헌에서 적지 않게 쓰였지만 공식적인 것은 아니었
다. 그러나 개화기 들어 한글이 공문서 문자의 지위에 오르고, 자주 독립
의식, 애국 계몽 운동이 활발해지면서 새로운 문물을 담을 문체로 국문이
주목받게 되었다. 국문체는 《독립신문》(1896), 《미일신문》(1898), 《경성
신문(1898), 《대한황성신문》(1898), 《뎨국신문》(1898) 등 신문과 《예수성
교전셔》(1888), 《신약전셔》(1900) 등 기독교의 한글 성경 등에서 전면적
으로 사용되어 하나의 흐름을 형성하게 되었다.

(8) ㄱ. 우리가 독닙신문을 오늘 처음으로 출판ᄒᄂ듸 죠션속에 잇ᄂ 니외
        국 인민의게 우리 쥬의를 미리 말ᄉᆷᄒ여 아시게 ᄒ노라 우리ᄂ
        첫저 편벽되지 아니ᄒ고로 무ᄉᆷ 당에도 상관이 업고 샹하귀쳔을
        달니 딕졉 아니ᄒ고 모도 죠션 사람으로만 알고 죠션만 위ᄒ며
        공평이 인민의게 말홀터인듸 (《독립신문》, 창간호)
    ㄴ. "젼싱차싱 무ᄉᆷ죄로 네ᄂ 니ᄂ 이 고싱을 흔단 말이냐. 니 몸이

귀티 안으니 즈식도 귀티안코 아무것도 귀티안타" 호면셔 다 쓰러
져 구눈 초가딥, 다 썬딘 마루우혜 쏘이눈 볏홀 화로쑐솜아안방은
동으로 기우러디고 거눈 방은 셔으로 물너느며 마루라고 널마루가
억결이 다 되얏눈데 하남 촌구셕이라 터눈 널딕호야 압뒤쓸이 헌
틸호니 그 역시 다힝이라 (《대한유학생회학보》 3)

(8ㄱ)의 《독립신문》 창간사는 국문체의 사용이 왜 필요한지를 천명하
는 것이고, (8ㄴ)은 1907년 발행된 잡지 《대한유학생회학보》에 실린 '쓰러
져 가눈 딥'이라는 소설의 일구절이다.

11.1.5.2. 국한문체

조선 시대 우리말을 표기하는 주류의 방식은 한문이었다. 개화기에 들
어 정부의 공문서에서 순 한문이 줄어들고, 이두나 외국 문자 사용을 금지
하는 것은 대체로 유지되었으나, 국문보다는 국한문 혼용이 많이 사용되
었다. 갑오경장을 전후한 시기의 국문 의식의 자각으로 국문에 대한 관심
은 증폭되었으나, 한문이 차지하던 위상을 국문이 대신하기에는 역량이
부족하였다. 따라서 한문의 퇴조와 국문이 부상하는 시대 상황에서 국한
문체가 중요한 문체로 부상하였다.

국한문체는 조선 시대의 다양한 문체가 그대로 이어져 매우 복잡하였다.
국한문체는 허사는 모두 한글로 표기하나 실사는 한자가 사용되어 실사의
한자 성격에 따라 몇 가지 문체로 하위 구분할 수 있다. 한문의 구조를
그대로 유지한 구결체, 한문이 해체되고 한자가 단어 단위로 노출되는
이서체와 실사의 상당 부분을 국문으로 표기하는 향찰체로 구분된다.

〈표 1〉 개화기의 국한문체

구분	한자 노출 단위	성격	조선 문체
구결체	구절	실사는 한문 구조 유지	구결체
이서체	복합단어(4음절)	실사 한자 노출	한문체 이두체
이서체	단어(2-3음절)	실사 한자 노출	전통적 이두체
이서체	형태소(1음절)	실사 한자 노출	경전체
향찰체	단어	실사 일부 한자 노출	향찰체

구결체는 한문에 한글 구결을 단 듯한 문체로 한문 식자층에서 주로 논설이나 주장을 담는 글에서 사용되었다. 이것은 한문에 익숙지 않은 사람은 이해하기 어려운 것으로 우리말 표기라기보다는 한문에 가까운 문체이다.

(9) ㄱ. 維皇上帝降衷于民ㅎ실ᄉᆡ 凡或地球上圓려方趾之類ᄂᆞᆫ 均受所賦에 決無異同ㅎ리니 況我半 島問韓國不過數千萬近同族同胞之世人學乎 界아 然而心心不同에 團結不得ㅎ야 以致今日國勢者ᄂᆞᆫ 何也오(이상재, 대한문전 서문, 1908)

　　ㄴ. 盖我韓이自中葉以來로始有東西之分岐ㅎ고繼有四色之角立ㅎ야始 則涓涓之細流러니竟作汎濫之洪水ㅎ야 彌滿全國에 湏洞無際ㅎ니 雖自命以物外之士者도 無不沾裳濡足에 一溺而不能出ㅎ야 (황성신문. 논설. 1906.8.7)

(9ㄱ)는 학술서의 서문이고, (9ㄴ)은 신문의 논설이다. 이들은 국어의 문장 틀 안에 한문을 그대로 들여 놓은 형상이니 조선 시대의 한글 구결문과 유사하다. '維, 況, 而, 然, 則, 以, 也, 雖' 등 한문의 기능어들이 그대로 유지되었다. 이러한 문체는 순 한문이 퇴조하는 과정에서 한문에 익숙한 식자층에서 선호하여 20세기 들어 더욱 왕성하였다.

이서체는 실사의 한자가 주로 단어 단위로 노출되어 한문의 영향력이
현저히 줄어든 것이다. 때에 따라 4자의 한자 합성어나 1자의 한자 형태소
가 한자로 노출되지만, 일반적으로 2음절의 일상어가 한자로 노출된다.
이서체는 전통적 이두문의 바탕에 한문체 이두문과 경전문체 문장이 결합
되어 형성되었으며, 개화기의 전형적인 국한문체이다.

> (10) ㄱ. 大朝鮮開四百九十二年癸未×月1×日에 局을 創建ᄒ고 ××을 發行ᄒ
> 니 紙上記裁者ᄂ 第一官令, 第二論說, 第三內國雜報, 第四外國雜報,
> 第五國勢一覽, 第六文明事物 第七 物價等條項이니 其刊行度數ᄂ
> 每月×回로써 姑爲定例나 然이나 自今으로 開化文明의 進步을 從ᄒ
> 며 事理을 察ᄒ야 〈한성순보 발간 취지서〉
>
> ㄴ. 第三條 譴責은 警務使가 譴責書를 付與ᄒ며 罰金은 少ᄒ야도 月俸
> 百分의 一에셔 不減ᄒ고多ᄒ야도 一月 俸에셔 不加ᄒ 金額으로 其
> 等을 分ᄒ며 降級은 一級에 一元俸을 減ᄒ므로 定ᄒ며 免職은 二年
> 間을 經過아니ᄒ 則 다시 收用ᄒ지 못ᄒ미라 《관보》1894. 12. 11
>
> ㄷ. 諸葛亮은支那三國時에蜀漢의丞相이됨이鞠躬盡瘁ᄒ야死而後己ᄒᆯ
> 志를抱ᄒ고漢室을恢復코쟈ᄒ다가志를未邃ᄒ고軍中에셔卒ᄒ으로
> 千古英雄의淚를不禁케ᄒᄂ其人이라 《고등소학독본》 2권 24과

(10ㄱ)은 게재되지는 못한 유길준의 《한성순보》 발간 취지서의 일부로
우리말 어순에 따라 모든 한자를 노출시키는 국한문체의 첫 사례로 추정
되는 글이다(민현식, 1994). (10ㄴ)은 《관보》에 최초로 국한문으로 게재
된 '순검의 징벌ᄒᄂ 예'인데, 공문식제(公文式制)가 반포되고 20일이 지
난 시점에 게재되었다. (10ㄷ)은 1907년 휘문의숙에서 펴낸 《고등소학독
본》 2권 24과 '제갈량'을 소개하는 부분이다. 예문 (10)은 조사나 'ᄒ+어미'
를 제외한 대부분의 단어가 한자로 노출되어 있으며, '從ᄒ며, 察ᄒ야,

少ᄒ야, 多ᄒ야도, 分ᄒ며, 有ᄒ야, 感ᄒ야 등처럼 용언의 어근을 모두
1음절 한자로 노출하거나 '姑爲定例, 鞠躬盡瘁, 死而後己' 등처럼 4음절
한자로 노출하였다. 이러한 문체는 유길준(1856-1914)으로부터 시작되었
다. 그는 1885년 12월 귀국하여 연금 생활 중 《서유견문》(1895)을 집필하
면서 "아문(我文)을 순용(純用)ᄒ기 불능(不能)흠"을 한탄하고 이와 같은
국한문체를 쓰는 이유를 (1) 문자를 조금만 아는 자라도 쉽게 이해할 수
있고 (2) 쓰기 쉽고, (3) 칠서언해의 법을 따라 상명(詳明)하기 위한 것이
라 하였다. 어려서부터 한학을 배워서 순 국문으로 작문하기가 어렵기
때문에 문장 구조는 우리말 어순에 따르되 한자를 노출하는 타협안을
마련한 것이다.

향찰체는 실사도 국문을 사용하는 경우가 많고, 필요한 경우에만 한자
가 노출되는 문체이다. 노출되는 한자는 일상어로 쓰인 2음절 단어가 많
지만, 때로 4음절 복합어나 1음절 형태소가 한자로 노출된다. 가장 구어체
적 요소가 강한 문체이다.

(11) ㄱ. 然ᄒ거늘今日의新聞雜誌의用文을보라名은비록國漢文이나其實은
純漢文에國文으로懸吐ᄒ듸셔지ᄂ지못ᄒ며쏘其用語ᄂ康熙字典이
나펴노코골라내엿ᄂ지數十年漢學에 修養잇ᄂ이고야, 비로소아를
만ᄒ難澁ᄒ漢文쓰기를競爭삼아ᄒ니(이광수, 今日我韓用文에 對ᄒ
야, 1908)

ㄴ. 學校ᄂ. 사름을敎育하야. 成就ᄒᄂ데니. 譬컨재. 各樣모종을. 기르
ᄂ모판이요. 쏘學校ᄂ사람의마음을. 아름답게ᄒᄂ데니, 譬컨대.
各色물드리ᄂ집이오. 生徒ᄂ. 모인가. 쟝츳. 조흔꼿도픠며. 조흔
열미도. 열니웁ᄂ이다. 生徒ᄂ. 白絲인가. 쟝츳. 조흔빗스로染色되
웁ᄂ이다. (신정심상소학, 권1, 1897)

(11ㄱ)은 구결체의 문장을 비판하는 글인데, 여기에도 여전히 '然ㅎ거늘, 名은, 用文을' 등에서 문어체의 요소가 없는 것은 아니나, 용언이 '보라, 지나지 못ㅎ며, 펴노코 골라 내엿ㄴ지, 아를만흔, 한문쓰기'처럼 고유어를 국문으로 사용함으로써 구어체에 가깝게 되었다. (11ㄴ)은 소학교 교과서로 국한문체로 '뿔' 등 예를 제외하면 상당 부분 구어체가 되었다.

11.1.5.3. 국한문 병용체

조선 시대는 언한문체의 노출된 한자에는 그 음을 언문으로 표기하여 한자를 몰라도 읽을 수 있도록 조치하였다. 언한문 병용이라고 할 수 있는 것이다. 그런데 개화기 들어서는 한자에 국문으로 표음을 하는 경우가 거의 없었다.

한자 표음 없는 국한문체는 한자를 모르는 사람에게는 여전히 읽을 수 없는 문체이기 때문에 이를 해소하기 위한 방법이 제안되기도 하였다. 법어(불어)학교 교관이었던 이능화(1869-1943)는 1906(광무10)년 5월에 학부에 어문 정리 사업의 필요성을 언급한 〈국문일정의견〉(國文一定意見)을 제출하였는데, 여기에는 당시 통용되는 문체의 네 가지 예를 들고 그중에서 한자 옆에 국문을 달아 쓰는 한자부언문(漢字附諺文) 방식을 주장하였다.

(12) ㄱ. 天地之間萬物之中唯人最貴 (순 한문)

ㄴ. 뎐디사이만물가운듸오직사람이가장귀ㅎ니 (순 국문)

ㄷ. 天地之間萬物之中에唯人이最貴ㅎ니 (국한문교용)

ㄹ. 天地之間萬物之中에唯人이最貴ㅎ니 (한자부언문)

뎐디사이만물가운듸오직사람이가장귀ㅎ니

이능화는 (12ㄱ)은 순 한문이요, (12ㄷ)은 국한문교용으로 아자[識者]가 읽을 수 있고, (12ㄴ)은 순 국문으로 속재[無識者]가 읽을 수 있지만, (12ㄹ)은 이들 모두가 읽을 수 있다는 장점을 들고 있다. (12ㄹ)은 같은 내용을 국한문교용(구결문)과 순 국문의 두 가지 방식으로 표기하는 것이니 국한병용의 필요성을 제기한 것이었다. 국한병용에서 주목되는 것은 (12ㄹ)에 순 국문이 아니라 한글 구결이 달린 음독구결문을 들고 있다는 점이다. 순 한문은 이미 문체에서 더 이상 논의되지 않게 되었음을 알 수 있다.

실제로 국한문 병용 방식은 (13)과 같이 주시경의 〈국어와 국문의 필요〉(1907)에서 한자를 괄호 안에 표기하는 방식으로 쓰였다.

(13) 형상을 표ᄒᆞᄂᆞᆫ 글을 지금 ᄭᆞ지 쓰ᄂᆞᆫ 나라도 젹지 아니 하니 지나(支那) 한문ᄀᆞᆺ흔 글들이오 그 외ᄂᆞᆫ 다말을긔록ᄒᆞᄂᆞᆫ 글들인ᄃᆡ 의국(伊國) 법국(法國) 덕국(德國) 영국(英國)글과 일본 가나(假名)와 우리나라 뎡음(正音)ᄀᆞᆺ흔 글들이라 (〈국어와 국문의 필요〉, 서우 2호)

(13)은 순 국문 중심의 표기에 따라, 이해하기 어려운 한자어는 필요에 따라 해당 한자를 병기하는 방식이다. 《월인천강지곡》(1447) 등과 같은 방식이라고 하겠다. 이 방식은 해방 이후 한글 전용이 확정되기 이전 학교 교육에서 사용하던 것이다.

11.2. 기독교 전파와 한글 사용

11.2.1. 성경의 한글 번역과 보급

11.2.1.1. 천주교와 한글 문서
조선에는 17세기 초 한문으로 저술한 서학서들이 수입되면서 천주교가 알려지게 되었고, 교회 지도자가 없는 상황에서 1784년(정조 8) 이승훈이 북경에서 영세를 받고 돌아와 이벽·정약전 등과 함께 신앙 공동체를 구성함으로써 비로소 교회가 시작되었다. 1794년 중국인 신부 주문모가 조선에 입국하여 활기를 띠었으나, 천주교 박해로 인해 어려움에 처하게 되었다. 1836년 이래 파리외방전교회 소속 선교사들이 조선에 입국하고, 1837년에는 조선 교구가 독립 교구로서의 체제를 갖추어 서양인 선교사 중심으로 교세를 확장하였다.

천주교는 주로 한문으로 된 교리서 등을 한글로 번역한 필사본을 이용하여 선교 활동을 하였다. 적어도 18세기 말에는 《성경직희》, 《성경광익》, 《성경직해광익》 등 천주교의 선교용이나 예배용으로 쓰이는 교리서, 기도서, 예식서 등이 한글로 번역되었다. 이러한 사실은 신유박해(1801) 당시 천주교인을 처형한 뒤 소각한 천주교 서적 목록에서 확인된다. 한글 번역은 역관이었던 최창현에 의하여 이루어졌으며, 그 뒤 주교와 신부들에 의하여 수정하여 전해 내려오다가 당시 교구장이던 주교 뮈텔이 필사본을 기본으로 하여 《성경직해》(1893-1895) 9권을 활자본으로 간행하였다. 이 즈음에 《훈ᄋ진언》(1893/스크랜튼), 《조만민광》(1894/트롤로프), 《신명초힝》(1864(목판본), 《쥬년첨례광익》(1899/민아오스딩 감쥰) 등이 한글로 간행되어 선교 활동에 이용되었다. 즉, 천주교는 한국 사람의 한글 번역으로 된 필사본으로 각종 박해를 피해 은밀히 사용하다가 19세기 말에 이르러 간행 출판되기 시작하였다.

11.2.1.2. 기독교와 한글 성경

개신교와 천주교는 사람 이전에 먼저 문서 선교가 이루어졌다는 점에서는 같지만, 진행 과정은 많이 다르다. 천주교는 개신교보다 국내에 먼저 알려졌으나, 각종 박해로 인해 선교에 어려움을 겪었는데 비하여 개신교는 19세기 말 개화의 문이 열리면서 어려움 없이 선교에 임하게 되었다.

또한 천주교는 한문 교리서를 최창현 등 한국인이 한글로 번역하여 몰래 사용한데 비하여, 개신교는 1882년 서양 선교사 존 로스가 중국에서 한국인의 조력을 받아 번역 발간한 《누가복음》을 시작으로 대규모의 성경 번역 작업이 지속되었다.

개신교의 한글 성경은 발간 지역에 따라 세 부류로 구분해 볼 수 있다. 첫째, 스코틀랜드 연합 장로교회 중국 선교사인 존 로스(1842-1915)와 존 매킨타이어(1837-1905) 등이 중국 봉천에서 한국인 이응찬, 서상륜 등의 조력을 얻어 번역한 한글 성경들이 있다. 가장 먼저 발행된 《예수성교누가복음젼셔》(1882.3) 등을 비롯하여 《예수성교요안닉복음젼셔》(1882.5), 《예수성교요한닉복음》(1883.10), 《예수성교성셔누가복음데자힝젹》(1983.10), 《예슈성교성셔맛듸복음》(1884), 《예슈성교성셔말코복음》(1884), 《예수성교요안닉복음이비쇼셔신》(1885) 등 낱권 성서가 차례로 간행되고, 이를 집대성한 최초의 신약전서 《예수성교젼셔》(1887)이 간행되었다. 로스는 한글 성경 발행 이전에 한국어를 배워서 한국어 학습서인 《Corean Primer》(1877)를 발행하고, 1881년에는 기독교 교리서인 《예수성교문답》과 《예수성교요령》을 소책자로 발행하였다.

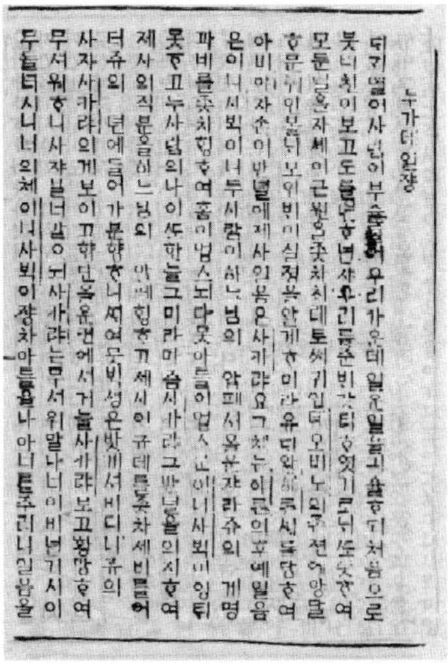

둘째, 신사유람단의 일원으로 일본에 갔던 이수정(1842?-1887)이 일본에서 중국어 신약 성서를 대본으로 번역한 성경이 있다. 이수정은 기호 지방의 양반 학자로 일본에서 세례를 받고 개종하였으며, 동경 한인 교회를 설립하는 등 교회 활동에 적극적이었다. 그의 번역본은 1884년 일본에서 중국어 《신약전서문리》(1864)를 대본으로 구결을

〈사진 5〉 《예수성교누가복음젼셔》(1882)

단 현토(懸吐) 성경인 《신약성서 마태전》, 《신약성서 마가전》, 《신약성서 노가전》, 《신약전서 약한전》, 《신약전서 사도행전》 등 낱권 성서이었다. 이들은 한글이 없다는 점에서 한글 성경이라 하기는 어렵다. 이어 1895년에는 한문 성경을 대본으로 국한문 병용의 《신약마가전복음셔언희》(1885)을 번역 간행하였다. 전통적인 언해체의 국한문혼용이나 한자에는 한글로 발음을 표시하는 병용의 모습을 보인다.

셋째, 국내의 번역본은 크게 두 가지 종류가 있다. 첫째는 1884년부터 입국한 서양 선교사들이 한글로 번역한 것이고, 둘째는 한국인이 국한문으로 번역한 성경이다. 서양 선교사 번역은 아펜젤러, 스크랜튼 등 서울에 입국한 선교사들이 일본과 중국에서 번역된 성서를 개정하는 작업이었다. 이수정역을 개정한 『마가의젼흔복음셔언희』(1887), 로스역을 개정한 『보라달로마인셔』(1890), 『누가복음젼』(1890), 《요한복음전》(1891) 등이 그런 것이다. 1891년 이후 언더우드와 게일, 아펜젤러와 스크랜튼, 트롤로프와 레널즈 등으로 번역자회가 구성되고, 여기에서 낱권 성서들을 새롭게 번역 발행하였다. 국내에서 처음으로 역본이 나온 것이다. 《마태복음전》(1892), 『스도힝젼』(1892), 『마가복음』(1895), 『요한복음』(1895), 『스도힝젼』(1895), 『바울이 갈나대인의게 흔 편지·야곱의 공변된 편지』(1897), 『베드로젼셔·베드로후셔』(1897), 『마태복음』(1898) 등이 그러한 것이다. 이들 낱권 성경은 1900년 성서번역자회가 《신약젼셔》(1900, 1902, 1904, 1906, 1911)를 편찬함으로써 한 단락을 짓게 되었다. 1911년은 《구약젼셔》가 발행되고, 동시에 《성경젼셔》가 발간되어 최초의 완역 성경전서가 이루어지게 된 해였다. 《성경젼셔》(1911)은 흔히 구역 성경이라고 불리는 것이다. 이후 이를 개역한 《성경개역》(1938)이 오랫동안 사용되었으며, 〈한글 마춤법 통일안〉에 따라 표기를 수정한 《성경전서 개역한글판》(1952/1961), 〈한글 맞춤법〉에 따라 표기를 수정한 《성경전서 개역개정판》(1998)이 차례로 간행되었다. 한국인 번역은 유성준 등이 한글 성경을 국한문으로 번역한 것이다. 유성준은 한문본 《신약전서문리》와 한글본 《신약젼셔》(1906)을 국한문으로 번역하여 1906년 《新約全書 국한문》을 발행하였다. 이 국한문 성경은 고종에게 헌정되었는데, 1908, 1909, 1910, 1911, 1921에 연이어 발행되었다. 1931년에는 《간이 선한문 신약성서》(簡易鮮漢文新約聖書)가 발행되었다.

한글 성경은 선교사 로스에 의한 순 국문체의 번역과 한국인 이수정에 의한 국한 병용 문체으로 시작하였다. 로스 번역은 자연스러운 우리말을 잘 반영하고 있으나, 이수정 역본은 전형적인 전통 언해체를 보이는 문어체를 반영하고 있다. 국내에서 발행된 성경은 성서공회의 결정에 따라 기층민이 쉽게 접할 수 있는 국문으로 계속 발간되었지만, 지식인층의 끊임없는 요구에 따라 국한 혼용 문체나 국한 병용 문체가 등장하였다.

11.2.2. 한글 성경의 표기법 특성

한글 성경은 우리말과 글에 지대한 영향을 끼쳤다. 우선은 버려지다시피 한 한글을 정비하여 나름대로 일정한 체계를 갖추도록 하였다는 점이 주목된다. 이것은 성경을 출판하기 위한 불가피한 노력이었지만, 이 과정에서 우리가 가지지 못하였던 한글 표기의 원칙을 다듬어 나름대로 일관되게 적는 표기법을 가지게 되었던 것이다. 이것은 다른 한글 표기와 구별하여 때로 예수교 문체라고 불릴 정도로 일정한 세력을 이루고 있었다.

한글 성경의 번역은 처음에는 개인 번역으로 출발하여 철자법이 통일되지 않았다. 아펜젤러가 1889년 로스역의 〈누가복음〉과 〈로마인서〉를 개정하면서 그 철자법을 바로잡는 데에 2년을 다 소비하였다고 고백할 정도로 초기 성경에서는 철자법의 문제를 가지고 있었다. 그러나 1887년 국내에서 언더우드 아펜젤러 등 선교사들을 중심으로 상임성서위원회가 조직되는 것을 시작으로 성서번역자회 등이 조직되어 체계적인 협업 작업으로 진행되면서 표기의 통일성을 가지게 되었다. 당시 성경 번역자들이 어느 정도의 표기 규약을 두었을 것으로 추정되지만, 구체적인 자료가 현존하지 않기 때문에 정확한 내용은 알기 어렵다.

성경 번역자들이 의지했던 대표적인 자료는 이미 출판되어 있는《전운옥편》,《한불ᄌᆞ뎐》,《한영문법》 등이 거론되지만, 성경 표기가 이들과도 분명하게 일치하지는 않는다.《누가복음》(1882)은《한불ᄌᆞ뎐》을 일부 참고하였을 가능성이 있지만, 동시에《요한복음》(1882/1883)은《한불ᄌᆞ뎐》과는 일치하지 않는다. 성경의 한글 표기가 어느 정도 일관성을 보이는 성서번역회의《신약전셔》(1900, 구역)를 중심으로 당시의 대체적인 표기 특징을 보도록 한다.

11.2.2.1. 자모 체계

한글 자모에서 혼란이 심하였던 것은 당시에 존재한 된소리의 표기 문자와 당시에 이미 음가가 소멸된 'ㆍ'의 표기 여부이다.

된소리는 개신교 성경에서 전통적인 표기법에 따라 '꿈, 짜, 쎨니, 씨, 쫓는'처럼 'ㅅ'계 합용 병서로 적었다. 당시의 된소리 표기는 'ㅅ'계 합용 병서, 'ㅂ'계 합용 병서, 각자 병서 등이 다양하게 쓰이고 있었으나, 대체로 'ㅅ'계 합용 병서가 많이 쓰였다. 각자 병서 'ㄲ, ㄸ, ㅃ, ㅆ, ㄸ'는 19세기 중반의《조선위국자휘》(1835) 등과 천주교 필사 자료에서 쓰였다. 천주교 필사본에서 부분적으로 쓰이던 각자 병서는 『셩경직히』(1893-1895)에 가서 된소리 표기에 전면적으로 사용되었다. 개신교계 성경에서는《성경전서 개역한글판》(1952)에 가서야 각자병서가 된소리 표기에 사용되기 시작하였다.

모음에서는 이미 음가가 사라진 'ㆍ', 'ㆎ' 등이 여전히 쓰였다. 음가 없이 '아' 혹은 '으'와 혼란되어 쓰이는 'ㆍ'는 무질서의 대표적 문제였으나 실제 성경에서의 폐지는《성경전서 개역한글판》(1938)에 가서야 이루어졌다.

11.2.2.2. 운용 체계

한글 자모를 실제 표기에 반영하는 운용 방법은 발음, 형태, 띄어쓰기, 외래어 표기로 나누어 볼 수 있다. 발음을 표기에 반영하는 데에 특징적으로 들어나는 것은 다음과 같다. 용례는 신창순(2003)에서 발췌하였다.

(14) 발음과 표기
    (ㄱ) 데즈, 텬국, 뎌희ᄃ려, 됴흔
          량친, 리별홀, 로자(路資), 녀인이, 닙사귀
    (ㄴ) 셩령, 싱션, 이샹히, 셔셔, 나죵, 쥬발과
    (ㄷ) 달나면, 진실노, 돌녀 보내며, 쌀니
          곳치는, 굿치지, 못치신, 빗최고, 닷토면,
          갓가이, 밧그로, 맛당흔, 밧브다, 깃버ᄒ는, 두엇시니, 엇지

(14ㄱ)은 구개음화와 두음 법칙을 표기상 인정하지 않고 원음대로 표기한 경우이고, (14ㄴ)는 'ㅅ, ㅈ, ㅊ' 등 치구개음 다음에서 반모음 'j'가 발음되지 않지만 원음대로 표기한 경우이다. 반면 (14ㄷ)은 음절 간에서 발음되는 'ㄹ'을 'ㄹㄴ'으로, 'ㅊ'을 'ㅅㅊ'으로, 'ㅌ'을 'ㅅㅌ'으로 표기하였다. 경음은 'ㅺ, ㅼ, ㅽ, ㅆ, ㅾ'로 음절 간에 나누어 표기되는 것이 일반적이기는 하지만, 뒤 음절의 초성에 붙여 쓰기도 하였다.

형태 표기 문제는 체언과 조사, 어간과 어미를 구분하여 쓸 것이냐의 문제로, 이들은 역사적으로 연철, 분철, 중철, 재음소화 표기 등으로 불렸던 것이다. 주로 체언 말에 7개 종성(ㄱ,ㄴ,ㄹ,ㅁ,ㅂ,ㅅ,ㅇ)이, 용언 어간 말에 6개 종성(ㄱ,ㄴ,ㄹ,ㅁ,ㅂ,ㅅ)이 올 때는 분철되었다. 다만, 'ㅅ'은 종성에서는 /t/(곳, 듯기)을 나타내지만, 모음 조사 앞에서 연철로 표기될 경우

는 /s/(뜻을, 우슬)를 나타내었다. 이들 종성 이외에 'ㅈ, ㅊ, ㅌ, ㅍ'는 분철되지 않고 연철, 중철, 재음소화 표기가 되었다. (15ㄱ)은 체언과 조사에서, (15ㄴ)은 용언 어간과 어미에서 분철을 보인 예이다.

> (15) ㄱ. 희질젹에, 문에, 뜻을, 길에셔, 몸을, 집으로, 왕이니, 흙이, 진흙을,
> 여듧
> cf) 옷슬, 낫졔(晝), 빗치(光), 빗츨, 빗체, 밧치(田), 밧흐로, 밧혜셔,
> 압히(前), 압흐로, 압혜셔, 나라히, 쓰흘, 뒤헤, 밧기(外), 밧그로,
> 밧긔
>
> ㄴ. 먹을, 안으시며, 빌으시고, 춤으리오, 잡으면, 밧으시고, 늙은지라,
> 붉을 늙고, 졂은, 굼겨, 넓어, 밟히며
> cf) 무러, 거려가는, 듯기는 들어도, 두려워, 우슬, 씨슬, 쑤지져,
> ㄴ자지고, 지은거시, 좃치니라, 놉흐신, 덥허, ㄳ흐니, 밧흐며, 노
> 하, 나하, 넛코, 그럿타, 넛나니라, 석근, 역거, 묵거, 잇스니, 만드셧
> 시니

체언과 용언에서 종성으로 쓰이지 못한 자음의 표기 방식은 차이가 없다. 다만, 'ㅎ'(ㄶ,ㅀ)은 후행하는 어미에 따라 달리 표기되었다. 모음 앞에서는 연철되나 평자음 앞에서는 '넛코'처럼 'ㅅ'과 격음으로 표기되고, 비음 앞에서는 '넛ㄴ니라'처럼 'ㅅ'으로 표기되었다.

11.2.2.3. 띄어쓰기

띄어쓰기는 빈칸을 둠으로써 단어의 경계를 인식하게 하는 빈칸 띄어쓰기와 존대하는 말 앞이나 뒤에 한 칸을 비우는 공격법이 있었다. 한글 성경의 띄어쓰기는 처음에는 전통적인 공격법을 썼으나, 점차 빈칸 띄어쓰기로 바뀌었다.

공격법은 《누가복음》(1882)에서부터 쓰였는데, '하느님, 쥬'와 같은 존대어 뒤를 한 칸씩 띄어 썼다. 존대어는 '하나님, 텬부, 예수, 키리스토, 쥬, 성령' 등이었으나, 존대의 대상은 성경마다 조금씩 차이가 있었다. 이후 성경에서는 단어 앞을 띄어 쓰는 변화를 보였는데, 아펜젤러의 《누가복음젼》(1890)이 '하느님' 앞을 띄어 쓴 것이 마지막이었다.

빈칸 띄어쓰기는 《바울이 갈나대인의게 흔 편지·야곱의 공변된 편지》(1897)와 『베드로젼셔·베드로후셔』(1897), 《마태복음》(1898)과 《누가복음》(1898) 등에서 시작되었다. 《독립신문》(1896-1899)에서 이미 빈칸 띄어쓰기가 일반화된 것이 영향을 주었을 것이다. 초기의 한글 성경은 각 단어를 띄어 씀을 원칙으로 하되, 조사나 의존 명사('것' 제외), 의존 용언 등은 윗말에 일관되게 붙여 쓰고 있었다. 그러나 이후 나온 신약의 낱권 복음서들과 《신약젼셔》(1900)에서는 단위성 의존 명사, 의존 용언 등을 띄어 썼다. 격조사와 달리 '브터, 마다, 까지' 등 보조사는 처음에는 띄어 쓰는 것이 일반적이었으나 《신약젼셔》(1900)에서는 붙여 쓰는 쪽으로 빈도가 높아졌다.

11.2.2.4. 외래어 표기

외래어 표기는 고유 명사에 대한 식별 기호, 번역 대상 외래어의 원어, 외래어에 대응하는 한글 자모의 대응 체계가 문제이다. 첫째, 외래어 고유 명사의 식별 기호는 고유 명사 오른쪽에 인명에 두 줄, 지명에 한 줄을 그었으나, '예수, 그리스도, 아멘, 미사'와 같은 단어는 제외되어 구별되었다. 둘째, 고유 명사 표기는 그리스어식, 한자음 차용식, 영어식으로 구분할 수 있는데, 《신약젼셔》(1900)은 그리스어(다빗) 다윗), 영어(보라保羅) 바울)가 쓰였고, 때로는 새로운 우리식 한문 표기(마태/馬太)가 생겨났다. 셋째, 외래어에 대응하는 한글 표기 체계는 파열음 표기에서 특이점이 발견된다. 《신약젼셔》(1900)에서는 무성파열음 't'를 'ㅌ'(Tamar/타말)로,

유성파열음 'b'를 'ㅅㄷ'(David/싸윗) 표기하여 유성음을 된소리로 표기하였다(정길남, 1983).

11.2.2.5. 맞춤법에 대한 논쟁

초기 성경 번역에서 맞춤법의 통일을 기하는 것은 매우 어려운 문제였다. 당시에 이를 따를 만한 기준이 없었기 때문이다. 따라서 초기 개인역에서 출발한 한글 성경은 이 점에서 아쉬운 점이 있을 수밖에 없었다. 그리하여 국내에서 위원회를 조직하고 체계적으로 번역을 시도할 때 문제가 된 것이 로스역의 수용 문제였다. 서울에 입성한 선교사들은 평안도 의주 청년들의 도움으로 완성되어 서북 방언을 담고 있는 로스역을 개정할 것인지를 두고 논란이 많았다. 언더우드를 중심으로 한 서울의 선교사들이 로스역의 무용론을 펴며 새로운 번역을 주장하였기 때문이다. 이때 번역문의 지나친 한자어 문제 등도 거론되었지만, 중심적 문제는 표음 표기 등 철자법과 서북 방언의 사용 등이었다. 이 문제는 1890년 5월 상임성서위원회가 로스역 개정을 중단하고 새로운 번역을 시작하기로 결정하여 일단락되었다.

《신약젼셔》(1900)을 개정하는 과정에서 새로운 철자법이 제안되었다. 1902년 게일과 이창직이 주장한 신철자법은 '·'를 폐지하고, 목적격 조사의 '·'를 '으'로 쓰고(룰〉, 슬〉슬), 치찰음 다음의 중모음을 단모음으로 쓰자는 것(셔〉서, 쟈·댜〉자)이었다. 한 소리는 하나의 글자로 적자는 원칙을 제시한 것이지만, 서북 지역 교인들이 자신들의 방언에 상위된다고 반대가 심하여 결국 시행되지 못하였다(대한성서공회, 1994;60).

한글 성경의 표기가 다시 논란이 된 것은 조선어학회가 발표한 〈한글마춤법 통일안〉(1933)의 수용 문제였다. 구역 신약전서에서 채택한 표기법은 당시 민간에서 널리 쓰이던 표음주의 표기를 기본으로 하여 일관되게 적용한 것이었다. 그러나 조선총독부의 〈언문철자법〉(1930)과 조선어학회의 〈한글 마춤법 통일안〉(1933)이 공포됨으로써 상황이 바뀌었다. 표음주의를 포기하고 형태주의 표기법으로 일대 전환을 하였기 때문이다. 이 과정에서 1934년 9월 5일 조선어학회는 찬송가와 성경을 신철자법으로 개정해 줄 것을 요청하였다. 그러나 서북지방의 교인을 중심으로 반대가 심하여 결정을 쉽게 하지 못하였다. 기독교인의 반수에 해당하는 서북 사람들이 쓰는 평안도 방언이 무시되었다는 것이 그 중요한 이유의 하나였다(대한성서공회, 1994;177). 평안도 방언은 '天地'를 '턴디'로 하여 구개음화를 모르는 것이 중요한 하나의 특징이었는데, 개정 맞춤법은 이를 '천지'로 수정한 것이었다. 성서위원회는 1937년 9월 형태주의 맞춤법의 수용을 결정하였으나, 《개역성경》(1938)에는 반영하지 못하였다. 그 표기의 개정은 1952년에 가서야 이루어졌다.

한글 성경에서 쓰인 철자법은 이승만 정부가 추진한 〈한글 간소화 방안〉이 논의되던 시절에 다시 소환되었다. 〈한글 간소화 방안〉은 1954년 7월 정부가 어려운 형태주의 맞춤법 대신 표음주의 표기로 개정한 것인데, 이에 대한 찬반 논란이 거세지면서 개화기 성경 철자법에 대한 검토가 다시 이루어졌다. 국어심의회 실무위원회에서 개화기 성경 맞춤법의 내용을 자모, 성음, 문법으로 구분하고, 문법은 다시 체언과 토, 어간과 어미, 합성 용언, 피동형과 사역형, 어원표시, '브, 그'가 붙은 말, 공대어미 등으로 나누어 검토하였다(김민수, 1983). 검토된 문법 사항의 대부분은 형태를 밝히는 문제인데, 정부의 표음주의 표기법으로의 개편 요구에 따른 조치였다. 그러나 옛 성경철자법과 같은 표음주의를 지향한 〈한글 간소화 방안〉은 언중에 반대로 끝내 실현되지 못하였다.

11.2.3. 한글 성경의 문체

11.2.3.1. 국문체

한글 성경은 순 국문체 문장의 확산에 기여하였다. 국문의 공식적 지위 획득이 1894년에 가서야 가능했고, 한글 전용 문체도 이 무렵부터 주목받기 시작하였다는 점을 고려하면 한글 성경은 이보다 먼저 순 국문의 길을 가고 있었던 것이다. 비록 선교의 목적으로 쉬운 문자를 선택한 결과이지만, 결과적으로 개화기의 자주 독립 계몽 사상과 맞물리면서 한글 전용체 확산에 영향을 미친 것이다.

순 국문체는 서양 선교사 존 로스, 매킨타이어 등이 최초로 번역한《누가복음》부터 《예수성교전서》(1887), 《신약전서》(1900), 《개역성경》(1938)에 이르기까지 순 한글로 번역되어 오늘날까지 대종을 이루는 문체이다. 성경 번역이 한글 전용으로 된 것은 번역자가 서양 선교사들이었다는 점이 먼저 지적되어야 한다. 한문 문화에 익숙하지 않은 그들로서는 한글을 두고 굳이 한자를 빌려 쓸 필요가 없었던 것이다. 이수정이 일본에서 번역한《신약마가젼 복음셔언ᄒᆡ》(1885)를 서울에서 수정했던 아펜젤러가 한자를 모두 한글로 바꾸었던 것도 그러한 이유였을 것이다. 또한 선교사들은 처음에 포교의 대상으로 한문을 잘 아는 유식한 계층보다는 기층 민중들에게 관심이 있었던 만큼 굳이 어려운 한자를 쓸 필요가 없었을 것이다.

(16) ㄱ. 하나님의아달예수키리쓰토복음의처음이라ᄂᆞ션지이사야써사되보
　　　라ᄂᆡ가ᄂᆡ의사쟈롤너희압페보ᄂᆡ여너희길올예비하고ᄃᆞ들에셔불으
　　　ᄂᆞᆫ쟈의소릭갈오딕쥬의길올예비ᄒᆞ며그딕로롤졍직키ᄒᆞ리라함ᄀᆞᆺ치
　　　(예수셩교젼셔)
　　　ㄴ. 하ᄂᆞ님의 아들 예수 그리스도 복음의 처음이니 션지쟈 <u>이사야</u>의

긔록혼 말솜에 볼지어다 내가 내 ᄉᆞᄌᆞ를 네 압혜 보내리니 뎌가
네 길을 예비ᄒᆞ리라 뷔들에 소리 잇서 웨쳐 갈ᄋᆞ디 쥬의 길을 예비
ᄒᆞ며 그 쳡경을 곳게 ᄒᆞ라홈과 ᄀᆞ치 (신약젼셔, 1906)

(16)은 《예수셩교젼셔》(1887)와 《신약젼셔》(1906)의 말코복음 뎨일쟝
의 첫 부분이다. 번역문에서 가능한 한자어보다는 고유어를 가려 쓰도록
노력하였음을 알 수 있다. 그러나 점차 고유어가 한자어로 바뀌게 된다.
1906년까지는 '들' 혹은 '뷔들'로 쓰이던 것이 다시 '광야'(신약젼셔, 1911)
로 바뀐 것이 그러한 예를 보여 준다. 표면적으로는 국문체이지만 내용적
으로는 한자어로 수정된 것이다.

11.2.3.2. 국한문 혼용체

외국인 선교사가 한글 성경을 주도하였다면, 국한문 성경은 우리나라
사람들이 주도였다. 한학자였던 이수정의 《현토한한신약성서》(1884)는
한문에 토를 달아 조선 시대의 구결문으로 된 성경이다. 이것은 국문이
쓰이지 않았으므로 국한문이 아니다. 국한문 성경은 두 가지 유형이 있다.
하나는 1906년 유성준이 한문본 《신약전서문리》와 한글 성경 《신약젼셔》
(1906)을 바탕으로 번역한 《신약전서 국한문》이다. 둘째는 한글 성경을
저본으로 하여 번역된 《간이선한문 신약성서》(1931)이다. 이것은 저본의
한글 문장에서 한자어만을 한자로 노출 시켰다. 이들 국한문 성경은 한자
를 아는 식자층들의 요구에 부응한 것이었지만, 전자는 전형적인 개화기
의 이서체에 해당하고 후자는 향찰체에 해당한다.

(17) ㄱ. 心이 虛혼 者는 福이 有ᄒᆞ니 天國이 彼等의 거시오 哀痛ᄒᆞ는 者
는 福이 有ᄒᆞ니 彼等이 慰勞홈을 受홀 거시오 溫柔혼 者는 福이
有ᄒᆞ니 疲等이 地를 得홀거시오 義를 思慕ᄒᆞ기를 飢渴홈과 ᄀᆞ치

ᄒᆞᄂᆞᆫ 者ᄂᆞᆫ 福이 有ᄒᆞᄂᆞ니 彼等이 飽ᄒᆞᆯ 거시오(마태복음, 5:3-6)

ㄴ. ᄆᆞ음이 간난ᄒᆞᆫ쟈ᄂᆞᆫ 복이 잇ᄂᆞ니 텬국이 뎌희 거시오 이통ᄒᆞᄂᆞᆫ쟈ᄂᆞᆫ 복이 잇ᄂᆞ니 뎌희가 위로홈을 밧을 거시오 온유ᄒᆞᆫ쟈ᄂᆞᆫ 복이 잇ᄂᆞ니 뎌희가 ᄯᅡ흘 ᄎᆞ지ᄒᆞᆯ 거시오 의 ᄉᆞ모ᄒᆞ기를 주리고 목ᄆᆞ른 것 갓치 ᄒᆞᄂᆞᆫ쟈ᄂᆞᆫ 복이 잇ᄂᆞ니 뎌희가 비부를 거시오

ㄷ. 하늘에 계신 우리 아바지여 일홈을 거륵ᄒᆞ게 ᄒᆞ옵시며 … 大槪 나라와 權勢와 靈光이 아바지쎄 永遠히 잇ᄉᆞ옵ᄂᆞ이다 (마태복음 6:9-13)

(17ㄱ)은 《新約全書 국한문》의 마태복음이고, (17ㄴ)은 (17ㄱ) 해당 부분의 《신약젼셔》내용이다. 원래의 한자어뿐만 아니라 고유어로 번역되었던 모든 실사들도 한자어로 바꾸었다. '마음'을 '心'으로 '밧-'은 '受'로 '주리-'을 '飢渴'로 '배부르-'를 '飽'로 '뎌희'를 '彼等'으로 바꾸었다. 한자어를 모두 한자로 노출 시킨 개화기의 전형적인 이서체의 영향으로 번역된 것이다. (17ㄷ)은 '간이선한문'(簡易 鮮漢文) 성경의 예문으로 자연스러운 향찰체의 국한문을 보인다.

11.2.3.3. 국한문병용체

국한문 병용체는 국문과 한자를 모두 쓴 것인데, 두 언어를 나란히 배치한 것과 특정한 단어만을 한자와 국문으로 나란히 쓴 것이 있다. 전자는 조선 시대 언해체와 마찬가지로 한문과 그를 번역한 국문을 나란히 배치하여 이중 언어를 표기한 것이다. 로스의 《요안ᄂᆡ복음》을 수정한 《요한복음젼》(1891)이 그 예인데, 서경조와 펜윅이 수정 작업을 하였다(대한성서공회, 1994). 후자는 일본에서 이수정이 번역한 《신약마가젼 복음셔언ᄒᆡ》(1885)의 예문이다. 한문 성서를 국한문으로 번역한 다음 한자에는 한글로 표음을 한 것이다.

(18) ㄱ. 原始有道 道與上帝共在 道卽上帝

　　처음에도가잇〈되도가하나님과홈쯰〈니도〈곳하〈님이라

ㄴ. 第1章(제일쟝) 1 神^(신)의 子^(〈) 耶蘇基督^(예슈쓰크리슈도〈)의 福音^(복음)이

　　니 그 처음이라 2 豫言者^(예언〈)의 記錄^(긔록)혼 바의 일너〈되 보라

　　닉 나의 使者^(〈〈)를 네 압헤 보닉여써 네 道^(도)를 갓츄게 ᄒ리라

　　혼 말과 ᄀ치 3 드을에 〈람의 쇼리 잇셔 웨쳐 이르되 主^(쥬)의 道^(도)

　　를 갓츄어 그 길을 곳게 혼다ᄒ더니(이수정 역본)

ㄷ. 뎨일쟝 샹뎨의 아ᄃ를 예수쓰크리스도스 복음이니 그 처음이라 2

　　션지쟈의 긔록혼 바에 닐너〈되 보라 내가 나의 〈쟈를 네 압희

　　보내여써 네 도를 ᄀ초게 ᄒ리라 혼 말과 ᄀ치 3 들에 〈룸의 소리

　　잇셔 웨쳐 닐ᄋ딕 쥬의 도를 갓초아 그 길을 곳게 혼다 ᄒ더니(아펜

　　젤러 수정본)

　(18ㄱ)은《요한복음젼》(1891)의 내용으로 지식층의 한문 성경 요구에
따라 국문과 한문을 합친 방법이다. 개화기 이능화의 '한문부언문'과 유사
한 방식이다. 다만, '한문부언문'은 국한문과 국문의 병용이라는 점에서
이와 다르다. (18ㄴ)은 이수정의 역본이고, (18ㄷ)은 이것을 아펜젤러가
개정한《마가의젼혼복음셔언히》(1887)이다. 아펜젤러 역본의 경우는 한
자의 노출을 없애는 것은 물론 일부 한자어는 해당하는 고유어로 교체하
여 순 국문체가 되도록 하였다. 子-아ᄃ, 鄕村-고을, 信-믿음, 徧-쪅. 한국
인의 손에서 국한문으로 번역된 성경이 서양인 선교사에 의해 순 국문으
로 수정된 것이다.

11.2.4. 한글 보급과 성경

　한글 성경은 선교의 목적으로 이루어진 것이지만, 결과적으로 한글을

널리 보급하고 문맹 퇴치에 공헌하였다. 선교사들은 조선 사람들이 배우고 쓰기 쉬운 표음 문자를 가지고 있는 사실에 주목하고, 이들 기층 서민들을 대상으로 한 선교의 수단으로 한글을 선택한 결과였다. 당시 조선은 문자를 해독할 수 있는 사람이 최대한으로 잡아도 10%를 넘지 않았을 것이라는 점에서, 읽고 쓰기 쉬운 한글 성경의 대규모 보급은 문자 보급에서 현저한 역할을 하였을 것이다.

한글 성경은 외국에서 간행하여 국내로 들어오기 시작하였다. 선교사들이 국내에 입성하기 전에 이미 한글 성경이 널리 퍼져 있었다. 대한성서공회(1993;76)에 따르면, 1882년부터 1887년까지 로스역은 신약 5,000부에 단편 성경 62,040부를 합하여 67,040부가, 1988년부터 1893년까지 27,000부가 발간되어 1882-1893년까지 모두 94,040부가 발간되었으니, 이들 순국문 성경의 상당수가 갑오개혁 이전에 이미 한반도에 전해져 읽혔다고 봐야 할 것이다. 이후 발행된 모든 성경이 1882-1899년에는 198,658부가, 1882-1911년에는 2,188,825부가 되었으니(전무용, 2019) 그 숫자는 급속도로 증가된 것이다. 1910년대 우리나라 인구가 약 1,300만 명 정도였다고 하니 그 영향력을 충분히 짐작할 수 있다.

당시에 성경이나 기독교 관련 서적이 얼마나 널리 읽혔는지는 다음의 증언을 통해 알 수 있다. (19ㄱ)은 최남선(1890-1957)의 증언이며, (19ㄴ)은 이광수(1892-1950)의 증언이다.

(19) ㄱ. 국문을 깨친 나로서는 국문으로 된 책이란 쪽 복음 정도이었으므로, 사실 이것을 열심히 읽을 수밖에 없었다. 내가 국문을 깨친 것은 여섯 살 때였다. 활자로 된 책을 읽어야겠으나 당시 국문으로 된 책은 아주 드물었다. 이때에 쪽 복음은 유일한 국문체의 책이었다(최남선, 1955).

ㄴ. 학교 교육 이외에도 성경과 찬송가를 볼 필요상 무식한 교인들도

한글을 배우며 또 성경을 읽기에 독서욕을 득하여 천로력정이라든
가 기타 간이한 종교 서적에 흥미를 붙이게 되었소(이광수, 1917).

한글 성경의 보급은 성경 보급소, 권서(勸書) 활동으로 이루어졌다. 성
경 보급소는 성서의 보관 창고나 판매의 역할뿐만 아니라, 전도의 중심지
로서 역할을 하였으며, 성경 외판원 격인 권서는 성경 보급의 주역으로
전국 방방곡곡을 누비며 성경을 보급하였다. 중국에서 간행된 로스역은
주로 서상륜 등 조선인 권서들에 의해 은밀하게 서북 지역에 배포되었으
며, 일본에서 간행된 이수정역과 일부 로스역은 일본인과 중국인 신자를
통해 부산과 제물포를 중심으로 중부이남 지역에 배포되었다.

■ **참고문헌**

이광수(1917), 최남선(1955), 김윤경(1960ㄱ), 김윤경(1960ㄴ), 이기문(1963), 이기문(1970),
송민(1976), 김민수(1983), 김민수(1986), 김민수(1987), 대한성서공회(1993, 1994), 정길남
(1983), 민현식(1994), 신창순(2003), 이병근 외(2005), 최성규(2006), 김혜진(2008), 임상석
(2008), 한글학회(2009), 김주필(2014), 대한성서공회(2015), 김동언(2017), 전무용(2019),
인터넷 사이트(구한국관보, 대한민국신문 아카이브, 우리역사넷)

제12장 국문 교육과 교재

12.1. 개화기 교육과 국어

12.1.1. <교육입국조서>와 국가 중흥대공

전통적 교육 기관 대신 서양식의 근대적 학교가 도입된 것은 19세기 후반 서양 선교사들에 의해서였다. 1885년 12월 아펜젤러가 설립한 배재 학당은 중등 과정으로, 한문, 영어, 천문, 지리, 생리, 수학, 수공, 성경 등을 가르쳤다. 이어 이화학당, 원산학당, 정신학당, 경신학당이 차례로 설립되어 민간에서 신식 교육이 활발하게 전개되었다. 이들은 모두 중등 과정을 가르치는 민간 교육 기관이었다.

정부 차원에서의 신식 교육 기관 설립은 1894년 갑오개혁이 일어난 이후의 일이다. 1895년 2월 2일 교육이 국가 보존의 근본임을 밝히고, 허명을 버리고 실용을 숭상하는 내용을 골자로 하는 고종의 <교육입국조서>가 발표되었다. 그중의 일부를 한글로 바꾸어 보면 다음과 같다.

(1) 독립웅시(獨立雄視)ᄒᆞᄂᆞᆫ 제국은 개기인민(皆其人民)의 지식이 개명(開明)ᄒᆞ고 지식의 개명홈은 교육의 선미(善美)ᄒᆞᄆᆞ로 이(以)홈인 즉 교육이 실로 국가 보존ᄒᆞᄂᆞᆫ 근본이라 시이(是以)로 짐이 군사(君師)의 위에 재하야 교육ᄒᆞᄂᆞᆫ 책(責)을 자담(自擔)ᄒᆞ노니 교육도 ᄯᅩᄒᆞᆫ 기도(其道)가 유ᄒᆞᆫ지라 허명과 실용의 분별을 선립(先立)ᄒᆞᄆᆡ 가ᄒᆞ니 서(書)를 독(讀)ᄒᆞ고 자(字)를 습(習)하야 고인의 조백(糟백)만 수습하고 시세의 대국에 몽매한 자는 문장이 고금을 능가하야도 일무용한 서생이라

(1)은 교육의 강령으로 덕(德), 체(體), 지(智)을 기르는 것을 제시하였다. 덕양은 전통적인 오륜의 행실을 닦고 세상의 질서를 유지하고 사회의 행복을 증진하는 것으로, 체양은 체력을 키워 건강하고 무병하게 생활하는 것으로, 지양은 사물의 이치를 밝혀 시비장단을 가리고 자타를 구분하지 말고 공중의 이익을 도모하는 것으로 규정하고 있다. 이를 바탕으로 학교를 많이 개설하고 인재를 양성하는 것은 결국 국가의 중흥대공을 위한 것이라 하였다. 이 조서는 새로운 시대의 흐름에 능동적으로 대처하기 위해 허명보다 실용을 숭상하는 교육의 필요성을 언급한 것으로 이후 교육의 방향을 제시하였다.

12.1.2. 개화 전기의 <소학교령>

개화 전기는 갑오경장이 일어난 1894년부터 을사보호 조약이 체결된 1905년까지의 기간이다. 이 기간은 외세가 발호하는 와중에 자주 독립 국가 건설을 위하여 국문을 각성하고 교육함으로써 국가 중흥을 도모한 시기이다. 근대식 학교 교육은 <교육입국조서>가 공포되고 1895년 7월 22일 칙령 제149호로 <소학교령>이 관보에 게재됨으로써 시작되었는데, 1895년 8월 학부령 제2호로 성균관 경학과 규칙이 제정되고, 1899년 4월

6일 칙령 제11호로 〈중학교 관제〉가 공포됨으로써 중·고등 교육 기관에 대한 정비가 마무리되었다.

〈소학교령〉은 전문 4장 26조와 부칙 3조로 모두 29조로 되어 있는데, 제1조에서 소학교는 국민 교육의 기초와 생활상 필요한 보통 지식과 기능을 가르치는 것을 목적으로 하고 있음을 밝히고 있으며, 제7조에서 수업 연한을 심상과는 3년 고등과는 2, 3년으로 하여 5년 혹은 6년으로 규정하고 있다. 소학교는 지금의 초등학교에 해당하는 교육 기관이다. 1895년 9월 28일 학부 고시 제4호에 따르면 당시 경성 내에 장동, 정동, 묘동, 계동 네 곳에 소학교가 있었으며, 8세부터 15세까지의 학생을 모집하였다. 오륜행실로부터 소학, 본국 역사, 지지(地誌), 국문, 산술, 외국 역사와 지지 등을 가르치도록 하였다. 〈소학교령〉에서 규정한 교과목 중에 '독서, 작문, 습자'가 국어 혹은 국문 교육의 틀 안에 해당하는데, 1895년 8월 15일 〈소학교규칙대강〉(학부령 제3호)의 심상과 교육 내용의 일부를 보이면 다음 (2)와 같다.

(2) ㄱ. 독서와 작문은 근으로 유ᄒᆞ야 원에 급ᄒᆞ며 간으로 유ᄒᆞ야 번에 취ᄒᆞᄂᆞᆫ 방법에 의ᄒᆞ고 몬져 보통의 언어와 일상수지의 문자 문구 문법의 독방과 의의를 지케ᄒᆞ고 적당ᄒᆞᆫ 언어와 문구ᄅᆞᆯ 용ᄒᆞ야 정확히 사상을 표창ᄒᆞᄂᆞᆫ 능을 양ᄒᆞ고 겸ᄒᆞ야 지덕을 계발ᄒᆞᆷ을 요지로 홈 / 심상과에ᄂᆞᆫ 근이적절ᄒᆞᆫ 사물에 취ᄒᆞ며 평이ᄒᆞ게 담화ᄒᆞ고 기 언어ᄋᆞᆯ 연습ᄒᆞ야 국문의 독법 서법 철법을 지케ᄒᆞ며 차제로 국문의 단문과 근이ᄒᆞᆫ 한문 교ᄒᆞᄂᆞᆫ 문을 수ᄒᆞ고 점진ᄒᆞ기ᄅᆞᆯ 종ᄒᆞ야 독서 작문의 시간을 분별ᄒᆞᄂᆞ니 독서ᄂᆞᆫ 국문과 근이ᄒᆞᆫ 한문 교ᄒᆞᄂᆞᆫ 문으로 수ᄒᆞ고 작문은 국문과 근이ᄒᆞᆫ 한문교ᄒᆞᄂᆞᆫ 문과 일용서류등을 수ᄒᆞᆷ이 가홈 (제3조)

ㄴ. 습자는 통상 문자의 서ᄒᆞᄂᆞᆫ 법을 비케 ᄒᆞ고 운필에 습숙케 홈을

요지로 홈 / 심상과에는 국문과 근이흔 한자를 교흐는 단구와 통상의 인명 물명 지명 등의 일용문자와 급 일용서류를 습케 흐미 가홈 / 한자의 서체는 심상과에는 행서 혹 행서로 흐고 고등과에는 해서 행서 초서로 홈. (제4조)

　(2ㄱ)은 독서와 작문에 대한 규정으로 일상 언어와 문자의 이해, 정확한 사상 표현, 지덕을 계발하는 것을 목표로 제시하였다. 이것은 국어 교육의 기본이 이해력과 표현력을 키우는 것임을 분명히 한 것이다. 그 내용으로 먼저 독법, 서법, 철법을 교육하고 이어 국문과 쉬운 국한문을 가르치며, 독서와 작문의 시간을 따로 하되, 작문 시간에는 일용서류 쓰는 방법을 추가하도록 하였다. (2ㄴ)은 습자를 규정한 것인데, 국문과 한자의 쓰는 법을 가르치도록 규정하고 있다. 이때의 국문과 국어 교육은 국문과 한문에 대한 이해와 작법과 글자를 정확하게 쓰는 것을 요구하고 있다.

12.1.3. 개화 후기의 <보통학교령>

　개화 후기는 을사조약이 체결된 1905년 11월 17일부터 한일합방이 일어난 1910년 8월 29일까지 기간이다. 이 기간은 자주 독립 국가 건설을 위해 몸부림치다가 을사조약으로 외교권을 빼앗기고 1906년 2월 일본이 설치한 통감부의 간섭을 받은 시기이다. 그러나 이미 1904년 8월 22일 제1차 한일 협약을 체결하여 재정·외교의 실권을 빼앗긴 상태에서 1905년 2월 17일 대한제국 학부 대신은 교육에 관한 일체의 사항을 시데하라 히로시(幣原坦)에게 자순(諮詢)하고 그 동의를 거쳐 시행한다는 계약서를 체결하여 교육 주권이 일본으로 넘어간 시기였다. 1905년 4월 11일 일본인 학정 참여관 시데하라 히로시가 기초하여 외무 대신에게 보고한 <한국 교육개량안>은 개화기 통감부의 교육 정책 방향이 되었다(위영, 2001).

〈한국교육개량안〉은 일본의 보호국으로 적당한 교육을 하며, 한국민이 선량하고 평화한 미성을 갖도록 한다는 취지 아래 일본어를 보급하고, 신지식을 개발하고, 학제는 번잡하지 않고 비근하게 하도록 하였다.[10] 이 것은 일본어 교과를 늘리고 학교에 일본인 교사를 배치하였으며, 시학기 관을 설치하고, 교과서를 편찬하고, 소학교를 보통학교로 개편하고, 중학 교를 고등학교로 개편하는 형태로 나타났다. 구체적으로 1906년 8월 27일 에는 칙령 제40호로 학부 직할 학교 및 공급 학교 관제를 공포하고, 이에 맞추어 〈보통학교령〉(칙령 제44호), 〈사범학교령〉(칙령 쩨41호), 〈고등 학교령〉(칙령 제42호), 〈외국어학교령〉(칙령 제43)을 잇달아 제정하였 다. 또한 1908년 4월 2일에는 〈고등여학교령〉(칙령 제22호)이, 1908년 8월 26일에는 〈사립학교령〉(칙령 제62호)이 공포되었다.

〈보통학교령〉은 전문 25조로 공포되면서 보통학교가 소학교를 대체하 게 되었고, 보통학교에서는 독서, 작문, 습자로 나누어 있던 국어 관련 과목이 '국어'로 통합되었고, 한문이 신설되었으며, 일본어가 필수 과목으 로 편성되면서 일본어가 부상한 시기였다. 〈보통학교령〉 제6조에는 "보통 학교의 교과목으로 수신과 국어와 한문과 일어와 산술과 지리역사와 도화 와 체조로 ᄒ고 여자에ᄂ 수예를 가홈이라 시의에 의ᄒ야 창가와 수공과 농업과 상업 중에 일과목 혹은 기과목을 과홈을 득홈이라"고 규정하였다.

1906년 8월 27일 〈보통학교령 시행규칙〉(학부령 제23호) 제9조에는 국어와 한문, 일어의 교육 내용을 규정하고 있다. 그중의 일부만을 보이면 다음과 같다.

---

10 第一 日本帝国政府ノ對韓政策ニ從ヒ將來韓国ガ帝国ノ保護国トシテ萬般ノ施設改良ヲナ スニ適當ナル教育ヲ施スヲ以テ旨トス. 第二 韓国民ヲシテ善良ニシテ平和ナル美性ヲ 涵養セシメンコトヲ期ス. 第三 日本語ヲ普及ス. 第四 從來韓国ノ形式的國敎タリシ儒敎 ヲ破壞セズシテ而モ新智識ヲ一般ニ開發ス. 第五 學制ハ繁縟ヲ避ケ課程ハ卑近ナラシ ム(《日本外交文書》 제38권 제1책, 「事項18 韓國學部顧問傭聘竝學政改革ノ件」 문서번호 744. 한국근대사기초자료집 2, 국사편찬위원회)

(3) ㄱ. 국어: 일상수지의 문자와 문체를 지케 ᄒ며 정확히 사상을 표창ᄒ
　　　 ᄂ 능력을 양ᄒ며 겸ᄒ야 덕성을 함양ᄒ고 보통 지식을 교수
　　　 홈으로 요지를 홈이라

　　 ㄴ. 한문: 보통의 한자급한문을 이회하며 겸ᄒ야 품성을 도야홈에 자
　　　 홈으로써 요지를 홈

　　 ㄷ. 일어: 근이ᄒ 회화와 간이ᄒ 문법을 이회ᄒ며 또 작문ᄒ야 실용의
　　　 자를 요홈이라

　　(3ㄱ)은 국어는 이해력과 표현력과 덕성 함양을 중시하고 보통 지식을
교수하는 것을 목적으로 하며, 발음·독법·서법을 이해하고, 작문·습자
등도 가르치도록 하였다. (3ㄴ)의 한문은 보통의 한자 한문 이해와 품성
함양을 중시하고, 성인의 가언선행이나 세상에 회자한 글을 가치도록 하
였다. (3ㄷ)의 일어는 간단한 회화와 문법을 이해하고 독법·서법·작법
을 가르치고, 발음 등에도 주의하여 정확한 일어를 배울 수 있도록 규정하
였다. (3ㄴ, ㄷ)은 국어와 연계하고 때때로 국문으로 번역하게 하여, 세
교과를 하나의 범주로 다루었다. 국어는 주당 6시간을, 한문은 4시간을,
일어는 6시간을 배당함으로써 일어의 수업 시수가 국어와 같게 되었다.

　　그런데 1909년 7월 9일 〈보통학교령 시행규칙〉(학부령 제6호)을 개정
하여 국어와 한문을 〈국어급한문〉으로 통폐합하고, 수업시수를 남자 10
시간, 여자 9시간으로 하였다. 또한 제8조에서 〈언문급한자독법〉이라고
함으로써 국문 대신 언문이란 용어를 썼다. 이미 국문은 그 수명을 거의
다했던 것이다. 이 시기는 우리말 교과서도 일본어로 제작하려는 움직임
이 있었던 것으로 파악된다.

12.1.4. 개화기 국어 교재

국어과 교재는 편찬 주체에 따라 세 가지로 나눌 수 있다(박붕배, 1987). 1860년대부터 1895년까지는 주로 서양 선교사들이 편찬하여 사용한 것으로 민간의 자율적 편성기였다. 1895년부터 1906년까지 학부 편찬의 국정 교과서와 민간에서 자율적으로 간행한 교과서가 병존하는 시기였다. 1906년부터 1910년까지는 국정과 검인정으로 나누어 사용되면서 민간의 자율적인 교재는 사용이 금지되었다. 특히 1908년 8월 28일 〈교과용 도서 검정 규정〉(학부령 제16호)과 1908년 9월 15일 〈학부편찬 교과용 도서 발매 규정〉(학부령 제17호)의 공포로 교과서 사용이 엄격히 통제되었다. 1909년에는 일부 교과서는 사용금지 되었으며, 인가 받지 못한 교과서가 절반이 넘었다. 개화기 주요한 몇 개의 교과서는 다음과 같다.

12.1.4.1. 《국민소학독본》

《국민소학독본》(1895)은 '大朝鮮開國五百四年梧秋'란 간기가 있어 1895년 음력 7월에 간행된 것으로 목활자본 75장이다. 일본의 《고등소학 독본》을 참고하여 제작된 것으로 알려져 있다. 이것은 소학교령이 공포된 이후 학부 편집국이 최초로 편찬한 교과서로 목차와 41개 과로 구성되어 있다. 41개 과는 각각의 주제를 담은 국한문으로 작성되었다. 각 단원은 다음과 같다.

(4) 대조선국, 광지식, 한양, 아가, 세종대왕 기사, 상사급교역, 식물변화, 서적, 이덕보원, 시계, 낙타, 조약국, 지식일화, 운돈1, 윤돈2, 풍, 근학, 봉방, 지니국1, 전, 뉴약, 을지문덕, 경렵, 노동석화, 시간 각수, 지나국 2, 싸횔드1, 2 기식1, 기식2, 아미리가발견1, 2, 아미리가 독립1, 2, 3, 악어, 동물천성, 합중국 광업, 원소, 성길사한1, 2

(4)의 단원 내용은 세종대왕, 을지문덕 등 조선에 대한 것은 물론, 윤돈, 지나, 뉴약, 싸휠드, 성길스한, 아미리가 발견, 아미리가 독립 등 외국에 대한 내용이 많이 포함되어 있으며, 낙타, 악어, 동물천성, 원소 등 자연 과학에 대한 내용도 다수 포함되어 있다. 이것은 당시의 시대적 정세 속에서 조선에 대한 정체성은 물론 미국이나 유럽 등 서양에 대한 소개, 자연과학에 대한 이해를 통하여 국가 부흥을 꾀하려는 계몽주의적 시각으로 편찬되었다는 것을 뜻한다.

〈사진 1〉《국민소학독본》(1895)

《국민소학독본》은 교육자의 입장에서 전달하고자 하는 내용이 중심으로 주로 읽기용 교재로서의 성격을 갖는다. 한글이나 국어의 기초에 대한 지식이나 학습 내용은 고려되지 않았다. 제1과 대조선국의 첫머리를 보이면 다음과 같다. 띄어쓰기는 되어 있지 않다.

> (5) 우리大朝鮮은亞細亞洲中의一王國이라其形은西北으로셔東南에出흔半
> 島國이니氣候가 西北은寒氣甚ᄒ나東南은溫和ᄒ며土地ᄂ肥沃ᄒ고物産
> 이饒足ᄒ니라

글은 어려운 한자가 비교적 많이 사용되었다. 대부분의 문장은 '-이라, -이니, ᄒ나, ᄒ며, ᄒ고'처럼 길게 이어지고, 한자어는 한자로 노출한 국한문체를 보이고 있다. 다만, 외국의 인명이나 지명을 적을 때는 한문 번역식으로 된 것(英國, 法國, 荷蘭, 西班牙, 歐羅巴)과 직접 음사한 것이 있는데, 싸휠드(좌휠드), 쎼임스아브람, 어하이어주 오런지촌, 토마스, 클니브난드 등 널리 알려지지 않은 것은 주로 한글로 음사하였다.

12.1.4.2. 《소학독본》

《소학독본》(1895)은 '大朝鮮開國五百四年仲冬'이란 간기가 있는 것으로 보아 《국민소학독본》보다 4달 뒤에 편찬 발행된 것이다. 1책 33장의 활자본이다. 내용은 《국민소학독본》과 상반된다. 《국민소학독본》이 구습을 버리고 실용을 중시하는 〈교육입국조서〉의 방침을 잘 반영한 것에 비하여, 《소학독본》은 도덕 중심의 가치관에 관한 내용으로 구성되어 전통적인 입장을 견지하고 있다.

《소학독본》은 목차 없이 '입지(立志), 근성(勤誠), 무실(務實), 수양(修養), 응세(應世)' 등 5가지 주제에 대해 설명하는 문장으로 되어 있는데, 주로 맹사성, 송시열, 이율곡, 성휘, 조관조 등 성현들의 고사나 격언 등을 담고 있으며, 1음절 한자어도 한자로 노출하는 경전체 형식이 많이 있다. 구두점이나 기호 등은 사용하지 않았으나, '대군주폐하', '성의' 등 높여야 할 단어 앞에 한 칸을 비운 공격법을 사용하였다. '입지 제1'은 이렇게 시작한다.

(6) 古者에男子ㅣ生에桑弧와蓬矢로天地와四方을射홈은男子의立志가上下 와四方의有홈으로써홈이니라

12.1.4.3. 《신정심상소학》

《신정심상소학》(1896)은 3권3책으로 발행된 것으로 학부 편집국에서 발행하였다. 권1은 31과, 권2는 32과 권3은 34과로 되어 있다. 1895년 간행한 바 있는 《심상소학》을 개정한 것으로 추정되는 것으로 목활자로 된 활자본이다. 표지와 판심에는 '심상소학'으로 되어 있다. 책은 권두에 한글 반절표가 있으며, 이어 서문, 목록, 본문이 이어지고 있다. 서문은 교과서에 처음 등장한 것인데, 한문만 숭상하여 옛것만 배우지 말고 시세를 살펴 국문을 참호(參互)하여 지금도 배워 지식을 넓힐 것을 당부하고

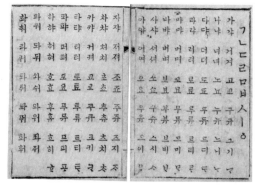

〈사진 2〉《신정심상소학》(1896)

있다. 책의 편찬은 "천하만국의 문법과 시무에 적용한 사람을 의양하여 물상을 비유하며, 화도로 형용하고, 국문을 상용함은 아동을 위한 것이라"고 하였다.

　권두의 반절표는 한글의 기초 학습을 위해 제시한 것으로 교과서에서는 처음으로 덧붙어 있다. 여기에는 오른쪽 첫머리에 초성과 종성에 모두 쓰이는 9개 자모(실제는 8개)를 굵은 글씨로 제시하고 있으며, 그 다음 1-14줄은 자음 'ㄱ, ㄴ, ㄷ, ㄹ, ㅁ, ㅂ, ㅅ, ㅇ, ㅈ, ㅊ, ㅋ, ㅌ, ㅍ, ㅎ'과 모음 'ㅏ, ㅑ, ㅓ, ㅕ, ㅗ, ㅛ, ㅜ, ㅠ, ㅡ, ㅣ, ·'가 결합한 합자의 예를 보이고 있다. 따라서 1줄에는 '가갸 거겨 고교 구규 그기 ᄀᆞ'가 제시되어 있다. 다만, 15줄과 16줄에는 합중성 'ㅘ, ㅝ'가 자음과 결합한 예를 보이고 있는데, 자음이 'ㄱ, ㄷ, ㅅ, ㅇ, ㅈ, ㅊ, ㅋ, ㅌ, ㅍ, ㅎ' 등 10개만 들어 있고, 'ㄴ, ㄹ, ㅁ, ㅂ' 등 4자는 포함되어 있지 않다. 이 4자가 빠진 이유는 아마도 인쇄상의 지면 문제인 것으로 보인다.

　《신정심상소학》 내용은 교훈적인 내용이 중심을 이루는데, 근면·성실·효도 등 일상의 생활 규범을 우화와 비유를 통해 알려 주고 있다. 체제는 이전의 일방적 지식 전수보다는 배우는 학생을 고려하여 반절표를 권두에 제시하고 67건의 삽화를 제시하고 쉬운 국문을 사용하였다. 문장은 이전보다 단문으로 구어체에 가까웠으며, 띄어쓰기 대신 권점으로 구분하였다. 국어 교육의 입장에서 보면 비교적 체계를 갖추기 시작한 것으로 평가된다. 이러한 면모의 일신에는 일본인 보좌원 고견구(高見龜)와 마천송차랑(麻川松次郎)이 편찬에 참여한 것이 영향이 있었으리라 추정된다. 다음은 17과 '쥐의 이익기'의 일부이다.

(7) 쥐식기가. 어미흔테와셔. 말ᄒᆞ되. 나는. 卽今. 죠흔데롤. 츠젓ᄂᆞ이다. 그구멍이. 大小ㅣ 適當ᄒᆞ야. 出入ᄒᆞ기조코. 괴는. 드러올슈업스며. 其內에는. 썩이며. 生鮮의쎠가. 만히잇서. 조흔닙싴나니. 나는. 곳. 드러가랴ᄒᆞ오나 어마님意向이. 엇더ᄒᆞ온잇가

12.1.4.4. 《초등소학》

《초등소학》(1906)은 국민교육회가 편찬 발행한 보통학교용 교과서로 모두 8권4책으로 되어 있다. 이 교육회는 1904년 조직된 애국 계몽 단체이다. 1906년 10월에 권 1-6, 12월 20일에 권 7, 8이 발행되었다. 당시 4년제인 보통학교 전 학년에서 배울 수 있도록 편찬되었으므로, 학년 당 2권씩을 가르치도록 기획되었다. 이 책은 민간에서 발행된 최초의 교과서로 자주 독립 정신을 강조한 전 학년용 교과서로 체계화되었다는 특징이 있다. 문장은 언문일치에 가까운 근대적인 모습을 보이며, 띄어쓰기는 되어 있지 않으며 오른쪽에 구두점을 표시하였다. 이 책은 1910년 11월 16일 일제에 의해 판매 금지되었다.

《초등소학》이 가지는 국어 교육상의 특징은 저학년에서 한글을 중심으로 국어의 기초 지식을 가르치려는 의도가 분명하다는 점이다. 권1은 순 국문으로 되어 있고, 1면에서 26면까지는 낱말 학습이, 27-30면은 자모 음절표가, 31면에는 국기, 32-76면까지는 단문장을 중심으로 엮었다. 즉, 한글 자모에 대한 것은 물론, 낱말 공부를 한자와 연관지어 그림과 같이

제시하고 있다. 단문장을 보이는 과정에도 가급적 먼저 단어를 보인 다음에 관련 문장을 보이는 세심한 주의를 기울이고 있다. 권 2는 목차와 21과로 구성되었다. 소재는 일상적인 것이나 동물에 대한 것이 많이 있다. 문장의 길이가 더 길어졌으며, 가끔 한자가 노출되기는 하지만, 순 국문으로 표기되어 있다. 삽화도 가끔 제시되어 있다. 그런데 권3부터는 국한문 혼용으로 바뀌고, 고학년으로 갈수록 한자의 노출 빈도가 많아졌다. 권3은 30과, 권4는 29과, 권5는 29과, 권6은 28과, 권7은 29과, 권8은 25과로 각각 조직되어 있다.

(8) ㄱ. 칼 넷 이 잇는듸, 한아 는, 크고, 셋은, 적소. 쏘, 그 엽헤, 활 한아와, 살 셋이, 잇느이다.(권1, 72)

ㄴ. 한 암탉 이, 여러 병아리 다려, 일느기를, 멀니, 써나 가지, 말라, 흐얏소. 그러나, 한 병아리 가, 져의 어이 의 말을, 듯지 아니 흐고, 다른데로, 갓더니. 맛참, 솔개 가, 지나다가, 그 병아리 롤, 보고, 곳, 차갓소. 이 병아리 는, 져의 어이 의 말 을, 듯지 아니 흐고,

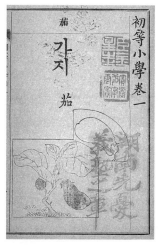

〈사진 3〉《초등소학》권1과 권7

져의 마암 대로, 가자가, 솔개 에게, 차여 갓나이다. 우리들 은,
맛당히, 어룬 의 말삼, 을, 드를것이오. (권2, 17과)

ㄷ. 一犬이, 고기, 한덩이 룰, 어더물고, 橋上으로, 徐徐히, 過去ᄒ면서,
크게, 깃버ᄒ더라. 此時에, 犬이, 橋下룰, 언쯧見ᄒ니, ᄯ흔, 一犬이,
有ᄒ야, 彼와, 同行ᄒᄂ지라.(권5의 8과 '개의 그림자)

ㄹ. 古詩에一女兒가有ᄒ니名은貞順이라性品과行實이良善치못ᄒ야恒
常그父母ᄲ에孝가업더라. 一夜ᄂ書室에坐하야書랄 홀시壁底의小穴
로붓허一麗鼠가頭룰出하야人의動靜을삷히ᄂ지라.(권8의 6과 '孝
鼠')

　(8ㄱ, ㄴ)은 국어의 기초 문장을 예문으로 하는 순 국문체를 보이고
있다. (8ㄷ, ㄹ)은 국한문체의 문장이다.

12.1.4.5. 《보통학교학도용 국어독본》

《보통학교학도용 국어독본》은 〈보통학교령〉에 따라 학부에서 1907년
2월 1일에 권1-권4을 발간하고, 1908년에 3월 1일 권5-권8을 발간한 보통학

교 국어 교과서였다. 1904년 8월 제1차 한
일 협약이 체결됨에 따라 학부에 일본인
참여관을 배치하고, 1907년 한일 신협약이
체결된 다음에는 아예 일본인 차관을 둠으
로써 교과서 내용에 관여하기 시작하면서
만들어진 교과서이다.

　교과서는 전체적으로 문어체가 사용되
었으며, 통감부 등 일본에 관련된 단원이
포함되어 있기는 하나, 전반적으로 '영조
대왕인덕, 개국기원절, 한국지세, 한국해

〈사진 4〉《보통학교학도용 국어독본》

안, 문덕대승, 아국의 북경, 한성, 건원절, 고대 조선, 삼한, 평양 등 대한에 관련된 내용이 많다. 등장하는 우리의 역사적 인물이 다른 민간 편찬의 교과서보다 적기는 하지만, 일본화의 느낌을 받기는 어렵다. 다음은 권6에 실린 '삼국과 일본'이라는 글의 마지막 부분이다.

(9) 백제는 신라와 서로 구시훔으로써 항상 일본을 원조하니라. 백제는 멸망홀 째 신지 일본의 우방이 되야 유사의 시에는 일본이 분다시 원병을 발흥야 보호하얏스며. 백제의 석학과 명공등이 만히 일본에 전주흥야 학문과 기술을 교수흥얏느니라

《보통학교학도용 국어독본》은 권1은 첫째 권으로 3자 이내의 낱말, 수식어가 붙은 말 등 먼저 단어를 공부한 다음에, 단문에서 복잡한 문장으로 단어가 많은 문장으로 구성하였다. 자모와 음절 관련 내용은 부록에 실려 있다. 주목되는 것은 엽서와 봉함, 우편국 등 편지와 관련된 내용을 싣고 있을 뿐만 아니라 권5부터는 보내는 편지와 답하는 편지를 짝으로 싣고 있다. 예컨대 권6에 18과에는 임금(林檎)을 증여흥는 서찰이 있고, 이어 19과에는 동답서(同答書)가 게재되어 짝을 이루고 있다. 편지쓰기가 중요한 교육 내용의 하나로 정착된 것이다.

12.1.4.6. 《신찬초등소학》
현채가 1909년 지은 국어 교과서로 6권 6책의 인쇄본이다. 이 교과서는 사립 학교 조선어과 초등 교육 학도용으로 학부 검정을 받았다. 권1은 41과, 권2는 38과, 권3은 40과, 권4는 38과, 권5는 40과, 권6은 38과로 편성되었으며, 민간에서 편찬, 간행된 교과서 중 당국의 검열을 통과하여 한일합방 이후(1913년)까지 계속 사용된 점에 그 특징이 있다. 권말의 한자 일람표를 통하여 나타난 한자의 사용 실태는, 권1에서 43자, 권2에서

302자, 권3에서 374자, 권4에서 393자, 권5에서 446자, 권6에서 412자 등 모두 1,570자로 되어 있다.

특이한 것은 권1의 1과에서 27과까지 자모와 철자의 보기를 든 다음, 간단한 단어를 그림과 같이 제시하고, 28과부터 마지막까지는 그림과 함께 간단한 문장을 제시하는 내용으로 되어 있다. 특히 1과에서는 자음(초성)을, 2과에서는 모음(중성)을 순서대로 제시하고 시작한다는 점에서 기본 글자의 이해부터 합자로 발전해 나가는 과정을 잘 보여 준다. 자모와 합자를 분석적으로 자세히 보여 주고 있다는 점에서 반절표를 이용한 구체적 한글 교육의 일환이라고 할 수 있다. 제시된 자모에는 초성 14자와 중성 11자, 종성 9자(실제는 8자)를 제시하였다.

(10) 초성: ㄱ, ㄴ, ㄷ, ㄹ, ㅁ, ㅂ, ㅅ, ㅇ, ㅈ, ㅊ, ㅋ, ㅌ, ㅍ, ㅎ
　　　중성: ㅏ, ㅑ, ㅓ, ㅕ, ㅗ, ㅛ, ㅜ, ㅠ, ㅡ, ㅣ, ·
　　　종성: ㄱ, ㄴ, ㄷ, ㄹ, ㅁ, ㅂ, ㅅ, ㅇ, ㅣ

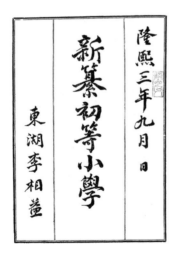
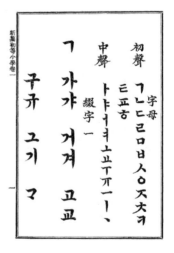

〈사진 5〉《신찬초등소학》 권1

합자의 방법을 1단계와 2단계로 구별하여 1단계인 철자1은 초성과 중성의 합자를, 2단계인 철자2는 초성·중성과 종성의 합자를 보이고 있다. 1단계 철자 1은 초성 14자와 중성 11자의 합자와 초성 14자와 합중성 2자(ㅘ, ㅝ)의 합자를 제시하였다. 2단계 철자 2는 단어 예가 없이 한 페이지에 걸쳐 초성·중성과 종성이 합자하는 규칙을 초성 'ㄱ-ㄹ'까지만 보이고 있다. 다만, 《훈몽자회》 반절의 'ㅇ'이 소멸되면서 후대 반절표에서 'ㅣ'와 'ㅇ'으로 구분하여 표기하던 것에서 'ㅇ'과 'ㅣ'로 순서를 바꾸고 하향 이중 모음의 합자 예를 철자 2에서 제시하였다. 즉 '를, 을, 는' 뿐만 아니라, '에, 혜' 등도 철자 2에 제시하였다.

《훈몽자회》의 '언문자모'에 없던 합중성 2자(ㅘ, ㅝ)와 중중성 1자(ㅣ)는 《삼운성휘》에 처음 도입되었다. 합중성은 일찍부터 반절표에 들어가기 시작하였으나 중중성은 그렇지 못하였다. 그러던 중 《신찬초등소학》에서 'ㅇ'을 'ㅣ'와 'ㅇ'으로 구분하던 관례를 벗어나 순서를 바꾸고 'ㅇ'은 종성의 /ŋ/을 의미하고 'ㅣ'는 중중성의 'ㅣ'를 의미하는 것으로 구별하여 하강 이중 모음을 2단계 합자의 예로 처리한 것이다. 따라서 상승 이중 모음인 '과, 귀' 등은 1단계에서 합자되나, 하강 이중 모음인 '개, 내' 등은 2단계에서 합자되는 모양이 되었다.

12.2. 일제강점기 교육과 조선어

12.2.1. 제도권의 우리말글 교육

12.2.1.1. 《조선교육령》과 조선어 교육
개화기의 신식 학교 제도 도입에 따라 각급 학교가 개설되고 국어 교육이 시행되었으나, 1910년 한일 합방으로 일찍이 경험하지 못한 새로운 상황을 맞게 되었다. 국어 교육은 일본어 교육이 되고, 조선어 교육은 일부 유지는 되었으나 그 위상은 피지배 민족의 언어 교육이 되었다. 대한제국의 일부 교과서는 몰수되고 판매금지 되었으며, 교수 용어로 일본어가 시용되고, 일본인 교사가 대거 교단에 서는 상황이 되었다.

조선총독부의 교육 기본 방침은 〈조선교육령〉(1911)에 따라 이루어졌다. 〈조선교육령〉은 "교육은 교육에 대한 칙어(勅語)의 취지에 따라 충량(忠良)한 국민을 육성하는 것을 본의로 하며"(제2조), "보통학교는 아동들에게 국민 교육이 기초가 되는 보통교육을 하는 곳으로서 신체의 발달에 유의하고 국어를 가르치며 덕육(德育)을 베풀어 국민된 성격을 양성하며, 그 생활에 필요한 보통의 지식과 기능을 가르친다."(제8조)는 점을 명확히 하였다. 여기서의 국민은 일본 국민이고 국어는 일본어였다. 일본에 충성스럽고 선량한 사람을 만드는 것이 교육의 목적이고, 보통학교에서는 국어(일본어)를 잘 가르치는 것이 중요한 목표가 되었다.

〈조선교육령〉은 1911년 8월 23일 칙령 제229호로 제정 공포 되었으나, 이후 여러 차례 개정되었다. 그 중요한 개정은 2차 〈조선교육령〉(1922.2.4. 칙령 제19호), 3차 〈조선교육령〉(1938.3.3. 칙령 제103호), 4차 〈조선교육령〉(1943.3.18.)에 걸쳐 이루어졌다. 1차는 조선어와 한문을 통폐합하여 수업 시수를 줄이고, 2차는 조선어를 독립하면서 한문을 수의 과목으로 하고, 3차는 조선어를 수의 과목으로 지정하여 이름만 남겼다가 1941년부터는 마침내 폐지하였다. 4차는 전시 비상 상태에서 행해진 조치로 이미 조선어가 교과목에서 사라진 다음이었기 때문에 국어 교육과는 관계가 없었다.

12.2.1.2. 뒤바뀐 국어 교육과 조선어

일본어가 국어가 되고, 우리말이 조선어가 되면서 '국어'가 의미하는 바는 역전되었다. 이에 따라 조선어는 국가어에서 피지배 민족의 민족어로 전락하고 외국어의 하나로 취급되었다. 이에 따라 조선어는 교육 내용에서는 물론, 교과목 조정, 교수 용어, 수업 시수 등에서 많은 변화를 겪었다.

〈조선교육령〉의 후속 조치로 1911년 10월 20일 발표된 〈보통학교 규칙〉(부령 제110호)에서는 국어(일본어)와 조선어의 교육 내용을 다음 (11)과 같이 규정하였다.

(11) ㄱ. 국어는 보통의 언어, 문장을 교ᄒᆞ야 정확히 타인의 언어를 요해ᄒᆞ고 자유의 사상을 발표ᄒᆞᄂᆞᆫ 능을 득케 ᄒᆞ며 생활상에 필수ᄒᆞᆫ 지식을 수ᄒᆞ고 겸ᄒᆞ야 덕성의 함양에 자함을 요지로 홈(9조)

ㄴ. 조선어급한문은 보통의 언어, 문장을 이회ᄒᆞ야 일상의 응대를 ᄒᆞ며 용무를 변ᄒᆞᄂᆞᆫ 능을 득케 ᄒᆞ며 겸ᄒᆞ야 덕성의 함양에 자함을 요지로 홈(10조)

(11ㄱ)의 〈국어〉는 타인의 언어를 이해하고 자유의 사상을 발표하는 능력을 키우는 것을 목적으로 하나, (11ㄴ)의 〈조선어급한문〉은 일상의 응대를 하며 용무를 볼 수 있는 능력을 기르는 것을 목적으로 하였다. 조선어는 일상의 생활에 필요한 단순한 소통 수준의 내용을 다루는데 비하여 국어는 사상을 자유롭게 발표할 수 있는 능력을 다루도록 차별화하고 있다. 〈조선어급한문〉은 대한제국 보통학교의 〈국어〉와 〈한문〉을 1911년 1차 〈조선교육령〉에서 통폐합한 것이다. 이러한 조치는 이미 1909년 7월 9일 〈보통학교령 시행규칙〉(학부령 제6호)에서 〈국어급한문〉으로 통폐합된 것을 한일합방 이후 이름을 바꾼 것이다.

보통학교의 언어 수업 시수는 국어(일어) 시간이 늘어나고 조선어의 시간이 줄어들었다. 대한제국의 〈보통학교령〉에는 국어(한국어) 6시간, 한문 4시간, 일어는 6시간이었으나, 1911년에는 〈조선어급한문〉이 6시간,

〈국어〉(일어)가 10시간이 되어 시수가 역전되었다. 1911년 보통학교 교과의 주 단위 수업 시수는 〈조선어급한문〉이 22시간이고 〈국어〉(일어)가 40시간이 되었다. 1922년에는 〈한문〉이 수의과목으로 독립하면서 〈조선어〉는 주당 20시간으로 더욱 줄게 되고, 〈국어〉는 주당 64시간으로 늘어나 차이가 더 벌어지게 되었다. 1938년에는 〈국어〉는 주당 64시간을 유지하였으나 〈조선어〉는 수의 과목으로 되면서 주당 16시간 편제되었고, 1941년 이후에는 아예 시수가 배정되지 않아 소멸되었다(이숙자, 2005).

교수 용어는 〈조선어급한문〉를 제외하고는 대부분 일본어로 실시되도록 하였다. 다음 (12ㄱ)은 어떤 과목이라도 국어를 정확히 사용하고 자유롭게 응용할 수 있도록 규정하고 있다. (12ㄴ)처럼 〈조선어급한문〉 수업도 일본어와 연계하고, 때때로 일본어로 해석하게 함으로써 조선어 시간에도 일본을 쓸 수 있는 길을 열어 놓았다.

(12) ㄱ. 국어는 국민정신이 숙흔바 ㅣ니 쏘 지식기능을 특케홈에 결치 못홀것인즉 하 교과목에 대ᄒ야도 국어의 사용을 정확히 ᄒ고 기 응용을 자재케 홈을 기함이 가홈(제7조 3항)

ㄴ. 朝鮮語及漢文을授홈에ᄂᆞᆫ常히 國語와 聯絡을 保ᄒ야 時時로ᄂᆞᆫ 國語로 解釋케홈이 有홈(제10조)

1938년 3월 3일 〈조선교육령〉(3차)에서는 초등학교에서 조선어를 수의 과목으로 변경하고, 〈소학교 규정〉(1938)에서는 교수 용어를 국어로 쓰도록 명문화함으로써 조선어의 설 자리는 공식적으로 없어지고 말았다. 그러나 실제로는 이미 1910년부터 조선어의 수업 시수가 줄어들고, 조선어를 제외한 모든 교과서가 일본어로 제작되는 것은 물론이고, 교육 용어도 일본어로 진행되는 상황이었다. 1920년 4월 1일 창간한 《동아일보》에는 교육 용어와 관련하여 두 가지 글이 게재되었다. (13ㄱ)은 〈조선인의

교육 용어를 일본어로 강제함을 폐지하라〉는 논설이고, (13ㄴ)은 〈조선어
는 조선말로〉라는 콩트이다.

(13) ㄱ. 吾人은 十步百步를 讓하야 言論의 壓迫, 集會結社의 拘束, 出版信書
自由의 剝奪, 信敎自由의 侵害에 對한 苦痛을 모다 忍耐할 수가
有하다 할지라도 朝鮮語의 壓迫 卽敎育用語를 日本語로써 强制하는
弊害와 苦痛에 對하야는 吾人은 忍耐할 수가 無하도다 如何한 犧牲
을 支撥할지라도 敎育用語를 朝鮮語로 함을 要求하며 唱導치아님
을 不得하는도다. 然이나 吾人은 民族的 自負心과 區區한 感情에
依하야 此를 要求하며 唱導함이 아니라, 忍耐코저 하되 忍耐할 수
업는 苦痛과 絶叫치 안코저 하되 絶叫치 아니할 수 업는 事勢에
依하야 此를 要求하며 唱道하는 바라. (《동아일보》, 1920.04.11)

ㄴ. "물어볼 것 잇소 내가 이제 흉내를 내리다 자 자세이 보오 어머니도
보시오"

福男(복남)은 닐어나서 朝鮮語 先生의 朝鮮語 敎授하는 꼴을 흉내
닌다 勿論 用語는 日本語이다 福男이가 한창 興이 나서

"시스까니 시데 구레"

"홍오 아게"

"데오 아게"

"민나닛쇼ㅣ니"

이러케 짓거릴 때에 아리목에 안저 계시든 어머니께서

"이애 그것이 朝鮮말 가르치는 꼴이냐?"

(《동아일보》, 1920.6.15.)

(13ㄱ)은 교육 용어를 일본어로 강제하는 것은 조선인의 능력을 소모케
하는 일이며, 조선인의 독특한 문화를 파괴하는 일로 규정하고 그 부당성

을 지적한 논설이다. (13ㄴ)은 학교에서 조선 사람이 조선어를 일본어로 가르치는 교실의 상황을 묘사한 것인 바, 자기 나라말을 자기 나라 언어로 가르치지 못하는 상황을 풍자적으로 드러내고 있다.

12.2.1.3. 교과서

조선총독부는 경무총감부 고시 제72호(1910.11.19.)로 안녕 질서를 방해한다는 명목으로《최신 초등소학》,《초등 대한역사》등 교과서 51종을 압수 및 판매 금지하고, 1912년 6월 1일〈교과용 도서 검정 규정〉(부령 제112호)을 공포하면서 교과서에 대한 통제를 강화하였다. 검정은 사전에 필요한 부분에 대하여 수정을 지시하는 것은 물론, 사후에도 조선 총독이 내용이 교과에 부적당하다고 인정할 때 등에는 검정을 취소할 수 있도록 하였다.

조선총독부는 1910년 한일합방 이후 대한제국 학부에서 간행한《보통학교학도용 국어독본》(1907)을 수정한《보통학교학도용 조선어독본》을 임시로 이용하였다.《보통학교학도용 조선어독본》은《보통학교학도용 국어독본》의 많은 단원에서 우리 것을 제거하였다. 특히 을지문덕, 주몽, 정몽주 등 역사적 인물은 대부분 삭제되었다. 특히《보통학교학도용 국어독본》권1의 31과는 태극기, 일장기, 청룡기를 삽화로 그리고 각각을 설명하였으나,《보통학교학도용 조선어독본》에서는 일장기만을 그리고 "우리나라 국기는 해를 그렷소"라는 내용만 담았다. 또한 '국문철자, 한국, 한성'이었던 것이 각각 '언문철자, 조선, 한성'으로 바뀌었다.

《보통학교 조선어급한문독본》는 조선총독부가 1912년 4월에 제정한〈보통학교용 언문철자법〉에 따라 제작한 조선어와 한문의 통합 교과서인데 전체 5권으로 각 권마다 한문 단원과 조선어문 단원을 섞어 배치하였다. 308 단원 가운데, 조선어는 174단원이고, 한문 단원이 134단원이었다 (박붕배, 1987). 매면 상단에는 새로운 한자를 노출하였고, 몇 개의 단원마

다 연습 문제를 두었으며, 책의 끝에는
부록을 두어 난해한 단어에 대하여 설명
을 하여 두었다.

《보통학교 조선어급한문독본》 권1은
한글 자모와 음절에 대하여 자료를 제시
하였다. 모음을 먼저 제시하고, 이어 9개
자음자 하나하나에 대하여 물명을 삽화
와 함께 제시하였다. 음절표에서는 〈보
통학교용 언문철자법〉(1912)에서 'ㆍ'를
폐지하였음에도 이를 따르지 않고 전통
적인 방식을 따랐다. 이어 '먹, 밤' 등 'ㄱ,
ㄴ, ㄹ, ㅁ, ㅂ, ㅅ, ㅇ'의 7개 받침이 붙는

〈사진6〉《보통학교 조선어급한문독본》 권 4(1918)

단어를 제시하고, '체, 국긔' 등 중중성이 있는 물명을 제시하고, '쇠리,
쌀' 등 된소리 글자의 물명을 체계적으로 제시하였다. 8종성에서 'ㄷ'을
제외한 7개 받침만 인정하고 있으며, 중중성과 된소리 표기인 'ㅅ'계 합용
병서를 합자의 예로 제시하면서 반절표의 내용이 풍부하여졌다. 음절 합
자의 공부가 끝나면 간단한 문장으로 단원을 이어 갔다. 권 1 전체 84단원
중에서 일본에 관한 글은 '천황폐하, 신년제일일' 등 2개 단원이었다.

(14) ㄱ. 우리들은昨年四月에入學하얏소.

　　　學校에서修身과國語와算術과習字等을 배우오.

　　　學校에는先生님이다섯분게시오

　　　先生님은우리들을사랑하시며매우잘가르쳐주시오 (권1, 83과)

　　ㄴ. 帝性이仁孝하니受學淸原賴業(기요하라요리나리)하고才藻英發하

　　　니라 (권5, 36과)

(14ㄱ)은 권1의 '우리학교' 단원의 국한혼용문이다. 극히 짧은 단원을 제외한 거의 모든 조선어문 단원은 국한문으로 표기되었고, 띄어쓰기가 되어 있지 않다. (14ㄴ)은 권5의 한문 단원인데, 한글로 구결을 달고 있으며, 일본 인명에는 일본식 발음으로 주음하였다. 이러한 일본식 발음은 《보통학교 조선어독본》(1923-1924)에서 한국식으로 바뀌었다가 《조선어독본》(1930-1935)에서 다시 일본식으로 바뀌었다.

1922년 〈조선교육령〉 개정에 따라 1923년 〈조선어급한문〉이 조선어와 한문으로 분리되면서 한문은 수의 과목으로 5학년과 6학년용만이 편찬되고, 조선어는 전 6권의 《보통학교 조선어독본》(1923-1924) 단독 교과서로 편찬되었다. 《보통학교 조선어급한문독본》에서는 조선의 역사적 인물은 없었지만, 《보통학교 조선어독본》에 와서는 박혁거세, 한석봉, 정몽주, 율곡 등이 다시 등장하는 등 일본적인 내용이 줄고 한국적인 내용이 다소 증가하였으며, 소설이나 시조 등 문학작품이 등장하기 시작하였다. 권1에서 권3까지는 띄어쓰기를 하였으며, 모두 국한문으로 표기하였다. 〈언문철자법〉에 맞추어 발행된 전6권의 《조선어독본》(1930-1935)은 한국인에 대한 생활 비평이나 개선 내용 등이 많이 담겨 있으며, 서언, 일러두기, 연습 문제, 부록 등이 모두 없어졌다. 1939년에 2권만 간행된 《초등조선어독본》은 순 한글로 되어 있다는 점에서 특이하나, 조선어 교육이 수의 과목으로 약화되고 마침내 폐지되는 시기였기 때문에 실제 사용되지 못하였다.

12.2.1.4. 1930년대 문자 해독자 비율

교육 수요는 폭발적으로 늘어났으나, 공교육에서 그를 감당할 수 없는 상황이 계속되었다. 조선총독부는 1929년부터 면마다 보통학교를 개설하는 1면 1교제를 실시하여 보통학교 교육을 확대하였으나 입학난이 해소되지 않아 1936년에는 〈제2차 조선인 초등교육 보급 학충 계획〉을 마련하여 증원과 증설을 추진하여야 했다. 당시 취학 아동의 25%만이 입학할 수 있는 상황에서 65%까지 취학률을 높이기 위한 계획이었다. 또한 급한 대로 1934년에는 학교가 없는 농촌 지역에 간이 학교를 설치하였다. 간이 학교는 개량 서당에 준하는 문맹 퇴치 기관의 성격으로 전국 농촌에 450개를 설립하고 국어, 조선어, 산술, 수신 등을 가르치도록 하였다. 여기에서도 일본어는 1년에 두 권의 교과서를 배우지만, 조선어는 1년에 한 권을 배우도록 하여 조선어 시간은 일본어에 비하여 절대적으로 부족하였다.

이러한 상황에서 당시 문자 해독자와 문맹자 수를 1930년 발행된 《조선국세조사》(이여성·김세용)를 바탕으로 어느 정도 확인할 수 있다. 〈표 1〉은 일부 도는 빠진 통계이기는 하나 1930년 당시의 대략적인 추세를 보여 준다. 전 인구의 76.1%가 문맹자이고, 여자의 문맹률이 현저히 높은 것을 보여 주고 있다. 한글만이라도 독해가 가능한 비율은 15.7%이고, 가나까지 독해가 가능한 6.5%까지 포함하면 모두 22.2% 정도만이 한글을 이해하고 있었다. 또한 일본어를 해독할 수 있는 사람은 전체 인구의 8.2% 정도였고, 이 중에서 일본어만 아는 사람은 1.7%였으니, 당시의 국내에 있는 일본인 인구가 그 정도였음을 알 수 있다.

〈표 1〉《조선국세조사》(1930)

	한글 및 가나 독서 가능자			가나만 독서 가능자			한글만 독서 가능자			한글 및 가나 독서 불능자		
	남	녀	합	남	녀	합	남	녀	합	남	녀	합
경기도	16.1	4.0	10.3	4.9	4.7	4.8	23.7	10.7	17.4	55.3	80.6	67.5
충북도	8.7	1.2	5.1	0.6	0.7	0.6	20.8	6.5	13.9	69.9	91.6	80.4
충남도	10.1	1.5	5.9	1.2	1.2	1.2	22.6	8.0	15.5	66.1	89.3	77.4
전북도	9.4	1.5	5.5	1.6	1.8	1.7	23.0	7.0	15.0	66.3	89.9	77.7
전남도	10.1	1.3	5.8	1.3	1.2	1.3	23.0	4.5	14.0	66.0	93.0	79.1
황해도	10.5	1.7	6.1	0.9	0.8	0.8	31.6	4.9	18.4	57.1	92.5	74.6
합계	10.8	1.9	6.5	1.8	1.7	1.7	24.1	7.0	15.7	63.5	89.5	76.1

12.2.2. 비제도권의 우리말글 교육

12.2.2.1. 우리말글 지식의 보급

한글 연구 결과의 보급은 주시경의 노력으로 시작되었다. 그는 상동교회 안에 개설된 청년학원[11]의 하기 국어강습소에서 음학(음성음운론), 자분학(품사론), 변체학(단어형성론), 격학(통사론), 도해식(그림풀이), 실험실습 등 우리말과 글에 대하여 두루 강의하였다. 하기 국어강습소는 1907년부터 1914년까지 6회에 걸쳐 실시되었으며, 수료생 수가 약 200여 명이었다. 1909년부터 한글연구학회(한글학회 전신)이 강습소 운영을 맡으면서 학회 차원에서 유지되었다. 1909년 11월에는 한글연구학회가 별도로 국어강습소를 설치하고 주시경이 강의를 하였다. 강의 내용은 음운론, 품사론, 문장론 등 국어학 전반에 대한 것이었고, 수료생은 모두 71명이었다. 김두봉과 최현배가 2회 졸업생이다. 한일합방 이후 1911년 학회 이름을 〈배달말글몯음〉(조선언문회)로 고치고, 강습소 이름도 〈조선어강습원〉으로 바꾸어 강의를 계속하였다. 초등, 중등, 고등, 연구과를 두었으며, 1916년까지 6회에 걸쳐 중등과 265명, 고등과 112명이 수료하였다(한글학회, 2009). 김두봉, 신명균, 이규영, 권덕규 등이 모두 강습원 수료생인데, 그들은 이후 한글 통일과 국어 연구에서 선구적 역할을 하였다.

1921년 12월 임경재, 장지영, 권덕규, 이병기, 이규방, 신명균, 김윤경, 최현배 등이 중심이 되어 재창립한 조선어연구회(한글학회 전신)는 한글 연구 결과의 보급과 한글 통일 운동에 본격적으로 나섰다. 조선어연구회는 1927년부터 조선어강습회를 열어 음운과 문법, 철자법 등을 강의하였

---

11 吾同志 諸人이 此를 深憂하야 尙洞會堂內에 靑年學院을 設立하고 內外國語言 文字와 物理 筭術 地誌 等 必要흔 學科를 敎育하기 爲하야 本國 各處에서 捐助흔 金額이 七百餘元에 至하엿스며 西洋敎師가 家舍를 借與하야 아직 學校로 用하게 하며 各高明흔 先生들이 敎授하기를 自願하야 現今 晝夜二部에 分하야 敎育하ᄂ듸 전혀 大韓人이 經營하야 大韓人의 公益을 藉코져 홈이 實로 罕有흔 事業이라더라.《황성신문》, 1905년 2월 13일.

고, 1930년에는 하기 한글 강습회를 열어 어문 전반에 걸쳐 강의를 하였다. 1931-1932년에는 조선어학회가 후원하고 동아일보사가 개최한 '하기 한글 강습회'(조선어강습회)가 전국에서 실시되었다. 1차 강습회는 7월 25일부터 8월 28일까지 37곳에서 5일씩 진행되었는데, 교육자, 학자, 학생, 학부형, 일반 인사 등 지식인을 대상으로 철자법, 문법 등을 강의하였다. 이 때 사용된 자료는 《하기 한글강습교재요령》(1931)이었는데, 이 책의 내용은 소리, 모음조화, 자음접변, 받침, 한자음, 품사, 띄어쓰기 등 8가지 항목에 대한 간략한 해설이었다.

1931년 12월 10일 창립된 조선어학연구회(1931-1941)에서도 1932년 12월 6일에 계명구락부에서 조선어강습회(12.5-12.17)를 열었다. 강사는 박승빈이며 강습생은 전부 35명으로 교원이 대부분이었다.

12.2.2.2. 한글 보급 노력

일제 강점기는 국가 주권을 잃은 채 민족 고유성을 억압받는 저항의 시기였다. 개화기에 각성되기 시작한 국문, 국어, 민족, 자주, 독립 등이 꽃을 피우기 전에 나라를 잃어버린 상황으로 바뀌었다. 당시 제도권 교육으로 이들을 이룰 수 있는 상황이 아니었으므로, 민간에서는 나름의 문화 운동, 농촌 계몽 운동, 문자 보급 운동 등을 다양하게 전개하였다.

한글 보급 노력은 종교 단체를 중심으로 꾸준하게 진행되었다. 기독교계는 1882년부터 성경이나 종교계 소설 등을 순 한글로 번역하여 보급하면서 한글 보급에 지대한 영향을 미쳤는데, 1910년대에는 직접적으로 교회 안에 야학이나 강습소를 설치하여 학교에 다니지 못하는 사람들에게 한글 등을 가르쳤다. 그러나 이 보급 운동도 1913년 〈조선총독부령〉 제3호로 강습회의 설립을 도지사의 인가 사항으로 규정하고 실시 방법이 부당하거나 유해하다고 인정할 시에는 취소할 수 있도록 하여 점차 위축되어 갔다.

1919년 3.1만세 운동을 기점으로 일본의 통치 방식이 다소 유연해지면서 1920년대 중반부터 강습소·야학 등을 통한 문자 보급 운동도 활기를 찾게 되었다. 민간의 문자 보급 운동의 주체는 지방 유지 등 개인과 지방 청년 단체, 종교계 청년 단체, 언론사, 농촌진흥회 등 다양하였다. 이들의 활동 상황은 당시 《조선일보》와 《동아일보》 지면을 통해 소개되었다. 일례로 《동아일보》(1921.6.21.)에는 황해도 사리원 조선기독청년회가 여자 강습을 열어 매일 조선어급한문, 일어, 산술 등을 강의한 사실과 1925년 12월 10일에는 충남 당진군 홍병철이 여수동, 김정국과 함께 삼호야학회를 조직하여 30여 명을 가르쳤는데, 이에 감동한 마을 사람들이 함께 하기로 한 사실을 보도하고 있다. 1927년 9월 29일에는 경남 창녕청년회에서 농촌 문맹 퇴치 사업을 한 결과를 보도하고 있다. 창녕청년회의 사업에는 참석 인원수가 7일간에 무려 1,200명에 달했다고 보도하고 있다. 또한 《동아일보》는 1931년 8월 4일부터 이윤재, 김선기, 이상춘을 강사로 파견하여 그 활동상을 15회에 걸쳐 연재하기도 하였다.

　　농촌 지역의 한글 보급은 조선농민사와 농촌진흥회에서 많이 이루어졌다. 조선농민사(1925-1936)는 1925년 10월 29일 천도교 청년당이 중심이 되어 결성한 농촌 운동 단체로 《조선농민》(1925.12~1930.4), 《농민》(1930.5~1933.12) 등 잡지를 발행하고 농민의 교양과 계몽 운동을 벌였다. 농민 야학을 통한 농촌 운동을 전개하고, 《농민독본》, 《한글독본》등 야학 교재도 발행하였다. 농촌진흥회는 조선 총독부가 근로 정신의 함양과 연락 통제 등 식민 체제를 안정시키기 위하여 전국의 촌락 단위로 설치한 관변 단체였다. 농촌진흥회는 1930년대 보통학교 교원을 활용하여 방학 기간에 문자 교육을 실시하는 등 한글 보급 운동을 하였다. 경기도에서 발행한 《경긔도 농민독본》은 보통학교에 취학하지 못한 농촌 남녀에게 조선어 철자법을 익히고 농촌 진흥에 대한 생각을 함양하도록 편찬된 것이다. 1-13과는 음절표를 보이고 있으며 나머지 단원은 간략한

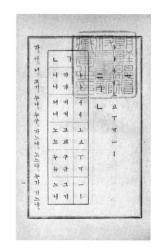

〈사진 7〉 경긔도 《농민독본》

순 한글로 되어 있다. 단원 중에는 진흥회 만세, 진흥회가, 우리진흥회장
등 내용이 들어 있고 부록에는 쉬운 한자가 있다.

12.2.2.3. 언론사의 문자 보급 운동

1920년대 후반부터 1930년대 중반까지 《조선일보》와 《동아일보》 등
언론사의 문자 보급 운동이 활발히 진행되었다. 언론사는 사설이나 논설
을 통해 농촌 민중의 문맹을 퇴치하는 것이 필요하다는 주장을 꾸준히
제기하였다. 최두선(1894-1974)은 《동아일보》(1927. 1. 5.)에서 '잡지 등을
만들어 전국에 배포하여 글을 읽힐 수 있게 하쟈는 취지에서 문맹타파회
혹은 조선어 보급회를 설치할 것을 제안하였다. 또한 소학교가 아니라
성인 교양 교육이 급하다고 주장하였으며, 통일된 조선문을 통한 독본
발행과 오가작통식 교육을 실시할 것을 제안하였다. 이는 《동아일보》가
(1) 어떻게 하면 이천만이 다 글을 읽게 할 수 있는가? (2) 실행할 수
있는 방법은 무엇인가? 라는 두 가지 질문을 각계 인사에게 릴레이 인터뷰
하는 방식으로 기획한 기사였다. 이것은 당시 성인들의 문맹 문제를 주목

하기 시작하였음을 의미한다.

동아일보사는 1928년 3월 17일 사고(社告)를 통하여 동아일보 창립 8주년 기념 사업의 하나로 1928년 4월 1일부터 '글장님 없애기 운동'을 선언하고, 4월 2일에는 조병옥, 홍명희, 최현배, 최남선, 권덕규, 방정환, 박승빈 등 30여 명의 명사를 초청하여 강연회를 할 예정으로 모든 준비를 마쳤으나, 당국이 이 운동을 금지시키면서 관련 자료를 압수하여 실제 실행하지 못하였다. 이후 동아일보사는 1931년의 제1회 '학생 하기 브나로드 운동'부터 1934년까지 4차례에 걸쳐 문맹 퇴치 운동을 전개하였다. 1933년부터 2년간은 명칭을 '계몽운동대'로 바꾸었는데, 이는 '브나로드 운동'이 이해하기 어렵다는 의견에 따른 조치였다. '브나로드 운동'은 19세기 러시아의 지식인들이 농민들 속으로 들어가 벌인 계몽 운동이었는데, 러시아어로 '농민 속으로'라는 뜻을 가졌다. 1935년부터는 당국의 금지령으로 이것도 더 이상 진행하지 못하였다.

1931년 시작된 제1회 브나로드 운동은 학생 계몽대, 학생 강연대, 학생 기자대 등으로 편성하여 진행하였다. 학생 계몽대는 조선문 강습과 숫자 강습을, 학생 강연대는 위생 강연과 학술 강연을, 학생 기자대는 기행과 일기, 척서풍경(滌署風景) 등을 맡게 되었다. 《동아일보》(1932.6)에는 400명이 참가하여 1만 명의 눈을 열어 주었다고 기록하고 있다. 제2회 브나로드 운동에는 학생 계몽대와 학생 기자대로 편성하고, 이전의 학생 강연대를 폐지하는 대신 각 종교 단체나 문화 단체 등 일반인이 참여할 수 있는 별동대를 모집하는 방식으로 변경하였다. 모든 경비는 자비로 진행하는 것이 원칙이지만, 학생 계몽대의 교재와 대본은 신문사에서 제작 제공하고 학생 기자대의 우수한 기사는 지상에 발표하고 특수한 사진 등에는 실비를 보상하였다. 정진석(1999)에 따르면 《동아일보》의 문자 보급 운동은 4년간(연 298일) 5,751명의 학생이 참가하여 97,598명의 수강생을 지도하였으며, 배포된 교재 수는 모두 210만 부였다.

조선일보사의 문자 보급 운동은 1927년부터 시작되었다. 《조선일보》는 1927년 1월 1일 '한글란'을 신설하였는데, 그 취지는 생장해 가는 '내 마음'을 아름다운 '내 글로 쓰고 읽고 또 전해 주기를 힘쓰는 것을 새해부터 전민중적 사업의 한 중요한 과목으로 삼자는 것이었다. 즉, 한글로 서로 소통하는 능력을 길러주는 데 기여하고자 '한글란'을 신설한 것이다. 2년 뒤인 1929년 7월 14일에는 장지영(1889-1976)의 주도로 '아는 것이 힘, 배워야 산다.'는 표어를 내세우고 '귀향 남녀 학생 문자 보급 운동'을 전개하였다. 문자 보급 운동에 참여하는 강사는 주로 방학을 맞아 귀향하는 학생들이었고, 그들이 사용할 교재는 신문사에서 제작하여 배포하였다.

《조선일보》(1929.10.4)는 1929년 여름에 실시한 제1회 문자 보급 운동에 400여 학생이 참여하였고, 이 중에서 90명 학생이 제출한 보고서에 따르면 3천 명 정도가 문자를 해독하였다고 기록하고 있다. 조선일보사는 제출된 보고서를 평가하여 1등에서 5등까지 수상자를 선정하여 장학금과 기념 메달을 수여하고, 성대한 시상식과 위로 음악회를 여는 등 사업의 진행에 정성을 들였다. 전국 각지에서 진행되던 문자 보급 운동은 4회에 걸쳐 진행되고 1935년부터는 당국의 금지령으로 폐지되었다. 그 후 1935년부터 2년간은 교재만 배포하는 방식으로 바뀌다가 이것도 더 이상 진행하지 못하였다. 전체 기간 중에서 문자 보급 운동에 참가한 학생들은 연인원 8천 명을 넘었으며, 집계 가능한 3년간(1929~1931)의 수강생 수는 3만4천 명을 넘었다(정진석, 1999).

12.2.2.4. 언론사 문자 보급 운동의 교재

언론사가 문자 보급 운동을 위해 매년 교재를 여러 가지로 제작하여 배포하였으나, 현재 전해지는 것은 조선일보사 사료관에 소장된 3종(한글원번, 한글원본, 문자보급교재), 동아일보사 신물박물관에 있는 3종(신철자편람, 한글공부, 문자보급교재) 등 모두 6종이 있다. 이들은 2011년 국가 등록 문화재로 지정되었다.

조선일보사가 발행한 자료는 〈한글원번〉(1929), 《한글원본》(1930, 2쇄), 《문자보급교재》(1934, 1936) 등 4종이 현전하는데, 《문자보급교재》(1934)는 동아일보사 신문박물관에 소장되어 있다. 〈한글원번〉은 1장의 낱장으로, 《한글원본》은 〈한글원번〉을 확대 개편하여 16쪽짜리 단행본으로 문맹자에게 한글을 가르치기 쉽도록 편찬하였다. 《문자보급교재》는 〈한글원본〉과 함께 〈산술교재〉가 포함되어 있는데, 이것은 동아일보사에서 《일용계수법》(1933)을 가르친 것이 영향을 준 것으로 보인다. 이들 교재에서 한글에 대한 내용은 약간씩 차이가 있다.

〈한글원번〉은 조선 시대부터 한글 공부의 교재로 쓰이던 반절표의 내용을 기본으로 필요한 부분을 첨가하여 만든 간편한 한글 공부 교재인데, 1929년에 발행된 것으로 추정된다. 좌향의 세로쓰기로 조판되었다. 맨 오른쪽에는 모음 11개, 자음 14개가 글자 이름과 함께 제시되어 있으며, 이어 상단에는 기존의 반절(가, 갸, 거, 겨...)이, 하단에는 중모음 반절(개, 걔, 게, 계...)이 있다. 이어 왼편에는 된ㅅ(까, 꺄, 꺼, 껴...)이 상단에, 각자 병서(까, 꺄, 꺼, 껴...)가 하단에 배치되었고, 그 다음에는 받힘(각, 갹, 걱, 격..)이 나열되어 있다. '받힘'에는 ㄱ 항목에 'ㄱ, ㄴ, ㄹ, ㅁ, ㅂ, ㅅ, ㅇ'의 7종성이 쓰인 합자가 나열되어 있다. 〈한글원번〉은 기존의 반절표에는 없던 모음과 자음이 먼저 제시되어 있고, 된시옷(ㅅ)과 각자 병서의 합자 용례가 추가되어 있으며, 받침이 쓰인 합자의 용례가 별도로 제시되어 있다는 점에서 반절의 종합판 성격을 보인다.

《한글원본》은 1930년 7월 10일 발행한 것으로 장지영(1889-1976)이 집필한 것으로 추정되는 책이다(홍윤표, 2011). 책 이름 앞에 '문자보급반'이 추가되어 있는데, 모두 20과로 된 16쪽짜리 단행본이다. 내용은 모음, 자음을 제시한 다음에 반절(기본자, 각자 병서, 중모음)을 보여 준다. 반절에는 〈한글원본〉과 달리 합용 병서가 보이지 않고, 받침은 12개 자음

〈사진 8〉 조선일보사 한글 교재. 한글원번(1929, 왼쪽), 한글원본(1940, 오른쪽)

'ㄱ, ㄴ, ㄷ, ㄹ, ㅁ, ㅂ, ㅅ, ㅇ, ㅈ, ㅌ, ㅍ, ㅊ'이 제시되었다. 'ㅎ, ㅋ'이 빠져 있다. 이 책은 반절 다음에 해당하는 단어나 문장을 예로 보여 준 특징이 있다. 17-20과에는 간단한 이야기를 보이는데, 마지막은 흥부에 대한 이야기가 소개되어 있다.

> (15) 흥부님 수수깡집에는 제비가 집을 짓고 새끼를 첫습니다.
> 새끼제비는 보금자리에 두고 어미제비는 버러지를 잡으러 나갓습니다.
> 새끼제비만 혼자 잇는 보금자리에 큰뱀 한마리가 보금자리에 들어 왓습니다.
> 뱀은 새끼제비를 잡아 먹으려고 입을 딱 벌엿습니다.
> 새끼제비는 무서워서 요리 가고 조리 가다가 떨어져서 다리 하나가 잘끈 부러젓습니다. (하략)

《문자보급교재》은 1934년 6월 22일 《조선일보》(제4690호) 부록으로 발행된 34쪽의 책이다. 〈한글원본〉과 〈산술교재〉의 합편이다. 한글 자모와 반절표를 보인 다음에 자모순으로 해당된 단어들을 나열하였는데, 모음으로 끝나는 단어를 제시한 다음 받침(ㄱ, ㄴ, ㄹ, ㅁ, ㅂ, ㅅ, ㅇ)을 갖는 단어를 나열하고 있다. 이어 간단한 예문을 들었는데, 마지막 28과에는 흥부의 이야기를 들었다. 흥부의 이야기는 《한글원본》과 조금 달라졌다. 자모에 'ㆍ'가 여전히 쓰이고, 받침에 7종성법이 유지되는 것으로 보아 조선어학회의 맞춤법 통일안을 따르지 않았다. 《문자보급교재》(1936.12. 13.)은 《문자보급교재》(1934)와 같이 '한글원본'과 '산술교재'의 합편 체제이나, 내용은 다른 점이 많다. '한글원본'은 자모와 반절표, 그리고 단어 중심의 발음 연습이 있는데, 토받침은 'ㄱ, ㄴ, ㄹ, ㅁ, ㅂ, ㅅ, ㅣ, ㅇ'를 인정하고 있다. 책의 나머지 대부분은 '편지, 우리집, 물레방아' 등 간단한 이야기 중심으로 되어 있다.

동아일보사가 발행한 교재로는 《신철자 편람》(1933), 《일용계수법》(1933), 《한글공부》(1933)가 현전하는데, 《일용계수법》은 산수에 대한 내용이고, 나머지 둘은 한글 공부를 위한 교재이다. 《신철자 편람》은 1933년 4월 1일 30쪽 분량으로 《동아일보》 제4,416호 부록으로 발행되었다. 동아일보가 채택한 형태주의 신철자법과 표음주의 구철자법을 18가지로 나누어 비교한 것이다. 《신철자 편람》은 조선어학회의 맞춤법이 제정되기 전이지만, 많은 부분이 그와 같다. 조선총독부의 〈언문철자법〉(1930)이 결정된 다음이라서 그의 영향이 있었을 것으로 보인다. 동아일보사는 1933년 10월 29일 조선어학회의 맞춤법이 확정 공포되자마자 〈한글 마춤법 통일안〉을 《동아일보》 4,627호(1933.10.29.)의 부록으로 간행한 사실에서도 알 수 있듯이 철자법의 통일에 관심이 많았다.

《한글공부》는 이윤재(1888-1943)가 집필한 것으로 1933년 7월 1일 24쪽 분량으로 발행하였다. 내표지에는 책 이름 앞에 '학생계몽대용'이 덧붙어 있다. 처음에 홀소리, 닿소리를 제시하고, 이어 단어와 간단한 문장을 제시하며, 12과부터는 재담, 속담, 노래, 이야기, 지리, 역사 등에 대한 예문을 제시하였다. 단어와 단문의 제시는 언문 반절표를 6개의 격자표(각자병서, 중모음 포함)로 나누어 제시하고 해당하는 예를 제시하였다.

받침에는 'ㄷ, ㅈ, ㅊ, ㅌ, ㅍ, ㅎ, ㄲ, ㄵ, ㄹ, ㄻ, ㄺ, ㄶ, ㅀ, ㅄ, ㄳ' 등도 쓰였다. 끝에는 모두 11절로 된 〈문맹타파가〉가 실려 있다.

(16) 귀 잇고도 못 들으면 귀먹어리요.
   입 가지고 말 못하면 벙어리라지
   눈 뜨고도 못 보는 글의 소경은
   소경에도 귀먹어리 또 벙어리라 (1절)

12.3. 러시아 극동 지방의 한글 교육

12.3.1. 동방학원 한국어학과

블라디보스토크는 조선과 지리적으로 근접할 뿐 아니라, 19세기 후반 한인들이 많이 이주하는 등 교류도 활발하였는데, 해삼위(海蔘威)라고도 불렸다. 1893년에는 한인 주거지가 설정되어 고려인촌을 형성하게 되었다. 이런 상황에서 러시아 정부는 1899년 9월 9일 극동 지방 최초의 고등 교육 기관으로 동방학원을 설립하여 한국어를 비롯하여 일본어 중국어 등을 가르쳤다. 1899년 10월 21일에는 상트페테르부르크대 동양언어학과 교수인 포즈드네예프(Alexei Pozdneev)가 총장으로 임명되었다.

1900년 동방학원에 한국어학과 설립되면서 그리고리 포드스타빈 (G.V.Podstavin)이 교수를 맡게 되었다. 포드스타빈(1875~1924)은 상트 페테르부르크대의 동양어학부에서 포즈드네예프로부터 몽골어를 공부한 것이 인연이 되었다. 포드스타빈은 1899년부터 1900년까지 한국에 체류 하면서 한국어를 공부한 다음 1900년 8월 18일 한국어학과장을 맡아 한국 어 교육 체계를 구축하였다. 그는 1910년대 대표적인 한인조직인 권업회

명예회장을 역임하는 등 극동지방에 거주하는 한인들의 후원자였다. 1920년 동방학원이 국립극동대학교로 확대 개편되면서 초대 총장으로 취임하였다. 1923년 중국 하얼빈에 정착했다가 다음 해 사망했다.

동방학원의 교육과정은 여러 언어를 동시에 배우도록 설계되었다. 1907-1908년 2학년 시간표에는 한국어가 10시간, 영어 4시간, 중국어 3시간, 티베트어 3시간 등 언어 시간이 대부분이었고, 기타 동아시아 역사, 정부 법률 등이 편성되었다. 한국어는 포드스타빈이 다섯 시간 정도 강의를 하였고 나머지는 한길명, 태원선, 윤병제 등 강사가 담당하였다(로스킹, 2003).

1900-1901학년도 한국어 수업 내용은 크게 한국어 개설, 형태론, 문장론, 독본 강독으로 나누어졌다. 개설에서는 한국어 기원, 한국어에 대한 중국어 영향, 한국어 한자음, 문어와 구어, 한글 역사 및 발음을 다루었다. 형태론에서는 품사를 명사, 형용사, 수사, 대명사, 동사, 부사, 후치사, 접속사, 감탄사로 구분하고, 명사는 격을 어근 이외에 주격, 소유격, 대격, 목적격, 호격, 기구격, 처격, 이격으로 나누었다.

동방학원의 한국어 교육은 근본적으로 실용적인 면에 초점을 맞추었기 때문에 학생들을 위한 교재를 축적하는 것은 물론, 교육 방법을 발전시키는 데 노력을 기울였다. 동방학원의 1901년 연례 보고서에 의하면, 교육은 기본적인 한글 공부에 이어 바로 쉬운 교본을 읽고 번역할 수 있도록 하였는데, 이 때 동사나 명사의 변화에 대해서만 기본적인 사항을 미리 교육을 받았다. 이어 구체적인 문맥의 이해에서 한국어를 스스로 깨닫도록 실습 참여적 수업을 진행하였다.

12.3.2. 동방학원의 한글 교육 자료

첫 학기에는 가벼운 이야기를 중심으로 교재를 준비하였지만, 해를 거듭함에 따라 자료의 다양성은 물론 교재의 연속성에 특별히 주의를 기울였다. 특히, 당시 한국의 상태를 알려줄 수 있는 정보를 학생들에게 제공하려고 노력했다. 한국어 교재는 처음에는 러시아어로 체계화되었는데, 나중에는 한국어 구어에 대한 중요성을 인식하고 다양한 문체를 보여주는 구어 자료에 관심을 기울였다. 특히, 포드스타빈은 순수 한국어와 중국어가 섞인 자료를 엄격히 구분하였다. 자연히 그의 교육 자료는 구어 자료, 공식 문서, 신문 기사, 문학 작품 등 다양성을 갖게 되었다. 포드스타빈은 한자로 된 고문헌뿐만 아니라 최근세 문학 작품에 대한 원고 혹은 인쇄된 자료를 광범위하게 수집하였다. 이렇게 수집된 자료는 동방학원의 도서관에 보관되었는데, 한인들의 중앙 아시아 강제 이주가 시작되면서 대부분 산실된 것으로 알려져 있다.

동방학원에서 쓰인 강의 자료는 크게 세 가지 부류가 있다. 첫째는 요코하마나 서울에서 서양 사람들이 영어로 출판한 한국어 문법서, 사전 등이다. 둘째는 한국에서 만들어진 《국민소학독본》, 《대학》, 《중용》, 《천자문》, 《심상소학》 등이다. 셋째는 강의를 위해 자체 편집 제작한 것으로 문학 작품이나 간단한 이야기로 구성된 독본류, 실용 회화 표현집류, 공문서나 논설문 등 실용문류, 독본의 주석이나 단어, 속담 등 사전류, 일본어 문법서의 번역류 등 여러 가지가 있다. 다음에 소개하는 자료는 로스 킹 교수가 블라디보스토크 등지에서 수집하여 보관하고 있는 것이다.

12.3.2.1. 《초학언문본》

이 책은 포드스타빈이 1901년 제작한 한글 독본이다. 전부 69쪽 분량인데 제1장만이 전해진다. 제2장 사전 부분은 이어져 있지 않다. 현재 부분적으로 한글 단어에 대한 주석을 달고 있는 자료들이 있으나, 이 글 자체가 초학언문본의 자체와 다르기 때문에 같은 것이라 하기 어렵다. 필사된 표지 뒤에 1901년 해삼위(海蔘威) 동양어대학교 석판이라고 기록

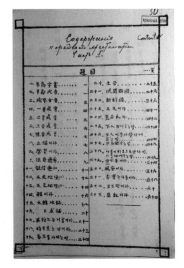

〈사진 9〉《초학언문본》 목차

되어 있다. 목차에 이어 33개 과로 구성
되어 있다.

책의 내용 구성은 7과까지는 간단한
한글 글자 공부나 단어 공부를 위한 것이
고, 8과부터는 간단한 문장 구조를 가진
글에서 점차 복잡한 문장으로 발전한다.
마지막 부분에 가서는 하나의 에피소드
를 소개하는 형식으로 점점 복잡한 구조
로 구성되어 있다. 내용은 크게 세 가지
로 구분할 수 있다. 첫째, 한글 합자와
관련된 것으로 '반절ᄌᆞ획, 반절성음, 뎨
삼공과 셩ᄌᆞ합음, 일음셩언, 이음셩언,
삼음셩언, 연음셩언' 등이 있다. 둘째는 '福이라', '학습론', '보신강녕'(保身
康寧), '風客이라', '쇼도격이라' 등 이야기나 '대한디지'(大韓地誌), '아라사
국', '조선국'처럼 지리에 대한 내용이 있다. 셋째는 '下人의게ᄒᆞᄂᆞ말', '平交
間ᄒᆞᄂᆞ말', '사람이처음으로맛나인사홀째에하ᄂᆞ말' 등처럼 어법에 대한
예문으로 되어 있다.

한글을 학습하기 위한 반절은 우리나라 방식하고는 약간 다르다. 반절
자획 25자를 다음 (17)과 같이 분류하고, 제일관은 글자의 체로 삼고, 제이
관은 글자의 변으로 삼고, 제삼관은 글자의 변과 받침으로 삼는 것으로
설명하였다.

(17) 뎨일관 ㅏ, ㅑ, ㅓ, ㅕ, ㅗ, ㅛ, ㅜ, ㅠ, ㅡ, ㅣ, ㆍ
　　　뎨이관 ㅈ, ㅊ, ㅋ, ㅌ, ㅍ, ㅎ
　　　뎨삼관 ㄱ, ㄴ, ㄷ, ㄹ, ㅁ, ㅂ, ㅅ, ㅇ

반절자획의 제일관은 중성 11자, 제이관은 초성 독용 6자, 제삼관은 초성 종성 통용 8자로 구분한 것으로 훈민정음 28자에서 3자(ㅇ, ㆆ, ㅿ)를 뺀 자모수를 보였다. 자모의 제시에서 모음을 제일 먼저 제시하고 이것을 글자의 체로 삼은 것은 음절의 중심을 모음으로 이해한 것으로 새로운 시도다. 《삼운성휘》에 도입된 합중성과 중중성은 빠져 있어 《훈몽자회》에서 보인 기본자만으로 합자하는 방식을 보였다. 반절자획에서 반절음을 외우지 말고 자획만 보라는 주석을 달고 있으며, 반절자획 중에서 이삼 사획을 합하여 글자가 되고 음을 이룬 반절성음은 선생이 분명히 가르쳐야 한다고 명시하였다. 즉 자모는 외우지 말고 자획만 보라고 하였으나, 반절성음은 선생이 잘 가르쳐야 한다고 하여 자절(음절자)의 중요성을 강조하였다. 이같이 합자된 형태를 중시하는 것은 몽고 문자 학습법인데, 이것은 포드스타빈이 몽골어 전공인 것과 관련이 있을 것이다.

합자를 이루는 방식을 단계별로 나누어 가르치고 있다. 반절자획의 초성과 중성이 합자되는 1단계를 '반절성음'이라 하여 '가, 갸, 거, 겨....' 등 예를 보이고 있다. 종성이 합자하는 것은 2단계로 '성ㅈ합음'이라 하여 'ㄱ ㅏ ㅇ'(강), 'ㄱ ㅗ ㅁ'(곰)처럼 종성이 합쳐지는 글자를 제시하고 있다. 초성·중성·종성이 합자된 2단계 합자 이후에는 각각 1음절(간, 겁 등), 2음절(텬디, 만물 등), 3음절(야화화, 하ᄂᆞ님 등)로 된 단어의 예를 제시하고 있으며, 마지막으로 연음성언이라 하여 '밥, 가져 오너라, 물 좀 주시오' 처럼 문장을 형성하는 예를 보이고 있다. 연음성언에서는 성지고져와 음지장단을 절도있게 하도록 주석을 달고 있어, 고저와 장단에도 유의하였음을 알 수 있다.

마지막 과는 추노(追奴)인데, 그 내용은 이렇다. 몰락한 선비가 전에 집에서 부리던 하인이 어느 시골로 가서 잘 산다는 말을 듣고, 그를 추노할 작정으로 찾아가는 것이다. 고을 원에게 사연을 말하고 옛 하인의 집을 찾아가서 잘 대접을 받고, 저녁에 집 주인에게 그 사연을 이야기하니 주인은 그를 죽이려고 하였다. 그는 기지를 발휘하여 원님에게 편지를 쓰는데, '굴언의 일 같이 잘되어 바로 서울로 간다'고 하였다. 이 편지를 본 원의 아들이 오늘 그 선비가 죽겠다고 일러 준다. '굴언'이란 인물이 그렇게 추노하러 갔다가 뒤주에 갇혀 죽었다는 사실을 알려주면서. 그리하여 원이 달려가 선비를 구하고, 주인으로부터 몇 백만 금을 보상으로 받게 된다. 원은 선비에게 돈을 가지고 서울로 가라고 하고, 선비는 원의 아들 때문에 자기가 살았으니 아들에게 주라며 돈을 사양하였다.

12.3.2.2. 《한국어독본》

1900-1901년에 제작된 것으로 보이는 《한국어독본》은 모두 138쪽이나 된다. 백지에 세로로 필사되어 있다. 이 자료는 크게 앞부분(1-64)과 뒷부분(65-138)으로 나누어져 있는데, 그 사이에는 별지에 뒷부분에 대한 각 이야기별 시작 페이지가 기록되어 있다.

앞부분은 간단한 문장 연습을 위한 곳이다. 물론 뒤로 갈수록 더 복잡한 문장을 만나게 된다. 예를 들어 다음 (18)과 같은 표현을 보여 준다.

> (18) 문 여러, 문 다더, 나히 얼마, 칙 부인의게 가져가 / 아궁에 불 째고 화덕에 셕탄 노하라, 칼 슈가락 잇는가 보아라, 져가락만 잇소, 차반과 째졉은 업스니 사와야 ᄒ겟다.

뒷부분은 모두 16가지 짧은 이야기를 배열하고 있다. 특별히 제목 없이 새로 시작하는 이야기 앞에는 'O'이 붙어 있을 뿐이다. 다만, 9개 이야기는 정자로 필사되어 있는데 비하여, 나머지 7개 이야기는 초서로 쓰여 있다. 이 두 가지 글씨체의 차이에 따라 이야기 내용이 구분되는 것은 아니다. 초서 글씨에 익숙하게 하기 위한 조처로 이해된다. 초서로 된 한글 글자 교본인 《언문초서》(한글 속기 교본, 32페이지)가 별도로 편찬되었을 정도로 초서 읽기에도 관심을 기울였다. 《한국어독본》에 첫 번째 등장하는 이야기는 다음 (19)와 같다.

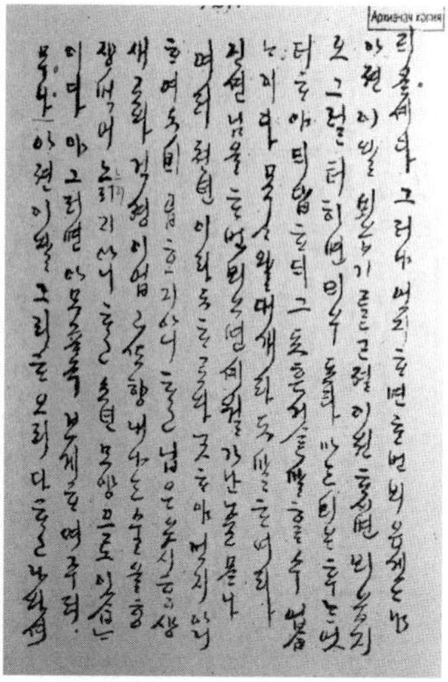

(19) 한 수령이 선정을 베풀기로 유명한데, 하루는 닭 한 마리를 서로 자기 것이라 우기는 일에 재판을 하게 되었다. 네 집에서 아침에 무엇을 먹였느냐 하고 물어 각각 수수를 먹였다는 대답과 벼를 먹였다는 대답을 들었다. 연후에 닭을 죽여 밥통에 있는 곡식이 수수인

〈사진 10〉《한국어독본》 초서 부분

것을 확인하고, 벼를 먹였다고 대답한 이에게는 가벼운 형벌을 내렸다. 물론, 죽인 닭은 아전들에게 나누어 주고, 닭 주인에게는 닭 값을 두 배로 지불하였다.

12.3.2.3. 《조선어독학》

포드스타빈과 그 제자인 야신스키(Jascinski)가 일본의 한국어 학습서인 《조선어독학》을 러시아어로 번역한 것이다. 번역의 원본은 아직 발견되지 않고 있어 정확한 모습을 알 수 없다. 《조선어독학》은 한국어 문법 개요를 32쪽에 걸쳐 요약 소개하고 있으며, 128쪽에 걸쳐 회화 표현들을 소개하고 있다.

문법 부분에서는 한국어의 기원에 대하여 남부 투란계 계통에 속한다고 보고 있으며, 한국어에는 세 방언이 있다고 하였다. 중국어의 영향이 상류층뿐 아니라 하류층에까지 미치고 있다고 보고 있다. 한글에 대해서는 세계에서 가장 간단하고 완벽한 글자라고 설명하고 있다.

회화 표현은 (20)과 같이 모두 13개의 주제로 되어 있다.

〈사진 11〉《조선어독학》

(20) 려힝용 담화, 려숙용 담화, 초딖면용 담화, 면회용 담화, 릮긱응졉용 담화, 식수용 담화, 샹업츄인용 담화, 관위 (官位), 졍치급 군딖, 국토급 도읍, 션거(船車), 형벌, 신톄

책의 편집 체제는 특이하다. 모두 3등분으로 되어 있는데, 오른쪽 윗부분에 한국어 문장이 놓여 있고, 왼쪽에는 러시아어 전사가 쓰여 있다. 밑에는 러시아어로 번역되어 있다. 즉, 러시아어로 발음과 뜻을 전달하고 있는 것이다. 한국어 문장에는 각 문장마다 번호가 붙여져 있으며, 이것에 따라 러시아어 표기가 따라 붙는다.

12.3.2.4. 《한국 풍자 문학 보기》

포드스타빈이 기록한 것으로 〈경성백인백색〉〈엿장수〉 등 2편으로 구성된 《한국풍자문학 보기 1판》(1907)이 있다. 이 책은 표지(1쪽), 목차(1쪽), 해설(2쪽), 그리고 해당 자료(52쪽)로 되어 있는데, 한글 자료를 제외하곤 모두 러시아어로 기록되어 있다. 해설에서는 이 자료들이 한성신보 등에서 자료를 구하였다는 점을 명기하고 있다. 〈경성백인백색〉이 7가지 주제에 대하여 15쪽 분량, 〈엿장수〉가 21회분 34쪽 분량으로 되어 있으며, 두 소설 사이에는 간지가 있어 구분되며, 자료의 매 쪽에 15줄이 종서로 되어 있으나, 한 줄에는 26-32자까지 들쭉날쭉하게 들어 있다.

〈경성백인백색〉은 토소자(吐笑者)라는 필명으로 쓰인 것인데, 경성 지방의 모습을 스케치한 것으로 여러 사람을 등장 시켜 그 심리를 묘사하고 있는 1인칭 고백체 소설이다. 〈경성백인백색〉의 내용은 국내의 《여항소설》에 있는 것과 거의 같다. 다만, 《여항소설》에서는 '걸긱흥줌, 하등협잡군흥줌, 학도흥줌, 구비여인, 병정신세, 중등협잡군, 슈령흥줌, 닉시부인, 즁추원명예의관, 직판관, 협회군, 과부' 등 모두 열두 명의 인물을 주제로 하고 있는데, 여기에서는 '걸긱흥줌, 하

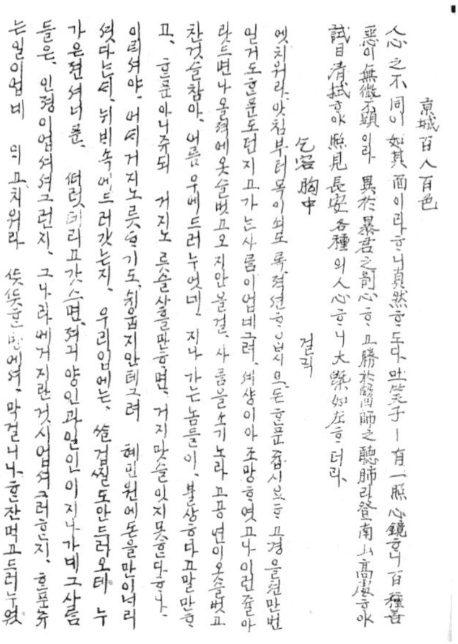

〈사진 12〉 〈경성백인백색〉

등협잡군흥줌, 학도흥줌, 구비여인, 슈령흥줌, 협회군, 과부' 등 일곱 명만이 등장하고 나머지 다섯 사람은 빠져 있는 차이가 있다.

〈엿쟝스〉는 엿장사를 하는 주인공이 횡재하여 부자가 되었다가 사기를 당하여 본래 모습으로 돌아가는 과정을 그린 것이다. 〈엿쟝스〉는 오른쪽 첫머리에 '新制小說'이라고 표시하고 있으며, 그 밑 좌측에 '吐笑子 著述, 白岳山人 較'라고 한자로 병기되어 있다. 다음 줄에 소설 제목을 적고, 이어 본문이 각 회로 나뉘어 서술되고 있다. 〈경성백인백색〉이 소설의 제목으로 구분되었던 데 비하여, 〈엿쟝스〉는 회차로 구분하고 있는 점이 다르다. 이렇게 회차로 나뉘어 수록된 것은 이것이 어딘가에 연재되었던 것으로 추측할 수 있게 하는 중요한 근거가 된다.

12.3.2.5. 기타

동방학원의 교재는 매우 다양하다. 우선 독본류를 들 수 있다. 포드스

타빈이 편집한 《조선어 독본》(권3, 1905)은 현금문집류라는 부제를 달고 있는데, 모두 24쪽 분량으로 석판 인쇄되어 있다. 이 자료는 제1과 논설이라 하여 '셰상을 위흐여 일흠이 사름의 본분' 등 6가지 논설을 싣고 있다. 뒤이어 제2과가 있었을 것으로 추측되나 현재는 제1과만이 전해진다.

둘째, 공문서류가 있다. 포드스타빈(1908)이 제작한 《현행공문류집》은 64쪽에 이른다. 제1부 한글, 제1편 관보로 되어 있는데, 제1편만이 전해진다. 이것은 헬싱키 대학 슬라브 도서관과 상트페테르스부르크 대학 도서관에 소장되어 있다. 국한문으로 된 것으로 포드스타빈이 편집하고, 한길 명이 교열하였다. 내용은 각종 법률이나 칙령, 부령 등 각종 법규에 대한 내용을 담고 있다. 당시 대한제국의 법률도 교육 자료가 되었음을 알 수 있다.

셋째, 필사한 자료 중에 러시아어를 한국어로 번역한 자료가 있다. 현존하는 실제 면수는 22쪽이 된다. 이것이 포드스타빈의 《러시아에서 한국어로 번역연습》(1909)의 일부분일 가능성이 있으나 확실하지 않다.

넷째, 연대 미상의 《한어실용화》는 제1장(初面이라)만이 현존하는데, 모두 72개의 회화용 예문이 들어 있다. 이와는 다른 자료로 22쪽에 걸친 회화용 표현 자료집이 있다. 발행 연도를 알 수는 없지만, 석판 인쇄를 한 것으로 '길, 텰도, 강호 등 모두 9개의 주제로 나누어 관련 표현을 집록하고 있다.

다섯째, 속담집이 있다. 이것은 최원식의 《조선이언》(1913)에서 일정 부분을 골라 옮겨 놓은 것이다. 한글 속담을 먼저 제시하고, 이를 러시아 말로 해석하고 있다. 다만, 속담을 옮겨 적으면서 일정한 순서에 따라 한 것으로 보이지 않는다. 절반 가까이(1-45)는 흥미 있는 속담을 순서대로 옮긴 것으로 보이지만, 46-50번까지는 《조선이언》의 마지막 부분을 옮기고 있다. 즉, 가운데 부분을 건너뛰고 있는 것이다. 그러다가 51번부터 끝까지는 바로 앞으로 갔다가 이내 건너뛰었던 가장 앞부분으로 갔다가 뒤로 갔다가 다시 앞으로 가는 지그재그형을 보이고 있다. 이러한 사실은 포드스타빈이 약 50개 정도의 속담만을 옮기려다가 자꾸 늘어난 결과가 아닌가 한다.

여섯째, 연대 미상의 사전 자료가 16쪽에 걸쳐 있다. 한국어를 처음에 놓고 괄호 속에 한자를 적고 있다. 이어 줄을 달리하여 러시아어 주석이 실려 있다. 예컨대, 한글 표제어는 '뵈다, 뵈여, 뵌'처럼 활용형을 모두 제시하고 있다. 이외에도 여러 장의 어휘 주석 자료가 보이는데, 이들은 공통적으로 일련번호가 붙여져 있다. 그 순서는 한글 표제어, 해당되는 한자어, 러시아어 주석 순으로 되어 있다.

■ **참고문헌**

이여성 · 김세용(1931), 박붕배(1987), 김민수(1987), 김현숙(1989), 정진석(1999), 위영 (2001), 김동언 · 로스 킹(2002), 김혜정(2003), 로스 킹(2003), 김동언(2004), 이숙자(2005), 한글학회(2009), 김동언 · 로스 킹(2011), 홍윤표(2011), 홍윤표(2013), 허재영(2017), 인터넷 사이트(동아일보, 조선일보, 조선총독부 관보, 국사편찬위원회 누리집, 한국민족문화대백과)

제13장 어문 정리와 국어사전

13.1. 어문 혼란과 통일 사업

13.1.1. 지석영의 <신정국문>

1894년 11월 칙령 제1호에 따라 한글은 나라의 공용 문자 지위를 갖게 되었다. 그러나 이 같은 조치는 아무런 사전 준비 없이 결정된 것이므로, 한글 사용에서 혼란은 가중되었다. 이 무렵 서양 선교사들이 성경을 한글로 번역하면서 나름대로 한글 표기의 기준을 위해 노력하고 있었으나, 우리 정부 차원에서는 이렇다 할 아무런 노력도 없었다. 당시 주시경을 비롯한 한글 학자들은 '·' 문자 사용 여부, 된소리 표기 방법, 전통적인 7종성법 폐지 등 우리말과 글자에 대하여 개인적인 주장은 제기하였지만, 정부에 의해 권위를 인정받은 것은 아니었다.

이러한 상황에서 1905(광무9)년 당시 의학교장 지석영(1855-1935)은 나름의 국문 개혁안인 <신정국문>을 작성하여 정부에 제출하였다. 지석영은 의학자였지만 1896년 <국문론>(독립협회보 창간호)을 순 한글로 발표하여, 국문의 존중과 통일을 강조하고 고저 표시를 위하여 방점을 사용하자고 주장하는 등 우리말과 글에 대한 관심이 컸다. 정부에 제출된 〈신정국문〉은 특별한 의견 수렴 없이 1905년 7월 19일 황제의 결재를 얻어, 관보 제3200호(1905, 7, 25)에 게재함으로써 공식적으로 실시하게 되었다.

〈신정국문〉은 국문 6개 항목에 대한 규정을 담고 있는데 주로 세 가지가 문제였다. 첫째, 초중종삼성변에서 'ㆍ'를 'ㅣㅡ' 합음으로 해석하고, 'ㆍ'를 폐지하는 대신에 'ㅣ'에 'ㅡ'를 더한 'ㅢ'를 새로 만들어 쓸 것, 둘째, 고저변에서 상성과 거성 및 장음에는 오른쪽에 방점을 하나 달고, 평성과 입성에는 점을 달지 않도록 한 것, 셋째, 중성이성변에서 된소리 표기를 합용병서 'ㅅㄱ, ㅅㄷ, ㅅㅂ, ㅅㅅ, ㅅㅈ'으로 표기하기로 한 것 등이었다.

〈신정국문〉은 지석영 개인적인 주장을 아무런 토의 과정 없이 갑자기 정부에서 실시하였기 때문에 논란이 끊이지 않았고, 정부에 의해 정식으로 공포는 되었으나 실시할 수는 없는 어정쩡한 상태가 되었다. 이 문제는 후에 학부 안에 국문연구소를 설치하는 계기가 되었다.

13.1.2. 국문연구소의 〈국문연구의정안〉

1907년 7월 8일 설립된 국문연구소는 7월 12일 학부 학무국장 윤치오를 위원장으로 하고, 학부 편집국장 장헌식, 관립한성법어학교장 이능화, 정3품 현은, 내부 서기관 권보상, 주시경, 학부 사무관 우에무라 마사키(上村正己)를 위원으로 발령하여 인원 구성을 완료하였다. 연구위원은 들고남이 있었는데 최종적으로 연구안을 제출한 위원은 어윤적, 이능화, 주시경, 권보상, 송기용, 지석영, 이민응, 윤돈구 등 8인이었다.

국문연구소는 1909년 12월 28일 23회에 걸친 회의 결과를 보고서로 학부 대신 이용직에게 제출하였다. 보고서 작성 과정은 해당 주제에 대하여 각 위원별 연구안을 제출받은 뒤, 이를 나누어 주었고 이것을 바탕으로 의결하였다. 위원들의 연구안을 모아놓은 〈국문연구안〉 7책이 고려대학교 육당문고에 보관되어 있다. 〈국문연구안〉은 주시경이 소장하던 것으로 추정되는 것으로 2012년 국가등록문화재 제527호로 지정되었다. 해당 주제에 대한 의결 결과인 보고서에는 공문 다음에 〈국문연구의정안〉이 실려 있고 부록으로 〈국문연구〉가 첨부되어 있다(이기문, 1970). 〈국문연구의정안〉은 연구 주제에 대하여 결정한 내용을 총괄적으로 제시하고, 각 주제에 대한 위원의 요점을 간략히 제시하여 차이를 알 수 있도록 하였으며, 〈국문연구〉는 위원들의 최종 연구안을 제출 받은 것인데, 논의 과정에서 제출한 〈국문연구안〉과는 내용이 달라지기도 하였다. 배열은 〈국문연구의정안〉의 주제 순서에 따랐다. 최종 보고서는 동경대학 도서관 소창문고에 소장되어 있으며, 당시 의결된 주제는 다음과 같다.

> (1) 1. 국문의 연원과 자체 및 발음의 연혁
>   2. 초성 중 ㆁ ·ㆆ ·ㅿ ·◇·ㅁ ·ㅸ ·ㆄ ·ㅃ 8자의 부용 당부(當否)
>   3. 초성의 ㄲ, ㄸ, ㅃ, ㅆ, ㅉ, ㆅ 6자 병서의 서법 일정(一定)
>   4. 중성 중 'ㆍ'자 폐지와 =자 창제의 당부
>   5. 종성의 ㄷ ·ㅅ 2자의 용법과 ㅈ ·ㅊ ·ㅋ ·ㅌ ·ㅍ ·ㅎ 6자도 종성에 통용 당부
>   6. 자모의 7음과 청탁의 구별 여하(如何)
>   7. 사성표의 용부와 국어음의 고저법
>   8. 자모의 음독 일정
>   9. 자순과 행순의 일정
>   10. 철자법

(1)의 주제에 대한 대체적인 논의 내용은 다음과 같다.

1항은 국문의 연원과 그 자체 및 발음의 연혁에 대해 논의하였다. 연원

에 대해서는 각 위원의 의견이 일치하고, 자체와 발음은 의견이 대동소이한 것으로 결론지었다.

2항은 이른바 소실 문자인 8자의 사용 여부를 논의하였다. 이에 대해서는 각 위원의 의견이 사용하지 않는 것으로 일치하였다. ◇은 'ㅱ'의 변체자로 《화동정음통석》에서 제안된 것이었다.

3항은 초성의 각자 병서 6자를 다시 사용할지 여부를 논의하였다. 이것은 당시 된소리를 각자 병서와 합용 병서로 표기하던 것을 논한 것으로 위원 간의 의견이 갈렸다. 결국 각자 병서가 훈민정음 예의에서 발음의 예까지 들며 제시한 것이므로 이를 존중하여 된소리를 각자 병서로 쓰도록 하였다. 다만, 'ㆅ'은 'ㅎ'으로만 써도 문제가 되지 않으므로 다시 쓰지 않기로 하였다.

4항은 'ㆍ'의 폐지와 그 대신 'ᆖ'을 사용할 것인지를 논의하였다. 이것은 지석영 위원이 제안한 〈신정국문〉에도 나온 것이지만 위원들은 받아들이지 않았다. 지석영의 이러한 주장의 배경에는 'ㆍ'가 'ㅏ'와 혼용되어 쓰이는 것을 막고자 하는 의도가 있었으나, 'ㆍ'의 본음이 'ㅣ ㅡ'의 합음이라는 확증이 없으며, 'ᆖ'의 음이 필요하더라도 이미 'ㅣ'와 'ㅡ'의 합중성인 'ㅢ'의 예가 있으므로, 새로운 글자를 만드는 것은 불가하다고 결론하였다. 'ㆍ'는 제자한 본래의 뜻과 현실에서 널리 쓰이는 관례를 존중하여 폐지하지 않고, 'ㅏ'와 용법만 구별하여 쓰도록 하였다.

5항은 종성에 쓰이는 'ㄷ, ㅅ'의 문제와 초성에만 쓰이는 'ㅈ, ㅊ, ㅋ, ㅌ, ㅍ, ㅎ' 6개 자모를 종성에도 쓸 것인지를 논의하였다. 당시 종성에서 'ㄷ'과 'ㅅ'은 중화되어 'ㅅ'으로만 쓰였고, 'ㅈ, ㅊ, ㅋ, ㅌ, ㅍ, ㅎ'은 훈민정음 해례의 '8종성가족용'에 따라 쓰이지 않았다. 그러나 훈민정음 예의의 '종성부용초성'을 '초성은 모두 종성에 쓴다'는 뜻으로 해석하여 모든 자음자를 종성에 쓰도록 허용하였다. 이것은 전통적인 8종성법을 버린 것으로 현재 맞춤법으로 이어졌다.

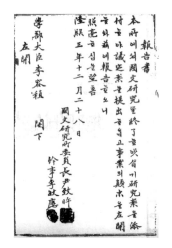

〈사진 1〉 국문연구소 설치를 알리는 관보(왼쪽), 국문연구소의 〈보고서〉(오른쪽)

　6항은 자모의 분류를 7음과 청탁으로 구분하는 것을 논의한 것으로, 각 위원들의 의견이 대체로 일치하였다. 훈민정음에서는 초성의 자모를 아설순치후 5음에 반설과 반치 2음을 더하여 7음으로 하였으나, 반치음은 폐지하고 반설음은 설음으로 이동하여 5음으로만 구별해도 충분하다고 하였다. 또한 발음을 전차청탁(全次淸濁) 4가지 음으로 구분하던 것을 청음(평음), 격음(격음), 탁음(경음)으로 구별하도록 하였다. 이것은 국어 폐쇄음의 발음을 정확히 이해한 것이지만, 비음(불청불탁음)을 청음에 합류시킨 것은 비음과 평음을 구분하지 못하는 결과가 되었다.

　7항은 성조 표기와 국어의 장단에 대한 표기를 논의하였다. 훈민정음에서 제시된 평·상·거·입의 사성은 국어에 더 이상 필요가 없으므로 사용하지 않으며, 장단의 2종만 인정하였다. 단음에는 아무런 표시를 하지 않으나, 장음은 글자의 왼쪽 어깨에 1점을 가하도록 하였다. 당시 서울말이 이미 고저를 상실하고 장단으로만 대립되는 언어의 성질을 파악한 것이었다.

　8항은 자모의 명칭을 논하였다. 현행 자모만 명칭을 정한다고 하였으나, 'ㅇ'을 'ㆁ'으로 표기하였다. 명칭과 순서는 다음과 같다.

(2) ㅇ(이응), ㄱ(기윽), ㄴ(니은), ㄷ(디읃), ㄹ(리을), ㅁ(미음), ㅂ(비읍),
    ㅅ(시읏), ㅈ(지읒), ㅎ(히읗), ㅋ(키읔), ㅌ(티읕), ㅍ(피읖), ㅊ(치읓)
    ㅏ(아), ㅑ(야), ㅓ(어), ㅕ(여), ㅗ(오), ㅛ(요), ㅜ(우), ㅠ(유), ㅡ(으),
    ㅣ(이), ·(ᄋᆞ)

(2)의 명칭은 모든 자음을 종성으로 쓸 수 있도록 한 결정에 따른 것으로, 자음자의 이름을 모두 2자를 이용하되 첫 글자의 모음은 'ㅣ'로 하고, 둘째 글자의 모음은 'ㅡ'로 하는 규칙적 작명을 하였다.

9항은 자모와 행의 순서를 논하였다. 초성의 순서는 아음·설음·순음·치음·후음 5음과 청격이음(淸激二音)으로 구별하였다. 따라서 격음 'ㅋ, ㅌ, ㅍ, ㅊ'가 뒤에 배치되었다. 자음의 순서에서 'ㅇ'이 가장 앞에 온 것은 아음 중에서 비음을 가장 먼저 세웠기 때문이다. 즉, 아음에는 'ㅇ'이, 설음에는 'ㄴ', 순음에는 'ㅁ'이 가장 첫머리에 놓였다. 중성은 훈몽자회의 순서를 그대로 따랐다. 행순은 반절표의 배열 순서를 정한 것인데, 중성을 기본으로 한 다음 초성의 자순대로 배행(排行)한 기존의 방식을 따랐는데, 첫 줄에 '가, 갸'가 아니라 '아, 야'를 배치한 것이 다르다. 이는 자모의 순서에서 'ㅇ'을 가장 먼저 놓았기 때문이다.

10항은 훈민정음의 합자법인 철자법에 대해 논의한 것으로 각 위원 간에 이견이 없었다. 자소를 음절로 모아쓰는 방식을 그대로 인용하였다. 이것은 이능화와 주시경 등이 주장한, 영어의 알파벳처럼 자소를 횡서하는 풀어쓰기 방식을 따르지 않기로 한 것이다. 이러한 결정은 가능한 훈민정음의 창제 정신을 따르려는 원칙에 의하여 이루어졌다.

〈국문연구의정안〉의 결정 내용에서 주목되는 것은 다음과 같다. '·'를 폐지하지는 못하였으나, 당시에 쓰이지 않는 대부분 글자를 없앴다. 또한 경음 표기를 위해 합용 병서를 포기하고 각자 병서로 통일하였으며, 종성 표기에 모든 자음을 쓸 수 있도록 허용하였다. 이것은 종성 표기에 대한 전통적 방식의 대전환으로 주시경 등이 줄기차게 주장해 온 내용을 수용한 것이었다. 이에 따라 결국 자모 명칭도 《훈몽자회》식의 전통적 방식을 버리게 되었다. 그런데 자소를 모아쓰는 방식은 그대로 따름으로써 음절 문자처럼 쓰이는 방식이 유지되었고, 장음 표시에 방점을 사용한 것도 성조 표기를 위한 방점 표기의 영향으로 유지되었다.

13.1.3. 조선총독부의 <언문철자법>

당시 한글 표기의 논란거리는 〈국문연구의정안〉(1909)에 정리되어 있었으나, 한일합방으로 국권을 잃게 됨으로써 실시하지 못하게 되었다. 조선총독부는 제1차 조선교육령(1911)을 발표하고 이에 따른 교과서 편찬이 필요하게 되었지만, 〈국문연구의정안〉을 수용하지 않고 이듬해 이와 성격이 판이한 〈보통학교용 언문철자법〉(1912)을 새로이 제정하였다. 이것은 조선총독부의 교과서 편찬을 위한 임시적인 성격을 가지나 사실상 정부의 이름으로 제정 공포된 첫 표기법이다. 이 철자법은 1921년과 1930년에 개정이 이루어졌다. 이들은 모두 일문으로 발표되었는데, 우리말 번역문은 김윤경(1938), 박붕배(1987), 신창순(2003) 등에서 볼 수 있다.

1912년 4월에 공포된 〈보통학교용 언문철자법〉 제정에는 유길준, 강화석, 어윤적, 현은 등 한국인 4인과 일본인 4인이 참여하였다. 〈국문연구의정안〉의 연구 위원 중에서 중요한 역할을 한 주시경, 지석영 등은 참여하지 못하였고 어윤적만이 참여하였다. 이 〈언문철자법〉은 서언 4항과 철자법 16항으로 구분되어 있다. 서언에서는 이 철자법은 조사 촉탁원에게 명하여 조사 결정한 것으로 보통학교용 교과서에 채용한 것이라는 사실을 설명하고, 철자법의 방침으로 경성어를 표준으로 하고, 고유어는 표음주의 표기법을 채택하며, 한자어는 종래대로 표기한 것임을 밝혔다. 또한 일본 가나의 한글 표기법도 결정하여 외래어 표기법을 도입하는 결과가 되었다. 철자법은 16개 항목과 일본 가나 50음의 한글 대응표로 되어 있다. 철자법의 중요한 내용은 다음과 같다.

(3) ㄱ. 현대 경성어를 표준으로 하되, 종래 관용에 따라 발음대로의 서법을 취함

ㄴ. 고유어와 한자어에 대하여 다른 기준을 적용함. 고유어에는 'ㆍ'를 'ㅏ'로 하고, 구개음화를 인정하며, 'ㅏ, ㅑ' 등 혼란한 경우는 'ㅏ'로 정하나, 한자어에는 적용하지 아니함. (예) 쉰(五十), 적다(小)

ㄷ. 된소리 표기는 'ㅺ, ㅼ, ㅽ' 등 합용 병서로 함.

ㄹ. 활용어의 활용 어미는 가급적 단어의 본형과 구별함. 다만, '어'를 '더, 저'로 쓸 때는 예외로 함.

(예) 먹엇소, 들어간다. 삶아먹엇소(煮食), 붉은빗(赤色).

(예외) 어덧소(得), 저젓소(濕)

ㅁ. 아래의 경우에는 소리대로 표기하여 선행어의 받침을 밝히지 않음.

(예) 갓흔(同), 놉흘(高), 붓흔(附), 갑흘(報)

압히(前), 압흘(前), 압헤(前), 압흐로(前), 꼿치(花), 꼿체(花), 갑시(價), 삭시(賃金), 밧기(外).

(예외) 낫이(晝), 곳에(處)

ㅂ. 일본어의 탁음을 표기하는 경우에는 글자의 오른쪽에 부호(ﾞ)를 설정하고, 일본어 및 외국어의 음장은 글자의 왼쪽에 'ㆍ'를 붙임.

(예) *ガ*가ﾞ *ギ*기ﾞ *グ*구ﾞ *ゲ*게ﾞ *ゴ*고ﾞ / ㆍ지, ㆍ고

(3)은 〈국문연구의정안〉에서 제안된 것과 달리 이전의 전통적인 표음주의 표기법으로 환원되었다. 〈국문연구의정안〉에서 제안된 된소리의 각

자 병서 표기, 'ㅈ, ㅊ, ㅋ, ㅌ, ㅍ, ㅎ' 등의 종성 표기 등은 받아들이지 않았다. 특히 받침을 'ㄱ, ㄴ, ㄹ, ㅁ, ㅂ, ㅅ, ㅇ, ㄺ, ㄻ, ㄼ'만 쓰게 됨으로써 겹받침을 제외하면 종래의 7종성 표기를 그대로 따랐다. 다만, 'ㆍ'를 폐지하는 결정을 하여 지금의 맞춤법과 같게 되었고, 외래어 표기에는 새로운 부호를 사용하도록 허용하였다.

1921년 3월 2차 〈조선교육령〉에 따라 새로운 교과서의 편찬을 위하여 〈보통학교용 언문철자법 대요〉로 개정 발표되었다. 개정 작업에는 어윤적, 현헌, 신기덕, 지석영, 현은, 유필근, 최두선, 권덕규와 일본인 3인이 참여하였다. 개정은 학무국에서 보통학교 교과용 도서 언문 철자법 조사를 바탕으로 초안을 마련하여 토의한 결과인데, 논란이 되는 사항이 많았으나 결정을 하지 못하고, 시급한 교과서 편찬 때문에 온건한 방침으로 정함으로써 1912년 것과 별로 다르지 않게 되었다. 특히 종성 표기 '꽃'과 '꽃', '닙'과 '닢' 사이에서 논란 끝에 확정을 못하고 임시로 '꼿, 닙을 따르기로 한 것이 대표적이다. 새로 추가된 것은 '녀름'(夏), '닉을'(熟)처럼 고유어의 어두 'ㄴ' 표기를 인정하고, '룡산(龍山), '란초'(蘭草)처럼 한자어의 어두 'ㄹ' 표기를 인정하고, 합성어의 사이시옷을 가운데 두지 말고 앞말이나 뒷말에 표기(동짓달, 외양깐)하도록 하고, 고유어의 음장에는 부호를 쓰지 않도록 한 것이다.

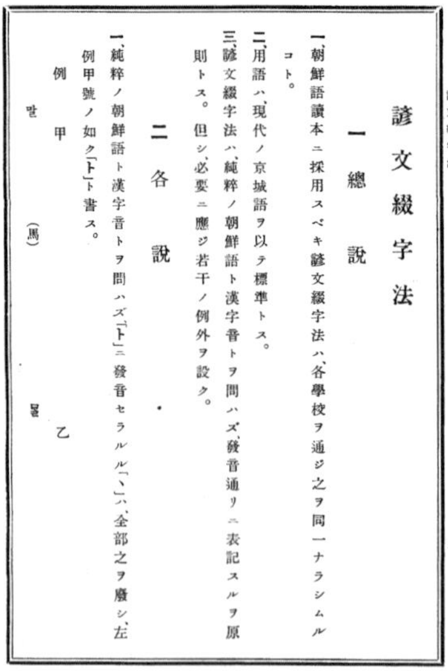

1930년 2월 〈언문철자법〉으로 개정 공포되었는데, '보통학교용'이라는 관형어를 제거한 것으로 보아 일반적 표기법의 기준을 염두에 두었던 것으로 보인다. 〈언문철자법〉은

〈사진 2〉 언문철자법

학생들의 학습상 부담을 경감하고 학습 능률을 높이고, 시대 추세에 순응하여 어문을 통일하고, 2차 개정안이 잠정적이었으므로 매듭을 지어야할 필요성에 따라 이루어졌다(김윤경, 1938). 기존 표기법을 개정하라는 목소리가 높아지고 다양한 표기가 쓰이는 현실을 타개하기 위하여 개정 작업이 이루어진 것이다. 조선총독부 학무국은 1928년 9월부터 1929년 1월까지 심의린, 박영빈, 박승두, 이세정 등에게 초안을 작성케 하고, 1929년 5월에서 7월까지 한국인 장지영, 이세정, 권덕규, 정렬모, 최현배, 신명균, 심의린, 김상회, 이완응 9명과 일본인 소창진평, 고교형 등 5인으로 심의위원회를 조직하여 최종 심의케 하였다. 표기법 개정 작업이 시작되자《동아일보》는 1928년 11월 3일부터 28일까지 철자법의 쟁점에 대하여 학자들의 의견을 듣고, 이를 신문에 게재하는 등 철자법 논쟁의 판을 만들었다. 주된 질문은 한글 정리에 대한 의견, 된소리 각자병서의 가부, 천지(天地) 등 표음 가부, 바드니/밧으니, 압히/아피 등 모든 초성의 종성 사용 여부 등이었다. 여기에서 박승빈은 기존의 전통적인 표음주의와는 달리 'ㄷ, ㅈ, ㅊ, ㅌ'을 종성으로 사용하는데 찬성하였으나, 'ㅎ'만은 음리상 종성이 되지 못한다고 반대하면서 '좋다(好)'를 '조흐다, 조ㄱ다, 조차'의 어느 것으로 하자는 입장이었다(시정곤, 2015).

〈언문철자법〉의 내용은 총설 3항과 각설 25항, 부기 2항으로 되어 있는데, 총설에서 이전과 달라진 것은 고유어와 한자어를 가리지 않고 발음대로 표기하도록 통일한 것이었다. 부기에서 자음의 명칭을 처음으로 확정하였는데, 대부분 현재의 것과 같으나, 'ㅋ'은 '키윽'으로, 'ㅎ'은 '히읏'으로 한 것만은 다르다. 각설의 대표적인 내용을 정리하면 다음과 같다.

(4) ㄱ. 구개음화 등을 인정하여 발음대로 표기함.
　　　　(예) 절(寺), 좃소(良), 주인(主人), 소(牛), 제일(第一), 폐지(廢止),
　　　　키(丈)

ㄴ. 고유어의 어두 'ㄴ' 탈락을 인정하고, 체언의 2음절 이하에서는 그
   대로 둠.
   (예) 이(齒), 앞니(前齒), 여우(狐), 암녀우, 일어낫다, 막일어낫다
ㄷ. 한자어의 습관음은 발음대로 인정함.
   (예) 회령(會寧), 의논(議論), 시월(十月), 모과(木瓜), 가택(家宅)
ㄹ. 용언의 종성이 생략되거나 다른 음으로 변한 것은 발음대로 표기함
   (예) 놀다, 노오, 노지마라, 놀앗소, 놀고덥다, 덥소, 덥지안소, 더웟
      소, 더운
ㅁ. 합성어의 사이시옷은 윗말이 모음으로 끝나면 종성에 쓰고, 윗말
   이 종성으로 끝나고 다른 말과 혼동되기 쉬우면 가운데에 둠.
   (예) 동짓달, 담뱃대, 장ㅅ군(市場人)-장군(將軍)
ㅂ. 'ㆍ'를 폐기하고, 된소리는 각자병서를 씀.
ㅅ. 동사나 형용사의 파생어에서 뜻이 변하지 않은 것은 분철함.
   (예) 웃음(笑), 죽음(死), 깊이(深), 이름(名), 무덤(墓)
ㅇ. 조사나 어미는 윗말의 어간과 구별하여 씀.
   (예) 사람이, 넋을, 먹으로, 얻은돈, 깊은물
ㅈ. 종성에는 종래 사용하던 10자 이외에 'ㄷ, ㅌ, ㅈ, ㅊ, ㅍ, ㄲ, ㄳ,
   ㄵ, ㄹㅌ, ㄹㅍ, ㅄ'을 더 씀.
   (예) 얻다, 얻어서, 얻을 / 밭, 밭치, 밭에, 밭은 / 짖다, 짖어서,
   짖을
   숯, 숯이, 숯테, 숯은 / 깊다, 깊어서, 깊을 / 묶다, 묶어서, 묶을
   넋, 넋이, 넋에, 넋은 / 앉다, 앉아서, 앉을 / 핥다, 핥아서, 핥을
   읊다, 읊어서, 읊을 / 값, 값이, 값에, 값은

〈언문 철자법〉에서 이전의 'ㆍ' 폐기는 유지되고, 된소리 표기는 각자
병서로 바뀌었다. 발음 표기는 현실을 인정하는 쪽으로 결정되었다. 주목

되는 것은 그동안 논란의 중심에 있었던 형태주의 표기를 확정하였다는 점이다. 체언과 조사, 용언 어간과 어미의 분철 문제를 명확히 하였고, 종성에는 'ㄷ, ㅌ, ㅈ, ㅊ, ㅍ, ㄲ, ㄳ, ㄵ, ㄾ, ㄿ, ㅄ'을 추가로 채택하였다. 그러나 '조타, 조와서, 조을'처럼 'ㅎ'은 종성에 쓰지 않았다. 이와 같은 표기법의 기조는 기본적으로 〈국문연구의정안〉과는 같은 것이고, 〈보통학교용 언문철자법〉(1912, 1921)과는 다른 것이다. 이것은 조선총독부가 철자법 개정을 추진할 당시부터 조선어연구회가 건의서를 제출하는 등 적극적 관심을 기울였고, '조선어 철자법 조사 위원회'에 형태주의 표기를 주장하는 다수의 연구회 회원들이 참여하면서 가능하였다.

13.1.4. 조선어학회의 〈한글 마춤법 통일안〉

현재 쓰고 있는 〈한글 맞춤법〉의 직접적 원조는 1988년 문교부 고시 88-1호로 공포된 것이고, 이 맞춤법의 원조는 1933년 민간 학술단체인 조선어학회에서 공포한 〈한글 마춤법 통일안(조선어 철자법 통일안)〉이다. 〈한글 마춤법 통일안〉은 조선어학회의 결의에 따라 1930년 12월에 12명(권덕규, 김윤경, 박현식, 신명균, 이극로, 이병기, 이희승, 이윤재, 장지영, 정렬모, 정인섭, 최현배)로 구성된 조선어 철자 통일 위원회를 조직하여 제정되었다. 위원회는 1932년에 원안 작성을 마치고, 위원 6명(김선기, 이갑, 이만규, 이상춘, 이세정, 이탁)을 증선하여 축조 심의를 한 다음, 다시 수정 위원 10명, 정리 위원 9명의 검토 결과를 1933년 10월 19일 조선어학회 정기

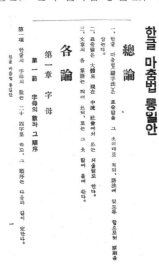

〈사진 3〉 〈한글 마춤법 통일안〉

총회에서 의결하고, 10월 29일 한글날 기념일에 공포함으로써 완성되었다. 한편 조선어학회는 이를 기념하여 기관지 〈한글〉 10호(1934.1)를 특집호로 발행하였는데, 여기에는 통일안 전문은 물론 각 신문사의 기사와 사설·시평이 실렸다.

〈한글 마춤법 통일안〉은 〈언문철자법〉(1930)이 시행되고 난 이후, 이와 본질적으로 다르지 않은 내용의 맞춤법으로 다시 제정된 것이다. 〈언문철자법〉은 조선총독부의 주도로 조선어 독본에 채용할 것을 목적으로 개정된 것이므로, 표기법 연구와 통일에 몰두해온 학회로서는 보다 체계적이고 완벽한 표기법을 만들 필요가 있었다. 〈한글 마춤법 통일안〉은 각 항목을 체계적으로 분류하여 총론 3항과 각론 7장 65항과 부록으로 구성하였으며, 자모 명칭과 순서 등을 명확히 함으로써 규정으로서의 모습을 갖추었다. 또한 〈언문철자법〉에 없는 띄어쓰기, 약어(준말), 표준어, 문장 부호 등을 추가하여 완벽한 표기법이 되도록 하였다. 그 중요한 내용은 다음과 같다.

(5) ㄱ. 총론에서 "한글 맞춤법은 표준말을 그 소리대로 적되, 語法에 맞도록 함으로써 原則을 삼는다."고 하여 형태주의 맞춤법을 분명히 함.

ㄴ. 한글 자모 24자의 이름과 순서를 확정함.

ㄷ. 체언과 토, 어간과 어미를 구별하여 적고, 바침(받침)은 18개(ㄷ, ㅈ, ㅊ, ㅋ, ㅌ, ㅍ, ㅎ, ㄲ, ㅆ, ㄳ, ㄵ, ㄶ, ㄺ, ㄾ, ㄿ, ㅀ, ㄻ, ㅄ)를 더 쓰게 함. '걷다(收), 꽂다(揷), 꽃(花), 부엌(廚), 밭(田), 늪(沼), 넣다(入), 깎다(削), 있다(有), 넋(魄), 앉다(坐), 끊다(絶), 곬(向方), 핥다(舐), 읊다(詠), 끓다(沸), 굵(穴), 값(價) 등의 표기가 가능해짐. 〈언문철자법〉에 비하여 'ㅋ, ㄳ, ㅆ, ㄻ, ㅎ, ㄶ, ㅀ' 7개 종성이 추가로 허용됨.

ㄹ. 한자음의 현실 발음을 존중하여 샤회(社會)는 사회로, 셰계(世界)

는 세계로 붕우(朋友)는 붕우로, 긔챠(汽車)는 기차로, 녀자(女子)를 여자로, 디구(地球)는 지구로 적도록 함.

ㅁ. 외래어 표기 규정을 신설하여 새 문자나 부호를 쓰지 아니하는 표음주의를 취함.

ㅂ. 총론에서 표준어를 "표준말은 대체로 현재 중류사회에서 쓰는 서울말로 한다."고 규정하고, 부록에서 7가지 기준을 제시하고 실제 결정된 표준어 144개를 제시함. '三'을 뜻하는 '서, 석, 세' 등 특별한 경우가 아니면 단수로 표준어를 정함. 사슴(×사심), 아버지(×아바지), 여우(×여호), 며칠(×몇일)

〈국문연구의정안〉 이래로 한글 표기는 표음주의와 형태주의를 주장하는 논의가 활발하였고, 조선총독부가 〈언문철자법〉에서 형태주의를 채택하면서 마무리되는 듯하였으나, 전통적인 표기를 선호하는 반대 세력과의 논쟁이 치열하였다. 박승빈을 비롯한 반대론자들은 조선어학연구회를 중심으로 주시경의 새로운 받침 사용을 중심으로 하는 표기법에 반대하였다. 조선어학연구회는 1931년 12월 10일 창립총회를 열고 1934년 2월에는 기관지 《정음》창간호를 발간하였는데, '강령'에서 "민중적 실용성을 중시하야 평이 간명한 처리법을 취하고 난삽 현미(眩迷)한 처리법을 배제함'을 내세울 정도로 맞춤법에 대한 입장을 분명히 하였다. 표기법에 대한 논쟁이 치열하자 동아일보사는 1932년 11월에 7일에서 9일까지 3일간 철자법 토론회를 열어 양측 대표의 강연과 이에 대한 토론 결과를 신문에 게재하였다. 1일차에는 된소리 표기에 대한 조선어학회의 각자병서(깜깜)와 박승빈의 된시옷 표기(깜깜)가 논의되고, 2일차에는 겹받침과 받침 'ㅎ' 사용을 주장하는 조선어학회와 반대하는 박승빈의 주장이 논의되었다. 3일차에는 박승빈의 단활용설과 최현배의 끝바꿈설이 논의되었다(시정곤, 2015). 최현배는 '먹-어서'를 어간과 어미로 구분하였으나, 박승빈은

'머거서'를 동사원형과 조사로 분리한 다음 '머거'를 동사원형 '머그'가 '어'를 만나 활용한 것으로 분석하였다. 박승빈은 동사원형 '머그'는 발음을 촉급하게 하는 습관에 따라 약음 '먹'으로 발음되기도 하여 '머그며, 먹고, 머거서'와 같은 활용을 한다고 주장하였다. 따라서 최현배의 '먹으며, 먹고, 먹어서'와는 다르게 되었다.

결국 조선어학회가 1933년 10월에 〈한글 마춤법 통일안〉을 발표하자 박승빈을 중심으로 하는 반대파는 반대 운동에 나섰다. 박승빈은 1934년 7월 윤치호, 지석영, 최남선 등 112명과 함께 〈한글식 신철자법 반대 성명서〉를 발표하고, 1936년 10월 《정음》 16호 부록으로 《조선어학회 사정 〈한글마춤법통일안〉에 대한 비판》을 발표하였다. 이 책은 주로 조선어학 연구회 월례회에서 발표한 내용을 기관지 《정음》에 4회(10-13호)에 걸쳐 연재하였다가 단행본으로 출판한 것인데, 그의 지론인 표음주의 입장에서 통일안의 내용을 비판한 것이다. 주로 된소리의 각자 병서 사용 문제, 'ㆆ'과 겹받침 사용 문제, 어간과 어미의 구별 표기 문제 등에 대하여 비판하였는데, 이미 대세가 되어 버린 통일안에 대한 비판을 조선어에 대한 공헌, 타인의 요망에 대한 대응이라고 하였다. 이미 《동아일보》는 통일안을 1933년 10월 29일자 부록으로 발행하고, 그날부터 신문의 철자법도 그를 따르도록 결정하였다. 이어 1934년 7월 9일에는 김동인, 이광수, 정지용 등 작가 78명이 〈한글 철자법 시비에 대한 성명서〉를 발표하여 조선어학회의 통일안을 준용키로 하는 등 사회 분위기는 한쪽으로 기울고 있던 시기였다.

조선어학회는 〈사정한 조선어 표준말 모음〉(1936)에 따라 통일안의 부록에 있던 표준말 조항 2개를 삭제한 개정판(1937)을 마련하였으며, 1940년에는 합성어에서 사이시옷 표기 등을 변경한 〈한글 맞춤법 통일안〉을 발표하였다. 이 때 '마춤법'이 '맞춤법'으로 바뀌게 되었다. 조선어학회의 뒤를 이은 한글학회는 해방 이후에 몇 차례의 수정을 거친 다음

1980년 8월에 정부안과는 다른 〈한글맞춤법〉을 자체적으로 발표하였다.

13.1.5. 조선어학회의 〈사정한 조선어 표준말 모음〉

우리말의 지방성에 대한 첫 언급은 《훈민정음》(해례) 합자해의 시골말 [邊野之語]에 대한 것이다. 국어에는 이중 모음 [jʌl, [jɯ]이 없으나, 아동말이나 시골말에는 있다고 진술하고 있으며, 이럴 경우에는 'ㅣ, ㅡ'처럼 새로운 글자를 만들 수 있다고 하였다. 이것은 중앙의 표준말과 지방말을 구별하여 이해하기 시작한 것으로 이해되나 본격적인 표준어의 개념과는 거리가 있다. 국어의 표준화 작업에 대한 인식은 20세기에 들어서야 가능하였다.

표준말에 대한 직접적 언급은 〈보통학교용 언문철자법〉(1912)에서 철자법의 대상은 경성어(京城語)를 표준으로 한다는 규정이다. 선언적 의미였던 이 규정은 〈한글 마춤법 통일안〉(1933)의 총론에서 표준말은 대체로 현재 중류 사회에서 쓰는 서울말로 한다고 좀 더 구체화되었고, 부록의 표준말에는 조항 7개항과 사정한 144개의 단어에 대하여 표준어와 비표준어를 대비하여 보였다. 모음조화 인정 규정(막-아, 주-어), 부사형 어미 '이, 히' 규정(덤덤히, 헛되이), 'ㅅ, ㅈ, ㅊ' 다음의 '으' 발음 규정(갖은, 좇으니) 등이 언급되어 있으며, 상(上)을 의미하는 '위/우', 삼(三)을 의미하는 '서/석/세처럼 두 가지 이상의 형태를 허용하는 복수 표준어의 개념이 도입되었다.

별도의 표준어 결정은 조선어학회가 〈한글 마춤법 통일안〉을 제정한 이후 조선어 표준어 사정 위원회를 조직하여 1936년 10월 28일 〈사정한 조선어 표준말 모음〉으로 발표하였다. 내용은 본문과 부록 및 색인으로 되어 있으며, 사정 어휘수는 표준어 6,231, 약어 134, 비표준어 3,082, 한자어 100으로 총계 9,547이었다. 표준어 사정 위원은 모두 73명으로 서울

〈사진4〉《사정한 조선어 표준말 모음》색인은 가로 풀어쓰기도 병기되었다.

경기 출신이 절반 이상인데, 이것은 표준어 사정 원칙이 중류 사회에서 쓰는 현재의 서울말이었기 때문이다.

표준어 사정 대상이 된 것은 일반 상용어 중에서 동의어와 유의어와 준말이었다. 동의어는 여럿 가운데서 하나를 표준어로 하였고, 유의어는 제각각 독특한 뜻을 밝혀서 독립된 표준어로 하였으며, 준말은 원어를 주로 하고 약어를 허용하였다. 단어의 뜻은 비슷한 한자로 표시하였으며, 각 부류 안에서의 단어의 배열은 자모순으로 하였다. 표준어 사정 결과는 같은 말(동의어), 비슷한 말(근사어), 준말(약어)로 구분하여 제시하였다. 그 목차는 다음과 같다.

(6) 첫째 같은 말(同義語)

　一 소리가 가깝고 뜻이 꼭 같은 말

　　(ㄱ) 소리의 通用에 關한 말

　　(ㄴ) 소리의 增減에 關한 말

　　(ㄷ) 소리의 一部가 서로 같은 말

　二 소리가 아주 다르고 뜻이 꼭 같은 말

둘째 비슷한 말(近似語)

셋째 준말(略語)

附錄

　一 한결로 處理한 말떼

　二 漢字의 轉音

동의어는 비슷한 소리를 가진 것과 소리가 아주 다른 것으로 구분하였는데, 전자는 '갈고리, 갈구리' 같은 것이고, 후자는 '옥수수, 강냉이' 같은 것이다. 소리가 비슷한 것은 세 가지로 다시 구분하였다. 소리의 통용은 '가스랑이/까스랑이/까스랑이/까치랑이/까치렁이'에서 '가스랑이'를 표준으로 하고, 소리의 증감은 '꾸르륵/꾸르르'에서 '꾸르륵'를 표준으로 하고, 소리의 일부가 다른 것은 '꼽사둥이/꼽장이/꼽추/등꼽장이'에서 '꼽사둥이'를 표준으로 하였다. 소리가 아주 다른 것은 '꼭뒤/뒤꼭지'에서 '꼭뒤'를 표준으로 한 것이다. 근사어는 뜻을 달리하여 모두 표준어로 인정하였는데, 포도청에서 포교의 심부름을 하며 도둑 잡는 일을 거들던 사람을 낮잡아 이르는 말인 '깍정이'와 '재리'를 각각 소년과 유년으로 구별하였다. 준말에서는 '꾸이다/뀌다'(貸)는 '꾸이다'를 주로 하고 '뀌다'를 허용하는 식이다. 한결로 처리된 어군은 '-거리다'와 '-대다'가 쓰인 단어 모두를 일률적으로 '덩실거리다'처럼 '-거리다'를 표준으로 한 것이고, 한자의 전음은 '個'는 원음이 '가'이나 속음 '개'를 인정하여 '개인'(個人)을 표준으로 한 것이다.

색인은 본문과 달리 가로쓰기를 하였다. 표제어가 비표준어인 것은 손톱표시를 하였으며, 배열순서는 검색의 편의를 위하여 24자모를 자모순으로 하였다. 표제어 다음에 가로 풀어쓰기를 보였다. 풀어쓰기에서 영성자 'ㅇ'은 아예 무시하여 '강아지'를 '가아지', '알'을 'ㅏㄹ'로 하는 등, 몇 가지 표기 장치를 마련하였다. 마지막에는 본문의 출처를 숫자로 제시하여 찾을 수 있도록 하였다.

표준어에 대한 대체적인 윤곽을 잡은 뒤, 국어의 단어에 대하여 표준어 여부를 가려 집대성한 것이 《조선말 큰사전》이다. 이 사전은 1942년 원고가 완성되고 출판 작업이 진행되다가 조선어학회 사건으로 중단되었다.

해방 후인 1947년 《조선말 큰사전》 1권이 발간되고, 마지막 6권은 1957년 《큰 사전》이라는 이름으로 발간되었다.

13.1.6. 조선어학회의 <외래어 표기법 통일안>

외래어 표기 문제는 조선 시대 한어의 발음 표기로 거슬러 올라간다. 《훈민정음》(언해)에는 우리말에서는 구별되지 않는 한음의 치두음과 정치음을 표기하기 위한 새로운 글자가 제시되어 있다. 이것은 엄밀히 말하여 외국어 표기인데, 외래어 표기는 《동국정운》에서 조선 한자음을 표기하면서 국어에는 쓰이지 않는 'ㅱ' 등을 사용한 것이 직접적 예가 될 것이다.

외래어 표기 문제는 개화기 서양 외래어와 일본어가 본격적으로 수입되면서 가중되었다. 20세기 들어 외래어 표기 문제가 공식화한 것은 조선 총독부의 <보통학교용 언문철자법>(1912)에서 일본어의 한글 표기를 규정하면서부터였다. 철자법은 일본어의 50음, 탁음, 장음의 표기법을 제시

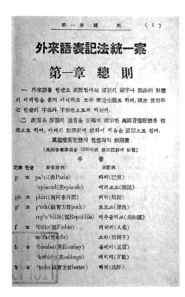

〈사진 5〉 《외래어 표기법 통일안》(1940)

하였는데, 일본어 탁음을 위해 글자의 오른쪽에 부호(˚)를 설정하고, 일본어 및 외국어의 음장은 글자의 왼쪽에 '·'를 붙이는 조치였다. 우리말에 없는 발음을 위하여 새로운 부호를 사용한 것이다.

외래어에 대한 일반적 규정은 조선어학회의 <한글 마춤법 통일안>(1933)의 제6장 외래어 표기에 보인다. 여기에는 외래어를 표기할 적에는 새 문자나 부호를 쓰지 않고, 표음주의를 취한다고 규정하고 있다. 이것은 원음에 충

실하기 위해 새로운 문자를 만들어 쓰던 당시의 관행을 배제한 결정이다. 이러한 선언에 이어 구체적인 외래어 표기 기준이 마련된 것은 1940년 조선어학회가 발표한 〈외래어 표기법 통일안〉이다. 이 규정은 우리나라 외래어 표기법의 기초가 되었는데, 정인보, 이극로, 이희승 3인의 책임위원이 중심이 되어 1931년 제정에 착수하여 1938년 원안을 작성 보완하고 1940년 6월 25일에 완성하였다. 내용은 외래어 표기에 대하여 세부 항목별로 기술하였는데, 총칙과 세칙, 부록(총 2장 3절 17항)으로 구성되었다. 총칙의 내용은 다음과 같다.

(7) ㄱ. 외래어를 한글로 표기함에는 원어의 철자나 어법적 형태의 어떠함을 묻지 아니하고 모두 표음주의로 하되, 현재 사용하는 한글의 자모와 자형만으로 적는다.

ㄴ. 표음은 원어의 발음을 정확히 표시한 만국음성기호를 표준으로 하여, 만국음성기호와 한글과의 대조표에 의하여 적음을 원칙으로 한다.

표기의 기본 원칙은 〈한글 마춤법 통일안〉과 같은 같은데, 다만 표음을 만국음성기호를 기준으로 한다는 점이 추가되었다. /p, pʰ, p'/ 등 무성 파열음을 모두 'ㅍ'으로 하고 /b/ 등 유성 파열음을 'ㅂ'으로 하여 된소리 표기를 인정하지 않았다. 마찰음 /f/도 새 부호를 사용하지 않고 'ㅍ'을 사용하였다. 부록에는 〈국어음 표기법〉(일본어/한글, 가나한글대조표), 〈조선어음 라마자 표기법〉(조선어/로마자, 조선어음라마자대조표), 〈조선어음 만국음성기호 표기법〉(조선어/IPA)이 실려 있다. 그런데 당시 국어는 일본어였으므로, 국어음 표기법은 일본어를 한글로 적는 것이었다. 〈조선어음 라마자 표기법〉은 오늘날 '국어의 로마자 표기법'에 해당하는 것으로 우리말을 로마자로 적는 규정이었다.

〈조선어음 라마자 표기법〉은 표음주의를 택하였는데, 파열음은 초성에 서 'ㄱ, ㄷ, ㅂ'를 'g, d, b'로, 'ㅋ, ㅌ, ㅍ'을 'k, t, p'로, 'ㄲ, ㄸ, ㅃ'는 'gg, dd, bb'로 대응하였으며, 모음의 'ㅓ, ㅡ, ㅐ'를 각각 'ŭ, ŏ, ĕ'로 대응하여 반달표(˘)를 사용하였다.

13.1.7. 가로 풀어쓰기 운동

서양 문물의 영향을 받아 문자 운용에서 가로쓰기와 풀어쓰기가 시도 되었다. 가로쓰기는 개화기 서양 선교사 존 로스의 한국어 학습서인 《Corean Primer》(1877)에서 처음 보였다. 한글을 영어에 대응하기 위해 서는 좌에서 우로 이어 써야만 하였기 때문이다. 우리나라 사람에 의한 가로쓰기는 대역사전 성격인 《국한회어》(1895)의 표제어와 《독립신문》 (1896)의 제호와 발행연도에서 쓰였다. 《국한회어》는 우향의 쓰기였지만, 《독립신문》은 좌향이었다. 주시경은 〈국문론〉(1897)에서 좌에서 우로 이 어 쓰는 가로쓰기가 더 편리하다는 점을 강조하였지만 풀어쓰기에도 관심 을 기울였다. 우향의 가로쓰기는 1945년 12월 8일 조선교육심의회 제9분 과(교과서)에서 횡서 문제를 의결하여 공식적으로 도입되었지만, 풀어쓰 기는 실행되지 못한 미완의 운동으로 남았다.

풀어쓰기가 처음 등장한 것은 국문연구소의 철자법 논의 과정이었다. 〈국문연구의정안〉에는 "철자법은 훈민정음 예의대로 내위철용(仍爲綴用) 홈이 가ᄒ도다"라고 결정하였는데, 이에 대하여 각 위원 간에 이견이 없음 을 밝히고 있다. 그러나 주시경은 〈국문 연구〉(1909)에서 "子母字를 各各 橫書홈이 亦當ᄒ나 此는 或橫或縱홈보다 發音의 先後가 順ᄒ고 敎曉ᄒ기 가 亦便ᄒ며 鑄刊ᄒ기에 至要ᄒ지라"고 하여 가로 풀어쓰기가 발음의 순 서대로 쓰게 되고, 가르치기가 쉬우며, 인쇄하기에 편하다고 하였다. 권덕 규(1923)은 가로풀어쓰기가 편리한 점으로 첫째, 글씨의 자리를 소리의 나는 자리대로 할 수 있다. 둘째, 낱말을 하나의 낱덩이로 표기하여 뜻을 잘 드러낸다. 셋째, 왼쪽에서 오른쪽으로 쓰기에 편리하다. 넷째, 보기에 편리하다. 다섯째, 음절 문자에서 자음 없이 모음 앞에 쓰는 'ㅇ'을 쓸 필요가 없어진다. 여섯째, 타자기 등 기계화에 용이하다는 점을 들었다.

주시경은 나아가 〈국문 연구〉에서 '우리나라가 밝고 곱다'를 정자체와 필기체로 풀어쓰기 하여 보였다. **ᄃᆰ ᄂᆡᄴᅡ 끄 ᄵᅢᄧᅵ ᄀᆜ ᄀᆚ 다**는 필기체 형식의 예이다. 《말의 소리》(1914) 부록에서는 '우리 글의 가로쓰는 힘'을 풀어쓰기로 한 페이지에 걸쳐 보였다. 이 풀어쓰기 방식은 두음의 'ㅇ'은 쓰지 않고, 받침의 'ㅇ'은 'ㆁ' 형태를 쓰고, 형태소 경계에는 '∨'표시를 하였다. 'ㅣ'는 'ᅵ', 'ㅡ'는 'ㅐ'로 형태를 바꾸었다. 주시경은 실제 한글 강습소를 중심으로 졸업 증서를 풀어쓰기로 제작하는 등 실제 실용화에도 노력하였다. 〈사진 6〉은 1913년 년 3월 2일 조선어강습원의 고등과 제1회 졸업식에서 최현배(최현이)에게 수여된 맞힌보람(졸업증서)인데, 모음으로 시작하는 말에 'ㅇ'이 없는 가로 풀어쓰기로 되어 있다. 이름 밑의 풀어쓴 대목은 '이는 아레 적은 다나를 다 맞힌 보람이랴'이며, '다냐'는 '과정'에 해당하는 우리말로 추정된다. 맨 밑의 어린(원장)은 솔벗메(남형우), 스승은 한힌샘(주시경)을 뜻한다.

이 밖에도 어린이 잡지 《아이들보이》(1914)의 '한글'란과 러시아 한인 신문 《대한인정교보》(1914)의 '우리글'란에 다양한 예문들이 실릴 정도로 풀어쓰기에 대한 관심은 증폭되었다. 이후 풀어쓰기는 김두봉 《깁더 조선말본》(1922), 최현배 《글자의 혁명》(1947) 등에서 다듬어지고 체계화되었으며,

〈사진 6〉조선강습원 〈맞힌보람〉

조선어학회의 1937년 11월 28일 임시 총회에서도 〈한글 가로 풀어쓰기 안〉이 임시로 채택되었다. 이들 사이에는 약간씩의 차이가 있다.

수명이 다한 듯하던 풀어쓰기는 한글 간소화 방안이 거론되면서 다시 수면 위로 부상하였다. 정부는 이승만 대통령의 지시로 1953년 4월 27일 국무회의에서 구식 표음주의 철자법으로의 개정을 뜻하는 국무총리 훈령 제8호 〈현행 철자법의 폐지와 구식 표음법의 사용〉을 의결하였다. 1953년 12월 이에 대한 반발에 대응하기 위하여 조직된 국어심의회 한글분과 위원회에서 현행 맞춤법이 가장 합리적이라고 의결하고, 이보다 더 쉬운 것을 원한다면 가로 풀어쓰기를 채용하라고 의결하였지만 시행되지 못하였다(김윤경, 1963).

13.2. 국어사전의 편찬

13.2.1. 어휘 수집과 대역 사전

국어를 표제어로 하여 그 뜻을 우리말로 풀이한 국어사전은 20세기에 들어서 나타난다. 그 이전에는 자서(字書)와 유서(類書) 및 대역사전 등이 있었을 뿐이다. 오늘의 사전(辭典)에 해당하는 자서는 운서 , 옥편 , 이아 등 주로 한자에 대한 음운, 형태, 의미를 찾아보는 것이었으며, 오늘날의 사전(事典)에 해당하는 유서는 《재물보》(1798) 《물명고》(1820), 《아언각비》(1819) 같이 사항과 어구를 분류하고 풀이하여 편찬한 것이었으며, 대역사전은 《노한ᄌ뎐》, 《한불ᄌ뎐》과 같이 하나의 언어를 다른 언어로 풀이한 것이었다. 개화기의 일부 대역사전을 제외하고는 대부분 한자를 주제어로 하였다는 점에서, 이들은 우리말이 주인이 아닌 사서류였다고 할 수 있다.

대역사전의 경우 가장 이른 시기의 것은 고려어를 당시 송나라의 한자음으로 채록해 놓은 《계림유사》나 조선어를 당시 명나라의 한자음으로 표기한 《조선관역어》가 시초라 할 수 있다. 다만, 이들은 모두 중국어를 표제어로 하고 해당하는 한국어를 한자를 이용하여 대응하고 있다는 점에서 조선 사역원의 《역어유해》, 《왜어유해》 등 역관용 외국어 학습 사전과 비슷하다. 《역어유해》는 한자의 중국식 발음과 뜻을 한글로 기록하고 있으며, 《왜어유해》는 한자의 발음을 한국식과 일본식으로 모두 한글로 기록하고 이에 해당하는 일본어의 발음을 한글로 전사하고 있다.

이러한 흐름은 19세기 후반 러시아어를 표제어로 하고 한글 대역어를 제시한 푸칠로의 《노한즈뎐》(1874)에도 이어졌지만, 한국어를 표제어로 한 《한불즈뎐》, 《한영즈뎐》 등 새로운 형태의 사전도 등장하였다. 리델의 《한불즈뎐》(1880)은 프랑스어로, 언더우드의 《한영즈뎐》(1890)과 게일의 《한영즈뎐》(1897)은 영어로 풀이된 것이지만, 모두 우리말을 표제어로 하고 있다는 점에서 주목된다. 이들 서양인에 의한 사전과 달리 한국인이 우리말을 표제어로 편찬한 최초의 사전은 필사본으로 전하는 《국한회어》(1895)이다. 《국한회어》는 이준영, 정현, 이기영, 이명선, 강진희 등 한국인이 약 27,000개 정도의 우리말을 수록하였다는 점에서 중요하지만, 그 풀이는 한자로 되어 있어 대역사전의 성격을 벗어나기 어렵다.

13.2.2. 미완성의 《말모이》

13.2.2.1. 《말모이》 편찬 과정

국어사전은 최남선이 주축이 되어 1910년 설립된 조선광문회에서 편찬을 시작하면서 태동되었다. 개화기 들어 리봉운이 《국문정리》(1897)에서 언문 옥편의 편찬 필요성을 주장한 이래 사전 작업이 구체적으로 처음 진행된 것이다. 조선광문회는 한한 대역사전 성격인 《신자전》의 편찬을

시작하여 1915년 출판에 이르렀지만, 국어사전인 《말모이》는 1911년쯤
시작은 하였으나 그 끝을 보지 못하고 일부 원고 상태로 머물고 말았다.
《말모이》 원고본은 1969년 경기도 광주 추명호 씨 댁에서 이병근 교수에
게 발견되어 전하다가 2014년 국립한글박물관에 소장되었다. 원고본은
2012년 국가등록문화재 제523호로 등록되었으며, 2020년 12월 22일 보물
제2085호로 지정되었다.

《말모이》는 주시경(1879-1914)을 중심으로 김두봉(1889-1960), 이규영
(1890-1920), 권덕규(1890-1950) 등이 편찬에 참여한 것으로 알려져 있다.
1914년 주관자인 주시경의 작고로 편찬 사업이 잠시 중단되었다가 김두
봉을 중심으로 재개되었으나, 1919년 그의 상해 임시 정부로의 망명과
1920년 이규영의 작고로 이마저도 중지되었다. 주시경의 작고 이전에 만
들어진 1기 사전 원고는 《말모이》로 알려져 있고, 그의 작고 이후에 만들
어진 원고는 〈사전〉(가칭)으로 알려져 있다(김민수, 1983). 이 둘은 용어
나 기호 등에서 대부분 일치하고 있으나, 《말모이》는 가로로 〈사전〉은

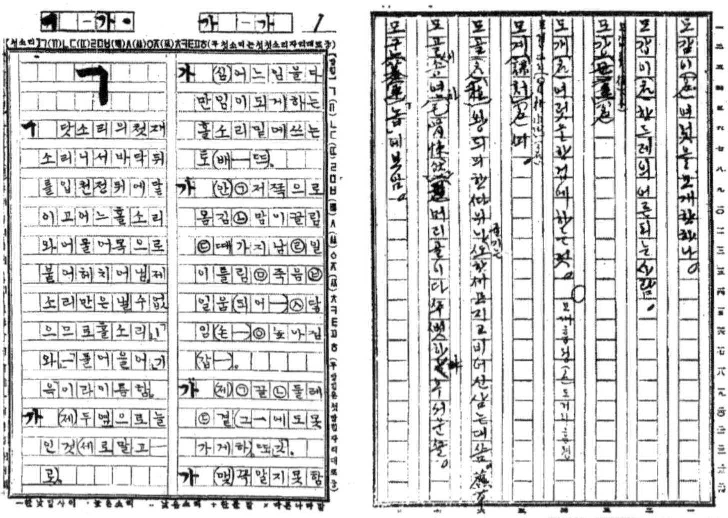

〈사진 7〉 《말모이》 원고본(왼쪽), 〈사전〉(가칭) 원고(오른쪽)

세로로 되어 있는 차이가 있다.

주인 잃은 원고는 1927년 1월 계명구락부의 조선어사전 편찬 사업에 흡수되었다. 계명구락부는 1918년 최남선·오세창·박승빈·이능화·문 일평 등 당시 지식인 33명이 발기하여 창립하였는데,《계명》(1921-1933) 을 발간하는 등 민족 문화 증진에 기여한 단체였다. 계명구락부는 10만여 카드로 초고를 마련하였지만 편찬을 마무리하지 못한 채, 1937년 박승빈 이 대표로 있는 조선어학연구회로 카드를 넘기게 되었다. 조선어학연구 회는 이미 1928년부터 최남선, 정인보, 임규, 양건식, 이윤재, 변영로 등을 편집원으로 하여 조선어사전을 편찬하고 있었다. 그러나 결국 조선어학 연구회도 이 사업을 마무리하지 못하였다. 그 카드의 일부가 현재 고려대 학교 아세아문제연구소 육당문고에 남아 있다. 결국《말모이》를 시작으 로 한 최초의 국어사전 편찬 사업은 여러 사람의 손을 거쳐 수정 보충되었 지만 결실을 보지 못하였다.

13.2.2.2. 《말모이》 내용

《말모이》는 전모를 알 수 없이 첫째 권으로 보이는 원고본으로 전한다. 이 고본은 240자 원고지 231장의 분량으로 1,400여 표제어를 담고 있다. 《말모이》 첫째 권은 알기, 본문(ㄱ-걀죽), 찾기, 자획찾기 등으로 구성되 어 있다(이병근, 1977).

사전의 체제를 알 수 있는 '알기'(일러두기)에는 6개 항목의 범례와 어법 용어 및 전문 용어의 약호가 포함되어 있는데, 6개 항목은 다음과 같다. 읽기의 편의를 위해 원문에 없는 띄어쓰기를 하였다.

(8) ㄱ. 이 글은 낱말을 모고 그 밑에 풀이를 적음.

ㄴ. 낱말 벌이놓은 자리는 '가 나 ⋯⋯ 하의 자리대로 함.

ㄷ. 뜻 같은 말의 몸이 여럿 될 때에는 다 그 소리대로 딴 자리를 두되

그 가온대에 가장 흖이 쓰이고 소리 좋은 말 밑에 풀이를 적음.

ㄹ. 몸 같은 말의 뜻이 여럿 될 때에는 다 딴 자리를 두되 제 뜻에
여러 가지가 잇는 것은 'ㄱ ㄴ ....ㅈ ㄲ'의 보람을 두어 풀이함.

ㅁ. 말소리의 높으고 낮은 것은 '· ··'의 보람을 두고 흖이 쓰이는
이사소리는 보람을 아니 둠. 【벼슬을 갈, 논을 갈, 칼을 갈】

ㅂ. 한문말과 다른 나라 말은 '+ ×'의 보람을 두어 알아보기에 쉽도록
함. 【+강산(江山). ×까스(gas)】

(8)은 《말모이》가 낱말을 모아 가나다순으로 배열하고, 그에 대해 뜻풀
이를 하는 언어 사전임을 밝히고 있다. 《말모이》는 동의어나 동음어의
배열 및 그 풀이, 말의 높낮이 및 외래어의 표시 방법이 제시된 체계적인
형식을 갖추고 있다. 알기에는 제시되지 않았으나, 품사와 해당 표제어가
쓰이는 문맥을 간략히 보여 주고 있는 점도 주목된다.

《말모이》의 표제어는 '(외래어 표시 부호). 표제어([한자, 영자) (문법
용어) [전문용어] 풀이 (예, 그림)' 등의 순서로 제시되어 있는데, 문법
용어를 제외한 괄호 표시는 선택 사항이다. 발음 표시는 표제어에 높낮이
(장단)을 표시한 것 이외에는 잘 보이지 않는다. 뜻풀이는 자연스러운
우리말에 맞게 서술되었다. 다음 (9)의 풀이 예를 보자.

(9) +가슉 [家塾] (제) 한 사람의 힘으로 그 집 안에 잇는 글방.
　　+까스 [gas] (제) ㉠ 尋常한 狀態에서는 液化하기 難한 氣體니 水素沼氣
　　　따위 ㉡ 石炭까스의 俗稱.
　　가스리 (제) 바다가 바위에 붙은 소털 같은 나물이니 이를 고아서 풀을
　　　만들기도 함. [그림]

(9)에서 '가슉, 가스'는 외래어임을 표시하고 있으며, 뜻풀이는 번호를

붙여 여러 가지 뜻을 나타내었고, 필요한 경우에는 그림을 그려 보여 주었다.

《말모이》에서 표제어는 형태 분석을 하여 '-'을 붙여 두었다. 같은 뜻을 가진 이형태는 모두 표제어로 등재하되, 흔히 쓰이는 좋은 말에 뜻풀이를 하였다.

(10) 강아지-밥 (제) '가라지'에 보임.

　　가라지 (제) 지해살이풀이니 꼴이 조와 같으나 좀 적음. 또 「강아지밥」 [그림].

　　감-푸르 (엇) 감고도 푸름. -잡잡-하 (엇) 감고도 푸름이 많이 섞임.

(10)은 표준어의 개념을 적용한 것으로 '가라지'와 '강아지밥' 중에서 '가라지'가 표준어로 판정된 것이라 하겠다. 파생어나 합성어의 경우에는 '감푸르잡잡하다'처럼 표제어 '감푸르'에 제시하였다.

가장 독특한 것은 동사 등 용언의 표제어 수록 형식이다. 일반적으로 현재는 용언의 표제어는 어간에 어미 '-다'가 붙은 형식을 제시하지만, 여기서는 어간만 제시하고 있다. 이것은 주시경 등 편찬자의 문법관에 기인한다. 주시경은 조사나 어미를 모두 하나의 단어로 보기 때문에 어미를 어간과 분리한 것이다. '가르치다'는 어간으로만 표제어가 제시되어 있으며, 품사 '밖'(외동사, 타동사)을 제시한 다음에 뜻풀이를 하고 있다

(11) 가르치 (밖) 모르는 것을 알게 하여 줌. 또 「가라치」.

　　가르치 (밖) ㉠ 손으로 어느 쪽을 안하아 이끌는 일. ㉡ 무엇을 들어 말함 (누구를 ―어 말이냐).

13.2.3. 조선총독부의 《조선어사전》

《조선어사전》(1920)은 조선총독부의 조선구관제도조사 사업의 일환으로 편찬되었는데, 1911년 4월 시작하여 1917년경에 원고를 마무리하였다. 현재 규장각에는 주석을 일본어로만 한 것과 한국어와 일본어로 한 두 종류의 원고본이 소장되어 있다. 실제 1920년에 발행된 사전은 주석이 일본어로만 되어 있다는 점에서 전자는 발행을 위한 최종본이었음을 짐작할 수 있다. 《조선어사전》 한글 주석 원고본은 2단으로 분리하여 위에는 우리말로, 하단에는 일본어로 주석하였는데, 우리말로 풀이를 하였다는 점에서 국어사전의 성격을 갖는다.

《조선어사전》 편찬의 어휘 수집 등 실무는 한국인 박이양, 현은, 송영대, 김돈희 등이 맡았으며, 최종 심사위원으로는 일본인 소창진평(1882~1944)을 비롯하여 한국인 어윤적·이완응 등 모두 16명이 참여하였다.

《조선어사전》은 총 58,639개 표제어가 983페이지에 횡으로 3단 세로쓰기로 조판되어 있다. 표제어는 고유어 17,178개, 한자어 40,734개, 이두

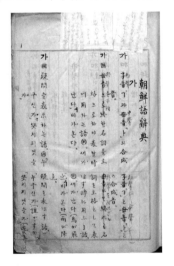

〈사진 8〉 조선총독부 《조선어사전》 원고본(왼쪽)과 간행본(오른쪽)

727개가 포함되었다. 사전의 내부 구조는 범례와 언문 색인, 한자획 색인, 한자음 색인을 앞부분에 배치하고, 이어 본문을 시작하였다. 전반적으로 맞춤법은 조선총독부의 〈언문 철자법〉(1912)을 따르고 있다. 표제어는 자모 배열 순서를 따랐는데, 동일 어형의 경우는 고유어를 한자보다 먼저 제시하였다. 합성어와 접두 파생어의 경우는 기본 단어를 제시하고, 그 아래에 이어서 독립된 완전한 형태로 뜻풀이를 하였다. '가래'를 예로 들면, 표제어 '가래' 아래에 '가래ㅅ장부, 가래ㅅ줄, 가래질' 같은 단어를 배열하여 풀이하고 있다.

용언의 경우는 표제어는 어미 '-다'를 붙였지만, 괄호 속에 '-아/어, -ㄴ/은'와 같이 활용형을 제시하였다. 이러한 점은 〈말모이〉와 다른 것으로 두 사전이 서로 다른 차원에서 진행되었음을 보여 준다. 다음 (12)를 (11)과 비교해 보자.

(12) 가르치다(가르쳐/가르친)『活』(一) 敎訓의 稱. (二) 指示의 稱.《조선어사전》

(12)는 풀이를 '칭'(稱)으로 끝맺고 있으며 한자어는 한자로 노출하고, 괄호 속에 활용형을 제시하였다. '가르치다'의 경우《조선어사전》은 다의어로 처리하였지만, (11)의《말모이》는 동음어로 처리하였다.

13.2.4. 문세영의《조선어사전》

문세영(1895-1952?)이 편찬한《조선어사전》(1938)은 10만여 단어를 수록하여 발행한 최초의 한국어 사전이다. 최초의 국어사전이 심의린이 편찬한 '보통학교 조선어사전'(1925)이라는 주장도 있지만, 이 사전은 편찬 목적이 보통학교 조선어 독본에 나오는 단어를 학습하기 위한 것으로 총 6,106개의 단어를 수록하고 있어 일반 국어사전이라고 보기에는 한계가 있다.

《조선어사전》은 '지은이 말씀' 3면, '일러두기' 5면, 본문 1,634면, '한문글자 음찾기' 26면, '이두 찾기' 22면 등으로 구성되어 있으며 본문은 횡4단 세로쓰기로 되어 있다. 이 사전은 출판 이후 바로 1만여 단어를 보충하여 1940년 수정증보판으로 발행(1,854면)되었으며, 해방 이후 1958년까지 여러 이름으로 수정하여 수차례 발간되었다.

문세영은 1917년 일본 유학 중에 국어사전의 필요성을 느껴 낱말 카드를 작성하기 시작하였는데, 1928년 경 단어 수집이 거의 마무리되자, 재직하던 학교를 그만두고 조선어사전편찬회를 조직하여 집필을 시작하였다. 1934년에는 집필을 거의 마무리하고, 조선어학회의 표준어 사정 작업에 참여하였다. 1936년에 사전 원고를 조선어학회에서 출판하거나 감수 받기를 희망하였으나 뜻을 이루지 못했다. 당시 조선어학회도 1936년에 조선어사전편찬회의 사전 편찬 작업을 인수하여 사전 편찬을 하고 있었다. 오히려 조선어학회에서는 사전 원고를 학회로 넘겨주기를 요청하였다.

〈사진 9〉《조선어사전》(1938)

결국 문세영은 집필이 다 끝난 원고로 박문서관에서 발매하였다. 그는 사전의 편찬 과정에서 편찬의 체계로부터 교정에 이르기까지 이윤재의 지도를 받았으며, 교정에는 한징, 홍달수, 이현규, 최창하 등의 수고가 있었음을 밝히고 있어 여러 사람의 도움을 받아 완성한 것을 알 수 있다.

《조선어사전》(1938)의 수록 표제어나 형식은 대체로 《조선어사전》(1920)의 영향을 받았다. 접두사 등을 표제어로 올리면서 이어서 그에 따른 파생어를 배열하고 풀이한 점도, 용언의 활용에서 '-아/어, ㄴ/은'과의 결합형을 제시한 점 등도 그러한 영향으로 보인다. 또한 횡4단 세로쓰기 편집도 《조선어사전》(1920)의 횡3단 세로쓰기와 유사하다. 다만, 《조선어사전》(1920)과 달리 《조선어사전》(1938)은 맞춤법이나 표준어 등을 조선어학회의 통일안을 따랐다. 아직 제대로 된 국어사전이 없던 시절에 당시의 표준이 될 수 있는 사전으로서의 역할을 수행하였다.

《조선어사전》(1938)의 수록 어휘는 고유어, 한자어, 외래어, 고어, 이두, 방언, 속담, 성구 등이 포함되어 있는데, 어휘 수에서는 《조선어사전》(1920)과 《큰사전》(1947-1957)의 중간급에 해당된다. 뜻풀이는 처음으로 해당 품사로 끝내는 방식을 도입하여 새로운 시도를 보였다. 다만, '-하다' 따위를 붙여 동사나 형용사가 되는 보조 항목의 풀이는 의존명사 '것'으로 끝났다.

13.2.5. 《조선말 큰사전》의 원고

조선광문회에서 시도한 국어사전 편찬(말모이)이 결실을 맺지 못하고 있는 사이에 국어사전에 대한 사회적 요구가 거세지면서 사전 편찬을 위한 조선어사전편찬회가 조직되었다. 이 조직은 1929년 10월 31일 사회 각 부문의 인사를 망라한 108명의 발기인으로 시작되었으나, 신명균, 이극로, 이윤재, 이중화, 최현배가 상무위원으로 소임을 맡아 식민지 아래에서 민족어 정리와 통일을 위한 시대적 명제를 수행하게 되었다.

조선어사전편찬회를 이끈 이극로(1932)는 사전 편찬의 어려움으로 철자법과 어법과의 통일안 요구, 표준어를 세우는 일, 여러 분야 전문가의 힘 필요, 방언 고금도서의 자료 수집 등을 들고 이 어려움을 극복하여야 한다고 하였다. 실제의 사전 편찬 진행은 상무 편찬원이 주도적으로 하되,

전문어의 경우는 각 방면 전문가 30여 명에게 위탁하고, 방언은 각 지방의 교사나 학생에게 위탁하여 진행하였다. 또한 어음, 어법, 철자법 등의 통일안은 조선어학회에서 담당하여 역할을 분담하여 진행하였다. 사전 편찬은 두 단계로 진행되었다. 1단계인 카드 작성은 분담자가 담당하는 어휘의 수집과 주해를 하는 내용 정리, 조선어 학자가 통일안을 가지고 철자와 어법의 정리, 가나다순의 배열을 하는 형식 정리로 구분되어 진행 되었다. 2단계인 원고 작성은 정리된 카드 내용을 완전한 원고로 옮기는 일로 마지막 정리의 단계이었다. 편찬에는 《한불ㅈ뎐》, 《한영ㅈ뎐》 등 대역사전은 물론, 조선총독부의 《조선어사전》(1920), 문세영의 《조선어 사전》(1938) 등이 참고되었을 것으로 보이나, 특히 1929년 개성 송도고보 조선어 교사인 이상춘이 개인적으로 수집해 왔던 9만여 단어가 든 원고를 기증 받은 것이 큰 힘이 되었다. 다만, 미완성의 《말모이》 낱말 카드는 계명구락부로 인계되었기 때문에 직접적으로 영향을 받지 못하였다.

조선어사전편찬회는 1936년 4월 1일 조선어학회로 편찬 사업을 넘기게

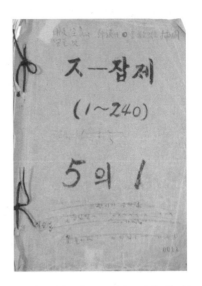

〈사진 10〉 《조선말 큰사전》의 편찬 과정을 그린 영화 〈말모이〉(2019)와 《조선말 큰사전》 원고본

되었다. 조선어학회와 별도로 이원적으로 진행되던 편찬 사업이 다시 학회의 몫으로 일원화되었다. 조선어학회는 이미 1933년 〈한글 마춤법 통일안〉, 1936년 〈사정한 조선어 표준말 모음〉을 발표하여 사전 편찬 작업의 기초를 마치었으며, 외래어 표기법 통일안을 마련 중에 있었다. 이러한 준비 단계와 어휘 정리가 맞물려 사전의 원고가 마무리되고 1940년 3월에 출판 허가라는 난관을 통과하게 되었다. 1941년 대동인쇄소에서 조판을 시작하여 100여 페이지에 걸쳐 조판 교정이 되었으나, 1942년 10월 1일부터 조선어학회가 독립 운동을 한다는 죄목으로 학회 관련자 33명을 검거한 사건이 발생하여 마무리되었던 원고는 압수 당하고 사전 편찬 작업은 더 이상 진행될 수 없게 되었다.

1944년 9월 30일 함흥지방법원은 조선어학회 사건(예제 11호)에 대한 〈예심 종결 결정〉 판결 이유에서 사전 편찬 작업이 문제가 되는 이유를 다음과 같이 밝히고 있다.[12]

> (13) 민족 운동의 한 가지 형태로서의 소위 어문 운동은 민족 고유의 어문의 정리·통일·보급을 도모하는 하나의 민족 운동인 동시에 가장 심모원려(深謀遠慮)를 포함한 민족 독립 운동의 점진(漸進) 형태이며 (중략) 어느 것이나 모두 언문 신문들의 열의 넘치는 지지 밑에서 조선이 사회의 반향을 환기하고 있으며, 그 중에서도 조선어사전 편찬 사업과 같은 것은 광고(曠古)의 민족적 대사업으로 촉망되고 있는 것이다.

(13)은 어문 운동이 민족 독립 운동의 형태이며, 조선어 사전 사업은 한글 신문들의 적극적 지지 밑에서 민족적 대사업으로 촉망된다고 하였

---

12 예심 결정문은 일문으로 되어 있는데, 정인승 박사 소장본이 《겨레어문학》 7권(1972)에 원문대로 소개되어 있다. 원문은 주문(主文)과 이유(理由)로 되어 있으며, 정태진(2004)에 번역문이 실려 있다.

다. 이에 따라 조선어 사전 편찬 사업을 독립 운동으로 몰아 12명을 정식 재판에 붙였던 것이다.

사건을 수사하던 홍원경찰서에서 기소한 22명 가운데 16명이 함흥지방 검찰청에서 기소되었고, 기소된 16명 중에서 숨을 거두거나 면소(免訴) 처분된 4명을 제외한 12명이 공판에 회부되었다. 법원은 1945년 1월 16일 치안유지법 위반의 죄목으로 이극로(징역 6년), 최현배(징역 4년), 이희승(징역 3년 6개월), 정인승·정태진(징역 2년), 김법린·이중화·이우식·김양수·김도연·이인(징역 2년 집행 유예 4년), 장현식(무죄)을 판결하였다. 무죄와 집행 유예를 받은 7명을 제외하면, 정태진(1903-1952)은 7월 1일 만기 출옥(구류 포함) 되고, 이극로(1893-1978)·최현배(1894-1970)·이희승(1897-1989)·정인승(1897-1986)은 상고하였다. 상고 이유에서 어문 운동은 문학적 언어학적 문화 운동으로 정치적 민족 운동이 아니라고 주장하였지만, 1945년 8월 13일 고등법원 형사부는 '본건 범행은 중대 악질이어서 조금도 동정할 만하지 않고, 일반 사회에 악영향을 끼쳤다'는 이유로 기각 판결을 내렸다.[13] 이들은 결국 해방이 되고 이틀 후인 8월 17일 석방되었다. 예심이 열리는 동안 함흥형무소에서 옥사한 이윤재(1888-1943)와 한징(1886-1944)은 해방이 되어도 돌아오지 못하였다.

《조선말 큰사전》 원고본은 분산 소장되어 있다. 한글학회(8책), 독립기념관(5책), 동숭학술재단(1책) 등 14책은 2020년 12월 22일 보물 제2086호로 지정되었다. 한글학회 소장본 중에서 해방 이후 전사한 4책은 2012년 국가등록문화재 제524-1호로 지정되었다. 동숭학술재단 소장본에는 사전의 범례가 실려 있는데, 그 순서는 어휘, 어휘의 벌린 순서, 철자, 발음의 표시, 어원의 표시, 문법 형태의 표시, 해석의 방식, 전문어 표시의 부호, 외래어 표시의 부호 등 9개 항으로 구성되어 있다. 사전의

---

13 상고 기각 판결문은 국가기록원 독립운동 관련 판결문에 원문과 번역문이 실려 있다.

최종 완성과 발행은 해방이 되고 난 이후에 되었다.

▪ 참고문헌

이극로(1932), 이윤재(1934, 1936), 김윤경(1938, 1963), 이기문(1970), 이병근(1977), 김민수(1980), 국사편찬위원회(1983), 김민수(1983ㄱ), 이병근(1985), 이병근(1986ㄱ), 이병근(1986ㄴ), 신창순(2003), 김민수(1987), 정태진(2004), 송철의(2005), 최경봉(2005), 정승철(2007), 한글학회(2009), 박용규(2011), 박형익(2012), 리의도(2013), 권두연(2015), 시정곤(2015), 문화재위원회(2020)

제6편 한글의 규범

제14장 〈한글 맞춤법〉

14.1. 〈한글 맞춤법〉 구성

14.1.1. <한글 맞춤법>(1988)의 성립 과정

〈한글 맞춤법〉은 1988년 문교부 고시 제88-1호(1988. 1. 19.)로 정부 차원에서 처음 공포된 이후 문화체육관광부 고시 제2017-12호(2017. 3. 28.)로 개정된 것이 쓰이고 있다. 〈한글 맞춤법〉(1988)은 기본적으로 조선어학회의 〈한글 마춤법 통일안〉(1933)을 근간으로 하여 정부에서 오랜 논의 끝에 제정한 것이다. 문교부는 맞춤법과 표준말의 전면적 검토 필요성을 갖게 되어 1970년 4월 국어심의회 안에 국어조사연구위원회를 별도로 구성하여 1972년 12월 〈개정 한글 맞춤법(안)〉을 마련하였으나 국어심의회 한글 분과에서 이를 최종적으로 확정짓지 못하였다. 문교부는 1978년 5월 맞춤법 개정안을 재심의 하고 1979년 12월 국어심의회의 의결을 거쳐 〈맞춤법안〉을 발표하였다.

〈맞춤법안〉(1979)은 정부 차원에서 만든 최초의 공식적 안이었는데,

5장 47항과 부록 9항으로 구성되었다. 이 안은 〈한글 마춤법 통일안〉을 근간으로 하되, 표준말 재사정과 함께 시대성을 반영하고, 무리한 형태주의를 배제하고, 규정을 현실화하고, 띄어쓰기 규정을 보강하는 등의 특징이 있었다.

(1) ㄱ. 맛→맏이, 널따랗다→넓다랗다, 읊다→을프다

　　ㄴ. 반짇고리→반짓고리, 숟가락→숫가락, 쇠붙이→쇠부치, 일가붙이 →일가부치

　　ㄷ. 빨내→빨래, 가하다·가ᄒ다→가타, 딱닥→딱딱

　　ㄹ. 보이는 것→보이는것이. 옷 한 벌→옷 한벌, 밝아 온다→밝아온다

(1ㄱ)은 표준어 재사정에 따른 예의 교체이고, (1ㄴ)은 형태주의를 완화한 것이고, (1ㄷ)은 규정을 현실화한 것이고, (1ㄹ)은 띄어쓰기에서 불완전 명사, 단위 명사, 의존 용언 등을 붙여 쓰기로 한 것이다.

정부는 〈맞춤법안〉(1979)도 문자 생활의 혼란을 우려하여 시행하지

〈사진1〉 문교부의 어문 규범 개정안

못하고, 1981년 학술원에 재검토를 의뢰하였다. 학술원은 맞춤법소위원회(위원장, 이기문) 논의를 거쳐 1983년 12월 사이시옷의 표기 범위를 축소하고, 부사성 의존 명사와 보조 용언 등을 붙여 쓰기로 하는 〈맞춤법 개정안〉을 완성하였다. 그러나 이 개정안도 시행하지 못하고, 국민 여론을 수렴하기 위하여 1985년 2월 학술원 안의 국어연구소에 재검토를 의뢰하게 되었다. 국어연구소는 맞춤법 개정안 심의 위원으로 이기문(위원장), 김형규, 허웅, 김민수, 강신항, 이승욱, 이용주, 유

목상을 위축하였고, 1987년 6월 30일 최종안을 완성하였다. 이어 9월 〈한글 맞춤법안〉을 문교부에 제출하고, 문교부는 이를 국어심의회의의 심의 검토를 거쳐 1988년 1월 19일 〈한글 맞춤법〉(문교부 고시 제88-1호)을 공포하여 1988년 3월 1일부터 시행하였다.

문화체육관광부는 2014년 12월 5일 〈한글 맞춤법〉(1988)을 일부 개정 고시(제2014-39호)하여 2015.1.1.부터 시행하였다. 이때 주로 부록의 문장 부호를 전면 개편하였다. 종래의 문장 부호가 전통적인 원고지 쓰기에 맞추어졌던 것에서 지금의 글쓰기 환경에 맞추어 가로쓰기 체제로 개편한 것이다. 기존의 문장 부호 26종 66항목에서 24종 94항목으로 개편하고 47항목을 신설하고 19항목은 삭제하는 전면 개편이었다.

14.1.2. 한글 파동과 <한글 간소화 방안>

〈한글 마춤법 통일안〉은 해방 이후에도 맞춤법의 규범으로 작용하였으나, 문맹률이 높은 현실에서 쓰기 어려운 형태주의 맞춤법을 쓰기 쉽게 바꾸어야 한다는 일부 여론이 있는 상황에서 이승만(1875-1965) 대통령은 1948년 10월 9일 쉬운 맞춤법으로의 개편을 요구하는 담화문을 발표하였다. 대통령은 담화에서 "국문을 쓰는 데는 한글이라는 방식으로 순 편한 말을 불편케 한다든지 속기할 수 있는 것을 더디게 만들어서 획과 받침을 중첩하게 만드는 것은 아무리 한글 초대의 원칙이라 할지라도 이 글은 시대에 맞지 않는 것이니"라고 언명하였다. 이후 몇 차례에 걸친 대통령의 지시와 담화에 따라 정부는 1953년 4월 27일 공문서에 옛 철자법을 사용하라는 국무총리 훈령 제8호 〈현행 철자법의 폐지와 구식 표음법의 사용〉을 발표하게 되었다. 준비되지 않은 이 발표로 혼란이 야기되자, 정부는 국어심의위원회를 구성하여 논의하였으나 별다른 효과를 보지 못하였다. 마침내 정부는 1954년 7월 2일 표음주의를 기본으로 하는 〈한글 간소화 방안〉을 국무회의에서 통과시켰다. 〈한글 간소화 방안〉(원칙 · 이익 편)은 서론(간소화 3개조)와 용례, 부록으로 구성되었는데, 언론계와 학계 등의 반발이 심하여 1954년 7월 9일 〈한글 간소화 방안〉(이유 편)을 다시 펴냈지만, 결국 1955년 9월 19일 대통령 담화로 시행을 포기하였다(김민수, 1983ㄱ).

이승만은 젊은 시절 배재학당에서 수학하며 일찍부터 자주 독립과 애국에 대한 순 한글의 논설을 발표하는 등 한글에 높은 관심을 가졌다. 한성 감옥(1899-1904)에서 저술한 순 한글의 개화 방략서 《독립정신》이 대표적인데, 이 책은 미국에서 1910년 발간되었다. 그는 한글은 쉽게 쓸 수 있어야 한다는 생각을 가졌던 것 같다. 그러나 한글 파동은 당시 정착된 형태주의 맞춤법이 그가 미국으로 망명한 사이에 수많은 민족 어문학자들과 문화 인사들의 피땀 어린 노력으로 어렵게 정착된 것임을 헤아리지 못한 데에 비롯된 것으로 보인다.

〈한글 간소화 방안〉은 정부가 어려운 형태주의 맞춤법 대신 쓰기 쉬운 표음주의 표기로 개정한 것인데, 서론의 간소화 3개 항이 핵심이다. (1) 바침은 끗소리에서 발음되는 것에 한하여 사용한다. (2) 명사나 어간이 다른 말과 어울려서 딴 독립된 말이 되거나 뜻이 변할 때에 그 원사(原詞) 또는 어원을 밝히어 적지 아니 한다. (3) 종래 인정되어 쓰이던 표준말 가운데 이미 쓰이지 안커나 또는 말이 바뀌어진 것은 그 변화된 대로 적는다. (1)은 받침으로 'ㄱ, ㄴ, ㄷ, ㄹ, ㅁ, ㅂ, ㅅ, ㅇ, ㄺ, ㄻ, ㄼ' 등 10개만을 허용하는 것이고, (2)는 '길이'[長]을 '기리'로, '넘어지다'[倒]를 '너머지다'로 적는 것이고, (3)은 '값'[價]을 '갑'으로, '부엌'[廚]을 '부억'으로 표준말을 바꾸는 것이다. 이 3개 항은 본질적으로 오랜 논쟁 끝에 〈언문철자법〉(1930)과 〈한글 마춤법 통일안〉(1933)에서 채택한 형태주의를 버리고, 그 이전의 성경 표기법과 같은 표음주의 표기를 지향하는 것이었다.

14.1.3. <한글 맞춤법> 개관

〈한글 맞춤법〉(2017)의 내용 구성은 총칙, 자모, 소리에 대한 것, 형태에 관한 것, 띄어쓰기, 그 밖의 것 등 6장과 부록인 문장 부호로 되어 있다.

제1장 총칙은 세 가지 항으로 되어 있는데, 첫째는 표준어를 소리 나는 대로 쓰는 것이 원칙이지만 어법에 맞도록 써야 한다는 것이다. 어법에 맞도록 한다는 것은 형태를 밝혀 고정 표기한다는 것이고, 이를 위해 분철 방식을 쓰게 되고, 받침에는 모든 자음을 쓸 수 있도록 한다는 것이다. 둘째는 각 단어는 띄어 쓴다는 것인데, 이것은 문장에서 단어를 시각적으로 금방 구분해서 알아 볼 수 있도록 해서 가독성을 높이고자 한 규정이다. 셋째는 외래어는 별도의 외래어 표기법에 따라 적는다는 것인데, 이것은 외래어의 종류가 많고 다양하여 이를 별도의 규정으로 정하기로 한 것이다.

제2장 자모는 한글의 자소에 대하여 규정한 곳이다. 현행 맞춤법은 기본 자모를 24자로 하고, 두 개 이상의 자모를 합해서 쓰는 복합 자모를 16개로 인정하여 모두 40자모를 인정한다. 이는 훈민정음의 기본자 28자에서 소실된 4자를 제외한 24자만을 인정하고, 합용 병서와 연서에 의한 자모와 발음되지 않은 합용자를 인정하지 않은 결과다. 자모의 이름은 자음의 경우 초성과 종성을 반영하여 기역(ㄱ), 니은(ㄴ), 디귿(ㄷ), 리을(ㄹ), 미음(ㅁ), 비읍(ㅂ), 시옷(ㅅ), 이응(ㅇ), 지읒(ㅈ), 치읓(ㅊ), 키읔(ㅋ), 티읕(ㅌ), 피읖(ㅍ), 히읗(ㅎ) 등 두 음절자로 통일하였고, '기역, 디귿, 시옷' 등은 전통적인 방식을 그대로 따랐다. 모음자는 '아, 야, 어, 여, 오, 요, 우, 유, 으, 이' 등 하나의 음절자로 하였다.

제3장 소리에 관한 것은 소리가 나는 환경에 따라 변하거나 달리 발음되는 것을 적는 방법을 규정해 놓은 것이다. 이러한 소리에 관한 규칙은

매우 다양하나, 이곳에서는 맞춤법과 관련을 가지는 된소리, 구개음화, 'ㄷ' 소리 받침, 모음, 두음법칙, 겹쳐 나는 소리 등이 포함되었다.

제4장 형태에 관한 것은 뜻을 가진 최소의 단위인 형태소를 밝혀 적는 방법을 규정해 놓은 곳이다. 체언과 조사, 용언 어간과 어미 사이를 구분하여 분철 표기하면서 모든 자음을 받침에 쓰도록 한 규정도 여기에 포함되어 있다. 또한 형태소의 결합에서 소리나 형태가 변할 때 표기 방법이나 본말이 줄어질 때 표기 방법이 언급되어 있다. 여기에는 체언과 조사, 어간과 어미, 접미사가 붙어서 된 말, 합성어 및 접두사가 붙는 말, 준말 등이 포함되어 있다.

제5장 띄어쓰기는 문장을 쓸 때 어디서 띄어 쓸 것인지를 규정한 곳이다. 띄어쓰기는 의미 해독에 중요한 요소인데, 단어를 띄어 쓰는 것을 원칙으로 하고 있다. 그러나 단어의 개념이 명확한 것이 아니어서 실제 표기에서는 늘 문제가 되는 사안이다. '우리 나라'로 써야 할지 '우리나라'로 써야 할지는 판단하기 매우 어려운 문제다. 다만, 조사는 학교 문법에서 단어로 인정하는 요소이기는 하지만, 체언에 붙여 쓰도록 하고 있다. 여기에는 조사, 의존 명사, 단위를 나타내는 명사 및 열거하는 말, 보조 용언, 고유 명사 및 전문 용어가 포함되어 있다.

이외에 그 밖의 것에는 개별 형태나 특수한 발음과 관련된 표기의 통일을 일목요연하게 보여 주기 위한 곳이고, 부록의 문장 부호는 문장을 쓸 때 가독성을 높이기 위해 특정한 부호를 제시하고 있는 곳이다.

14.2. 총칙과 맞춤법의 원리

14.2.1. 모아쓰기와 형태주의

15세기 창제된 훈민정음은 자음 모음의 자소를 만든 다음, 이것을 하나의 음절 단위로 모아쓰기 하는 방식을 채택하였다. 이것은 당시 조선의 문자 생활을 지배하던 한자의 글꼴과 파스파 문자 방식의 모아쓰기도 일정한 영향을 주었다. 20세기 들어 한글 표기 문제를 정비할 때에 가로 풀어쓰기 문제가 제안되기는 하였으나 실제적으로 실행되지는 못하였다.

자소를 모아써서 음절을 구성하는 방법에는 두 가지가 있다. 하나는 의미와 관계없이 순전히 발음상의 단위인 음절을 표기하는 경우이고, 다른 것은 발음과는 관계없이 의미를 고려하여 음절을 표기하는 방식이다. 전자는 표음주의 표기법이라 하고, 후자는 형태주의 표기라 한다. 형태주의 표기는 쓰기에는 다소 어렵지만 이해하기에 편하고, 표음주의 표기는 이해하기는 어렵지만 쓰기에는 쉽다. 다음 예(2)를 보자.

(2) ㄱ. 하느레 구르미 노피 떠서 흘러간다.
ㄴ. 하늘에 구름이 높이 떠서 흘러간다.

(2ㄱ)은 표음주의 표기이고, (2ㄴ)는 형태주의 표기이다. (2ㄱ)은 형태 구분이 없이 '하느레, 구르미, 노피'처럼 발음대로 표기하였지만, (2ㄴ)은 발음과 관계없이 '하늘에, 구름이, 높이'처럼 형태를 밝혀 표기하였다.

14.2.2. 형태주의와 종성 표기

현재의 〈한글 맞춤법〉은 형태주의를 중심으로 표음주의가 조화를 이루는 방식이다. 〈한글 맞춤법〉 제1항은 "한글 맞춤법은 표준어를 소리대로 적되, 어법에 맞도록 한다."라고 규정하고 있다. 이것은 맞춤법이 ① 표준어를 대상으로, ② 소리대로 적어야 하나, ③ 어법에 맞아야 한다는 주장을 담고 있다. 표기 규정이 표준어를 대상으로 소리 나는 대로 적어야 한다는 것은 음소 문자인 한글로서는 당연한 것이다. '소쩍-새'를 '솟적-새'로 적지 않는 이유는 '소쩍'의 모음 사이 발음이 된소리이기 때문에 된소리로 표기한 것이다. 문제는 소리와 관계없이 어법에 맞도록 해야 한다는 경우이다. 어법은 일반적으로는 말의 법칙, 문법을 의미하지만, 이곳에서는 형태의 기본형을 밝혀 표기한다는 것을 의미한다. 이것은 뜻을 가진 형태소의 기본형을 고정하여 언제나 같게 적어야 한다는 것인데, 한글이 뜻글자인 한자와 같이 하나의 뜻을 나타내는 효과가 있다.

〈한글 맞춤법〉은 형태소의 이형태가 음운규칙으로 설명될 수 있는 경우에는 기본 형태대로 적는다. '꽃'[花]은 뒤에 오는 말에 따라 실제 발음이 '꼬츠'(꼬치), '꼳'(꼳또), '꼰'(꼰만)' 등으로 다양하게 바뀌고 있지만, 형태는 언제나 '꽃'으로 고정하여 표기한다. '높-'[高]도 '노프'(높이), '놉'(높꼬), '놈'(놈냐)로 각각 발음되지만, '높-'으로 형태를 고정해서 표기한다.

(3) 꽃-이[꼬치], 꽃-도[꼳또], 꽃-만[꼰만]
　　　높-애[노패], 높-괴[놉꾀], 높-내[놈녜]

(3)은 '꽃'이나 '높-'이 발음되는 이형태는 여러 가지이나 표기는 하나로 고정되는 것을 보인다. 이들은 각각 연음, 중화, 비음화 규칙으로 발음의 변화를 설명할 수 있다. 그러나 모든 경우에 형태를 하나로 고정해서 표기하는 것은 아니다. '오라비(올-아비)', '노름'[賭博](놀-음)처럼 원래의 의미가 변하여 굳이 형태를 밝힐 필요가 없거나, '덥고, 더워, 더우며'처럼 표기에 반영하지 않으면 발음을 알 수 없을 때는 이형태를 반영하는 발음

표기를 한다.

형태를 밝혀 고정시키기 위해서는 종성에 모든 자음을 써야 한다. 'ㅎ' 종성을 갖는 '놓다'는 '노타(놓-다), 노아(놓-아), 논는다(놓-는다)'로 발음되어 종성에서 'ㅎ'이 발음되지 않지만 기본형을 '놓-'으로 고정하는 것이다. 'ㅅ, ㅈ, ㅊ, ㅋ, ㅌ, ㅍ' 등도 마찬가지다. 이 경우 뒤에 모음으로 시작하는 형태소가 올 때는 무음가(無音價) 글자인 'ㅇ'을 이용하여 '놓아서'처럼 표기한다.

14.3. 발음과 표기

14.3.1. 음운 교체와 표기

형태소는 뜻을 가진 최소의 단위로 규정된다. 단어는 하나 이상의 형태소로 이루어진다는 점에서 뜻을 나타내는 가장 기본적인 단위는 형태소이다. 형태소는 의미의 실질성에 따라 어휘 형태소(실사)와 문법 형태소(허사)로 나누고, 독립성에 따라 자립 형태소와 의존 형태소로 나눈다. '꽃'은 어휘 형태소이면서 자립 형태소이지만, '먹-'은 어휘 형태소이면서 의존 형태소이다. '-었-, -기' 등 문법 형태소는 모두 의존 형태소로 분류된다.

형태소는 내부나 다른 형태소와의 결합에서 형태를 구성하는 소리가 바뀌는 경우가 있다. 이렇게 소리가 바뀌는 현상을 음운 교체라고 한다. 음운 교체에는 자동적·필수적인 것이 있고, 그렇지 않은 경우가 있다. 전자는 대체로 형태를 밝혀 적으나, 후자는 소리 나는 대로 적는다. 자동적 교체를 보이는 변이는 예측 가능한 것이므로, 표기에 굳이 이를 반영하지 않아도 일반 언중들이 이해할 수 있다. 비자동적 교체는 특별한 것이어서, 이것을 표기에 반영하지 않으면 언중들은 제대로 발음할 수 없다.

형태소를 발음되는 대로 표기하지 않고, 기본형을 고정해서 표기하는 경우는 자음군 단순화, 중화, 유음화, 비음화, 구개음화 등의 음운 교체를 들 수 있다. 이들은 모두 자동적·필수적 교체로 기본형에서 바뀐 형태는 예측이 가능하다. 예를 들어, 비음화 현상을 보이는 '국물'은 '궁물'로 발음되나, 이것의 기본 형태로 '국물'을 인정한다. '국'과 '물'에 각각의 뜻을 가지고 있을 뿐만 아니라, '궁물'은 비음화 규칙으로 예측할 수 있기 때문이다.

화자에 따라 달리 선택될 수 있는 수의적인 교체는 〈표준 발음법〉이 정하는 바에 따라 적는다. 즉, '아지랑이'는 이형태 '아지랭이'와 움라우트에 의해 설명되는 현상이다. 그런데 표준 발음에서는 움라우트형을 인정하지 않기 때문에 움라우트형이 아닌 '아지랑이'로 적는다. 이에 해당하는 음운 교체로는 위치 동화, 준말의 경우를 들 수 있다.

14.3.2. 형태소의 발음 표기

14.3.2.1. 형태소 음절의 초성 표기

형태소는 음절로 이루어진다. 음절은 발음될 수 있는 가장 작은 단위이지만 뜻을 가지지 않는다. 하나의 형태소는 적어도 하나 이상의 음절로 이루어지기 때문에 형태소는 1음절 이상으로 구성된다. 1음절 형태소는 음절을 구성하는 초성, 중성, 종성의 발음 표기가 문제가 되고, 2음절 이상에서는 모음과 모음 사이의 자음 표기가 문제가 된다.

형태소를 구성하는 어두 음절의 초성 표기는 두음 법칙이 문제이다. 두음 법칙은 한자어 어두의 'ㄹ'이 발음되지 않는 것과 'ㅣ' 모음 앞의 'ㄴ'이 발음되지 않는 것을 의미한다. 전자는 고유어에 'ㄹ'로 시작하는 형태소가 없기 때문에 이에 따르기 위한 발음의 변화를 인정하는 것으로 'ㅣ' 모음 앞에서는 '이발(리발)'처럼 탈락하지만(제11항), 기타 모음 앞에서는 '노인'(로인)처럼 'ㄴ'으로 바뀌는 차이(제12항)가 있다. 후자(제10항)는 고유어의 특성에 의한 것이 아니라, 역사적으로 'ㅣ' 모음 앞의 어두 'ㄴ'이 탈락한 사실에 근거를 두고 있다. 즉, 지금은 '임금'으로 발음되고 표기되지만, 예전에는 '님금'이었다. 〈한글 맞춤법〉은 발음되지 않는 어두 'ㄹ'과 'ㄴ'을 표기에 반영하지 않는다.

  (4) 여자, 연세, 요소, 익명(제10항)
     양심, 역사, 예의, 유행, 이발(제11항)
     낙원, 내일, 뇌선, 누각(12항)

  두음 법칙은 어두에서의 문제이기 때문에 비어두 음절에서는 적용되지 않는다. '남녀, 선량, 극락, 쌍룡, 동구릉, 냉랭하다, 늠름하다, 연년생' 등 어두 이외에서는 본음대로 'ㄴ, ㄹ' 등을 적도록 하고 있다. 음절 위치에 따른 발음 차이를 인정하고 있는 것이다. 또한 '신여성, 연이율, 상노인, 해외여행' 등과 같이 접두사처럼 쓰이는 한자어나 합성어에서는 뒷말의 첫소리가 'ㄴ' 또는 'ㄹ'로 나더라도 두음법칙에 따라 'ㅇ' 혹은 'ㄴ'으로 적는다. 이같이 파생이나 합성어를 이루는 구성소 분석에 따라 두음 법칙 적용 여부가 갈리므로 표기에 주의하여야 한다. '고랭지'(高冷地)는 '고랭-지'로, '설립연도'(設立年度)는 '설립-연도'로, '신년도'(新年度)는 '신년-도'로 분석된다. 어두가 아니라도 모음이나 'ㄴ' 다음에서 'ㄹ'이 발음되지 않는 '렬'(列, 烈, 裂, 劣)과 '률'(律, 率, 栗, 慄)은 각각 '열'과 '율'로 표기한다 (11항 다만). '선열(先烈), 배열(配列)', '비율(比率), 백분율(百分率)'이 그러한 예이다. 그러나 'ㄴ' 이외의 자음 다음에서는 'ㄹ'이 'ㄴ'으로 발음되기 때문에 표기는 '합격률[합격뉼]처럼 'ㄹ'을 유지한다. 다만, '悅, 閱, 熱' 등의 한자는 본음 초성에 'ㄹ'이 없는 '열'이기 때문에 두음 법칙과는 관계없이 '석열(錫悅), 검열(檢閱), 신열(身熱)'처럼 '열'로 적는다.

의존 명사로 쓰이는 '냥, 년, 리' 등은 어두 위치에 올 수 없어 본음대로 적는다. '그 일을 하는 데 십 년이 걸렸다.'의 '년'은 의존 명사이므로 '년'으로 적는다. 그러나 '년'이 자립 명사로 쓰인 '연 매출액'은 '연'으로 적어야 한다. 또한 두음 법칙은 '라디오(radio), 로봇(robot)처럼 외래어에는 적용되지 않는다.

14.3.2.2. 형태소 음절의 중성 표기

형태소를 구성하는 음절의 중성 표기는 이중 모음의 표기가 문제 된다. 이중 모음 'ㅖ, ㅢ'가 본음대로 발음되지 않는 경우의 표기 기준이 있다. '계, 례, 몌, 폐, 혜'의 'ㅖ'는 'ㅔ'로 소리 나는 경우가 있더라도 'ㅖ'로 적고, '의'나 자음을 첫소리로 가지고 있는 음절의 'ㅢ'는 'ㅣ'로 소리 나는 경우가 있더라도 'ㅢ'로 적는다.

> (5) 계수, 사례, 연몌, 폐품, 계집, 핑계, 계시다(제8항)
>   무늬, 늴리리, 띄어쓰기, 씌어, 희다, 유희, 희망, 본의(제9항)

이중 모음 'ㅖ'는 'ㅔ'로 발음되더라도 본음대로 표기하고, 'ㅢ'도 'ㅣ'로 발음하는 경우가 있더라도 본음대로 적어야 한다는 것이다. 〈표준 발음법〉은 'ㅢ'의 경우는 '희'처럼 자음이 있는 경우에는 음절 위치에 관계없이 'ㅣ'로 발음하고, 자음이 없이 모음으로만 발음되는 경우는 '본의(本意)'처럼 '2음절 이하에서 'ㅣ'로도 발음할 수 있도록 규정하고 있다. 예전에 'ㅢ'를 가졌던 '듸듸다, 긔챠'는 이미 '디디다, 기차'로 표기하고 있지만, '늬, 희'는 소리의 변화에도 표기를 그대로 유지하고 있다. '띄어쓰기'의 '띄-'는 '띄우다'의 준말 '띄-'와의 관련이, '무늬'의 'ㄴ'은 비구개음이라는 발음 특징이 관련이 있다고 하지만, 모두 표기의 보수성을 보여 주는 예라고 할 수 있다.

14.3.2.3. 형태소 음절의 종성 표기

형태소를 구성하는 음절의 종성 표기는 'ㄷ'과 'ㅅ'의 문제가 있다. 현대 국어는 종성에서 'ㄱ, ㄴ, ㄷ, ㄹ, ㅁ, ㅂ, ㅇ' 7개 자음만이 발음된다. 예전에는 'ㅅ'도 종성에서 발음되었지만, 현대에는 'ㄷ'으로 합류되었다. 종성의 'ㅅ'과 'ㄷ'이 구분되던 발음을 반영하던 표기는 발음 대립의 소멸로 혼란을 겪다가 역사적으로 점차 'ㅅ'으로 통일되어 왔다. 따라서 지금 쓰는 종성 'ㅅ'은 역사적인 표기로 실제 발음은 'ㄷ'을 나타낸다. 그러나 종성에 'ㄷ'도 적을 수 있게 되면서 전통적인 'ㅅ'과 구별하는 기준이 필요하게 되었다. 〈한글 맞춤법〉은 'ㄷ'으로 발음되는 종성을 두 가지로 구분하여 'ㄷ'으로 적을 근거가 있는 것은 'ㄷ'으로, 그렇지 않은 것은 전통적인 'ㅅ'으로 적도록 하고 있다(제7항). '덧저고리, 돗자리, 웃어른, 얼핏, 옛, 첫' 등은 전통적인 표기를 인정한 경우이다.

'ㄷ'으로 적을 근거가 있다는 것은 형태소가 원래 'ㄷ'받침이거나 그와 관련된 받침을 가지고 있는 것을 말한다. '맏-아들, 믿-다(信), 돋(도두)-보다' 등은 원래부터 'ㄷ'을 가지고 있는 것이며, '반짇(바느질)-고리, 잗(잘)-다랗다, 숟(술)-가락' 등은 'ㄹ' 종성이 다른 말과 결합되면서 'ㄷ'으로 바뀐 것이기 때문에 'ㄷ'으로 적을 수 있는 근거가 된다(제29항).

14.3.2.4. 어중 자음 표기

2음절 이상의 형태소 표기는 어중 자음의 표기가 문제 된다. 한 단어 안에서 뚜렷한 까닭 없이 나는 된소리는 다음 음절의 첫소리를 된소리로 적는다(제5항).

(6) ㄱ. 소쩍새, 오빠, 가끔, 산뜻하다, 살짝, 몽땅

ㄴ. 국수, 깍두기, 갑자기, 몹시, 법석, 색시

(6ㄱ)의 '소쩍새'는 '솟적새'로 적을 수도 있겠으나, 모음 사이의 소리를 하나의 된소리로 보아 'ㅉ'으로 표기하는 것이다. 그런데 '산뜻'을 '산듯'으로 적지 않는 것은 'ㄴ' 다음의 된소리 'ㄸ'을 발음대로 인정하여 표기에 반영한 것이다. '번개'처럼 모든 경우에 'ㄴ' 다음에서 평음이 된소리로 바뀌는 것이 아니기 때문에 바뀐 것은 표기에 반영하고 그렇지 않은 것은 그대로 적는 것이다. 이렇게 예측이 불가능한 비자동적 교체는 선행하는 자음이 'ㄴ, ㄹ, ㅁ, ㅇ' 등 공명 자음일 때 일부 단어에서 생긴다. '앙증, 맘보, 는개' 등은 공명 자음 다음에서 평음이 된소리로 발음되지 않기 때문에 원래대로 표기한다.

다만 (6ㄴ)처럼 필수적으로 된소리가 되는 '국수'[국쑤], '깍두기'[깍뚜기], 몹시[몹씨] 등은 필수적·자동적 교체이므로 된소리를 표기에 반영하지 않는다. 그러나 한 단어에서 '똑똑, 싹싹, 딱딱'처럼 같거나 '쓱싹, 똑딱 똑딱'처럼 비슷한 음절이 겹쳐 나는 경우에는 같은 글자로 적어 그 유사성을 보이도록 하고 있다(제13항). '연연불망'(戀戀不忘)은 두음 법칙에 따르면 '연련불망'으로 표기되어야 하지만, '연'이라는 같은 음절이 반복된 것으로 인식된다는 점에서 같은 음절로 적는 것이다. '유유상종'(類類相從), '누누이'(屢屢-)도 같은 예이다.

14.3.2.5. 형태소 경계의 구개음화 표기

형태소가 결합하는 구성에서 형태소 경계 사이에 오는 소리가 본음과 달리 발음되는 경우가 있다. 이러한 경우 발음의 변화가 예측 가능한 자동적·필수적 교체일 경우에는 굳이 변화되는 발음을 표기하지 않고 본음대로 적는다. 대표적인 경우는 경음화, 자음군 단순화, 중화, 유음화, 비음화 등의 음운 교체를 들 수 있다. 예컨대, '국-물'[궁물], '믿-는다'[민는다], '국란'(國亂)[궁난] 등 비음화는 표기에 반영되지 않는다. 또한 '꽃과'[꼳꽈], '믿다'[믿따] 등 경음화도 표기에 반영되지 않는다.

형태소 경계에서 발음 변화를 표기에 반영하지 않는 경우를 명시적으로 규정한 것은 구개음화이다. 구개음화는 형태소 안에서는 이미 18세기에 완료되었지만, 형태소 경계에서는 현재 진행형이다. 구개음화는 'ㄷ, ㅌ' 받침 뒤에 종속적인 관계를 가진 '-이(-)'나 '-히-'가 올 적에는, 그 'ㄷ, ㅌ'이 'ㅈ, ㅊ'으로 소리 나는 것이지만, 표기는 원래의 'ㄷ, ㅌ'으로 적는다 (제6항). '맏이, 해돋이, 굳이, 같이, 핥이다, 걷히다, 묻히다' 등이 그러한 예이다.

14.4. 형태와 표기

14.4.1. 체언과 용언 어간 표기

14.4.1.1. 기본형 고정 표기

한글 표기의 중요 문제는 분철 표기로 인한 선행 어간의 종성 표기였다. 이 문제는 1930년 초가 되어서야 제도적으로 완성되었는데, 대표적인 것이 체언과 조사(제14항), 어간과 어미(제15항)를 구별하여 적는 것이다. 이 규정은 체언과 어간의 말에 겹자음은 물론 'ㅅ, ㅊ, ㅋ, ㅎ' 등 모든 자음을 쓰도록 하였다. 이것은 발음과 관계없이 형태를 고정하여 표기하는 형태주의 표기법의 완성을 의미한다.

(7) ㄱ. 떡이, 떡을, 떡에, 떡도, 떡만(제14항)

밭이, 밭을, 밭에, 밭도, 밭만

넋이, 넋을, 넋에, 넋도, 넋만

삶이, 삶을, 삶에, 삶도, 삶만

ㄴ. 먹다, 먹고, 먹어, 먹으니(제15항)

좇다, 좇고, 좇아, 좇으니

좋다, 좋고, 좋아, 좋으니

없다, 없고, 없어, 없으니

(7ㄱ)은 체언과 조사, (7ㄴ)은 용언 어간과 어미를 구별하여 적는 것을 보인다. 동시에 각각의 기본형은 하나로 하는 것이 원칙이다. 따라서 체언이나 용언 어간 '꽃'[花], '넋'[魂], '넓-'[廣], 좇-[從] 등은 물론이고, 조사나 어미 '도'(보조사), '-고'(연결어미) 등도 이형태가 있더라도 기본형으로 고정하여 표기한다.

14.4.1.2. 이형태 복수 표기

이형태를 가지는 경우에 기본형을 하나로 고정하여 표기할 수 없는 경우는 두 가지 기본형으로 각각 적어야 한다. 현대어에서 체언의 경우는 기본형을 두 개로 적어야 하는 경우가 없지만, 용언 어간, 어미, 조사의 경우에는 복수의 기본형으로 적어야 하는 경우가 있다. 복수 기본형으로 표기되어야 하는 경우는 주로 불규칙 활용에 해당한다. 불규칙 활용은 어간과 어미가 결합할 때 규칙적으로 되지 않고 어간이 바뀌거나 어미가 바뀌거나 어간과 어미가 모두 바뀐다. 불규칙 활용은 음운 교체가 해당하는 형태소에서만 생기므로, 불규칙한 형태를 표기에 반영하여 규칙적인 형태와 차이를 보여 준다.

제18항은 활용에서 그 어간이나 어미가 원칙에 벗어나면 벗어나는 대로 적도록 규정하였다. 어간이 원칙에서 벗어나는 경우는 특정한 형태소가 '-아/어'와 같은 모음 어미나 '-(으)니, -(으)면, -(으)시, -었-, -(으)오' 같은 매개모음 어미와 결합할 때 생긴다.

(8) ㄱ. 갈다: 가니, 간, 갑니다, 가시다, 가오

ㄴ. 긋다: 그어, 그으니, 그었다

ㄷ. 무겁다: 무거워, 무거우니, 무거웠다 cf)도와, 도와도, 고와, 고와도

ㄹ. 걷다[步]: 걸어, 걸으니, 걸었다

ㅁ. 푸다: 퍼, 펐다

ㅂ. 담그다: 담가, 담가

ㅅ. 이르다: 이르러, 이르렀다

ㅇ. 거르다: 걸러, 걸렀다

ㅈ. 까맣다: 까마니, 까말, 까마면, 까마오

(8ㄱ)은 어간 말음 'ㄹ'이 특정한 어미 '-(으)니, -(으)ㄴ, -(으)ㅂ니다, -(으)시-, -오' 앞에서 자동적으로 탈락하는 규칙적 활용을 보이지만, 원칙에서 벗어나기 때문에 발음대로 적도록 하였다. 어간 말음 'ㄹ'은 보통 자음과는 달리 매개모음 '-으-'를 선택하지 않기 때문에 'ㄹ'은 'ㄴ, ㅅ, ㅂ, ㄹ, ㅇ'로 시작하는 특정한 어미 앞에서 탈락하는 형태가 표준이다. 즉, '갈으니'는 비표준이고 '갈니'가 표준인데, 'ㄹ'이 'ㄴ' 앞에서 탈락한 형태 '가니'로 적는 것이다. '갑니다'는 '갈-읍니다'가 비표준이고 '갈-ㅂ니다'가 표준인데, 'ㄹ'이 'ㅂ' 앞에서 탈락한 형태로 적는 것이다. -(으)네, -(으)ㄹ수록'과 같은 어미 앞에서도 어간 'ㄹ'이 탈락한 대로 적는다. 활용이 아닌 '다달이, 따님, 바느질, 여닫이, 화살'의 경우에도 'ㄹ'이 탈락되는데, 이때에도 'ㄹ'을 적지 않는다(제28항). 단어 형성 과정에서 'ㄹ'은 'ㄴ, ㄷ, ㅅ, ㅈ' 앞에서 줄어지는 경우가 적지 않다. 합성어나 자음으로 시작하는 접미사가 결합되어 된 파생어의 경우는 원래의 형태를 밝혀 적어야 하지만(제27항), '마지못하다, 하다마다'처럼 'ㄹ'이 탈락한 경우는 관용을 존중하여 소리대로 적는다.

(8ㄴ, ㄷ, ㄹ)은 특정한 형태소의 어간 말음 'ㅅ, ㅂ, ㄷ'이 모음 어미와 매개 모음 어미 앞에서 각각 'ㅇ, 오/우, ㄹ'로 바뀌는 경우를 보여 준다.

규칙 활용을 하는 '웃다[笑]'는 '우서'로 발음되어 '웃어'로 표기하지만, 불규칙 활용을 하는 '낫다[愈]'는 '나아'로 발음되므로 '나아'로 표기하는 것이다. 불규칙 활용을 하는 용언은 '긋다, 짓다, 젓다, 긋다, 낫다, 붓다, 잇다' 등이 있다. 규칙 활용을 하는 '잡-아, 잡-으니'와 달리 불규칙 활용을 하는 '무겁다'는 '무거워, 무거우니'로 'ㅂ'이 '우'로 교체된다. 다만, 단음절 어간 '돕-, 곱-'이 어미 '-아'와 결합되어 '오'로 소리 나는 것은 '-와'로 적는다. 불규칙 활용을 하는 용언은 '가깝다, 굽다, 눕다, 맵다, 곱다, 무겁다, 밉다, 아니꼽다, 역겹다, 춥다, 꽃답다' 등이 있다. 규칙 활용을 하는 '묻다'는 '무더, 무두니'로 발음되므로 '묻어, 묻으니'로 적지만, 불규칙활용을 하는 '걷다'는 '거러, 거르니'로 발음되므로 '걸어, 걸으니'로 적는다. 불규칙 활용을 하는 용언은 '걷다, 깨닫다, 듣다, 싣다, 일컫다' 등이 있다.

(8ㅁ ~ ㅇ)은 '으, 우로 끝나는 특정한 형태소가 모음 어미 '-아/어' 앞에서 변이되는 경우이다. (8ㅁ, ㅂ)은 자동적으로 탈락하는 규칙활용을 보이는 것으로 탈락한 어간 형태를 적도록 하였다. '푸다'는 '푸-어'의 활용에서 '퍼'로, '담그다'는 '담그-아'의 활용에서 '담가'로 실현되는 것을 표기에 반영한다. (8ㅅ, ㅇ)은 '르'로 끝나는 특정 어간이 모음 어미와 활용할 때 '으'가 탈락하고 'ㄹ'이 덧나거나(거르어-걸러) 어미에 'ㄹ'이 덧나는 경우(푸르어-푸르러)이다. '따르다'는 '따라'처럼 어간 '으'가 탈락하는 규칙 활용을 보인다. 어미가 바뀌는 활용은 '하다'에서도 볼 수 있다. '하다'는 '하-아'가 '하여'로 되어 어미의 이형태를 표기에 반영한다.

(8ㅈ)은 특정한 형태소의 어간 말음 'ㅎ'이 모음 어미와 매개모음 어미 앞에서 형태가 변하는 것을 표기에 반영하는 것이다. 규칙 활용을 하는 '좋다'는 '좋은, 좋을, 좋네, 좋으면, 좋으니, 좋아하다'처럼 형태 변화가 없지만, 불규칙 활용을 하는 '까맣다'는 어미의 종류에 따라 서로 다른 교체를 보인다. 첫째, 매개 모음 어미 앞에서 '까만(까맣-은), 까말(까맣-을), 까마면(까맣-으면), 까마니(까맣-으니), 까마오(까맣-으오)'처럼 언제

나 'ㅎ'이 탈락한다. 다만, '까맣습니다'를 '까맙니다(까맣-읍니다)'로 쓰는 것은 잘못이다. '-읍니다'는 '-습니다'의 비표준형이기 때문이다. 둘째, 어미 '-네' 앞에서 쓰인 '까맣네'는 표준 발음에 따라 '까마네/까맣네'를 복수로 인정한다. 셋째, 모음 어미 '-아/어' 앞에 올 때는 'ㅎ'이 탈락하고 어간 모음과 어미의 형태가 합해져 'ㅐ' 혹은 'ㅔ'로 바뀐다. '까맣-아지다'가 '까매지다'가 되고, '누렇-어'가 '누레'가 된다. 다만, '그렇다'는 '그래'로 활용한다. 'ㅎ' 불규칙 활용을 하는 용언은 '그렇다, 이렇다, 동그랗다, 파랗다, 하얗다, 노랗다, 저렇다' 등이 있다.

어미는 자음으로 시작하는 어미, 모음으로 시작하는 어미, 매개 모음으로 시작하는 어미가 있다. 자음으로 시작하는 어미 '-고, -도, -다' 등은 어간 마지막 자음이 'ㄱ, ㄷ, ㅂ'로 끝날 때는 '-꼬, -또, -따'처럼 된소리로 바뀌더라도 규칙적으로 바뀌므로 표기에 반영하지 않는다. 그러나 모음으로 시작하거나 매개 모음 어미로 시작하는 어미는 교체형을 표기에 반영한다. 모음으로 시작하는 어미는 '푸르-러'처럼 모음어미 '-어' 대신에 '-러'를 선택하거나 '하다'의 활용에서 어미 '-아'가 '-여'로 바뀌는 경우가 있다. 이것은 옛 어형 'ㅎ야'가 변화한 것으로 '하여'가 줄어지면 '해'가 된다. 모음 조화는 선행하는 어간의 모음 종류에 따라 어미를 '-아' 혹은 '-어'를 선택하는 현상인데, 어간의 끝음절 모음이 'ㅏ, ㅗ'일 때에는 어미를 '-아'로 적고, 그 밖의 모음일 때에는 '-어'로 적는다(제16항). '나아, 낚아, 얇아, 돌아, 보아'는 전자의 예이고, '개어, 되어, 저어, 주어, 피어, 되어'는 후자의 예이다. 매개 모음으로 시작하는 어미는 선행 어간 말음이 자음으로 끝나는지 여부에 따라 교체되는 '먹-으니/가-니, 먹-으면/가-면' 등이 있는데, 이들도 선택형대로 표기에 반영한다.

조사는 자음으로 시작하는 것과, 모음으로 시작하는 것, 이형태 교체형을 가지는 경우가 있다. 자음으로 시작하는 조사는 어미와 마찬가지로 발음 변화를 표기에 반영하지 않고 기본형대로 표기한다. '책-과, 책-도'

등의 발음은 [책꽈, [책또]이지만 발음대로 적지 않는다. 모음으로 시작하는 어미는 이형태를 가지지 않기 때문에 단일 표기를 하면 된다. 이형태 교체형을 가지는 조사는 선행하는 어간의 종성이 자음이냐 여부에 따라 교체되는데 발음대로 복수로 표기한다. 조사 가운데 복수의 형태로 표기되는 것은 공동격 조사 '과/와'와 주격조사 '이/가', 목적격 조사 '을/를(ㄹ)', 부사격 조사 '으로/로', 주제 조사 '은/는'이 대표적이다. 자음으로 끝나는 체언 다음에는 조사 '과, 이, 을, 으로, 은'이, 모음으로 끝나는 체언 다음에는 '와, 가, ㄹ(를), 로, 는'이 선택된다. '책과/나무와, 책이/바다가, 떡을/나무를(나무를), 삽으로/무기로, 밥은/바다는'이 그러한 교체의 예이다. 다만, 부사격 조사는 '서울로'처럼 'ㄹ' 다음에도 '로'가 선택된다. 이것은 선행하는 체언의 음운론적 환경에 따라 이형태 중 하나를 선택하는 경우로, 어느 하나의 형태로 표기하면 다른 형태의 발음을 예측할 수 없으므로 이형태를 그대로 표기에 반영한다.

14.4.2. 보편적인 접미사 표기

두 개 이상의 형태소가 결합한 단어는 파생어와 합성어가 있다. 파생어는 접사가 어근에 붙은 것이고, 합성어는 어근끼리 결합한 것이다. 접사는 접두사와 접미사로 구분되는데, 접미사는 체언에 붙는 조사나 용언 어간에 붙는 어미와 구분하기 쉽지 않고, 접두사는 명사 앞에 오는 관형사나, 동사나 형용사 앞에 오는 부사와 구별이 쉽지 않다.

자음으로 시작하는 접미사가 붙은 파생어는 형태를 밝혀 적어 어근의 의미를 유지하고 있다. '값지다, 빛깔, 옆댕이, 낚시, 깊숙하다, 갉작거리다, 굵다랗다'(제21항)에 쓰인 접미사 '-지다, -깔, -댕이, -시, -하다, -거리다, -다랗다'는 자음으로 시작하는 접미사로 형태를 고정하여 쓴다. 제22항에 있는 '덮치다, 부딪치다, 흩뜨리다, 흩트리다'의 경우도 자음으로 시작하는 접미사에 해당한다. 그러나 모음으로 시작하는 접미사는 생산적이고 보편적으로 쓰이는 것만 형태를 밝힌다. 생산적인 접미사는 조사나 어미보다는 못하지만 비교적 어근과의 결합이 보편적인 것을 말한다. 이 접미사의 형태를 밝혀 적게 되면 자연히 체언이나 용언 어간의 형태를 밝혀 적게 된다. 보편적으로 쓰이지 않는 경우는 형태를 밝히지 않고 발음되는 대로 적는다. 보편적인 접미사는 명사 파생 접미사 '-이, -음/ㅁ', 부사 파생 접미사 '-이, -히' 등이 있다.

(9) ㄱ. 길이, 깊이, 달맞이, 살림살이, 벼훑이, 얼음, 묶음, 웃음, 앎, 많이, 익히(제19항)

ㄴ. 곳곳이, 낱낱이, 집집이, 앞앞이, 곰배팔이, 삼발이, 절뚝발이(제20항)

(9ㄱ)은 명사 파생접사 '-음, -이'나 부사 파생접사 '-이, -히'가 붙은 것으로 어간의 형태를 고정하여 표기한 것이며, (9ㄴ)은 명사 뒤에 '이'가 붙어서 부사나 명사가 된 것으로 어간 형태를 고정해서 표기한 것이다. 다만, '귀머거리, 너머, 마개, 무덤, 주검, 너무, 바투, 차마' 등은 접미사가 '-어리, -어, -엄, -우, -아' 등으로 생산적이지 못하므로 소리대로 적는다. '꼬락서니, 끄트머리, 지붕, 모가치, 소가지' 등도 명사에 '-이' 이외의 접미사가 붙은 것으로 소리 나는 대로 적는다. 그런데 '모가치'의 경우는 '몫아치'의 구조나 발음대로 '모가치'로 적고, '값어치'는 '-어치'가 돈과 관련한 명사 뒤에 올 때는 의존 명사적 성격을 띠어 '값어치'로 형태를 밝히어 적는다.

접미사 중에서 보조 어간의 의미를 가진 사·피동접미사는 자음 모음을 떠나 모두 형태를 밝혀 적도록 하였다. 동사 어간이나 사·피동접미사의 의미가 모두 드러나기 때문이다. 제22항의 '맡기다, 올리다, 낚이다, 얽히다, 솟구다, 돋우다, 맞추다, 일으키다, 없애다' 등은 모두 사·피동접미사가 쓰인 예이다.

14.4.3. 유연성과 표기

형태를 밝혀 적는 기준과 관련하여 어근의 유연성(有緣性)이 있다. 이 것은 접미사(-하다, -거리다, -이다, -이)가 결합될 수 있는 어근은 그 형태를 고정시켜서 의미를 쉽게 알 수 있도록 하는 것이다. '깜짝깜짝'과 관련 있는 '깜짝하다, 깜짝거리다, 깜짝이다, 깜짝이'에서 어근 '깜짝'의 유연성을 살려 이를 같은 형태로 나타내는 것이다. '반듯반듯'과 관련된 어근 '반듯'은 '반듯하다'에서 보듯이 어근이 될 수 있으므로, 부사 파생 접미사 '-이'가 결합에서 어근의 유연성에 의해 '반듯이'가 된다. 그러나 '꼭[必]'의 의미를 갖는 '반드시'는 어근과 접미사의 결합으로 보기 어려우므로 어근 '반듯'과 유연성이 없어 소리대로 쓰는 것이다.

하나의 어근이 여러 가지 형식과 어울려 쓰일 때, 그 어근의 형태를 밝혀 고정하여 표기하는 경우는 다음과 같다. '-하다, -거리다' 따위가 붙을 수 있는 어근에 '-이'가 붙거나, '-거리다'가 붙을 수 있는 어근에 '-이다'가 붙거나, '-하다'가 붙는 어근에 '-이, -히'가 붙거나, '-하다, -없다'가 붙어 파생된 말은 형태를 밝히어 적는다.

(10) ㄱ. 깔쭉이, 더펄이, 삐죽이, 오뚝이, 쌕쌕이, 홀쭉이(제23항)

　　 ㄴ. 깜짝이다, 망설이다, 허덕이다, 속삭이다(제24항)

　　 ㄷ. 급히, 꾸준히, 깨끗이, 곰곰이, 더욱이, 일찍이(제25항)

　　 ㄹ. 딱하다, 숱하다, 착하다, 시름없다, 열없다(제26항)

(10ㄱ)은 동사나 형용사가 될 수 있는 어근에 접미사 '-이'가 붙어서 명사가 된 것이고, (10ㄴ)은 접미사 '이다'가 의태어 어근에 붙어 용언이 된 것이며, (10ㄷ)은 동사나 형용사가 될 수 있는 어간에 '-히, -이'가 붙어서 부사가 되거나 부사에 '-이'가 붙어 부사가 된 경우이다. (10ㄹ)은 접미사

'-하다, -없다'를 의미가 있는 형태로 인정하여 밝혀 적도록 한 것이다. 이들은 규칙적으로 널리 쓰이는 접미사이므로 접미사 자체를 밝혀 적는다.

14.4.4. 의미 변화와 표기

보편적인 접미사 '-이, -음'이 결합된 파생어라 해도 어간의 의미가 변한 것은 그 형태를 밝혀 적지 않는다. 원래의 뜻이 있는 '피붙이, 벌이, 다듬이, 떡볶이, 하루살이' 등은 형태를 밝혀 적지만, 원래의 뜻이 없는 '목거리, 빈털터리' 등은 소리 나는 대로 적는 것이다. 그 결과로 '거름[肥料]과 걸음[步], 노름[賭博]과 놀음[遊], 어름[物界]과 얼음[氷]'처럼 발음은 같지만 표기가 달라 뜻을 구별해 주는 경우가 생긴다. '어름'이나 '얼음'이나 발음은 모두 [어름]이지만, '어름'에는 '얼다'의 뜻이 없고 '얼음'에는 '얼다'의 뜻이 있는 것이다.

이와 같은 동음이철자의 예들은 〈한글 맞춤법〉 제6항 제57항에 간단한 예문과 함께 제시되어 있다.

(11) ㄱ. 거치다: 영월을 거쳐 왔다.

걷히다: 외상값이 잘 걷힌다.

ㄴ. 부치다: 힘이 부치는 일이다. 편지를 부친다. 논밭을 부친다. 빈대 떡을 부친다. 식목일에 부치는 글. 회의에 부치는 안건. 인쇄에 부치는 원고. 삼촌 집에 숙식을 부친다

붙이다: 우표를 붙인다. 책상을 벽에 붙였다. 흥정을 붙인다. 불을 붙인다. 감시원을 붙인다. 조건을 붙인다. 취미를 붙인다. 별명을 붙인다.

(11ㄱ)의 '거치다'는 '도중에 어디를 지나거나 들르다'이고 '걷히다'는 '걷다'의 피동사이다. '거치다'는 '걷다'의 의미와는 관계가 없다. (11ㄴ)의

'부치다'는 '붙다'의 의미가 없는데 비하여 '붙이다'는 그 의미가 살아 있는 것이다. '드리다/들이다[入], 도리다/돌이다[廻]'도 그러한 예이다. '정성들여 나무를 심자!'를 '정성드려'로 잘못 쓰는 현상은 '드리다/들이다'를 바로 구별하지 못한 데 원인이 있다. '드리다'는 '들다'[入]의 뜻은 이미 없고, '웃어른에게 물건을 주다'가 되어 존대의 뜻을 갖기 때문에 '정성드려'가 되면 정성을 나무에게 준다는 뜻이 되어 이상해지는 것이다.

어간에 접미사가 붙을 때뿐만 아니라, 두 개의 용언이 어울려 한 개의 용언이 될 때도 앞말이 본뜻에서 멀어진 경우에는 소리 나는 대로 적는다(제15항). '드러나다, 사라지다, 쓰러지다, 부서지다, 부러지다' 등이 그러한 예인데, 이들은 앞말이 각각 '들다, 살다, 쓸다, 붓다, 불다'의 뜻을 갖기 어렵기 때문에 소리 나는 대로 적는다. 다만, '넘어지다, 돌아가다, 틀어지다' 등은 '넘다, 돌다, 틀다'가 인식되므로 원형을 밝혀 적는다.

14.4.5. 합성어와 접두 파생어

둘 이상의 단어가 어울린 합성어나 접두사가 자립적인 어근에 붙은 접두 파생어는 각각 뜻을 가지고 있으므로 그 원형을 밝혀 적도록 하고 있다(제27항). '웃-옷, 헛-웃음, 젖-몸살, 싯-누렇다. 꽃-잎, 옷-안, 칼-날, 겉-늙다, 빛-나다. 낮-잡다, 짓-이기다' 등이 그러한 예이다. 그런데 다음과 같은 몇 가지 경우에는 소리 나는 대로 적는다.

첫째, 단어를 구성하는 형태소의 어원이 불분명하거나, 소리가 특이하게 변한 것은 소리 나는 대로 적는다. '오라비'를 '올-아비'로 분석하여 놓고 보면, '아비'는 '지아비'에서처럼 그 어원이 분명하게 인식되나, '올'은 그 뜻을 알기 어렵기 때문에 소리대로 적어야 하는 것이다. 흔히 잘못 쓰는 것은 '며칠'이다. '며칠'은 '몇(幾)-일(日)'로 분석되지 않기 때문에 소리 나는 대로 적는다. '몇-일'은 '몇-월[며둴]'에 비추어 보면 [며딜]로 발음되어야 하는데 실제로는 [며칠로 발음된다. 따라서 '몇'은 어원이 분명하지만, '칠'은 어원이 '日'이라 단정하기 어렵기 때문에 소리 나는 대로 써야 한다. '글자, 날짜, 일자' 등도 잘못 쓰기 쉬운 예에 속한다. '글자'의 경우 '글(文)+ 자(字)'의 합성어로 각기 어원이 분명하므로 원형을 밝혀 '글자'로 적어야 한다. '날짜'는 '짜'가 '字'의 뜻을 갖고 있는 것이 아니므로 소리대로 적어야 한다. 즉, '공짜, 알짜' 등에서의 '-짜'와 같은 것이다. '일자'는 한자어 '日字'이므로, 어원이 분명하니 원형을 밝혀 적어야 한다. '부리나케'도 '불이 나게'와 관련을 가지고 있지만, 이미 뜻이 멀어졌으므로 굳이 어원을 밝혀 적지 않는다.

둘째, 합성어의 내부 경계에서 소리가 특이하게 변하는 것은 소리 나는 대로 적는다. 특이한 변화는 'ㄴ'이 'ㄹ'로, 'ㄹ'이 'ㄷ'으로 되거나, 'ㄹ'이 탈락하는 경우이다. 'ㄹ'관련 변화의 예는 다음과 같다.

(12) 할아버지(한-아버지), 할아범(한-아범) (제27항)

다달이(달-달-이), 따님(딸-님), 부삽(불-삽), 여닫이(열-닫이) (제28항)

반짇고리(바느질-고리), 이튿날(이틀-날), 섣부르다(설-부르다), 숟가락(술-가락) (제29항)

합성어에서 덧나는 사잇소리는 뒷말의 첫소리가 된소리로 나거나, 뒷말의 첫소리 'ㄴ, ㅁ' 앞에서 'ㄴ' 소리가 덧나거나, 뒷말의 첫소리 모음 '이' 앞에서 'ㄴㄴ' 소리가 덧나는 것(제30항)이 있다. 사잇소리는 합성어 경계에 'ㄷ'이 삽입된 이후 후행하는 첫 소리에 따라 각각 'ㄴ' 혹은 'ㄴㄴ'으로 바뀌거나 다음 소리를 된소리로 바꾸고 스스로 탈락하는 것으로 설명할 수 있다. 같은 음운적 환경이라도 사잇소리가 나는 경우가 있는가 하면 그렇지 않은 경우가 있다. '새-집'[鳥巢]은 사잇소리가 나지 않지만, '고래-재'는 사잇소리가 난다. 사잇소리 실현 여부는 표준 발음으로 정하는데,

표준 발음이 사잇소리가 나는 것으로 결정된 경우 'ㅅ'을 표기한다. '인사말'은 [인사말]이, '머리말'은 [머리말]이 표준 발음이므로 사이시옷을 적지 않지만, '머리돌'은 표준 발음이 [머리똘]이므로 '머릿돌'로 사이시옷을 적는다. (13ㄱ)은 뒷소리가 된소리로 되는 경우이고, (13ㄴ)은 'ㄴ'이, (13ㄷ)은 'ㄴㄴ'이 첨가되는 경우이다.

(13) ㄱ. 고랫재, 귓밥, 나룻배, 냇가, 맷돌, 모깃불, 뱃길, 찻집, 바닷가
　　　아랫방, 자릿세, 전셋집, 찻잔, 콧병, 탯줄, 텃세
　　ㄴ. 멧나물, 아랫니, 텃마당, 아랫마을, 뒷머리, 잇몸, 빗물
　　　곗날, 제삿날, 훗날, 툇마루, 양칫물
　　ㄷ. 뒷일, 베갯잇, 깻잎, 나뭇잎, 댓잎
　　　가욋일, 사삿일, 예삿일, 훗일

　현행 맞춤법은 분명히 사잇소리로 발음되는 경우라도, 사이시옷을 적는 경우는 다음 두 가지 제한을 두고 있다. 첫째는 합성어의 앞말이 자음으로 끝날 때 뒷말의 첫소리가 된소리로 발음되더라도 'ㅅ'을 적지 않는다. 밥집[밥찝], 디딤돌[디딤똘], 눈동자[눈똥자], 신바람[신빠람], 손재주[손째주], 길가[길까], 물동이[물똥이]처럼 분명히 뒷말의 첫소리가 된소리로 발음되지만 'ㅅ'을 적지 않는다. 즉, '밦집, 디딨돌, 눈동자, 싢바람, 슛재주, 긹가, 뭀동이'로 표기하지 않는다. 받침 다음에 사이시옷을 넣으면 받침의 수효가 현저히 늘어나는 점이 고려되었다. 둘째는 순 우리말로 된 합성어나 순 우리말과 한자어로 된 합성어를 제외한 한자어끼리 된 합성어에는 사이시옷을 적지 않도록 한 것이다. '고랫재, 선짓국, 깻묵, 나뭇잎, 콧병, 양칫물, 예삿일' 등은 사이시옷을 적는 것이 올바르나, '국어과, 총무과, 치과, 대가'는 한자어이기 때문에 사이시옷을 적지 않는다. 다만, 한자어라 하더라도 두 음절로 된 다음 여섯 단어 '곳간, 셋방, 숫자, 찻간, 툇간,

횟수'는 관용에 따라 사이시옷을 적는다. 이들은 준고유어라 부를 수 있을 만큼 고유어로 인식되는 점이 고려된 것이다. 그러나 어떤 일에 대한 보답을 의미하는 '代價'는 [대깨로 발음되고, 어떤 분야의 권위자를 이르는 '大家'는 [대개로 달리 발음되지만 똑같이 '대가'로만 적어야 하는 문제가 있다. 외래어와 우리말이 합성어를 이루는 경우에도 '핑크빛'처럼 사이시옷을 적지 않는다. 사잇소리는 아니지만, 유사한 것으로 자음으로 끝나는 말 다음에 '이'[齒]가 후행하는 경우에 'ㄴ'이 첨가되는 경우가 있다(제23항). '덧니(덧-이), 어금니(어금-이), 젖니(젖-이), 사랑니(사랑-이)가 그러한 예이다.

옛 어형의 잔재가 관습적으로 쓰이는 경우에도 그것을 발음대로 인정하여 표기한다. 합성어의 경계에서 덧나는 'ㅂ'과 'ㅎ'이 그러한 예이다(제31항). '댑-싸리, 멥-쌀, 입-쌀, 접-때' 등은 후행어의 어두에 있던 'ㅂ'이, '머리-카락, 살-코기, 암-컷, 안-팎' 등은 선행어의 종성에 있던 'ㅎ'이 화석형으로 살아남은 것이다. 전자는 선행어의 종성으로, 후자는 후행어의 평음과 합하여 유기음으로 발음된 것을 반영한 것이다. 이들 단어가 독립적으로 쓰일 때는 'ㅂ, ㅎ'이 탈락하여 더 이상 쓰이지 않는다.

14.5. 준말

준말에 대한 규정은 네 가지로 나누어진다. 첫째는 단어의 끝 모음이 줄 때 남은 자음의 처리 문제이고, 둘째는 체언과 조사가 어울려 줄 때의 처리 문제이고, 셋째는 용언의 어간 모음과 어미 모음이 만나 줄 때의 처리 문제이고, 넷째는 어간 끝음절 '하'의 '아' 혹은 '하'가 줄때의 처리 문제이다.

첫째, 단어의 끝 모음이 줄어지고 자음만 남은 것은 그 앞의 음절에 받침으로 적는다(제32항).

(14) 기러기야/기럭아, 어제그저께/엊그저께, 어제저녁/엊저녁

가지고/갖고, 디디지/딛지

다만, '가지고'의 준말인 '갖다'는 모음 어미와 활용을 하지 못한다. '가지어, 디디어'는 표준어이지만, '갖어, 딛어'는 표준어가 아니다. 줄어지는 음절의 종성이 남은 경우도 앞말의 받침으로 적는다. '어긋매끼다/엇매끼다', '바깥사돈/밭사돈' 등이 그러한 예이다. '금시에'가 준 '금세'는 체언과 조사 결합에서, '뜨었다방'이 준 '떴다방'은 용언 어간과 어미 결합에서 앞 모음이 줄고 뒤의 모음이 남은 경우로 이 때는 살아남은 뒤의 모음이 쓰인 경우이다.

둘째, 체언과 조사가 어울려 줄어지는 경우에는 준 대로 적지만, 줄어진 형태와 줄어지지 않은 형태 모두를 쓸 수 있다(제33항).

(15) 그것은/그건, 그것이/그게, 그것으로/그걸로

무엇을/뭣을/무얼/뭘, 무엇이/뭣이/무에

셋째, 모음으로 끝난 용언 어간이 모음으로 시작하는 어미와 결합하여 줄 때에는 준대로 적지만, 줄지 않고 본말로 쓰일 때는 본말대로 쓸 수 있다. (16ㄱ)처럼 두 가지 형태를 모두 쓸 수 있다(제34항). 그러나 (16ㄴ)처럼 모음 'ㅏ, ㅓ'로 끝난 어간에 '-아/-어, -았/-었'이 어울릴 적에는 반드시 준 대로 적어야 한다. 다만, 'ㅅ'불규칙 활용인 '낫다'는 '나아, 나아서, 나아도, 나아야, 나았다'처럼 모음이 탈락하지 않는다.

(16) ㄱ. 개어/개, 개었다/갰다, 베어/베, 베었다/벴다

보아/봐. 보았다/봤다, 하여/해

되어/돼, 되었다/됐다, 뵈어/봬, 뵈었다/뵀다

가지어/가져, 가지었다/가졌다, 견디어/견뎌, 견디었다/견뎠다

싸이다/쌔다, 누이다/뉘다

보이어/뵈어/보여, 쓰이어/씌어/쓰여

그렇지 않은/그렇잖은, 만만하지 않다/만만찮다

　　ㄴ. *가아/가 *가았다/갔다

　　　*켜어/켜 *켜었다/켰다

　(16ㄱ)의 어간 말 모음 'ㅚ'가 '아/어'로 시작하는 어미와 결합하여 줄면 '괘'로 표기한다. '되어'가 준 '돼'는 '돼지'의 '돼'와 표기는 같지만 내용상으로 다른 것이다. '되어라'는 '돼라'가 될 수 있지만, '되고'는 '돼고'가 될 수 없는 것이다. 그런데 '선생님이 착한 사람이 되라고 하셨다.'의 '되라고'는 '돼라고'가 아니다. 이것은 간접 명령이기에 '되-어라'가 아니라 되-으라가 줄어진 '되라'가 맞는 형태이다. 또한 '바뀌다'처럼 'ㅟ'로 끝난 용언 어간은 모음 어미 '-어'와 결합되어 준말을 이루지 못하므로 '바뀌어'로 적어야 한다. '바뀌어'가 준말이 되면 '바껴, 바꿔'가 될 수 있겠지만 표준어로 인정되지 않는다.

　넷째, 어간의 끝음절 '하'의 'ㅏ'가 줄고 'ㅎ'이 다음 음절의 첫소리와 어울려 거센소리로 될 적에는 거센소리로 적고, 끝음절 '하'가 줄 적에는 준 대로 적는다(제40항).

　(17) 간편하게/간편케, 가하다/가타, 흔하다/흔타

　　　거북하지/거북지, 넉넉하지 않다/넉넉지 않다

　　　생각하건대/생각건대, 못하지 않다/못지않다

그런데 'ㅎ'이 어간 말음으로 굳어진 '않다/않고, 그렇고/그렇지'는 그대로 적고, '아무튼(아뭏-든), 하여튼(하옇-든)'처럼 부사로 굳어진 것은 원형의 형태를 밝히지 않고 소리 나는 대로 적는다. 부사 '어떻든'은 형용사 '어떻다'와 관련이 있다.

14.6. 띄어쓰기

띄어쓰기는 독서의 능률을 높이기 위한 조치로 단어를 기본 단위로 하여 띄어 쓰도록 하고 있다. 그러나 단어를 정확히 규정하기 어렵기 때문에 띄어쓰기는 현실적으로는 매우 어렵게 느껴진다.

합성어인지 아닌지를 판단하는 문제가 있다. '아니/안'은 부정을 나타내는 부사이고, '되다'는 동작을 나타내는 자동사로 각각 다른 단어이지만, 이들이 합해 하나의 합성어가 되는 경우가 있다. 합성어는 하나의 단어이므로 붙여 써야 마땅하지만, 이 둘이 하나의 합성어인지 별도의 단어인지 구별이 쉽지 않다. (18ㄱ)은 하나의 합성어이므로 붙여 쓴 것이고, (18ㄴ)은 두 개의 단어로 된 하나의 구이므로 띄어 쓴 것이다.

(18) ㄱ. 그이 얼굴이 <u>안돼</u> 보인다. (얼굴이 상하다)

　　　 서울에 사시는 <u>작은아버지</u>께서 오셨다. (삼촌)

　　　 그거 말하기 <u>뭐해</u> (거북하다)

　　　 우리 집에 <u>한번</u> 놀러 오세요. (시도, 기회)

　　 ㄴ. 풀밭에 들어가면 <u>안 된다</u>. (되지 않는다)

　　　 키가 <u>작은 아버지</u>께서 오셨다. (작다)

　　　 공부 안 하고 <u>뭐 해</u>? (무엇을 하다)

　　　 <u>한 번</u> 실패했다고 낙담하지 말아라. (일회)

조사는 학교 문법에서 단어로 인정되어 있지만, 독립성이 없이 문법적 관계를 나타내는 기능을 한다는 점에서 띄어 쓰지 않는다(제41항). 그런데 의존 명사·단위 명사·열거하는 말·보조 용언 등은 독립성이 없기는 마찬가지이지만 (19ㄱ)처럼 띄어 써야 한다. 다만, (19ㄴ)의 보조 용언도 의존 형식이기는 하지만 의존 명사와 달리 붙여 쓰는 것을 허용하고 있다(제42항).

(19) ㄱ. 아는 것이 힘이다. 그가 떠난 지가 오래다.(제42항)
　　　　차 한 대, 소 한 마리, 북어 한 쾌(제43항)
　　　　국장 겸 과장, 책상, 걸상 등이 있다, 이사장 및 이사(제45항)
　　　ㄴ. 불이 꺼져 간다/불이 꺼져간다
　　　　그 일은 할 만하다/그 일은 할만하다(제47항)

그런데 의존 명사와 동일한 형태가 조사, 접사, 어미 등으로 쓰이는 경우가 있어 이것을 구별하기 쉽지 않다. (20ㄱ)은 의존 명사와 어미가, (20ㄴ)은 의존 명사와 조사가, (20ㄷ)은 의존 명사와 접미사가 형태상으로 구분되지 않는 것이므로, 그것이 무엇으로 쓰였는지 판단해야 한다.

(20) ㄱ. 그가 서울에 간 지 보름이나 되었다. (시간)
　　　　그가 왜 유명한지 아무도 모른다. (막연한 의문)
　　　　내가 후회할 걸 괜히 그랬나 봐. (것을/대용)
　　　　내가 잘못 했다고 사과할걸. (아쉬움)
　　　ㄴ. 노력한 만큼 결과가 있다. (그런 정도로 실컷)
　　　　서울도 뉴욕만큼 화려하다. (그런 정도)
　　　ㄷ. 고향에 갔던 차에 생가에 들렀다. (이런 기회를 겸해서)
　　　　그는 연수차 미국에 간다. (하려고)

단어 결합에 의해 만들어진 고유 명사나 전문 용어는 단어별로 띄어 씀을 원칙으로 하지만 하나의 단위로 붙여 쓸 수 있다(제49항). '강남 대학교'와 '강남대학교'가 모두 가능한 것이다. '세종과한글문화'처럼 교과목 이름 등은 하나의 단위로 붙여 쓴다. 다만, 성과 이름, 성과 호는 '최치원, 서화담, 이순신'처럼 붙여 쓰고, '이순신 장군, 홍길동 씨'처럼 호칭어 관직명 등은 띄어 쓴다. 또한 수를 적을 때는 '이백삼십오만 오천이백삼십오'처럼 만 단위로 띄어 쓴다(제44항).

14.7. 문장 부호

〈한글 맞춤법〉은 부록에서 문장 부호를 글에서 문장의 구조를 드러내거나 글쓴이의 의도를 전달하기 위하여 사용하는 것으로 규정하고, 문장 부호의 이름과 사용법을 제시하고 있다. 컴퓨터 입력을 고려하여 자판에 없는 부호를 다른 것으로 대치할 수 있도록 허용하고 가로쓰기에 적당하도록 정비하였다. 중요한 특징은 다음과 같다(국립국어원, 2014).

첫째, 문장 부호의 용법에 따라 띄어쓰기를 규정하였다. 예컨대, 〈표 1〉과 같이 쌍점(:)은 앞말에는 붙이고 뒷말과는 띄어 쓰고, 물결표(~)는 앞뒤에 붙여 쓰도록 명문화한 것이다.

〈표 1〉 용법에 따른 문장 부호 띄어쓰기

부호	용법	띄어쓰기
쌍점	때: 2014년 12월 5일 2:0으로 이기다	앞말에는 붙이고 뒷말과는 띄어 쓴다. 앞뒤를 붙여 쓴다.
빗금	남반구/북반구 산에 / 산에 / 피는 꽃은	앞뒤를 붙여 쓴다. 다만, 시의 행이 바뀔 때는 앞뒤를 띄어 쓰는 것이 원칙이다.
줄표	이번 토론회의 제목은 '역사 바로잡기 — 근대의 설정 —'이다	앞뒤를 띄어 쓰는 것이 원칙이다.

물결표	9월 15일~9월 25일	앞뒤를 붙여 쓴다.
줄임표	어디 나하고 한번……	앞말에 붙여 쓴다.
	글의 일부를 통째로 생략할 때	앞뒤를 띄어 쓴다.

둘째, 용언의 명사형이나 명사로 끝나는 문장, 직접 인용문의 끝에는 마침표를 찍는 것이 원칙이나 쓰지 않는 것을 허용하였다. 예컨대, "그는 '지금 바로 떠나자.'라고 말하며 서둘러 짐을 챙겼다."가 원칙이지만, "그는 '지금 바로 떠나자'라고 말하며 서둘러 짐을 챙겼다"도 허용되는 것이다. 그리고 아라비아 숫자만으로 연월일을 표시할 때는 마침표를 모두 써야 한다. 예컨대 2014.10.29.이 되어야 한다. '.'는 '일'을 대신하는 부호이기 때문이다. 책의 제목이나 표어에서 마침표·물음표·느낌표는 쓰지 않는 것이 원칙이나 경우에 따라 허용한다. 열거할 어구들을 생략할 때 사용하는 줄임표 앞에는 쉼표를 쓰지 않는다. 예컨대, 광역시: 광주, 대구, 대전……가 맞는 표기이고, 광역시: 광주, 대구, 대전, ……는 잘못된 표기이다. 짝을 이루는 어구들 사이나 공통 성분을 줄여서 쓸 경우에는 상·중·하위권/상, 중, 하위권처럼 가운뎃점이나 쉼표를 모두 쓴다.

셋째, 소제목이나 노래 제목, 법률 이름 등에는 홑낫표(「 」)나 홑화살표(〈 〉)가 원칙이고, 작은따옴표(' ')를 허용한다. 베르디가 작곡한 〈축배의 노래〉와 '축배의 노래'가 모두 가능한 것이다. 책 제목이나 신문 이름은 겹낫표(『 』)나 겹화살표(《 》)를 원칙으로 하고, 큰따옴표(" ")를 허용한다. 1986년에 창간된 《독립신문》은 "독립신문"으로도 표기할 수 있다.

넷째, 기간이나 거리 또는 범위를 나타낼 때는 물결표(~)를 쓰는 것이 원칙이고, 붙임표(-)를 쓰는 것을 허용한다. 이때 물결표나 붙임표는 앞말과 뒷말에 붙여 쓴다. 줄임표(……)는 가운데 점이 여섯 개가 원칙이지만, 가운데 세 점(…), 아래 여섯 점(......), 아래 세 점(...)을 찍는 것도 허용한다. 가운뎃점(·)도 마침표(.)를 허용한다.

다섯째, 대괄호 [ ]는 괄호 안에 또 괄호를 쓸 필요가 있을 때 바깥쪽의 괄호로 쓴다. 예컨대, "어린이날이 새로 제정되었을 당시에는 어린이들에게 경어를 쓰라고 하였다.[윤석중 전집(1988), 70쪽 참조]"에서 문장 안에 ( )이 있기 때문에 바깥쪽에는 [ ]가 쓰였다. 또한 고유어에 대응하는 한자어를 함께 보이거나 원문에 대한 이해를 돕기 위하여 설명이나 논평을 할 때 쓴다. 예컨대, 연세(年歲), 단어(單語)처럼 한자어의 발음과 같을 때는 소괄호 ( )를 쓰지만, 그렇지 않은 경우는 나이[年歲], 낱말[單語]처럼 대괄호를 쓴다. "그것[한글]은 이처럼 정보화 시대에 알맞은 과학적인 문자이다."처럼 설명이 필요한 경우에도 마찬가지다.

■ **참고문헌**

이희승 외(1949/2014), 김민수(1973), 문교부(1980), 김민수(1983), 학술원(1983), 김민수(1985), 허웅(1985), 국어연구소(1988), 안병희(1988), 정재환(2006), 국립국어원(2010), 이상혁(2012), 국립국어원(2014), 문화체육관광부(2014), 문화체육관광부(2017), 국립국어원(2018), 인터넷 사이트(국립국어원 누리집, 국립중앙도서관 누리집)

제15장 〈표준어 규정〉과 국어사전

15.1. 〈표준어 규정〉의 구성

15.1.1. <표준어 규정>의 경과

〈표준어 규정〉은 1988년 문교부 고시 제88-2호(1988. 1. 19.)로 정부 차원에서 처음 고시되었다. 이후 문화체육관광부 고시 제2017-14호(2017. 3. 28.)로 개정된 것이 현재 쓰이고 있다. 〈표준어 규정〉(1988) 이전에는 조선어학회의 〈사정한 조선어 표준말 모음〉(1936)이 있었지만, 이것은 구체적인 세부 규정 없이 표준어로 사정한 9,547 단어를 유형으로 나누어 제시하고 있을 뿐이고, 표준발음에 대한 내용은 아예 없었다.

해방 이후 표준어를 개정하기 위하여 문교부는 1970년 국어조사연구위원회를 구성하여 1977년 9월 개정안을 완성하였다. 이 개정안을 토대로 전문위원의 검토와 공청회 등의 의견 수렴 및 국어심의회 심의를 거쳐 1979년 12월에 〈표준말안〉을 발표하였다. 〈표준말안〉은 총칙을 포함하여 5장으로 되어 있는데, 1~3장은 어휘 선택에 대한 것이고 4~5장은

표준 발음으로 새로 신설한 것이다. 〈표준말안〉의 중요 내용은 표준말의 기준을 '중류사회에서 쓰는 말'을 '교양 있는 사람들이 쓰는 말'으로 바꾸고, '남비'를 '냄비'로 바꾸는 등 현실 발음을 인정하여 수정하고, '가물/가뭄, 범/호랑이' 등 복수 표준어를 폭넓게 수용하고, 표준 발음에 대한 항목을 신설한 것이다. 특히 표준 발음 항목은 처음 신설된 것으로 밤비[밤삐], 헌법[헌뻡] 등의 된소리, 밟다[밥따], 기슭[기슥] 등 겹받침, 담배[담:배], 미인 [미:인] 등 장모음의 발음을 제시하였다.

〈표준말안〉(1979)는 시행에는 좀 더 신중해야 한다는 여론에 따라 학술원에 재검토를 의뢰하였다. 학술원은 1982년 1월 12일 표준말소위원회(위원장, 김동욱)를 구성하고 문교부의 〈표준말안〉을 재검토하여 1983년 12월 〈표준말 개정안〉을 마련하였다. 이 개정안은 개정의 폭을 좁혀 현실어와 차이가 매우 커진 것을 대상으로 하였다. 그러나 이 개정안도 시행되지 못하였다.

정부에서는 다시 1985년 2월 국어연구소에 학술원안의 재검토를 위임하게 되었고, 국어연구소에서 표준어 사정을 위한 위원으로 이숭녕(위원장), 김형규, 남광우, 이응백, 이익섭, 이병근, 박갑수를 위촉하면서 재검토 작업이 시작되었다. 1987년 9월 국어연구소가 문교부에 보고한 〈표준어 규정안〉을 바탕으로 1988년 1월 19일 문교부 고시 88-2호로 〈표준어 규정〉을 공포하였다.

15.1.2. 《표준어 모음》 발행

〈표준어 규정〉이 공포된 이후, 모든 단어에 대한 표준어 여부가 문제되었다. 당시에는 각 사전마다 표준어에 대한 판단을 편찬자 스스로 하는 경우가 많았다. 각 사전마다 차이가 있었으나 표준어 규정에 제시된 원칙과 제시어로는 확정하기 어려운 단어들이 많이 있게 된 것이다. 〈표준어 규정〉에는 원칙과 함께 900여 개 단어만을 예시하였기 때문이다.

이러한 요청에 따라 《표준어 모음》(문화부 공고 제36호, 1990)이 발간되었다. 《표준어 모음》은 《새한글사전》(한글학회)와 《국어대사전》(민중서림)에서 표준어를 서로 다르게 제시한 고유어를 대상으로 하여 표준어를 결정하였다. 사전 간에 표준어 처리가 일치하는 단어는 검토의 대상이 아니었으므로 검토 대상 단어는 14,000여 개의 단어에 지나지 않았다. 이것은 〈표준어 규정〉을 보충하고자 하는 후속 작업의 성격을 갖는다.

《표준어 모음》은 〈표준어 규정〉의 체제에 따라 제1부 어휘 선택, 제2부 발음으로 나누어 해당 단어를 수록하였다. 발음 부분은 다시 장단과 경음으로 나누어 설명하였다. 책의 체재는 어휘 선택은 표제어, 관련 단어, 비고란, 관련 규정이 소개되고 있고, 발음에는 표제어와 비고란이 소개되고 있다. 임시 처방의 성격을 가진 《표준어 모음》은 《표준국어대사전》(1999)로 가는 중간 다리의 역할을 하였다.

15.1.3. <표준어 규정> 개관

〈표준어 규정〉은 2부로 나누어 있다. 제1부는 표준어 사정 원칙이고, 제2부는 표준 발음법이다.

제1부는 총칙과 발음 변화에 따른 표준어 규정, 그리고 어휘 선택에 따른 표준어 규정 등 3장으로 구분되어 있다. 총칙은 표준어의 개념에

대한 기준을 제시한 것이다. 발음 변화에 따른 표준어 규정은 기존 표준어
의 발음이 많이 변하여 표준어를 개정할 필요가 있는 경우를 제시한 것이
다. 공간의 구획을 나타내는 '간(間)의 발음이 '칸'으로 변한 경우에 변한
말을 인정하여 '칸막이'를 표준어로 정하는 것이다. 그러나 이 경우에도
발음이 변하지 않은, 한자어나 장소를 나타내는 '간'은 '초가삼간, 방앗간'
처럼 원래 형태를 표준어로 정한다. 어휘 선택의 변화에 따른 표준어 규정
은 어휘적으로 형태를 달리하는 단어들을 사정의 대상으로 하여 표준어를
규정하고 있는 것이다. 동일한 대상을 가리키는 '오얏'과 '자두'라는 단어
중에서 옛 어형인 '오얏'을 버리고 '자두'를 표준어로 인정하는 것이다.

제2부는 이 규정에서 새로이 제정된 것인데 모두 7장으로 세분되었다.
그 내용은 총칙, 자음과 모음, 음의 길이, 받침의 발음, 음의 동화, 경음화,
음의 첨가 등이다.

15.2. 총칙과 표준어 개념

표준어란 개념은 국가가 인위적으로 표준을 정하여 소통의 통일성을
기하고자 하는 목적에서 비롯된다. 우리나라에서는 15세기 조선 한자음
을 통일하려는 의도에서 만든 《동국정운》이 대표적 언어의 표준화 작업
이다. 당시 조선 한자음은 중국의 한자음과는 상당한 차이가 있었다. 이를
중국의 한자음과 견주어 통일할 필요성이 제기되어 현실 한자음과는 사뭇
다른 인위적인 조정이 있었다. 현실음과 다른 인위적 조정은 끝내 언중의
지지를 받지 못하고 곧 소멸의 길에 들어섰다.

현재 우리가 쓰고 있는 〈표준어 규정〉(1988)의 총칙에는 표준어를 다
음과 같이 정의하고 있다.

(1) ㄱ. 표준어는 교양 있는 사람들이 두루 쓰는 현대 서울말로 정함을
    원칙으로 한다(제1항).

    ㄴ. 외래어는 따로 사정한다(제2항).

(1ㄱ)의 제1항에는 세 가지의 개념을 담고 있다. 첫째, 교양 있는 사람이 쓰는 말이라는 점이다. 이것은 〈사정한 조선어 표준말 모음〉(1936)에서 중산층이 쓰는 말이라는 데에 변화를 준 것이다. 중산층은 사회 경제적 계층을 의미하지만, 교양 있는 사람은 문화적인 개념이다. 이것은 표준어를 문화적인 개념으로 인정한다는 것을 의미한다. 국어의 비속어는 교양 있는 사람이 잘 쓰지 않는 말이지만 표준어의 범주에 든다. '아버지'의 낮춤말인 '아비'도 표준어인 것이다. 둘째, 시기적으로 현대라는 것이다. 정확히 현대가 언제부터인가는 논란이 있겠지만, 현재를 살아가는 사람들이 이해할 수 있는 범위의 말을 의미한다. 이것은 시간의 흐름에서 옛말이 아니라 지금 이해하고 쓰이는 말이라는 것을 의미한다. 셋째, 지역적으로 서울말이라는 것이다. 서울말은 우리나라의 중심지인 서울 지역에서 쓰이는 말을 의미한다. 그러나 꼭 서울말만이 표준어가 되는 것은 아니며, 지역어가 표준어가 되지 않는 것도 아니다. 서울말이 표준어의 근간이 된다는 것을 뜻한다. 표준어에 대응하는 북한의 문화어는 평양 지역어를 중심으로 규정된다는 점이 참고될 수 있다.

(1ㄴ)의 제2항은 외래어의 표준어는 따로 결정한다는 것이다. 외래어는 다른 나라 말이 우리나라에 들어와 우리말화한 것으로 국어의 범주에 드는 것이다. 수입된 많은 말 중에서 외래어로 인정해야 할 것을 선정해야 할 뿐만 아니라, 그 표준 형태를 어떻게 정할 것인가가 문제가 된다. 이것은 제1항에서 제시한 기준으로 결정하기 어려우므로 별도의 기준을 마련하도록 한 것이다. 이 기준은 〈외래어 표기법〉(1986/2017)에 제시되어 있다.

15.3. 표준어 사정 원칙

15.3.1. 발음 변화에 따른 표준어 규정

15.3.1.1. 발음 변화의 개별적 선택

〈표준어 규정〉에서 발음과 관련되어 규정하고 있는 것은 모두 2절 17 항으로 구성되어 있다. 표준어는 원래 개별적으로 단어를 사정하여 정하는 것이기 때문에 규칙적이지 못하여 현실적인 발음을 수용하는 개별적인 경우가 많다.

현실적인 발음 변화를 수용하여 표준어를 바꾼 경우는 다음과 같다. 괄호 속의 단어는 비표준어이다.

> (2) ㄱ. *끄나풀*(*끄나불), 나팔꽃(*나발꽃), 칸(*간), 살쾡이(*삵괭이) (제3 항)
>
> 분침(*푼침), 거시기(*거시키), 가을갈이(*가을카리) (제4항)
>
> ㄴ. 괴팍하다(*괴퍅하다/괴팩하다), -구먼(*-구면), 으레(*으례), 허우 대(*허위대), 미루나무(*미류나무) (제10항)
>
> ㄷ. 깍쟁이(*깍정이), 바라다(*바래다), 상추(*상치), 주책(*주착), 허드 레(*허드래), 호루라기(*호루루기) (제11항)
>
> ㄹ. 깡충깡충(*깡총깡총), 발가숭이(*발가송이), 뻗정다리(*뻗장다리), 오뚝이(*오똑이) (제8항)
>
> ㅁ. 강낭콩(*강남콩), 사글세(*삭월세), 갈비(*가리), 굴젓(*구젓), 휴지 (*수지) (제5항)

(2ㄱ)은 유기음을 가진 형태의 표준어에 대한 규정인데, 현실적인 발음에 따라 '끄나풀'처럼 유기음을 인정하거나 '분침'처럼 평음을 인정하였다.

(2ㄴ)은 이중 모음이 단모음으로 굳어진 경우에는 현실적으로 굳어진 발음을 표준으로 인정한 예이다. (2ㄷ)은 모음의 변화를 인정하여 표준어를 정한 예이다. '주책'은 '주착(主着)'이 변한 것이지만, '일정하게 자리 잡힌 주장이나 판단력'과 '일정한 줏대가 없이 되는 대로 하는 짓'을 뜻하는 다의어가 되었다. 따라서 그러한 판단력이 없으면 '주책없다'가 표준이고, 줏대가 없이 되는 대로 하면 '주책이다'가 표준으로 인정된다. (2ㄹ)은 모음 조화를 유지하던 양성 모음이 음성 모음으로 바뀌어 굳어진 경우로 현실 발음을 수용한 것이다. 다만, 어원 의식이 남아 있는 사돈, 삼촌, 부조 등은 그대로 표준어로 한다. (2ㅁ)은 '사글세'처럼 어원에서 멀어진 형태로 굳어져서 널리 쓰이는 것은 그것을 표준어로 삼지만, '갈비'처럼 어원적으로 원형에 가까운 형태가 아직 쓰이는 경우는 그것을 표준으로 삼은 예이다.

여기서 유의할 것은 '나발꽃'이 비표준어가 되고 '나팔꽃'이 표준어가 되었다고 해서 전통 관악기의 일종인 '나발'은 물론이고, '병나발'이 비표준어가 되는 것은 아니다. '빌려주다, 빌려 오다' 의 의미로 쓰일 때는 '빌다'가 아니라 '빌리다'가 표준어이지만, '용서를 빌다'를 의미할 때는 여전히 '빌다'가 표준어인 것이다. 즉, 표준어는 널리 쓰이는 개별 단어의 선택인 것이다.

15.3.1.2. 규칙적 선택

어떤 원칙으로 표준어를 규정할 수 있는 경우는 대개 비슷한 유형의 단어가 많이 있는 경우나 음운 현상으로 규칙적 변화를 하는 경우이다.

> (3) ㄱ. 수꿩, 수놈, 수사돈, 수캐, 수탉, 수퇘지, 숫양, 숫염소, 숫쥐 (제7항)
> ㄴ. 윗눈썹, 윗도리, 윗목, 윗입술, 위짝, 위층, 위턱, 웃국, 웃돈, 웃어른, 웃옷 (제12항)

ㄷ. 아지랑이, 시골내기, 냄비, 미장이, 멋쟁이, 발목쟁이 (제9항)

(3ㄱ)의 수컷을 이르는 접두사는 세 가지 형태로 구분된다. 접두사는 '수-'로 통일하되 다음 두 경우는 발음을 고려하여 적도록 하였다. '수-'는 어원적으로 '숳'이었던 바, 'ㅎ'이 '수캐, 수탉'처럼 파생어에서 남아 있는 경우는 그것을 수용하여 표준어로 정한다. 그리고 '숫쥐, 숫양, 숫염소' 등처럼 발음할 때 뒷말의 첫소리에 'ㄴ' 소리가 덧나거나 된소리가 덧나는 경우는 '숫'의 형태를 표준으로 한 것이다. (3ㄴ)의 명사 '위'에 해당하는 접두사도 세 가지 형태로 구분된다. 먼저 아래 위의 대립이 있는 경우에는 후행하는 단어가 유기음이나 경음일 경우에는 '위짝'처럼 '위-'를, 그렇지 않은 경우는 '윗목'처럼 '윗-'을 표준으로 하였다. 그런데 아래 위의 대립이 없는 경우는 '웃옷'(겉에 입는 옷)처럼 '웃-'으로 표준어를 규정하였다. (3ㄷ)은 움라우트에 의한 발음은 원칙적으로 표준으로 인정하지 않은 것이다. 움라우트는 '아지랑이: 아지랭이'처럼 선행하는 후설모음이 후행하는 '이' 모음을 닮아 전설모음으로 바뀌는 수의적인 현상이다. '아지랑이'는 표준어이지만 '아지랭이'는 비표준어인 것이다. 그러나 '냄비, 시골내기'처럼 움라우트형이 굳어진 것은 표준으로 인정한다. '미장이'의 '-장이'가 움라우트 적용을 받으면 '-쟁이'가 되는데, 이 경우의 표준어는 의미에 따라 구분하였다. 즉, 기술자에게는 '-장이'로, 그 이외에는 '-쟁이'로 표준어를 정한 것이다. 이에 의하면, 갓을 만드는 일을 업으로 하는 사람은 '갓장이'가, 갓을 멋있게 쓰는 사람은 '갓쟁이'가 표준어로 인정된다.

15.3.1.3. 본말과 준말

하나의 형태가 발음의 변화를 거쳐 줄어드는 경우에도 현실 발음을 준거로 하여 어느 하나를 표준어로 하거나 모두를 표준어로 하는 경우가 있다. 괄호 안의 단어는 비표준어이다.

(4) ㄱ. 똬리(*또아리), 무(*무우), 뱀(*배암), 생쥐(*새앙쥐), 온갖(*온가지)

ㄴ. 뒤웅박(*뒝박), 마구잡이(*막잡이), 부스럼(*부럼), 퇴박맞다(*퇴맞다)

ㄷ. 거짓부리/거짓불, 노을/놀, 머무르다/머물다, 외우다/외다

(4ㄱ)은 준말이 더 널리 쓰이고 본말이 잘 쓰이지 않는 경우로 준말이 표준어로 인정된 경우이다. (4ㄴ)은 본말이 준말보다 더 널리 쓰이고 있어 본말이 표준어로 인정된 경우이다. (4ㄷ)은 준말과 본말이 다 널리 쓰이면서 준말의 효용성이 인정되어 둘 다 표준어로 인정된 것이다. 2015년 표준어 추가 사정에서 '-고프다'를 '-고 싶다'가 준 말로 풀이하여 '-고 싶다'와 복수 표준으로 인정하였다.

15.3.1.4. 복수 표준어

복수 표준어는 두 가지 이상의 형태를 모두 표준어로 인정한 것이다. 일반적으로 표준어는 의미 차이가 없는 비슷한 발음의 몇 형태가 있을 경우, 더 널리 쓰이는 어느 하나를 표준어로 선택하는 단수 표준어의 상대적인 개념이다. 단수 표준어는 혼란을 방지하기 위하여 하나만을 선택한 것이다. '꼭두각시(*꼭둑각시), 내색(*나색), -(으)려고(*-(으)ㄹ려고), -습니다(*-읍니다), 짓무르다(*짓물다)' 등처럼 괄호 속의 단어는 비표준어로 처리하는 것이다. 그러나 어느 하나를 선택하기 어려운 경우는 두 형태를 모두 표준어로 인정하여 표준어가 복수가 되는 경우가 있다. 복수 표준어는 표현의 다양성 측면에서 바람직한 경우라 하겠다.

발음이 비슷한 복수 표준어는 다음과 같은 것이 있다.

(5) ㄱ. 네/예, 쇠-/소-, 괴다/고이다, 쐬다/쏘이다, 죄다/조이다 (제18항)

ㄴ. 고까/꼬까, 구린내/쿠린내, 나부랭이/너부렁이 (제19항)

(5ㄱ)은 왼쪽을 원칙으로 하고, 오른쪽을 허용하는 표준어이지만, (5ㄴ)은 모두가 동등한 자격을 가지는 복수 표준어의 예이다. (5ㄴ)은 어감 차이를 가진 단어들이 포함되어 있는데, 이들은 기원을 같이하면서 그 의미 차이가 크지 않은 경우이다.

15.3.2. 어휘 선택의 변화에 따른 표준어 규정

15.3.2.1. 방언, 한자어, 고어

비슷한 의미를 가진 여러 형태의 어휘 중에서 널리 쓰이는 것을 표준어로 선택한 경우를 다룬다. 이 경우는 고어, 한자어, 방언 등에 걸쳐 예를 볼 수 있는데, 모두 현대에 쓰이지 않는 말을 비표준어로 하였다. 괄호 안의 형태는 비표준어이다.

> (6) ㄱ. 애달프다(*애닯다), 자두(*오얏), 설거지하다(*설겆다) (제20항)
> ㄴ. 까막눈(*맹눈), 성냥(*화곽), 잔돈(*잔전), 겸상(*맞상), 고봉밥(*높
> 은밥) (제21항)
> ㄷ. 빈대떡(*빈자떡), 생인손(*생안손), 코주부(*코보) (제23항)

(6ㄱ)은 고어의 경우, (6ㄴ)은 한자어의 경우, (6ㄷ)은 방언의 경우인데, 모두 어느 형태가 널리 쓰이느냐에 따라 표준어로 선택되었다. 다만, 방언이던 단어가 표준어보다 더 널리 쓰이는 경우는 그것을 표준어로 삼는다. 그럴 경우 기존 표준어는 그대로 표준어로 남겨 두거나 비표준어로 처리하였다. 방언이었던 '멍게'를 표준어로 하면서 기존 표준어였던 '우렁쉥이'도 표준어로 인정되었으나, 방언이었던 '코주부'를 표준어로 하면서 기존 표준어였던 '코보'는 비표준어가 되었다.

15.3.2.2. 복수 표준어

복수 표준어는 원칙적으로 의미가 같은 동의어의 성격이 강하지만, 때로는 어감이나 용법 등에서 약간의 차이를 보이기도 한다. 한 가지 의미를 가지는 복수 표준어는 다음과 같다.

(7) 가엾다/가엽다, 게을러빠지다/게을러터지다, 넝쿨/덩굴, 눈대중/눈짐작/눈어림, 말동무/말벗, 버들강아지/버들개지, 보조개/볼우물, 아무튼/어떻든/어쨌든/하여튼/여하튼, 옥수수/강냉이, 알은척/알은체, 입찬말/입찬소리, 자물쇠/자물통, 책씻이/책거리, -이에요/-이어요(제26항)

(7)의 예는 모두 복수 표준어의 예이지만, 같은 의미를 가진 여러 형태 중 일부는 비표준어로 처리한 경우도 있다. '철따구니, 철딱서니, 철딱지'는 표준어이지만 '철때기'는 비준어가 되고, '애꾸누이, 외눈박이'는 모두 표준어이나, '외대박이, 외눈퉁이'는 모두 비표준어이다. '알은척/알은체'는 사람을 보고 인사하는 표정을 짓는 것을 뜻하는데, 모르는 것도 아는 것처럼 말하거나 행동하는 것을 뜻하는 '아는 척/아는 체'와는 구별된다. '-이에요/이어요'는 명사 뒤에 붙은 서술격조사 '이' 다음에 어미 '-에요/어요'가 붙은 것인데, '동쪽이에요/동쪽이어요', '바다이에요/바다예요/바다이어요/바다여요'가 모두 표준형이다. 다만, 용언 어간 '이' 다음에는 어미 '-에요/어요'가 오기 때문에 '아니에요/아녜요, 아니어요/아녀요'만이 표준어가 되고, '아니예요'는 비표준어가 된다. 제25항에는 고구마(참감자), 아주(영판), 안절부절못하다(안절부절하다), 언제나(노다지), 광주리(광우리), 떡보(떡충이), 쥐락펴락(펴락쥐락), 칡범(갈범) 등처럼 하나만을 표준어로 한 단어가 제시되어 있다.

15.4. 표준 발음법

15.4.1. 표준 발음의 기준

표준 발음법 제1항에는 표준 발음의 기준을 다음과 같이 규정하고 있다.

> (8) 표준 발음법은 표준어의 실제 발음을 따르되, 국어의 전통성과 합리성을 고려하여 정함을 원칙으로 한다(제1항).

(8)은 하나의 단어에 여러 가지 발음 형태가 있을 경우에, 국어의 전통성과 합리성을 고려해서 결정한다는 것이다. 예컨대, 서울 지역에서도 '눈:(雪)'과 '눈(眼)'을 음장으로 구별해서 발음하는 사람도 있고 그렇지 않은 사람도 있는 것이 현실이다. 이러한 경우에 어느 것을 표준으로 정해야 하는지 문제가 생기는데, 음장이 예로부터 국어에서 중요한 역할을 하였으며, 장년층에서는 여전히 음장이 중요한 기능을 한다는 점에 방점을 두어 음장이 있는 것을 표준 발음으로 선택한 것이다. 전통성의 기준에 따른 결정이다. 합리성은 국어의 음운 규칙에 따라 합리적으로 표준 발음을 정한다는 뜻이다. 예컨대, 국어의 음장을 가진 단음절 용언은 모음으로 시작하는 어미와 결합할 때 단모음으로 바뀌는 규칙적 현상이 있다. '감-다'는 [감:때로 장음으로 발음되지만, '감-아'는 [가매로 단음으로 발음된다. 이렇게 규칙적인 현상을 보이는 것은 그것으로 표준 발음을 인정하게 된다.

표준 발음법에서 눈에 띄는 것은 복수로 표준 발음을 인정한 것이다. 예컨대, '맛있다'는 '맛'과 '있다'가 합성된 단어로 국어의 음운 규칙상 '맛'이 '맏'으로 중화되어 발음되어야 하기 때문에 [마딛때로 정하는 것이 맞지만, 현실 발음은 [마신때로 되는 경우가 많다. 이러한 경우는 어느 한 쪽을 취하기 어렵기 때문에 둘 다를 표준 발음으로 인정한다. 따라서 이 경우는 규칙적으로 설명되는 [마딛때을 원칙적인 표준 발음으로 하고, [마신때도 표준 발음으로 허용하고 있다.

15.4.2. 분절음의 발음

분절음이 문자 그대로 발음되지 않는 경우를 표준 발음으로 인정한 것은 다음과 같다.

> (9) ㄱ. 위 [y/wi], 외 [ø/we] (제4항)
>
> ㄴ. 가져 [가저], 찌어→쩌[쩌], 다치어→다쳐[다처] (제5항)
>
> ㄷ. 계집[계 : 집/게 : 집], 개폐[개폐/개폐](開閉), 혜택[혜 : 택/헤 : 택] (惠澤)
>
> ㄹ. 닐리리[닐리리], 무늬[무니], 희어[히어], 희망[히망], 씌어[씨어]
>
> ㅁ. 주의[주의/주이], 협의[혀븨/혀비], 우리의[우리의/우리에],

(9ㄱ)의 'ㅚ, ㅟ'는 원칙적으로 단모음으로 발음하나 이중 모음으로 발음할 수 있는 허용 규정이다. (9ㄴ-ㅁ)은 이중 모음 발음에 대한 예외 규정의 성격이다. (9ㄴ)은 용언의 활용형에서 'ㅈ, ㅊ, ㅉ' 다음에 오는 반모음 'j'의 탈락을, (9ㄷ)은 '예, 례' 이외의 'ㅖ'는 단모음 [ㅔ]로도 발음되는 현실을 수용한 규정이다. (9ㄹ)은 자음을 첫소리로 가지고 있는 음절의 'ㅢ'의 발음을 규정하고 있으며, (9ㅁ)은 단어 첫음절 이외의 '의'는 [ㅣ]로, 조사 '의'는 [ㅔ]로 발음하는 것을 허용하는 규정이다. (9ㅁ)은 허용 조항임에 비하여 (9ㄹ)은 원칙만 인정하고 있는 점에서 구분된다.

15.4.3. 초분절음의 발음

현대 표준어에서 음소적 기능을 하는 초분절음은 음장만이 있다. 음장은 음절에서의 장단음에 대한 규정(제6항)과 장음이 특정 환경에서 단모음화하는 규정(제7항)을 담고 있다. 음장은 원칙적으로 '눈보라[눈:보라], 많다[만:타]'에서처럼 단어의 첫음절에서만 인정한다. 따라서 규정의 대부분은 이 원칙에 대한 예외를 담고 있다.

(10) ㄱ. 반신반의[반:신 바:늬/반:신 바:니], 재삼재사[재:삼 재:새]

ㄴ. 보아 → 봐[봐:], 기어 → 겨[겨:], 되어 → 돼[돼:]

(10ㄱ)은 둘째 음절 이하에서도 분명히 긴 소리로 나는 것은 그것을 인정한 예이다. 이러한 경우는 단어의 사이를 어느 정도 끊어서 발음할 수 있는 첩어의 성격을 가진 경우에 해당한다. (10ㄴ)은 모음으로 끝나는 단음절 어간에 모음으로 시작하는 어미가 붙는 경우에 음절 축약이 일어나고 이때 음장을 인정한다. 줄어진 음절만큼의 시간을 길게 발음하는 보상적 장모음화를 인정한 것이다. 다만, 음절 축약이 되었다고 모두 음장을 인정하는 것은 아니다. '오아' → '와', '지어' → '져'는 단모음으로 발음된다.

원래 음장을 가진 음절이라도 특정한 조건에서 규칙적으로 단모음화하는 경우가 있는데, 이것을 표준 발음으로 인정한다.

(11) ㄱ. 감다[감:따]/감으니[가므니], 밟다[밥:따]/밟으면[발브면]

ㄴ. 감다[감:따]/감기다[감기다], 꼬다[꼬:다]/꼬이다[꼬이다]

ㄷ. 밀-물, 썰-물, 쏜-살-같이, 작은-아버지

(11ㄱ)은 단음절 용언 어간이 모음으로 시작하는 어미와 활용할 경우에, (11ㄴ)은 단음절 용언 어간에 피·사동 접미사가 결합되어 활용하는 경우에 각각 단모음화된 것을 표준으로 인정한 것이다. 다만, 이 경우에도 예외가 있다. '끌-어'[끄 : 러], '떫-은'[떨 : 븐], '끌-리다'[끌 : 리다], '없-애다'[업 : 쌔다] 등은 장모음이 표준 발음이다. (11ㄷ)은 합성어에서 원래의 음장을 가진 음절이 단모음으로 발음되는 예를 규정한 것이다. '밀-, 썰-, 쏘-, 작-'은 모두 음장을 가진 말이지만 합성어에서 단모음으로 줄어진 것이다.

15.4.4. 받침의 발음

음절의 종성은 7개만이 발음될 수 있기 때문에 이외의 자음은 대표음으로 중화되어 실현된다. 따라서 종성의 발음에서는 중화 규칙에 대한 규정이 중심이며, 이어 이들 자음의 연음화 현상이 포함된다. 종성의 중화 규칙에서 문제가 되는 것은 주로 자음군과 'ㅎ'의 발음이다. 이들은 사람에 따라 달리 발음되는 경우가 많기 때문이다.

자음군에 대한 규정은 다음과 같다(제10항, 제11항).

(12) ㄱ. 넋[넉], 앉다[안따], 여덟[여덜], 넓다[널따], 외곬[외골], 핥다[할따], 값[갑], 없다[업 : 따]

　　ㄴ. 닭[닥], 흙과[흑꽈], 맑다[막따], 늙지[늑찌], 삶[삼 :], 젊다[점 : 따], 읊다[읍따]

(12ㄱ)의 겹받침 'ㄳ', 'ㄵ', 'ㄼ, ㄽ, ㄾ', 'ㅄ'은 어말 또는 자음 앞에서 각각 자음군의 첫소리 [ㄱ, ㄴ, ㄹ, ㅂ]으로 발음한다는 규정이다. 즉, 자음군의 첫소리가 발음되고, 뒤에 것은 발음되지 않는 것을 표준으로 인정하

고 있는 것이다. (12ㄴ)은 자음군 'ㄺ', 'ㄻ', 'ㄿ'이 어말 또는 자음 앞에서 각각 [ㄱ, ㅁ, ㅂ]으로 발음된다는 규정을 보여 준다. 'ㄼ, ㄽ, ㄾ'이 'ㄹ'로 발음되는 것과는 달리 이들은 'ㄹ'이 탈락하고 뒤에 오는 'ㄱ, ㅁ, ㅂ'이 발음되는 차이를 보인다. 그러나 이러한 일반 원칙이 모든 경우에 적용되지는 않는다. 용언의 어간 말음 'ㄺ'은 '맑게[말께], 묽고[물꼬], 얽거나[얼꺼나]'처럼 어미의 'ㄱ' 앞에서 'ㄱ'이 아니라 [ㄹ]로 발음하도록 규정하고 있다. 또한 '밟-', '넓-'은 이 규정에 의하면, 각각 [발], [널]로 발음되어야 할 것이나, 예외적으로 각각 [밥], [넙]으로 발음한다. 밟다[밥 : 따], 밟소[밥 : 쏘], 밟는[밥 : 는→밤 : 는], 밟게[밥 : 께], 넓-죽하다[넙쭈카다], 넓-둥글다[넙뚱글다] 등이 그러한 예이다.

'ㅎ'은 환경에 따라 발음이 다양하게 실현될 뿐만 아니라, 사람에 따라서도 발음이 달라진다(제12항). 'ㅎ'은 용언 어간 말음에서만 쓰이기 때문에 이 경우는 용언 어간에만 해당되는 규정이다.

(13) ㄱ. 놓고 [노코], 각하[가카], 좋던[조 : 턴], 만형[마텽], 옷 한 벌[오탄벌]
ㄴ. 닿소[다쏘], 많소[만 : 쏘], 싫소[실쏘]
ㄷ. 놓는[논는] 쌓네[싼네], 않는[안는], 뚫네[뚤네→뚤레]
ㄹ. 낳은[나은], 놓아[노아], 쌓이다[싸이다], 닳아[다라], 싫어도[시러도]

(13ㄱ)은 'ㅎ'(ㄶ, ㅀ) 뒤에 'ㄱ, ㄷ, ㅈ'이 결합되는 경우에는, 뒤 음절 첫소리와 합쳐서 [ㅋ, ㅌ, ㅊ]으로 발음한다. 받침 'ㄱ(ㄺ), ㄷ, ㅂ(ㄼ), ㅈ(ㄵ)'이 뒤 음절 첫소리 'ㅎ'과 결합되는 경우에도, 역시 두 음을 합쳐서 [ㅋ, ㅌ, ㅍ, ㅊ]으로 발음한다. 물론 'ㄷ'으로 발음되는 종성 'ㅅ, ㅈ, ㅊ, ㅌ'의 경우에도 이에 준한다. (13ㄴ)은 'ㅎ'(ㄶ, ㅀ) 뒤에 'ㅅ'이 결합되는 경우에는, 'ㅅ'을 [ㅆ]으로 발음하는 예이고, (13ㄷ)은 'ㅎ' 뒤에 'ㄴ'이 결합되는 경우에 [ㄴ]으로 발음하는 경우이다. 또한, '않네'[안네]처럼 'ㄶ, ㅀ'

뒤에 'ㄴ'이 결합되는 경우에는 'ㅎ'을 발음하지 않는다. (13ㄹ)은 'ㅎ'(ㄶ, ㅀ) 뒤에 모음으로 시작된 어미나 접미사가 결합되는 경우에는 'ㅎ'을 발음하지 않는다. 따라서 'ㅎ'은 실질적으로 용언 어간 말음에서 발음되는 경우가 없다.

음절 말의 발음에서 연음 법칙이 적용되는 규정이 있다(제14항, 제15항). 연음은 자동적인 변이의 성격을 가지기에 예외에 대한 설명이 필요하다.

(14) 밭 아래[바다래], 젖어미[저더미], 맛없다[마덥따], 겉욋[거돋]

넋 없다[너겁따], 닭 앞에[다가페], 값어치[가버치], 값있는[가빈는]

(14)는 받침 뒤에 모음 'ㅏ, ㅓ, ㅗ, ㅜ, ㅟ'들로 시작되는 실질 형태소가 연결되는 경우에는 대표음으로 바꾸어서 뒤 음절 첫소리로 옮겨 발음하도록 한 규정에 해당한다. 이 규정은 중화에 의해 실현되는 대표음을 연음시킨다는 뜻을 포함하고 있다. 다만, '맛있다, 멋있다'는 현실 발음을 수용하여 [마싣따], [머싣따]도 표준으로 인정하고 있다.

15.4.5. 음의 동화

규칙적인 음의 동화 현상을 표준 발음으로 인정한 것은 구개음화(제17항), 비음화(제18항), 유음화(제20항), 'ㄹ'의 'ㄴ'화(제19항)이며, 위치 동화(제21항)는 표준으로 인정하지 않고 있다.

(15) ㄱ. 굳이[구지] 미닫이[미다지], 벼훑이[벼훌치]

ㄴ. 먹는[멍는], 깎는[깡는], 몫몫이[몽목씨], 짓는[진 : 는], 꽃망울[꼰망울], 놓는[논는] 책 넣는다[챙넌는다], 흙 말리다[흥말리다], 밥 먹는

대밤멍는대

ㄷ. 난로[날 : 로], 신라[실라], 천리[철리], 물난리[물랄리], 줄넘기[줄럼
끼], 닳는[달른] 땔 나무 [땔:라무], 바람 잦을 날[바람자즐랄]

cf) 의견란[의 : 견난], 임진란[임 : 진난], 생산량[생산녕]

ㄹ. 담력[담 : 녁], 침략[침냑], 항로[항 : 노], 막론[막논→망논], 백리[백
니→뱅니]

ㅁ. 감기[감 : 기](×[강 : 기]), 옷감[온깜](×[옥깜]), 문법[문뻡](×[뭄뻡])
아름다운 강산[×아름다웅강산]

ㅂ. 되어[되어/되여], 피어[피어/피여], 이오[이오/이요], 아니오[아니오/
아니요]

(15ㄱ)은 구개음화, (15ㄴ)은 비음화, (15ㄷ)은 유음화, (15ㄹ)은 'ㄹ'의
'ㄴ'화 예이다. (15ㅁ)은 수의적 현상으로 비표준 발음으로 규정된 위치
동화의 예이다. (15ㅂ)의 예는 모음 사이에서 '되어/ 되여'처럼 모음 충돌
을 피하기 위하여 반모음 'j'가 수의적으로 첨가된 경우인데, 현실적인
발음을 수용하여 모두 표준 발음으로 인정하였다(제22항).

경음화의 표준 발음은 고유어(제23항, 제24항)와 한자어에서의 현상
(제25항), 그리고 합성어나 구에서의 현상(제26항)으로 구분할 수 있다.
고유어에서는 평파열음 다음에서의 경음화와 용언 활용에서의 경음화가
규정되고 있다.

(16) ㄱ. 국밥[국빱], 깎다[깍따], 닭장[닥짱], 옷고름[온꼬름], 있던[읻떤], 읊
조리다[읍쪼리다]

ㄴ. 신고[신 : 꼬], 껴안다[껴안따], 앉고[안꼬], 닮고[담 : 꼬], 젊지[점 :
찌]

ㄷ. 넓게[널께], 핥다[할따], 훑소[훌쏘], 떫지[떨 : 찌]

(16ㄱ)은 체언이나 용언 구분 없이 받침 'ㄱ'(ㄲ, ㅋ, ㄳ, ㄺ), 'ㄷ'(ㅅ, ㅆ, ㅈ, ㅊ, ㅌ), 'ㅂ'(ㅍ, ㄼ, ㄿ, ㅄ) 뒤에 연결되는 'ㄱ, ㄷ, ㅂ, ㅅ, ㅈ'은 된소리로 발음하는 것이 표준이라는 것을 보인다. 예외 없이 적용되는 규칙적 음운 변이를 표준으로 인정한 것이다. (16ㄴ)은 용언에만 해당하는 것으로 어간 종성 'ㄴ'(ㄵ), 'ㅁ'(ㄻ) 뒤에 결합되는 어미의 첫소리 'ㄱ, ㄷ, ㅅ, ㅈ'은 된소리로 발음한다는 것이다. 다만, 사·피동 접미사 '-기-'는 '안기다, 감기다, 굶기다, 옮기다'처럼 된소리로 발음하지 않는다. (16ㄷ)도 용언에만 해당하는 것으로 어간 받침 'ㄼ, ㄾ' 뒤에 결합되는 어미의 첫소리 'ㄱ, ㄷ, ㅅ, ㅈ'를 된소리로 발음하는 것이 표준이다.

한자어에서는 'ㄹ' 다음에서의 경음화가 규정되고 있다.

(17) 갈등[갈뜽] 발동[발똥] 절도[절또] 말살[말쌀], 갈증[갈쯩], 물질[물찔]

(17)은 한자어에서 'ㄹ' 받침 뒤에 연결되는 'ㄷ, ㅅ, ㅈ'은 된소리로 발음한다는 것을 보인다. 다만, 허허실실[허허실실], 절절하다[절절하다]처럼 같은 한자가 겹쳐진 단어의 경우에는 된소리로 발음하지 않는다.

합성어나 구에서 경음화가 적용되는 경우가 있다.

(18) ㄱ. 할 것을[할꺼슬], 할 바를[할빠를], 할 수는[할쑤는]
　　　　만날 사람[만날싸람], 할걸[할껄], 할세라[할쎄라], 할수록[할쑤록]
　　ㄴ. 문-고리[문꼬리], 눈-동자[눈똥자], 신-바람[신빠람], 그믐-달[그믐딸]

(18ㄱ)의 관형사형 '-(으)ㄹ' 뒤에 연결되는 'ㄱ, ㄷ, ㅂ, ㅅ, ㅈ'은 된소리로 발음한다는 것이다. 다만, 끊어서 말할 적에는 예사소리로 발음한다. '-(으)ㄹ'로 시작되는 어미의 경우에도 이에 준한다. (18ㄴ)은 표기상으로는 사이시옷이 없더라도 관형격 기능을 지니는 사이시옷이 있어야 할(휴

지가 성립되는) 합성어의 경우에는, 뒤 단어의 첫소리 'ㄱ, ㄷ, ㅂ, ㅅ, ㅈ'을 된소리로 발음한다는 것이다. 표기상 사이시옷이 첨가되어야 할 것이지만, 현행 한글 맞춤법에서는 선행어의 말음이 자음인 경우는 사이시옷을 첨가하지 않도록 규정하고 있다.

한자어나 합성어의 경음화는 표준 발음으로 인정되지 않는 경우가 많으나, 최근에는 '불법(不法)'[불법/불뻡], '효과'[효과/효꽈], '교과서[교과서/교꽈서], '안간힘'[안간힘/안간힘]처럼 표준 발음으로 허용되기도 한다. 다만, '달님, 해님'에서의 '해님'은 아직 [핸님]을 표준 발음으로 인정하지 않고 있다. '-님'은 접미사로서 합성어를 이루는 경우로 보기 어렵기 때문이다.

15.4.6. 음의 첨가

소리의 첨가는 'ㄴ'첨가(제29항)와 사잇소리(제30항)에 대한 규정이 있다. 'ㄴ'첨가는 규칙적으로 설명되는 경우가 많지만, 그렇지 않은 경우도 있어 예외에 대한 규정이 있다.

(19) 솜-이불[솜 : 니불], 홑-이불[혼니불], 막-일[망닐], 물-약[물략]
늑막-염[능망념], 할 일[할릴], 옷 입다[온닙따], 서른여섯[서른녀섣]
cf) 이죽-이죽[이중니죽/이주기죽], 야금-야금[야금냐금/야그먀금],
검열[검 : 녈/거 : 멸]

(19)는 합성어와 파생어에서, 앞 단어나 접두사의 끝이 자음이고 뒤 단어나 접미사의 첫음절이 '이, 야, 여, 요, 유'인 경우에는, 'ㄴ' 음을 첨가하여 [니, 냐, 녀, 뇨, 뉴]로 발음한다는 예이다. '옷 입다'처럼 두 단어를 이어서 한 마디로 발음하는 경우에도 이에 준한다. 'ㄹ' 받침 뒤에 첨가되

는 'ㄴ' 음은 [ㄹ]로 발음하고, 첨가된 'ㄴ'에 따른 비음화 현상도 표준 발음으로 인정한다. '이죽이죽'과 같이 어떤 단어들은 'ㄴ'이 첨가되기도 하고 그렇지 않기도 한데, 이 경우에는 모두 표준 발음으로 인정하고 있다. 다만, '송별-연, 등-용문, 6·15'는 'ㄴ'이 첨가되지 않은 [송 : 벼련], [등용문], [유기오]가 표준이다. '역-이용'처럼 '이'로 시작하는 후행어가 한자어일 경우에는 대체로 'ㄴ'이 첨가되지 않는 것이 원칙이다.

사잇소리는 합성어에서만 볼 수 있는 개별적 현상으로 'ㅅ'으로 표기된다. 사이시옷은 크게 세 가지 유형으로 발음된다.

> (20) ㄱ. 냇가[내 : 까/낻 : 까], 샛길[새 : 낄/샏 : 낄], 빨랫돌[빨래똘/빨랟똘], 콧등[코뜽/콛뜽], 깃발[기빨/긷빨], 대팻밥[대 : 패빱/대 : 팯빱]
>
> ㄴ. 콧날[콛날→콘날], 아랫니[아랟니→아랜니], 툇마루[퇻 : 마루→퇸 : 마루]
>
> ㄷ. 베갯잇[베갣닏→베갠닏], 깻잎[깯닙→깬닙], 나뭇잎[나묻닙→나문닙]

(20ㄱ)은 합성어에서 뒤 어근의 초성 'ㄱ, ㄷ, ㅂ, ㅅ, ㅈ'이 경음으로 발음되는 경우이다. 그 예로 '내'와 '가'가 합해진 '내가'가 [내 : 까]로 발음되는 것이다. 이 때 덧나는 경음은 [낻:까] → [낵:까] → [내:까]의 단계를 거쳐 발음되는 것으로 'ㅅ'[ㄷ]이 첨가된 것으로 해석된다. 이 중에서 원칙적으로 표준 발음은 [내까]를 인정하지만, [낻까]도 허용하고 있다. [낵까]는 제21항의 규정에 따라 표준 발음으로 인정되지 않는다. (20ㄴ)은 합성어에서 뒤 어근의 초성이 'ㄴ, ㅁ'일 때 [니]으로 발음하는 예이다. '콧날'이 [콛날]을 거쳐 [콘날]로 발음되지만, [콘날]은 자동적으로 비음화되기 때문에 [콘날]만 표준으로 인정된다. (20ㄷ)은 합성어에서 뒤 어근이 '이'로 시작하는 말에서는 [ㄴㄴ]으로 발음되는 예이다. 이 경우에는 먼저 'ㄷ'이

첨가되고 이어 'ㄴ'이 첨가되는 순서로 두 자음이 추가된 것인데, 처음 첨가된 'ㄷ'은 비음화 현상으로 'ㄴ'으로 바뀌는 것이다.

15.5. 표준어 사례

국립국어원은 《표준국어대사전》의 편찬 이래로 2011년부터 새로운 표준어를 발표하고 사전에 반영하고 있다. 그동안 네 차례에 걸쳐 59개의 새로운 표준어 또는 표준형을 제시하였다. 추가된 표준어는 크게 세 가지로 분류할 수 있다. 첫째는 현재의 표준어에 새로운 어형을 표준어로 추가한 복수 표준어가 있고, 둘째는 어감의 차이나 기존의 표준어와 구별되는 별도의 의미를 가진 표준어가 있으며, 셋째는 표준어로 인정된 표기와 다른 표기 형태나 활용형 등 기타 표준어가 있다. 이것은 표준어를 폭넓게 인정함으로써 언어생활에 편리성을 부여하기 위한 것으로 〈표준어 규정〉의 복수 표준어 개념이 확대 적용된 것이다. 다음에 추가 발표된 표준어를 중심으로 잘못 쓰기 쉬운 표준어의 예를 들어 둔다.

15.5.1. 동의어의 처리

동의어는 어느 하나만을 표준으로 하는 단수 표준어와 둘 이상을 표준어로 하는 복수 표준어로 구분된다.

〈표 1〉단수 표준어

표준어	비표준어	비고	표준어	비표준어	비고
닭개장	닭계장		삐뚤빼뚤	삐툴빼툴	
바람	바램		빠릿빠릿하다	빠릇빠릇하다	
첫돌	첫돐		여하튼	여튼	
셋째	세째	수량/순서	맛보기	맛뵈기	
열두째	열둘째	순서	닦달하다	닥달하다	
열둘째	열두째	수량	맞닥뜨리다	맞딱뜨리다	
한길	행길		뒤꼍	뒤안	'뒤안길'은 표준어
애틋하다	애뜻하다		아주	영판	
짜깁기	짜집기		부항단지	부항항아리	
뒷심	뒷힘		흐리멍덩하다	흐리멍텅하다	
네가	너가	주격형	애달프다	애닯다	
그다지	그닥		-려고	-ㄹ려고	하려고
윗분	웃분		살풀이	살막이	
부나방	불나방		구절	귀절	
우레	우뢰		어차피	어짜피	於此彼
쩨려보다	야리다		어쭙잖다	어줍잖다	
짓무르다	짓물다		빨갛습니다	빨갑니다	-습니다
내로라하다	내노라하다		웃통	위통	
땜에	때메	때문에	부서지다	부숴지다	
멂	멀음	멀다	언제나	노다지	

〈표 2〉 복수 표준어

표준어	비고	표준어	비고
네거리/사거리		-든가/든지	
무르팍/물팍		늣장/늑장	
주책맞다/주책스럽다	일정한 줏대가 없이 실없는 데가 있다.	소낙비/소나기	
주책없다/주책이다	주책없다: 일정하게 자리 잡힌 주장이나 판단력이 없다. 주책이다: 일정한 줏대가 없이 되는 대로 하다.	후덥지근하다/후텁지근하다	
여쭙다/여쭈다		곰장어/먹장어	
되우/된통		섧다/서럽다	
헛갈리다/헷갈리다		샘/시샘	
노라네/노랗네	노랗-네	서/석	三
가엾다/가엽다		남세스럽다/남사스럽다/남우세스럽다	
예쁘다/이쁘다		고프다/고 싶다	보고 싶다
찰지다/차지다		마을/마실	마실: 이웃에 놀러 다니는 일.
맨날/만날		흙담/토담	
간지럽히다/간질이다		굽신/굽실	
등물/목물		삐지다/삐치다	
못자리/묏자리		구완와사/구완괘사	
복숭아뼈/복사뼈		눈두덩이/눈두덩	
쌉싸름하다/쌉싸래하다		잇따르다/뒤닫다/연달다/잇달다	잇따른 사고, 잇단 사고
허접쓰레기/허섭스레기		야채/채소	
토란대/고운대		에는/엘랑	

'주책이다'는 '주책없다'의 비표준형으로 규정되었던 것인데, 2016년 '주책'에 서술격 조사 '이다'가 붙은 것으로 보아 표준형으로 인정된 것이다. 다만, '주책이다'는 명사에 조사가 붙은 형태이므로 단어로 볼 수 없어 사전에 표제어로 올리지는 않는다. 그런데 '주책없다'의 주책은 '일정하게 자리 잡힌 주장이나 판단력'이지만, '주책이다'의 주책은 '일정한 줏대가 없이 하는 되는 대로 하는 짓'의 의미를 갖고 있음에 유의해야 한다. '줏대가 없다'는 뜻으로 쓰이는 경우는 '주책을 떨다, 주책을 부리다, 주책맞다, 주책스럽다' 등이 있다.

15.5.2. 유의어의 처리

　유의어는 〈사정한 조선어 표준말 모음〉(1936)에서 근사어(近似語)로 불렀던 것으로 의미나 어감 차이를 인정하여 별도의 표준어로 인정한 것이다.

〈표 3〉 별도 표준어

대가리 머리	대가리: 사람의 머리를 속되게 이르는 말, 동물의 머리
몹쓸 못쓸	몹쓸: 악독하고 고약한 못쓸: '바람직한 상태가 아니다'의 뜻을 가진 '못쓰다'의 관형형
실뭉치 실뭉당이	실뭉치: 실을 한데 뭉치거나 감은 덩이 실뭉당이: 실을 풀기 좋게 공 모양으로 감은 뭉치
까탈스럽다 까다롭다	까탈스럽다 : ① 조건, 규정 따위가 복잡하고 엄격하여 적응하거나 적용하기에 어려운 데가 있다. ② 성미나 취향 따위가 원만하지 않고 별스러워 맞춰 주기에 어려운 데가 있다. 까다롭다 : ① 조건 따위가 복잡하거나 엄격하여 다루기에 순탄하지 않다. ② 성미나 취향 따위가 원만하지 않고 별스럽게 까탈이 많다.
걸판지다 거방지다	걸판지다: ① 매우 푸지다. ② 동작이나 모양이 크고 어수선하다. 거방지다: ① 몸집이 크다. ② 하는 짓이 점잖고 무게가 있다. ③ =걸판지다
이크 이키	이크: 당황하거나 놀랐을 때 내는 소리. '이키'보다 큰 느낌을 준다.

잎새 잎사귀	잎새: 나무의 잎사귀. 주로 문학적 표현에 쓰인다.
푸르르다 푸르다	푸르르다: '푸르다'를 강조할 때 이르는 말. 푸르러
꼬리연 가오리연	꼬리연: 긴 꼬리를 단 연. 가오리연: 가오리 모양으로 만들어 꼬리를 길게 단 연. 띄우면 오르면서 머리가 아래위로 흔들린다.
-길래 -기에	-길래: '-기에'의 구어적 표현
괴발개발 개발새발	괴발개발은 '고양이의 발과 개의 발'이라는 뜻이고, 개발새발은 '개의 발과 새의 발'이라는 뜻임.
나래 날개	'나래'는 '날개'의 문학적 표현
내음 냄새	'내음'은 향기롭거나 나쁘지 않은 냄새로 제한됨.
눈꼬리 눈초리	눈초리: 어떤 대상을 바라볼 때 눈에 나타나는 표정. 예) 매서운 눈 눈꼬리: 눈의 귀 쪽으로 째진 부분.
뜨락 뜰	'뜨락'에는 추상적 공간을 비유하는 뜻이 있음.
먹거리 먹을거리	먹거리: 사람이 살아가기 위하여 먹는 음식을 통틀어 이름.
손주 손자	손자: 아들의 아들 또는 딸의 아들 손주: 손자와 손녀를 아울러 이르는 말
메꾸다 메우다	'메꾸다'에 '무료한 시간을 적당히 또는 그럭저럭 흘러가게 하다.'라는 뜻이 있음
연신 연방	연신: 반복성을 강조 연방: 연속성을 강조
개기다 개개다	개기다: (속되게) 명령이나 지시를 따르지 않고 버티거나 반항하다. 개개다: 성가시게 달라붙어 손해를 끼치다.
꼬시다 꾀다	꼬시다: '꾀다'를 속되게 이르는 말
섬찟 섬뜩	섬찟: 갑자기 소름이 끼치도록 무시무시하고 끔찍한 느낌이 드는 모양 섬뜩: 갑자가 소름이 끼치도록 무섭고 끔찍한 느낌이 드는 모양
속앓이 속병	속앓이: ① 속이 아픈 병. 또는 속에 병이 생겨 아파하는 일 ② 겉으로 드러내지 못하고 속으로 걱정하거나 괴로워하는 일. 속병: ①몸속의 병을 통틀어 이르는 말. ② '위장병'을 일상적으로 이르는 말. ③ 화가 나거나 속이 상하여 생긴 마음의 심한 아픔.
놀잇감 장난감	놀잇감: 놀이 또는 아동 교육 현장 따위에서 활용되는 물건이나 재료. 장난감: 아이들이 가지고 노는 여러 가지 물건

딴지 딴죽	딴지: ((주로 '걸다, 놓다와 함께 쓰여)) 일이 순순히 진행되지 못하도록 훼방을 놓거나 어기대는 것 딴죽: 이미 동의하거나 약속한 일에 대하여 딴전을 부림을 비유적으로 이르는 말
허접하다 허접스럽다	허접하다: 허름하고 잡스럽다. 허접스럽다: 허름하고 잡스러운 느낌이 있다.
돋우다 돋구다	감정이나 기색 따위를 생겨나게 하다. 안경의 도수 따위를 더 높게 하다.
ㄲ적거리다 끼적거리다	어감 차이
두리뭉실하다 두루뭉술하다	어감 차이
추근거리다 치근거리다	어감 차이
찌뿌듯하다 찌뿌듯하다	어감 차이

15.5.3. 용언의 활용형

용언이 활용할 때 동사와 형용사는 서로 다른 어미를 선택하는 경우가 있다. 관형사형 어미를 택할 때 동사는 현재 시제에 '-는'이, 과거 시제에는 '-은'이 오지만, 형용사는 현재 시제에는 '-(으)ㄴ'이, 과거 시제에는 '-던'이 온다. 즉, 어미 '-은'은 동사에 오면 과거이지만, 형용사에 오면 현재가 되는 차이가 있다. 따라서 현재 시제의 관형사형 어미가 필요할 때 형용사는 '-(으)ㄴ'을, 동사는 '-는'을 선택하게 된다. '알맞다'는 '일정한 기준, 조건, 정도 따위에 넘치거나 모자라지 아니한 데가 있다.'는 형용사이므로 '알맞은'으로, '걸맞다'는 '두 편을 견주어 볼 때 서로 어울릴 만큼 비슷하다.'는 형용사이므로 '걸맞은'이 표준 활용형이다. '맞다'는 '문제에 대한 답이 틀리지 아니하다.'를 뜻하는 동사이므로 '맞는'이 표준 활용이다.

'ㄹ' 말음을 가진 용언 어간은 특정한 어미 '-ㄴ, -니, -시, -ㅂ' 등 앞에서 탈락하는 것이 표준 활용이다. 'ㄹ'이 탈락하지 않고 발음되는 경우가 많은데, 이러한 것은 모두 비표준 활용이다. 동사 '널[飛]-'에 어미 '-네'가 결합하면 '날으네'가 아니라 '나네'가 되어야 한다. 활용에서 'ㄹ'은 자음이지만 모음처럼 기능하여 매개 모음 '-으-'를 필요로 하지 않기 때문에 '날네'에서 'ㄹ'이 탈락하는 형태가 표준 활용이다. 'ㄹ'이 모음과 같은 역할을 하는 것은 체언과 조사 결합에서도 같다. '바다로 들로 쏘다니지 말고 삽으로 구덩이를 파라.'가 맞는 것이다.

(21) 유하는 하늘을 나는 슈퍼우먼 / 녹슨 숟가락을 들고 / 거친 벌판에서 하늘을 보다.
전구를 가느라 힘들었다. / 입에 단 음식은 몸에 쓰다. / 동네 한 바퀴를 도네.
한 판 멋지게 노실까요 / 힘껏 부세요. / 몸무게가 는 것 같다

(21)은 어간 말음 'ㄹ'이 탈락하는 예들이다. 'ㄹ' 이외의 자음은 매개모음을 선택하기 때문에 '먹은 것, 내놓은 것'처럼 쓰여야 한다.

부정어 '말다'의 말음 'ㄹ'에 명령형어미 '-아', '-아라', '-아요' 등이 결합할 때는 'ㄹ아'가 탈락하기도 하고 탈락하지 않기도 한다. 이들 모두 표준 활용형으로 한다.

(22) 내가 하는 말 농담으로 듣지 마/말아.
애야, 아무리 바빠도 제사는 잊지 마라/말아라.
아유, 말도 마요/말아요.

'ㄹ'로 끝나는 용언의 어간은 모음으로 시작하는 어미 앞에 올 때, 까닭 없이 'ㄹ'이 첨가되는 경우가 있으나, 이것은 비표준발음이다. '하늘 높이 날라가는 비행기'가 아니라, '하늘 높이 날아가는 비행기'가 맞는 것이다.

'르' 불규칙 활용을 하는 형용사는 본말의 경우는 온전히 활용을 하지만, 준말의 경우 모음 어미와 활용을 허용하지 않는다. '머무르다/머물다, 서두르다/서둘다'를 예로 들면 다음과 같다.

(23) ㄱ. 서두르다: 서두르지, 서두르는, 서둘러
　　　서둘다: 서둘지, 서두는, *서둘어
　　ㄴ. 머무르다: 머무르지, 머무르는, 머물러, 머무르실
　　　머물다: 머물지, 머무는, *머물어, 머무실

'ㅎ' 불규칙 활용을 하는 형용사의 'ㅎ'은 모음 어미 앞이나 어미 '-(으)면, -(으)니, -(으)ㄴ' 앞에서는 탈락하는 것이 표준 발음이지만, 어미 '-네' 앞에서는 탈락하거나 탈락하지 않는 형태가 모두 표준 발음이다. 물론 자음 앞에서는 어간의 변화가 없다.

(24) 동그래, 동그라면, 동그라니, 동그란, 동그라네/동그랗네, 동그랗게, 동
　　　그랗소
　　노래, 노라면, 노라니, 노란, 노라네/노랗네, 노랗게, 노랗소
　　누레, 누러면, 누러니, 누런, 누러네/누렇네, 누렇게, 누렇소
　　어때, 어떠면, 어떠니, 어떤, 어떠네/어떻네, 어떻게, 어떻소

(24)의 '동그래'는 '동그랗아'에서 'ㅎ'이 탈락한 다음에 어간 모음과 어미가 합하여 'ㅐ'가 된 경우다. 어미 '-아/어'는 어간 모음과 결합할 때 'ㅣ'로 변하는 특성이 있다. '누레'는 '누렇-어'가 활용한 형태이다. 그러나 '어떻다, 이렇다, 그렇다, 저렇다, 요렇다' 등도 모두 '어때, 이래, 그래, 저래, 요래'로 활용한다.

'어떠하다'가 준 '어떻다'의 부사형은 '어떻게'로 활용되지만, '어떻게 하

다가 준 '어떡하다'의 부사형은 '어떡해'(어떡하여)로 활용된다. 이 둘은 발음이 모두 [어떠케]로 똑 같아서 혼동이 많이 생기지만, '어떻다'는 하나의 단어이고 '어떡하다'는 두 단어가 합해서 줄어진 단어라는 차이가 있다. '너 어떻게 지내니?'는 가능하지만 '너 어떡해 지내니?'는 가능하지 않다. 반대로 '나 어떡하면 좋아?'는 가능하지만, '나 어떻하면 좋아?'는 가능하지 않다.

15.6. 표준어의 집대성 《표준국어대사전》

15.6.1. 《큰사전》의 간행

일제 강점기 우리말과 글의 통일과 보존을 위한 노력이 《조선말 큰사전》 편찬으로 귀결되었다. 1942년 이 사전의 원고는 출판을 앞두고 있었지만, 원고는 당국에 압수당하고 집필자는 감옥으로 가야 하였다. 이 캄캄한 시간을 인내하는 사이 1945년 8월 15일 해방이 도둑처럼 찾아왔다. 그리고 해방과 함께 감옥에 있던 이극로, 최현배, 이희승, 정인승 등이 돌아오고(이윤재와 한징은 감옥에서 사망) 흩어졌던 사전 편찬 관계자들이 모이는 중에, 사전 원고가 1945년 9월 서울역 창고에서 발견되었다. 《조선말 큰사전》 '편찬의 경과'에는 서울역에서 원고지 2만 6천오백여 장의 원고를 확인하는 순간의 감회를 다음과 같이 술회하고 있다.

> (25) 이 날 원고가 든 상자의 뚜껑을 여는 이의 손은 떨리었으며, 원고를 손에 든 이의 눈에는 더운 눈물이 어리었다.

《조선말 큰사전》은 1947년이 되어서야 을유문화사에서 1권이 발간되

〈사진 2〉《조선말 큰사전》(1947) 속표지(왼쪽)과 본문 첫 부분(오른쪽)

었다. 해방된 이후로 수정과 보유를 거쳐 2년이 지난 뒤의 일이었다. 《조선말 큰사전》 1권은 민족 구성원의 지원과 협조로 간행되었으나 2권은 다시 2년을 기다려 남한 편찬원만의 손으로 1949년 발간되었다. 1948년 남북에 각기 다른 정부가 수립됨으로써 더 이상 하나의 사전을 만들 수 없는 처지가 되었기 때문이다. 3권은 1950년 학회의 이름이 조선어학회에서 한글학회로, 사전의 이름이 《조선말 큰사전》에서 《큰사전》으로 바뀌어 발행되었다. 이후 한국 전쟁과 한글 파동을 겪으며 발행이 연기되어 오다가 1957년에 4, 5, 6권이 동시에 간행됨으로써 비로소 전권이 완간되었다. 1권 발행부터 완간되기까지 10년이, 조선어사전편찬회가 조직되고 27년의 세월이 걸린 것이다. 당시의 어려운 경제 사정 때문에 2권부터는 미국 록펠러 재단의 현물 지원으로 출판되었다.

일제 강점기의 36년은 이 땅의 민족주의적 지식인들이 우리말의 통일과 보존과 발전을 위한 노력을 일종의 책무로 받아들인 시간이었다. 이들에너지는 결국 해방 된 후 《큰사전》(1947-1957)의 편찬 간행을 통하여 구체적으로 실현되었다. 따라서 《큰사전》은 민족적 염원을 갖고 모아진 20세기 우리말의 집대성이었던 셈이다. 《큰사전》 완간의 주무를 맡았던 정인승(1897~1986)은 보다 높은 사전의 완성을 염원하며 다음과 같은 소회를 남겼다(정인승 외, 1957).

> (26) 이와 같이 《큰사전》은 그 출발로부터 전질의 완질을 보기까지의 경로 가 참으로 복잡다단한 만큼, 그 내용에도 가지가지의 결함도 많음을 솔직히 자인하는 동시에 이것이 결코 한 완성품이 아니라, 왜정 시대의 억압 앞에서 아무 체계 없이 주워 모은 약간의 말수를, 그나마 이 방면 의 조예나 역량이 빈약한 몇 사람의 손으로, 더구나 조리있게 정리할 겨를조차 한 번도 가져 볼 여유가 없이 처음부터 끝까지 사뭇 휘둘리고 붙쫓기는 바람에 따라 우선 이와 같은 건목으로의 한 단락이 지어진 것에 불과할 뿐이요, 앞으로 유능한 대방가의 손에 의하여 이 건목이 정말 완전하게 다듬어지기를 바라고 기다리는 바이다.

15.6.2. 《큰사전》 내용

《큰사전》은 표제어로 고유어나 한자어는 물론, 방언, 고어, 이두, 고유 명사 등도 망라하여 총 수록 표제어 수가 모두 164,125개나 되었다. 이것 은 1920년에 조선총독부가 발행한 《조선어사전》의 표제어 58,639개에 비하면 세 배에 가까운 분량이다. 이중 고유어가 74,612개로 전체의 45.46%를 차지하고 있지만, 특히 이채로운 것은 옛말 3,013개와 사투리 13,006개가 수록되었다는 점이다. 당시 편찬 작업에서는 《한글》지 광고 를 통해 1932년부터 1942년까지 방언, 고유 명사, 고어, 속어, 특수어 등에 대한 전국 독자들의 제보를 받았는데, 총 게재 횟수는 471회에 이른다(허재영, 2005). 수록 어휘를 내용별로 구분해 보이면 다음과 같다.

〈표 4〉 《큰사전》의 수록 어휘

	순우리말	한자말	외래어	모두
표준말	56,115	81,362	2,987	140,464
사투리	13,006	-	-	13,006
고유 명사	39	4,165	999	5,203
옛말	3,013	-	-	3,013
이두	1,449	-	-	1,449
마디말	990	-	-	990
모두	74,612	85,527	3,986	164,125

표제어는 표준어와 비표준어를 구분하여 비표준어 앞에 '§'표시를 하여 도드라지게 하였으며, '§가락-잎 [-닙] [이] = 가랑잎.'처럼 해당하는 표준어를 제시해 주었다. 파생 접사나 어미들도 표제어로 수록하고 뜻풀이를 한 다음 해당하는 파생어를 나열하였지만, 파생어에 대한 뜻풀이는 별도의 표제어에서 하였다. 즉, 파생어 '바느질군, 노름군'은 접미사 '-군' 밑에서 풀이되는 것이 아니라, 별도의 표제어로 배열되어 있다. 또한, 표제어는 (27)과 같이 형태 분석의 결과 의존 형태소 앞뒤에는 '-'을 붙이고 있다.

(27) 군-【머리】 "필요한 범위 밖의"의 뜻으로 명사의 머리에 붙는 말. [-것, -음식, -불, -말]

-군 【밑】 어떠한 일을 직업적으로, 또는 습관적으로 하는 사람이란 뜻으로 명사(名詞) 밑에 붙이어 쓰는 접미어(接尾語). [바느질-, 노름-]

-군 【끝】 "-구나"나 "-구면"의 준말.

이와 같이 관련이 있는 단어를 하나로 묶지 않고 순전히 가나다순으로 배열한 경우는 복합어의 경우에서도 볼 수 있다. 예를 들어, 농기구의

한 종류인 표제어 '가래'와 복합어를 형성하는 '가랫-군, 가랫-날, 가랫-바닥, 가랫-밥, 가랫-장부, 가랫-장치, 가랫-줄' 등은 '가래'와 관계없이 가나다순으로 배열되어 있다.

15.6.3. 《말모이》에서 《큰사전》까지

《큰사전》 이전에 편찬된 원고본 《말모이》, 조선총독부의 《조선어사전》(1917) 원고본, 문세영의 《조선어사전》(1938), 이윤재 · 김병제의 《표준조선말사전》(1947)의 뜻풀이를 《큰사전》과 비교하여 그 차이를 알아보기로 한다.

(28) ㄱ. 가락지 (제) 손가락에 끼는 노르개. 〈말모이〉

가락지 圖 婦女手指에 貫抽하는 雙環의 稱.(金銀珠玉類로 彫飾한 者).(指環) 《조선어사전》(원고본)

가락지 圀 장식용(粧飾用)으로 손가락에 끼는 금 · 은 · 주옥(金 · 銀 · 珠玉)들의 고리. 가락지는 두 짝으로 되고 반지는 한짝으로 된 것 指環 《조선어사전》(1938)

가락지 **이** (一) 여자의 손가락에 끼는 두 짝이 있는 고리. (二) 기둥 머리를 둘러감는 쇠 테. 《표준조선말사전》(1947)

가락지 【이】 ①여자의 손가락에 끼는 두 짝의 고리. 금, 은, 옥, 밀화 따위로 만듦. 안은 빤빤하고 겉은 퉁퉁함. ② (건) 기둥 머리를 둘러 감은 쇠 테. (편철= 編鐵②). 《조선말큰사전》

ㄴ. 가볍 (엇) ㉠무개가 뜻하는 힘에 차지 못함. ㉡사람의 하는 짓이 점잖지 못함. ㉢일이 어렵지 아니 함. 《말모이》

가븨엽다(가븨엽써 가븨엽운) 圀 (一) 物의 重量이 輕微한 稱 (가분하다, 가붓하다, 거분하다, 거붓하다, 경하다, 거븨엽다) (二) 人

의 行動이 輕率한 稱 (경하다) 《조선어사전》(1917)

가볍다 [변칙] [-벼워·벼운] 혱 (一) 무겁지 않다. 무게가 적다. (二)
대단하지 않다. (三) 소중하지 않다. (四) 진중하지 않다. 점잖지
않다. (五) 부담이 많지 않다. (六) 홀가분하다. (七) 쉽다. (八)
빠르다. 《조선어사전》(1938)

가볍다 〈-벼워, -벼우니〉 혱 ㉠ 무게가 무겁지 않다. ㉡ 보람이
많지 않다. ㉢ 경솔(輕率)하다. 《표준조선말사전》(1947)

가볍다 【어.ㅂ벗】 ① 무게가 적다. ② 가치가 적다. ③ 침착한 맛
이 없다. (①②③가뱁다. 가법다. 가븨얍다. 개겁다. 개법다. 개붑
다).(〈거볍다. "무겁다"의 대. 옛말:가븨얍다). 《조선말큰사전》

(28ㄱ)은 명사 '가락지'의 예이며, (28ㄴ)은 형용사 '가볍다'의 예이다.
《말모이》는 품사 이름을 고유어로 제시하고, 순 한글로 풀이를 하였다는
점에서 획기적이다. 원고본 《조선어사전》(1917)은 한자의 노출이 많고,
뜻풀이가 '- 稱'으로 끝나는 특징을 보인다. 다만, 형용사의 불규칙 활용을
'가븨엽써, 가븨엽운'처럼 구체적으로 제시한 것은 처음 도입된 것으로
가치가 있다. 《조선어사전》(1938)은 형용사의 뜻풀이를 형용사로 끝낸
첫 사전이라는 특징이 있고, 뜻풀이가 비교적 자세하게 되어 있다. 《표준
조선말사전》은 '가락지'의 경우 처음으로 다의어로 처리하였고, '가볍다'
는 정제된 뜻풀이를 보여 주었다. 《큰사전》은 불규칙 활용의 구체적인
예 대신에 용어 'ㅂ벗' 등으로 처리하고, 비표준어, 작은말, 옛말 등을 풍부
하게 보인 특징이 있다. 발음과 활용 제시 방법은 《표준국어대사전》
(1999)에서 각각 [가볍따]와 '가벼워, 가벼우니' 형태로 바뀌었다.

15.6.4. 《큰사전》 편찬 이후

《조선말 큰사전》의 원고를 출판하지 못 하는 사이에 언중의 사전 요구에 부응하기 위하여 1947년 《표준 조선말 사전》이 간행되었다. 이윤재가 미완성으로 남긴 원고를 그의 제자이자 사위인 김병제가 수정 보충하여 출판한 것이다. 이 사전은 해방 후에 발행된 첫 번째 사전으로서 의의를 가지고 있다. 같은 해에 조선어학회의 《조선말 큰사전》 1권이 발행되었지만, 이것은 전체 6권 중의 일부분으로서 아직 완간된 것이 아니었다. 초판은 총 912면(일러두기 4면, 본문 908면)으로 어문각에서 출판하였는데, 1948년 재판부터는 저자 이름 없이 《표준 한글 사전》으로 이름이 바뀌어 1950년대까지 발행되었다. 《표준 조선말 사전》은 《조선어 사전》(1938)과 마찬가지로 조선어학회의 맞춤법과 표준어를 따랐기 때문에 해방 이후 국어의 표준화에 기여하였다. 《표준 조선말 사전》(1947)의 표제어는 고유어와 한자어를 중심으로 외래어와 방언을 수록하였으나, 고어나 이두는 수록하지 않아 언어 사전적 성격이 보다 분명해졌으며, 결과적으로 표제어는 약 75,000 정도로 《조선어 사전》(1938)보다 적었다. 표제어는 《큰사전》과 달리 'ㄲ, ㄸ, ㅃ, ㅆ, ㅉ'을 각각 'ㄱ, ㄷ, ㅂ, ㅅ, ㅈ'의 끝으로 배열하였다. 비표준어는 '→'로 표준말과 대응시켜 놓았으며, 한자어나 외래어의 앞부분에 '<' 표시를 하여 고유어와 구별하였다. 표제어에 대한 형태 분석으로 '-'을 붙이고, 발음은 장모음 음절에 가로선을 얹었다. 표기와 발음이 다른 것은 '심대[심때]'처럼 따로 표시하였다. 불규칙 활용의 경우 '-아/어, -(으)니' 결합형을 보였다.

《큰사전》(1947-1957)이 발간 된 이후에는 다양한 중사전이 발간되었다. 신기철·신용철의 《표준 국어 사전》(1958/1960), 국어국문학회의 《국어 새 사전》(1958), 홍웅선·김민수의 《새 사전》(1959) 등이 그러한 예다. 1960년대 들어 이희승의 《국어 대사전》(1961/1982)이 발행되고,

1970년대 신기철·신용철의 《새 우리말 큰사전》(1975) 등이 발행되어 대사전의 전통을 이어가게 되었다. 이들 사전은 한국어와 관련된 대부분을 표제어로 하는 백과사전적 성격을 띠면서 수록 어휘는 늘어갔다. 그러나 어원 설명에 대한 미비, 뜻풀이의 정교성, 사용 예문의 미비 등은 여전히 개선되어야 할 요소로 남았다.

1980년대 어문 규정이 새롭게 개정되면서 사전 편찬은 새로운 전기를 맞게 되었다. 정부는 1984년 학술원 안에 임의 기구로 국어연구소를 설립하고, 어문 규정을 부분적으로 수정·제정하는 작업을 진행하였다. 국어연구소는 〈외래어 표기법〉(1986), 〈한글 맞춤법〉(1988), 〈표준어 규정〉(1988) 등을 차례로 확정하였다. 어문 규정의 정리가 마무리되고, 당시 사전의 문제점들이 지적되면서, 새로운 사전 편찬에 대한 관심이 고조되었다. 이에 따라 김민수 등이 편찬한 《국어대사전》(1991), 한글학회의 《우리말 큰사전》(1991), 연세대학교의 《연세한국어사전》(1998), 국립국어연구원의 《표준국어대사전》(1999), 고려대학교의 《한국어대사전》(2009) 등이 차례로 발간되었다. 《국어대사전》(1991)은 어원에 대한 관심이 컸으며, 《우리말 큰사전》(1991)은 《큰사전》의 개정 증보판으로서 맞춤법을 자체의 〈한글맞춤법〉(1980)을 바탕으로 하였다. 《연세한국어사전》(1998)은 5만 어휘만을 수록하였는데, 이것은 빈도를 활용하여 상위 5만 단어를 선택한 결과였다. 《한국어대사전》(2009)은 대규모 어휘 말뭉치를 바탕으로 한 종합적 사전의 모습을 보이고 있다.

한편, 1948년 남북에 별도의 정부가 수립된 이후, 북한에서도 자체적인 국어사전을 편찬하였다. 처음 출판된 사전은 《조선어 소사전》(1956)이었다. 이후 《조선말 사전》(1962), 《현대 조선말 사전》(1981) 《조선말 대사전》(1992/2017) 등이 발간되었는데, 모두 개인이 아니라 연구소 이름으로 출판되었다. 《조선말 사전》은 전6권으로 실제 용례와 출처를 밝힌 특징이 있으며, 《현대 조선말 사전》은 북한의 말다듬기 사업의 성과를 반영한 특징이 있으며, 《조선말 대사전》은 단어의 사용 빈도를 편찬에 반영한 특징이 있다. 《조선말 대사전》의 표제어는 총 40만여 어휘로 알려졌으며, 과학 용어와 스포츠 용어를 순 우리말로 고쳐 쓰고 있다.

북한 사전의 경우는 시기적으로 선행하는 사전이 후행하는 사전에 큰 영향을 주고 있다. 특이한 것은 《현대 조선말 사전》(1968) 이후에 편찬된 사전은 정치 사상적인 의미를 강조하고 있는 점이다. 남한의 국어사전 간에는 이러한 영향을 찾아보기 어렵다. 서로 독립적인 방침으로 편찬되었기 때문이다. 다만, 사전별로 독특한 특징을 보이고 있다. 고유어에서는 삼성출판사 《새 우리말 큰사전》(1975)이나 한글학회 《우리말 큰사전》(1991)이 상대적으로 다른 사전에 비해 분석적인 면모를 보이고 있으며, 한자어에서는 민중서관의 《국어대사전》(1961)이 분석적인 면모를 보이고 있다.

해방 이후 편찬된 사전은 뜻풀이를 정밀화하는 쪽으로 발전하였다. 표제어의 사용 범위를 제시하는 방법은, 전문 용어의 경우 《조선어사전》(1920)부터 시작되었으나, 일반어의 경우는 《조선어소사전》(1956)을 비롯한 북한 사전에서 전형적으로 쓰이고 있다. 비속어 등 문체적 특색을 뜻풀이에 반영하는 것은 초기의 사전에서도 확인할 수 있으나, 소괄호를 사용하지 않고 문장 서술에 반영한 것은 《큰사전》(1947-1957)에 처음으로 등장한 이래 거의 모든 사전에서 채택한 방식이다. 소괄호를 사용하여 단어의 문법적 특징이나, 뜻을 정밀화한 것은 《조선말사전》(1962)에 처음 보인 이래로 많은 사전이 사용하고 있다. 뜻풀이를 차별화하는 방법은 세분하는 것이 있고 유형화하는 것이 있는데, 이 모두를 사용한 것은 《조선말사전》(1962)이 처음이며, 이후 북한 사전에서는 하나의 전형으로 자리 잡았다. 이 방법이 남한의 사전에서는 1990년대에 들어 채용되었다.

15.6.5. 《표준국어대사전》의 발간

《표준국어대사전》(1999)는 국가 기관이 대규모 예산으로 국어사전을 편찬하였다는 점에서, 국어사전 편찬 역사에서 하나의 분수령이 되었다. 1991년 정부 조직 개편으로 학술원의 국어연구소를 국립국어연구원으로 확대 개편하면서 국어를 관장하는 공식적인 국가 기구가 만들어졌고, 여기에서 1992년 총사업비 112억 원을 투입하여 《표준국어대사전》 편찬에 착수하였다. 편찬 자료는 대규모의 말뭉치 용례 분석을 바탕으로 수집하였고, 집필 과정에는 집필 지침에 따라 국어학자 200여 명이 참여하여 집필과 교정을 하였다. 착수한 지 7년만인 1999년 509,076개의 어휘를 3권 7,300면 분량으로 두산동아에서 출판하였는데, 내용을 수정 보충한 증보판이 2008년 출판되었다. 국립국어원은 2001년에 《표준국어대사전》 CD를 출간하였고, 2008년부터는 증보판을 누리집에서 온라인으로 제공하고 있다. 2014년 현재 511,160개의 어휘가 수록되어 있으며, 분기마다 사전 내용을 수정하여 등록하고 있다.

《표준국어대사전》이 가지는 특징은 다음 몇 가지로 나눌 수 있다. 첫째, 표제어로 표준어를 비롯하여 북한어, 방언, 옛말, 비표준어 등을 수록하였

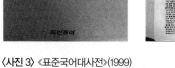

〈사진 3〉《표준국어대사전》(1999)

으며, 단어 하나하나를 어문 규범에 맞게 하였다. 띄어쓰기의 경우 항상 띄어 써야 하는 경우는 띄어 썼으나, 붙여 쓰는 것을 허용하는 경우는 '진급∧시험'처럼 '∧'로 표시하였다. 따라서 기존 사전 간에 서로 달라 혼선을 빚던 문제가 해결되고 표기의 통일을 기하게 되었다. 둘째, 북한에서만 쓰이거나 표기되는 단어들을 표제어로 하여 풀이하였다. 형태나 표기가 다른 것은 "녀성: '여성'의 북한어"로, "갑작부자: '벼락부자'의 북한어"로 간략히 풀이하였으나, 뜻풀이를 할 경우는 《조선말대사전》(1992)을 최대한 포괄하여 체계적이고 일관성 있게 고쳐 쓰되, 가치중립성과 간결성의 원칙에 따랐다. 이러한 조치는 아쉬운 대로 남북한의 언어를 통합하려는 의지가 반영된 것이다. 셋째, 발음은 현대 표준어에 대하여 표제어의 표기와 발음이 일치하지 않을 때 '[ ]' 안에 변화된 발음을 표기하였다. '맏·며느리'는 [만—]로 표기하여 발음이 표기와 일치하는 경우는 음절수대로 '-'로 표시하였다. 발음 표시는 체언과 조사의 결합형이나 용언 활용형에서도 보여 주었다. 셋째, 활용 정보를 충실히 보여 주었다. 체언의 경우는 발음 변화를 보이는 '꽃만, 밭이' 등만 제시되었지만, 용언은 '-아/어, -니/으니'가 붙은 형태를 모두 제시하였다. '밭'은 [밭이, 밭을, 밭맨으로, '높다'는 [높아, 높으니]로 제시되었다. 넷째, 주어를 제외한 용언의 필수적 성분을 '을, 으로' 등 조사나 '-게, -음, -기' 등 어미로 나타내었다. '먹다'는 품사 다음에 [⋯을을 제시하여 목적어를 필수적을 선택함을 보였다. 다섯째, 다의어의 뜻풀이는 단계별로 계층화하여 제시하였다. '가다'는 먼저 품사별로 동사와 보조동사로 나누고, 동사에는 다시 문형 정보별로 나누고, 같은 문형 정보에서는 의미별로 세분하였다. 여섯째, 풍부하고 다양한 예문을 인용하였다. 이전의 사전이 가지는 대표적 단점인 적절한 예문의 부족을 해결하기 위하여 5,000만 어절 분량의 말뭉치를 구축하여 풀이에 활용하였기 때문에 가능하였다. 일곱째, 표제어에 대응되는 문헌상의 어형을 어원 정보에서 제시하였다. 해당 단어의 역사적 변천 과정을 보여주려는 의도이다. 주로 17세기 이전에 간행된 옛 문헌에 처음으로 나온 형태와 출전을 제시하였으며 현대 국어에 이르기까지 변천도 함께 제시하였다. '기와'에 대하여 [〈지와〈-瓦]←지새〈디새〈석상〉←딜+새]를 보였는데, 이는 '기와'의 최초의 어형이 《석보상절》에 나오는 '디새'인데 후대의 중간형인 '지와'를 함께 보인 것이다.

15.6.6. 우리말 통일과 《겨레말 큰사전》

2005년 2월 20일 남과 북의 언어학자들이 금강산에서 민족어 공동 사전 편찬을 위한 《겨레말 큰사전》 공동편찬위원회 결성식을 가졌다. 공동편찬위원회는 공동 보도문에서 "민족어 공동사전을 우리말과 글의 민족적 특성을 높이 발양시키고 통일의 시대적 요구를 반영하며 오랜 역사를 통하여 창조된 우리 민족어 유산을 총 집대성한 겨레말 총서를 편찬하기로 하였다."라고 하였다. 《겨레말 큰사전》 편찬 사업은 1989년 평양에서 문익환 목사와 김일성 주석이 통일 국어사전 편찬을 합의하면서 추진되었으며, 2006년 1월에 겨레말큰사전남북공동편찬사업회가 출범하였다. 사전 편찬은 여러 가지 문제로 지연되었고, 그 사이 남측 편찬 위원장은 홍윤표, 권재일, 조재수, 홍종선으로 교체되었다.

《겨레말 큰사전》은 《표준국어대사전》과 《조선말대사전》에 수록된 올림말에서 선별한 23만여 개의 어휘와, 남북 및 해외에서 발굴한 새로운 어휘 10만여 개를 표제어로 선정하였다. 집필이 완료된 30만 7천 단어를 내용으로 2020년 9월에 가제본 편집 제작을 발주하였다. 집필 진행 방식은 가나다순으로 항목을 정한 뒤 남과 북이 각각 항목을 분담하여 집필하되, 남한에서 집필한 것은 북한에서 검토하고 그에 대한 의견이 남한으로 오면 다시 검토하는 방식으로 하였다. 북한에서 담당한 부분은 반대로 진행된다. 필요에 따라 중국 등에서 직접 만나 집필에 대해 서로 협의를 진행하였다.

편찬 과정에서 어려운 문제는 표기법의 차이를 극복하는 문제였다. 자모의 배열 순서는 2015년에 다음과 같이 합의하였다.

> (29) 자음: ㄱ, ㄴ, ㄷ, ㄹ, ㅁ, ㅂ, ㅅ, ㅇ, ㅈ, ㅊ, ㅋ, ㅌ, ㅍ, ㅎ, ㄲ, ㄸ,
> ㅃ, ㅆ, ㅉ
> 모음: ㅏ, ㅑ, ㅓ, ㅕ, ㅗ, ㅛ, ㅜ, ㅠ, ㅡ, ㅣ, ㅐ, ㅒ, ㅔ, ㅖ, ㅘ, ㅚ,
> ㅙ, ㅝ, ㅞ, ㅢ

(29)의 순서는 남북의 순서를 바탕으로 새롭게 정한 것으로 'ㅇ'은 남한 방식으로 'ㅅ'과 'ㅈ' 사이에 두었고, 'ㄲ' 등 병서와 'ㅐ' 등 합용자는 북한 방식으로 뒤로 배치하였다. 표기법에서 마지막까지 난제로 남은 것은 두음 법칙과 사이시옷 표기였다. 현재 이들 표기는 사전에서 병용하는 것으로 알려져 있다. 예컨대, '여자'(女子)의 경우 북에서는 '녀자'이고 남에서는 '여자'로 쓰고 있는데,《겨레말 큰사전》에서는 합의된 자모순에 따라 '녀자'를 표제어로 올리고 동시에 '여자'를 병용 표기하는 것이다.

《겨레말 큰사전》이 완성되면 일제 강점기 우리말의 통일과 보전을 염원하면서 편찬하였던《큰사전》의 편찬 정신이 21세기에 다시 구현되는 결과가 될 것이다.

■ 참고문헌

이희승 외(1949/2014), 정인승 외(1957), 문교부(1980), 학술원(1983), 국어연구소(1988), 이익섭(1988), 김주필(1990), 김동언(1995), 김민수(1996), 국립국어연구원(2002), 최경봉(2005), 조재수(2006), 홍윤표(2007), 한글학회(2009), 국립국어원(2010), 홍종선(2012), 문화체육관광부(2017), 국립국어원(2018), 인터넷 사이트(국립국어원 누리집, 겨레말큰사전 남북공동편찬사업회 누리집)

제16장 외래어와 로마자 표기법

16.1. 〈외래어 표기법〉

16.1.1. <외래어 표기법>의 구성

16.1.1.1. 규정 제정의 경과

외래어는 우리말과 다른 음운 구조를 가진 말이 들어와 우리말과 함께 쓰이는 것이다. 외래어는 외국어와 엄연히 구분된다. 중국의 한음을 표기한 《홍무정운역훈》(1455)은 외국어 표기이고, 조선의 한자음을 표기한 《동국정운》(1447)은 외래어 표기이다. 전자는 한음의 치두와 정치를 구분하기 위하여 새 문자를 이용하였다. 원음을 가능한 정확히 표기한 것이다. 후자에는 그런 문자를 사용하지 않았다. 외래어격인 조선 한자음은 이미 우리말에 동화되어 그러한 치두와 정치의 구별이 없었기 때문이다. 현실에서는 외국어와 외래어가 명확히 구별되는 것은 아니지만, 외래어는 우리말이기 때문에 우리말 논리에 따라 적는 것이 맞다. 그러나 원음에 가깝게 표기하려는 욕구와 늘 갈등을 겪게 된다.

조선어학회의 〈한글 마춤법 통일안〉(1933) 제6장 60항은 외래어 표기
는 새 문자나 부호를 쓰지 않고 표음주의 표기를 하도록 하였다. 이 규정
은 〈외래어 표기법 통일안〉(1940)에 계승되어 어법적 형태를 묻지 않고
표음주의로 하되, 만국음성부회[IPA]를 표준으로 하여 현재의 자모만으로
표기하도록 하였다. 그런데 해방 이후 문교부는 1948년에 발표한 〈들온말
적는 법〉에서 자모 이외의 글자(△, ㅸ, ㆄ, ㄹㄹ)나 부호를 쓰고, 장모음은
동일 모음을 중복해서 표기하도록 하여 방향을 전환하였다. 그러나 다시
1958년에 〈로마자의 한글화 표기법〉을 고시하여 새로운 글자나 부호를
쓰지 않도록 바꾸었다. 1958년 이래 필요한 외래어는 '편수자료'를 통하여
보완해 오다가, 1978년부터 외래어 표기법 개정 작업에 착수하여 1979년
11월 〈외래어 표기법안〉을 마련하였다. 그 내용은 외래어를 한글 24자모
만으로 적고, 장음 표시를 별도로 하지 않으며, 표음주의를 원칙으로 현실
발음을 수용하고, 표기 규정을 명시적으로 한 것이 특징이다. 표기 세칙에
는 영어, 독일어, 프랑스어, 이탈리아어, 일본어, 중국어가 실려 있다. 이
안은 시행되지 못하고 학술원에 재검토를 의뢰하였다. 학술원은 1982년
1월 12일 외래어 및 국어의 로마자 표기법소위원회(위원장: 여석기)를
구성하여 1983년 12월 〈외래어 표기법 개
정안〉을 마련하였지만, 이것 역시 시행하
지 못하고 국어연구소에서 재검토하도록
하였다.

국어연구소에서는 1985년 2월 11일 학
술원의 〈외래어 표기법 개정안〉을 재검
토하기 위하여 심의 위원으로 김완진(위
원장), 김형규, 차주환, 여석기, 조성식,
강두식, 정명환, 남기심을 위촉하였다. 재
검토 결과는 1986년 1월에 문교부 고시

외래어 표기법 개정안
(부 : 해설)

1985. 9. 20
국 어 연 구 소

〈사진 1〉 〈외래어 표기법 개정안〉

제85-11호로 공포된 〈외래어 표기법〉으로 귀결되었다. 현재 우리가 쓰는 외래어 표기법에 직접적으로 계승되었다.

〈외래어 표기법〉(1986)에는 국제음성기호, 에스파냐어, 이탈리아어, 일본의 가나, 중국어 발음부호 등 5개의 대조표가 제시되었다. 점증하는 각국 언어의 표기 필요성이 증가하면서, 〈외래어 표기 용례집〉 중 표기 일람표와 표기 세칙에서 동구권과, 북구권, 동남아권, 포르투갈어, 네덜란드어, 러시아어 등에 대한 표기 원칙을 추가하였다. 이들을 모두 아울러 2017년 문화체육관광부 고시 제2017-14호로 〈외래어 표기법〉을 고시하였다.

16.1.1.2. 〈외래어 표기법〉 개관

〈외래어 표기법〉(2017)은 총 4장으로 되어 있다. 제1장은 표기의 기본 원칙을, 제2장은 19개의 표기 일람표를, 제3장은 표기 세칙을, 제4장은 인명, 지명 표기의 원칙을 다루고 있다.

제1장은 5개 항에 걸쳐 표기의 기본 원칙을 제시하였다. 모든 외래어 표기의 기본 원칙을 천명한 것이다.

제2장은 언어별로 한글로 적는 한글 대조표를 제시하고 있다. 먼저 국제음성 기호와 한글 대조표를 싣고, 이어 각 나라별로 그 나라 자모와 한글 대조표를 실어 놓았다. 국제 음성 기호(IPA) 이외에 제시된 대조표는 에스파냐어 자모, 이탈리아어 자모, 일본의 가나, 중국어 발음 부호, 폴란드어 자모, 체코어 자모, 세르보크로아트어 자모, 루마니아어 자모, 헝가리어 자모, 스웨덴어 자모, 노르웨이어 자모, 덴마크어 자모, 말레이인도네시아어 자모, 타이어 자모, 베트남어 자모, 포르투갈어 자모, 네덜란드어 자모, 러시아어 자모 등이 있다.

제3장은 표기 세칙인데, 이것은 기본 원칙과 언어별 한글 대조표로 알기 어려운 세부 내용을 규정하고 있다. 이곳에는 영어, 독일어, 프랑스어,

에스파냐어, 이탈리아, 일본어, 중국어, 폴란드어, 체코어, 세르보크로아트어, 루마니아어, 헝가리어, 스웨덴어, 노르웨이어, 덴마크어, 말레이인도네시아어, 타이어, 베트남어, 포르투갈어, 네덜란드어, 러시아어 등 모두 21개 언어에 대한 세칙이 제시되어 있다. 가장 기본적인 영어의 경우를 보면 파열음, 마찰음, 파찰음, 비음, 유음, 장모음, 반모음, 복합어 등에서 세부적으로 필요한 기준을 밝혔다.

제4장은 인명, 지명 표기의 원칙이다. 특히 한자를 쓰는 동양의 인명이나 지명 표기에 대한 규정을 담고 있다. 제3장에 포함되어 있지 않은 언어권의 인명, 지명은 원지음을 따르는 것을 원칙으로 하되, 제3국 음이 통용되는 것은 관용을 따른다. 고유 명사는 〈외래어 표기법〉에 따라 적는 것이 원칙이지만, 동양의 인명, 지명 표기, 바다, 섬, 강, 산 등의 표기 등이 세칙으로 제시되어 있다.

16.1.2. 외래어 표기의 기본 원칙

외래어는 외국어가 우리말에 들어와 국어화한 것이지만, 외국어와 외래어를 구분하는 것은 쉽지 않다. 실제 현재 〈외래어 표기법〉은 각 나라 말을 표기할 때 원음주의에 따라 그 나라 말의 발음에 충실하게 적도록 하고 있으므로, 그 구별이 더욱 어렵게 되어 있다. 외래어 표기 원칙은 모두 5개 항으로 설명하고 있다.

제1항은 외래어는 국어의 현용 24자모만으로 적는다는 것이다. 외래어는 외국어이지만, 이미 국어화 한 것이기 때문에 국어의 일반적 표기에 따라 국어 표기에 쓰이는 글자만으로 적는다는 원칙을 밝힌 것이다. 개화기에 쓰이던 ᄫᅩᆯ테르(Voltaire), ᅗᅡ이트(fight) 등의 'ᄫᅩ'와 'ᅗᅡ'는 각각 우리말에 없는 영어의 마찰음 /v/와 /f/를 표기하기 위해 만든 글자이다. 이와 같이 현재 쓰이는 24 자모 이외에 새로운 자모나 기호를 사용하여

표기하는 것은 국어의 일반적 표기와는 거리가 멀기 때문에 허용하지 않은 것이다.

제2항은 외래어의 1음운은 원칙적으로 1기호로 적는다는 것이다. 외래어의 하나의 음운은 하나의 한글로 대응하여 적는다는 것이다. 예를 들면, 영어의 파열음 /p/는 'ㅍ'으로 일관되게 적어야 한다는 것이다. 그러나 실제는 외래어가 국어화하면서 하나의 음운이 환경에 따라 다른 소리로 발음되기도 하는데, 이런 경우는 표기 세칙에서 다른 글자로 적는 것을 허용하고 있다. 영어의 /p/는 'pulp'[pʌlp](펄프), 'shop[ʃɔp]'(숍)처럼 세 가지 다른 글자로 적는다. 모음 앞에서는 'ㅍ'으로 적고, 어말이나 자음 앞에서는 '프'나 'ㅂ'로 적는다. 반대로 하나의 한글이 음성 기호 두 개 이상에 대응되는 경우도 있다. [ts], [tʃ]는 'ㅊ'으로, [dʒ], [ʒ], [z]는 'ㅈ'으로 대응되는 경우이다.

제3항은 받침에는 'ㄱ, ㄴ, ㄹ, ㅁ, ㅂ, ㅅ, ㅇ'만을 쓴다는 것이다. 이것은 실제 종성에서 발음되는 7개 글자로만 적으라는 것이다. 외래어 표기는 형태를 밝히지 않고 발음되는 대로 적는다는 원칙을 확인한 것이다. 〈한글 맞춤법〉은 형태주의이기 때문에 실제 발음이 되지 않더라도 모든 자음을 받침에 적을 수 있지만, 외래어 표기는 뜻을 나타내기 위해서 형태를 고정할 필요가 없기 때문이다. 예컨대 국어는 '부엌'처럼 'ㅋ' 받침을 쓰지만, 영어는 '북'(book)처럼 'ㄱ'으로 표기하라는 것이다. 유의할 것은 무성음 /t/가 캣(cat[kæt])처럼 종성에 올 때는 'ㄷ'으로 발음되더라도 표기에서는 'ㅅ'으로 적도록 한 점이다.

제4항은 파열음 표기에는 된소리를 쓰지 않는 것을 원칙으로 한다는 것이다. 국어의 파열음은 평음(ㄱ, ㄷ, ㅂ), 경음(ㄲ, ㄸ, ㅃ), 격음(ㅋ, ㅌ, ㅍ)으로 구분되지만, 유성음과 무성음은 구분되지 않는 특성이 있다. 따라서 유성음과 무성음이 구별되는 언어에서 유래된 외래어의 경우는 1:1로 대응 관계를 맺기 어렵다. 이것을 통일하기 위하여 유성 파열음은

평음으로 적고, 무성 파열음은 격음으로 적도록 한 것인데, 결과적으로 외래어 표기에서는 경음 표기가 제외되었다. 실제로는 유성 파열음이 '딸러'(dollar), '뻐스'(bus), '뺀드'(band)처럼 경음으로 실현되는 경우가 있으나, 이것을 표기에 받아들이지 않은 것이다.

제5항 이미 굳어진 외래어는 관용을 존중하되, 그 범위와 용례는 따로 정한다는 것이다. 이미 굳어진 외래어를 원어에 맞추어 되돌리기는 현실적으로 어렵다는 점에서 현실을 수용한 것이라 할 수 있다. 예컨대, 로마 황제 Caesar를 '카이사르'로 표기하지 않고 '시저'로 표기하고, 시중은행 'city bank'를 '시티은행'으로 표기하지 않고 '씨티은행'으로 표기하는 것이다. 외래어는 관용에 따라 굳어진 것이 많으므로 그 양이 많아 '외래어 표기 용례집'을 따로 둔다.

16.1.3. 국제 음성 기호

〈외래어 표기법〉은 언어별 한글 대조표를 19개의 일람표로 보이고 있다. 다만, 〈외래어 표기법〉은 영어, 프랑스어, 독일어는 일람표를 두지 않고 세칙만 두었다. 이들은 기본적으로 국제 음성 기호(IPA)의 한글 대조표에 따라 표기하되, 언어별 특징에 따른 예외 사항 등은 세칙으로 규정한 것이다. 이들은 표기와 발음이 상당히 달라서 이들 표기와 한글의 대응이 어렵기 때문이다. 따라서 영어 gap[gæp]은 국제 음성 기호와 한글 대조표에 따라 '갭'으로 쓴다. 다만, 'content'[kən'tent]는 대조표에 따르면 '컨텐트'이나 관용에 따라 '콘텐트'로 표기한다.

국제 음성 기호(〈사진 2〉)는 1888년 국제음성학회에서 제정한 것으로 세계 모든 언어의 음성을 정확히 표기하기 위하여 사용된다. 초기의 기호는 후에 수정을 거듭하였는데, 현재 쓰이는 것은 2018년 수정판이다. 국제 음성 기호는 기본 문자와 구별 기호, 초분절음 기호 등으로 나눌 수 있는

〈사진 2〉 국제 음성 기호의 자음표(위)와 모음표(아래)

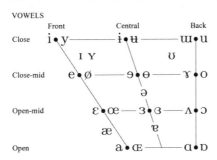

데, 기본 문자는 다시 자음표와 모음표로 구분하여 제시되었다. 자음표는 조음 위치와 조음 방법이 교차되는 지점에 기호를 표시하였는데, 각 칸의 왼쪽은 무성음, 오른쪽은 유성음을 나타낸다. 모음표는 모음 사각도 위에 해당하는 모음을 표시하였는데, 각 짝의 왼쪽은 평순모음, 오른쪽은 원순모음을 나타낸다.

〈외래어 표기법〉은 국제 음성 기호(IPA)에서 필요한 기호를 선택하여 그에 대응하는 한글 대조표를 보여 주고 있다. 제시된 기호는 자음과 반모음, 모음으로 구분하였다. 자음은 26개 음성 기호를 보였는데, 파열음, 마찰음, 파찰음, 비음, 유음 순서로 제시되었으나, 'ㅎ' 계열의 마찰음은 마지막에 배열하였다. 반모음은 평순 구개 반모음 'j'와 원순 구개 반모음 'ㆀ', 원순 연구개 반모음 'w' 등 3개를 보였다. 모음은 19개의 음성 기호를 전설 모음과 후설 모음, 중설 모음의 순서로 한글 대조표를 보였다.

자음			반모음		모음	
국제 음성 기호	한글		국제 음성 기호	한글	국제 음성 기호	한글
	모음 앞	자음 앞 또는 어말				
p	ㅍ	ㅂ, 프	j	이*	i	이
b	ㅂ	브	ɥ	위	y	위
t	ㅌ	ㅅ, 트	w	오, 우*	e	에
d	ㄷ	드			ø	외
k	ㅋ	ㄱ, 크			ɛ	에
g	ㄱ	그			ɛ̃	앵
f	ㅍ	프			œ	외
v	ㅂ	브			œ̃	욍
θ	ㅅ	스			æ	애
ð	ㄷ	드			a	아
s	ㅅ	스			ɑ	아
z	ㅈ	즈			ɑ̃	앙
ʃ	시	슈, 시			ʌ	어
ʒ	ㅈ	지			ɔ	오
ʦ	ㅊ	츠			ɔ̃	옹
dz	ㅈ	즈			o	오
ʧ	ㅊ	치			u	우
ʤ	ㅈ	지			ə**	어
m	ㅁ	ㅁ			ɚ	어
n	ㄴ	ㄴ				
ɲ	니*	뉴				
ŋ	ㅇ	ㅇ				
l	ㄹ, ㄹㄹ	ㄹ				
r	ㄹ	르				
h	ㅎ	흐				
ç	ㅎ	히				
x	ㅎ	흐				

* [j], [w]의 '이'와 '오, 우', 그리고 [ɲ]의 '니'는 모음과 결합할 때 제3장 표기 세칙에 따른다.
** 독일어의 경우에는 '에', 프랑스어의 경우에는 '으'로 적는다.

16.1.3.1. 자음

자음 기호는 무성음과 유성음을 구분하고, 모음 앞에 쓰이는 경우와 자음 앞 또는 어말에 쓰이는 경우로 구별하여 제시하고 있다. 예컨대, 파열음 중에서 무성 파열음 [p], [t], [k]는 모음 앞에서는 각각 '프, 트, 크'로 적지만, 자음 앞이나 어말에서는 'ㅂ, ㅅ, ㄱ'으로 적거나 '프, 트, 크'로 적도록 이원화하고 있다. 유성 파열음 [b], [d], [g]는 모음 앞에서 'ㅂ, ㄷ, ㄱ'으로 적고, 자음 앞이나 어말에서는 '브, 드, 그로 적도록 하고 있다. 즉, 무성음은 '프, 트, 크'로, 유성음은 'ㅂ, ㄷ, ㄱ'로 구분 표기하되, 이들이 쓰이는 환경에 따라 차이를 둔 것이다.

마찰음도 같다. 모음 앞에서 무성음 [f], [θ], [s], [ʃ]는 '프, ㅅ, ㅅ, 시'로, 유성음 [v], [ð], [z], [ʒ]는 'ㅂ, ㄷ, ㅈ, ㅈ'로 대응하되, 자음 앞과 어말에서는 '으' 모음을 받쳐 적도록 하고 있다. 다만, 자음 앞과 어말에서 [ʃ]는 '슈, 시'로, [ʒ]는 '지'로 적도록 하고 있다. 이들은 다른 마찰음과 달리 구개 마찰음이라는 특징을 가지고 있다. 따라서 자음 앞과 어말 [ʃ]는 환경에 따라 '시, 슈'로 달리 적는다.

파찰음도 같다. 모음 앞에서 무성음 [ts]과 [tʃ]은 'ㅊ'으로, 유성음 [dz], [ʤ]은 'ㅈ'으로 구분하여 적되, 자음 앞과 어말에서 [ts], [dz]는 '츠, 즈'로 [tʃ], [ʤ]는 '치, 지'로 구별하여 적는다. [tʃ], [ʤ]는 [ts], [dz]와 달리 구개 파찰음이라는 차이가 있다. 'ㅎ' 계열의 마찰음 [h], [ç], [x]는 모음 앞에서 모두 'ㅎ'으로 적고, 자음 앞이나 어말에서는 모음을 받혀 적는다. [h], [x]는 '흐'로, [ç]는 '히'로 적는다. [ç]는 경구개음이고 [x]는 연구개음이라는 차이가 반영되었다.

16.1.3.2. 반모음

반모음은 경구개 반모음 'j'와 'ɥ', 연구개 반모음 'w' 등 모두 3개를 제시하고 있다. 'w'는 이중 모음 'ㅘ[wa], ㅝ[wʌ]' 등의 앞부분에 해당하는 발음으로 조음을 할 때 입술과 연구개가 함께 작용하는 원순 연구개 반모음이고, 'j'는 이중 모음 ' ㅑ[ja], ㅕ[jʌ], ㅛ[jo], ㅠ[ju]' 등의 앞부분에 해당하는 발음으로 입술의 움직임 없이 경구개에서 작용하는 평순 경구개 반모음이다. 'ɥ'는 입술과 경구개가 함께 작동하는 원순 경구개 반모음이지만, 국어에서 이것은 음소의 자격을 가지지 못하고 /j/와 /w/의 이음으로 실현된다. '용기'의 [jo]는 수의적으로 입술을 둥글게 해서 [ɥo]로 실현될 수 있고, '위장'의 [wi]는 수의적으로 조음위치가 경구개로 바뀌어 [ɥi]로 발음될 수 있다. 따라서 'j'는 '이'로, 'w'는 '오/우'로 대응하고, 'ɥ'는 경구개 'j'에 원순성을 더한 '위'로 대응한다.

16.1.3.3. 모음

모음은 전설 모음·중설 모음·후설 모음으로 구분된다. 전설 모음은 혀 높이가 높은 것에서 낮은 것 순서로 배열하고, 후설 모음은 혀 높이가 낮은 것에서 높은 것 순서로 배열하였다. 시계 반대 방향의 순서를 따른 것이다. 마지막에 중설 모음을 제시하였다. 같은 혀 높이에서는 평순이 원순 모음보다 먼저 배치되었다.

전설 모음 [i]는 '이', [e]는 '에', [ɛ]는 '에', [œ]는 '외', [æ]는 '애', [y]는 '위', [ø]는 '외'로 대응하였다. 후설 모음 [a]는 '아', [ɑ]는 '아', [ʌ]는 '어', [ɔ]는 '오', [o]는 '오', [u]는 '우'로 대응하였다. 중설 모음 [ə]와 [ɚ]는 '어'로 대응하였다. [ɚ]는 'car'처럼 치조 접근음 'ɹ'을 함께 발음하는 모음을 의미한다. 모음자는 원칙적으로 1음운에 1한글을 대응 시키고 있지만, 경우에 따라 두 개의 유사한 모음을 하나의 한글로 적었다. /ɛ, e/는 '에'로, /ə, ʌ/는 '어'로, /œ, ø/는 '외'로, /a, ɑ/는 '아'로 표기하였다. 비모음 /ɛ̃, œ̃, ɑ̃, ɔ̃/은 각각 '앵, 욍, 앙, 옹'으로 'ㅇ' 받침으로 표기한다.

16.1.4. 영어 표기 세칙

16.1.4.1. 세칙의 내용

영어는 IPA 대조표에 따라 표기하는 것을 원칙으로 하나, 몇 가지 세칙이 있다. 영어의 경우 파열음에는 무성음과 유성음이 구별된다. 무성 파열음 [p], [t], [k]가 모음 앞에 올 때는 '프, 트, 크'로 적지만, 어말이나 장애음 앞에 오는 경우는 'ㅂ, ㅅ, ㄱ'으로 적거나 '프, 트, 크'로 적는다. 'ㅂ, ㅅ, ㄱ'으로 적는 경우는 [p], [t], [k]가 단모음 뒤에 오거나, 단모음과 자음(유음과 비음 제외) 사이에 올 때가 해당한다. 갭(gap[gæp]) 캣(cat[kæt]), 셋백(setback[setbæk]), 액트(act[ækt]) 등과 같이 표기한다. 이외의 경우는 스탬프(stamp[stæmp]), 네스트(nest[nest]), 시크니스(sickness[siknis]), 메이크(make[meik]), 애플(apple[æpl]), 매트리스(mattress[mætris])처럼 '프, 트, 크'로 적는다. 유성 파열음 [b], [d], [g]는 어말과 모든 자음 앞에 올 때는 벌브(bulb[bʌlb]), 랜드(land[lænd]), 지그재그(zigzag[zigzæg]), 로브스터(lobster[lɔbstə])처럼 '브, 드, 그'로 적는다. '로브스터'는 관용을 존중하여 '랍스터'도 올바른 표기로 인정되었다.

마찰음 [s], [z], [f], [v], [θ], [ð]의 경우 대부분 자음 앞이나 어말 앞에서 '으'를 받혀 적는다. 다만, 무성음 [s]는 '스', 유성음 [z]는 '즈', 무성음 [f]는 '프', 유성음 [v]는 '브', 무성음 [θ]는 '스', 유성음 [ð]는 '드'로 적는다. 재즈(jazz[dʒæz]), 그래프(graph[græf]), 올리브(olive[ɔliv])가 그러한 예이다. 그러나 [ʃ]는 어말에서는 '시'로, 자음 앞에서는 '슈'로, 모음 앞에서는 뒤따르는 모음에 따라 '샤, 섀, 셔, 쇼, 슈, 시'로 적는다. 플래시(flash[flæʃ]), 슈러브(shrub[ʃrʌb]), 샤크(shark[ʃɑːk]), 패션(fashion[fæʃən]), 쇼핑(shopping[ʃɔpiŋ]), 심(shim[ʃim])이 그러한 예이다. [ʒ]는 어말 또는 자음 앞에서는 '지'로(mirage[mirɑːʒ])처럼 '지'로, 모음 앞에서는 '비전'(vision[viʒən])처럼 'ㅈ'으로 적는다. 이것은 '적지 않다'를 '적쟎다'가 아니라

'적잖다'로 적는 것처럼 'ㅈ' 다음에 반모음을 두어 '비젼'으로 적지 말라는 것이다.

　파찰음은 치조음 [ts], [dz]과 구개음 [ʧ], [ʤ]를 다루고 있다. 어말 또는 자음 앞에서는 키츠(Keats[kiːts]), 오즈(odds[ɔdz])처럼 무성음 [ts]은 '츠'로, 유성음 [dz]는 '즈'로 적는다. 구개음 [ʧ], [ʤ]는 스위치(switch[swiʧ]), 브리지(bridge[briʤ])처럼 무성음 [ʧ]는 '치'로 유성음 [ʤ]는 '지'로 적는다. 다만, 구개음 [ʧ], [ʤ]는 모음 앞에서는 차트(chart[ʧɑːt]), 버진(virgin[vəːʤin])처럼 'ㅊ', 'ㅈ'으로 적는다. 이것은 [ʧ], [ʤ]이 구개음이기 때문에 그 성격을 반영한 것이다.

　공명음에는 비음과 유음이 있다. 비음 [m], [n], [ŋ]은 램프(lamp[læmp]), 롱잉(longing[lɔŋiŋ])처럼 어말이나 자음 앞에서 모두 받침으로 적지만, 모음 사이의 [ŋ]은 앞 음절의 받침으로 적는다. 유음 [l]은 호텔(hotel[houtel]), 펄프(pulp[pʌlp])처럼 어말이나 자음 앞에서는 받침 'ㄹ'로 적고, 어중 [l]이 모음 앞이나 모음이 따르지 않는 비음 앞에 올 때는 슬라이드(slide[slaid]), 필름(film[film])처럼 'ㄹㄹ'로 적는다. 다만, 비음 뒤의 [l]은 햄릿(Hamlet[hæmlit])처럼 'ㄹ'로 적는다.

　모음에서 장모음은 표기에 반영하지 않으며, 이중 모음은 각 단모음의 음가를 밝혀 적는다. 다만, boat(보트), tower(타워)처럼 [ou]는 '오'로, [auə]는 '아워'로 적는다. 반모음의 [w]는 뒤따르는 모음에 따라 [wə, wɔ, wou]는 '워'로, [wɑ]는 '와'로, [wæ]는 '왜', [we]는 '웨', [wi]는 '위'로, [wu]는 '우'로 적는다. 스윙(swing[swiŋ]), 트위스트(twist[twist])처럼 자음 뒤에 [w]가 올 때는 두 음절로 갈라서 적는다. 다만 [gw, hw, kw]는 펭귄(penguin[peŋgwin]), 휘슬(whistle[hwisl]), 쿼터(quarter[kwɔːtə])처럼 한 음절로 적는다.

　이외에 복합어는 그것을 구성하고 있는 말이 단독으로 쓰일 때의 표기대로 적는다. headlight는 '헤드라이트'. bookmaker는 '북메이커'로 쓴다.

원어를 띄어 쓴 말은 그대로 따르되 붙여 쓰는 것을 허용한다. Los Alamos[lɔsæləmous]는 로스 앨러모스 / 로스앨러모스가 모두 가능하다.

16.1.4.2. 영어 표기 세칙 규정

영어의 표기 세칙은 다음과 같다.

제1절 영어의 표기

표 1에 따라 적되, 다음 사항에 유의하여 적는다.

제1항 무성 파열음 ([p], [t], [k])

1. 짧은 모음 다음의 어말 무성 파열음([p], [t], [k])은 받침으로 적는다.

gap[gæp] 갭, cat[kæt] 캣, book[buk] 북

2. 짧은 모음과 유음·비음([l], [r], [m], [n]) 이외의 자음 사이에 오는 무성 파열음([p], [t], [k])은 받침으로 적는다.

apt[æpt] 앱트, setback[setbæk] 셋백, act[ækt] 액트

3. 위 경우 이외의 어말과 자음 앞의 [p], [t], [k]는 '으'를 붙여 적는다.

stamp[stæmp] 스탬프, cape[keip] 케이프, nest[nest] 네스트 part[pɑ:t] 파트, desk[desk] 데스크, make[meik] 메이크, apple[æpl] 애플, mattress[mætris] 매트리스, chipmunk[ʧipmʌŋk] 치프멍크, sickness[siknis] 시크니스

제2항 유성 파열음([b], [d], [g])

어말과 모든 자음 앞에 오는 유성 파열음은 '으'를 붙여 적는다.

bulb[bʌlb] 벌브, land[lænd] 랜드, zigzag[zigzæg] 지그재그 lobster[lɔbstə] 로브스터, kidnap[kidnæp] 키드냅, signal[signəl] 시그널

제3항 마찰음([s], [z], [f], [v], [θ], [ð], [ʃ], [ʒ])

1. 어말 또는 자음 앞의 [s], [z], [f], [v], [θ], [ð]는 '으'를 붙여 적는다.

mask[mɑ : sk] 마스크, jazz[dʒæz] 재즈, graph[græf] 그래프

olive[ɔliv] 올리브, thrill[θril] 스릴, bathe[beið] 베이드

2. 어말의 [ʃ]는 '시'로 적고, 자음 앞의 [ʃ]는 '슈'로, 모음 앞의 [ʃ]는 뒤따르는 모음에 따라 '샤', '섀', '셔', '셰', '쇼', '슈', '시'로 적는다.

flash[flæʃ] 플래시, shrub[ʃrʌb] 슈러브, shark[ʃɑ : k] 샤크

shank[ʃæŋk] 섕크, fashion[fæʃən] 패션, sheriff[ʃerif] 셰리프

shopping[ʃɔpiŋ] 쇼핑, shoe[ʃu :] 슈, shim[ʃim] 심

3. 어말 또는 자음 앞의 [ʒ]는 '지'로 적고, 모음 앞의 [ʒ]는 'ㅈ'으로 적는다.

mirage[mirɑ : ʒ] 미라지, vision[viʒən] 비전

제4항 파찰음([ts], [dz], [ʧ], [ʤ])

1. 어말 또는 자음 앞의 [ts], [dz]는 '츠', '즈'로 적고, [ʧ], [ʤ]는 '치', '지'로 적는다.

Keats[ki : ts] 키츠, odds[ɔdz] 오즈, switch[swiʧ] 스위치, bridge[briʤ] 브리지, Pittsburgh[pitsbə : g] 피츠버그, hitch-hike[hiʧhaik] 히치하이크

2. 모음 앞의 [ʧ], [ʤ]는 'ㅊ', 'ㅈ'으로 적는다.

chart[ʧɑ : t] 차트, virgin[və : ʤin] 버진

제5항 비음([m], [n], [ŋ])

1. 어말 또는 자음 앞의 비음은 모두 받침으로 적는다.

steam[sti : m] 스팀, corn[kɔ : n] 콘, ring[riŋ] 링

lamp[læmp] 램프, hint[hint] 힌트, ink[iŋk] 잉크

2. 모음과 모음 사이의 [ŋ]은 앞 음절의 받침 'ㅇ'으로 적는다.

hanging[hæŋiŋ] 행잉, longing[lɔŋiŋ] 롱잉

제6항 유음([l])

1. 어말 또는 자음 앞의 [l]은 받침으로 적는다.

hotel[houtel] 호텔, pulp[pʌlp] 펄프

2. 어중의 [l]이 모음 앞에 오거나, 모음이 따르지 않는 비음([m], [n]) 앞에 올 때에는 'ㄹㄹ'로 적는다. 다만, 비음([m], [n]) 뒤의 [l]은 모음 앞에 오더라도 'ㄹ'로 적는다.

　　　slide[slaid] 슬라이드, film[film] 필름, helm[helm] 헬름, swoln[swouln] 스월른, Hamlet[hæmlit] 햄릿, Henley[henli] 헨리

제7항 장모음

　　장모음의 장음은 따로 표기하지 않는다.

　　　team[tiːm] 팀, route[ruːt] 루트

제8항 중모음 ([ai], [au], [ei], [ɔi], [ou], [auə])

　　중모음은 각 단모음의 음가를 살려서 적되, [ou]는 '오'로, [auə]는 '아워'로 적는다.

　　　time[taim] 타임, house[haus] 하우스, skate[skeit] 스케이트
　　　oil[ɔil] 오일, boat[bout] 보트, tower[tauə] 타워

제9항 반모음([w], [j])

1. [w]는 뒤따르는 모음에 따라 [wə], [wɔ], [wou]는 '워', [wɑ]는 '와', [wæ]는 '왜', [we]는 '웨', [wi]는 '위', [wu]는 '우'로 적는다.
　　　word[wəːd] 워드, want[wɔnt] 원트, woe[wou] 워
　　　wander[wɑndə] 완더, wag[wæg] 왜그, west[west] 웨스트
　　　witch[witʃ] 위치, wool[wul] 울

2. 자음 뒤에 [w]가 올 때에는 두 음절로 갈라 적되, [gw], [hw], [kw]는 한 음절로 붙여 적는다.
　　　swing[swiŋ] 스윙, twist[twist] 트위스트, penguin[peŋgwin] 펭귄
　　　whistle[hwisl] 휘슬, quarter[kwɔːtə] 쿼터

3. 반모음 [j]는 뒤따르는 모음과 합쳐 '야', '얘', '여', '예', '요', '유', '이'로 적는다. 다만, [d], [l], [n] 다음에 [jə]가 올 때에는 각각 '디어', '리어',

'니어'로 적는다.

yard[jɑːd] 야드, yank[jæŋk] 앵크, yearn[jəːn] 연

yellow[jelou] 옐로, yawn[jɔːn] 욘, you[juː] 유

year[jiə] 이어, Indian[indjən] 인디언, battalion[bətæljən] 버탤리언

union[juːnjən] 유니언

제10항 복합어

1. 따로 설 수 있는 말의 합성으로 이루어진 복합어는 그것을 구성하고
있는 말이 단독으로 쓰일 때의 표기대로 적는다.

cuplike[kʌplaik] 컵라이크, bookend[bukend] 북엔드,
headlight[hedlait] 헤드라이트, touchwood[tʌʃwud] 터치우드,
sit-in[sitin] 싯인, bookmaker[bukmeikə] 북메이커, flashgun
[flæʃgʌn] 플래시건, topknot[tɔpnɔt] 톱놋

2. 원어에서 띄어 쓴 말은 띄어 쓴 대로 한글 표기를 하되, 붙여 쓸
수도 있다.

Los Alamos[lɔsæləmous] 로스 앨러모스/로스앨러모스
top class[tɔpklæs] 톱 클래스/톱클래스

16.1.5. 고유 명사 표기

16.1.5.1. 고유 명사 표기 내용

외국의 고유 명사는 일반적인 외래어 표기 규칙에 따르되, 표기 규약이
없는 언어는 앙카라(Ankara)처럼 원지음을 따르는 것을 원칙으로 한다.
헤이그(Hague), 시저(Caesar)처럼 원지음이 아닌 제3국 발음으로 통용되
거나, 태평양(Pacific Ocean), 흑해(Black Sea)처럼 번역명이 통용되는 경
우에도 그 관용을 따르도록 하였다.

중국의 인명은 과거 사람은 종전의 한자음으로 표기하고, 현대인은 중

국어 표기법에 따라 표기하되, 필요한 경우 한자를 병기한다. 일본은 과거와 현재 구분 없이 일본어 표기법에 따라 적되, 필요한 경우 한자를 병기한다. 중국이나 일본의 지명 가운데 한국 한자음으로 읽는 관용이 있는 경우는 이를 허용한다. 東京(도쿄, 동경), 京都(교토, 경도), 上海(상하이, 상해) 등.

바다는 모두 '홍해', '카리브해', '북해'처럼 '해(海)'로 통일하고, '타이완섬, 코르시카섬'처럼 섬은 모두 섬으로 표기한다. 다만, 우리나라 섬은 '도(島)'로 표기한다. 지명이 하나의 한자로 되어 있거나 산, 강 등의 뜻이 지명에 들어 있는 경우는 주장강(珠江), 도시마섬(利島), 몽블랑산(Mont Blanc)처럼 원지명 다음에 '강, 산, 호, 섬, 산맥' 등을 다시 덧붙인다.

16.1.5.2. 인명, 지명 표기의 규정

제1절 표기 원칙

제1항 외국의 인명, 지명의 표기는 제1장, 제2장, 제3장의 규정을 따르는 것을 원칙으로 한다.

제2항 제3장에 포함되어 있지 않은 언어권의 인명, 지명은 원지음을 따르는 것을 원칙으로 한다.

   Ankara 앙카라, Gandhi 간디

제3항 원지음이 아닌 제3국의 발음으로 통용되고 있는 것은 관용을 따른다.

   Hague 헤이그, Caesar 시저

제4항 고유 명사의 번역명이 통용되는 경우 관용을 따른다.

   Pacific Ocean 태평양, Black Sea 흑해

제2절 동양의 인명, 지명 표기

제1항 중국 인명은 과거인과 현대인을 구분하여 과거인은 종전의 한자음대

로 표기하고, 현대인은 원칙적으로 중국어 표기법에 따라 표기하되, 필요한 경우 한자를 병기한다.

제2항 중국의 역사 지명으로서 현재 쓰이지 않는 것은 우리 한자음대로 하고, 현재 지명과 동일한 것은 중국어 표기법에 따라 표기하되, 필요한 경우 한자를 병기한다.

제3항 일본의 인명과 지명은 과거와 현대의 구분 없이 일본어 표기법에 따라 표기하는 것을 원칙으로 하되, 필요한 경우 한자를 병기한다.

제4항 중국 및 일본의 지명 가운데 한국 한자음으로 읽는 관용이 있는 것은 이를 허용한다.

> 東京 도쿄, 동경, 京都 교토, 경도, 上海 상하이, 상해,
>
> 臺灣 타이완, 대만, 黃河 황허, 황하

제3절 바다, 섬, 강, 산 등의 표기 세칙

제1항 바다는 '해'(海)로 통일한다.

> 홍해, 발트해, 아라비아해

제2항 우리나라를 제외하고 섬은 모두 '섬'으로 통일한다.

> 타이완섬, 코르시카섬 (우리나라: 제주도, 울릉도)

제3항 한자 사용 지역(일본, 중국)의 지명이 하나의 한자로 되어 있을 경우, '강', '산', '호', '섬' 등은 겹쳐 적는다.

> 온타케산(御岳), 주장강(珠江), 도시마섬(利島), 하야카와강(早川),
>
> 위산산(玉山)

제4항 지명이 산맥, 산, 강 등의 뜻이 들어 있는 것은 '산맥', '산', '강' 등을 겹쳐 적는다.

> Rio Grande 리오그란데강, Monte Rosa 몬테로사산, Mont Blanc 몽블랑산
>
> Sierra Madre 시에라마드레산맥

16.1.6. 외래어 표기 용례

일반 어휘 외래어 표기 중에서 잘못 쓰기 쉬운 예를 들어 둔다.

〈표 2〉 외래어 표기 용례

한글 표기	원어	한글 표기	원어	한글 표기	원어
마니아	mania	타깃	target	퐁뒤치즈	fondue cheese
스크루	screw	앤티크	antique	스켈레톤	skeleton
악센트	accent	내레이션	narration	컬로퀴엄	colloquium
셔츠/샤쓰	shirts	카펫	carpet	캐럴	carol
아이섀도	eye shadow	크리스털	crystal	크리스천	Christian
가톨릭	Catholic	디엠지	DMZ	컬래버레이션	collaboration
차이니스	chinese	태블릿	tablet	보디클렌징	bodycleansing
헤드셋	headset	아로마세러피	aromatherapy	어젠다	agenda
애드벌룬	ad balloon	팝페라	popera	사보타주	sabotage
메시지	message	샥스핀	shark's fin	르포르타주	reportage
카페 라테	caffe latte	리포트	report	랑데부	rendez-vous
내추럴	natural	뷔페	buffet	파르티잔	partisan
네이처	nature	콤플렉스	complex	프롤레타리아	prolétariat
네트워크	network	로브스터/랍스터	lobster	몽타주	montage
넷스케이프	netscape	뷰티살롱	beauty salon	그랑프리	grand prix
초콜릿	chocolate	노블레스 오블리주	Noblesse oblige	앙코르	encore
도넛	doughnut	바게트	baguette	크루아상	croissant
케첩	ketchup	세레나타	serenata	샹들리에	chandelier
마시멜로	marshmallow	도큐먼트	document	뷔페	buffet
소시지	sausage	플루트	flute	부르주아지	bourgeoisie
스낵	snack	곤돌라	gondola	데자뷔	déjà vu
수프	soup	브라보	bravo	자장면/짜장면	Zhajiangmian[炸醬麵]
밸런스	balance	피자	pizza	아삼륙	ersanliu[二三六]
슈퍼마켓	supermarket	센터	center	배갈	baigar[白干儿]
스타일리시	stylish	브리지	bridge	무데뽀	muteppô[無鐵

					砲]
코멘트	comment	핼러윈	Hallowe-e'en	뗑뗑이	tenten[點點]이
콘텐츠	contents	포퓰리즘	populism	도요타	豊田(とよた)
워크숍	workshop	모차렐라	mozzarella	기스	kiju[傷]
비스킷	biscuit	레모네이드	lemonade	지라시	chirashi[散]
캐러멜	caramel	엔도르핀	endorphin	빠꾸	bakku
셰프	chef	색소폰	saxophone	앰뷸런스	ambulance
카메라	camera	비타민	vitamin	씨티은행	city bank

16.2. 〈국어의 로마자 표기법〉

16.2.1. 로마자 표기 방식

〈외래어 표기법〉과는 반대 성격의 표기법으로 우리말을 로마자로 적는 방식을 규정한 〈국어의 로마자 표기법〉이 있다. 우리말을 로마자로 표기하는 방식은 두 가지로 구분할 수 있다. 하나는 발음을 중시하는 표음주의 여부에 따른 것이고, 다른 하나는 로마자 이외에 특수한 부호 사용 여부에 따른 것이다. 1939년 미국인 매큔(McCune,G.M.)과 라이샤워(Reischauer, E.O.)가 만든 것이 표음주의와 특수 부호 사용의 대표적인 방식이다. 그 표기법은 형태 음소적 발음 변화를 반영하고, 유성음과 무성음을 구별하며, 유기음과 모음에 구별기호를 사용한 특징이 있다. 예컨대, 파열음은 초성의 'ㄱ'을 'k', 'ㅋ'을 'k', 'ㄲ'을 'kk'로 구분 표기하지만, 모음 간의 유성음은 'g'로 하고, 종성에서는 'k'로 표기하였다. 모음 'ㅜ'은 u로, 'ㅡ'는 ŭ로, 'ㅕ'는 yŏ로 표기하여 반달표를 사용하였다. 그리하여 '종로'는 Chongno로, 청주는 Ch'ŏngju로, '가구'는 kagu로, '밖'은 pak로, '됩니다'는 'toemnida로 표기한다. 이와 같은 방식은 〈국어의 로마자 표기법〉(1984)에 일부 반영되었다.

1954년 예일대의 샤무엘 마틴(Martin, S.E.)이 만든 것은 특수 부호를 사용하지 않고 발음을 반영하지 않는 전자(轉字)주의 대표적 방식이다. 이 방식은 음소 분석을 바탕으로 한 것이어서 주로 음소 글자와의 대응 관계가 반영되어 있다. 그 표기법은 자음을 음절 안의 위치에 따라 구분하지 않고, 형태 음소적 음운 변화도 반영하지 않으며, 구별 기호도 사용하지 않았다. 예컨대, 파열음은 어디에서나 'ㄱ'은 k으로, 'ㅋ'은 kh로, 'ㄲ'은 kk로 표기하였고, 'ㅓ'는 e로, 'ㅡ'는 u로, 'ㅗ'는 o로, 'ㅖ'는 ye로, 'ㅔ'는 we로 표기하였다. 다만, 'ㅜ'는 wu로 표기하였는데, 양순음 p, pp, ph, m 다음이나 반모음 y 다음에서는 u만 표기하였다. 그리하여 '꿈'은 kkwum으로 '밖'은 pakk으로, '한글'은 hānkul로, '됩니다'는 toypnita로 표기하였다. 이와 같은 방식은 〈한글의 로마자 표기법〉(1959)에 일부 반영되었다.

16.2.2. 표기법의 변화

국어의 로마자 표기법은 1940년 조선어학회의 〈외래어 표기법 통일안〉의 부록(조선어음 라마자 표기법)으로 공식화되었다. 정부 수립 이후의 로마자 표기는 1948년 당시의 외래어 표기법인 〈들온말 적는 법〉의 부록(한글을 로오마자로 적는 법)으로 제정되어 쓰이다가 문교부의 〈한글의 로마자 표기법〉(1959)으로 개정되었다. 이 표기법의 기본 원칙은 한글 표기법을 정자법에 따라 로마자로 적고, 로마자 이외 부호는 가급적 사용하지 않고, 하나의 음운에 하나의 글자를 대응하는 것이 원칙이나 자음에서는 허용하는 것이었다. 예컨대, 파열음 'ㄱ'은 'g'로 'ㅋ'은 'k'로 'ㄲ'은 'gg'로 일관되게 표기하고, 모음 'ㅓ'는 'eo'로, 'ㅡ'는 'eu'로, 'ㅕ'는 'yeo'로 표기하였다. 그리하여 '값과'는 gabsgwa로, '밖'은 bagg로, '됩니다'는 doebnida로 표기되어 문자의 대응을 충실히 보였다.

〈한글의 로마자 표기법〉(1959)은 시행되기는 하였으나, 여전히 일부에서는 매큔·라이샤워 표기법이나 이의 혼합 표기법이 많이 쓰여 혼란이 있었다. 이에 86아시안 게임과 88 서울올림픽을 앞두고 기존 표기법이 한글 정자법의 원칙에 따라 원음을 무시한 사례가 적지 않고, 원칙과 몇 가지 허용 사항만 예시하고 세칙이 결여되어 표기에 혼란을 야기한다는 비판 여론을 수렴하여 개정이 추진되었다. 문교부는 1978년 6월 1일부터 표기 실태를 분석 검토하기 시작하여 1979년 11월에 〈국어의 로마자 표기법안〉을 발표하였다. 이 안은 1981년 학술원으로 이관되어 1983년 6월 최종안을 마련하고 1984년 1월 13일 문교부 고시 제84-1호 〈국어의 로마자 표기법〉(1984)으로 고시되었다. 이것은 1979년 문교부 개정안과 매큔·라이샤워 표기법을 바탕으로 표음주의 원칙에 따라 개정된 것이다. 이 표기법의 기본 원칙은 국어의 표준 발음에 따라 적고, 로마자 이외의 부호는 되도록 사용하지 않고, 1음운 1기호의 표기를 원칙으로 한다는 것이다. 예컨대, 파열음의 'ㄱ'을 초성은 'k'로, 모음 간 유성음은 'g'로 구분하고, 유기음 'ㅋ'은 k'으로 경음 'ㄲ'은 kk로 구분하였으며, 형태 음소적 발음 변화를 표기에 반영하였다. 그리하여 '독립문'을 Tongnimmun으로, '부산'을 Pusan으로 표기하였다. 모음에도 반달점을 사용하여 '거북선'을 Kŏbuksŏn으로 표기하였다.

〈국어의 로마자 표기법〉(1984)은 반달표(ˇ)와 어깻점(')등의 부호가 불편하다는 여론에 따라 2000년 〈국어의 로마자 표기법〉으로 개정 고시하였다. 여기에서 1음운 1기호의 표기 원칙이 삭제되고, 파열음 표기 'ㄱ'은 모음 앞에서는 g로, 자음 앞이나 어말에서는 k로 구별되고, 'ㄲ'은 kk로, 'ㅋ'는 k으로 바뀌었다. 현재의 〈국어의 로마자 표기법〉(2014)은 〈국어의 로마자 표기법〉(2000)에서 일부 예를 수정한 것 이외에는 모두 같다.

16.2.3 <국어의 로마자 표기법> 내용

〈국어의 로마자 표기법〉(2014)은 표기의 기본 원칙, 표기 일람, 표기상의 유의점 등으로 되어 있다. 표기의 기본 원칙은 가능한 로마자 이외의 부호는 사용하지 않고, 국어의 표준 발음법에 따라 적는 것이다. 그리하여 유기음이나 모음 표기에서 부호 대신 두 개의 로마자 기호를 합하여 표기하는 것을 허용하였으며, 글자의 대응이 아니라 표준 발음에 따라 적도록 하였다. 따라서 표음주의를 기반으로 특수한 부호를 사용하지 않는 방식으로 절충된 것이다. 다만, 표기상 유의점에서는 학술 연구 논문 등 특수 분야에서 한글 복원을 전제로 표기할 경우에는 한글 표기와 대응하도록 규정하였다. 따라서 매큔·라이샤워 표기법처럼 표음주의에 기반을 두었으나, 특수한 경우에는 샤무엘 마틴 표기 '값 gabs처럼 적는 전자주의 길을 열어 놓았다.

표기 일람에는 우리말 자음과 모음에 대하여 대응하는 로마자를 제시하고 있다. 자음에는 파열음, 파찰음, 마찰음, 비음, 유음의 대응 표가 있다. 파열음은 평음에 환경에 따라 'g'와 'k'를, 유기음에 'k'를, 경음에 'kk'를 대응하였고, 유음 'ㄹ'도 환경에 따라 'r'과 'l'를 대응하였다. 'ㅇ'과 'ㅊ'을 위하여 두 글자를 합하여 쓰도록 하였다. 대응은 다음 (1)과 같다.

(1) ㄱ(g, k) ㄲ(kk) ㅋ(k) / ㄷ(d, t) ㄸ(tt) ㅌ(t) / ㅂ(b, p) ㅃ(pp) ㅍ(p)

　　ㅈ(j)　　ㅉ(jj)　　ㅊ(ch)

　　ㅅ(s)　　ㅆ(ss)　　ㅎ(h)

　　ㄴ(n)　　ㅁ(m)　　ㅇ(ng)

　　ㄹ(r, l)

(1)에서 'ㄱ'을 모음 앞에서 'g'로 대응함으로써 모음 간의 유성음 'ㄱ'도

<사진 3> 강남구와 강남대학교의 로마자 표기. 강남구는 현행 표기법을 적용한 것이고, 강남대학교는 그동안 써 온 표기를 관례로 인정한 것이다.

g로 표기하게 되고 어말과 자음 앞에서만 'k'로 표기하게 되었다. 무성 평음과 유성 평음을 구별하지 않게 된 것이다. 그리하여 '강'은 'gang'으로, '가기'는 'gagi'로, '독'은 'dok'으로 표기한다. 국어의 'ㅋ, ㄲ'은 어말이나 자음 앞에서 중화되어 'ㄱ'으로 발음되지만, 이것을 모음 앞의 'ㄱ'과 구별한 것이다. 이러한 구별은 'ㄹ'에서도 적용된다. 'ㄹ'은 모음 앞에서는 'r'로, 자음 앞이나 어말에서는 'l'로 적게 되어서 '라'는 'ra'로, '날'은 'nal'로 적되, '불러'는 'bulleo'로 적는다.

　모음은 10개의 단모음과 11개의 이중 모음의 대응 표가 있다. 모음에는 반달표 등 부호를 사용하지 않고, 두 개의 자소를 합하여 하나의 음을 표기하였다. 모음 대응은 다음 (2)와 같다.

　　(2) ㅏa, ㅓeo, ㅗo, ㅜu, ㅡeu, ㅣi, ㅐae, ㅔe, ㅚoe, ㅟwi

　　　　ㅑya, ㅕyeo, ㅛyo, ㅠyu, ㅒyae, ㅖye, ㅘwa, ㅙwae, ㅝwo, ㅞwe,

　　　　ㅢui

　(2)에서 유의할 것은 'ㅓ, ㅡ, ㅐ, ㅚ, ㅟ'를 두 개의 로마자로 표기하고 있다는 것이다. 이것은 로마자 'a, e, i, o, u'를 각각 'ㅏ, ㅔ, ㅣ, ㅗ, ㅜ'에 대응시키고, 후설 모음 'a'와 'o' 뒤에 전설 모음 'e'를 붙여 전설 모음 '애'와

'ᅬ'를, 후설 원순 모음 'o'와 'u' 앞에 'e'를 붙여 평순 모음 'ᅥ'와 'ᅳ'를 나타낸 것이다. 'ᅱ'의 'ᅵ' 앞에 'ᅮ'를 쓴 것은 반모음 'ᅮ'를 'w'로 적는 데 따른 조치이다. 이중 모음은 단모음 앞에 반모음 'j, w'를 붙이면 되지만, 'ᅯ'를 'wo'로, 'ᅴ'를 'ui'로 표기하는 점에 유의해야 한다.

표기상의 유의점으로는 모두 8개항이 제시되었다. (1) 음운 변화가 일어날 경우에는 발음대로 적지만, 된소리되기는 표기에 반영하지 않는다. 별내[별래](Byeollae), 알약[알략](allyak), 놓다[노타](nota), 낙동강(Nakdonggang)이 그러한 예이다. (2) 발음상 혼동의 우려가 있을 때에는 '중앙'(Jung-ang)처럼 음절 사이에 붙임표(-)를 쓸 수 있다. (3) 고유 명사는 '부산'(Busan)처럼 첫 글자를 대문자로 적는다. (4) 인명은 성과 이름의 순서로 떼어 쓴다. 이름은 붙여 쓰는 것을 원칙으로 하되 음절 사이에 붙임표(-)를 쓰는 것을 허용한다. '송나리'는 'Song Nari'가 원칙이나 'Song Na-ri'를 허용한다. (5) '도, 시, 군, 구, 읍, 면, 리, 동'의 행정 구역 단위와 '가'는 각각 'do, si, gun, gu, eup, myeon, ri, dong, ga'로 적고, 그 앞에는 붙임표(-)를 넣는다. '삼죽면'(Samjuk-myeon)처럼 붙임표(-) 앞뒤에서 일어나는 음운 변화는 표기에 반영하지 않는다. (6) 자연 지물명, 문화재명, 인공 축조물명은 붙임표(-) 없이 붙여 쓴다. (7) 인명, 회사명, 단체명 등은 그동안 써 온 표기를 쓸 수 있다. (8) 학술 연구 논문 등 특수 분야에서 한글 복원을 전제로 표기할 경우에는 한글 표기를 대상으로 적는다. 글자 대응은 제2장을 따르되 'ㄱ, ㄷ, ㅂ, ㄹ'은 'g, d, b, l'로만 적는다. 독립(doglib), 값(gabs), 좋다(johda) 등이 그러한 예이다. 음가 없는 'ㅇ'은 '굳이(gud-i)'처럼 붙임표(-)로 표기하되 어두에서는 생략하는 것을 원칙으로 한다. 기타 분절의 필요가 있을 때에도 붙임표(-)를 쓴다.

16.2.4. 로마자 표기 용례

다음 (3)에 구체적인 로마자 표기 용례를 들어 둔다.

(3) 구미 Gumi, 백암 Baegam, 호법 Hobeop, 한밭 Hanbat

　　벚꽃 beotkkot, 강남대로 gangnamdaero 함평군 Hampyeong

　　임실 Imsil, 설악 Seorak, 대관령 Daegwallyeong

　　백마 Baengma, 신라 Silla, 학여울 Hangnyeoul

　　알약 allyak, 해돋이 haedoji, 같이 gachi

　　잡혀 japyeo, 놓다 nota, 묵호 Mukho

　　낙동강 Nakdonggang, 압구정 Apgujeong

■ **참고문헌**

이희승·안병희·한재영(1949/2014), 문교부(1980), 학술원(1983), 국어연구소(1985), 한글
학회(2009), 국립국어원(2010), 문화체육관광부(2014), 문화체육관광부(2017), 인터넷 사이
트(국립국어원 누리집, 나무위키, 한국민족문화대백과)

제7편 맺음말

제17장 한글과 민족어의 미래

17.1. 한글의 과거와 현재

17.1.1. 한글의 특성과 의의

한글은 우리에게 상징이고 우리의 정체성을 드러내 주는 기표이다. 그 기표에는 우리의 얼이 서려 있는 말과 정신이 녹아 있다. 한글은 어원적으로 한(韓)나라, 즉 우리나라의 글이라는 뜻을 가지고 있지만, 실제적으로 글자 이상의 의미를 가지고 있다. 국립한글박물관(2018)이 현대리서치연구소와 아르프락시아에 의뢰하여 작성된 보고서에 따르면, 국민들은 한글은 아름답고(92.1%), 과학적이며(91.8%), 현대적이고(86.6%), 세계에서 가장 뛰어난 문자(86%)라는데 동의하고 있으며, 한글은 나를 표현하는 도구이다(73.2%), 한글을 좋아한다(89.1%)고 하여 일체감을 드러내었다는 사실에서도 확인된다.

세종 대왕은 다방면에서 문화 대국의 기틀을 마련하였다. 그중에서 한글의 창제는 사람 간에 소통의 도구를 마련해 주었다는 점에서 특별하다.

한글은 한자를 이용하여 우리말을 적어야 하는 불편함을 해결하였을 뿐만 아니라 한자음의 정확한 표기를 실현할 수 있는 양수겸장의 무기였다. 이를 통하여 백성과 소통할 수 있는 길을 연 것도 소득이었다. 한글의 창제에는 당시의 선진 학문이었던 성운학이 이론적 토대가 되었으며, 한자의 구성 원리 등이 참고 되었으며, 몽골의 위구르 문자와 파스파 문자 같은 주변 국가의 표음 문자의 영향을 받았다.

한글은 음소에 대응하는 28개의 자소를 만든 음소 문자이다. 상형의 원리에 따라 기초자를 만든 다음에 지사의 원리를 적용하여 가획자와 출자를 만들어 기본자를 만들었다. 제자 과정에는 음소의 구성 요소인 자질이 반영되었다. 기본자에는 《훈민정음》(해례)에서 우리말 표기 용례를 보이지 않은 후음 'ㆆ'이 포함되어 있지만, 우리 말 표기 용례가 있는 순경음 'ㅸ' 등은 포함되지 않았다. 우리말 된소리 표기는 기본자가 아니라 병서자로 표기하였다. 기본 28자는 'ㆆ, ㅇ, ㅿ, ·' 자를 제외하고 오늘날까지 그대로 쓰이고 있다. 다만, 'ㅈ, ㅊ'은 글자 모양은 같으나, 치음에서 구개음으로 조음 위치가 바뀌었고, 'ㅐ, ㅔ, ㅚ, ㅟ'는 이중 모음 표기에서 단모음 표기로 바뀌었다.

한글은 자소를 모아서 하나의 자절 단위로 쓰는 모아쓰기 방식으로 운용되었다. 음소 문자이지만 음절 문자처럼 운용한 것이다. 이것은 한자와 같은 음절 문자와 함께 쓰기 위한 조치였으며, 자소를 모아 하나의 단위로 표기하는 실담 문자·티베트 문자, 파스파 문자, 거란 문자 등의 영향이었다. 자절은 초성과 중성은 반드시 갖도록 하였기 때문에 초성이 무음가인 경우에도 '아'처럼 후음 'ㅇ'으로 표시하였다. 'ㅇ'은 '책이, 먹었다'처럼 실사와 허사를 구분 표기하는 데 유용하게 사용되었다. 20세기 등장한 풀어쓰기 이론에서는 무음가 'ㅇ'을 사용하지 않는다. 모아쓰기 운용은 한글이 분절적 음절문자라는 특징을 갖게 하였다.

한글은 음절의 고저를 표기에 반영하는 방법을 택하였다. 한글이 창제

될 당시에는 우리말에 성조가 있었고, 이것을 자절 왼쪽에 원점(방점)을 더하는 방식으로 표시하였다. 평성은 무점, 거성은 1점, 상성은 2점을 붙였다. 성조가 사라지면서 방점 표기는 사용되지 않게 되었다. 19세기 말에 음장을 표기에 반영하는 경우가 있었으나 지금은 모든 표기에서 음장을 표기에 반영하지 않고 있다.

17.1.2. 어문일치의 과정

선조들은 어문 생활을 말과 글이 서로 다르게 시작하였다. 입으로는 교착적 특징을 가진 말을 하면서 글로는 고립적 특성을 가진 한문을 이용하였다. 우리말을 한문으로 번역하여 표기하였던 것이다. 이를 타개하기 위한 것이 한자의 음훈을 이용한 향문이었다. 향문은 우리말 표기에서 두 가지 중요한 의미를 가지고 있다. 첫째, 우리말을 표기하기 위하여 노력하였다는 점이다. 한문을 음으로 읽는 음독 구결과 뜻으로 읽는 석독 구결은 한문을 해석하여 우리말화 하는 과정이었지만, 한문과 우리말의 차이를 의식한 결과였다. 여기서 더 나아가 이두나 향찰은 우리말을 표기하려는 노력의 소산이었다. 우리말 표기의 노력은 후에 한글 창제로 이어졌다. 둘째, 우리말 문어에 한자어가 대량 유입되는 계기가 되었다. 구결에서의 한문 유입은 말할 것도 없지만, 이두나 향찰에도 한자어가 차용되었다. 향찰은 상대적으로 한자어가 잘 쓰이지 않았다는 점에서 한문과 가장 거리가 먼 표기 방식이었다. 향찰은 실사의 상당 부분을 훈독하여 표기하였다. 그러나 불편한 향찰 표기는 점차 쓰이지 않게 되고 이두는 조선 시대까지 쓰여 향문의 대표 형태가 되었다. 이두도 조선 후기로 가면서 실사 부분 자체가 한문화 하는 경향을 보이기도 하여 한문의 영향을 더 받게 되었다.

한글의 창제로 전통적인 한문과 향문 이외에 언한문과 순 언문이 등장하였다. 조선 시대에는 지배층은 여전히 한문을 사용하였고, 관리들은 향문 표기 수단이었던 이두를 이용하여 업무를 처리하였다. 번역문이나 창작문에서는 새로운 언한문이나 순 언문의 형태가 등장하였다. 언한문은 한문의 노출이 많은 이서체와 상대적으로 적은 향찰체로 구분되나 모두 언문과 한문이 섞여 있다는 점에서 같은 성질이다. 언문체는 한자의 노출이 없이 언문으로 쓰인 글로 비로소 언문으로만 우리말을 표기하게 된 형식이다. 언문체라고 하더라도 표기 수단만 언문이지 상당수 단어는 한문에서 차용한 한자어가 그대로 쓰였다.

개화기 들어 국문이 국자의 자격을 가지게 되면서 한문과 이두가 퇴조하고 국한문체가 두드러졌다. 처음에는 국문체가 널리 관심을 받기도 하였지만, 결국 국한문체가 문체의 중심을 차지하였다. 한문이 우리말에 끼친 영향이 워낙 컸기 때문에 이들을 섞은 혼용체의 요구가 거셌던 것이다. 국한문체의 전면적 등장은 한문의 퇴장을 명확히 한 것이지만, 이후 순 국문체와의 경쟁을 치르게 된다. 해방 이후 한글전용 정책이 효과를 보면서 이제는 모든 영역에서 순 국문체로 정착되었다.

17.1.3. 규범화의 과정

향문은 표기법이 가변적이었다. 표음하기 위하여 사용하는 문자가 1:1의 관계를 갖지 못할 뿐만 아니라, 표음할 때 쓰는 사람의 편리에 따라 다르게 나타났다. 신라 시대 이차돈은 異次頓/異次道/伊處獨/伊處道/猒髑/猒頓/猒獨/猒覩 등으로 다양하게 표기되었고, 東京은 '동경' 혹은 '시볼'로 달리 읽을 수 있었다. 음절 '살'은 沙乙처럼 두 글자로 나타내서 종성을 분명히 하였으나, 心音矣/心未처럼 연철과 분철을 쓰는 등 사람에 따라 달리 하였다.

한글의 창제로 글자와 발음이 1:1로 대응하는 표음체계를 갖게 되었다.

그러나 그 운용에 대하여는 두 가지 원칙만이 제시되었다. 첫째는 초성과 중성을 모아쓰는 부서법이었다. 부서법은 종성에까지 확대되어 자소를 모아 자절 단위로 쓰는 문자 운용 방식을 이루게 되었다. 둘째는 종성에는 8종성만을 쓰도록 하는 표음주의 방식을 채택하였다. 전자는 중간에 가로 풀어쓰기로의 전환이 논의되기도 하였으나, 변함없이 오늘날까지 이용되고 있는 우리 표기법의 특징이다. 후자는 1933년 이후 'ㅎ'을 포함한 모든 자음을 종성에 쓸 수 있는 형태주의로 개정되었다. 표기법 변경의 과정은 매우 힘들고 오래된 논쟁을 거쳐 이루어졌다. 형태주의 표기법의 채택은 체언과 조사, 용언 어간과 어미를 분리하여 어간의 종성에 모든 자음을 사용하는 방식으로 정착되었다. 그리하여 '갓치, 입피, 조코' 등으로 쓰이던 표기가 '같이, 잎이, 좋고'로 통일되었다.

표음주의 표기가 형태주의 표기로 전환되는 움직임은 개화기 들어서였다. 갑자기 국자의 자격을 가진 한글은 여러 가지 문제가 생겼다. 한글 창제 이후 한글 쓰는 방법에 대하여 관심을 두지 않았고, 언중들이 쓰고 싶은 대로 쓰게 되면서 통일성이 없게 된 결과이었다. 표기의 통일 문제는 주시경에 의해 제기되었다. 그는 《독립신문》의 교보원으로 일하며 한글 철자법 통일의 필요성을 인식하고 학회를 조직하는 등 연구에 열성을 보여 형태주의 맞춤법으로의 전환을 주장하였다. 그의 주장은 1930년 조선총독부의 〈언문철자법〉에서 종성으로 쓰는 받침을 대폭 늘린 조치를 위한 이후, 1933년 조선어학회가 〈한글 마춤법 통일안〉을 발표하면서 마지막 남았던 'ㅎ'을 종성에 쓸 수 있도록 함으로써 완성되었다.

표기법의 통일은 어문 생활 규범화의 첫발이었다. 이후 조선어학회는 표준어를 제정하고, 외래어 표기법을 제정함으로써 표기법의 준칙을 마련하였으며, 이를 바탕으로 국어사전을 편찬하여 1957년 《큰사전》을 전6권으로 발행하였다. 《큰사전》은 1권을 낸 지 10년, 첫 사업을 시작한 지 28년만의 결실이었다. 그 사이 독립 운동의 죄목으로 돌아오지 못할 길로

간 두 분을 포함하여 수많은 인사들이 혹독한 시간을 보내야만 하였다. 그 사전이 밑거름이 되어 오늘날 우리 어문 생활의 표준이 정립된 《표준국어대사전》을 갖게 되었다.

17.1.4. 한글 사용과 고문헌

한글은 태어났지만 공용 문자로서의 자격을 갖지 못하였다. 문자 생활의 중심은 여전히 한문이었고, 행정 문서는 여전히 향문의 이두체가 쓰이고 있었다. 사대부 계층에서는 여전히 한글을 글로 보지 않는 분위기였다. 한글은 한문의 번역인 언해문에서 쓰이기는 하였지만, 주로 비공식적인 개인적 소통을 위한 언간, 고문서 등에서 이용되었다. 17세기에는 전쟁의 와중에서 백성에게 전하는 임금의 교서가 한글로 작성되었으나 여전히 한글은 민간의 문자였다. 누구도 돌보지 않은 상황에서 한글은 18세기 들어 자생력을 획득하여 널리 쓰이게 되었다. 한글 사용이 늘어나면서 한글로 작성된 문서는 법적 효력을 가질 수 없는 조치를 내릴 수밖에 없는 상황이 되었다. 한글 고소설들이 발달하면서 세책 사업이 활발히 진행되고, 방각본 발간이 늘어나면서 한글로 작성된 문헌도 증가하였다.

한글 문헌은 시대에 따라 다양하게 발행되었다. 15세기에는 왕조 창업과 운학서, 불경의 언해 등이 많았다. 16세기에는 연산군의 한글 정책이 돌출되는 문제가 있었으나, 유교 경전 언해와 함께 필기체 언간 등이 등장하고, 지방에서 한글 문헌이 발행되었다. 17세기에는 임진란의 여파로 전쟁과 의학, 백성 구휼 관련 서적이 많이 발행되고, 18세기에는 외국어 학습서가 급증하고, 어휘집 등 실용서들이 등장하였다. 사대부의 문학 작품도 많이 등장하는 등 역사상 한글 문헌이 가장 많이 발간되었다. 19세기는 도교, 기독교 등 종교 서적이 많이 발행되고, 방각본 고소설들이 대거 등장하였다. 글쓰기 교본인 언간독이나 교과서 신문, 자전류 등 실용적인 문헌들이 대거 발행되기 시작하였다.

17.1.5. 한글 교육과 교재

한글은 자소에 대한 이해와 함께 자소를 합자하여 자절을 만드는 방법을 아는 것이 중요하였다. 이것을 설명한 것이 《훈민정음》(해례)이었지만, 한글 교육에서 실질적으로 유용한 것은 《훈몽자회》의 언문 자모였다. 언문 자모는 27개 자모를 합자는 하는 과정을 초성과 중성의 1단계 합자와 초·중성과 종성의 2단계 합자로 제시하였다. 2단계 합자에서 종성에 쓰일 수 있는 것을 8자모로 한정하면서 이를 초성종성통용 8자라고 하였다. 이와 같은 방식은 한글 교육의 수단으로 자리 잡았는데, 《삼운성휘》에 와서는 이중 모음인 합중성과 중중성을 포함하여 범위를 넓혔다. 이러한 합자법은 격자표로 만든 반절표로 발전하였다. 19세기 후반에 널리 유포된 방각본 반절표는 합중성만을 포함하고, 생활에 유용한 정보를 곁들인 생활 정보지 역할을 하였다. 개화기에 국어 교육이 시작되면서 반절법 교육이 공식화 되었다. 반절표는 《신정심상소학》(1896)의 첫머리에 제시되었으며, 《신찬초등소학》(1909)에서는 하강이중 모음인 중중성도 포함하여 제시되었다. 한글 교육의 중요 자료인 반절표가 종합된 것은 〈한글원번〉 등 1930년 전후 언론사에서 제작한 한글 교재에서였다. 그런데 1901년 러시아 동방학원의 한국어 교재에서는 모음을 제1관, 초성과 중성 합자를 제2관, 초·중성과 종성의 합자를 제3관으로 구분하여 가르쳤는데, 이것은 모음을 중심에 놓고 있었다는 점에서 특기할 만하다.

조선 시대에는 우리말 교육에 대한 흔적을 찾아볼 수 없다. 조선 후기 《언간독》 등의 모범 언간을 통하여 간접적으로 우리말로 편지쓰기 방식을 보여 주었을 뿐이다. 우리말은 학교 교육이 처음 시작된 개화기에 와서 '소학'이라는 이름으로 가르치게 되었다. 한글 기초 교육에 대하여 주목하고, 단계를 밟아 단문에서 장문으로 순 한글에서 국한문으로 난도를 높여 갔다. 그러나 1910년 한일합방으로 우리말이 국어에서 조선어로 전락되면서 우리말 교육도 시련을 겪게 되었다. 일본어가 우리말 속에 다량 침투되어, 해방 후에 이를 털어내기 위한 작업이 진행되어야만 하였다.

17.2. 미래를 위하여

17.2.1. 세계화와 한국화

우리는 세계와 함께 살아가야 한다. 세계의 중심이 중국이었던 고려 시대에도 중국과의 관계가 늘 문제였다. 일찍이 최행귀는 중국의 당문은 우리가 잘 아는데, 우리말을 적은 향문은 중국 사람이 알 수 없음을 한탄하면서, 균여의 향가를 한역하였던 적이 있다. 우리 것을 세계화하기 위하여 번역이 필요한 것을 절감하였던 것이다. 문화는 중심지에서 주변으로 퍼져가게 마련이므로 우리는 늘 선진국의 문화를 흡수하는 것만 익숙하였던 데 비하여 우리 것을 세계화하려는 의식을 보였다는 점에서 최행귀의 혜안은 주목되어야 할 것이다.

한글을 세계화하는 방법은 우리 것을 영어나 기타 국제어로 번역하거나 다른 나라 사람들이 우리 것을 배우도록 하는 것이다. 전자는 손쉬운 방법이나 후자는 노력이 필요한 방법이다. 우리를 세계화하려면 무엇보다 우리 고유의 문화가 세계적이 되어 우리말의 위상이 높아져야 한다. 한글과 우리말의 위상을 높이기 위해서는 우리 스스로 우수한 문화를 생산해 내는 일이 긴요한 것이다. 이에는 전자 제품은 물론 경쟁력 있는 드라마, 영화, 문학 작품들이 모두 포함될 것이다. 세계인이 사용하거나 보고 싶은 문화가 한글로 기록될 때, 한글과 한국어는 자연히 세계인이 배우려는 문자가 되고 언어가 될 것이다. 한국어로 된 싸이의 '강남 스타일'이 빌보드 싱글차트인 '핫100' 2위에 오른 것(2012)이나, 방탄소년단의 '라이프 고즈 온'이 1위에 오른 것(2020)은 모두 우리 문화를 세계에 전파하는 강력한 힘이 된다는 점에서 중요하다.

동시에 세계를 한국화하는 일이 필요하다. 세계의 고급 문화를 한글로 번역하는 일이다. 국내외의 고급 문화가 모두 한글로 담길 때 한글만으로 외국의 콘텐츠를 이해할 수 있게 된다. 우리 것의 중심에는 '한글'이 있고 '국어'가 있다. 말은 인간의 정신세계를 엮어 간다. 결국 말은 사람이라는 뜻이다. 한국어 없는 한국인은 이해되기 어렵다. 그렇다면, 세계화 시대에 우리가 해야 될 일은 영어를 배우는 것 못지않게, 아니 그 이상으로 국어를 정확하고 세련되게 다듬고, 그 언어로 세계의 고급 문화를 한국어로 번역하는 일이다.

17.2.2. 규범화와 다양화

한글 사용은 쓰는 사람에 따라 다양하게 쓰이다가 점차 하나의 기준에 따라 통일되었다. 한글의 역사는 통일화·규범화되는 과정이었다. 소통의 수단인 언어와 그 표기 수단인 문자는 통일되어야 혼란이 없이 기능을 다하게 된다. 그런 점에서 우리 한글의 역사는 바른 길을 향하여 달려왔다고 할 수 있다. 그러나 문화의 측면에서 보면 규범화는 다양성의 생태계를 위협하는 요인이다. 생태계는 다양한 종들이 경쟁하며 상생하여야 건강하다. 한글이 표상하는 한국어도 그러한 점에서는 마찬가지다.

이제 한글과 국어의 규범화는 일정 궤도에 올랐다고 할 수 있다. 형태주의 표기법을 지향하는 〈한글맞춤법〉, 표준어의 기준을 밝힌 〈표준어 규정〉 등이 정비되었고, 외래어를 한글로 표기하는 기준인 〈외래어 표기법〉은 점증하는 외래어의 표기 기준이 되었다. 이것을 바탕으로 《표준국어대사전》이 편찬되어 우리말이 집대성되었다. 이제는 그동안 표준에 몰두되었던 관심을 다양성으로 확대하여야 할 시점이 되었다. 한글날이면 늘 언급되는 아름답고 고운 우리말 쓰기 구호에서 벗어나야 할 필요가 있다. 표준말 못지않게 중요한 각 지역의 사투리는 그 자체로 문화적 가치를 가지고 있다. 특정 직군에서 쓰는 전문어도 자체로 가치를 가지고 있으며, 심지어는 입에 올리기 거북스러운 비속어도 언어문화의 한 축을 담당하고 있다. 그러한 다양한 변종에 눈길을 줄 여유가 우리에게는 필요하다.

사전에 대한 관심이 미미하던 1980년대 《우리말 역순사전》이 발행되면서 언중의 시선을 끈 적이 없다. 표제어의 배열을 가나다순이 아닌 역순으로 나열한 사전이었다. 뜻풀이도 없이 표제어만을 역순으로 배열한 이 사전은 우리에게 생소한 것이었다. 그러나 역순으로 배열하였을 때 가나다순 배열에서 보이지 않던 것, 예컨대 같은 종성으로 끝나는 낱말을 손쉽게 볼 수 있는 길이 열리었다. 이와 같이 완전한 언어 사전은 아니더라도 우리말을 대상으로 한 다양한 특수 사전들은 매우 필요하다. 다양한 내용의 용례를 모은 각종 용례 사전은 우리말의 다양한 쓰임새를 구체적으로 보여줄 것이고, 어휘를 항목별로 모은 선별 사전들은 우리말 어휘의 내용을 풍부하게 할 것이다. 고어 사전, 신어 사전, 비속어 사전, 관용어 사전, 고유어 사전, 품사별 사전, 관용어 사전, 어원 사전, 외래어 사전, 속담 사전, 수수께끼 사전 등이 더 다양하고 풍부해져야 한다. 이외에도 사용상의 편의를 주는 유의어 사전, 반의어 사전, 동음어 사전, 분류 사전, 역순 사전 등 여러 종류의 사전이 우리말을 풍부하게 할 것이다.

다양화의 또 다른 축은 글꼴이다. 반듯한 네모꼴의 기본 자형에 보다 다양한 인쇄체와 필기체가 쓰일 필요가 있다. 20세기 초에 논의되기 시작한 풀어쓰기의 문제도 글꼴의 다양화 측면에서 고려할 필요가 있으며, 기존 네모꼴의 자체에도 다양한 디자인이 가미되어 일상화 될 필요가 있다. 대학의 졸업장이나 정부의 표창장 같은 형식을 요구하는 글에는

보다 고전적이고 그림 같은 글꼴이 사용되어 무게감을 더할 필요가 있는
것이다.

17.2.3. 언어유희와 야민정음

한글과 우리말을 즐기고 놀이를 하는 문화가 성숙될 필요가 있다. 1980
년대 후반 KBS 방송국에서 우리말을 소재로 게임을 하는 프로그램을 개
발한 바 있다. 가족끼리 팀을 이루어 우리말로 승부를 겨루는 오락 프로그
램이었다. 음절을 주고 단어를 만들거나 속담을 만드는 게임이었다. 우리
말이 게임 속으로 들어온 것이었다. 이후 여러 종류의 우리말 관련 게임
프로그램이 인기를 끌었고, 지금은 '우리말 겨루기' 프로그램이 인기리에
방영되고 있다. 이렇게 우리말이 생활 속에서 즐거움을 줄 수 있는 일이
필요하다

2000년대 초반 외계어로 불리며 우리말 파괴의 주범으로 몰렸던 '쟝난
ㄴ궁 심심하궐레ㅋ' 같은 표기도 지탄의 대상이 아니라 그것을 즐김과
웃음으로 생각할 수 있는 여유가 필요하다. 2016년을 전후로 시작된 야민
정음도 한글 사용의 원칙을 파괴하고 새롭게 표현하려는 신선한 발상의
결과이다. 야민정음은 '국내 야구 갤러리'의 '야'와 훈민정음의 '민정음'을
합하여 지어진 이름으로 언어유희의 성격이 있다. 야민정음은 주로 두
가지 유형으로 분류할 수 있다. 첫째, 음절 문자를 쪼개어 나눈 자소의
획을 다른 자소에 붙여 표기하거나 비정상적으로 두 글자를 합하여 하나
로 쓰는 방식이다. 이것은 주로 착시 현상을 이용하는 것이다. 전자는
'멍멍이'는 'ㅁ'의 오른쪽 세로획을 떼어 모음 'ㅓ'앞에 붙여 'ㅐ'로 조합하면
'댕댕이'가 된다. 멍멍이를 댕댕이라고 장난스럽게 읽고 쓰는 것이다. '명
작'이 '띵작'이 되는 것도 그러한 예에 해당한다. '네넴띤'은 '비빔면'을 아예
야민정음으로 표기한 예이다. 후자는 '부부'를 '쀼'로, '굴국밥'을 '꿁밥'으로

쓰는 예를 볼 수 있다. 둘째, 글자를 거꾸로 돌려 읽는 방식이다. 이는 자음과 모음의 자형이 대칭을 이루는 경우에 쉽게 활용할 수 있는 방식이다. '눈물'이 '롬곡'으로, '육군'이 '곤뇽'으로, '문중'이 '곰중'으로 되는 경우가 해당되는데 글자를 180도 회전한 경우이다. '비버'를 오른쪽으로 90도만 회전하면 '뜨또'가 된다.

　한글 맞춤법을 벗어나 정상적이지 않은 한글이지만, 한국인이라면 느낌으로 알아볼 수 있게 쓴 경우도 있다. 다음은 외국의 어느 호텔 예약 포털 사이트의 후기를 옮겨온 것이다. 이 문장의 후반부는 한글을 모르는 호텔 담당자가 아무리 구글 번역기를 돌려도 내용을 절대로 알 수 없다. 그러나 한글을 아는 사람이라면 무슨 내용인지를 금방 알 수 있다.

　　위치 가격 대비 좋습니다. 주변 조용합니다. 숙소 바로 앞에 24시간 마트와 로손 있고 한 블록 건너면 패밀리마트 있습니다. 캐널시티까진 걸어서 15분 돈키호테 20분 하카타역 10분 걸립니다. 가격 대비 위치 좋다고 생각합니다. 다만 깟뻬트랑 리뿔이 뜨럽거 므리커럭이 케쏙 나와쇼 우뤼갸 청쇼 새로 다 혀뚜여 빡퀴뽈래 새킈들이 케쏙 나와셔 멘붕냠.... 바닥이랑 침대 사이 틈새로 그 새킈들 둘락날락 겨료요. 그 트믈 막으셋읏

　후반부는 한글이 비밀 암호와 같이 쓰인 경우이다. 규범에 맞지 않는 비주류의 문자 생활이지만 언어 생활에 재미를 더하고 있음에 주목하여야 한다.

사진 출처

1장
국립국어연구원 직제: 대통령 기록관
국어생활 표지: 필자 소장
미군정청 관보: 국립중앙도서관
한글 전용에 관한 법률: 대통령 기록관

2장
구역인왕경: 문화재청
대명률직해: 《대명률직해》(보경문화사, 1986)
삼국유사: 서울대 규장각한국학연구원
임신서기명석: 경주국립박물관

3장
동국정운: 《국어국문학총림》(대제각, 1985)
칠음략: 《等韻五種》(예문인서관인행, 1981)

4장
가타카나 50음도:
> https://ko.wikipedia.org/wiki/%EA%B0%80%ED%83%80%EC%B9%B4%EB%82%98

거란어 소유격 조사: https://www.chikyukotobamura.org/muse/wr_easia_8.html
거란자명동경(John SY Lee):
> https://en.wikipedia.org/wiki/Khitan_small_script#/media/File:Khitan_mirror_from_Korea.jpg

몽골(Anand.orkhon): https://en.wikipedia.org/wiki/Mongolian_script#
몽골 문자: http://www.linguamongolia.com/The%20Mongolian%20Script.pdf
설문해자 전자(Richard Sears): https://hanziyuan.net/#home
슐라이만 비문: https://commons.wikimedia.org/wiki/File:1348_Mogaoku_Stele.jpg

실담 문자(Simon Ager): https://www.omniglot.com/writing/siddham.htm

아람 문자(Simon Ager): https://omniglot.com/writing/aramaic.htm

안심사 진언집: 국립중앙도서관

원시시나이 문자: https://net.lib.byu.edu/imaging/negev/Origins.html

육자진언:

  https://zh.wikipedia.org/wiki/%E5%85%AD%E5%AD%97%E7%9C%9F%E8%A8%80

통지: 서울대 규장각한국학연구원

티베트 문자:

  https://sites.google.com/view/chrisfynn/home/tibetanscriptfonts/thetibetan
  writingsystem

파스파 문자의 자모도: 《한글과 동아시아 문자》(정광, 국립한글박물관, 2015)

페니키아 문자와 그리스 문자: https://en.wikipedia.org/wiki/Greek_alphabet

5장

세종실록(정족산 사고본): 서울대 규장각한국학연구원

앙부일구: 국외소재문화재재단

여주의 영릉: 여주시청 문화관광

6장

배자예부운략: 국립중앙도서관

세종실록(태백산 사고본): 국사편찬위원회 조선왕조실록

열성어제: 국립중앙도서관

훈민정음(간송본): 《한글의 기원》(이상백, 통문관, 1957)

훈민정음(고려대본): 《정음》(4호, 조선어학연구회, 1934)

훈민정음(서강대본): 《월인석보》(서강대학교 인문과학연구소, 1972)

7장

김동훈 타자기 자판도: http://kpat.kipris.or.kr/kpat/biblioa.do?method=biblioFrame

8장

녀범, 《국어국문학총림》(대제각, 1985)

밀교개간집: 국립중앙도서관

순천김씨묘 출토언간: 《주해 순천김씨 묘 출토 간찰》(태학사, 1998)

여씨향약언해: 《여씨향약언해》(단국대 동양학 연구소, 1976)
평창 상원사 중창 권선문(신미): 국가문화유산포털(월정사 성보박물관)

9장
반절표: 국립중앙도서관
여강 이씨 〈분재기〉: 안동대박물관
삼운성휘: 국립중앙도서관
선조 국문 유서: 문화재청
한글 영비: 문화재청
선조의 언간: 서울대 규장각한국학연구원
훈몽자회: 《훈몽자회》(단국대 동양학총서, 1971)

10장
두시언해: 서울대 규장각한국학연구원
박통사: 국회도서관
번역소학: 서울대 규장각학국학연구원
별월봉기: 완판본문화관
삼강행실도: 서울대 규장각한국학연구원
석보상절: 문화재청
신찬벽온방: 문화재청
언해두창집요: 서울대 규장각한국학연구원
용비어천가: 문화재청
월인석보 목판: 문화재청
월인천강지곡: 국립중앙도서관
전운옥편: 국립중앙도서관
텬로력뎡: 《텬로력뎡과 객화기 국어》(김동언, 한국문화사, 1998)
Corean Primer: 국립중앙도서관

11장
구한국 관보: 국립중앙도서관
국어문법: 《주시경 전집》(이기문, 아세아문화사, 1970)
예수성교누가복음견서: 《한글성서 전시회》(대한성서공회, 2015)
주시경 얼굴: 《한글학회100년사》

한성주보 · 황성신문 · 독립신문: 국립중앙도서관 대한민국 신문 아카이브

12장
국민소학독본: 국립중앙도서관
농민독본: 국립중앙도서관
동방학원 교육자료: 로스 킹 소장
보통학교조선어급한문독본: 국립중앙도서관
신정심상소학: 국립중앙도서관
신찬초등소학: 국회도서관
초등소학: 국회도서관
한글원번/한글원본: 문화재청

13장
국문연구소 보고서: 《주시경 전집》(이기문, 아세아문화사, 1970)
말모이(원고본): 《한국문화》7(이병근, 서울대 한국문화연구소, 1986)
말모이 포스터(롯데엔터테인먼트):

　　　　　http://www.kobis.or.kr/kobis/business/mast/mvie/popuplmg.do?
문세영 《조선어사전》: 국립중앙도서관
사전: 《동양학》13 (김민수, 단국대 동양학연구소, 1983)
사정한 조선어 표준말 모음: 국립중앙도서관
언문철자법: 국립중앙도서관
외래어 표기법 통일안: 국립중앙도서관
조선강습원 맞힌보람: 《한글학회 100년사》
조선말 큰사전(원고본): 문화재청
조선총독부 조선어사전(원고): 서울대 규장각한국학연구원
한글 마춤법 통일안: 국립중앙도서관

14장
문교부 어문규정 개정안: 국립중앙도서관

15장
조선말 큰사전: 강남대학교 도서관

인터넷 사이트

거란 문자: https://www.babelstone.co.uk/Khitan/Kane2009List.html
　　　　　https://www.chikyukotobamura.org/
겨레말큰사전남북공동편찬사업회: www.gyeoremal.or.kr
고려대학교 도서관: http://kjg.snu.ac.kr/home/
구한국 관보: https://www.nl.go.kr/NL/contents/N20301000000.do
국가기록원: https://www.archives.go.kr/next/viewMain.do
국가문화유산포털: http://www.heritage.go.kr
국립국어원: https://www.korean.go.kr
국립중앙도서관: http://www.nl.go.kr/nl/
국사편찬위원회: http://www.history.go.kr
국외소재문화재재단: http://www.overseaschf.or.kr/
국제음성학협회: https://www.internationalphoneticassociation.org/
국회도서관: https://www.nanet.go.kr/main.do
그리스 문자: https://en.wikipedia.org/wiki/Greek_alphabet
나무위키: https://namu.wiki/w/
대한민국 신문 아카이브: https://nl.go.kr/newspaper/index.do
대한성서공회: https://www.bskorea.or.kr/
동아일보: https://www.donga.com/archive/newslibrary
두산백과: http://www.doopedia.co.kr
디지털한글박물관 : http://www.hangeulmuseum.org
몽골 문자: http://www.linguamongolia.com/index.html?LMCL=UQYQpq
　　　　　http://www.cjvlang.com/Writing/writmongol/mongolalpha.html
　　　　　http://www.viahistoria.com/SilverHorde/main.html?research/
　　　　　UighurScript.html
문화재청: http://www.cha.go.kr
미군정청 관보: https://www.nl.go.kr/NL/contents/N20303010000.do
서울대학교 규장각한국학연구원 : http://kyudb.snu.ac.kr
세계언어백과(한국외국어대학교 세미오시스 연구센터):

https://terms.naver.com/list.nhn?cid=58250&categoryId=58250&so=st4.asc

세계의 문자: https://www.chikyukotobamura.org/muse/wr_easia_8.html

세계의 문자 사전(연규동):

       https://terms.naver.com/entry.nhn?docId=3325370&categoryId

       =55682&cid=55682

승정원일기: http://sjw.history.go.kr/main.do

실담 문자: https://en.wikipedia.org/wiki/Siddha%E1%B9%83_script

       https://www.omniglot.com/writing/siddham.htm

완판본문화관: https://wanpanbon.modoo.at/

우리 역사넷: http://contents.history.go.kr/front/about/nh.do

위구르 문자: https://www.omniglot.com/writing/uyghur.htm

위키피디아: https://ko.wikipedia.org/wiki

장서각: http://jsg.aks.ac.kr/

조선왕조실록: http://sillok.history.go.kr/main/main.do/

조선일보: https://www.chosun.com/pdf/i_service/index_news.jsp

조선총독부 관보: http://db.history.go.kr/item/level.do?itemId=gb

쯔놈 문자: https://www.chunom.org/pages/grade/1/

청주고인쇄박물관: https://cheongju.go.kr

티베트 문자: https://sites.google.com/view/chrisfynn

파스파 문자: https://www.babelstone.co.uk/Phags-pa/41Letters.html

한국고전번역원: http://www.itkc.or.kr/

한국고전적종합목록시스템: http://www.nl.go.kr/korcis/

한국민족문화대백과: http://encykorea.aks.ac.kr/

한국 역사 정보 통합 시스템: http://koreanhistory.or.kr/

한국사 데이터베이스: http://www.history.go.kr

한국콘텐츠진흥원: http://www.culturecontent.com

한국학 디지털 아카이브: http://yoksa.aks.ac.kr/main.jsp

한국학 자료센터: http://kostma.aks.ac.kr/

한국학중앙연구원: http://www.aks.ac.kr

한글이 걸어 온 길: https://theme.archives.go.kr/next/hangeulPolicy/viewMain.do.

한글학회 100년사: https://www.hangeul.or.kr/100년사

한자의 어원: https://hanziyuan.net/#home

〈한글, 전란 속에서 성장하다〉, EBS: 2018.10.9.

참고문헌

강만길(1977), 한글 창제의 역사적 의미, 《창작과 비평》 44.

강신항(1974), 《조선관역어 연구》, 광문사.

_____(1980), 《계림유사 연구》, 성균관대학교 출판부.

_____(1987/2014), 《훈민정음 연구》, 성균관대학교 출판부.

_____(2000), 《한국의 운서》, 태학사.

_____(2003), 《훈민정음학》, 성균관대 출판부.

강창석(1996), 한글의 제자 원리와 글자꼴, 《새국어생활》 6-2, 19-35.

고영근(1994), 《통일 시대의 어문 문제》, 도서출판 길벗.

_____(2000), 개화기 이후의 한글 운동의 발자취와 전망, 《겨레의 글 한글》, 국립중앙박
물관, 184-193.

공병우(1949), 내가 고안한 쌍촛점 한글 타자기, 《한글》 107호. 421-427.

국립국어연구원(2002), 《표준국어대사전》 연구 분석.

국립국어원(2010), 《국립국어연구원 10년사》.

_____(2014), 《문장 부호 이렇게 바뀌었습니다》.

_____(2018), 《한글 맞춤법 표준어 규정 해설》.

국립한글박물관(2015), 《한글과 동아시아 문자》(연구책임자: 이승재).

_____(2018ㄱ), 《한글과 한글문화에 관한 국민의식 기초 조사 연구》.

_____(2018ㄴ), 《훈민정음 표준해설서》.

_____(2019ㄱ), 《덕온공주의 한글 1》.

_____(2019ㄴ), 《한글 창제 이전의 문자 생활 연구 1》(연구책임자: 이건식).

_____(2019ㄷ), 《한글문화 지식 사전 편찬계획 수립 연구》(연구책임: 김영욱)

_____(2019ㄹ), 《훈민정음을 활용한 외국어 표기의 역사적 연구 1》(연구
책임자: 황선엽).

_____(2019ㅁ), 《훈민정음의 현대어 번역(3)》(연구책임: 김유범).

국사편찬위원회(1983), 《한국독립운동사》 2.

국어연구소(1985), 《외래어표기법 개정안》(부 해설).

_____(1988), 《표준어 규정 해설》.

_____(1988), 《한글 맞춤법 해설》.

권덕규 외 4명(1927), 훈민정음 간행에 제하야, 《한글》(동인지) 창간호. 3-40.

권덕규(1923), 《조선어문경위》, 광문사.

권두연(2015), 근대 매체와 한글 가로 풀어쓰기의 실험, 《서강인문논총》42, 5-35.

권인한(1995), 조선관역어의 음운론적 연구, 서울대 대학원 박사 학위 논문.

김동언(1985), 훈민정음 국역본의 번역 시기 문제, 《한글》 189, 123-145.

_____(1990ㄱ), 17세기 국어의 형태음운 연구, 고려대 박사학위 논문.

_____(1990ㄴ), 〈표준어 모음〉에 대하여, 《강남학보》1990, 11, 21.

_____(1995), 뜻풀이로 본 국어 사전 편찬사, 《한국어학》2, 75-101.

_____(1998), 《텬로력뎡과 개화기 국어》, 한국문화사.

_____(2004), 포드스타빈과 한국어 교육, 《제1대학 학술세미나 리뷰》4호, 강남대학교 제1대학, 141-157.

_____(2009), 한국어의 세계화와 세계의 한국어화, 《어문생활》 144호, 6-7.

_____(2010), 《텬로력뎡》 초판본과 개화기 한국어, 《텬로력뎡》(배재학당 역사박물관), 58-89.

_____(2011), 국어연구소와 김형규 선생님, 《새국어생활》 21, 161-166.

_____(2017), 한글 성경 자료의 표기와 음운 연구사, 《국어사 연구》 24호, 국어사학회, 41-78.

김동언·로스 킹(2002), 개화기 러시아 관련 한글 자료에 대하여, 《한글》 255, 205-262.

_____(2011), 20세기 초 러시아 동방학원의 한국어 학습서 〈조선어학〉에 대하여, 《한국어학》 50, 51-80.

김명준(2013), 조선시대 글꼴의 변화양상(1) -한글 판본을 중심으로-, 《인문학연구》18집, 한림대학교 인문학연구소, 7-83.

김무림(2004), 《국어의 역사》, 한국문화사.

김문준(2004), 우암 송시열의 계녀서, 《한국사상과 문화》 23, 91-114.

김민수(1973), 《국어 정책론》, 고려대 출판부.

_____(1980), 국문연구소 유인 〈국문연구안〉에 대하여, 《아세아연구》 63호, 217-348.

_____(1982), 《신국어학사》(전정판), 일조각

_____(1983ㄱ), 《말모이》의 편찬에 대하여, 《동양학》(단국대) 13, 21-54.

_____(1983ㄴ), 한글파동, 《국어국문학회30년사》, 일조각, 40-57.

_____(1985), 국어 표기법 논쟁사, 《국어생활》(국어연구소) 9호, 6-14.

_____(1986), 《주시경 연구》, 탑출판사.

_____(1987), 《국어학사의 기본이해》, 집문당.

_____(1996ㄱ), 《큰 사전》 편찬사와 정인승 주간, 《어문연구》 24권 4호, 14-21.

김민수(1996ㄴ), 인공문자 한글, 《문자의 역사》, 시공사.

_____(2007), 《현대 어문 정책론》, 한국문화사.

김사엽(1983), 《일본의 만엽집》, 민음사.

김상대(1985), 《중세국어 구결문의 국어학적 연구》, 한신문화사.

김석득(2001), 《한글 옛 문헌 정보 조사 연구》, 문화관광부.

김슬옹(2005ㄱ), 〈조선왕조실록〉에 나타난 여성의 언문 사용 양상과 의미, 《한일수교 40주년 기념 국제한국언어문화학회 일본학술회의, 217-252.

_____(2005ㄴ), 《조선시대 언문의 제도적 사용 연구》, 한국문화사.

김양진(2006), 용비어천가의 훈민정음 주음 어휘 연구, 《역학서와 국어사연구》, 태학사. 443-486.

김영만(1981), 유서필지의 이두 연구, 단국대학교 대학원 석사학위 논문.

김영만(1996), 현대 중국학의 성과와 전망 : 성운학 연구의 회고와 전망, 《중국학보》 36권, 27-43.

김영배(1972), 《석보상절 제23·4 주해》, 일조각.

김영황 외(2001), 《주체의 조선어 연구 50년사》, 박이정.

김윤경(1938/1985), 《조선문자급어학사》, 조선기념도서출판관.

_____(1960ㄱ), 성서가 국어에 미친 영향, 《성서와 한국 근대문화》(대한성서공회), 38-40.

_____(1960ㄴ), 주시경 선생 전기, 《한글》 126호, 147-165.

_____(1963), 《새로 지은 국어학사》, 을유문화사

김일근(1974/1980), 《친필언간총람》, 경인문화사.

김재웅(2014), 필사본 고소설의 지역별 유통과 문화지도 작성, 《대동문화연구》 88, 232-262

김정대(2008), 한글은 자질 문자인가 아닌가? 《한국어학》 제41권, 111-133.

김정수(1989), 한글 풀어쓰기 운동, 《국어생활》 18호, 30-50.

김종철(2015), 〈언간독〉 연구, 《국어교육연구》 35권, 서울대 국어교육연구소, 237-28.

김종택(1975), 선조대왕 언교고, 《국어교육논지》 3호, 대구교육대학.

김종훈(2014), 《한국 고유 명사 연구》, 보고사.

김주원(2013), 《훈민정음》, 민음사.

_____(2016), 세계 여러 문자의 모음표기 양상과 훈민정음의 모음자, 《국어학》 80, 77-107.

김주필(1990), '표준어 모음'의 심의 경위와 해설, 《국어생활》22호, 190-207.

_____(2004), 차자표기와 훈민정음 창제의 관련성 제고, 《한국어의 역사》 보고사,

119-147.

김주필(2011), 고려대학교 소장 〈훈민정음〉(언해본)의 특징과 의미, 《어문학논총》 30-1호, 1-18.

_____(2014), 대한제국 시기 국한문의 형성과 기원, 《반교어문연구》 38, 131-160.

_____(2016), 〈갑자상소문〉과 《훈민정음》의 두 서문, 《반교어문연구》 44, 113-151.

_____(2017), 최만리 등 집현전 학사들이 올린 상소문과 상소문 집필자들이 나눈 대화 주석, 《어문학논총》(국민대) 제36집, 101-120.

_____(2019), 훈민정음 언해본의 내용과 특징, 어문학논총 38, 1-19.

김진우(1997), The Structure of Phonological Units in Han'gŭl, *The Korean Alphabet*, (Young-Key Kim-Renaud(ed)), University of Hawaii Press, 145-160.

김태완(2005), 훈민정음과 중국 운서와의 분합관계, 《중국인문과학》(중국인문학회) 31집, 19-35.

김하수·연규동(2015), 《문자의 발달》, 커뮤니케이션북스.

김현덕(2016), 실담문자 음사 연구, -진언집 소재 진언의 한자 및 한글 음사 비교, 분석, 《불교학연구》 46, 한국외국어대학교 인도연구소, 149~188.

김현숙(1989), 일제하의 문자 보급 운동 연구, 《성신사학》 7, 93-128.

김혜정(2003), 일제 강점기 조선어 교육의 의도와 성격, 《어문연구》 제31권 3호, 431-454.

김혜진(2008), 한성주보의 국어학적 연구, 안동대학교 교육대학원 석사학위 논문.

남광우(1973), 《조선(이조)한자음 연구》, 일조각.

남풍현(1978), 훈민정음과 차자표기법과의 관계, 《국문학논집》(단국대) 9, 3-26.

_____(1980), 《차자 표기법 연구》, 단대출판부.

_____(1997), 차자 표기법과 그 자료, 《국어사 연구》, 태학사.

남풍현·심재기(1976), 구역인왕경의 구결연구, 1, 《동양학》 6, 단국대학교동양학연구, 1-68.

대한성서공회(1993), 《대한성서공회사》(Ⅰ, 조직, 성장과 수난), 대한성서공회.

_____(1994), 《대한성서공회사》(Ⅱ, 번역·반포와 권서사업), 대한성서공회.

_____(2015), 《한글성서 전시회》.

동동소(1975), 《한어음운학》(공재석 역), 범한서적.

로스 킹(2003), G.V Podstavin(1875-1924): The World's First Professor of Korean Language and Linguistics: his Teaching and Research in Vladivostok, 1899-1922, 서울대학교 국어교육과 발표문.

리의도(2013), 한국어 한글 표기법의 변천, 《한글》 제301호, 143-218.

문교부(1980), 《맞춤법안, 표준말안, 외래어 표기법안, 국어의 로마자 표기법안》, 대한 교과서주식회사.

문화재위원회(2013), 문화재위원회(근대문화재분과) 제4차 회의록.

문화재위원회(2020), 2020년도 동산문화재분과위원회 제5차 회의자료.

문화재청(2007), 《훈민정음 언해본 이본 조사 및 정본 제작 연구》.

_____(2017), 《국보 70호 훈민정음 학술토론회》.

문화체육관광부(2014), 〈로마자 표기법〉; 문화체육관광부 고시 제2014-42호.

_____(2017), 〈외래어표기법〉; 문화체육관광부 고시 제2017-14호.

_____(2017), 〈표준어 규정〉; 문화체육관광부 고시 제2017-13호.

_____(2017), 〈한글 맞춤법〉; 문화체육관광부 고시 제2017-12호.

민덕식(2008), 속리산 복천암과 신미선사, 《충북사학》 21권, 충북대학교 사학회, 75-122.

민현식(1994), 개화기 국어문체 연구, 《국어국문학》 111, 37-61.

_____(2016), 한글문화의 정신사, 《한글언어문화학》, 13권 제3호, 93-118.

박병채(1971), 《고대국어의 연구》, 고려대학교 출판부.

_____(1976), 《훈민정음》, 박영사.

_____(1989), 《국어 발달사》, 세영사.

_____(1991), 《논주 월인천강지곡》(부:원본영인), 세영사.

박병천(2004), 한글 글꼴의 생성-변천과 현대적 전개 고찰, 《동양예술》 9, 302-350.

_____(2013), 한글 글꼴의 조형적 변천, 《새국어생활》 23권 3호.

_____(2018), 훈민정음 한글 문자 생성구조와 서체적 응용, 《나라사랑》 127, 69-144.

박붕배(1987), 《한국국어교육전사》(상), 대한교과서주식회사.

박승빈(1934), 훈민정음 원서의 고구, 《정음》 4호, 조선어학연구회.

박영준 외(2002), 《우리말의 수수께끼》, 김영사.

박용규(2011), 문세영 《조선어사전》의 편찬 과정과 국어사전사적 의미, 《동방학지》 154집. 259-300.

박정숙(2016), 조선시대 한글 고문헌 귀중본 서체의 변천사적 조형미 고찰, 《서예학연구》 28호, 한국서예학회, 80-113.

박창원(2005), 《훈민정음》, 신구문화사.

박해진(2014), 《훈민정음의 길 혜각존자 신미평전》, 나녹.

박형익(2012), 《한국 자전의 역사》, 역락.

방종현(1948), 《훈민정음통사》, 일성당 서점.

배보은(2004), 《문자의 자질에 대한 연구》, 경남대학교 석사학위 논문.

백두현(2002), 조선시대 한글 보급과 실용에 관한 연구, 《진단학보》 92호, 193-218.

_____(2003), 《현풍곽씨언간 주해》, 태학사.

_____(2004ㄱ), 우리말 명칭의 역사적 변천과 민족어 의식의 발달, 《언어과학연구》28, 115-140.

_____(2004ㄴ), 한국어 문자 명칭의 역사적 변천, 《문학과 언어》26집, 1-16.

_____(2005), 조선 시대 여성의 문자생활 연구, 《어문론총》 42호, 한국문학언어학회, 39-85.

_____(2007), 한글을 중심으로 본 조선시대 사람들의 문자 생활, 《서강인문논총》 22집, 157-203.

_____(2010), 훈민정음을 활용한 조선시대의 인민통치, 《진단학보》108호, 263-297.

_____(2012), 융합성의 관점에서 본 훈민정음의 창제원리, 《어문론총》 57호, 115-155.

_____(2013), 작업 단계로 본 훈민정음의 제자 과정과 원리, 《한글》 301호, 83-142.

_____(2014), 《훈민정음》해례의 제자론에 대한 비판적 고찰, 《어문학》123집, 39-66.

_____(2015), 《한글문헌학》, 태학사.

_____(2017), 《훈민정음》해례본의 낙장 복원을 위한 권두서명과 병서행 문제의 해결 방안 연구, 《국보 제70호 훈민정음 학술토론회》, 문화재청.

버나드 칼그렌(1985), 《고대 한어음운학 개요》(최영애 역), 민음사.

샤오레이(2016), 문자 발전의 각도에서 본 파스파 문자의 훈민정음에 대한 영향(정재남 역), 《동아시아고대학》 제44집, 247-270.

손예철(2015), 한자의 자형 변천고, 《한글과 동아시아 문자》, 259-292.

송 민(1976), 19세기 천주교 자료의 국어학적 고찰, 《국어국문학》 72·3호, 291-295.

송기중(1997), 차자 표기의 문자론적 성격, 《새국어생활》 제7권4호.

_____(2015), 위구르 문자 계통의 제 문자, 《한글과 동아시아 문자》, 125-176.

송철의(2005), 한국 근대 초기의 어문운동과 어문정책, 《한국 근대 초기의 언어와 문학》, 서울대학교 출판부, 37-75.

시정곤(2007), 훈민정음의 보급과 교육에 대하여, 《우리어문연구》 28, 33-65.

_____(2015), 《훈민정음을 사랑한 변호사 박승빈》, 박이정.

시정곤·최경봉(2018), 《한글과 과학혁명》, 들녘.

신창순(2003), 《국어 근대 표기법의 전개》, 태학사.

신현애(2017), 오대산 상원사 중창 권선문 언해본의 서예미 고찰, 《동양예술》 34권, 한국동양예술학회, 210-238.

안경환(2020), 프랑스는 글자를 식민 지배에 썼다, 《아주경제》, 2020.3.23.

안명철(2004), 훈민정음 자질문자설에 대하여, 《어문연구》 123, 43-60.

안명철(2005), 훈민정음의 제자원리와 기호론, 《국어학》 45, 213-241

안병희(1976ㄱ), 구결과 한문훈독에 대하여, 《진단학보》 41, 139-158.

_____(1976ㄴ), 훈민정음의 이본, 《진단학보》 42, 191-195.

_____(1977), 《양잠경험촬요》와 《우역방》의 이두 연구, 《동양학》7, 《국어사 연구》(1992)에 재수록.

_____(1979), 중세어의 한글자료에 대한 종합적인 고찰, 《규장각》 3, 서울대학교 도서관, 109-147.

_____(1983), 어록해 해제, 《한국문화》 제4집, 153-315.

_____(1985), 대명률직해 이두의 연구, 《규장각》9, 《국어사 연구》(1992)에 재수록.

_____(1985), 훈민정음 사용에 대한 역사적 연구, 《동방학지》 48호, 793-823.

_____(1986), 이두의 학습서에 대하여, 《제1차KOREA학 국제교류세미나논문집》, 흑룡강조선민족출판사.

_____(1988), 한글 맞춤법의 역사, 《국어생활》 13호, 8-16.

_____(1990), 훈민정음의 제자원리에 대하여, 《강신항 교수 회갑기념 논문집》, 135-145.

_____(1992), 《국어사 연구》, 문학과지성사.

_____(1997), 훈민정음 해례본과 그 복제에 대하여, 《진단학보》 84, 191-202.

_____(2002), 훈민정음(해례본) 삼제, 《진단학보》 93, 173-197.

_____(2003), 해례본의 8종성에 대하여, 《국어학》 41, 3-24.

_____(2004), 세종의 훈민정음 창제와 그 협찬자, 《국어학》 44, 3-39.

_____(2007) 《훈민정음 연구》, 서울대 출판부.

안자산(1938), 언문 명칭론, 《정음》 26호. ???

안주호(2003), 〈석보상절〉과 〈월인석보〉의 진언표기 연구, 《한국언어문학》제51집, 163-189.

알브레히트(2019), 《날개를 편 한글》, 박이정.

양주동(1943/1960), 《증정 고가연구》, 정음사.

연규동·최계영(2019), 훈민정음 후음자 'ㅇ'의 기능과 파스파 문자, 《국어학》 90, 83-109

왕옥지(2013), 파스파 문자와 한글의 음소 결합적 특징 연구, 《중국인문과학》55, 159-178.

위 영(2001), 근대의 배움과 가르침, 《한국문화사》2권, 국사편찬위원회.

유정숙(2008), 한글 옛 글자꼴의 변천 및 조형성 고찰, 《한국어학》 41, 25-60.

유창균(1966), '상형이자방고전'에 대하여, 《진단학보》29·30, 371-390.

유창균(1979), 《동국정운》, 형설출판사.

이가원(1994), 훈민정음의 창제, 《열상고전연구》 7, 열상고전연구회, 5-24.

이광수(1917), 야소교의 조선에 준 은혜, 《청춘》 9호(1917.7.).

이광정(1995), 한문 언해문장의 문체적 특성, 《한국어학》 2, 317-346.

이광호 외(2007), 《장서각 소장 한글필사자료 연구》, 태학사.

이극로(1932), 조선어 사전 편찬에 대하여, 《한글》 창간호(1권1호). 12-14.

이기문(1961/1998), 《국어사 개설》, 태학사.

_____(1963), 《국어표기법의 역사적 연구》, 한국연구원.

_____(1970), 《개화기의 국문 연구》, 일조각.

_____(1974), 훈민정음 창제에 관련된 몇 문제, 《국어학》(국어학회) 2, 1-15.

_____(1976), 《주시경 전집》, 아세아문화사.

_____(1982), 동아세아 문자사의 흐름, 《동아연구》 1, 서울대학교 동아연구소, 1-17.

_____(1992), 훈민정음 친제론, 《한국문화》 13, 서울대학교 한국문화연구소, 1-18.

이동림(1970), 《동국정운연구》, 동국대 국어국문학연구실.

이동석(2008), 한글의 모아쓰기와 풀어쓰기에 대하여, 《청람어문교육》38, 401-427.

이래호(2015), 조선 시대 언간 자료의 현황 및 그 특성과 가치, 《국어사 연구》 제20호, 65-126.

이병근 외(2005), 《한국 근대 초기의 언어와 문학》, 서울대학교 출판부.

이병근(1977), 최초의 국어사전 〈말모이〉(고본): 알기를 중심으로, 《언어》 2-1, 67-84.

_____(1985), 조선총독부 편 《조선어사전》의 편찬 목적과 그 경위, 《진단학보》 59호, 135-154.

_____(1986ㄱ), 국어사전 편찬의 역사, 《국어생활》(국어연구소) 7, 8-35.

_____(1986ㄴ), 조선광문회 편 《말모이》(사전), 《한국문화》 7, 177-303.

_____(2003), 근대 국어학의 형성에 관련한 국어관, 《한국 근대초기의 언어와 문학》, 서울대학교 출판부, 3-33.

이상규(2012), 잔엽 상주본 훈민정음 분석, 《한글》 298, 5-50.

이상백(1957), 《한글의 기원》-훈민정음 해설, 통문관.

이상혁(1997), 우리말글 명칭의 역사적 변천과 그 의미, 《한국어학의 이해와 전망》, 박이정, 793-812.

_____(1998ㄱ), 언문과 국어 의식, 《국어국문학》121호, 55-73.

_____(1998ㄴ), 조선후기 훈민정음 연구의 역사적 연구, 고려대학교 박사학위 논문.

_____(2008), 훈민정음과 한글의 언어문화사적 접근, 《한국어학》 41, 61-81.

_____(2012), 《훈민정음》(1446)과 어문 규정(1988)의 역사적 상관성 연구, 《한성어문

학》 31, 57-82.

이성구(1985), 《훈민정음연구》, 동문사.

이숙자(2005), 반전하는 국어-한일병합 전후의 조선어 교육을 중심으로, 《일본연구》제 25호, 49-69.

이승재(1997), 차자 표기의 변화, 《국어사 연구》, 태학사.

_____(2015), 훈민정음 이전의 우리 문자 이름, 《한글과 동아시아 문자》, 293-326.

이여성·김세용(1931), 《수자조선연구》, 세광사.

이옥주(1997), 《사성등자》연구, 이화여대 석사학위 논문.

이우성(1976), 조선 왕조의 훈민정책과 정음의 기능, 《진단학보》 42, 진단학회, 182-186.

이윤석(2015), 한국 고소설의 유통과 탄생, 《인문과학》 제105집, 연세대학교, 5-37.

이윤재(1932), 한글 운동의 회고 1-4, 《동아일보》 1932.10.29.-11.2.

_____(1934), '한글 마춤법 통일안' 제정의 경과 기략, 《한글》제1권 10호.

_____(1936), '사정한 조선어 표준말 모음'의 내용, 《한글》제4권 11호.

이응호(1974), 《미 군정기의 한글 운동사》, 성창사.

이익섭(1985), 한글의 모아쓰기 방식의 표의성에 대하여, 《국어생활》 3호.

_____(1988), 국어 표준어의 형성과 변천, 《국어생활》 13, 17-23.

_____(1992), 《국어표기법 연구》, 서울대학교 출판부.

이태승(2001), 지광의 〈실담자기〉 연구, 《밀교학보》 3, 위덕대 밀교문화연구원, 211-238.

이현희(1990), 훈민정음, 《국어연구 어디까지 왔나》, 동아출판사, 615-631.

이희승, 안병희, 한재영(1949/2014), 《한글 맞춤법 강의》, 신구문화사.

임상석(2008), 《20세기 국한문체의 형성과정》, 지식산업사.

임영철(2015), 일본어 가나의 탄생과 표기체계의 성립과정, 《한글과 동아시아 문자》, 327-265.

임용기(1991), 훈민정음의 삼분법 형성과정, 연세대 박사학위 논문.

_____(2002), 삼분법의 형성과정에 대한 이해와 중성체계 분석의 근거에 관한 몇 가지 문제, 《애산학보》 27, 65-90.

_____(2019), 국어 음절 짜임새와 훈민정음, 《한국어사 연구》 5, 59-134.

장윤희(2004), 석독구결과 그 자료의 개관, 《구결연구》 12, 47-80.

장지영·장세경(1976), 《이두사전》, 정음사.

전무용(2019), 한글 성서의 번역 보급과 한글 문명의 대전환, 《기독교사상》 722-725호, 대한기독교서회.

전상욱(2010), 한글 방각소설 신자료 고찰, 《열상고전연구》31집, 143-167.

전영근(2006), 왕실 주관 불사 권선문의 조성과 운용 -상원사 권선문과 용주사 권선문을 중심으로, 121-170.

정 광(2009), 훈민정음 중성과 파스파 문자의 모음자, 《국어학》56, 221-248.

_____(2012), 《훈민정음과 파스파 문자》, 역락.

_____(2013), 《월인석보》의 구권과 훈민정음의 언해본-정통 12년 불일사판《월인석보》 옥책을 중심으로, 《국어학》 68, 3-49.

_____(2014), 세종의 한글창제, 《한국학연구》(고려대 한국학연구소) 51, 5-50.

_____(2015ㄱ), 파스파 문자, 《한글과 동아시아 문자》, 국립한글박물관, 205-257.

_____(2015ㄴ), 《한글의 혁명》, 김영사.

_____(2016), 알타이 제 민족의 문자 제정과 사용, 《아시아문화연구》 42집, 115-177.

_____(2018), 훈민정음의 새로운 이해(2016), 《한국어사연구》 4, 123-187.

_____(2019ㄱ), 《동아시아 여러 문자와 한글》, 지식산업사.

_____(2019ㄴ), 신미대사와 훈민정음, 《한국어사 연구》(국어사연구회) 5, 135-196.

정경일(2002), 《한국 운서의 이해》, 아카넷.

정길남(1983), 개화기 번역 성서의 음운 고찰, 《어학연구》 창간호, 전주대, 1-22.

정병설(2005), 조선후기 한글소설의 성장과 유통, 《진단학보》 100, 263-296.

_____(2008), 조선후기 한글 출판 성행의 매체사적 의미, 《진단학보》 106, 145-162.

정승철(2007), 일제 강점기의 언어정책-언문철자법을 중심으로, 《일제 식민지시기 한국의 언어와 문학》, 서울대출판부, 70-93.

정우락·백두현(2014), 문화어문학, 《어문론총》60, 한국문화언어학회, 9-41.

정우영(2001), 훈민정음 한문본의 낙장 복원에 대한 재론, 《국어국문학》 129, 191-227.

_____(2005), 훈민정음 언해본의 성립과 원본 재구, 《국어국문학》 139, 75-113.

_____(2017), 《訓民正音》해례본의 정본 제작에 관한 연구, 《국보 제70호 훈민정음 학술토론회》, 문화재청.

정인승 외(1957), 큰사전 편찬을 마치고, 《한글》 11호, 494-505.

정재문(2015), 파스파 문자와 훈민정음, 《한글》 307, 5-43.

정재영(2006), 한국의 구결, 《구결연구》 17집, 127-185.

정재환(2006), 이승만 정권 시기의 한글 간소화 방안 파동 연구, 성균관대학교 석사학위 논문.

정주리·시종곤(2011), 《조선한글실록》, 고즈윈.

정진석(1999), 《문자보급운동교재》, LG상남재단.

정태진(2004), 《고어독본》, 정태진선생기념사업회.

조운성(2010ㄱ), 동국정운의 운류와 고금운회거요의 반절하자, 《인문연구》(영남대)

　　　　58권, 315-336.

조운성(2010ㄴ), 동국정운의 운류와 고금운회거요의 자모운, 《서강인문논총》(서강대 인문과학연구소, 28집, 203-225.

＿＿＿＿(2010ㄷ), 동국정운의 성모체계, 제40회 구결학회 전국학술대회 발표집.

조재수(2006), 조선어 학회와 《큰사전》, 《애산학보》 32, 141-169.

조항범(1998), 《주해 순천김씨 묘 출토 간찰》, 태학사.

천혜봉(1991), 《한국 서지학》, 민음사.

최경봉 외(2008), 《한글에 대해 알아야 할 모든 것》, 책과함께.

최경봉(2005), 《우리말의 탄생》, 책과함께.

＿＿＿＿(2012), 《한글 민주주의》, 책과함께.

＿＿＿＿(2014), 원고로 남은 최초의 우리말 사전, 말모이, 《새국어생활》 24(3).

최남선(1955), 성경은 온 인류의 책, 《성서한국》 1권4호, 2-4.

최명옥(1996), 주시경과 '한글' 명칭, 《한국학논집》23, 21-41.

최성규(2006), 구역 《신약젼셔》의 국어학적 연구, 서울대 석사학위 논문.

최시선(2020), 《훈민정음 비밀코드와 신미대사》, 경진출판.

최현배(1940/1960), 《고친 한글갈》, 정음사.

＿＿＿＿(1947), 《글자의 혁명》, 정음사.

＿＿＿＿(1970), 《한글만 쓰기의 주장》, 정음문화사.

최호철(2001), 고려대장경에 나타난 고전범어 문법 용어, 《고려대장경의 고전범어문법 연구》, 월인.

학술원(1983), 《맞춤법 개정안, 표준어 개정안, 외래어표기법개정안》.

한국어학연구회(1994), 《국어사 자료선집》, 서광학술자료사.

한글학회(2009), 《한글학회 100년사》.

한재영(2017ㄱ), 국보 제70호 《훈민정음》정본(定本) 제작의 과정과 한계, 《국보 제70호 훈민정음 학술토론회》, 문화재청.

＿＿＿＿(2017ㄴ), 훈민정음에 관한 연구의 회고, 《어문논집》(중앙어문학회) 72집, 71-124.

＿＿＿＿(2019), 훈민정음 체계의 확장성과 개방성, 《국어국문학》 187, 179-218.

허 웅(1974), 《한글과 민족문화》, 세종대왕기념사업회.

＿＿＿＿(1985), 국어의 변동 규칙과 한글 맞춤법, 《한글》 187, 3-48.

허경무·김인택(2007), 조선시대 한글 서체의 유형과 명칭, 《한글》 275, 193-226.

허재영(2017), 일제강점기 한글운동과 문맹퇴치(문자보급) 운동 연구, 《독서연구》 44호, 127-159.

헨리 로저스(2017), 언어학으로 풀어본 문자의 세계(이용 외 옮김), 역락.

홍기문(1946), 《정음발달사》, 서울신문사 출판국.

홍윤표(1993), 《국어사 문헌자료 연구》(근대편1), 태학사.

_____(2005), 훈민정음의 '상형이자방고전'에 대하여, 《국어학》 46, 5-66.

_____(2006), 한글 고문서의 연구 현황과 과제,《영남학》 10권, 경북대학교 영남문화연
구원, 185-262.

_____(2007), 《겨레말 큰사전》의 편찬 방향, 《한국사전학》 9, 23-52.

_____(2011), 일제 강점기 문자보급운동의 역사적 의미, 문화재위원회(근대문화재분
과) 제6차 회의록.

_____(2013), 《한글이야기》(1, 역사, 2 한글과 문화), 태학사.

_____(2017), 훈민정음에 대한 종합적 고찰, 《한국어사 연구》 3, 197-246.

홍종선(2012), 《겨레말 큰사전》의 성격과 과제, 《한글》 295, 135-161.